제 15 판

어음·수표법

李 哲 松 著

博 英 社

제15판 머리말

2017년 8월에 이 책의 제14판을 낸 데 이어 이번에 제15판을 내게 되었다. 어음법과 수표법은 자주 개정되는 법이 아니라서 그간에 법개정이 없었기에 개정판을 내지 않다가, 참고문헌을 교체하고 오자도 바로잡아야 하기에 개정판을 낸다. 따라서 책의 내용에는 큰 변화가 없다. 하지만 책의 외모에는 크게 달라진 점이 있다. 이 책의 이전 판까지는 한자를 많이 사용하였는데, 이번에 한자를 모두 한글로 바꾼 것이다. 과거 어음법과 수표법의 법전에는 한자 일색이었지만, 2010년 어음법과 수표법을 개정하여 한자를 전부 한글로 바꾸고 어려운 용어 몇 가지도 쉬운 말로 바꾸었다. 이같이 법전이 한글로 바뀌었으니 그 해설서도 한글로 하는 것이 자연스럽지만, 이전에 한자 용어에 익숙해 있던 터이라, 이 책에서는 한자를 다소 줄이기는 하되, 과도기적으로 중요한 용어들은 여전히 한자를 사용하였다. 그러다 보니 요즘의 젊은 독자들에게는 이 책이 소원한 느낌을 주게 되었다. 지금은 중등교육과정에서 한자를 거의 배우지 않으므로 이러한 현상은 더욱 심해지리라 생각되어 독자에게 다가가기 위해 이번 판에서 한자를 모두 한글로 교체했다. 독자들이 이 책을 이용하는 데에 훨씬 편함을 느낄 것이다.

변호사시험에서 어음·수표법이 차지하는 비중이 크지 않은 한편, 법이 매우 기술적이라서 공부하기가 어려워 법학전문대학원 학생 중에는 아예 어음·수표법 공부를 포기하는 학생들도 있다고 한다. 그러나 어음·수표법이 기술적인 만큼 매우 정교한 논리로 짜여 있어 그 기본적인 논리구조만 알면 법 전체를 아주 쉽게 이해할 수 있는 것이 또한 이 법의 특징이다. 인내심을 가지고 교재를 찬찬히 읽으며 조문 간의 상호관계를 터득하고 나면 이후에는 큰 노력을 들일 필요 없이 법 전체를 간단히 자기의 지식으로 만들 수 있다. 그러기 위해 독자들에게 이 책의「서론」부분을 정성 들여 읽어 줄 것을 부탁드린다.

요즘은 지급거래에서 금융기관을 통한 자금이체를 많이 이용하므로 어음과 수표의 활용도가 크게 줄어 어음·수표법의 중요성 역시 크게 감소했다고 말하는 사람도 있다. 그러나 전자자금이체제도가 도입된 지 20여 년이 지났지만, 어음·수표는 여전히 중요한 지급수단으로 이용되고 있다. 2021년 1년간에만 약 4,460만장의 어음·수표가 발행되어 유통되었고, 금액으로는 2,700조원에 달한다. 이 책의 서론에서 설명한 어음·수표의 기능을 파악하고 나면 왜 여전히 어음·수표가 중심적인 지급수단으로 이용되는지 알게 될 것이다.

어음법과 수표법은 어음·수표의 실용성과 무관하게 중요한 법제도인 점도 깨달아야 한다. 어음과 수표는 이른바 완전한 유가증권이고 어음법과 수표법은 가장 완비된 유가증권에 관한 법제로서 모든 유가증권제도의 법리를 집대성한 법률이라는 점 때문이다. 요컨대 어음·수표법은 법학도들이 결코 소홀히 할 수 없는 법분야임을 강조하는 바이다.

최근 10여 년간은 한양대학시절의 제자 李雄暎 박사(전북대학교 동북아법연구소 전임연구원)가 저자의 집필을 도와주고 있는데, 이 책도 전반에 걸쳐 교열을 맡아 주었다. 그리고 이 박사를 도와 건국대학교 법학전문대학원에 재학 중인 양준명 군과 강나윤 양이 이 책의 교정을 보아 주었다. 매우 우수한 학생들이므로 저자의 기대를 넘어 큰 힘이 되었다. 박영사에서는 예년과 같이 金善敏 이사께서 편집을 맡아 주었다. 개정판을 낼 때마다 세심한 배려를 해 주어 항상 감사한 마음을 가지고 있다. 끝으로 이 책의 초판부터 지금판에 이르기까지 이 책을 꾸준히 출간해 주신 박영사 安鍾萬 會長께 감사의 뜻을 표한다.

2022년 2월

著　者　識

머 리 말

학교에서 어음·手票法을 강의할 때마다 학생들이 명쾌하게 이해하지 못하는 것이 안타까웠다. 著者뿐만 아니라 어음·手票法을 강의하는 동료교수 모두가 호소하는 고충이다. 아마도 어음·手票法이 고도의 去來安全을 추구하다 보니 매우 技術的인 구조를 가질 수밖에 없어, 다른 法과목과 달리 道德과 常識의 토대만으로는 立法趣旨를 파악하기 어려운 때문이 아닌가 생각된다. 더욱이 대부분의 학생들은 일상생활에서 어음이나 手票去來를 가까이서 지켜 볼 기회가 없으므로 어음·手票의 法理를 순관념적으로만 이해할 수밖에 없는 것도 이 法에 대한 접근을 어렵게 만드는 요인의 하나이다. 그렇다고 해서 어음·手票法을 등한히 할 수 있는 처지는 아니다. 어음·手票法은 商法의 일부로서 비중 있게 다루어지는 고시과목이므로 수험생들은 관심을 게을리할 수 없을 것이다. 실은 그보다도 어음·手票가 貨幣에 버금가는 支給手段으로서 우리의 實經濟生活에서 차지하는 비중이 워낙 큰데다, 오늘날 상당수의 財産權이 證券化하는 현상을 보이고 있는 가운데 가장 완전한 有價證券으로서의 어음·手票의 法理가 모든 有價證券法理의 기초가 된다는 점에서 소홀히 할 수 없는 분야이다.

그래서 이 책을 쓰면서 최우선의 目標로 삼은 것은 독자들이 쉽게 이해하도록 하는 것이었다. 다소 紙面을 낭비해 가면서 설명을 중복한 부분도 있고, 예가 지루할 정도로 상세한 경우도 있는 것은 바로 그 이유에서이다. 그러다 보니 자연 理論的인 깊이를 추구하지 못했다. 하지만 최소한의 學問的 品位를 지킬 정도의 理論은 소개하였으므로 독자들이 그 점은 크게 염려하지 않아도 좋을 것이다. 독자들은 이 책을 읽으면서 어음·手票制度가 기본적으로 추구하는 目的이 무엇인가를 파악하고, 다음 단계로 어음·手票法에 마련된 하나하나의 구체적인 제도가 이 전체의 목적에 어떻게 기여하는가를 유의하며 이 책을 읽어 준다면 저자의 의도는 충족된다.

최근 많은 선배·동료교수들의 著書가 나와 있어 책을 쓰면서 일일이 국내외의 모든 관련자료를 추적하는 수고를 덜 수 있었다. 이 분들의 노고에 감사한다.

　　이 책을 쓰는 데 서울産業大의 孫永和 講師와 서울大 博士課程의 姜德美 양이 資料整理와 原稿整理 그리고 校正까지 치밀하게 해 주어 큰 힘을 입었다. 당초 博英社 기획부의 간행기획과 安鍾萬 사장의 배려로 오래 전에 출간을 완료할 계획이었으나, 집필이 늦어져 죄송하게 생각하는 바이다. 그리고 편집부의 李善周 선생이 훌륭한 편집솜씨로 내용의 빈약함을 보완해 주어 큰 다행이다.

1989년 3월

著　者　識

차 례

제 1 장 서 론

제 2 장　총　　론

제 3 장   환어음·약속어음

제 4 장 수   표

제 5 장 전자어음

주요참고문헌 및 법령 약어표

Ⅰ. 國 內 書

[강·임]   姜渭斗·林載鎬, 商法講義(下)(전정판), 螢雪出版社, 2010.

[김정호]   김정호, 어음·수표법(제 2 판), 法文社, 2015.

[김홍기]   김홍기, 상법강의(제 6 판), 박영사, 2021.

[서·정]   徐燉珏·鄭完溶, 商法講義(下)(제 4 전정판), 法文社, 1996.

[서헌제]   徐憲濟, 사례중심체계 어음·手票法, 法文社, 1999.

[손주찬]   孫珠瓚, 商法(下)(제11정증보판), 博英社, 2005.

[손진화]   손진화, 상법강의(제 8 판), 신조사, 2017.

[송옥렬]   송옥렬, 상법강의(제11판), 弘文社, 2021.

[양명조]   양명조, 어음·수표법(제 3 판), 法文社, 2009.

[이·최]   이기수·최병규, 어음·수표법(제 8 판), 박영사, 2015.

[장덕조]   장덕조, 상법강의(제 3 판), 법문사, 2019.

[정경영]   정경영, 상법학강의(개정판), 博英社, 2009.

[정동윤]   鄭東潤, 商法(下)(제 4 판), 法文社, 2011.

[정무동]   鄭茂東, 商法講義(下), 博英社, 1998.

[정찬형]   정찬형, 상법강의(하)(제22판), 박영사, 2020.

[채이식]   蔡利植, 商法講義(下)(개정판), 博英社, 2003.

[최기원]   崔基元, 어음·手票法(제 5 증보판), 博英社, 2008.

[최완진]   崔完鎭, 商法學講義-理論·事例·判例-, 法文社, 2009.

[최준선]   최준선, 어음·수표법(제11판), 三英社, 2019.

[民法注解]   郭潤直(編輯代表), 民法注解[I] - [XX], 博英社, 1992~2008.

[주석(Ⅰ)]   孫珠瓚·鄭東潤·鄭燦亨·康鳳洙, 註釋 어음·手票法(Ⅰ)(제 4 판),
　　　　　　韓國司法行政學會, 1998.

[주석(Ⅱ)]   康鳳洙·鄭東潤·鄭燦亨, 註釋 어음·手票法(Ⅱ)(제 4 판),
　　　　　　韓國司法行政學會, 1998.

[주석(Ⅲ)]   孫珠瓚·康鳳洙·鄭東潤·鄭燦亨·孫晋華, 註釋 어음·手票法(Ⅲ)
　　　　　　(제 3 판), 韓國司法行政學會, 1998.

[總則·商行爲]   李哲松, 商法總則·商行爲(제16판), 博英社, 2022.
[會社法講義]   李哲松, 會社法講義(제30판), 博英社, 2022.

Ⅱ. 日   書

[石井]   石井照久, 手形法·小切手法, 勁草書房, 1983.
[稻田]   稻田俊信, 手形法·小切手法, 有信堂, 2000.
[大隅]   大隅健一郎, 改訂 手形法·小切手法講義, 有斐閣, 1980.
[大山 外]   大山俊彦 외, 現代商法Ⅲ 手形·小切手法, 三省堂, 1989.
[川村]   川村正幸, 手形·小切手法(第 3 版), 新世社, 2008.
[木村]   木村暎, 手形法·小切手法要論, 靑林書院, 1992.
[小橋]   小橋一郎新版, 手形法·小切手法講義, 有信堂高文社, 1982.
[鈴木]   鈴木竹雄, 手形法·小切手法, 有斐閣, 1976.
[田中]   田中誠二, 新版 手形·小切手法, 千倉書房, 1980.
[丹羽]   丹羽重博, 手形·小切手法槪論(第 3 版), 法學書院, 2007.
[納富]   納富義光, 手形法·小切手法論, 有斐閣, 1982.
[服部]   服部榮三, 手形·小切手法槪要, 商事法務硏究會, 1980.
[平出]   平出慶道, 手形法·小切手法, 有斐閣, 1990.
[前田]   前田庸, 手形法·小切手法入門, 有斐閣, 1983.
[森本]   森本 滋, 手形法·小切手法講義, 成文堂, 2008.

Ⅲ. 獨   書

[Baumbach·Hefermehl·Casper]   Baumbach, Adolf, Hefermehl, Wolfgang u. Casper, Matthias, *Wechselgesetz und Scheckgesetz*, 23. Aufl., C. H. Beck, München, 2008.

[Bülow]   Bülow, Peter, *Heidelberger Kommentar zum Wechselgesetz/ Scheckgesetz und zu den Allgemeinen Geschäftsbedingungen* 4., neu bearbeitete Aufl., C. F. Müller, Heidelberg, 2004.

[Gursky]   Gursky, Karl-Heinz, *Wertpapierrecht*, 3., neubearb. Aufl., C. F. Müller, Heidelberg, 2007.

[Hueck·Canaris]   Hueck, Alfred und Canaris, Claus-Wilhelm, *Recht der Wertpapiere*, 12. Aufl., Verlag Franz Vahlen, München, 1986.

[Ulmer]   Ulmer, Eugen, *Das Recht der Wertpapiere*, W. Kohlhammer Verlag, Berlin und Stuttgart, 1938.

[Zöllner]   Zöllner, Wolfgang, *Wertpapierrecht*, 14. Aufl., Verlag C. H. Beck, München, 1987.

Ⅳ. 法　　令

[거령]	거절증서령
[국사]	국제사법
[민]	민법
[민소]	민사소송법
[민집]	민사집행법
[상]	상법
[수]	수표법
[어]	어음법
[자금(령)]	자본시장과 금융투자업에 관한 법률(동 시행령) (본문에서는 「자본시장법」으로 약함)
[전어(령)]	전자어음의 발행 및 유통에 관한 법률(동 시행령)
[형]	형법
[헌]	헌법
[회파]	채무자 회생 및 파산에 관한 법률
[어음법통일조약]	1930년 제네바 「환어음과 약속어음에 관한 통일조약」(Convention Providing a Uniform Law for Bills of Exchange and Promissory Notes)
[日民]	일본 민법
[日商]	일본 상법

제1장

서 론

제1장 서 론

제1절 현대생활과 어음·수표

오늘날 어음과 수표는 기업과 가계에서 흔히 쓰이는 지급수단으로 이용되고 있다. 기업이 일상적으로 구입하는 제품이나 용역의 대금을 치를 때에는 사소한 소모품이 아닌 한 현금을 사용하는 예는 드물고, 계좌이체나 신용카드와 같은 전자적 지급수단을 이용하거나 당좌수표 또는 자기앞수표로 지급하는 것이 보통이다. 현재의 자금사정이 여의치 않으면 추후 자금이 생길 때로 지급기일을 맞추어 약속어음을 발행하기도 한다. 또 기업이 외부로부터 자금을 차입할 때에도 어음이 자금의 융통수단이 된다. 즉 금융기관으로부터 자금을 차입할 때에는 자기가 발행한 어음 또는 타인으로부터 받은 어음을 담보로 제공하고 대출을 받거나, 지급기일까지의 이자를 공제한 대가로 어음을 양도하는, 즉 어음할인의 방법으로 자금을 공급받으며, 사채업자로부터 자금을 융통할 때에도 자기가 발행한 어음 또는 타인이 발행한 어음을 할인하여 양도하는 방법을 이용한다. 또 수천만원이나 수억원 정도의 거액의 어음을 다량 발행하여 금융투자업자의 중개를 통해 어음할인의 방법으로 매각함으로써 거액의 자금을 조달하기도 한다.

가계생활에서도 어음과 수표는 낯설지 않다. 최근에는 가계의 지출규모가 커져 고가의 재화·용역을 구입하는 기회가 빈번하다. 이 경우 보통 신용카드나 자기앞수표를 지급수단으로 사용한다. 또 가계생활에서도 타인으로부터 자금을 차용하는 일이 드물지 않은데, 차입금의 담보를 위해 흔히 약속어음을 발행한다.

이와 같이 오늘날 어음·수표는 기업생활과 가계생활에서 화폐에 버금가는 지급수단으로 쓰이며, 각 경제주체 간의 자금의 흐름을 매개함으로써 자금의 효용을 높여 준다. 어음·수표거래의 규모는 실로 방대하여 어음교환소를 통해 결제되는 은행도어음과 수표만 보더라도 2021년 11월말 현재 전국적으로 1일 평균 16만장, 10조원을 넘는 어음·수표가 교환·결제되고 있다.[1] 앞으로도 획기적인 대체수단이 개발되지 않는 한, 경제발전에 따라 어음·수표에 대한 수요도 계속 확대될 것이다. 이에 법학은 어음·수표거래의 편의성과 유통성을 고양시킨다는 목표 아래 그에 부합하는 합리적인 법이론을 연구·개발해야 할 사명을 안고 있다.

제 2 절   어음·수표의 경제적 기능

Ⅰ. 지급기능

환어음·약속어음·수표의 공통적이고 기본적인 기능은 지급수단으로서의 기능이다. 어음·수표의 발행이나 그 후의 양도는 원인거래에서 생겨난 금전채무의 이행수단으로서, 현금의 지급에 대신하여 행해진다. 오늘날 경제규모가 확대됨에 따라 기업에서는 물론이고 가계에서도 거래의 규모가 커져 화폐만으로는 지급거래를 원만하게 수행하기 어렵다. 예컨대 10억원짜리 주택을 구입하고 대금을 화폐로 치른다면 50,000원권 지폐 2만장이 필요하다. 그 무게는 약 20kg에 이르고, 겹겹이 쌓으면 높이는 2m 40cm에 달한다. 거래시마다 일일이 현금으로 지급해야 한다면 물리적인 불편은 말할 것도 없고, 지급자와 수령자 모두 지급수단 자체의 보관·관리를 위해 거액의 거래비용을 부담해야 한다.

이에 대신하여 어음 또는 수표로 지급한다면, 표창하는 금액에 제한이 없으므로 금액이 얼마이든 단 1매의 종이로 지급목적을 달성할 수 있어 거래의 효율을 기하고 지급수단의 관리를 위한 비용을 줄일 수 있다. 그리하여 어음·수표는 신용카드·자금이체와 같은 무형적 지급수단과 더불어 화폐에 갈음하는 제 2 의 지급수단으로서 경제거래의 원활과 촉진에 크게 기여하고 있다.

---

1) 한국은행 경제통계시스템, 한국은행 → 경제통계시스템 → 지급결제 → 어음교환 및 부도(http://ecos.bok.or.kr).

어음 · 수표의 지급기능은 그 종류에 따라 정도를 달리한다. 약속어음은 거의 예외없이 만기를 훗날로 하여 발행하므로 지급기능과 동시에 신용을 창조하는 기능을 발휘한다. 그리고 약속어음을 발행하는 주된 동기는 이 신용의 창조에 있다고 할 수 있다. 환어음의 발행도 외견적인 기능은 지급을 위한 것이지만, 보다 중요한 기능은 신용의 창조와 송금에 있다. 이에 반해 수표는 일람출급성 때문에 신용창조라는 기능을 기대할 수 없으며, 송금기능도 극히 제한적으로밖에 수행할 수 없다($^{505면}_{참조}$). 따라서 수표는 외견적으로나 실질적으로나 지급기능을 위해 발행되고 유통된다.

용어설명

만기: 어음에 어음금이 지급될 것으로 기재된 날.

신용창조: 어음의 발행인이 만기에 이르기까지 지급을 미룸으로써 타인에게 지급해야 할 금액을 자신이 사용하는 효과.

일람출급성(一覽出給性): 언제라도 어음 · 수표가 제시되면 즉시 지급해야 한다는 속성.

Ⅱ. 송금기능

격지자 간의 거래에서는 금전의 장소적 이동이 필요한데, 어음 · 수표는 현금의 물리적 운반에 갈음하는 송금기능을 수행한다. 특히 환어음은 원래 송금을 위해 개발된 제도이다. 예컨대 서울의 甲이 부산에 거주하는 乙에게 100만원을 지급할 채무가 있는 동시에, 역시 부산의 丙에 대해 100만원의 채권이 있다고 하자. 甲과 乙, 甲과 丙 사이의 채권 · 채무를 고지식하게 해결하자면 부산의 丙으로부터 서울의 甲에게 100만원이 운반되고, 甲은 다시 그 100만원을 부산으로 운반하여 乙에게 전달해야 할 것이다. 이에 대신하여 甲이 丙을 지급인으로 하는 100만원권의 환어음을 乙에게 발행하여 주면 乙은 부산에서 丙에게 환어음과 교환하여 100만원을 지급받을 수 있어 현금의 운송이 전부 생략될 수 있다. 우리나라에서는 전국이 거의 일일생활권에 속하는데다 근래에는 계좌이체를 통한 송금방법이 활성화되어 환어음이 국내에서 이용되는 예는 드물지만, 무역대금의 지급수단으로는 일상적으로 이용되고 있다.

약속어음도 역시 송금작용을 한다. 예컨대 서울과 부산에 공히 영업소를 가지고 있으며, 현재는 서울에 있는 甲이 부산에 거주하는 乙에게 자기의 부산영업소에서 지급하기로 하는 약속어음을 발행해 준다면, 甲, 乙 모두 돈의 운송을 생략할 수 있는 것이다.

수표는 은행을 지급인으로 해서 발행하므로 은행의 전국적인 점포망을 이용하여 송금수단으로 활용할 수 있다. 예컨대 서울의 甲이 부산의 乙에게 채무를 변제함에 있어 乙에게 신한은행 본점을 지급인으로 하는 수표를 발행하여 우송한다면, 乙은 부산의 신한은행 지점을 통해 추심할 수도 있고, 다른 거래은행을 통해 추심할 수도 있다. 이로써 서울—부산 간의 현금수송이 생략되는 것이다. 이같이 어음·수표는 모두 송금기능을 갖고 있지만, 보다 강한 송금작용을 하는 것은 역시 환어음이다.

Ⅲ. 추심기능

이는 환어음에만 있을 수 있는 기능으로, 금전채권의 추심을 위해 채권자가 채무자를 지급인으로 하는 환어음을 발행하는 것이다. 예컨대 甲이 丙에게 외상으로 상품을 팔아 대금채권을 가지고 있는 한편, 乙로부터 자금을 차입하였다 하자. 甲이 乙에게 丙을 지급인으로 하는 환어음을 발행하면, 甲에게 있어 환어음은 乙에 대한 관계에서는 지급기능을 하는 동시에 丙에 대한 관계에서는 추심기능을 하는 것이다. 특히 국제무역거래에서는 추심만을 위해 환어음을 발행하는 예가 많다. 예컨대 한국의 甲이 중국의 乙에게 기계를 수출하고 乙을 지급인으로 하는 환어음을 작성하여 자신의 거래은행인 하나은행에 매각하거나 어음추심을 의뢰하면, 하나은행은 다시 중국의 거래은행인 중국공상은행을 통해 乙로부터 지급받음으로써 甲과 乙간에 수출입대금이 지급결제되는 것이다.

Ⅳ. 담보기능

어음·수표는 채권의 담보를 위해 발행할 수도 있다. 어음·수표는 유가증권
이므로 그 자체를 입질 또는 양도담보의 방법으로 담보화할 수 있음은 물론이지
만, 처음부터 지급을 위해서가 아니라 채권의 담보를 위해 발행하는 경우가 있다.
이러한 목적으로는 약속어음이 흔히 쓰인다. 예컨대 甲이 乙로부터 금전을 차용
하거나 외상으로 물품을 구입하면서 그 채무의 이행을 담보하기 위하여 채무액
또는 그 이상의 액면으로 약속어음을 발행해 주고, 채무를 변제할 때에 어음을 회
수하기로 약속하는 것이다. 그리고 甲이 채무를 이행하지 아니하면 乙은 그 어음
을 제시하여 어음금의 지급을 청구하거나 그 어음을 타인에 대한 변제를 위해 양
도함으로써 甲에 대한 채권의 만족을 얻는 것이다. 후술하는 바와 같이 어음금청
구소송은 특히 신속하고, 이 소송에서는 어음소지인이 유리한 입장에 서는 까닭
에 어음의 담보가치가 매우 높다고 할 수 있어 어음은 빈번히 원인채권의 담보수
단으로 쓰인다.

수표도 채권을 담보하기 위하여 발행하는 수가 있다. 위 예에서 甲은 약속어
음 대신에 발행일을 백지로 한(즉, 발행일을 기재하지 않은) 수표를 발행해 주는 것
이다. 발행일을 백지로 하는 이유는, 수표는 발행일로부터 10일 내에 제시해야 하
므로 발행일을 기재할 경우 채무의 변제기가 장기(10일 이상)일 때에는 채무불이
행시 수표금의 청구가 불가능해지기 때문이다. 그리하여 변제기에 甲이 변제하지
아니하면 乙은 발행일을 보충기재하고 지급인에게 수표를 제시하여 수표금을 청
구하는 것이다. 그런데 乙은 변제기를 기다리지 않고 담보로 받은 수표에 즉시
발행일을 보충하여 지급제시할 수 있고, 그 때 지급인이 보관하는 甲의 자금이
부족하여 지급을 하지 못하면 부정수표단속법에 의하여 甲이 형사책임을 지게 되
므로 담보의 목적으로 수표를 발행하는 것은 발행인으로서는 위험부담이 큰 행위
이다.

V. 신용창조의 기능

만기를 훗날로 하여 어음을 발행할 때에는 신용을 창조하는 기능을 하며, 이런 어음에서는 신용창조가 앞에 설명한 모든 기능에 앞서 경제적으로 가장 중요한 동기를 이룬다.

환어음의 경우, 예컨대 甲이 丙에게 채권을 가지고 있는데, 그 변제기는 6개월 후이고, 한편 乙에 대해서는 지금 변제해야 할 채무가 있다고 하자. 여기서 甲이 丙을 지급인으로 하고 6개월 후를 만기로 하는 어음을 乙에게 발행하면 甲은 6개월 후에 생길 금전을 지금 활용하는 의미에서 신용을 창조하게 되는 것이다. 물론 乙은 현금의 수입이 6개월간 지연되는 불이익을 겪게 되지만 이에 대한 보상은 이자로 환산하여 어음금에 합산할 수도 있고, 어음할인의 방법으로 甲으로부터 보상받을 수도 있다.

그러나 신용창조의 기능은 약속어음에서 특히 두드러지며, 약속어음은 거의 예외 없이 신용창조를 위해 발행된다고 해도 과언이 아니다. 약속어음도 일람출급어음(만기가 없이 언제이든 어음이 제시되면 지급하기로 약속된 어음)으로 발행할 수 있으나 실제 그렇게 발행하는 예는 드물고, 거의가 발행일 이후 상당 기간이 경과한 날을 만기로 한다. 약속어음은 발행인이 지급을 약속하는 것이니만큼, 이같이 후일에 지급한다는 약속을 가지고 지급수단으로 삼는다는 것은 신용을 창조하기 위한 것 이외에 더 중요한 목적이 있을 수 없다. 약속어음의 신용창조기능은 어음을 발행하는 원인관계에 따라 양상을 달리하는데, 기업이 발행하는 어음은 대체로 두 가지 원인관계로 나누어 볼 수 있다.

첫째는 이른바 상업어음(속칭 「진성어음」)이라는 것으로, 기업이 물품·용역을 구입하고 그 대금의 지급을 위해 발행하는 어음이다. 기업이 발행하는 어음의 주종을 이루고, 또 가장 건전한 거래동기를 가진 어음이라 할 수 있다. 기업은 이 상업어음을 발행함으로써 어음의 만기에 이르기까지 현금의 사용을 유보한다는 의미에서 또는 만기에 생길 현금을 앞당겨 활용한다는 의미에서 신용을 창조하는 효과를 누린다.

둘째는 어음할인으로서, 이는 기업이 사전의 특별한 원인관계 없이 어음을 작성하여 자금을 가진 자에게 만기까지의 이자를 공제하고 매각하는 방법이다.

기업이 私債시장에서 단기의 자금을 조달하려 할 때 이러한 방법을 쓴다. 또 기업이 약속어음을 다수 발행하여 단기금융회사의 중개로 매각하여 자금을 조달하기도 하는데($_{참조}^{33면}$), 이 역시 어음할인이다($_{세는\ 336면\ 참조}^{어음할인에\ 관해\ 상}$).

　　이같이 약속어음은 주로 신용을 창조하고, 환어음도 부분적으로 같은 기능을 하지만, 수표에는 신용을 창조하는 기능이 없다. 수표는 일람출급성이 있어 발행된 후 즉시라도 소지인이 지급인에게 제시할 수 있고, 지급인이 수표를 제시받았을 때 지급인이 보관하는 발행인의 자금이 있다면 바로 지급해야 하고, 자금이 없다면 지급거절(속칭 "부도")이 되어 바로 상환청구절차가 진행되기 때문이다. 그러나 수표도 경험적으로 볼 때 발행된 후 즉시 제시되는 예는 드물고 보통 수일이 경과한 후에 제시되므로 그 때까지 발행인이 수표지급에 쓸 자금을 일시 활용할 수 있다. 따라서 수표도 극히 단기간에 걸쳐서나마 신용창조의 기능을 한다고 말할 수 있다.

VI. 경제거래의 촉진

　　이상은 어음·수표거래의 당사자들 사이에서 발휘되는 어음·수표의 기능이지만, 어음·수표는 사회적으로도 매우 유익한 작용을 한다. 즉 어음·수표는 격지자 간의 지급거래수단으로 유용하므로 지역 간의 경제교류를 촉진시키고, 현금의 수수를 생략하므로 거래를 효율화하고 지급거래에 따르는 비용을 감소시킨다. 그리고 신용의 창조라는 기능을 통해 재화·용역에 대한 구매력을 창출하므로 경제를 활성화시키는 작용을 한다.

　　그러나 한편 어음·수표는 각종의 사기수단으로 이용되는 예도 드물지 않고, 지급되어야 할 날에 지급되지 아니할 때에는 연쇄적으로 거래관계에 혼란을 가져오므로 그 역기능 또한 적지 않다. 예컨대 2020년 한 해 동안 은행도어음과 당좌수표거래 중 0.06%(어음의 장수기준으로는 0.04%)에 해당하는 1조 3천억원의 부도(지급거절)가 발생하였는데,[1] 그로 인한 경제의 파탄효과는 지대하다. 그러나 이

---

1) 한국은행 경제통제시스템, 한국은행 → 경제통제시스템 → 지급결제 → 어음교환 및 부도(http://ecos.bok.or.kr).

는 어음·수표제도의 효용을 누리기 위해 치러야 할 부득이한 사회비용이다.

제 3 절 어음·수표제도의 역사

우리나라에서도 이미 오래 전부터 어음이 이용되었으나, 오늘날의 어음제도
는 우리의 전통적인 어음제도에서 이어 온 것이 아니고, 다른 私法과 마찬가지로
서구의 제도에 유래한다. 이하 유럽국가의 어음제도의 발달을 개관하고 우리나라
에 계수된 경위를 설명한다.

Ⅰ. 유럽의 어음제도의 생성

유럽에서는 이미 12세기에 이탈리아, 프랑스 등지에 도시국가가 생기면서 활
발해진 상거래의 결제수단으로 어음이 이용되었다. 주로 화폐를 달리하는 외국의
거래처에 환전 겸 송금을 목적으로 발행되었으며, 타지출급의 약속어음이 최초
의 모습이었다. 이어 환어음으로 형태가 변했으며, 도시국가에서 열리는 정기시
장일을 만기로 하는 어음이 다수 이용되고 시장에서 교환이 이루어졌다. 이 교환
과정에서 지급인에게 지급의사가 있는지 확인하는 방법으로 오늘날의 인수에 해
당하는 제도가 생겨났다. 그러나 어음이 유통되기 시작한 것은 훨씬 뒤의 일로,
16세기 이탈리아에서 어음의 수취인이 어음금을 수령하였다는 영수의 문언을 어
음에 기재하고 양수인이 이를 제시하는 형태로 시작되어 나중에 오늘날의 배서
에 해당하는 제도가 생겨났다.

수표는 어음보다 늦게 생겨났다. 13세기경 이탈리아의 도시에서 환전상에 예
금한 자가 예금의 지급을 의뢰하는 지급지시문서가 기원이 되었으며, 16세기경
네덜란드에서도 빈번히 이용되다가, 17세기경 영국에서 환전상이나 후에 은행으
로 발전한 금은상에서 매우 활발하게 이용되었다. 이어 19세기에는 수표에 관한
법제도가 정비되었고, 이 제도가 각국의 입법의 모범이 되었고 오늘날의 수표제

도의 연원이 되었다.

Ⅱ. 유럽의 어음법제의 발달

어음이 최초로 등장한 시기에는 어음제도가 환전상 업계의 관습법으로 존재하다가, 17세기에 통일국가가 성립하면서 점차 국가제도로 정비되기에 이르렀다. 몇 가지 예를 들어 보면, 1673년에 제정된 프랑스의 상사조례에 어음에 관한 제도가 등장하며, 이 제도는 1807년의 나폴레옹 상법전에 수용되었다. 독일에서는 19세기 전반까지는 어음법이 각 지방의 관습법으로 존재하였는데 그러다보니 독일에서는 형태를 달리하는 수십 종의 어음이 유통되어 불편이 극에 달하였으므로 1847년에 연방차원에서 보통독일어음법(Allgemeine Deutsche Wechselordnung)이 제정되기에 이르렀다.

그리고 영국에서는 1882년에 수백년을 거슬러 어음에 관한 관습법을 조사하여 단행법으로 집대성한 어음법(Bill of Exchange Act)을 제정하였다.

이같이 어음은 지역별로 발달하고 법제화되었으므로 어음에 관한 법계는 크게 독일법계, 프랑스법계, 영국법계로 구분해 볼 수 있으며, 이들 나라의 제도가 정치적·경제적인 밀접도를 따라 각국에 계수되었다.

Ⅲ. 어음法의 국제적 통일

어음·수표는 경제생활을 하는 사람들의 편의적 욕구를 충족시키기 위해 창안된 제도이므로 각국의 고유한 문화적 전통의 지배를 받지 아니하고, 도구적 측면에서의 기술성·합리성을 좇아 독자적으로 진보한다. 따라서 각국별로 독자적으로 개발된 어음·수표제도라도 서로간에 공통점이 많고, 또 어느 나라에 보다 진전된 제도가 생기면 다른 나라에서도 별 거부감 없이 수용한다. 이리하여 어음·수표법은 자연스럽게 국제적으로 통일되어 가는 경향을 보인다.

한편 국제거래가 점증함에 따라 결제에 관한 제도를 통일할 필요성이 강해지므로 어음·수표법을 인위적으로 통일시키려는 노력도 꾸준하다. 일찍이 1912년 헤이그에서 17개 유럽 국가와 10개 중남미 국가가 조인한 통일어음조약이 체결된 바 있다. 이는 제 1 차 세계대전의 발발로 인해 각국의 비준을 얻지 못하여 폐기되었으나, 전후 국제연맹을 중심으로 다시 어음법의 통일화 사업을 추진하여, 1930년에 결실을 보았다. 그 해 독일, 프랑스, 일본을 포함하는 31개국의 대표들이 제네바에 모여 「환어음과 약속어음에 관한 통일조약」(Convention Providing a Uniform Law for Bills of Exchange and Promissory Notes)(어음법통일조약), 「환어음과 약속어음의 법률저촉을 해결하기 위한 조약」, 그리고 「환어음과 약속어음의 인지에 관한 조약」이라는 3개의 조약을 체결하였으며, 이듬해(1931년)에는 수표법에 관해 어음법과 대칭되는 3개의 조약을 체결하였는데, 동조약들은 각국의 비준을 거쳐 1934년 1월 1일부터 발효되었다. 그런데 당초 영국과 미국은 처음부터 이 제네바 조약에 참가하기를 거부하였으므로 결국 조약의 비준국은 독일법계와 프랑스법계에 속하는 나라에 그치게 되었다.

한편 근래에 UN을 중심으로 통일화가 추진되어, UN국제상거래법위원회(United Nations Commission on International Trade Law: UNCITRAL)가 준비해 온 국제환어음·약속어음에 관한 조약안이 1988년 12월 9일 UN총회에서 채택되어 국제협약으로 성립된 바 있다.[1]

Ⅳ. 日本의 어음제도의 발달

일본에서도 해양국가의 특성상 일찍부터 상거래가 발달하고 따라서 원격지 간의 송금수단으로서 어음에 유사한 제도가 생겨났다. 이미 1297년에 제정된 鎌倉(가마쿠라)政府의 법령집 「新編追加」에 오늘날의 換을 의미하는 「替錢」에 관한 규정이 나온다($^{48조 내}_{지 50조}$). 당시 금속화폐 또는 화폐를 대신하던 미곡을 운반하는 데 따르는 어려움을 덜기 위하여, 송금하고자 하는 자는 替錢을 다루는 자에게

---

1) 각국의 어음·수표법의 현황에 관해서는 최기원 93면 이하, 어음의 발달과 통일조약에 관해서는 木村, 60면 이하가 상세하다.

화폐나 미곡을 지급하고 그로부터 「割符」[1]라 불리는 증서를 받아 목적지에 가서 역시 替錢을 다루는 자에게 이를 제시하면 같은 수량의 화폐나 미곡을 받을 수 있는 방식으로 운영되었다. 이같이 생겨난 어음제도는 에도막부(江戶幕府)의 말기에 이르기까지 점차 세련된 모습으로 발달해 왔다.

그러나 19세기 후반 메이지유신(明治維新)에 의해 나라의 법제 전반에 걸쳐 서구의 제도를 계수할 때에 어음에 관해서도 같은 방침을 취하여, 전통적인 어음제도를 버리고, 프랑스법을 본받은 어음법을 제정하였다. 이후 독일제도와 영국제도를 가미하는 등 변형을 거쳐 1891년 구상법의 일부로 제정하였다가, 다시 1899년 신상법 제 4 장에 독일법을 모방한 어음에 관한 규정을 두고, 별도로 영국수표법을 모방한 수표법을 제정하여 시행하였다.[2]

이후 일본은 기술한 바와 같이 1930년 어음법과 수표법의 통일조약에 참가하였다. 그리하여 이를 반영한 국내법으로서, 1932년에 「어음법」을, 1933년에 「수표법」을 각기 제정하고 1934년부터 시행하여 오늘에 이르고 있다.

V. 우리나라의 어음제도의 발달

우리나라에서도 어음에 해당하는 제도가 오래 전에 발달하였다고 하나, 언제부터인지는 분명하지 않다. 문헌에 나타난 바에 의하면, 확실하게 어음이 사용된 것은 17세기 후반부터인 듯하다. 명칭은 어음, 於音, 魚驗 등 다양한데, 초기에는 다른 나라와 마찬가지로 송금수단으로서 이용되었으나, 19세기에 들어서는 상품거래의 지급수단 외에 자금차입을 위한 담보로서도 이용되었다고 한다.[3]

이같은 우리의 고유한 어음은 제도화되지 못한 채 한일합방으로 인해 그 맥이 끊어지고, 우리나라에서는 일본이 서구의 제도를 본받아 만든 어음제도가 시행되었다. 이후 일본이 기술한 1930년과 1931년의 통일조약을 반영하여 신어음법과 신수표법을 제정함에 따라 우리도 이 법의 적용을 받았으며, 해방 후에는 경

---

1) 오늘날의 환어음에 해당하는 증서로서 일본어로 '사이후' 또는 '와리후'라 읽는다.
2) 木村, 79면.
3) 우리나라의 어음의 역사와 그 배경에 관해서는 이영훈외 3인, 『한국의 유가증권 100년사』, 증권예탁결제원, 2005, 30면 이하 참조.

과규정에 의해 같은 법이 시행되어 오다가 1962년에 新어음법과 新수표법이 제정되었는데($\begin{smallmatrix}어음법 1962. 1. 20, 법률 제1001호,\\수표법 1962. 1. 20, 법률 제1002호\end{smallmatrix}$), 그 내용은 舊法과 차이가 없다.

신어음법과 신수표법의 제정 이후 수차례 부분적인 개정이 있었다. 1995년 12월 6일에 종전에 기명날인만 허용하던 것을 서명도 허용하도록 개정했고($\begin{smallmatrix}어음법\\(법률 제\\5009호), 수표법\\(법률 제5010호)\end{smallmatrix}$), 2007년 5월 17일에는 전자지급제시를 허용하기 위한 개정이 있었다($\begin{smallmatrix}어음법(법률 제8441호) 제38조 제3항,\\수표법(법률 제8440호) 제31조 제2항\end{smallmatrix}$). 그리고 2010년 3월 31일에는 어음법과 수표법의 법문의 표기를 한글화하고 법문을 쉽게 하기 위해 전체적으로 용어와 문장을 평이하게 수정하였다($\begin{smallmatrix}어음법(법률 제10198호),\\수표법(법률 제10197호)\end{smallmatrix}$). 그러나 내용에 실질적인 변화는 없다. 한편 상거래의 전자화추세에 따르며 동시에 어음의 수수에 소요되는 거래비용을 절감하려는 취지에서 2004년 3월 22일에 「전자어음의 발행 및 유통에 관한 법률」($\begin{smallmatrix}법률\\제7197호\end{smallmatrix}$)을 제정하여 2005년 1월 1일부터 시행하였다. 이후 7차례에 걸쳐 소폭의 개정이 있었는데, 대부분 다른 법의 개정에 따른 기술적인 변화를 다룬 것이고, 실체법적으로 중요한 것은 2013년 4월 5일에 있은 개정($\begin{smallmatrix}법률 제11730호,\\2014년 4월 6일 시행\end{smallmatrix}$)과 2016년 5월 29일에 있은 개정($\begin{smallmatrix}법률 제14174호,\\2018년 5월 30일 시행\end{smallmatrix}$)이다. 전자의 개정에 의해 일부 중대형회사들에게 전자어음의 이용이 강제되고 분할배서제도가 도입되었으며, 후자의 개정에 의해 어음의 만기가 3개월로 단축되었다.

제 4 절 어음·수표법의 체계

어음법과 수표법은 실질적 의의의 상법에는 속하지 않으나, 강학상 상법의 일부로 분류하는 것이 보통이다. 이는 어음·수표가 주로 상거래의 결제수단으로 쓰이기 때문이고, 그 법률관계의 성질로 보아서는 상법과 영역을 달리한다. 그래서 어음·수표에 관해서는 별도로 어음법과 수표법이 마련되어 있다. 그리고 전자적 수단으로 발행·유통되는 전자어음을 위한 특례법으로서 「전자어음의 발행 및 유통에 관한 법률」($\begin{smallmatrix}이하 "전자어음\\법"이라 약함\end{smallmatrix}$)이 제정되어 있다.

1. 어음법의 체계

어음법은 제 1 편 제 1 조 내지 제74조에서 환어음에 대해 규정하고, 약속어음에 관해서는 제 2 편에 4개의 조문($^{75\sim}_{78조}$)을 두어 약속어음의 특성을 고려한 약간의 특례를 두는 외에는 대부분의 법률관계에 관해 제 1 편 환어음에 관한 규정을 준용하고 있다.

어음에 관한 법률관계는 어음을 소재로 하는 채권 · 채무관계인데, 채권 · 채무는 주로 당사자들의 의사에 의해 발생하고 변동한다. 그러므로 어음법에서도 역시 어음관계 당사자들의 의사표시를 요소로 하는 법률행위(이를 어음행위라 한다)의 방식과 효력이 중심문제를 이루고, 이 때문에 어음법도 어음행위를 중심으로 짜여 있다. 구체적으로 보면, 어음법 제 1 편 제 1 장은 어음을 창출하는 「발행」이라는 법률행위의 방식과 효력을 다루고 있다. 제 2 장에서는 어음을 양도하는 법률행위인 「배서」의 방식과 효력을 다루고, 제 3 장에서는 지급인이 어음금의 지급채무를 부담하는 의사표시인 「인수」의 방식과 효력을 다루고 있다. 이어 제 4 장에서는 제 3 자가 어음채무자의 채무를 「보증」하는 의사표시의 방식과 효력을 다루고 있다. 어음에 어음금이 지급될 시기를 만기라 부르는데, 제 5 장에서는 만기를 어떠한 방식으로 표기할 것인지를 다루고 있다. 그리고 어음관계는 어음금이 지급되어야 원만하게 소멸하고, 어음관계자들도 이를 기대하고 어음을 취득하므로 어음법에서는 지급을 위해 필요한 절차와 기술적인 문제들도 다루고 있다($^{제 6 장,}_{38\sim42조}$). 한편 지급인이 어음금을 적시에 지급하지 않거나, 지급을 기대하기 어려운 상태에 이른 때에는 지급인에 갈음하여 다른 어음관계자들의 책임을 물어 지급하도록 해야 한다. 이를 상환청구라 하는데, 어음의 안전성과 유통성을 최후로 담보하는 중요한 절차이다. 그러므로 어음법에서는 이 상환청구절차를 통해 지급의 확실성을 높이는 동시에 어음관계자들의 이해를 조정하는 규정을 두고 있다($^{제 7 장,}_{43\sim54조}$). 그리고 제 8 장($^{55\sim}_{63조}$)에서는 참가제도에 관해 규정하고 있는데, 이는 인수 · 지급이 거절될 경우를 대비하기 위한 제도이나 실제로는 거의 이용되는 일이 없다. 제 9 장($^{64\sim}_{68조}$)에서는 어음의 복본과 등본을 작성할 경우의 효력을 규정하고 있는데, 이 역시 거의 이용되지 않는 제도이다. 제10장($^{69}_{조}$)에서는 어음이 변조된 경우에 제기되는 관계자들의 책임범위를 규정하고 있으며, 제11장($^{70\sim}_{71조}$)은 어음채무의 종류별로 소멸시효를 정하고 있고, 제12장($^{72\sim}_{74조}$)은 어음에 사용되는 기한과 기간의 계산법을 규정하고 있다.

약속어음은 지급인이 별도로 존재하지 않는다는 점을 제외하고는 환어음의 법률관계와 대체로 같다. 그러므로 약속어음에 관한 제2편($^{75\sim}_{78조}$)에서는 환어음에 관한 규정 중 인수($^{제3장,}_{21\sim29조}$)와 같이 지급인의 존재를 전제로 한 규정을 제외하고 나머지는 그대로 약속어음에 준용하고 있다.

어음법 부칙($^{79\sim}_{85조}$) 중에서 이득상환청구권에 관한 제79조와 소송고지에 관한 제80조는 성격상 부칙이라 할 수 없고, 어음에 관련된 매우 중요한 실체법적 규정이다. 휴일의 의의에 관한 제81조 역시 그러하다.

2. 수표법의 체계

수표법은 제1장 수표의 발행과 방식($^{1\sim}_{13조}$), 제2장 양도($^{14\sim}_{24조}$), 제3장 보증($^{25\sim}_{27조}$), 제4장 제시와 지급($^{28\sim}_{36조}$), 제5장 횡선수표($^{37\sim}_{38조}$), 제6장 지급거절로 인한 상환청구($^{39\sim}_{47조}$), 제7장 복본($^{48\sim}_{49조}$), 제8장 변조($^{50}_{조}$), 제9장 시효($^{51\sim}_{52조}$), 제10장 지급보증($^{53\sim}_{58조}$), 제11장 통칙($^{59\sim}_{62조}$) 그리고 부칙($^{63\sim}_{71조}$)의 순으로 구성되어 있다. 수표에도 지급인이 따로 있어 환어음과 구조가 흡사하므로 수표법은 어음법 중 제1편(환어음)과 대체로 같고 그 내용도 중복되는 것이 많다. 그러나 수표는 지급에 관해 일람출급성($^{505면 이}_{하 참조}$)을 지니므로 이 점을 출발점으로 하여 몇 가지 중요한 상이점을 갖고 있다. 그리하여 수표법 제1장은 어음법 제1편 제1장(환어음의 발행과 방식)과 대체로 같지만, 일람출급성으로 인해 수표요건이 어음요건과 차이를 보이는 것을 비롯해서 기타 기재사항에서 달리하는 점이 있고, 제2장은 환어음의 배서에 해당하고 조문의 내용도 대체로 같으나, 수표는 일람출급성으로 인해 소지인출급식으로 발행되는 예가 많으므로 소지인출급식수표에 특유한 규정도 갖고 있다. 제3장 보증($^{25\sim}_{27조}$), 제4장 제시와 지급($^{28\sim}_{36조}$), 제6장 상환청구($^{39\sim}_{47조}$), 제8장 변조($^{50}_{조}$), 제9장 시효($^{51\sim}_{52조}$), 제11장 통칙($^{59\sim}_{62조}$)은 각각 어음법 제1편 제4장 보증, 제6장 지급, 제7장 상환청구, 제10장 변조, 제11장 시효, 제12장 통칙과 대칭시켜 이해하면 되고 그 내용도 대체로 흡사하다. 수표는 일람출급성으로 인해 어음에 있어서의 만기($^{어음법}_{제1편 제5장}$)와 같은 개념이 없고 따라서 인수($^{어음}_{법}$

$\binom{제1편}{제3장}$와 같은 제도도 없다. 대신 인수와 부분적으로 유사한 기능을 하는 것으로서 지급은행이 하는 지급보증$\binom{수표법}{제10장}$이라는 제도가 있다. 그리고 수표는 대체로 소지인출급식으로 발행되는 까닭에 소지인이 수표의 점유를 잃을 경우 권리를 상실할 위험이 크므로 안전성을 높이기 위해 「횡선」$\binom{수표법}{제5장}$이라는 특유한 제도가 활용된다. 수표법 부칙도 어음법 부칙과 마찬가지로 이득상환청구권$\binom{수}{63조}$, 소송고지로 인한 시효중단$\binom{수}{64조}$, 휴일의 의의$\binom{수}{66조}$와 같은 실체법적 규정을 담고 있다.

3. 전자어음법의 체계

전자어음법은 전자어음 즉 전자문서로 발행 · 유통되는 어음에 관한 법률문제를 다루고 있다. 실제의 수요에 따라 약속어음만을 전자어음으로 발행할 수 있도록 하고, 전자어음의 안정적인 관리를 위해 전자어음의 관리를 전담하는 전자어음관리기관을 설치하여 이 기관에 등록된 어음에 한해서만 유효한 전자어음으로 다룬다$\binom{전어}{5조}$. 어음의 소재가 종이가 아니고 전자적 수단이라는 특성에 따라 전자어음의 발행과 유통에서 생기는 특례적 사항을 규율하고 있다$\binom{전어}{6\sim8조}$. 그리고 전자어음의 지급제시와 지급거절, 상환청구 그리고 어음의 소멸에 관해서도 종이어음을 전제로 한 어음법의 규정만으로는 해결될 수 없는 문제가 있으므로 이를 위한 특례규정을 두고 있다$\binom{전어}{9\sim14조}$. 전자어음법은 전문 26개조로 구성되어 있는데, 위 규정들 외의 나머지는 어음법적 문제가 아니고, 전자어음제도의 운영상의 안전을 위한 행정단속법규로 이루어져 있다.

제 5 절 이 책의 체계

실제 거래에서의 어음 · 수표의 쓰임새를 보면, 수표가 일상적인 지급수단으로서 압도적으로 많이 사용되며, 그 다음으로 약속어음이 신용창조를 곁들인 지급수단으로서 자주 이용된다. 이에 비해 환어음은 무역거래의 결제수단으로 이용될 뿐 국내거래의 지급수단으로 이용되는 예는 흔하지 않다. 그러므로 실제 경제생활에서의 중요도에 따라 본서의 내용을 꾸민다면, 수표·약속어음·환어음의 순으로 해설하거나, 그 순으로 비중을 두어 설명하는 것이 바람직하겠으나, 어음·수표의 법원리적 접근방식으로서는 효율적인 방법이 아니다.

어음·수표거래의 구조로 볼 때, 어디까지나 환어음이 어음·수표의 이론적 원형이고 약속어음과 수표는 각각의 특수한 용도를 위해 환어음에 방법론적 변형을 가한 것이라고 볼 수 있다. 어음법이 환어음에 관해 자족적인 규정을 두고 약속어음에 관해서는 환어음에 관한 규정을 수정·준용하는 것도 이 때문이다. 수표에 관해서는 별도의 법전을 가지고 자족적으로 규정하는 방법을 취하고 있으나, 수표관계도 환어음에 관한 이해를 토대로 비교 분석하는 것이 수표법을 체계적으로 파악하는 데에 훨씬 능률적이다. 그러므로 종래 어음·수표법의 해설서는 법전의 순에 따라 먼저 환어음에 관해 완결적인 해설을 마치고, 다음 약속어음에 관해서는 환어음과의 차이점과 그 이유를 중심으로 설명하고, 끝으로 수표를 역시 환어음과 비교하며 설명하되, 수표에 고유한 제도는 별도로 상세히 설명하는 것이 보통이었다.

그런데 이 같은 체계로 설명하면 환어음의 상세한 법리를 약속어음과 수표에 적용시켜 이해하는 것은 독자의 책임으로 돌려야 하는데, 환어음의 법리를 수표에 적용하는 데에는 큰 어려움이 없으나, 약속어음에는 지급인이 없는 까닭에 환어음의 법리를 약속어음으로 연결시킬 때에 다소 사고의 단절을 느낄 우려가 있다. 그러므로 본서에서는 환어음과 약속어음을 묶어 제 3 장에서 설명하고, 그 뒤로 제 4 장에서 수표를 환어음에 견주어 설명하는 방법을 취하기로 한다. 끝으로 제 5 장에서 전자어음을 다룬다.

그리고 어음이나 수표의 법리에는 공통점이 많은데, 특히 유가증권에 관한 법률행위로서의 일반적 성격이 그러하다. 이러한 점들은 환어음·약속어음·수표에 관한 것을 한데 묶어 총론적 성격을 부여해서 설명하는 것이 통례인데, 좋은 방법이라 생각되어 제 2 장에서 어음·수표법의 총론으로 다룬다.

몇 가지 약속

이 장에서 서론적인 설명을 마치고, 이어 다음 장($\frac{제}{2장}$)에서는 어음·수표법의 총론적인 과제를 다루고, 제 3 장에서는 환어음과 약속어음, 제 4 장에서는 수표, 그리고

제 5 장에서는 전자어음을 다룬다. 환어음 · 약속어음 · 수표는 각기 다른 기능과 구조를 가진 유가증권이지만 그 유사점 또한 많다. 그러므로 제 2 장에서 환어음 · 약속어음 그리고 수표에 공통적으로 적용되는 원리들을 뽑아 먼저 설명하기로 한다. 공통적인 원리들을 설명하면서 매번 환어음 · 약속어음 · 수표라는 말을 반복하는 것이 번거로우므로 세 가지를 통칭하여 단지 「어음」이라 표기하고, 각 증권에 관한 법률행위, 즉 환어음행위, 약속어음행위, 수표행위를 통칭하여 「어음행위」라고 표기하기로 한다. 그러나 세 가지에 각기 다른 설명을 요할 때에는 물론 구분하여 말하고, 또 가끔 세 가지에 공통된다는 점에 주의를 환기시키기 위하여 「어음 · 수표」 또는 「어음 · 수표행위」라고 표기한다.

어음거래의 당사자를 표현하는 말에 대해서도 주의를 요한다. 배서인 · 보증인 등은 특별한 언급이 없는 한 환어음 · 약속어음 · 수표의 배서인 · 보증인을 가리키나, 지급인은 반드시 환어음 또는 수표의 지급인을 뜻한다(약속어음에는 지급인이 없다). 그리고 환어음 · 수표의 발행인과 약속어음의 발행인은 그 지위가 크게 다르다. 환어음과 수표에는 지급인이 있으므로 발행인은 상환의무자에 불과하지만, 약속어음의 발행인은 주채무자이다. 그러므로 설명을 하다 보면, 환어음의 지급인(인수인), 수표의 지급인과 약속어음의 발행인을 나란히 지칭하거나, 환어음과 약속어음에 국한된 설명이라면 환어음의 지급인과 약속어음의 발행인을 같이 지칭해야 할 경우가 많다. 예컨대 "환어음 · 수표의 지급인(인수인) 또는 약속어음의 발행인은 …" 혹은 "환어음의 지급인(인수인) 또는 약속어음의 발행인은 …"라는 식이다. 때로는 표현이 번거로워 이같이 말하지 않고 「지급인 또는 발행인」이라 할 수도 있는데, 같은 뜻으로 이해해야 한다.

그리고 독자의 이해를 돕기 위해 이 책의 모든 장에 걸쳐 가급적 예를 많이 들고 그림을 활용한다. 어음에서는 각종의 법률문제가 발생하지만, 따지고 보면 약속어음의 경우에는 발행인 · 배서인 · 보증인, 환어음의 경우에는 발행인 · 지급인(인수인) · 배서인 · 보증인, 그리고 수표에서는 발행인 · 배서인 · 보증인 · 지급보증인이라는 제한된 종류의 당사자 사이에서 일어나는 문제이다. 그러므로 이 당사자들을 유형화시켜 기억해 두는 것이 편리할 것이므로 예와 그림에 관해 다음과 같은 약속을 하기로 한다.

첫째, 약속어음 · 환어음 · 수표 공히 발행인은 「甲」, 수취인은 「乙」로 표시하고, 환어음의 지급인 또는 인수인 및 수표의 지급인은 「丙」으로 표시한다. 수취인 이후의 배서인들은 어음을 양도받은 자의 순으로 A, B, C …의 영문자로 표시한다. 그리고 보증인은 누구의 보증인이냐에 따라 甲의 보증인이면 「甲´」, 乙의 보증인이면 「乙´」로 표시하기로 한다. 그리고 위조나 무권대리의 경우도 누구의 기명날인(또는 서명)을 위조 혹은 무권대리하였느냐에 따라 같은 요령으로 표기한다.

둘째, 그림에서 화살표의 방향은 어음행위가 행해진 방향을 의미한다. 예컨대

「甲 → 乙」은 甲이 乙에게 어음을 발행한 것으로, 「丙 → 乙」이면 丙이 乙에게 인수를 해 준 것으로, 그리고 「A → B」이면 A가 B에게 어음을 배서양도 또는 교부양도한 것을 의미한다.

화살표가 甲, 乙, A, B와 역순인 경우, 예컨대 「B → 甲」 또는 「B → A」로 되어 있으면 어음금을 청구하거나 상환청구권을 행사하는 뜻으로 이해한다.

셋째, 어음의 소지인에 대해서는 모든 어음행위자가 책임을 지고, 어음행위자 상호간에서는 앞서 어음행위를 한 자가 뒤에 어음행위를 한 자에게 책임을 진다. 그래서 어느 어음행위자를 중심으로 그가 책임을 물을 수 있는 상대방, 그리고 자신이 책임을 져야 할 상대방을 가리키는 말로서 전자(前者), 후자(後者)라는 용어를 쓰기로 한다. 이는 어음법에서 공식적으로 쓰는 용어이다(예: 어 45조 3항, 47조 4항, 49조). 예컨대 甲의 발행에서 시작하여 乙 → A → B → C의 순으로 어음이 유통된 경우 A를 중심으로 말할 때, 甲·乙은 전자이고, B·C는 후자이다.

이상의 약속을 그림으로 예시해 본다.

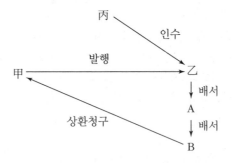

제 6 절   어음·수표법의 특성

어음이나 수표를 발행하면 상대방은 그 증서에 기재된 대로 어음·수표금이 지급될 것이라는 기대 하에 취득하고, 이어서 같은 기대 하에 불특정의 다수인 간에 전전유통한다. 그러므로 어음·수표법은 어음·수표에 관련된 다수 이해관계인들의 신뢰를 보호하기 위하여 지급의 확실성과 유통의 안전성을 확보함을 최우선의 이념으로 삼고 있다. 그 때문에 어음·수표법은 민법 또는 상법과 비교해 볼 때 다음과 같은 특성을 지닌다.

Ⅰ. 어음·수표의 도구성과 어음·수표법의 기술적 성질

어음·수표의 공통적 성질은 지급증권이라는 점이다. 어음거래의 실질적 배경이 되는 자금관계나 원인관계는 일반 거래관계에서 발생한 채권·채무관계로서, 그 발생근거가 된 법률행위의 성격에 따라 고유한 윤리적 기반을 갖는다. 그러나 어음·수표거래 자체는 이러한 채권·채무관계의 이행수단에 불과하므로 종전의 실질관계(자금관계와 원인관계)가 지니고 있는 윤리성은 어음·수표에까지 연장되지 않는다. 단지 어음·수표관계에서는 종전의 채권·채무가 변환된 어음·수표상의 채권·채무의 확실한 변제, 그리고 어음·수표의 유통성의 확보만이 과제로 남는다. 그러므로 자연히 어음·수표법은 어음·수표행위나 권리행사의 절차·방식 등 형식적인 면에 주안점을 두게 되고, 따라서 그 내용은 윤리성이 배제된 채 고도의 기술성을 띠게 된다(이 점 초학자가 어음·수표법을 대할 때에 어려움을 느끼게 하는 요인이다). 예컨대 어음을 발행할 때에는 소정의 법정사항을 기재해야 하고, 양도할 때에는 소정방식의 배서에 의해야 한다는 것 등은 윤리적 감각으로는 이해할 수 없고, 기술적·합리적 관점에서 이해해야 한다.

그러나 어음·수표법에서 윤리적 색채가 완전히 배제된다고는 말할 수 없다. 예컨대 실질관계에 문제가 있는 어음·수표를 악의로 취득한 소지인에 대해서는 어음·수표의 채무자가 항변을 할 수 있는 것이라든지(어 17조,수 22조), 어음·수표채무가 소멸한 후에도 형평의 이유에서 이득상환청구가 가능한 것은 역시 윤리적 차원의 해결인 것이다.

Ⅱ. 강행법적 성질

어음·수표는 미지의 다수인 간에 전전유통될 것을 예상하고 발행되는 것이므로 어음·수표의 서면 자체가 권리관계를 완결적으로 표창하지 않으면 안 된다. 비단 어음의 발행뿐 아니라 인수, 배서 등 모든 어음·수표행위에 의해 형성되는 법률관계가 다 같은 사정이다. 그러므로 어음·수표상의 법률관계는 모든 어음·수표관계자에게 선명하고 단일한 의미를 가질 수 있도록 법이 정하는 형식에 따라 획일적·정형적으로 표창되어야 한다. 따라서 어음·수표행위를 함에 있어서는 당사자 자치가 극도로 제한되고, 행위자는 법이 허용하는 제한된 종류의 행위에 한해, 제한된 효력을 가지고, 역시 제한된 방식에 따라 어음·수표행위를 하여야 한다. 어음·수표행위를 소재로 한 당사자의 의사의 해석도 자연 폭이 좁아질 수밖에 없다.

요컨대 어음·수표법의 규정은 강행규정으로서 이에 위반한 어음행위는 대부분 무효가 되거나 때로는 법이 의제한 행위로 전환되는 효력을 갖는다.

제 7 절   유가증권의 일반론

I. 의   의

어음·수표는 유가증권의 일종이므로 어음·수표의 법리를 충실히 이해하기 위해서는 우선 유가증권의 일반적인 원리를 이해해 두어야 한다.

유가증권이란 말은 「재산적 가치가 있는 私權을 표창한 증권」이라고 정의할 수 있으나, 「표창」이란 말이 모호하여 이것만으로는 재산권과 유가증권의 상관관계를 법적으로 설명하기에 미흡한 점이 있다. 그래서 일찍이 독일의 법학자 브루너(H. Brunner)가 유가증권을 「私法上 증권의 소지를 조건으로 그 이용이 가능한 私權을 표창한 증권」[1]이라고 정의한 이래 유가증권의 개념정의는 이를 토대로 발전해 왔다.

다양한 종류의 유가증권이 있는데, 종류별로 증권과 그에 표창된 재산권의 밀접도에 차이가 있다. 가장 밀접한 관계를 갖는 것은 어음과 수표이다. 어음과 수표에서의 증권과 표창된 재산권의 관계를 보면, 증권의 작성에 의해 비로소 (표창된) 권리가 생겨나고(설권증권성), 그 권리를 이전하려면 증권을 교부하여야 하고, 그 권리를 행사하려면 증권을 제시하여야 한다(제시증권성). 이에 반해 화물

---

1) Brunner, *Die Wertpapiere, in: Endemanns Handbuch des deutschen Handels-, See- und Wechselrechts*, Bd. Ⅱ, 1882, S. 147; Zöllner, S. 17.

상환증이나 창고증권은 권리(화물 또는 임치물의 인도청구권)의 이전·행사에는 증권을 요하지만, 권리의 발생 자체는 증권과 무관하게 이루어지고 증권의 작성에 의해 기존의 권리가 증권화될 뿐이다. 기명식주권의 경우에는 증권과 재산권의 관계가 더욱 소원하여, 권리(주주권)의 발생이 증권과 무관하게 이루어질 뿐 아니라, 권리의 행사시에도 증권을 요하지 않고, 오로지 권리의 이전에만 증권의 교부를 요할 뿐이다.

이와 같이 재산권과 증권의 상관관계가 상이한 여러 종류의 유가증권을 통일적으로 정의하기 위하여, 통설은 유가증권을 「재산권을 표창한 증권으로서, 그 권리의 발생·행사·이전의 전부 또는 일부를 증권에 의하여야 하는 것」이라고 설명한다. 한편 권리의 이전에 증권의 교부를 요하는 것은 모든 유가증권의 공통적 속성인 까닭에 유가증권의 본질적 속성은 「증권의 처분에 의해 그 표창된 권리를 처분하는 것」이라고 설명하는 견해도 유력하다.[1]

유가증권과 유사한 증권

유가증권은 그와 외관이나 기능상으로 흡사한 다른 증서와 엄격히 구별하여야 한다. 다음 세 가지는 특히 유가증권과 혼동하기 쉬운 것들이다.

증거증권은 어느 법률관계의 유무 또는 내용을 후일에 용이하게 증명하기 위하여 작성해 두는 서면으로서, 예컨대 계약서·차용증서·영수증·예금증서 같은 것들이다. 유가증권도 증거증권의 기능을 하지만 증거증권이 바로 유가증권은 아니다. 단순히 증거증권의 기능만을 하는 증서는 법률관계를 증명하기 위한 도구에 불과하고 실제의 법률관계의 내용과는 무관하다. 예컨대 A가 B에게 차용증서만 써 주고 실제는 돈을 빌린 사실이 없다면 차용증서가 있더라도 채권·채무가 생겨나는 것은 아니며, 실제 대차관계가 있다면 B는 차용증서가 없더라도 A에 대해 채권을 갖는 것이다. 또 단순한 증거증권은 재산권적 성질을 갖지 못하므로 그 증서를 교부한다고 해서 권리가 이전하는 것도 아니고, 그 권리의 행사에 그 증서의 제시를 요하는 것도 아니다.

면책증권(자격증권)은 채무자가 증권의 소지인에게 채무를 이행하면 비록 소지인이 진정한 권리자가 아니더라도 채무자는 책임을 면하게 되는 증권이다. 예컨대 고속버스나 여객기의 수하물상환증이 이에 속한다. 유가증권은 면책증권의 기능도 하지만 면책증권이 곧 유가증권은 아니다. 단순한 면책증권은 권리를 발생시키는 능력이

---

1) Raiser, Das Rektapapier, ZHR 101(1934), S. 13; Ulmer, S. 16ff.; 同旨: 本門喜一, "有價證券の槪念に就いて,"『商法及保險の硏究(靑山還曆記念)』, 28~29면; 石井照久, "有價證券理論の反省,"『商法の諸問題(竹田古稀記念)』, 450~451면, 기타.

없으며, 면책증권을 타인에게 교부한다고 해서 권리가 이전되는 것도 아니다. 또 진정한 권리자라면 면책증권이 없어도 권리를 행사할 수 있다(예컨대 수하물상환증을 잃어 버렸다고 해서 자기 짐을 못 찾는 것은 아니다).

지폐·우표·수입인지 등을 금권이라 하는데, 이는 유가증권처럼 재산권을 표창하는 것이 아니고, 증권 그 자체가 법률상 일정한 수량의 금전에 대신하는 효력을 갖는다.

II. 유가증권의 기능

유가증권은 현대문명에 의해 창안된 자산의 새로운 보유방법으로서, 재화의 유통을 촉진하고 나아가 자산의 가치개발에 기여해 왔다. 지금도 계속 새로운 유가증권이 개발되어 자산의 정태적인 가치를 동태화시켜 재산의 효용성을 높이고 있다. 이를 가리켜 「권리의 증권화」(securitization)현상이라 부를 수 있다. 이는 유가증권이 다음과 같은 유용성을 갖기 때문에 생겨나는 현상이다.

1. 추상적 가치의 유체화

동산이나 부동산은 물리적인 실체가 있으므로 가시적인 공시방법이 마련되어 있으나, 채권이나 기타 무형의 권리는 추상적·관념적으로만 존재할 뿐이므로 그 권리의 존재·이동에 대한 인식 역시 추상적·관념적일 수밖에 없다(예컨대 甲이 乙에 대해 100만원의 채권을 가지고 있을 때, 그 채권은 관념적인 수치로 존재할 뿐이다). 이는 무형자산의 경우 권리의 존재를 확실하게 인식하거나 권리를 이전시키는 데에 어려움이 있음을 뜻한다. 하지만 이러한 추상적 권리를 유가증권으로 만들면 가시적·물리적 존재로 바뀌어 동산이나 부동산처럼 선명한 공시방법을 갖출 수 있으므로 권리의 존재 및 귀속과 유통의 현황을 확실하게 표현할 수 있는 것이다.

2. 잠재적 가치의 顯在化(현재화)

예컨대 A가 B에 대해 1개월 후에 변제받을 수 있는 100만원의 금전채권을 가지고 있다 하자. 이 경우 A의 채권의 가치는 변제받을 때까지는 잠재되어 있어 현실적 가치는 전혀 발휘하지 못한다(예컨대 A가 급히 100만원이 필요하다고 할 때, B에 대한 채권은 현재로서는 아무 도움이 되지 않는다). 또 A가 운송인 C를 시켜 쌀 100가마를 전주에서부터 서울까지 운송하게 하는 경우, 쌀이 서울에 도착하기까지 A는 이 쌀을 가지고 아무런 이익도 누릴 수 없다. 여기서 A가 B에 대해 갖는 금전채권을 어음이라는 유가증권으로 화체시키고 A가 C에 대해 갖는 운송물(쌀) 인도청구권을 화물상환증이라는 유가증권으로 화체시킨다면, 이 유가증권들은 각각 100만원의 채권, 100가마의 쌀을 대표하게 되어 A는 이 유가증권을 양도하거나 담보로 제공하고 자금을 융통함으로써「현재의 100만원」,「현재의 쌀 100가마」로 활용할 수 있는 것이다.

3. 권리의 단위화

특히 주식이나 사채를 증권화시킬 때 나타나는 기능으로서, 사원권 또는 금전채권을 일정 규모의 단위로 쪼개어 표창함으로써 권리의 양에 대한 인식을 편의롭게 하고, 다음에 말하는 유통성을 높일 수 있게 된다.

4. 유통성의 부여

권리를 유가증권화하는 궁극의 목적은 권리에 유통성을 부여하기 위함이며, 또 이 유통성이 유가증권의 가장 중요한 기능이다. 즉 유가증권은 그것이 표창하는 권리의 공시방법이 되어 권리의 유통을 용이하게 하며, 이를 통해 본래는 정체되어 있는 권리를 보다 효율적으로 이용하고자 하는 자에게 이동시킴으로써 결과적으로는 권리 자체의 효용을 높이는 기능을 한다. 그래서 유가증권에 관한 법은 대체로 유가증권의 유통성을 보장하는 데에 주안점을 두고 있다.

Ⅲ. 유가증권의 종류

1. 설권증권 · 비설권증권

「설권증권」이란 증권의 작성에 의해 그 표창된 권리가 비로소 생겨나는 유가증권이다. 앞서 유가증권은 표창된 권리의 발생 · 행사 · 이전의 전부 또는 일부에 필요하다고 하였는데, 이 중 권리의 「발생」에 증권의 작성이 필요한 것이 설권증권이다. 어음 · 수표가 이에 속한다. 이에 대해 비설권증권이란 이미 존재하는 권리를 표창할 뿐 권리의 발생과는 무관하고, 행사와 이전 또는 그 중 하나를 위해 사용되는 유가증권이다. 어음 · 수표를 제외한 대부분의 유가증권은 비설권증권이다.

설권증권 · 비설권증권의 예

설권증권과 비설권증권의 차이를 좀더 자세히 설명하면 다음과 같다.

예컨대 화물상환증은 송하인이 운송인에 대해 갖는 운송물인도청구권을 표창한다. 그런데 운송물인도청구권은 송하인과 운송인 간에 운송계약이 체결되고 그에 따라 송하인이 운송인에게 운송물을 인도함으로써 생겨난다. 그리고 화물상환증은 이같이 생겨난 운송물인도청구권을 표창할 뿐이다. 따라서 화물상환증은 비설권증권이다.

한편 약속어음은 발행인에 대한 금전채권을 표창한다. 물론 약속어음은 발행인이 상대방에 대해 이미 금전채무를 지고 있는 상태에서 그 지급수단으로 발행해 주는 것이 보통이다. 그렇더라도 어음상의 금전채권은 어음의 발행에 의해 비로소 생겨나는 것이며, 상대방이 발행인에 대해 이미 갖고 있는 금전채권을 표창하는 것이 아니다. 그러므로 종전의 금전채무를 변제하는 수단으로 어음을 발행해 준 경우 종전의 금전채무는 소멸하는가 아니면 어음채무와 병존하는가라는 문제가 생기는데, 이는 당사자가 어떠한 의사로 어음을 주고받았느냐에 따라 결론을 달리한다($\frac{186면}{참조}$).

2. 완전유가증권 · 불완전유가증권

증권과 그 표창된 권리의 밀접도에 의해 완전유가증권과 불완전유가증권으로 분류한다. 완전유가증권이라 함은 권리의 발생 · 행사 · 이전 모두가 증권에 의해 이루어지는 것으로 어음 · 수표가 이에 속한다. 이에 대해 불완전유가증권이란 권리의 발생·행사·이전 중 일부가 증권에 의해 이루어지는 것을 말하며, 株券·債券·화물상환증·창고증권·선하증권 등 어음·수표를 제외한 대부분의 유가증권이 이에 속한다. 권리의 발생·행사·이전의 일부라고 하지만, 실제는 「발생」을 제외하고 행사와 이전 또는 그 중 하나가 증권에 의해 이루어진다. 그러므로 불완전유가증권은 전부 비설권증권이다.

불완전유가증권의 구체적 의의

화물상환증은 운송인에 대한 운송물인도청구권을 표창하는데, 화물상환증이 작성된 경우 운송인에게 운송물의 인도를 청구하기 위해서는 화물상환증을 제시하고 운송물과 상환해야 하므로($\substack{상 \\ 129조}$) 권리의 '행사'에 증서를 요하는 셈이고, 운송물인도청구권을 타인에게 양도하고자 할 때에는 화물상환증에 배서하고 이를 교부해야 하므로($\substack{상 \\ 130조}$) 권리의 '이전'에도 증서가 필요하다. 그러나 운송물인도청구권은 화물상환증을 작성했기 때문에 생겨나는 것이 아니라, 운송계약에 따라 운송인에게 운송물을 인도하고 보관시켰으므로 발생하는 것이고, 화물상환증은 단지 이미 발생한 운송물인도청구권을 표창할 따름이다. 즉 화물상환증은 그 표창하는 권리의 '발생'과는 무관하다. 그리고 주권은 주식이라는 권리를 표창하는 유가증권인데, 주식을 양도할 때에는 주권을 교부해야 하므로($\substack{상 336조 \\ 1항}$) 권리의 '이전'에 증서를 요하는 셈이다. 그러나 주식이라는 권리는 주식 자체의 발행에 의해 생겨나는 것이지 주권의 작성에 의해 생기는 것이 아니므로 권리의 '발생'에 증서가 무관함은 물론이고, 주식에 관한 권리(주주권)도 주권을 가지고 행사하는 것이 아니라 주주명부에 근거하여 행사하므로($\substack{상 337조 \\ 1항}$) 권리의 '행사'도 증서와 무관하게 이루어진다.

3. 기명증권·지시증권·무기명증권

증권상의 권리를 행사할 자를 정하는 방법에 따른 분류이다.

기명증권이란 증권에 권리자가 특정되어 기재된 유가증권이다. 증권상의 권리는 그 기재된 권리자가 행사하여야 한다. 기명증권에 권리자로 기재된 자가 다른 자를 권리자로 지시할 수 있게 하는 경우, 즉 증권을 양도할 수 있는 경우, 이를 지시증권이라 한다. 유가증권은 원래 권리의 유통을 위해 생겨난 것이므로 대부분 당연한 지시증권이다($\substack{상 130조, \\ 어 11조 1항}$).

무기명증권이란 증권에 권리자가 특정되어 있지 아니하고 누구든지 증권을 소지한 자가 권리를 행사할 수 있는 증권이다. 증권에 「증권을 소지한 자」가 권리를 행사할 수 있다는 뜻을 기재한 소지인출급식증권도 무기명증권의 일종이다. 수표는 무기명식으로 발행하는 것이 일반적이며($\frac{수}{5조}$), 株券은 기명식으로만 발행할 수 있다($\frac{상\ 357조}{삭제}$).[1] 社債는 기명식·무기명식 어느 쪽으로나 발행할 수 있지만 기명식으로 발행하는 예는 드물다.[2]

4. 요인증권·무인증권

유가증권상의 권리와 그 원인된 법률관계의 관련성 유무에 따른 분류이다.

要因證券이란 유가증권의 작성에 일정한 원인관계가 필요하고, 증권에도 그 원인관계가 기재되며 원인관계의 효력이 증권상의 권리에도 영향을 미치는 유가증권을 말한다. 화물상환증·창고증권·선하증권·주권 등 대부분의 유가증권이 이에 속한다.

이에 대해 無因證券이란 증권의 작성에 원인관계가 반드시 요구되는 것이 아니고, 원인관계가 있다 하더라도 증권에 기재되지 아니하며, 원인관계의 무효·취소는 증권상의 권리에 영향을 주지 아니하는 유가증권이다. 어음·수표가 이에 속한다.

설권·비설권과 요인·무인

설권증권의 경우에는 그 증권의 작성에 의해 비로소 그 표창된 권리가 생겨나므로 원인관계의 영향을 받을 리 없다. 그러므로 설권증권은 무인증권이다. 이에 대해 비설권증권의 경우에는 그에 표창된 권리는 이미 존재하는 원인관계에서 발생한 것이므로 당연히 원인관계의 영향을 받는다. 그러므로 비설권증권은 요인증권이다.

---

1) 기명주권도 단순한 교부만에 의하여 양도될 수 있고 또한 기명주권의 단순한 점유자는 권리자로 추정된다는 점을 근거로 무기명증권에 속하는 것으로 보는 견해가 있다(정동윤 20면; 정찬형 23면).
2) 1993년 8월 금융실명제를 실시하면서 비실명의 자금을 흡수할 목적으로 기명식의 산업채권을 발행한 적이 있는 정도이다.

Ⅳ. 유가증권의 관계규정

우리나라에는 스위스 채무법 제965조 이하, 미국의 통일상법전 제 3 장에서 보는 바와 같은 유가증권 전반을 포괄하여 다루는 법률이 없다. 다만 민법에 지시채권과 무기명채권에 관한 약간의 일반규정이 있고, 어음에 관해 어음법, 수표에 관해 수표법이 있으며, 상법에 화물상환증$\binom{128\sim}{133조}$ · 창고증권$\binom{156\sim}{159조}$ · 선하증권$\binom{813\sim}{820조}$ · 주권$\binom{355\sim}{360조}$ · 채권$\binom{478\sim480}{조\ 기타}$ · 신주인수권증서$\binom{420조의}{2\sim4}$ · 신주인수권증권$\binom{516}{조의5}$ 등 몇몇 유가증권에 관한 법률관계의 일부를 규율하는 단편적인 규정을 두고 있다. 그리고 상법은 유가증권의 통칙규정으로서 제65조 제 1 항에 「금전의 지급청구권, 물건 또는 유가증권의 인도청구권이나 사원의 지위를 표시하는 유가증권에 대하여는 다른 법률에 특별한 규정이 없으면 민법 제508조부터 제525조까지의 규정을 적용하는 외에 어음법 제12조 제 1 항 및 제 2 항을 준용한다」라는 규정을 두고 있다. 이 규정에 의해 금전, 물건 또는 유가증권의 지급을 목적으로 하는 유가증권은 각 증권에 특유한 관련규정이 있는 경우를 제외하고는 민법 및 어음법의 위 해당규정에 의해 규율된다. 그리고 상법 동조 제 2 항은 「제 1 항의 유가증권으로서 그 권리의 발생 · 변경 · 소멸을 전자등록하는 데에 적합한 유가증권은 제356조의2 제 1 항의 전자등록기관의 전자등록부에 등록하여 발행할 수 있다. 이 경우 제356조의2 제 2 항부터 제 4 항까지의 규정을 준용한다」라고 규정하고 있다. 이는 2011년 개정상법에서 주권과 사채에 관해 전자등록제도를 도입하였는데, 다른 유가증권도 동 제도를 적용하여 전자등록의 방식으로 발행하고 양도할 수 있음을 선언한 것이다. 동조 제 1 항에서 어음법이 준용되는 유가증권은 어음 외의 유가증권을 지칭하므로 어음은 제 2 항의 전자등록제도의 적용대상이 되지 않는다. 어음에 관해서는 이미 2004년에 전자어음법이 제정되어 전자어음이 사용되고 있으므로 전자등록제도를 이용할 필요가 없기도 하다.

제 8 절 어음 · 수표의 기능별 유형

  법상 분류할 수 있는 어음 · 수표의 종류는 환어음, 약속어음, 전자어음, 그리고 수표의 네 가지뿐이다. 그러나 실제 어음 · 수표거래에서는 어음 · 수표를 발행하는 경제적인 목적과 기능면에서 각각의 특색을 가지고 구분되는 다양한 어음 · 수표가 있다. 이러한 어음 · 수표라 해서 일반 어음 · 수표와 다른 법리가 적용되는 것은 아니나, 어음 · 수표거래의 실정을 이해하는 데에는 도움이 되므로 관련되는 곳에서 설명할 것이지만, 여기서는 특히 자주 쓰이는 용어들에 관해 간단히 그 개념을 밝혀 둔다.

1. 상업어음 · 융통어음

  통상 기업이 발행하는 약속어음을 발행목적에 의해 분류한 것이다. 「상업어음」이란 기업이 물품 · 용역을 구매하고 그 대금을 지급하는 수단으로 발행하는 약속어음을 말한다. 가장 건전한 동기에서 발행한다고 하여 거래계에서는 흔히 「진성어음」이라 부른다.

  「융통어음」이란 금융실무와 판례에서 각기 다른 뜻으로 사용되고 있다. 금융계에서는 융통어음을 「상업어음」에 대응하는 용어로서, 상품, 용역대금의 지급이 아니라, 자금을 조달하기 위해 발행하는 어음을 지칭하는 용어로 사용한다. 흔히 기업이 약속어음을 발행하여 사채업자나 금융기관에 할인의 방법으로 어음을 매각해서 자금을 조달한다. 예컨대 甲이라는 회사가 액면 1,000만원, 만기 3개월 후인 약속어음을 사채업자 乙에게 발행하고 乙은 그 대가로 3개월간의 이자를 공제한 금액을 甲에게 지급하는 것이다. 그리고 乙은 3개월 후에 甲에게 이 어음을 제시하여 1,000만원을 상환받거나 만기 이전에 다시 타인에게 할인의 방법으로 어음을 양도한다. 상업어음과 융통어음은 금융기관에서 차별적으로 취급되고 있다. 기업이 발행한 상업어음은 금융기관에 어음할인의 방법으로 매도할 수 있다. 이에 반해 융통어음은 과거에는 금융감독기관의 감독규정에 의해 또는 행정지도에 의해 금융기관이 할인매입하는 것을 금해 왔다. 하지만 이러한 감독규정은 단속규정에 불과하므로 이에 위반하여 금융기관이 융통어음을 취득한다고 해서 취득행위가 무효인 것은 아니다($\binom{\text{대법원 1995. 9. 15.}}{\text{선고 94다54856 판결}}$).

2. 호의적 융통어음

판례에서는 융통어음이란 개념을 금융계의 용례와는 달리 사용한다. 판례상의 융통어음이란 상품이나 자금의 공급과 같은 경제적인 대가관계가 없이 호의적으로 타인에게 발행해 주는 어음을 뜻한다($\binom{\text{대법원 1996. 5. 14.}}{\text{선고 96다3449 판결}}$). 즉 甲과 乙의 사이에 특별한 원인관계가 있어 이를 결제하기 위함이 아니고, 甲이 乙의 자금사정의 해결을 돕기 위해 대가없이 호의적으로 어음을 발행해 줄 경우 이 어음을 융통어음이라 한다. 주로 은행도약속어음을 이용한다. 乙은 이 어음을 타인에 대한 자기의 채무를 변제하는 데 사용하거나 은행 또는 사금융업자로부터 할인받는 방법으로 활용할 것이다. 이러한 융통어음을 금융실무상의 융통어음과 구별하여 「호의적 융통어음」이라 부르기도 한다. 이 융통어음에 관해서는 주로 소지인이 발행인에게 어음금을 청구해 올 경우 발행인이 융통어음이란 사실을 가지고 어음금지급을 거절할 수 있느냐는 점이 문제된다($\binom{\text{167면}}{\text{참조}}$).

3. 은행도어음

약속어음을 발행하고자 하는 자가 특정 은행과 약정을 맺어 그 은행을 자신이 발행하는 어음의 지급담당자로 기재하고 그 은행이 어음금의 지급사무를 처리해 주는 예가 있다. 이같은 약정을 할 경우 은행이 정한 약관에 따라 그 은행이 교부하는 인쇄된 어음용지를 사용한다. 이를 흔히 「은행도어음」이라 하여 거래계에서 신용할 수 있는 지급수단으로 인정한다. 은행이 지급담당자가 된다 해도 은행이 지급책임을 지는 것이 아니므로 특히 신용을 둘 법리적 근거는 없다. 그러나 이같은 약정을 할 때부터 은행은 고객의 신용도를 참작하여 거래를 개시하므로 은행과 어음거래약정이 있다는 사실 자체가 신용의 증거가 된다. 또 발행인이 어음을 부도(지급거절)낼 경우 은행으로부터 「거래정지처분」을 받게 되는데($\binom{\text{어음교환업}}{\text{무규약 18}}$ 조, 동시행세$_{\text{칙 89~93조}}$), 이는 사업상의 신용에 치명적인 상처를 주는 까닭에 발행인은 지급을 위해 노력하는 것이 보통이므로 이 점 또한 은행도어음을 신뢰할 수 있는 계기가 된다.

4. 화환어음

화환어음이란 어음금의 지급이 운송중의 물건에 대한 인도청구권과 대가관계에 있거나 이에 의해 담보되어 있는 어음을 뜻한다. 주로 수출입거래에서 이용된다. 예컨대 삼성물산이 일본의 미쓰비시상사에 반도체를 수출한다 하자. 수출입계약에서 정한 날에 삼성물산은 해운회사인 한진해운의 선박에 반도체를 선적하고 한진해운으로부터 선하증권을 발행받는다. 그리고 삼성물산은 자기의 거래은행인 하나은행에 미쓰비시를 지급인으로 하고 수출대금에 상응하는 금액을 기재한 환어음을 발행하여 준다. 이때 환어음의 발행은 어음의 매각일 수도 있고 추심을 위임하는 것일 수도 있다. 삼성물산은 어음과 더불어 선하증권을 하나은행에 교부한다. 추심을 위임한 경우, 하나은행은 일본의 거래은행인 미즈호은행에 이 어음과 선하증권을 송부하여 추심을 위임하고 미즈호은행은 미쓰비시에 지급을 위한 제시를 한다. 미쓰비시는 선하증권과 상환하여 어음금을 지급하고, 이 선하증권에 의해 반도체를 수령한다. 이에 의해 삼성물산은 어음금 즉 수출대금을 수령하는 것이다. 어음을 매각한 경우에도 추심과정은 같다. 다만 미쓰비시가 지급을 거절할 경우 하나은행은 이 선하증권에 의해 대표되는 반도체에 대해 담보권을 행사한다.

수입자가 수입대금 즉 어음금의 지급을 거절할 경우 중간에 개입한 은행은 매우 번거로운 절차를 거쳐야 하므로 오늘날은 보통 신용장(letter of credit: L/C)에 의해 어음금지급의 확실성을 높이는 방법을 취한다. 신용장이란 수입자의 거래은행이 수출자에게 자기를 지급인으로 하여 어음을 발행할 수 있는 권한을 부여하는 문서이다. 수입자가 이 신용장을 수출자에게 송부하면 이 신용장에 근거하여 수출자가 위와 같은 환어음을 발행하고 당초의 신용장의 조건에 부합하는 한 이 어음의 지급이 보장되는 것이다.[1]

---

1) 무역거래에서의 환어음의 이용에 관해 상세는 石光現, 『國際私法과 國際訴訟』(제3권), 博英社, 2004, 90면 이하 참조.

무역이란 나라를 달리하는 당사자간의 거래이므로 그 결제를 위해 발행되는 신용장 역시 통일적인 법규율을 요한다. 그리하여 1933년 국제상업회의소(International Chamber of Commerce)가 신용장통일규칙(Uniform Customs and Practice for the Documentary Credit)을 제정한 이래 동 규칙이 신용장 거래의 규범적 근거로 활용되고 있다.[1]

화환어음은 이같이 무역거래를 원인관계 및 자금관계로 하여 발행된다는 특색이 있을 뿐 그 본질은 일반 환어음과 다를 바 없고, 그 어음법적인 법률관계 역시 일반 환어음과 차이가 없다. 그러나 신용장규칙에 따른 거래실무에는 국내 어음법과는 괴리를 보이는 부분이 있어 해석론 혹은 입법론적으로 해결해야 할 과제를 던져 주고 있다.[2]

5. 기업어음

기업어음(CP)이란 기업이 단기의 자금조달을 위해 발행하는 정액화되어 있는 약속어음으로서, 이를 발행한 기업이 단기금융회사에 매각을 의뢰하면 단기금융회사가 무담보배서를 하여 투자자에게 매각하고 그 대금을 발행기업에 건네주는 식으로 거래되는 어음을 지칭하는 용어이다($_{360조 1항}^{자금}$). 단기의 자금조달을 목적으로 하므로 기업어음의 만기는 1년 내에 도래하는 것이어야 한다($_{348조 1항}^{자금령}$). 단기금융회사는 이 어음에 무담보배서를 하므로 발행인이 부도(지급거절)를 내더라도 단기금융회사는 어음상의 상환책임은 지지 아니한다. 그러나 어음을 매도한 자로서 민법상의 담보책임을 지며, CP어음을 발행할 수 있는 적격업체를 선정함에 있어서 고의 또는 과실이 있는 경우 불법행위책임을 진다는 것이 학설의 경향이다($_{42; 최}^{정동}$
$_{기원 80}$).

그러나 판례는 단기금융회사가 무담보배서를 하는 것은 「특단의 사정이 없는 한 어음상 배서인으로서의 담보책임뿐만 아니라 매매계약상의 채무불이행책

---

1) 다만 동 규칙은 국제법이나 조약이 아니므로 신용장의 문면에 동 규칙을 따른다는 것이 명시되어 있을 경우에 한하여 적용된다(동 규칙 제 1 조). 동 규칙은 제정된 이래 10년 주기로 개정되어 왔는데, 최근에는 제 6 차 개정규칙이 만들어져 2007년 7월 1일부터 시행되고 있다(UCP600).

2) 무역실무에서 사용되는 환어음과 관련한 국제사법적 문제점에 관해서는 石光現, 前揭, 95면 이하 참조.

임이나 하자담보책임까지 배제하기로 한 취지라고 보아야 한다」는 입장이다(대법원 1984. 11. 15. 선고 84다카1227 판결).

한편 자본시장법에서는 기업어음 중 소정의 요건에 해당하는 것을 선별하여 자본시장법상의 유가증권으로 보아 「기업어음증권」이라는 이름으로 증권시장에서의 거래대상으로 삼고 있다. 기업어음증권은 「기업이 사업에 필요한 자금을 조달하기 위하여 발행한 약속어음」이라고 정의하며, 은행도어음으로 제한하고 있다(자금 4조 3항, 령 4조).

6. 당좌수표

수표를 발행하려면 특정의 은행과 그 은행을 지급인으로 하는 수표를 발행할 수 있다는 계약을 맺어야 한다. 이 계약을 수표계약이라 한다. 그리고 이 계약에 기해 발행한 수표를 그 은행이 지급할 수 있도록 발행인이 그 은행에 자금을 보관시켜야 한다. 이를 수표자금이라 한다. 은행실무에서는 이같이 은행과 수표발행에 관해 맺는 계약을 당좌거래약정이라 하고 이 계약에 기해 발행하는 수표를 당좌수표라 한다. 수표계약과 수표자금이 있어야 함은 모든 수표의 공통된 요건이므로 당좌수표는 수표 그 자체를 가리키는 말이라 할 수 있으나, 실무에서는 후술하는 자기앞수표와 구분하여 은행 아닌 개인이나 기업이 발행한 수표를 흔히 당좌수표라고 부른다. 당좌거래약정을 맺으면 은행이 발행인에게 수표용지를 교부하고 발행인은 이 수표용지를 사용하여 수표를 발행한다.

7. 자기앞수표

수표의 지급인이 바로 발행인과 동일인인 경우 이를 자기앞수표라 하며 우리 사회에서 거의 현금과 같이 높은 신용도를 가지고 빈번하게 이용되고 있다. 자기앞수표가 높은 신용도를 갖는 이유는 다음과 같다.

수표의 지급인은 은행이어야 하므로 자기앞수표의 발행인이 자신을 지급인으로 한다고 함은 발행인 겸 지급인이 은행임을 뜻한다. 수표의 지급인은 발행인이 공급한 자금으로 수표금을 지급하는데, 지급인 자신이 발행한 수표이므로 은행이 파산하지 않는 한 수표자금의 부족으로 지급을 거절한다는 일은 생각할 수 없을 것이다. 그래서 자기앞수표는 여타의 수표와 달리 현금과 같은 신용을 가지고 이용되고 있다. 자기앞수표도 원칙적으로는 일반적인 수표와 효력이 다를 바 없지만, 일반적인 수표와 달리 제시기간(발행 후 10일)이 경과한 후에도 계속 유통되고 있는 실정인데, 판례는 이러한 실정을 고려하여 이득상환청구권에 관한 특별한 이론으로서 그 유통성을 보장해 주고 있다($\binom{233면, 519}{면\ 참조}$).

표지어음

기업이 자금을 조달할 목적으로 기업어음·무역어음·팩토링어음 등을 발행하여 어음할인의 방식으로 금융기관에 매각하는 것을 흔히 볼 수 있다. 금융기관은 어음금에서 만기까지의 소정의 이자율을 적용하여 이를 차감한 금액을 기업에 지급하고 기업어음을 취득한다. 금융기관은 이 어음들을 취득하는데 소비한 자금을 보충하기 위하여 다시 이 어음들의 어음금과 만기의 범위에서 자기의 명의로 어음을 발행하여 투자자들에게 어음할인의 방식으로 매출한다. 이같이 기업어음 등을 토대로 자기의 어음을 발행하는 것을 「표지발행」한다고 표현하며, 이같이 발행된 어음을 「표지어음」이라 부른다. 현재는 투자금융회사와 종합금융회사만이 표지어음을 취급할 수 있다. 이러한 표지어음은 직접적인 상거래를 수반하는 상품물대(物代)어음, 즉 진성어음(real bills)과는 구분되는 융통어음이다. 한편 단기금융회사($\binom{자금}{360조}$)가 중소기업이 보유하는 각종의 진성어음을 할인해 주고 이를 토대로 단기금융회사 자신의 명의로 어음을 발행하여 일반에 매출하기도 하는데, 이러한 어음을 표지팩토링어음이라 부른다.

기업어음 등을 「토대로」 한다고 함은 금융기관이 다양한 금융상품을 다루는 중에 수취한 기업어음 등과 표지어음을 자금운영의 계산상 연결시킨다는 뜻이고, 법률적인 의미에서 연계된 효력을 갖는 것은 아니다. 그러므로 금융기관이 수취한 기업어음이 지급거절되더라도 금융기관이 발행한 표지어음에 대한 지급의무에는 영향이 없다.

판례는 표지어음의 발행·매출을 어음의 매매로 본다($\binom{대법원\ 2015.\ 9.\ 10.\ 선}{고\ 2015다27545\ 판결}$). 표지어음도 어음이므로 일부 기재사항이 백지인 상태에서는 지급제시가 불가능하다($\binom{대법원}{2014.\ 6.\ 26.}$ $\binom{선고\ 2014다}{13167\ 판결}$)($\binom{292면}{참조}$).[1)]

---

1) 수취인의 기재가 백지인 표지어음을 취득한 자가 백지를 보충하지 않고 발행은행에 제시하였다가 지급거절을 하자 어음금과 아울러 지급거절한 날부터의 지연손해금을 청구한 사건에서 법원은 표지어음도 어음이므로 백지인 상태에서의 지급제시는 지급제시(어 38조)로서의 효력이 없으므로 지연손해금은 수취인의 기재를 보충하고 제시한 때로부터 기산해야 한다고 판시하였다.

제2장

총 론

제 2 장 총   론

제 1 절   어음·수표의 의의

어음이란 환어음과 약속어음을 가리키는 말이다. 「환어음」(bill of exchange; gezogener Wechsel)이란 어음을 발행하는 자가 증권에 기재한 특정인(수취인) 또는 그가 지시하는 자에게 일정한 날에 일정한 금액을 지급해 줄 것을 제 3 자, 즉 지급인에게 위탁하는 뜻을 기재한 증권을 말한다($\frac{어}{1조}$). 요컨대 환어음은 지급위탁 증권이라고 할 수 있다. 지급인은 발행인에 의해 일방적으로 정해지므로 지급 여부는 지급인의 임의의 의사에 달려 있다. 지급인이 어음면에 인수라는 행위를 하면 지급채무를 부담하게 되나, 인수할 의사가 있느냐의 여부는 어음의 성립에 영향을 주는 바 없다.

「약속어음」(promissory note; eigener Wechsel)은 발행인 자신이 증권에 기재한 특정인(수취인) 또는 그가 지시하는 자에게 일정한 날에 일정한 금액을 지급할 것을 약속하는 증권이다($\frac{어}{75조}$). 환어음은 발행인이 제 3 자에게 지급을 「위탁」하는 것임에 대해, 약속어음은 발행인 자신이 지급할 것을 「약속」하는 지급약속증권이라는 점이 특색이다. 그러므로 약속어음은 보통 발행인이 채무를 이행하고자 하나 자금이 없는 경우에 신용을 창출하는 수단으로 발행한다. 따라서 만기는 거의 예외 없이 발행일로부터 상당 기간 이후로 정해진다.

「수표」(cheque; Scheck)는 발행인이 증권에 기재한 수취인 또는 소지인에게 일정한 금액을 지급할 것을 제 3 자, 즉 지급인에게 위탁하는 증권이다. 수표도 지급위탁증권이라는 점에서 환어음과 성질을 같이 한다. 그러나 수표는 일람출급증권(언제이든 제시하면 지급되어야 하는 증권)이므로 환어음과 달리 만기라는 개념이 없다는 결정적인 차이점을 가지고 있다. 그리하여 어음에서와 같이 만기가 존재함을 전제로 하여 형성되는 법률관계가 수표에서는 존재하지 아니하고, 수표법은 수표의 일람출급성(一覽出給性)을 기본논리로 삼아 짜여 있다. 이로 인해 환어음과 수표는 경제적 기능과 법적 성격을 달리한다. 앞서 말한 바와 같이 수표는 오로지 지급기능을 할 뿐이고, 환어음이나 약속어음과 같은 신용창조기능을 하지 못한다. 대신 지급기능을 충실히 수행하게끔, 수표의 지급인은 금융기관에 한정되고, 수표계약과 수표자금이 있어야 발행할 수 있다는 제한이 따른다.

제 2 절   어음·수표거래의 구조

어음·수표법에 관한 본론적인 설명에 앞서, 기초적인 이해를 돕기 위하여 어음·수표의 발행과 유통에 의해 전개되는 법률관계의 기본구조를 설명한다.

I. 발   행

어음·수표는 발행에 의해 생겨난다. 발행은 어음·수표관계를 최초로 창설하는 특정인(발행인)의 법률행위로서 이에 의해 상대방, 즉 수취인이 어음·수표상의 권리를 원시적으로 취득한다. 어음·수표는 요식증권이므로 법 소정의 사항을 기재하고 발행인이 기명날인(또는 서명)을 하는 등 법정의 방식을 갖추어야 한다. 무엇을 발행하느냐에 따라 기재사항을 달리한다. 환어음에는 지급인과 수취인·어음금액·지급위탁문구·만기·지급지·발행일과 발행지 등을 적어야 하고($\frac{어}{1조}$), 약속어음의 기재사항은 대체로 환어음과 같으나 지급인이 없고 또 지급위탁문구 대신에 지급약속문구를 적어야 한다($\frac{어}{75조}$). 그리고 수표의 기재사항은 환어음과 거의 같으나 만기가 없다($\frac{수}{1조}$). 어느 것이든 발행인의 기명날인(또는 서명)이 불가결의 요건이다. 참고로 甲이 丙을 지급인으로 하는 환어음 또는 수표를 乙에게 발행해 준다고 할 경우의 어음·수표의 모양, 그리고 甲이 乙에게 약속어음을 발행해 준다고 할 경우의 어음의 모양을 예시해 본다.

예   시

환 어 음

서울특별시 종로구 종로 1가 1번지

丙 귀하

금액 일천만원

위 금액을 乙 또는 그 지시인에게 이 환어음과
상환하여 지급하여 주십시오.

만 기: 2022년 12월 31일
지급지: 서울특별시
발행일: 2022년 3월 1일
발행지: 부산광역시

甲 ㊙

수   표

서울특별시 종로구 종로 1가 1번지

丙 (은행) 귀하

금액 일천만원

위 금액을 乙* 또는 그 지시인에게 이 수표와
상환하여 지급하여 주십시오.

지급지: 서울특별시
발행일: 2022년 3월 1일
발행지: 부산광역시

甲 ㊙

---

* 여기서는 기명식수표의 예를 들었으나, 실제는 수취인을 기재하지 않는 무기명식(소지인출급식)수표가 압도적으로 많이 이용된다.

약 속 어 음

乙 귀하

금액 일천만원

위 금액을 귀하 또는 귀하의 지시인에게 이 약속어음과
상환하여 지급하겠습니다.

만 기: 2022년 12월 31일
지급지: 서울특별시
발행일: 2022년 3월 1일
발행지: 부산광역시

甲 ㊙

Ⅱ. 어음·수표의 실질관계

위 환어음과 수표의 예에서 甲이 丙을 지급인으로 정할 때에는 甲이 丙으로부터 1,000만원을 받을 채권이 있다든지, 丙이 乙에게 어음·수표금을 지급해 주면 사후에 甲이 보상해 주기로 하는 약속이 있다든지, 기타 어음·수표금의 지급과 대가를 이루면서 지급 여부에 대한 지급인의 의사결정에 영향을 주는 관계가 발행인과 지급인 사이에 존재할 것이다. 이러한 관계를 자금관계(Deckungsverhältnis)라 한다. 발행인은 미리 지급인과 자금관계에 관한 합의를 하고 환어음이나 수표를 발행하는 것이 보통이지만, 자금관계의 합의가 없이 발행인이 일방적으로 지급인을 정해 발행하더라도 어음·수표의 효력에는 영향이 없다.

한편 甲이 乙에게 어음·수표를 발행할 때에도, 甲이 乙로부터 자동차를 샀으므로 그 대금을 지급해야 한다는 것과 같이 발행인이 수취인에 대해 부담하는 채무가 있을 것이다. 이와 같이 어음·수표의 발행으로 결제되는 발행인·수취인 간의 채무관계를 원인관계(Grundverhältnis; Kausalverhältnis)라 한다. 또 수취인이 그 어음·수표를 다시 제 3 자에게 양도할 수 있는데, 이때 어음·수표를 양도하게 된 원인이 된 채무관계(예컨대 乙이 A의 집을 빌렸으므로 차임을 지급해야 한다는 것)도 원인관계라 한다. 그리고 원인관계와 자금관계를 통틀어 어음·수표의 실질관계라 한다.

약속어음의 발행·양도에는 원인관계가 있기 마련이나, 약속어음에는 지급인이 없으므로 자금관계도 없다.

환어음·수표의 발행인이 지급인에게 자금을 공급하기로 하고 이행하지 않았다든지, 기타 자금관계상 지급인이 발행인을 위해 어음금이나 수표금을 지급할 의무가 없다면 지급인은 환어음·수표금을 지급하지 않을 것이다. 그렇다 해도 환어음·수표의 효력에는 영향이 없다. 뿐만 아니라 이러한 환어음·수표라 해서 무가치한 어음·수표라고 할 수는 없다. 뒤에 보는 바와 같이 지급인이 지급하지 않으면 발행인이나 배서인 등을 상대로 상환청구권을 행사하여 어음·수표금을 받아 낼 수 있기 때문이다.

또 발행인이 수취인에게 부담하는 채무의 원인행위(위 예에서 甲과 乙의 자동차매매)가 무효 또는 취소된다면 그 원인행위의 이행을 위해 발행한 어음·수표도 효력을 잃게 해야 공평할 것이다. 그러나 어음·수표는 후술과 같이 무인성을 지니므로 원인관계의 효력과 무관하게 여전히 유효하다.

Ⅲ. 인   수

환어음의 지급인은 발행인에 의해 일방적으로 기재되는 자이다. 발행인이 지급인을 기재함에 있어 지급인의 동의를 요하지 않고, 심지어는 자신이 지급인이 되었다는 사실을 알지 못하는 경우도 있을 수 있다. 그러므로 환어음에 지급인으로 기재되었다고 해서 그로 하여금 어음금을 지급할 「채무」를 부담하게 할 수는 없다. 때문에 지급인이 과연 만기에 이르러 어음금을 지급할 것인지는 발행 당시에 수취인이 확신할 수 없어 만기에 이르기까지 수취인 또는 그 이후의 소지인의 지위는 매우 불안하다. 그러므로 지급인의 지급의사를 보다 일찍 확정하여 지급채무를 지급인에게 귀속시키고, 지급인에게 지급할 의사가 없다면 소지인이 속히 발행인이나 배서인을 상대로 상환청구할 수 있는 길을 마련해 줄 필요가 있다. 이러한 목적에서 마련된 것이 인수라는 제도이다.

어음의 소지인은 만기에 이르기 전에 지급인에게 어음을 제시하고 지급의사의 유무를 물을 수 있다. 이를 인수제시라고 한다. 이에 대해 지급인이 지급채무를 부담한다는 의사표시를 하는 것을 인수($^{어\ 21조}_{이하}$)라고 하는데, 이는 지급인이 하는 어음행위이다. 인수를 한다면 지급인은 그 어음의 주된 그리고 종국적인 채무자가 되는 것이며, 그 이후 발행인과의 관계에서 자금관계가 어떻게 전개되느냐는 것은 지급인의 채무에 영향이 없다. 예컨대 만기에 이르기 전에 발행인이 지급인에게 어음금의 지급을 위한 자금을 공급해 주기로 약속하고서 이를 어긴다 하더라도 어음을 인수한 지급인은 여전히 어음금을 지급할 채무를 부담하는 것이다.

반면 지급인이 인수를 거절한다면 이는 어음금을 지급할 뜻이 없음을 선언하는 것으로, 지급인은 이 어음에 관해 아무런 의무도 부담하지 아니하고, 어음소지인은 후술하는 상환청구절차에 의해 배서인·발행인 등의 책임을 물을 수 있을 뿐이다. 지급인과 발행인 간의 자금관계상 지급인이 어음금을 지급할 의무가 있다고 하더라도 지급인이 발행인에 대해 채무불이행책임을 지는 것은 별론하고,

지급인은 어음의 소지인에 대해 어음채무를 부담하지 아니한다. 어음법에서 「인수인」이라 할 때에는 인수를 한 지급인을 뜻하고, 「지급인」이라고 할 때에는 아직 인수를 하지 않은 지급인 또는 인수를 거절한 지급인을 뜻하거나, 이에 더하여 인수인까지 포함하는 뜻으로 쓰이기도 하므로 그 뜻의 구별에 주의해야 한다.

약속어음에는 지급인이 따로 없고, 발행인이 스스로 지급을 약속하면서 주채무자가 되므로 인수라는 제도가 없다. 그리고 수표에는 지급인이 있으나 일람출급성 때문에 역시 인수라는 제도가 없다.

Ⅳ. 양   도(背書)

어음·수표가 발행되면 수취인은 배서에 의해(경우에 따라서는 단순한 교부에 의해) 어음·수표를 양도할 수 있고, 그 양수인도 재차 같은 방법으로 양도할 수 있다($^{어\ 11조,}_{수\ 14조}$). 어음·수표의 배서·교부에 의한 양도는 다음과 같이 실질적으로 어음·수표에 지급수단으로서의 가치를 부여하는 요소라고 할 수 있다.

1. 양도의 필요성

어음·수표가 발행된 후, 반드시 수취인이 이를 계속 보유하다가 지급받아야 한다면 어음·수표관계는 매우 단순해지고 굳이 어음·수표를 유가증권으로 만들 필요도 없다. 어음·수표를 유가증권으로 하는 이유는 어음·수표가 수취인이 취득한 이후에도 전전유통되어야 할 필요가 있기 때문이다.

어음의 경우 발행인은 만기에 이르기까지 지급을 미루는 이익을 누리는데, 이를 「신용의 창조」라고 표현한다. 이에 상응하여 수취인은 만기에 이르기까지 어음금에 상당하는 금전의 사용을 연기해야 하는 반대의 불이익을 입는다. 그러므로 수취인에게도 제 3 자에게 현금의 지급에 대신하여 어음을 양도함으로써 재차 신용을 창조할 수 있는 권능을 부여해 주지 않으면 처음부터 어음을 수령하지 않으려 할 것이다. 즉 어음의 양도가능성은 어음의 발행을 실질적으로 가능하게 하는 동기가 되는 것이다.

　수표의 경우에는 일람출급성 때문에 발행인이 신용을 창조하고 수취인이 반대의 불이익을 입는 일이 있을 수 없다는 점만 생각하면 어음처럼 양도성을 인정해야 할 필연적 동기는 없다고 할 수 있다. 그러나 수표는 현금의 지급에 대신하는 지급수단이므로 수취인 역시 재차 지급증권으로 활용할 수 있는 편익을 누려야 하므로 양도성이 인정된다.

2. 양도방법

　어음은 기명식으로만 발행되더라도 지시증권성을 가지므로($^{어\,11조}_{1항}$) 배서에 의해 양도하는 것이 원칙이다. 그러나 배서가 백지식으로 이루어질 경우에는 이에 의해 어음을 양도받은 자는 배서에 의해 양도할 수도 있지만, 단순한 교부에 의해 양도할 수도 있다($^{어\,14조}_{2항\,3호}$). 그리고 수표는 어음과는 달리 수취인을 기재하지 않고 무기명식 또는 소지인출급식으로 발행할 수도 있다. 이러한 수표는 배서를 요하지 않고 단순한 교부에 의해 양도할 수 있다($^{민}_{523조}$). 단순한 교부에 의해 양도한 자는 배서인과 같은 담보책임을 지지 아니한다.

　한편 어음·수표의 배서는 어음·수표를 양도한다는 뜻만 지니는 것이 아니라 어음·수표의 신용을 강화하는 기능도 한다. 어음·수표금이 지급되지 않을 경우 이른바 담보책임($^{어\,15조\,1항,}_{수\,18조\,1항}$)이라 하여 어음·수표의 배서인이 상환청구절차에 따라 대신 어음·수표금을 지급할 책임을 부담하기 때문이다. 배서에 의해 어음·수표금을 지급할 책임을 지는 자의 수가 늘어나므로 지급의 확실성이 높아지는 것이다.

V. 지　　급

　어음은 만기에, 그리고 수표는 발행 후 제시와 동시에 어음·수표금이 지급될 것을 궁극적인 목적으로 하여 발행되고 수령된다. 따라서 어음·수표금의 지급은 어음·수표관계를 최종적으로 매듭짓는 법률사실이라고 할 수 있다. 지급은 지급인에 의해(약속어음의 경우에는 발행인에 의해) 행해지는 변제로서 기본적인 법리는 민법상의 변제와 다를 바 없지만, 어음·수표가 다수인 간에 전전유통되는 까닭에 지급인은 누가 권리자인지를 알 수 없다. 따라서 누가 어음금 또는 수표금을 청구(지급제시)할 수 있느냐, 어떤 방법으로 권리를 증명할 것이냐, 어느 시기에 청구해야 하느냐 등에 관해 법적 해결을 요한다. 때로 어음·수표의 유통과정에서의 사고로 인해 진실한 권리자 아닌 자가 어음금을 청구하는 수도 있는데, 이러한 경우의 지급인의 조사의무, 그리고 권리 없는 자에게 지급되었을 경우의 위험부담의 안배 등도 역시 법에 정해진 바에 따라 해결된다($\binom{\text{어 38조 이하,}}{\text{수 28조 이하}}$).

어음·수표의 적법한 제시에도 불구하고 어음·수표금이 지급되지 아니할 경우에는 소지인이 차선의 방법으로라도 구제받아야 하므로 다음의 상환청구절차로 옮겨진다.

Ⅵ. 상환청구

환어음과 수표의 경우에는 지급인에게, 약속어음의 경우에는 발행인에게 어음·수표를 제시하여 어음·수표금의 지급을 청구하는데, 이들이 지급을 거절할 경우 소지인은 다른 어음·수표행위자들을 상대로 대신하여 지급할 것을 청구할 수 있다. 이같은 청구를 상환청구라고 한다($\binom{\text{어 43조 이하,}}{\text{수 39조 이하}}$). 과거에는 어음행위를 한 자들에게 거슬러가며 책임을 묻는다는 의미에서 「소구(遡求)」라는 용어를 썼으나, 2010년 3월 어음법과 수표법의 개정에 의해 「상환청구(償還請求)」로 개칭하였다. 내용에는 변화가 없다.

어음·수표를 취득하는 자들은 지급인(또는 약속어음의 발행인)과 직접적인 관계를 갖지 아니한 상태에서 취득한다. 더욱이 환어음의 경우 인수를 하지 아니한 지급인이나 수표의 지급인에 대하여는 소지인이 법적인 청구권을 갖지 아니하므로 어음·수표를 취득할 당시 장차 어음·수표금을 지급받을 것이라는 보장이 없다. 때문에 금전채무를 이행 받는 자는 어음·수표로 지급받는 것을 꺼릴 것이다. 그러므로 어음·수표의 유통성을 확보하기 위하여는 지급이 거절될 경우 소지인이 달리 어음·수표금을 지급받을 수 있는 길을 열어 주어야 한다. 그리하여 법은 지급인(또는 약속어음의 발행인) 이외에 어음·수표행위를 한 자들에게 담보책임,

즉 어음·수표금을 대신 지급할 책임을 지우며($\binom{\text{예: 어 15조 1항,}}{\text{수 18조 1항}}$), 이러한 담보책임을 추궁하는 절차로서 상환청구제도가 마련되어 있는 것이다. 이에 의해 상환의무를 지는 자들은 환어음의 경우 발행인·배서인·보증인이고 약속어음의 경우에는 배서인과 보증인이며, 수표의 경우에는 발행인·배서인·보증인이다. 어음·수표의 소지인은 지급이 거절되더라도 이러한 상환청구의 가능성이 있음을 믿고 어음·수표를 취득하므로 상환청구제도는 어음·수표의 유통성을 실질적으로 보장하는 기능을 한다고 말할 수 있다.

Ⅶ. 보 증

환어음의 인수인과 약속어음의 발행인은 어음금의 지급에 관한 주채무자가 되고, 환어음·수표의 발행인 및 배서인들은 상환의무를 부담함으로써 어음·수표의 신용을 강화한다. 그러나 이러한 의무는 기본적으로 각자에게 자력이 있어야 이행할 수 있는 것이다. 이들이 책임을 이행하지 못할 경우를 대비하여 제3자가 대신 이행할 책임을 부담하는 보증이라는 어음·수표행위가 있다($\binom{\text{어 30조 이하,}}{\text{수 25조 이하}}$). 보증에 의해 어음·수표의 신용도는 더욱 강화되는데, 어음·수표의 보증은 민법상의 보증과 달리 부종성이 제한되고 최고·검색의 항변권이 인정되지 않는 등 보증인의 책임이 크게 강화되어 있다.

제 3 절 어음·수표의 유가증권적 특성

유가증권이란 앞서 정의한 바와 같이 사권(私權)을 표창하는 증서로서, 그 권리의 발생·행사·이전의 전부 또는 일부에 그 증서를 요하는 것이다. 어음·수표는 금전채권을 표창하므로 유가증권의 일차적 요건을 구비하고 있다. 유가증권은 여러 가지 속성을 가지는데 어떤 것은 모든 유가증권에 공통적으로 존재하지만 어떤 것은 유가증권의 종류별로 그 유무를 달리하거나 강도를 달리한다. 어음·

수표는 다음에서 보듯이 유가증권의 제반 속성을 가장 충실하게 지니고 있다.

Ⅰ. 설권증권성

어음·수표는 보통 기존의 채권·채무를 결제하기 위해 발행되기는 하지만, 어음·수표상의 금전채권은 기존의 채권을 표창하는 것이 아니고 어음·수표의 발행에 의해 비로소 발생하는 것이다. 증권의 작성에 의해 비로소 권리가 발생할 때, 그 증권을 설권증권이라 하는데, 어음·수표는 전형적인 설권증권이다. 이 설권증권성은 다음에서 보듯이 완전유가증권성과 무인증권성의 근거가 된다.

Ⅱ. 완전유가증권성

유가증권이 표창하는 권리의 발생·행사·이전 중 어느 부분을 그 증서에 의해야 하느냐는 것은 유가증권의 종류에 따라 상이하다. 어음·수표를 제외한 모든 유가증권은 비설권증권으로서 권리의 발생과는 무관하고, 행사와 이전 또는 그 하나를 증권에 의하는 불완전유가증권이다.

이에 대해 어음·수표의 경우에는 어음·수표금을 청구할 때에 어음·수표를 제시하고 상환하여야 하므로 권리의 「행사」에 증서를 요하며, 어음·수표상의 금전채권을 양도할 때에는 어음·수표의 배서·교부에 의해야 하므로 권리의 「이전」에도 증서가 필요하다. 그리고 어음·수표상의 금전채권은 이미 존재하는 권리가 표창된 것이 아니라 어음·수표의 작성에 의해 비로소 「발생」하는 것이다. 이같이 어음·수표는 권리의 발생·행사·이전 전부에 증서를 필요로 하므로 완전유가증권이다.

Ⅲ. 금전채권증권성

유가증권은 그 종류에 따라 여러 가지 권리를 표창한다. 예컨대 화물상환증이나 창고증권, 선하증권 등은 물품의 인도청구권을 표창하며, 주권은 주식, 즉 사원권을 표창한다. 이에 대해 어음·수표는 재산거래의 지급수단으로 창안된 것이므로 확정된 금전채권을 표창하는 유가증권이다. 금전채권 이외의 종류물이나 특정물에 관한 채권을 표창하는 어음·수표는 발행할 수 없다.

Ⅳ. 무인증권성

비설권증권은 기존의 권리관계에 기초하여 만들어지므로 그 증권의 효력도 표창된 권리의 원인관계에 의해 지배된다. 이러한 유가증권을 요인증권(또는 유인증권)이라 한다. 예컨대 화물상환증이 표창하는 운송물인도청구권이라는 권리는 운송계약상 이미 존재하는 권리가 표창된 것에 불과하므로 화물상환증의 원인관계인 운송계약이 부존재하거나 무효·취소된다면 화물상환증 역시 효력을 잃을 수밖에 없다. 주권도 주식이 존재하지 않거나 무효이면 역시 무효이다.

발행·배서와 같은 어음·수표행위에도 그 경제적인 동기를 이루는 원인관계가 존재한다. 그러나 어음·수표가 표창하는 금전채권 자체는 원인관계상의 채권이 표창된 것이 아니라, 어음·수표를 작성하였으므로 창설되는 것임은 이미 본 바와 같다(설권증권성). 이같이 어음·수표상의 금전채권은 어음·수표의 발행이라는 독립적인 근거를 가지므로 어음·수표의 효력 역시 원인관계의 효력과는 구분하여 독립적으로 정해져야 한다. 그러므로 어음·수표는 그 원인관계가 존재하지 않거나 무효·취소되더라도 영향을 받지 아니한다(무인증권성).

어음법에서는 어음을 발행하는 단계에서부터, 환어음과 수표의 경우 「무조건의 지급」을 위탁하고($^{어\,1조\,2호,}_{수\,1조\,2호}$), 약속어음의 경우 「무조건의 지급」을 약속하도록 규정하는데($^{어\,75조}_{2호}$), 이는 어음·수표의 무인성을 반영한 것이다. 예컨대 甲이 乙의 건물을 매수하고 대금지급을 위하여 어음을 발행해 주었으나, 그 목적건물이 계약 전에 소실하여 계약이 무효라 하자. 그렇더라도 甲이 발행한 어음은 유효하며, 乙로부터 배서를 받은 A도 적법하게 어음채권을 취득한다. 어음이 乙의 수중에 있더라도 같다. 乙은 적법하게 어음채권을 취득한다. 다만 乙이 甲에게 어음금을 청구해 올 때 甲은 원인관계, 즉 매매가 무효이니 대금을 지급할 필요가 없음을 이유로 항변할 수 있으나, 이는 어음의 무인증권성과는 무관한 문제이다.

V. 요식증권성

유가증권은 일반적으로 채무자와의 연결 없이 다수인 간에 이전되므로 권리의 내용에 관한 다툼을 예방하고 거래의 안전을 도모하기 위해서는 유가증권이 표창하는 권리의 내용이 전부 증권 자체에 명확하게 공시되어야 한다. 그러자면 우선 유가증권이 서면에 의해 작성되어야 하며 그에 관해 행해지는 모든 법률행위도 서면행위로 행해져야 한다. 뿐만 아니라 유가증권 위에 행해지는 법률행위의 방식도 이해관계인들에게 통일된 의미를 갖는 객관적·기술적 방식을 취하지 않으면 안 된다. 그렇지 않고 일반적인 법률행위에서와 같이 방식의 자유를 허용한다면 거래안전의 요구는 충족될 수 없을 것이기 때문이다. 그러므로 각 유가증권의 근거가 되는 법률에서는 유가증권의 권리관계를 확정할 수 있는 최소한의 사항들을 기재하게 하고 유가증권의 종류별로 그 의미를 특정할 수 있는 방식을 제시하며 이에 따르도록 한다.

어음·수표도 유가증권의 일종으로서 유가증권의 공통적 성격인 요식증권성을 갖지만, 현금에 갈음하는 지급수단의 구실을 하는 어음·수표의 경우에는 요식성이 더욱 강하게 요구된다. 그리하여 법 소정의 방식을 결한 어음·수표행위는 무효임이 원칙이며, 장래 요건을 전부 갖출 것이 예정되어 있는 백지어음과 백지수표도 완전히 보충될 때까지는 어음·수표로서의 효력이 없다($\binom{어\ 10조,}{수\ 13조}$).

그러나 어음·수표행위를 함에 있어서 행위의 의미를 특정하는 데에 본질적이지 않은 사항들(예컨대 배서에서의 배서문구, 인수에서의 인수문구 등)은 생략할 수 있으며($\binom{어\ 13조\ 2항,}{25조\ 1항}$), 경우에 따라서는 일부 어음요건을 결하더라도 유통성을 위해 무효로 보지 않고 일정한 사항이 기재된 것으로 의제(법정보충)하는 제도가 있다($\binom{어}{2조}$).

어음·수표의 요식성은 주로 어음·수표행위의 방식으로 요구되는 것이나, 어음·수표금의 지급을 청구하거나 인수를 최고할 때에 어음·수표를 제시하여야 하는 바와 같이 어음·수표상의 권리를 행사할 때에도 요구된다.

Ⅵ. 문언증권성

유가증권은 일단 발행되면 발행인과 거래가 없는 사람들 사이에서 유통되고, 또 유가증권의 양수인은 양도인의 전단계의 취득자와 연결을 갖지 않고 취득하는 식으로 다단계에 걸쳐 되풀이 유통된다. 이 과정에서 유가증권을 취득하는 자는 전단계의 거래에서 증권 외적으로 존재하는 당사자의 합의나 기타 법률관계는 알지 못하고 증권에 쓰여진 문언만을 신뢰하고 취득한다. 그러므로 유가증권의 유통성을 보장하려면 유가증권의 취득자가 유가증권의 기재내용이 의미하는 권리를 온전히 취득할 수 있도록 보장해야 한다. 이를 「문언성」이라 표현할 수 있는데, 다수인간에 유통이 예정된 유가증권의 공통적 속성이다. 어음도 유가증권의 일종이므로 당연히 문언성을 갖지만 다른 유가증권에 비해 문언성이 더욱 현저하다. 다른 유가증권은 비설권증권이므로 문언성이 있다 해도 요인성의 제약을 받으나, 어음·수표는 설권증권으로서 무인성을 가지고 또 어음·수표상의 문언이 유일한 권리의 근거가 되기 때문이다($\substack{\text{상세는} 64\\ \text{면 참조}}$).

Ⅶ. 지시증권성

「指示」(지시)라 함은 유가증권상의 권리자가 권리를 행사할 자를 새로이 지정하는 행위를 말한다. 대부분의 유가증권은 지시증권인데, 어음·수표의 경우에는 어음·수표에 배서하여 교부하는 모습으로 나타난다. 그리고 이 지시라는 개념은 단순히 권리자를 새로이 지정한다는 뜻뿐만 아니라 채무자에 대한 통지나 채무자의 승낙을 요하지 않고도 권리가 이전된 사실을 타인에게 대항할 수 있다는 뜻도 포함한다. 어음·수표에 유통성이 주어지려면 자유로이 어음·수표상의 권리를 양도하고 취득할 수 있어야 한다. 그러므로 어음·수표는 당연한 지시증권성을 가지고, 이로 인해 지시식으로 발행하지 아니한 경우에도 어음소지인은 배서에 의해 어음·수표를 양도할 수 있다($^{어\ 11조}_{1항}$). 예컨대 어음의 발행인이 「乙에게 지급하겠다」는 것과 같이 기명식으로 발행한 경우에도 乙은 자신의 권리를 타인에게 양도할 수 있는 것이다. 한편 수표도 기명식 또는 지시식으로 발행한 경우에는 어음과 같이 당연한 지시증권성을 가진다. 그러나 수표는 흔히 소지인출급식으로 발행되는데($^{수\ 5조\ 3항}_{참조}$), 이 경우에 소지인은 수표를 단순한 교부에 의해 양도할 수 있다($^{민}_{523조}$).

어음·수표의 지시증권성은 발행인의 의사표시에 의해 제거할 수 있다. 발행인이 어음에 「지시금지」의 문구를 적은 경우에는 그 어음은 지명채권의 양도방법과 효력으로써만 양도할 수 있다($^{어\ 11조\ 2항,}_{수\ 14조\ 2항}$).

Ⅷ. 제시증권성

유가증권의 종류에 따라 증권상의 권리행사를 위해서는 증권의 소지인이 증권상의 채무자에게 증권을 제시, 즉 면전에서 보여 주어야 하는데, 이러한 증권을 「제시증권」이라 한다. 어음·수표는 전형적인 제시증권이다.

채무의 이행은 특정물인도채무를 제외하고는 지참채무, 즉 채무자가 채권자를 방문하여 변제해야 하는 것이 원칙이다($^{민\ 467조}_{2항}$). 그러나 어음·수표채무에 지참채무의 원칙을 적용할 수는 없다. 어음·수표는 채무자에게 알려짐이 없이 전전유통하므로 변제기에 이르러도 채권자, 즉 어음·수표의 소지인이 누구인지 채무자로서는 알 수 없기 때문이다. 그래서 어음·수표채무는 추심채무이다. 즉 채권자가 채무자를 찾아 이행을 청구해야 하는 것이다. 어음·수표가 제시증권성을 갖는다는 것은 어음·수표채권자가 채무자를 찾아 추심하는 방법으로 권리를 행사해야 함을 뜻한다.

한편 어음·수표를 제시해야 한다 함은 어음·수표상의 권리자가 어음·수표에 의해 자신의 권리를 증명해야 함을 뜻한다. 어음·수표는 고도의 유통성을 지닌 증권으로서 그 증권의 이전에 의해 권리가 이전되므로 어음·수표채무자가 이중변제의 위험을 부담하지 않기 위해서는 어음·수표를 점유하는 자에 한해 권리행사를 허용하는 것이 채무자의 보호에 적합하기 때문이다.[1]

어음·수표의 제시는 지급인에 대해 청구할 때에만 필요한 것이 아니라, 발행인·배서인 등에 대해 상환청구권을 행사할 때에도 요구되며, 환어음의 지급인으로부터 인수를 받고자 할 때에도 요구된다.

Ⅸ. 상환증권성

어음·수표의 소지인이 어음·수표금을 지급받을 때에는 지급인에게 어음·수표를 교부해야 하며($_{수\ 34조\ 1항}^{어\ 39조\ 1항}$), 지급인은 어음·수표와 상환하지 아니하면 지급할 의무가 없다. 어음·수표와 상환하지 아니하고 지급할 경우, 그 후 어음·수표가 다시 유통되어 선의의 제 3 자가 취득하면 지급인은 이중변제의 위험을 부담하기 때문이다. 상환증권성은 지급인을 보호하기 위한 법리이므로 지급인이 자신의 위험부담 하에 어음·수표와 상환하지 않고 지급하는 것은 무방하다. 상환증권성은 지급인으로부터 지급을 받을 때뿐만 아니라 상환청구권을 행사할 때, 또 상환의무를 이행한 자가 재상환청구권을 행사할 때에도 적용된다.

제 4 절   어음·수표의 유통성 확보

Ⅰ. 어음·수표제도상 유통성의 의의

기술한 바와 같이 어음·수표는 여러 가지 유익한 기능을 갖지만, 이러한 기능은 누구든지 지급수단으로서 서슴없이 어음·수표를 받으려 할 때 만족스럽게

---

1) 예외적으로 어음·수표의 점유를 상실한 자가 공시최고를 거쳐 제권판결을 얻은 때에는 어음·수표가 없이도 권리를 행사할 수 있지만(민소 497조), 제권판결이 어음·수표의 점유를 회복시켜 주는 효력이 있으므로 엄밀히 말해 이것도 제시증권성의 예외를 이루는 것은 아니다.

수행될 수 있다. 어음·수표를 최초의 지급수단으로 사용하는 것은 발행인이므로 발행단계에서 수취인이 어음·수표를 수령해야만 비로소 어음·수표가 지급기능을 발휘할 기회를 갖게 된다. 그리고 수취인은 이 어음 또는 수표를 다시 타인에게 양도할 수 있어야 비로소 수령하려 할 것이다. 양도할 수 없다면 어음·수표는 차용증서나 영수증과 같은 증거증권에 불과하여 전술한 어음·수표의 탁월한 경제적 기능은 발행인의 단계에서 그치고 수취인은 단지 발행인의 편익을 위해 돈의 시간가치를 양보하는 꼴이 되기 때문이다. 이같이 어음·수표는 전전유통될 수 있다는 것이 전제되어야만 발행 자체가 가능해지므로 유통성은 가히 어음·수표의 생명이라 할 수 있다.

어음·수표의 유통성은 단지 "어음·수표를 양도할 수 있다"라고 하는 법적 보장(형식적 유통성)만으로 주어지는 것이 아니다. 보다 중요한 것은 예견하지 못한 장애로 인해 어음·수표상의 권리행사가 방해되는 일이 없도록 하는 것이다(실질적 유통성). 어음·수표는 甲(발행인) → 乙 → A → B라는 식으로 유통되는데, 어음·수표의 취득자는 자기에게 어음·수표를 양도하는 자를 제외한 나머지 앞의 당사자와는 생소한 경우가 대부분이고, 따라서 자기에 앞서 형성된 어음·수표상의 권리관계에 관해 확신을 갖지 못함이 보통이다. 그럼에도 불구하고 불안 없이 어음·수표를 취득할 수 있어야 유통성이 있다고 할 수 있으며, 그 때 비로소 어음·수표가 지급수단으로서의 구실을 할 수 있다. 그러므로 어음법·수표법은 어음·수표의 유통성을 확보하는 것을 기본이념으로 삼고 있으며, 실은 어음법·수표법의 규정 전부가 어음·수표의 유통성 확보에 직접 또는 간접으로 기여하는 내용이라 할 수 있다. 그 중에서도 특히 어음·수표의 유통성 확보에 직접적이고 불가결한 제도들을 개관해 보면 다음과 같다.

Ⅱ. 어음·수표의 요식성

어음·수표의 발행은 서면에 법정의 사항(어음요건, 수표요건)을 기재하고 발행인이 기명날인(또는 서명)하여야 하며($\substack{\text{어 1조,} \\ \text{수 1조}}$), 기타의 어음·수표행위도 행위의 종류별로 고유한 방식을 갖추어야 한다($\substack{\text{어 13조, 25조, 31조, 57} \\ \text{조, 수 16조, 26조, 53조}}$). 이러한 요식성은 어음·

수표에 유통성을 부여하기 위한 전제요건으로 필요한 것이다. 즉 어음·수표상의 권리의 존재양식을 규격화함으로써 어음·수표상의 권리·의무의 존부 및 그 내용에 관해 모든 당사자에게 동일한 의미를 부여하고 나아가 분쟁을 예방할 수 있다. 그리하여 기술한 문언성의 뒷받침에 의해 누구든 어음·수표상의 기재사항을 신뢰하고 어음·수표를 취득할 수 있는 것이다.

Ⅲ. 양도방법의 정형화(배서·교부)

어음·수표는 금전채권을 표창하는데, 금전채권을 포함하여 지명채권은 일반적으로 양도가 가능하다($^{민\ 449조}_{1항\ 본}$). 그러나 지명채권의 양도는 당사자 간의 불요식의 합의에 의하므로 권리의 이전과정이 공시되지 아니하여 권리의 유통성이라는 측면에서 매우 불완전한 양도방법이다. 또 양도사실을 채무자와 제 3 자에게 대항하기 위한 요건으로서 채무자에게 통지하거나 채무자의 승낙을 받아야 하는데 ($^{민\ 450조}_{1항}$), 이 절차가 번거롭기도 하지만, 이 역시 권리이전의 공시방법으로서 불완전하기 그지없다. 또 지명채권의 양도를 위한 대항요건을 갖추더라도 원칙적으로 채무자의 항변권이 유지되는 까닭에($^{민}_{451조}$) 채권을 양수하고자 하는 자는 일일이 채무자에게 항변권이 존재하는지의 여부를 확인해야만 안전하게 양수할 수 있다. 따라서 지명채권은 양도되더라도 그 범위에 한계가 있고, 권리의 전전유통은 기대할 수 없다.

어음·수표는 이와 같은 지명채권양도의 한계성을 깨고 금전채권에 고도의 유통성을 부여하기 위한 수단으로 개발된 것이라고 할 수 있다. 어음의 양도방법을 배서($^{어\ 11조\ 이하,}_{수\ 14조\ 이하}$)라고 하는 서면행위에 의해 가시화·정형화시킴으로써 권리의 귀속과 이전을 확실하게 공시하고, 지명채권의 양도와는 달리 채무자와 연결시킨 대항요건(통지·승낙)을 요구하지 아니하며, 권리가 이전될 때마다 채무자의 항변을 절단($^{어}_{17조}$)시킴으로써 어음 자체의 이동에 의해 완결적으로 권리가 이전될 수 있게 하는 것이다. 수표의 경우는 어음과 같이 배서에 의해 양도할 수 있도록 지시식으로 발행할 수도 있으며, 이 경우에는 어음의 배서와 같은 효력과 기능을 가진다. 그러나 수표는 대부분 수표의 교부에 의해 양도할 수 있도록 소지인출급식으로 발행되는데, 이 경우에는 배서보다 더 간편하게 단순히 수표의 교부에 의해 완결적으로 양도할 수 있다.

이같이 어음·수표는 배서·교부 또는 교부에 의해 무한정 양도될 수 있으므로 배서·교부는 어음·수표에 유통성을 부여하는 가장 중요한 요소라고 할 수 있다.

IV. 어음·수표의 무인성

어음·수표는 지급수단으로 발행되고, 역시 지급수단으로 유통된다. 그러므로 어음·수표를 수수하는 당사자 사이에서는 원인관계상의 권리관계가 본질적인 이해관계이고 어음·수표는 원인관계에서 발생한 채무를 이행하는 수단에 불과하다. 그러므로 어음수수의 당사자 간에만 국한하여 본다면, 어음·수표에 어떤 내용이 기재되었든 원인관계상의 실질적인 권리의 범위에서만 어음·수표상의 권리가 주어져야 옳다고 할 수 있다. 그리하여 원인관계가 무효·취소된다면 어음·수표 역시 효력을 잃는 것이 마땅하고, 원인관계상 지급해야 할 급부의 내용과 어음·수표상의 기재내용이 상이하다면 원인관계가 우선해야 옳다. 만일 어음·수표에 이러한 효과가 있다면 어음·수표가 「유인성」을 갖는다고 표현할 수 있다.

그러나 어음·수표는 특정인 간에서만 지급수단으로 사용되는 것이 아니고 전전유통하며 계속 지급수단으로 활용된다. 따라서 어음·수표에 유인성을 부여할 경우, 전단계 어음거래의 원인관계에 생긴 흠은 그 이후 어음의 유통에 관여한 자 모두의 지위를 교란시키므로 어음·수표가 원만한 지급수단의 구실을 할 수 없다. 그리하여 어음·수표는 이른바 무인성이 인정되어 특정인 간의 원인관계에 의해 영향받지 아니하고 화폐처럼 그 독자적인 효력을 가지고 유통된다(무인성에 관해 상
세는 65면 참조).

V. 인적항변의 절단

지명채권이 양도될 경우 원칙적으로 채무자는 채권자(양도인)에 대해 갖고 있던 항변권을 가지고 양수인에게 대항할 수 있다(민 451조의
반대해석). 어음·수표의 양도에 대해서도 같은 효력을 인정한다면, 어음·수표를 취득하려는 자는 미리 자신의 양도인 및 그 이전에 어음·수표행위를 한 자들 상호간의 항변권의 유무를 전부 조사해야 할 것이므로 어음·수표의 전전유통은 사실상 불가능해진다. 때문에 어음·수표법은 어음·수표채무자들이 종전의 소지인에 대해 인적 관계로 인해 갖고 있던 항변권을 가지고 현재의 소지인에게 대항할 수 없도록 하고 있다(어 17조, 수 22조). 이를 「인적항변의 절단」이라 표현하는데, 이에 의해 어음·수표를 취득하는 자는 자신에게 양도하는 자가 어음·수표에 대해 갖고 있는 형식적 자격만을 조사하여 이상이 없음을 확인하고 취득하면 어음·수표의 문언에 따라 완전한 권리를 취득할 수 있다. 그러므로 인적항변의 절단제도는 어음·수표의 유통성을 보장하는데 불가결한 제도적 장치라 할 수 있다.

Ⅵ. 선의취득의 요건완화

민법에서는 동산거래의 안전을 위해, 권리의 외관, 즉 점유의 소재를 신뢰하고 무권리자로부터 권리를 양수한 자는 적법하게 권리를 취득하게 하는 이른바 선의취득제도를 두고 있다(민 249조). 그러나 민법상의 선의취득은 취득자의 무과실을 요구하며, 도품·유실물은 원칙적으로 선의취득의 대상에서 제외시키는 등 요건이 엄격하다(민 250조). 이 제도를 동산보다 더욱 빠른 속도로 유통되는 어음·수표에 그대로 적용한다면 어음·수표의 유통성은 크게 후퇴할 것이다. 그러므로 어음법·수표법에서는 어음·수표의 선의취득의 요건을 완화하여 악의·중과실만을 제외하고, 경과실이 있는 자도 선의취득이 가능하게 하며, 어음·수표가 도품·유실물인 경우에도 선의취득을 허용한다(어 16조 2항, 수 21조). 이에 의해 어음·수표의 유통성은 한층 강화된다.

Ⅶ. 어음·수표채무의 독립성

어느 법률행위의 효력에 기초하여 이어지는 그 다음 행위의 효력은 앞선 행위의 효력에 부종함이 원칙이다. 이 원칙을 어음·수표에 그대로 적용한다면 甲 (발행) → 乙(배서) → A(배서) → B로 이어지는 어음·수표관계에서 甲의 제한능력, 타인의 위조 등의 사유로 甲의 발행이 무효·취소되었을 때, 그 후의 乙, A의 배서는 전부 무효가 되고 B는 권리를 취득할 수 없다. 그리하여 어음·수표를 취득하는 자는 전 단계의 어음·수표행위자들이 한 어음·수표행위의 유효 여부, 취소가능성 유무를 모두 확인해야 하고, 그렇지 않으면 권리취득의 가능성이 불확실하여 그 지위는 매우 불안하다. 어음·수표를 취득할 때마다 이 같은 조사를 해야 한다면 배서와 인적 항변의 차단 등에 의해 어음·수표의 유통성을 확보하려는 입법의도는 무의미해진다. 그러므로 어음법·수표법은 어음·수표행위자로 하여금 선행행위의 효력이 어떠하든 자신이 한 어음·수표행위의 내용에 따라 책임을 지게 한다(어 7조, 수 10조). 이를 어음·수표채무의 독립성이라 한다. 이러한 어음·수표행위의 독립성으로 인해, 어음·수표를 취득하는 자는 기존의 어음·수표행위의 일부가 무효·취소될 가능성을 감안하고라도 나머지 어음·수표행위자의 책임을 기대하고 어음·수표를 취득할 수 있는 것이다.

Ⅷ. 상환청구제도

환어음의 지급인이나 수표의 지급인은 어음·수표금을 지급할 채무를 지는 자가 아니므로 지급을 거절한다 해서 이들을 상대로 강제이행을 시킬 수는 없으며, 환어음의 인수인이나 약속어음의 발행인은 어음의 주채무자로서 지급책임을 지기는 하나, 그들에게 자력이 없으면 강제이행이 불가능하다. 또 자력이 있다 하더라도 강제집행절차는 번거롭고 비용이 따르며, 이들을 상대로 한 소송에서 패소할 염려도 있다. 그러므로 환어음·수표의 지급인이나 인수인 또는 약속어음의 발행인만을 상대로 어음·수표금을 청구할 수 있다고 한다면 이들의 신용을 알지 못하거나 믿지 않는 자는 어음·수표를 취득하려 하지 않을 것이고 따라서 어음·수표는 유통성을 상실한다. 그리하여 어음법·수표법은 어음·수표행위를 한 모든 자로 하여금 지급인(또는 인수인 또는 약속어음의 발행인)이 지급을 거절할 경우, 2차적으로 어음·수표금을 지급할 책임을 지게 함으로써 어음·수표의 소지인이 어음·수표금을 지급받을 수 있는 가능성을 높여 주고, 나아가 어음·수표의 신용을 고양함으로써 유통성을 실질적으로 강화해 주고 있다. 이와 같이 지급인(또는 약속어음의 발행인) 이외의 모든 어음행위자들이 2차적으로 지는 지급책임을 「지급담보책임」이라 하고, 소지인이 그 책임을 물어 지급을 청구하는 것을 「상환청구」라 하며, 이에 응해 다수의 상환의무자들은 「합동책임」이라는 특수한 형태의 공동책임을 진다($^{어\,47조}_{수\,43조}$). 환어음의 경우 지급인이 인수를 거절할 때에도 상환청구가 가능함은 기술한 바와 같다($^{어\,43조}_{1호}$).

IX. 지급절차의 형식성

일반 민사거래에서는 채무자가 변제받을 정당한 권한이 없는 자에게 변제한 경우에는 채권자에 대해 변제의 효력이 없음이 원칙이다($^{민}_{472조}$). 그러나 어음·수표의 지급인은 소지인으로부터 지급제시를 받았을 때, 어음·수표의 요건, 배서의 연속 등 소지인의 형식적 자격만을 심사하면 족하고, 실질적 권리의 흠결 또는 하자에 대해서는 사기 또는 중과실이 없는 한 책임을 면한다($^{어\,40조\,3항,}_{수\,35조}$). 심지어는 어음을 절취한 자가 자기가 배서받은 양 배서를 위조하여 제시한 경우에도 지급인이 이 사실을 알지 못하고 지급하면 이후 지급책임을 면한다. 소지인도 어음·수표의 제시를 통해 자신의 형식적 자격만을 증명하면 족하고, 실질적 권리의 존재를 증명할 필요는 없다. 이 제도는 사실상 어음·수표 자체만으로 실질적인 권리를 증명하게 한 것으로, 역시 어음·수표에 유통성을 부여하기 위한 전제요건이라 할 수 있다.

X. 어음·수표소송의 신속성

어음·수표소송은 다른 민사소송에 비해 신속하게 종결되는 경향이 있는데, 이를 어음·수표의 본질적 속성이라고 말할 수는 없지만 현실적으로 어음·수표의 유통성에 크게 기여하는 요인이 된다.

민사소송의 경우 소가가 2억원을 초과할 때에는 제 1 심에서의 사물관할이 지방법원의 합의부에 있지만, 어음금의 청구에 관한 소송은 금액의 고하를 막론하고 지방법원의 단독판사가 관장한다(민사 및 가사소송의 사물 관할에 관한 규칙 2조 1호). 따라서 어음금의 청구에 관한 소송은 사물관할이 합의부에 속하는 일반민사청구에 비해 절차가 신속히 진행될 것이다.

그리고 어음금의 청구는 앞서 말한 무인성에 의해 원인관계와의 연결이 차단된 채 어음 자체만을 소재로 하여 권리의 유무를 다투므로 다른 민사청구에 비해 주장과 증명이 단순하다. 이 점 또한 어음금청구소송을 신속하게 종결시키는 요인이다. 그리고 어음소송에서는 대부분의 경우 어음채무를 부정하는 자(즉 피고)에게 증명책임이 주어지므로 원고가 매우 유리한 입장을 차지하게 된다.

실체법적으로 권리가 존재하더라도 채무자가 이행을 하지 않을 경우에는 결국 소송에 의해 권리를 구제받을 수밖에 없다. 그런데 소송이란 상당한 기술과 비용을 요하고 장시간에 걸쳐 진행되는 다툼이다. 이러한 소송의 현실을 감안한다면, 어음금청구소송이 다른 민사소송에 비해 신속히 종결된다는 것은 어음거래의 중요한 유인동기가 되는 것이다. 그리하여 채권자가 채권을 보유하는 형태를 자신이 선택할 수 있는 경우에는 다른 형태보다는 어음채권의 형태로 권리를 보유하는 것을 선호할 것이다.

이하 용어사용의 주의

다음 절(제 5 절)에서는 어음행위와 수표행위를 설명한다. 어음행위이란 어음에 관한 법률행위, 수표행위는 수표에 관한 법률행위를 지칭하는데, 양자의 법리는 같다. 앞서 설명한 내용도 어음과 수표에서 다르지 않지만, 어음과 수표 모두에 해당된다는 점을 잊지 않도록 「어음·수표」라고 병기하였다. 하지만 제 5 절에서는 읽는 이의 불편을 피하기 위하여 「어음행위」라고만 표기한다. 이 용어에 따른 설명은 수표행위에 관한 것도 포함함을 유의하기 바란다.

제 5 절 어음(수표)행위

Ⅰ. 어음(수표)행위의 의의

어음행위라 함은 어음상의 권리·의무를 변동시키는 법률행위를 뜻한다. 어음상의 권리·의무를 변동시키는 법률사실에는 어음시효의 완성, 어음의 인수를 위한 제시 또는 지급을 위한 제시, 어음금의 지급 또는 지급거절 등과 같이 단순한 사건 또는 준법률행위에 속하는 것도 있고, 어음의 발행·인수·배서와 같이 어음관계자들의 의사표시를 요소로 하는 것도 있는데, 어음행위는 후자를 가리킨다. 이들은 의사표시를 요소로 한다는 점에서 일반 법률행위와 다를 바 없으나, 어음상의 권리변동을 목적으로 한다는 내용상의 특색이 있어 이를 특히 다른 법률행위와 구별하여 어음행위라고 부른다.

어음행위는 후술과 같이 종류별로 방식과 효과를 달리하므로 획일적으로 정의하기가 쉽지 않다. 그래서 i) 어음행위를 순형식적 특색에 착안하여 「기명날인(또는 서명)을 요건으로 하는 요식의 증권적 법률행위」라고 하는 설(강·임 44; 서·정 64; 이·최 114; 장덕조 548; 정경영 1073; 정찬형 61; 채이식 28; 최기원 99; 최완진 516), ii) 어음행위의 실질적인 내용에 착안하여 「어음상의 채무의 발생원인이 되는 행위」라고 하는 설(최준선 103), iii) 어음행위의 형식적 의의와 실질적 의의를 구분하여 「형식적으로는 기명날인(또는 서명)을 요건으로 하는 요식의 법률행위이고, 실질적으로는 어음상의 법률관계를 발생·변동케 하는 법률행위」라고 정의하는 설(손주찬 36; 정무동 402), iv) 어음행위의 형식적 특성과 실질적 내용을 결합시켜 「기명날인(또는 서명)을 요건으로 하는 요식의 서면행위로서, 그 행위의 결과 어음·수표상의 채무를 부담하게 하는 행위」라고 정의하는 설(김정호 30; 김홍기 942; 손진화 948; 정동윤 63; 주석(Ⅰ), 189)로 나누어져 있다.

형식설(i)은 각 어음행위의 실질적 효과가 다양하므로 통일적인 정의를 포기하고 그 형식적 특성만 설명한 것이나, 이는 어음행위의 방식을 설명한 데에 불과하고 어음행위의 내용에 관해서는 아무 뜻도 전달해 주는 바 없다. 즉 기명날인(또는 서명)을 요건으로 하는 것은 모든 유가증권에 공통되므로 이 정의에 의해서는 어음행위와 다른 증권적 법률행위와의 구별조차 불가능한 것이다.

실질설(ii)은 어음행위의 방식이 여타의 법률행위와 뚜렷이 구별되는 표지라는 점을 간과할 뿐 아니라, 어음행위의 내용에 관해서도 정확한 설명이 아니라는 비판을 받는다. 즉 약속어음의 발행, 환어음의 인수·보증, 수표의 보증 또는 지급보증에 의한 채무부담은 당사자의 의사에 의한 채무부담이지만 배서에 의한 채무부담은 의사표시에 의한 것이 아니라 법률의 규정에 의한 것이다. 더욱이 무담보배서($^{어}_{15조}_{1항}$)·추심위임배서($^{어}_{18조}$)·기한후배서($^{어}_{20조}$)에 의해서는 어음채무가 발생하지 아니하므로 모든 어음행위를 일률적으로 「어음상의 채무의 발생원인이 되는 행위」라고 함은 부정확한 정의이다.

형식적 의의와 실질적 의의를 병립 또는 인과적으로 연결시키는 iii), iv)설은 i), ii)설의 단점을 크게 보완하고 있다. 그러나 iv)설은 실질설($^{iii}_{설}$)이 갖는 문제점을 그대로 안고 있다. 그래서 학자에 따라서는 「원칙적으로 어음채무를 부담」한다고 표현하지만($^{정동}_{윤 63}$), 이는 모든 어음행위에 보편적으로 타당한 설명을 포기함을 뜻한다.

어음행위를 일반 법률행위로부터 확연히 구별하는 표지는 첫째, 그 방식(요식성)이다. 물론 어음행위의 종류에 따라 방식도 구구하지만, 행위자의 기명날인(또는 서명)을 불가결의 요소로 하는 서면행위라는 점은 모든 어음행위에 공통된다. 둘째, 어음행위의 실질면에서 공통된 점은 어음상의 권리를 변동시킨다는 것이다. 전술한 무담보배서와 기한후배서에 의해서는 어음채무가 발생하지 않지만 어음상의 권리는 이전하고, 추심위임배서에 의해서는 채무도 발생하지 않고 어음상의 권리가 이전하지도 않지만 피배서인에게 지급청구권을 창설해 준다. 따라서 어음행위는 iv)설을 토대로 하되 다소 표현을 수정하여, 「어음상의 권리·의무를 변동케 하려는 의사표시를 요소로 하며 기명날인(또는 서명)을 불가결의 요건으로 하는 법정의 방식에 따라 행하는 법률행위」라고 정의하기로 한다.

Ⅱ. 어음행위의 종류

환어음에 관한 어음행위에는 발행·인수·배서·보증·참가인수의 다섯 가지가 있다. 약속어음에는 발행인이 지급인을 겸하는 까닭에 인수나 참가인수와 같은 행위가 없고, 발행·배서·보증의 세 가지만이 있다. 그리고 수표에는 발행·배서·보증·지급보증이 있다. 어음·수표의 「발행」은 어음상의 권리관계를 창설하는 행위로서 모든 어음행위의 전제가 되므로 「기본적 어음행위」라고 하고, 그 밖의 어음행위들은 발행에 의해 창설된 권리관계를 후속적으로 변동시키는 행위이므로 「부수적 어음행위」라고 한다.

각 어음행위의 뜻과 기능은 앞에서 설명한 바 있고 그 법률적 문제는 다음 章에서 보다 상세히 설명한다.

Ⅲ. 어음행위의 특성

어음이 발행되면 많은 당사자들 사이에 권리·의무관계가 형성되는데, 일반 私法上의 법률관계에 대해 특성을 이루는 것은 어음 자체의 발행·유통에 의해 완결적으로 어음상의 권리가 창설 또는 이전된다는 점이다. 예컨대 다음 그림에서 보다시피 甲이 乙에게 발행한 환어음이 乙의 배서, A의 배서를 거쳐 B에게 이전되었다고 하자. 아울러 어음상의 권리가 이전되는데, 이 권리의 이전, 즉 각자의 권리의 취득은 어음에 의한 법률행위에 의해 이루어지는 것이다. 그리고 어음당사자들 간의 복합적인 권리·의무관계는 직접의 어음거래당사자 사이를 제외하고는 서로 의사의 연락이 없이 맺어진다는 점도 특색이다. 예컨대 그림의 B는 인수인(丙)에 대해 지급청구권을 갖고, 지급이 거절될 경우 A·乙·甲에 대해 상환청구권을 갖는데, A를 제외하고는 모두 B와 직접 거래한 사실이 없음에도 불구하고 B에 대해 의무를 부담하는 것이다.

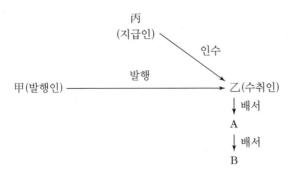

이와 같이 어음행위는 일반 법률관계에서 볼 수 없는 특수한 효과를 가지므로 이에 부합하도록 일반 법률행위와 다른 몇 가지 특성을 갖는다. 이 중 어음행위독립의 원칙을 제외하고는 앞서 어음의 유가증권적 특성과 유통성 보호의 장치로 설명한 바 있으므로 여기서는 어음행위의 효력과 관련하여 갖는 의미를 설명한다.

1. 요 식 성

법률행위에는 일반적으로 당사자의 자치가 허용되며, 당사자 자치는 법률행위의 방식의 자유를 포함한다. 따라서 각자의 의사를 증명할 수 있다면 어떤 방식에 의해 법률행위를 하든 그것은 당사자의 자유이다.

그러나 어음은 무제한의 당사자 사이에서 전전유통할 수 있고, 그 중의 1인이 행한 어음행위는 직접의 상대방뿐 아니라 모든 어음당사자들에게 효력을 미친다. 이같이 다수 당사자들의 利害에 영향을 미친다면 어음행위의 존재 여부와 내용이 선명하게 공시되지 않으면 안 된다. 즉 어음행위는 모든 이해관계인에게 통일적 의미를 갖는 가시적 방식을 구비해야 하는 것이다. 그래서 어음·수표법은 모든 어음·수표행위에 관해 권리관계를 확정하는 데 최소한으로 필요한 사항을 규정하고 이를 어음·수표행위의 성립요건으로 하고 있다.

어음행위의 종류마다 그 방식은 상이하나, 어음행위자의 기명날인(또는 서명)만큼은 공통적이고 또 절대적이다. 어음행위의 요식성은 서명행위를 통해 가시적인 방법으로 갖추어져야 하므로 후술하는 문언성을 포함하는 개념이다.

2. 문 언 성

어음이 일단 발행되면 발행 당시 알지 못하던 다수인의 손을 거쳐 유통되고 이들이 어음을 매개로 하여 상호 권리·의무를 갖는다. 그리고 전술한 바와 같이 어음관계자들은 자신의 직접의 거래상대방을 제외하고는 나머지 어음관계자들과 직접 의사를 교환하는 바 없다. 어음거래시에 어음관계자에게 주어지는 권리·의무에 관한 정보는 어음면에 쓰여진 내용이 전부이다. 그러므로 어음관계자들의 권리·의무는 어음에 기재된 사항에 한하여, 그리고 그 내용대로 인정되어야 하며, 어음 외의 합의나 기타 기재되지 않은 사실에 의해 권리·의무의 내용이 변경되거나 보충되어서는 안 된다. 이를 어음행위의 文言性이라 한다. 예컨대 발행인과 수취인의 합의로 약속어음의 금액을 1,000만원으로 기재하되 실제는 700만원만 지급하기로 합의했다 하더라도 이 어음은 문언에 따라 1,000만원의 지급채무를 표창한 것으로 보는 것이다. 또 다른 예로, 어음발행인이 만기(지급기일)를 2022년 12월 31일로 기재하여 발행하면서 그 때의 자금사정에 따라 3개월 정도 지급을 유예한다는 합의를 수취인과 하였다고 해도 이를 가지고 그 이후의 소지인에게 대항할 수 없다. 반대로 만기 이전에라도 어음을 제시하면 지급하기로 하는 합의를 하였다 하더라도 소지인은 발행인에게 만기 전의 지급을 요구할 수 없는 것이다.

그리고 어음의 법정기재사항에 흠결이 있을 경우, 어음법에서 정한 예외($^{예: }_{어 2조}$)를 제외하고는 당사자의 의사를 추정하거나 의제하여 유효로 해석할 수 없으며 다른 어음행위로 전환하여 해석할 수도 없다($^{민 138조, 139조 단서}_{의 적용이 불가하다}$). 이같이 어음의 형식적 기재사항이 엄격히 존중되어야 함을 어음엄정의 원칙(Grundsatz der formellen Wechselstrenge)이라 하는데, 이는 어음상의 권리를 확실하게 함과 아울러 어음당사자들에게 의무의 내용을 경고하는 기능도 한다.[1]

문언성은 어음·수표의 무인성과 밀접한 관련이 있다. 무인성이란 어음·수표상의 권리가 원인관계의 효력에 영향을 받지 않으면서 독자적으로 발생하고 효력을 갖는 것임을 말하는데, 이같이 독자적으로 주어지는 권리의 내용은 문언성에 의해 어음·수표에 기재된 바에 따라 정해지는 것이다.

3. 무인성(추상성)

어음의 발행·배서는 흔히 매매·도급·소비대차 등 다양한 원인관계에서 발생한 채무의 이행수단으로 행해진다. 그리고 지급인의 인수는 지급인과 발행인 간의 자금관계상의 채무의 이행으로 행해진다. 이같이 어음의 원인관계와 자금관계는 어음행위의 동기를 이루는 긴밀한 관계이다. 그러나 원인관계나 자금관계가 어떠한 사유로 부존재·무효·취소되더라도 어음행위는 그 자체에 흠이 없는 한

---

1) Zöllner, S. 75.

원인관계 또는 자금관계의 영향을 받지 않고 유효하게 존재한다. 이를 어음행위의 無因性 또는 추상성(Abstraktheit)이라 한다.

예컨대 甲이 乙로부터 부동산을 매수하고 대금을 지급해야 하는데, 한편 甲은 丙에게 상품을 팔고 그 대금채권을 갖고 있으므로 丙을 지급인으로 하는 환어음을 乙에게 발행하였고, 丙이 이를 인수하였다 하자. 여기서 甲·丙 간의 상품매매가 무효이므로 丙에 대한 甲의 채권이 부존재한다고 하더라도 甲의 어음발행과 丙의 인수에 아무 영향을 주는 바 없다. 당초부터 甲·丙 사이에 채권·채무가 발생한 적이 없고, 丙이 甲의 계산으로 지급한다는 합의를 한 바 없어도 같다 (자금관계로부터의 무인성).

한편 乙이 부동산 소유권의 이전을 게을리하므로 甲이 계약을 해제하였다 하자. 그렇다고 하여 甲의 어음발행(또는 배서)이 효력을 잃는 것은 아니다. 乙은 丙이 어음금의 지급을 거절할 경우 甲에 대하여 적법하게 어음금을 청구할 수 있는 것이다(원인관계로부터의 무인성). 원인채권(부동산매매의 대금채권)이 소멸하였다고 해서 어음상의 권리를 행사하는 것이 신의칙에 어긋나거나 권리남용에 해당하는 것은 아니다(대법원 1997. 7. 25. 선고 96다52649 판결). 이때 甲은 乙에 대해 어음금의 지급을 거절할 수 있는데, 그것은 어음행위가 무효이기 때문이 아니라, 매매계약이 해제되었으므로 대가를 지급할 필요가 없다는 이유로 항변($_{17조}^{어}$)하는 것이다. 그러므로 乙이 이러한 사정(매매의 해제)을 알지 못하는 A에게 어음을 배서양도한다면 甲은 A에 대해서는 계약의 해제를 가지고 항변할 수 없다($_{同旨판례}^{판례 [1]의}$).

어음법은 어음의 발행에 관해「무조건의 지급위탁」(환어음과 수표의 경우),「무조건의 지급약속」(약속어음의 경우)을 어음요건으로 하며($_{2호, 수 1조 2호}^{어 1조 2호, 75조}$), 어음이 배서에 의해 유통된 경우 어음채무자는 다른 어음관계자들과의 인적 관계로 인한 항변을 가지고 소지인에게 대항하지 못하게 하는데($_{수 22조}^{어 17조,}$), 이 규정들도 어음행위의 효력을 원인관계에 결부시키지 않으려는 뜻이다.

어음행위의 무인성은 이와 같이 어음취득자가 전단계 어음행위자들에 대해 갖는 지위를 강화해 주지만, 어음행위자와 직접의 상대방 사이에 있어서도 상대방에게 매우 유리한 지위를 부여한다. 앞에 든 예에서 乙이 직접 甲에게 어음금을 청구해 올 경우, 甲은 물론 매매의 해제를 이유로 어음금의 지급을 거절할 수 있다. 그러나 매매의 해제 여부에 관해 甲·乙 사이에 다툼이 있을 경우, 어음이 발행된 경우와 발행되지 아니한 경우에 乙의 권리행사는 실제상 중대한 차이를 보인다. 먼저 어음이 발행되지 않은 경우를 보자. 乙은 甲에 대해 부동산의 매매대금을 청구할 것이다. 이를 위해 乙은 甲과 乙 사이에 부동산의 매매가 있었음을 먼저 증명해야 하고, 甲이 계약해제를 주장·증명하면 乙은 해제사유가 없음을 증명해야 한다. 그러나 甲이 乙에게 어음을 발행한 경우라면 乙은 甲에게 어음을 제시하며 어음금을 청구하면 족하고 매매계약의 존재, 그리고 그 유효함을 증명할 필요가 없다. 이는 무인성의 덕분이다($\begin{smallmatrix}판례\\[1]\end{smallmatrix}$). 여기서 甲이 어음금지급을 거절하려면, 이 어음이 부동산의 매매대금의 지급을 위해 발행되었다는 사실, 그리고 부동산의 매매는 이미 해제되었다는 사실을 증명하여야 한다. 결국 어음의 발행으로 인해 본래 乙이 증명해야 할 사항을 甲이 증명해야 하는 증명책임의 전환 (Umkehr der Beweislast)이 일어나는 것이다.[1]

판 례

[1] 대법원 2017. 8. 18. 선고 2014다87595 판결

「어음행위는 무인행위로서 어음수수의 원인관계로부터 분리하여 다루어져야 하고 어음은 원인관계와 상관없이 일정한 어음상의 권리를 표창하는 증권이다. 어음의 소지인은 소지인이라는 사실만으로 어음상의 권리를 행사할 수 있고 그가 어떠한 실제적 이익을 가지는지 증명할 필요가 없다($\begin{smallmatrix}대법원 1997. 7. 25. 선고 96다52649 판결, 대법\\원 1998. 5. 22. 선고 96다52205 판결 등 참조\end{smallmatrix}$). 어음채권에서 어음발행의 원인관계가 존재하지 않는다거나 원인채무가 변제 등으로 소멸하였다는 사정은 이를 주장하는 자가 증명하여야 한다($\begin{smallmatrix}대법원 2007. 9. 20. 선고\\2007다36407 판결 등 참조\end{smallmatrix}$).

한편 발행인과 수취인이 통모하여 진정한 어음채무 부담이나 어음채권 취득에 관한 의사 없이 단지 발행인의 채권자에게서 채권 추심이나 강제집행을 받는 것을 회피하기 위하여 형식적으로만 약속어음의 발행을 가장한 경우 이러한 어음발행행위는 통정허위표시로서 무효이다($\begin{smallmatrix}대법원 2005. 4. 15. 선고\\2004다70024 판결 등 참조\end{smallmatrix}$). 이 경우에도 어음발행행위 등 어떠한 의사표시가 통정허위표시로서 무효라고 주장하는 자에게 그 사유에 해당하는 사실을 증명할 책임이 있다($\begin{smallmatrix}대법원 2010. 6. 24. 선고\\2010다12852 판결 등 참조\end{smallmatrix}$).」

※ 同旨: 대법원 1989. 10. 24. 선고 89다카1398 판결(이 사건 어음이 소외 신영찬에게 광업소 근로자들에 대한 노임체불사실이 있을 때에만 권리를 행사하기로 한 약정하에 발행되었다 하더라도 이와 같은 사정은 어음의 원인관계에 기한 인적 항변사유에 불과하고 어음상의 권리는 일단 유효하게 성립하였다고 보아야 할 것이다)($\begin{smallmatrix}要\\旨\end{smallmatrix}$).

---

1) Baumbach · Hefermehl · Casper, Einleitung Anm. 40.

4. 독립성(어음행위독립의 원칙)

(1) 의 의

어음행위독립의 원칙(Selbständigkeit der Wechselerklärungen)이란 어음행위를 한 자는 그 어음행위의 전제가 되는 타인의 어음행위가 형식적 하자 이외의 사유로 무효·취소되더라도 영향을 받지 않고 자신이 행한 어음행위의 내용에 따라 책임을 져야 하는 법리를 말한다. 앞에 설명한 무인성은 어음행위가 그 동기가 된 원인관계에 의해 영향을 받지 않는다는 뜻임에 대해, 어음행위독립의 원칙은 앞서 행해진 「어음행위」와 뒤에 행해진 「어음행위」의 관계에 관한 법칙이다.

어음이 발행되면 그 후 동일한 어음에 인수·배서·보증 등의 어음행위가 연속해서 이루어진다. 일반 私法關係에서라면 이와 같이 연속하는 법률행위는 선행하는 법률행위가 유효함을 전제로 효력을 갖는 것이 원칙이다. 예컨대 甲에 대한 乙의 지명채권이 乙→A→B의 순으로 양도될 때, 乙의 양도는 甲·乙 간의 채권발생의 유효를 전제로, 그리고 A의 양도는 甲·乙 간의 채권발생의 유효 및 乙의 양도행위의 유효를 전제로 효력을 발휘한다. 따라서 甲·乙 간의 채권발생이 무효라면 그 하자는 乙의 양도행위, A의 양도행위에도 승계되어 B는 甲에 대한 채권을 취득할 수 없다. 또 甲·乙 간의 채권이 유효하게 발생했더라도, 乙의 양도행위가 무효라면 그 하자는 A의 양도행위에 승계되어 A의 양도행위도 따라서 무효가 되므로 B는 甲에 대한 채권을 취득할 수 없다.

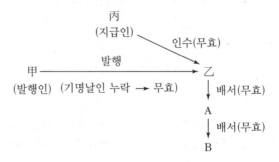

형식적 흠의 경우

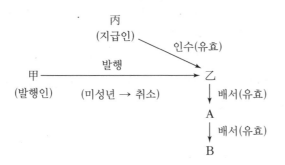

실질적 흠의 경우

그러나 유통성을 생명으로 하는 어음에 관해서는 이 원칙을 그대로 적용할 수 없다. 어음행위의 흠은 어음행위의 형식요건을 결한 경우와 실질요건에 흠이 있는 경우로 나누어 볼 수 있다. 전자의 경우(앞면의 그림), 예컨대 발행인의 기명날인(또는 서명)이 누락되어 있는 경우에는 그 어음은 외관상 흠이 명백하므로 발행 및 그에 이어 행해진 인수·배서 전부를 일반원칙에 따라 무효로 처리하더라도 거래의 안전에 문제가 없다. 이러한 어음을 취득하는 자(그림의 B)는 어음면을 보고 흠의 존재를 알 수 있기 때문이다. 하지만 후자의 경우(위의 그림), 예컨대 발행인이 미성년자라서 발행을 취소한 경우, 그 어음은 외관상으로는 유효하고 그 어음을 취득하는 자(그림의 B)는 취소된 사실을 알지 못하므로 발행의 취소로 인해 인수, 배서가 따라서 효력을 잃는다면 예측하지 못한 손해를 입는다. 이러한 손해를 피하기 위해서는 어음을 취득하는 자가 자신에게 양도한 자의 어음행위뿐 아니라 그 전에 이루어진 모든 어음행위의 유효성을 확인해야 할 것인데, 실제 그래야 한다면 어음의 유통성을 기대할 수 없다. 그러므로 어음법은 어음행위독립의 원칙을 취하여 후행행위는 선행행위의 무효·취소에 의해 영향을 받지 않고 독립적으로 그 행위의 내용에 따라 책임을 발생시키도록 한다.

이 원칙에 의해 어음소지인(B)은 무효·취소된 어음행위를 한 자(甲)에 대해서는 책임을 물을 수 없더라도 기타의 어음행위자들(丙·乙·A)에게는 책임을 물을 수 있다. 설혹 전단계의 모든 어음행위(발행·인수·乙의 배서)가 각기 실질적인 하자로 무효·취소되더라도 자신의 양도인(A)에 대해 배서인으로서의 책임을 물을 수 있다. 그리하여 어음을 취득하는 자는 자신의 양도인의 어음행위를 신뢰하고 취득할 수 있는 것이다. 반면 어음행위독립의 원칙으로 인해 어음행위자들은 자신의 전자의 어음행위가 무효·취소될 경우 자신은 책임을 지되 전자에 대해 상환청구권을 행사하지 못하는 위험을 부담하게 된다[1](예컨대 甲의 발행이 무효인 경우 乙은 B, A의 상환청구권행사에 대해 책임져야 하나 이를 이행하더라도 甲에 대해서는 상환청구권을 행사할 수 없다. 그러나 乙이 甲에 대해 가지고 있는 원인관계상의 채권을 행사할 수 있음은 물론이다).

(2) 근 거

1) 법적 근거

어음법 제 7 조는 「환어음에 i) 어음채무를 부담할 능력이 없는 자의 기명날인(또는 서명), ii) 위조된 기명날인(또는 서명), iii) 가공인물의 기명날인(또는 서명), iv) 그 밖의 사유로 환어음에 기명날인(또는 서명)을 한 자나 그 본인에게 의무를 부담하게 할 수 없는 기명날인(또는 서명)이 있는 경우에도 다른 기명날인(또는 서명)을 한 자의 채무는 그 효력에 영향을 받지 아니한다」는 뜻의 규정을 두고, 이 조문을 약속어음에 관해 준용하고($\frac{어77조}{2항}$), 수표에도 같은 취지의 규정을 두고 있다($\frac{수}{10조}$). 이 조문에서 「기명날인(또는 서명)」이라고 함은 어음행위를 가리키며 「기명날인(또는 서명)을 한 자」라고 함은 어음행위를 한 자를 가리킨다($\frac{83면}{참조}$).

이 밖에 어음법 제32조 제 2 항($\frac{수27조}{2항}$)에서 주채무자의 어음행위가 무효이더라도 어음보증인의 책임에 영향이 없다는 뜻을 규정하고, 어음법 제69조($\frac{수}{50조}$)에서 어음이 변조된 경우 어음행위자는 어음행위 당시의 문구에 따라 책임진다는 뜻을 규정하고 있는데, 이는 어음행위독립의 원칙을 주의적으로 규정한 것이다.

2) 이론적 근거

어음행위독립의 원칙의 실정법적 근거는 위와 같지만, 어음행위에 관해 이러한 특례를 인정하는 데에 어떠한 타당근거가 있느냐를 설명하는 방법에서는 견해가 갈린다.

i) 정 책 설   통설은 어음행위독립의 원칙은 어음거래의 유통성을 강화하기 위해 법이 설정한 특례라고 설명한다($_{837;\ 정경영\ 1093;\ 정동윤\ 79;\ 정찬형\ 83;\ 채이식\ 67;\ 최완진\ 531;\ 최준}^{강·임\ 72;\ 김정호\ 39;\ 손주찬\ 71;\ 손진화\ 965;\ 송옥렬\ 497;\ 장덕조}$ $_{135}^{선}$).

---

1) Baumbach · Hefermehl · Casper, §7 Anm. 1.

ii) 문언성설   어음행위의 문언성에서 근거를 찾는 설이 있다. 즉 어음 상에 행한 여러 개의 어음행위는 원래 각각의 서면에 한 행위가 단지 물리적으로 한 장의 서면에 합쳐진 것이므로 그 중 1개의 서면행위가 무효·취소된다면 그 행위만 어음관계에서 탈락될 뿐 다른 행위에 영향을 줄 이유가 없다는 것이다.[1]

문언성설에 의하면 어음행위독립의 원칙은 어음행위의 문언성·서면성으로 인한 당연한 결과라고 할 수 있다. 이 설이 말하는 바와 같이 각각의 어음행위가 별개의 서면행위를 이룬다고 본다면, 선행행위에 형식적인 흠(예: 기명날인의 누락)이 있을 경우에도 후행행위에 영향을 미치지 않는다고 보는 것이 논리적이다. 그러나 이 점에 관해서 문언성설은 선행행위의 형식은 후행행위의 방식의 일부를 이루므로 선행행위에 형식적 흠이 있으면 그것이 곧 후행행위의 방식의 흠이 되어 같이 효력을 잃는다고 설명한다.

iii) 절 충 설   일부 학설은 발행이나 인수와 같이 다른 어음행위를 전제로 하지 않는 행위의 경우에는 어음행위독립의 원칙은 문언성에 따른 당연한 결과이고, 배서·보증과 같이 다른 행위를 전제로 하는 어음행위의 경우에는 법이 인정하는 특례라고 설명하기도 한다(서헌 제 109).

iv) 사   견   문언성설은 매우 기교적이기는 하나, 현실로 한 장의 서면에 순차로 이루어지는 행위를 서로 연관 없이 각각 존재하는 행위라고 보는 것은 현실적 타당성이 없는 의제이다. 어음상의 권리는 발행인에 의해 수취인에게 창설적으로 주어지고 그 후 배서에 의해 순차로 이전되는데, 선행행위가 무효라면 후행행위에 의해 권리가 창설되거나 이전될 수도 없는 것인즉, 후행행위자가 선행행위와 무관하게 타인에게 권리를 이전하는 행위를 한다는 것은 법리적으로 불가능한 명제이다. 절충설은 발행·인수와 배서·보증을 구분하여 설명하는데, 발행은 최초로 이루어지는 어음행위이므로 어음행위독립의 원칙이 필요할 리 없고, 인수는 다른 행위를 전제로 하지 않는다고 하지만, 분명히 발행을 전제로 하는 만큼 역시 타당하지 않다.

순차로 이루어지는 법률행위의 경우 후행행위는 선행행위의 유효를 전제로 하는 것이 원칙인 만큼, 어음행위독립의 원칙을 어음의 성질에서 비롯되는 당연한 원리로 파악하는 것은 무리이다. 정책설이 보다 솔직한 접근이라 하겠다.

---

1) 일본의 다수설이다.

(3) 적용범위

1) 형식의 흠

앞서 말했듯이 어음행위독립의 원칙은 선행행위에 형식상의 흠이 있을 때에는 적용되지 아니한다. 예컨대 기명날인이 누락된 채 발행된 어음에 배서를 하더라도 배서인은 어음상의 책임을 지지 아니하며, 발행에는 흠이 없더라도 기명날인 없이 배서가 이루어지고 이후 다시 정상적인 배서가 이루어진 경우 후자의 배서인은 어음상의 책임을 지지 아니한다.

형식에 하자가 있는 어음에 어음행위독립의 원칙을 적용하지 않는 취지는, 형식상의 하자는 누구든 인식이 가능하므로 이러한 어음을 취득한 자를 특히 보호할 필요가 없는 데다, 앞서의 타당근거에 관한 한, 어느 설에 의하든 선행행위의 형식은 누적되어 후행행위의 형식을 이루므로 후행행위에도 역시 형식상의 하자가 있다고 보기 때문이다.

2) 어음행위별 적용문제

어음법과 수표법에서는 발행에 관한 장에서 어음(수표)행위독립의 원칙을 규정하고 있으나($^{어 7조,}_{수 10조}$), 이는 어음행위 일반에 적용되는 총칙적 규정이라고 보는 데에 異說이 없다. 오히려 어음의 발행은 최초에 행해지는 어음행위로서 다른 행위를 전제로 하는 바 없으므로 어음행위독립의 원칙이 적용될 여지가 없다. 그래서 어음행위독립의 원칙은 그 규정의 위치에 불구하고 발행을 제외한 어음행위 일반에 적용된다 할 것인데, 보증·참가인수·지급보증에 대해서 적용된다는 점에는 異說이 없으나 인수와 배서에 대해서는 적용 여부를 놓고 다음과 같이 견해의 대립이 있다.

i) 인   수   인수에도 어음행위독립의 원칙이 적용된다는 설(긍정설)과 적용되지 않는다는 설(부정설)이 대립한다. 부정설에 의하면, 인수인은 어음법 제28조에 의해 독자적인 법정책임을 지고 발행이나 다른 어음행위를 전제로 하지 않기 때문이라고 한다($^{손주찬 75; 정무동}_{414; 최기원 105}$). 이 점을 강조하기 위해 인수가 먼저 행해지고 그 후에 발행이 이루어질 수 있음을 들고 있다.

선행행위이냐 후행행위이냐라는 것은 어음행위의 시간적 선후를 가지고 논할 것은 아니고, 권리변동의 순서에 의해 판단할 문제이다. 인수가 설혹 발행에 앞서 행해지더라도, 인수에 의해 부담하는 채무의 내용은 발행에 의해 특정되므로 발행은 인수의 전제를 이루는 행위임에 틀림없다. 그러므로 인수 역시 어음행위독립의 원칙의 적용대상으로서, 발행에 실질적인 하자가 있을 경우 인수인은 어음행위독립의 원칙에 의해 인수한 문언에 따라 책임을 진다고 보아야 한다(강·임 70; 김홍기 970; 서헌제 110; 송옥렬 499; 장덕조 858; 정동윤 80; 정찬형 84). 그리고 인수인의 책임이 인수인의 의사표시의 효과가 아니고 어음법 제28조에 의한 법정책임이라고 하는 것도 타당한 설명이 아닌데, 이 점에 대해서는 후술한다.

ii) 배　　서　　　배서에 대해서는 한때 이설이 있었으나, 현재는 어음 행위독립의 원칙이 적용된다는 데에 학설이 일치하며, 판례도 같은 입장이다(대법원 1977. 12. 13. 선고 77다1753 판결). 어음은 발행된 후 배서에 의해 전전유통되므로 유통성의 보호를 위해서는 배서야말로 어음행위독립의 원칙이 필요하다고 할 수 있다.

어음행위독립의 원칙과 선의취득

　일본의 소수의 학자들은 배서는 私權의 양도수단으로서 뒤의 배서는 앞의 배서의 유효를 전제로 하는 강한 연쇄성을 가지므로 각 배서는 독립하여 효력을 지닐 수 없다는 주장을 하고 있다. 그러나 절대 다수의 학자들은 어음행위독립의 원칙은 권리의 이전에 관한 원칙이 아니고, 채무부담에 관한 원칙이므로 배서의 연쇄성과 무관하다는 입장에서 어음행위독립의 원칙의 적용을 인정한다.[1]

　배서에 어음행위독립의 원칙이 적용되지 않는다고 주장하는 학자들은 어음에 선의취득제도가 있으므로 배서에 어음행위독립의 원칙이 적용되지 않더라도 유통성의 보호에 큰 문제가 없다는 생각을 갖고 있다. 그러나 어음행위독립의 원칙과 선의취득제도는 공히 유통성의 보호를 위한 것이기는 하지만, 어음행위독립의 원칙은 어음채무부담에 관한 특례인 데 대해 선의취득제도는 권리이전에 관한 특례이므로 보호의 측면을 달리 함을 주의해야 한다. 아래 그림과 같이 甲이 乙에게 발행한 어음이 乙 → A → B → C 의 순으로 배서되었으나 A의 배서가 의사무능력으로 무효라고 하자. 여기서 C가 A의 배서가 무효임을 모른 채 취득하였다면 선의취득을 하게 된다. 그런데 C가 丙에게 지급제시를 하였으나 거절당했으므로 상환청구권을 행사하기에 이르렀다고 하자. 이에 대해 무효인 배서를 한 A를 제외하고 甲, 乙, B 전원이 상환의무를 지게 되는데, 그 근거가 다르다. 甲, 乙에 대해서는 C가 선의취득한 사실을 들어 책임을 묻는 것이고, B가 책임지는 것은 어음행위독립의 원칙에 근거한 것이다.

---

1) 稻田, 54면; 平出, 116면.

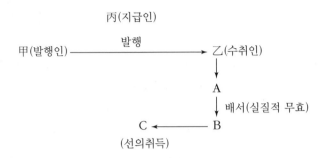

3) 소지인의 선의

무효인 어음행위에 이어 다시 어음행위를 한 자는 자기의 뒤에 어음을 취득한 자가 당초 선행행위의 무효를 알고 취득한 경우에도 그에 대하여 어음행위독립의 원칙에 기한 책임을 져야 하는가? 앞 그림의 예에서 C가 A의 배서가 무효임을 알면서 B로부터 어음을 취득한 경우에도 B를 상대로 어음행위독립의 원칙에 기한 상환책임을 물을 수 있느냐이다. 이 점에 대해 견해의 대립이 있는데, 이는 전술한 어음행위독립의 원칙의 타당근거를 어떻게 설명하느냐와도 관련이 있는 문제이다.

i) 어음행위는 각기 독립해서 이루어지므로 행위자별로 그 형태에 따라 책임지는 것이 당연하다고 설명하는 입장을 취한다면, 어음소지인이 다른 행위(선행행위)의 무효를 알고 모르고는 어음행위독립의 원칙의 적용에 하등 영향을 미칠 바 없다. 따라서 문언성설을 취하는 학자는 소지인이 악의인 때에도 어음행위독립의 원칙이 적용된다고 본다.

한편 정책설을 취하는 학자들 간에는 다시 견해가 갈린다.

ii) 정책설을 취하는 학자 중 일부는 어음행위독립의 원칙은 어음거래의 안전을 고려한 특례인 만큼 악의의 취득자에 대해서는 거래의 안전을 고려할 필요가 없고, 따라서 어음행위독립의 원칙이 적용되지 않는다고 본다. 이같이 보는 것이 「정책설」의 논리상 순리적이다(최기 원 110).

iii) 그러나 정책설을 취하는 학자들의 대부분은 어음행위독립의 원칙이란 선의자를 보호하기 위한 것만이 아니라 어음행위의 확실성을 보장하여 어음의 신용을 높이기 위한 제도이므로 소지인의 선의·악의에 관계없이 어음행위독립의 원칙을 적용해야 한다고 주장한다(김정호 42; 손주찬 73; 손진화 967; 양명조 73; 이·최 133; 정경영 1096; 정동윤 83; 정무동 414; 정찬형 87; 최완진 532; 채이식 69).

이상 세 가지 견해를 위 사례에 적용한 결과를 보자. B는 악의인 C에 대해, 문언성설($^{i}_{설}$)에 의하면 어음행위독립의 원칙에 기한 책임을 져야 하고, 정책설 중 ii)설에 의하면 책임이 없고, iii)설에 의하면 책임이 있다. 그런데 iii)설을 취하면 서도 악의취득자의 권리행사를 부정하는 설이 있다. 위 예에서 B는 C에 대해 어음행위독립의 원칙에 따른 책임을 져야 하나, 악의인 C는 어음상의 권리를 취득하지 못하기 때문이라는 것이다($^{강ㆍ임\ 77;}_{정찬형\ 88}$).

기술한 바와 같이 어음행위독립의 원칙은 유통성의 보장을 위한 정책적 제도로 보아야 하므로 악의의 취득자에 대해서 어음행위독립의 원칙이 적용되는지의 문제도 그 정책적 고려의 필요성이란 관점에서 이해해야 한다($^{ii설\ 혹}_{은\ iii설}$). 그런데 악의의 취득자까지 정책적 규정으로 인한 반사적 이익을 누리게 한다는 것은 법의 기본이념에 반한다. 어음행위의 확실성을 보장하여 어음의 신용을 높이기 위한 것이라고는 하지만, 어음행위의 확실성과 신용이 요구되는 것도 그 같은 보호의 가치가 있는 당사자를 전제로 한 것이지 무효인 어음행위인 줄 알면서 어음을 취득한 자를 위해 어음의 신용을 높여야 한다는 것은 설득력이 없다. 그러므로 악의의 소지인과의 관계에서는 어음행위독립의 원칙이 적용되지 않는다고 보아야하며, 이로 인해 생겨나는 대가관계의 불균형은 원인관계에서 해결하도록 해야한다.

Ⅳ. 어음행위의 해석(외관해석의 원칙)

1. 어음행위 해석의 특성

어음행위 역시 당사자의 의사가 표시된 법률행위이므로 그 의사의 해석이 필요하다. 그런데 어음행위는 미지의 다수인 간에 유통될 것을 전제로 행해지므로 직접의 당사자 사이에서만 법적 효과를 발생시킬 것을 목적으로 행해지는 일반법률행위와는 그 해석원칙을 달리한다.

법률행위의 해석이란 바로 당사자의 의사를 해석하는 것이므로, 당사자의 진의가 무엇이냐를 밝히는 것이 일반적으로 해석의 주된 목적을 이룬다. 그러나 어음행위는 이같이 당사자의 진의에 집착해서 해석할 수는 없다. 다음과 같은 사정 때문이다.

(1) 의사해석의 소재의 제한성

일반 재산법적 법률행위는 그 내용도 복잡다기하지만 방식의 자유로 인해 다양한 모습으로 행해진다. 그 결과 당사자의 진의가 선명하게 외부에 표시되지 않는 경우도 많다. 따라서 일반 법률행위의 해석에 있어서는 표시된 당사자의 의사를 주로 하더라도, 거래의 목적, 거래의 성질, 행위 당시의 제반 사정 등 여러 가지 주변 여건을 의사해석의 소재로 삼는다. 규모가 큰 거래에서는 계약서 등 문서의 형태로 의사표시해석의 소재가 만들어지나, 이 자체가 완결적일 수 없을 뿐 아니라 이는 증거방법의 하나에 불과하므로 역시 다른 소재들도 아울러 참고하여야 한다.

그러나 어음행위는 일정한 금액을 언제, 어디에서 지급한다는 비교적 단순한 내용을 가지며 그 방식도 요식의 서면행위로 제한되어 있는 결과, 의사표시해석의 소재 역시 어음이라는 서면으로 확실하게 존재하고 또 그 기재내용의 신뢰성이 법에 의해 지지되므로 어음면 이외의 다른 사정을 참고할 필요가 크지 아니하다.

(2) 행위효과의 확산

일반 법률행위의 효과는 직접의 당사자 사이에 머무는 것이 통례이다. 그러므로 법률행위의 해석도 이 점을 전제로 하여 대립하는 두 당사자 사이에서 최대의 공평을 유지하는 데에 초점을 두는 것이 원칙이고, 또 그것이 바람직하다.

그러나 어음은 전전유통하므로 어음행위의 효과는 직접의 당사자 사이에만 머물지 않고 다수의 제 3 자에게까지 확산하게 마련이다. 예컨대 甲이 乙에게 어음을 발행하고 그 이후 乙 → A → B의 순으로 양도된다면, 甲의 발행행위의 효과는 甲과 乙 사이에 그치지 않고 A, B에게까지 미친다. 이 어음이 약속어음이라면 A, B는 甲에 대하여 지급청구권을, 환어음이라면 A, B는 甲에 대해 상환청구권을 갖게 되는 것이다. 乙의 배서 또한 같다. 그 효과가 직접의 당사자인 乙, A 사이에서만 머물지 않고 B에게까지 미치는 것이다. 이와 같이 어음행위의 효과가 직접의 당사자를 넘어 다수인에게로 확산한다면 직접의 당사자 사이의 이익조정을 목적으로 하는 일반 법률행위해석의 방법을 그대로 원용해서는 안 된다. 특정의 어음행위를 해석함에 있어서는 마땅히 그 전후로 연결되는 모든 어음당사자들의 이해관계를 동시에 고려하여야 하는 것이다.

2. 외관해석의 내용

어음행위의 해석은 위와 같이 어음관계의 특수한 사정을 감안해야 하므로 모든 이해관계자들에게 공평한 해석방법을 채택하여야 한다. 모두에게 공평한 방법이란 모든 이해관계인들이 어음거래시에 숙지하고 모두에게 공통의 의미를 갖는 어음의 문언을 소재로 하여 해석하는 것이다. 그래서 어음행위의 의미는 어음의 문언에 따라 해석해야 한다는, 이른바「외관해석」의 원리를 어음행위의 해석원칙으로 삼는다($\frac{판례}{[2]}$).

외관해석원칙의 실제적인 의미는 다음과 같다.

i) 어음행위의 성립·유효 여부는 모두 어음에 기재된 바에 따라 정해야 한다. 예컨대 당사자가 진정하게 어음행위를 할 의사가 있었음에도 불구하고 기재의 착오로 행위의 요건을 구비하지 못한 경우($\frac{예: 기명날}{인의 누락}$)에는 기재된 바에 따라 어음행위는 무효가 되며, 그 반대의 경우도 같다. 상대방이 어음행위자의 진의를 알고 있더라도 차이가 없다. 어음에 기재된 사항은 그 자체가 뜻하는 바대로 해석해야 하며, 원인관계나 기타 어음 외적 사실에 기초하여 해석해서는 안 된다($\frac{판례 [2]; 대법}{원 1997. 5. 7. 선}$ 고 97다 4517 판결).

ii) 어음행위의 효과도 기재된 바에 따른다. 예컨대 대리의 의사로 어음행위를 했더라도 대리자격을 표시하지 않았으면 행위자 자신의 어음행위로 보아야 할 것이고, 반대로 자신의 어음행위를 할 의사로 했더라도 대리자격을 표시하였으면 대리행위로 보아야 한다.[1] 그리고 단순히 민사보증의 의미로 어음에 배서를 했더라도 이는 어음법상의 배서로 보아 권리이전적 효력($\frac{어 14조}{1항}$), 담보적 효력($\frac{어 15조}{1항}$), 자격수여적 효력($\frac{어 16조}{1항}$)을 인정해야 한다. 또 다른 예로, 인수인이 어음외적으로

---

1) 대법원 1984. 4. 10. 선고 83다카316 판결:「피고 회사 '대구영업소장 박경자'라는 이름으로 배서하였다면 어음의 문언성에 비추어 내심의 의사와 관계없이 피고회사의 대리인자격에서 배서한 것으로 보아야 한다」(要旨).

만기 전이라도 어음금을 지급할 의사를 표시하며 인수했다 할지라도 만기 전의
지급제시는 지급제시로서의 효과가 없다.

판 례

[2] 대법원 2000. 12. 8. 선고 2000다33737 판결

「… 어음행위의 내용은 어디까지나 어음상의 기재에 의하여 객관적으로 해석하여
야 하는 것이지, 어음 외의 사정에 의하여 어음상의 기재를 변경하는 방식으로 해석
하여서는 아니 된다고 할 것이다.

소외 김수성은 이재수로부터 교부받은 이 사건 약속어음의 배서란에 배서인으로
서명날인하면서 소외 배종윤의 성명을 그 피배서인란에 기재하였음을 알아 볼 수 있
는바, 김수성의 위와 같은 피배서인란 기재의 의미는 어디까지나 어음상의 기재 자체
에 의하여 객관적으로 해석하여야 하는 것이지 그의 내심의 의사 등과 같은 어음 외
의 사정을 들어 그 기재와 달리 해석할 수는 없는 것이므로, 김수성의 위 배서는 그
어음상의 기재대로 배종윤을 피배서인으로 하여 한 기명식 배서로 보아야 한다고 할
것이고, 따라서 위 배서에 이은 배종윤의 적법한 배서가 없는 이 사건에서는 배서의
연속이 흠결되어 원고를 이 사건 약속어음의 적법한 권리자로 추정할 수 없을 뿐만
아니라, 위 배서에 의하여 이 사건 약속어음의 어음상의 권리가 김수성으로부터 원고
에게로 실질적으로 이전되었다고 할 수도 없다고 할 것이다.

그렇다면 원심이 배종윤의 성명기재가 피배서인의 취지로 기재된 것이 아니라는
이유로 김수성의 위 배서가 피배서인을 지명하지 아니하고 한 백지식 배서라고 판단
한 끝에 원고가 위 배서에 의하여 이 사건 약속어음상의 권리를 적법하게 양도받았다
고 한 것은 잘못이[다.] …」

3. 외관해석의 한계

외관해석을 하더라도 강행법 질서에 반하는 법률상태를 창설할 수는 없다.
예컨대 어음행위 당시(예컨대 2022. 9. 1.) 제한능력자인 자가 능력자로 되는 날(예컨대 2023. 9. 1.)을 발
행일자로 하여 어음을 발행했다고 해서 능력자의 행위로 볼 수는 없으며, 기한 후
에 배서하는 자가 기한 전의 날짜를 배서일자로 기재했다고 해서 기한전배서가
되는 것은 아니다(어 20조 참조). 외관해석이란 어디까지나 당사자의 의사해석에 국한된
원리이다.

4. 유효해석의 제한

어음행위는 다소의 흠이 있더라도 신의칙에 입각해 가급적 유효로 해석해야
한다는 것이 판례와 일부학설의 입장이고 이를 유효해석의 원칙이라 부른다. 예
컨대 1978년 2월 30일을 발행일자로 기재한 어음은 1978년 2월 말일을 발행일로
하는 유효한 어음으로 해석하며($^{대법원\ 1981.\ 7.\ 28.}_{선고\ 80다1295\ 판결}$),[1] 지급지가 포항시로 기재되고 지
급장소는 서울특별시로 기재된 어음은 임의적 기재사항인 지급장소의 기재가 없
는 유효한 어음으로 해석해야 한다($^{대법원\ 1970.\ 7.\ 24.}_{선고\ 70다965\ 판결}$).

그러나 이러한 의미에서의 유효해석의 원칙은 법률행위 일반에 걸친 해석원
칙으로서 어음행위의 해석에 고유한 것은 아니다. 원래 법률행위의 해석은 일정
한 법률효과를 원하는 당사자들의 의사를 존중하여 법률행위의 목적이 성취되도
록 최대한 조력하는 것을 사명으로 하기 때문이다. 그러므로 위의 판례에서 보여
준 해석방법은 법률행위해석의 일반원칙에 의해서도 충분히 도달할 수 있는 결론
이다.

어음거래의 특성을 감안한다면, 어음행위의 해석에 있어서는 어음의 문언성
과 그에 기한 외관해석이 우선하는 결과 오히려 유효해석의 적용범위를 축소해야
한다.

유효해석 배제의 예

당사자의 의사가 분명한데도 유효해석의 원칙을 적용하지 않고 외관해석을 관철한
일본의 판례를 소개한다. 어음금액이 숫자로 '¥1,000,000'과 글자로 '壹百円'[일백엔]
이라 이중기재된 어음의 어음금액을 얼마로 해석할 것인지가 쟁점이 된 사건이다. 이
같이 숫자와 글자로 상이한 금액이 기재된 경우에는 글자로 된 금액을 어음금액으로
한다는 것이 어음법에 명문으로 정해진 바이다($^{어\ 6조\ 1항,\ 日}_{어음법\ 6조\ 1항}$). 그러나 이 사건에서는 통
념상 '壹百円'이 오기임이 명백하다는 데서 문제가 제기된다. 당시의 화폐가치로 보
아 100円짜리 어음이 발행될 리가 없고, 동 어음에 100円짜리 인지가 첨부되어 있는
것을 보더라도 '壹百円'은 '壹百萬円'의 오기임이 분명하다는 것이 법원에서도 인정
되었다. 그러나 법원은 어음법 제 6 조 제 1 항이 바로 이 같은 상황을 정확히 예상하
고, 어음거래의 안전성과 신속성을 확보하기 위하여 어음관계에서는 글자로 기재된

---

1) 일본의 판례에도 평년에 「2월 29일」을 만기로 한 것을 「2월 말일」로 해석한 것이 있다(日最高裁
  1969. 3. 4 판결, 民集 23권 3호, 586면).

금액에 따라 획일적인 처리를 하고 그로 인해 생기는 불합리는 원인관계에 의해 해결하라는 취지에서 둔 강행규정이므로 법문대로 해석해야 된다고 판시하였다. 이 같은 경우에 법문을 무시하고 사회통념으로 추측되는 실제의 금액대로 해결하고자 할 경우, 그 판단기준이 없어 어음거래의 안전성과 신속성을 해하고 어음거래를 혼란시킨다는 이유도 덧붙였다(日最高裁 1986. 7. 10 판결, 民集 40권 5호, 925면).1)

V. 어음행위의 성립

일반 법률행위는 방식의 자유가 허용되므로 법률행위의 목적의 확정 · 가능 · 적법 · 타당, 행위자의 능력, 의사와 표시의 일치 등 실질적 요건을 갖추면 유효하게 성립하고, 법률행위의 형식에 대해서는 특별한 제한이 없지만, 어음행위는 요식성으로 인해 법 소정의 방식을 갖추어야 한다.

그래서 어음행위의 성립요건으로서, 첫째 적법한 방식을 갖출 것(형식적 요건), 둘째 행위능력 등 일반 법률행위의 유효요건을 갖출 것(실질적 요건)이 요구되고, 끝으로 어음이 상대방에게 교부되어야 한다.

1. 형식적 요건(어음행위의 방식)

(1) 의사표시의 증권화

어음행위에 담겨진 행위자의 의사표시는 문서에 표시되어야 한다. 문서의 재료는 반드시 종이이어야 할 필요는 없으나, 기명날인의 의의를 살릴 수 있고 유통이 가능해야 하므로 물리적인 관리가 가능한 재료를 사용해야 한다. 그러므로 전통적으로 어음은 유체물이어야 한다고 이해되어 왔다.2) 다만 전자어음은 전자문

---

1) 본문의 예에서 당사자의 진의에 따라 100만엔짜리 어음으로 인정할 경우 생기는 문제점을 다른 예를 통해 검토해 보자. 발행인이 900만원짜리 어음을 발행할 의사를 가지고 어음을 작성하였는데(증명된 사실이라 하자), 숫자로는 '9,000,000원'이라 썼지만, 글자로는 '백'자를 빠뜨리고 '구만원'이라고 썼다. 이 경우 9만원짜리 어음이 아니라 9백만원짜리 어음이라고 판단한다면 어음법 제 6 조 제 1 항은 사문화되고 만다.

2) 유체성은 어음만이 아니라 유가증권의 일반적 속성이다. 독일에서는 이 뜻을 「유체화 없이는 유가증권이 있을 수 없다」(Ohne Verkörperung kein Wertpapier)라고 표현한다(Zöllner, S. 15).

서로 만들어지므로 일반 어음의 소재처럼 물리적인 형상을 갖지 아니한다($^{전어}_{2조\ 2호}$).

발행과 같은 기본적 어음행위는 사용되지 않은 지면에 처음 기재되고 그에 의해 비로소 어음이라는 유가증권이 완성되지만, 배서 등의 부속적 어음행위는 이미 완성된 어음에 하게 된다.

어음행위자의 의사표시는 이같이 증권화되어 어음관계에 참가하는 모든 이해관계인들에게 공통적이고 객관적인 뜻을 지니며 각자의 법적 지위를 결정해 준다.

(2) 의사표시의 정형성: 법정기재사항

어음행위자의 의사표시가 증권화되어 다수인 사이에 유통되기 위해서는 증권화된 의사표시가 모든 당사자 사이에 공통의 의미를 지녀야 한다. 그래야만 모든 당사자들이 서로의 진의를 확인하는 번거로움을 겪지 않고도 어음을 양도 · 취득할 수 있기 때문이다. 이를 위해서는 모든 당사자들이 단일한 의미를 부여할 수 있도록 의사표시가 정형화되어야 한다. 의사표시의 정형화는 2가지 측면에서 요구된다. 첫째는 의사표시의 「내용의 정형화」이다. 어음법에서는 일반 사법상의 거래에서처럼 다양한 내용의 의사표시를 허용하지 않고 최소한의 의사표시의 내용을 요구하는 동시에, 그에 추가할 수 있는 내용에 한계를 설정하고 있다. 예컨대 어음법 제 1 조는 발행이라는 어음행위에서는 「환어음」이라는 문구 등 8가지의 사항을 기재하도록 하는 반면(적극적 요건), 조건과 같은 문구는 기재하지 말도록 규정한다(소극적 요건). 둘째는 의사표시의 「방법을 규격화」하고 있다. 어음행위자의 의사표시가 법이 정한 방식에 따라 표시되어야 하는 것이다. 그래서 어음 · 수표법은 어음행위별로 그에 부합하는 의사표시의 내용과 방법을 정형화하여 규정하고 있다. 예컨대 환어음의 발행이라면 어음법 제 1 조에서 「환어음」이라는 문구 등 최소한 8가지 사항을 법정의 방식으로 기재하도록 규정하며, 어음의 보증이라면 피보증인의 명칭과 보증한다는 문구를 기재하도록 규정하고 있다($^{어}_{31조}$). 이 같은 기재사항의 구비 여부는 어음의 문언성에 의해 어음상의 기재 자체로 판단하면 족하고, 어음면의 기재가 객관적인 사실과 모순 · 저촉되더라도 어음 자체의 효력에는 영향이 없다($^{대법원\ 1961.\ 8.\ 10.\ 선}_{고\ 4293민상714\ 판결}$). 예컨대 어음의 발행일자가 실제 발행일자와 다르게 기재되어 있다 해서 무효가 되는 것은 아니다.

이같이 어음행위가 법정의 기재사항을 구비해야 하므로 어음을 요식증권이라 하는데, 그 요식성은 다른 유가증권에 비해 특히 엄격하여 법정기재사항을 갖추지 않은 어음행위는 원칙적으로 무효이다. 그러나 어음행위자의 기명날인(또는 서명) 같은 것은 절대로 생략할 수 없는 요소이지만, 그 밖의 사항에 관해서는 어음행위의 종류별로 요식성이 다소 완화되기도 한다. 예컨대, 인수·배서는 단순한 기명날인(또는 서명)만으로 할 수 있으며$\binom{\text{어 13조 2항,}}{\text{25조 1항}}$, 보증도 피보증인을 표시하지 아니하거나 보증문구를 생략한 채 할 수 있다$\binom{\text{어 31조}}{\text{3항, 4항}}$.

어음행위가 요식성에 의해 정형적으로 이루어지면 어음행위의 구체적인 내용은 문언성에 따라 어음에 기재된 대로 정해진다. 그러나 이것도 예외가 있어 기재사항에 따라서는 문구대로 효과가 발생하지 않거나, 달리 발생하는 경우도 있다. 법이 정한 기재사항은 반드시 기재하라는 적극적인 의미가 있지만(절대적 기재사항), 기재하지 않을 경우 행위자의 의사가 무엇이든 불문하고 일정한 효과를 의제하는 경우도 있다$\binom{\text{예: 어}}{\text{2조}}$. 또 절대적 기재사항 이외에 어음에 기재하여 일정한 효력을 발생케 할 수 있는 사항(유익적 기재사항)도 있다. 법정기재사항이란 한편 유익적 기재사항을 제외하고는 그 밖의 사항을 기재하지 말라는 소극적인 의미도 있으므로 그 밖의 사항을 기재할 경우 기재하지 않은 것으로 간주하거나$\binom{\text{무익적 기재}}{\text{사항, 예: 어 12조 1항 단}}$, 아예 어음행위 자체를 무효로 다루기도 한다$\binom{\text{유해적 기재사항,}}{\text{예: 어 12조 2항}}$.

정형성이 필요한 이유

어음행위가 정형화되어야 하는 이유를 보완하여 설명한다. 예컨대 어음의 인수와 보증을 자유로운 방식으로 할 수 있다고 하자. 丙을 지급인으로 하여 甲이 발행한 어음을 乙이 취득하여 A에게 양도하는데, A가 사전에 丙에게 지급할 의사가 있는지 문의하였던바, 丙이 구두로 '책임진다'고 말하므로 A가 이 어음을 취득하였다. A는 이 말을 丙이 인수한다는 뜻으로 이해하고 어음을 취득하였으나, 丙은 인수한다는 뜻이 아니라 乙의 담보책임을 보증한다는 뜻으로 말했다. 그러므로 A가 丙의 책임을 물을 때 필연코 분쟁이 생기게 된다. 뿐만 아니라 이 어음이 다시 A → B → C → D의 순으로 양도되면 丙의 '책임진다'는 말은 A, B, C에 의해 구전되고 그 와중에 내용이 변질될 수도 있다. 그러므로 丙이 보증을 할 의사라면 그의 의사표시를 법정의 방식에 의하게 함으로써 乙, A, B, C, D 등 관련자들이 단일한 의미(즉, 丙의 보증)로 이해하게 할 필요가 있는 것이다.

(3) 기명날인 또는 서명

1) 제도의 의의

각 어음행위는 종류에 따라 법정기재사항을 달리하지만, 어느 것이나 어음행위자의 기명날인(또는 서명. 이하 같음)을 요한다는 점에서는 공통된다($\substack{\text{어 1조 8호, 13조} \\ \text{1항, 25조 1항, 31} \\ \text{조 2항, 75조 7호, 수 1조 6호,} \\ \text{16조 1항, 25조 2항, 53조 2항}}$). 어음행위자의 기명날인은 어음행위에 불가결한 요소로서, 다른 기재사항은 간혹 생략될 수 있으나, 기명날인이 결여된 어음행위는 절대 무효이다.[1] 다만 전자어음에서는 전자서명으로 기명날인을 갈음한다($\substack{\text{전어} \\ \text{6조 3항}}$).

왜 기명날인을 어음행위의 불가결한 요건으로 하는가? 우선 어음행위자로 하여금 어음행위시에 신중을 기하게 하는 뜻이 있다. 그러나 보다 중요한 것은 어음행위의 존재 및 그 행위자의 동일성을 공시하고 그 증명방법을 정형화시키는 것이다. 어음거래에 있어서 「'누가', '어떠한' 어음행위를 하였는가」라는 사실을 인식하고 증명하는 것이 매우 중요함은 두말할 필요가 없다. 물론 이러한 사실은 다른 방법으로도 인식하고 증명할 수 있다. 예컨대 어음행위를 한 사실을 구두로 전달할 수도 있고, 별개의 서면을 작성해 표시할 수도 있다. 그러나 어음면을 벗어나는 방법으로 인식하고 증명해야 한다면 절차도 번거롭고 증명의 확실성도 떨어진다. 그러므로 어음면 자체에서 행위자를 완결적으로 인식할 수 있고, 그 자체만 가지고 증명할 수 있는 방법으로서, 우리 사회에서 거래통념상 문서에 의한 행위시에 행위자의 동일성을 표시하는 방법으로 굳어진 기명날인을 택한 것이다.[2]

물론 행위자의 동일성이 기명날인에 의해 확정적이고 궁극적으로 규명되는 것은 아니다. 기명날인이 정교하게 위조되어 진위의 구별이 어려울 수도 있고, 실제의 기명날인자가 기명날인사실을 완강히 부인하고 이에 대해 반증하기가 어려울 경우도 있기 때문이다. 하지만 기명날인의 위조는 형사벌로 제재하므로($\substack{\text{형 214} \\ \text{조, 225} \\ \text{조, 231조}}$) 이 제도에 의해 어느 정도 기명날인의 진실성을 담보할 수 있다. 또 행위

---

1) 1995년 이전에는 어음행위자의 표시방법으로 기명날인만을 허용하였으나, 1995년에 서명으로 대신할 수 있도록 어음법과 수표법이 개정되었다.

2) 헌법재판소 2008. 3. 27. 2006헌바82: 「…동양문화권인 우리나라에는 법률행위에 있어서 인장을 사용하는 오랜 법의식 내지 관행이 존재하는바, 사문서에 있어서 인장은 주로 의사표시의 주체와 문서를 매개하여 의사표시의 진정성을 확보하고 문서가 문서작성자에 의하여 작성되었다는 것을 징표하는 기능을 하며, 특히 의사의 최종성을 표현하고 문서의 완결을 담보하는 수단으로 관행적으로 사용되어 왔다.」

자 본인이 어음행위를 한 사실을 부인할 경우 상대방으로서는 기명날인 없이 행한 행위의 존재를 증명하는 것보다는 기명날인에 의해 행한 행위의 존재를 증명하는 것이 훨씬 용이하므로 기명날인의 증명수단으로서의 가치는 부정할 수 없다.[1]

어음법상 '기명날인(또는 서명)'의 용법

어음법에서 「기명날인(또는 서명)」이란 용어를 사용할 때에는 문자 그대로 이름을 쓰고 도장을 찍는 것(기명날인) 또는 자필의 기명(서명)을 가리키는 것이 보통이다 (예: 어 1조 8호, 13조, 25조 1항, 31조 2항). 그러나 때로는 기명날인(또는 서명)을 포함한 어음행위 전체를 뜻할 때도 있다. 예컨대 어음법 제 7 조, 제 8 조, 제69조, 수표법 제10조, 제11조, 제50조에서 '기명날인(또는 서명)' 또는 '기명날인(또는 서명)자'라고 함은 '어음행위' 및 '어음행위자'를 가리킨다.

2) 기명날인

기명날인이란 어음행위자가 성명을 기재하고(기명) 그의 인장을 찍어 인영(도장자국)을 만드는 것(날인)을 말한다.

i) 기   명   성명은 행위자의 실명[2]을 사용함이 보통이지만, 어음상의 명의가 반드시 실명과 일치해야 하는 것은 아니다(판례 [3]). 아호 기타 별칭이라도 어음행위자를 특정할 수 있는 한 유효하다. 상인이 어음을 발행하거나 배서하면서 상인 자신의 성명 대신 상호만을 기재하는 예를 볼 수 있다. 다수설은 이를 유효로 본다(강·임 61; 김홍기 944; 서·정 66; 이·최 116; 장덕조 850; 정동윤 64; 정찬형 65). 기명날인을 하게 하는 취지가 어음행위자를 특정하기 위한 것이라는 점을 감안하면 상호만을 기재하는 것은 '기명'이 아니라고 보는 것이 옳다. 통설·판례는 법인이 어음행위를 할 경우 대표기관의 기명날인 없이 법인의 명칭만을 기재하고 법인의 인감을 압날한 것은 무효라고 한다. 그 이유는 법인의 명칭만 기재해서는 실제의 어음행위자를 알 수 없기 때문이다. 자연인 상인이 상호만을 기재하는 것도 법인의 명칭만을 기재한 것과 같이 실제의 어음행위자를 알 수 없게 하므로 그 효력은 같이 다루어야 한다.

한편, 날인만 있고 기명이 없는 어음행위는 행위자가 특정되지 아니하므로

---

1) 사문서는 본인 또는 그 대리인의 서명이나 날인 또는 무인이 있는 경우에는 진정한 것으로 추정한다(민소 358조). 따라서 타인의 기명날인(또는 서명)이 있는 문서를 소지하는 사람은 작성자의 기명날인임을 증명함으로써 작성자가 당해 행위를 한 사실을 추정받을 수 있으므로 증명책임에 있어 유리한 지위에 놓이게 된다.

2) 「가족관계의 등록 등에 관한 법률」에 따라 등록된 성명(동법 9조 2항 2호).

무효이다($^{대법원\ 1962.\ 1.\ 31.\ 선고\ 4294민상200}_{판결;\ 동\ 1999.\ 3.\ 9.\ 선고\ 97다7745\ 판결}$).

「기명」이라 함은 자필기명만을 뜻하는 것이 아니고 단지 성명을 기재함을 뜻한다. 그러므로 타자·인쇄로 이름을 쓰는 것도 무방하며, 흔히 이름이 새겨진 고무인을 쓰는데 이 역시 무방하다.

판 례

[3] 대법원 1969. 7. 22. 선고 69다742 판결

「약속어음의 발행에 있어서 발행인의 기명날인이 필요요건으로 되어 있으나 그 기명에 있어서는 반드시 공부상의 명의와 동일함을 필요로 하지 않으며, 발행인의 의사에 의하여 발행되었다고 인정되는 이상 외형상 발행인의 기명이 있는 것으로 보여지면 되는 것이고 반드시 발행인의 본명을 기입하여야 되는 것은 아니라고 할 것인바, 원심은 이 사건 약속어음이 피고의 의사에 의하여 발행되었다고 인정하고 있는 것이므로 피고의 본명이 '정창균'임에도 불구하고 '정창규'라고 기명하였다고 하여도 창균이라는 피고의 도장을 찍은 이상에는 약속어음으로서의 유효조건을 결여하였다거나 피고가 발행한 것이 안 된다고는 할 수 없으므로 원심이 이 사건 약속어음을 피고가 발행한 것으로 인정한 조처에 위법이 없다.」

ii) 날   인   「날인」이라 함은 '인장'을 '압날'하는 것이다. 날인의 진실성을 보장하기 위한 수단으로 행정복지센터(주민센터), 등기소 등에 인감을 등록하고 인감증명을 발급받는 예가 흔하고, 거래상 이같이 등록된 인감의 날인을 요구하는 예가 많으나, 어음거래에서는 이같은 제약이 없고 어떠한 인장을 사용하더라도 무방 하다.

날인은 拇印(무인: 손도장)으로 갈음할 수 없다. 무인은 사람마다 다르므로 과학적으로는 어음행위자를 「추적」하는 가장 정확한 방법이긴 하나, 어음거래상 요구되는 것은 과학적인 진실규명이 아니고 어음행위자의 신속한 인식인데 무인은 이에 부적합하며, 정작 「추적」도 (시간, 금전 공히) 많은 거래비용을 유발하므로 어음거래에는 부적합하다($^{통설·}_{판례}$).[1]

---

1) 대법원 1962. 11. 1. 선고 62다604 판결: 「…무인 기타 지장은 그 진부를 육안으로는 식별할 수 없고 특수한 기구나 특별한 기능에 의하지 아니하면 식별할 수 없으므로 거래상의 유통을 목적으로 하는 어음에 있어서는 기명날인에는 지장을 포함하지 아니한다고 해석함이 타당하며 따라서 기명과 지장으로 한 어음행위는 형식을 갖추지 못한 무효의 것이[다.]」
   ※ 同旨: 대법원 1959. 11. 12. 선고 4292민상581 판결; 동 1956. 4. 26. 선고 4288민상424 판결.

iii) 기명과 날인의 일치 여부   「날인」에 의한 인영상의 문자가 「기명」
과 일치하여야 하는가? 「홍길동 ㉲」과 같이 일치하는 것이 보통이지만, 예컨대
「홍길동 ㉱」과 같이 성명 중 일부만을 각인한 인장을 사용하는 예도 흔하고, 심
지어는 「홍길동 ㉰」과 같이 기명과 의미상 불일치하는 인장을 사용하는 예도 있
다. 통설·판례는 어음상의 기명날인이란 반드시 기명과 날인이 일치해야 한다고
볼 근거가 없다고 하며 유효한 날인으로 본다.[1]

날인부분에서 알 수 있는 이름이 기명과 일치하지 않을 경우, 어음행위는
「기명」부분에 표시된 자가 한 것으로 보아야 한다.

기명과 날인의 불일치

날인을 요구하는 이유는 기명에 의해 인식되는 행위자의 행위임이 틀림없음을 증
명하기 위함이다. 그렇다면 특정인의 인장으로 사용됨이 거래계에 널리 알려진 경우
에는 굳이 기명과 날인의 일치를 요구할 필요가 없다고 할 수 있다. 그러나 어음이란
불특정·다수인 사이에 유통될 것이 예상되는 서면이므로 사용된 인감이 세상에 공
지된 것이 아닌 한 제한된 인원 사이에 그러한 인장의 사용이 알려졌다 하여 문제가
없을 수는 없다. 그럼에도 불구하고 기명과 불일치하는 날인을 유효한 날인으로 보아
야 함은 역시 유통성의 보장이란 이유에서이다. 즉 이러한 기명날인을 무효라고 할
경우 이는 어음행위의 형식적 하자를 구성하여 그 이후의 어음행위가 모두 무효가 되
므로 어음소지인은 적법한 방식으로 어음행위를 한 자의 책임조차 추궁할 수 없게 되
기 때문이다.

iv) 인쇄된 기명날인   날인, 즉 인장을 「압날」한다 함은 어음행위시마다
인영을 만들어야 함을 뜻한다. 그러므로 여러 장의 어음용지에 어음행위자의 성
명과 인영부분을 미리 인쇄하여 사용한다면 '기명'부분은 무방하나 '날인'부분은
적법하지 않다. '날인'을 요구하는 취지는 기명이 진실함을 증명하기 위한 것인
데, 인쇄된 날인은 그러한 기능을 할 수 없기 때문이다.

v) 기명날인의 대행   기명날인은 자필기명을 뜻하는 것이 아니므로 타
인이 어음행위자 본인의 기명을 하고 본인의 인장을 압날하는 이른바 기명날인의
대행도 허용된다. 기명날인의 대행은 두 가지의 유형이 있다. 첫째는 대행자가

---

1) 대법원 1978. 2. 8. 선고 77다2489 판결: '황택임'이라는 기명 옆에 '서상길'이라는 인장을 압날한
   것을 적법한 기명날인으로 보았다.

단지 본인의 지시에 의해 어음면을 작성한 후 기명하고 날인하는 동작을 해 주는 경우이다. 이 경우 대행자는 단지 어음행위자의 손발이 되어 사실적 동작을 대신함에 불과하고, 자신의 의사에 기해 어음행위를 하는 것이 아니므로 그의 의사의 하자는 어음행위의 효력에 어떤 영향도 주지 아니한다. 다만 대행자의 오기가 있다면 이는 바로 어음행위자 본인의 착오가 된다(예컨대 100만원으로 쓸 것을 1,000만원으로 쓴 경우).

둘째는 대행자가 기명날인의 동작만 대신하는 것이 아니라 본인의 수권에 의해 본인을 대신하여 어음행위를 위한 의사결정을 하는 것이다. 이 경우는 행위의 실질이 대리와 다름없으므로 구법시대부터 판례는「서명대리(署名代理)」라 하여 대리의 일종으로 다루어 왔다.[1]

전자를「사실적 대행」, 후자를「대리적 대행」이라 구분해 부르기로 한다(아래 예 참조).

대행은 어음행위자 본인의 부탁에 의해 이루어지는 것이므로, 본인의 부탁없이 본인의 기명날인을 했다면 기명날인의 대행이 아니라 어음행위의 위조가 되고, 일정한 요건을 구비할 경우 표현대리가 성립한다(후술).

사실적 대행과 대리적 대행

예컨대 父가 손놀림이 자유롭지 못해 子에게 내용을 불러 주며 어음면을 작성케 하고 父의 이름을 쓰고 인장을 찍게 했다면, 이 경우 어음행위에 子의 의사가 개입할 여지가 없으므로 이는 사실적 대행의 예이다. 그런데 父가 子에게 인장을 주고서 거래처에 보내 어음을 작성해 주고 오게 했다면, 子는 父가 알려 주는 내용대로 했다 하더라도 거래처에 어음을 작성·교부하는 것은 子의 의사에 기인하는 까닭에 외관상으로는 어음발행의 대행이지만 실제로는 어음발행을 대리한 것이다.

3) 서 명

i) 서명의 개념　　서명이란 자필로 성명을 기재하는 것을 말한다. 서명은 어음행위자의 자필기명으로 족하므로 별도로 인장을 압날할 필요가 없다. 이 점 기명날인과 구별된다.

ii) 서명의 방법　　서명은 성명을 기재하여 어음행위자가 누구인가를 나

1) 日大審院 1915. 10. 30 판결, 民錄 21권, 1799면(稲田, 108면).

타내는 방법이므로 그 외관은 성명의 식별이 가능하도록 하여야 한다. 따라서 흔히 「사인」(signature)이라 하여 필적의 고유성을 나타내기 위해 성명의 일부 또는 전부를 도형화하여 표시하는데(예: *Twhong*), 이를 통해 서명자의 성명을 식별할 수 없다면 서명이라 할 수 없다. 판독할 수 있는 성명을 수기하고 그 옆에 이같은 사인을 하는 것은 무방하다.

자필기명은 서명자의 수기를 의미하므로 인쇄, 타자, 성명이 새겨진 고무인을 사용하는 것은 서명을 복사한 것이고 서명이 아니다.

iii) 서명과 기명날인의 병용   서명은 기명날인과 동등한 효력이 있으므로 동일한 어음에 어음행위자별로 혹자는 기명날인을, 혹자는 서명을 하더라도 무방하다. 예컨대 甲이 기명날인으로 발행한 어음에 乙이 서명으로 배서하고 다시 A가 기명날인으로 배서하는 것도 무방하다.

뿐만 아니라 동일한 어음에 동일인의 기명날인과 서명이 혼재하여도 무방하다. 예컨대 乙이 기명날인으로 어음에 배서하고 서명으로 거절증서작성을 면제하여도 무방하다.

서명과 무인(拇印)

95년 개정 전에는 어음행위자의 표시방법으로 기명날인만을 허용하였으므로 기명을 하고 날인에 대신하여 무인을 압날하는 것은 무효라고 해석되었다. 그러나 서명제도의 도입 후에는 기명 후 무인을 압날하는 것에 대한 설명도 달라지게 되었다. 기명이 자필기명이라면 그 자체로서 유효한 서명이므로 그 옆에 무인이 찍혔다 하여 이를 무효라 할 수는 없는 것이다.

iv) 서명의 대행   서명제도의 도입으로 제기되는 어려운 문제가 있다. 서명의 대행을 인정할 것이냐는 것이다. 서명의 대행이란 타인이 대리인으로서가 아니라 본인의 성명을 수기하는 행위 자체를 대신해 주는 것이다. 이때 대행자는 어음행위자로부터 대행의 수권을 받아야 한다. 그렇지 않고 임의로 타인의 서명을 대행하였다면 이는 서명의 위조이다.

서명이 「자필」기명임을 강조한다면 이론상 대행이 있을 수 없다. 그러나 실제는 서명의 대행이 많으리라 짐작된다. 즉 甲'가 甲의 허락을 얻어 甲의 이름으로 어음행위에 필요한 사항을 기재하고 甲의 성명을 대신 수기하는 것이다. 이는 엄밀히는 자필기명, 즉 서명이 아니므로 서명이 없는 어음행위로서 어음행위의 형식요건을 구비하지 못했다고 해석할 여지도 있다. 그러나 어음거래의 특성상 이같이 해석하기 어려운 점이 있다. 서명의 대행을 통해 어음행위를 한 자와 그 직접의 상대방 간에 생기는 문제와 그 이후의 어음취득자와의 관계에서 생기는 문제로 나누어 보아야 한다. 후자를 먼저 설명한다.

가) 어음행위자와 제 3 자 간의 관계   서명이 대행된 사실을 알지 못하고 어음을 취득한 제 3 자에 대해 대행된 서명은 어떤 효력을 갖는가? 어음행위의 성립의 측면과 어음행위자의 책임의 측면으로 나누어 보아야 한다.

ㄱ) 어음행위 성립의 문제   서명의 대행 여부는 제 3 자가 알지 못하는 바이고, 외관상 서명으로서의 존재가 인정되므로 어음행위의 형식적 요건은 구비했다고 보아야 한다. 그러므로 설혹 대행된 서명으로 어음행위를 한 자의 어음행위의 효력을 부인하더라도 그 어음에 계속 어음행위를 한 자는 어음행위독립의 원칙($\frac{어}{7조}$)에 의해 자기의 어음행위의 내용에 따라 책임을 져야 한다. 이 점 기명날인이 위조되더라도 그 후의 어음행위자가 어음행위독립의 원칙에 의해 책임지는 것과 같은 이치이다.

ㄴ) 어음행위자의 책임   타인으로 하여금 어음에 서명을 대행하게 한 자는 적법하게 어음행위를 한 것으로 볼 것이냐는 문제이다. 대행된 서명은 서명이 아니라고 한다면 어음행위의 존재 자체가 부정되므로 그 행위자의 책임은 거론될 여지가 없다. 그렇다면 서명의 대행은 서명의 위조와 같다는 결론이 된다. 그러나 어음행위를 할 의사를 가지고 타인으로 하여금 서명을 대행하게 한 자를 어음행위의 피위조자와 같이 취급하는 것은 형평에 어긋난다. 또 기명날인이 위조된 경우에 위조자가 적법하게 피위조자의 기명날인을 대행할 권한이 있다고 믿을 만한 사유가 있을 경우에는 상대방이 피위조자에게 표현대리의 책임을 물을 수 있다는 것이 통설·판례인데 이러한 해석과도 균형이 맞지 않는다. 그러므로 대행사실에 대한 선의의 제 3 자와의 관계에서는 서명의 대행도 적법한 서명이라고 보고 서명의 대행에 의한 어음행위자에게 어음상의 책임을 귀속시켜야 한다.

나) 어음행위자와 직접의 상대방과의 관계   어음행위의 직접의 상대방도 서명의 대행사실을 알고 있은 경우와 알지 못한 경우로 나누어 보아야 한다. 직접의 상대방이 대행사실을 알지 못한 경우도 있을 수 있다. 예컨대 甲이 甲′를

시켜 乙에게 어음을 발행하였는데 甲'가 甲을 사칭하므로 乙은 甲'가 甲인 줄로 알았다는 상황이 있을 수 있다. 이 경우에는 위에서 본 제 3 자가 선의인 경우와 구별할 이유가 없으므로 같은 내용으로 해결해야 한다.

문제는 乙이 甲'의 대행사실을 알고 어음을 취득한 경우이다. 이 경우 서명의 형식적 개념에 충실한다면 어음행위가 존재하지 않는다고 보아야 할 것이고 따라서 대행에 의한 어음행위자의 책임도 부정해야 한다. 그러나 자신의 의사로 어음채무를 부담하는 의사표시를 한 자의 책임을 부정하는 것은 법률행위 해석의 원칙에 어긋난다. 그러므로 타인에게 서명을 대행시켜 어음행위를 한 자는 신의칙상 대행의 사실을 가지고 어음상의 책임을 부정할 수 없다고 보아야 한다. 그리고 앞서 본 제 3 자가 대행사실에 대해 악의인 경우도 직접의 상대방이 악의인 경우와 같이 다루어야 한다.

이상과 같이 서명의 대행을 통해 어음행위를 한 자가 직접의 상대방 및 제 3 자와의 관계에서 이들의 선의, 악의를 불문하고 어음상의 책임을 져야 한다면, 어음법상의 서명이란 일반적으로 대행을 허용하는 의미로 읽어야 할 것이다.

4) 기명날인(또는 서명)의 위치

기명날인(또는 서명. 이하 같음)은 어음행위자가 하고자 하는 어음행위의 문언과 일체를 이룬다고 볼 정도의 위치적인 근접을 보여야 한다. 그렇지 않으면 기명날인이 없다고 인정되거나, 법상 다른 행위로 의제되기 때문이다. 예컨대 어음발행인의 기명날인은 어음요건이 기재된 앞면에 해야 하며, 뒷면에 한다면 이는 배서로 인정되므로($어_{2항}^{13조}$) 발행인의 기명날인이 없는 것으로 취급된다. 또 어음의 배서인이 어음의 뒷면에 배서문구를 기재하고 기명날인을 앞면에 한다면 이 기명날인은 발행인을 위한 보증으로 의제된다($어_{3항, 4항}^{31조}$).

「기명」과 「날인」도 동일인의 것으로 인식될 정도로 근접해야 한다. 특히 날인이 기명된 성명을 충분히 표시하지 않거나 아예 불일치할 경우에는, 더욱 근접성이 요구된다.

5) 대리인의 기명날인 또는 서명

어음행위를 타인이 대리할 경우, 어음면에 표현되는 어음행위는 대리인의 의사에 기해 행해지므로 기명날인(또는 서명)도 본인이 아니라 대리인이 하여야 한다.[1]

---

1) 대리인의 날인만 있고 기명이 누락된 경우에는 대리인을 특정할 수 없으므로 어음행위가 무효이다

다만 대리자격을 표시해야 한다($\frac{후}{술}$). 예시하면 다음과 같다.

```
               대   리

            약 속 어 음

            (내용 생략)

      발행인: 우리은행 주식회사 종로지점장
            홍 길 동 (인)
```

註) 이 예에서 「우리은행 주식회사」는 본인의 표시이고, 「지점장」은 대리자격의 표시이다.

대리관계의 표시는 본인을 표시하고 그의 대리인이라는 표시 또는 '지배인', '지점장' 등 통상 대리권이 있다고 인정되는 명칭을 기재하는 것이 일반적이나, 반드시 본인을 위한다는 문구가 없더라도 기명날인자가 자신을 위한 것이 아니고 다른 사람을 위해 어음행위를 한 것으로 보이는 기재를 하는 것으로 족하다.[1]

6) 법인의 기명날인(또는 서명)

법인의 법률행위는 반드시 대표기관이 대표하거나 또는 그의 수권에 의해 대리인이 해야 한다($\frac{\text{대법원 1999. 3. 9.}}{\text{선고 97다7745 판결}}$). 법인의 어음행위 역시 법인의 대표자가 대표자격을 표시하고, 자신의 기명날인(또는 서명. 이하 같음)을 하거나, 법인의 대리인이 대리자격을 표시하고 기명날인을 하는 방법으로 해야 한다($\frac{\text{대법원 1964. 10. 31.}}{\text{선고 63다1168 판결}}$).

아래 예시와 같다.

i) 예시와 달리 법인의 명칭을 기재하고 법인의 인장을 날인한 것은 법인의 어음행위로 볼 수 없다($\frac{통}{설}$). 예컨대 (주)국민은행이 어음에 배서함에 있어 단지 '국민은행 중부지점'이라고 기재하고 대표자의 기명날인 없이 회사인만을 압날한 것은 무효인 배서이다($\frac{\text{대법원 1964. 10. 31.}}{\text{선고 63다1168 판결}}$).

ii) 법인의 어음행위는 대표자가 법인을 대표하여 한다는 뜻이 표시되어야 하므로 단순히 대표자의 기명날인만 있다면 이는 대표자 개인의 어음행위로 보아야 한다. 설혹 회사에서 사용하는 대표이사의 직인을 압날했다 하더라도 같다($\frac{\text{판례}}{[4]}$).

(대법원 1999. 10. 8. 선고 99다30367 판결).

1) 대법원 1978. 12. 13. 선고 78다1567 판결. 同旨: 대법원 1968. 5. 28. 선고 68다480 판결('재단법인 우암재단 간사 최성균'이라는 기재를 대리자격의 표시로 인정하였다).

대 표

```
                   약 속 어 음

                    (내용 생략)


            발행인 : 서울산업 주식회사
            대표이사  홍 길 동 ㊞
```

註) 이 예에서 「서울산업 주식회사」는 법인 본인의 표시이고, 「대표이사」는 대표자격의 표시이다.

판 례

[4] 대법원 1979. 3. 27. 선고 78다2477 판결

「…본건 약속어음의 발행인 명의가 단순히 「홍경민」으로만 되어 있고 동인이 피고 회사를 위하여 발행하였다는 뜻이 표시되어 있지 않은 이상 비록 그 명의하에 날인된 인영이 피고 회사의 대표이사 직인이라고 할지라도 그 어음은 동소외인이 피고 회사를 대표하여 발행한 것이라고 볼 수 없다.…」

※ 同旨: 대법원 1959. 8. 27. 선고 4291민상287 판결.

iii) 대표자격의 표시방법으로는 「대표이사」와 같이 법상 대표권이 있다고 인정되는 자격을 표시함이 원칙이다. 따라서 법인의 대표자 또는 기타 임원이 법인의 명칭을 기재하고 그 옆에 대표자격의 기재 없이 단지 자신의 이름만을 기재하고 개인인감을 압날하였다면 이는 법인의 어음행위로 볼 수 없다($\begin{smallmatrix} 대법원 1959. 8. 27. 선 \\ 고 4291민상287 판결 \end{smallmatrix}$). 그러나 판례 [5]에서와 같이 법인의 명칭 뒤에 단지 대표자의 명칭만을 기재하였다고 하더라도 대표자격이 표시된 인감을 압날하는 등 대표자격을 인식할 수 있는 경우에는 적법한 기명날인으로 보아야 한다.

판 례

[5] 대법원 1969. 9. 23. 선고 69다930 판결

「…소외 전명형은 피고 회사의 대표이사로 재직하는 동안에 어음을 발행함에 있어서 명의표시와 날인형식의 예에 따라 피고 회사 대표이사 자격으로 '화성건설 주식회사 전명형'이라고 표시하고, 등록된 '대표이사 전명형인'이라고 된 회사 대표이사 직인을 날인하여 이 사건 어음 2장을 발행하였다는 것이므로 피고 회사는 어음상의 의

무가 있다고 할 것이[다.]…」

기명날인의 적법성 검토의 의의

    한편 일부 판례는 회사명칭이 기재되고 대표자격의 표시 없이 대표자 개인의 기명날인이 있다 하더라도 회사가 어음행위를 했다는 자백을 한 이상 대표이사의 자격에서 발행한 것으로 보아야 한다(즉 유효한 법인의 어음행위이다)는 취지로 판시한 바 있으나,[1] 법인의 기명날인으로 볼 수 있느냐의 여부는 어음행위의 성립을 위한 형식적 요건에 관한 문제이므로 실제 법인이 어음을 발행했느냐는 것은 이와 무관한 사실이다. 따라서 법인의 자백 여부에 의해 법인의 기명날인의 적법 여부를 논할 것은 아니다.

    iv) 대표자격의 표시가 요구되는 것은 법인의 대표기관이 직접 어음행위를 하는 경우이고, 대리인이 법인의 어음행위를 대리할 경우에는 대리자격을 표시해야 할 것이다. 그리고 그 대리자격은 본인을 위해 어음행위를 한다는 뜻을 인식할 수 있으면 족하다(판례[6]).

판　례

[6] 대법원 1973. 12. 26. 선고 73다1436 판결

    「…원심은 법인의 어음행위는 대표기관에 의하여서만 할 수 있는 것이므로,… 이 건 약속어음의 배서란을 보면 피고 회사는 연합실업 주식회사에 발행하고 동회사는 원고 이용주와 소외 손덕원에게 배서양도함에 있어 '연합실업 주식회사 이사 김용식'이라는 명판과 인장만을 날인하고 대표이사 표시가 없고 대표이사의 기명날인이 없으므로 이 건 어음의 배서는 무효라고 판시하였다.

    그러나 회사 기타 법인이 어음행위를 하려면 대표기관이 그 법인을 위하여 하는 것임을 표시하고 자기 성명을 기재하여야 하는 것은 대표기관 자신이 직접 어음행위를 하는 경우이고 대리인이 어음행위를 하려면 어음상에 대리관계를 표시하여야 하는바, 그 표시방법에 대하여 특별한 규정이 없으므로 어음상에 대리인 자신을 위한 어음행위가 아니고 본인을 위하여 어음행위를 한다는 취지를 인식할 수 있을 정도의

---

1) 대법원 1979. 3. 13. 선고 79다15 판결:「…이 약속어음이 피고 회사에 의하여 발행된 것이라는 원고의 주장 사실을 자백한 바가 있었던 사실과 이 어음이 피고 회사의 대표이사 강상일에 의하여 그 재직중 피고 회사명칭인 이연합성약품공업 주식회사 강상일로 발행되었고, 또 지급장소도 피고 회사로 되어 있는 점 등을 종합하여, 이 어음에 대표이사 자격표시가 없고, 또 강상일의 개인 도장이 찍혀 있다 하더라도 이는 피고 회사 대표이사인 강상일 개인이 발행한 것이 아니라 그가 피고 회사의 대표이사 자격에서 이를 발행한 것이라고 인정한 [원심의 판단은 정당하다.]」

표시가 있으면 대리관계의 표시로 보아야 할 것인바, 본건에 있어 '연합실업 주식회사 이사 김용식'이라는 표시는 동회사의 대리관계의 표시로서 적법한 표시로 인정해야 할 것이[다.]…」

7) 조합의 기명날인(또는 서명)

조합은 법인격이 없으므로 조합 자체의 어음행위가 있을 수 없고, 따라서 조합 자체의 기명날인(또는 서명. 이하 같음)도 있을 수 없다. 조합원 전원이 어음채무를 부담할 의사로 어음행위를 한다면, 조합원 전원이 기명날인을 하거나, 조합원 전원을 대리할 권한이 있는 자가 조합원을 대리하여 기명날인을 하여야 할 것이다. 조합의 업무를 집행하는 조합원은 그 업무집행의 대리권이 있는 것으로 추정되므로($\frac{민}{709조}$), 어음행위가 조합의 업무집행으로 인정된다면 업무집행조합원이 어음행위를 대리할 권한이 있는 것으로 추정된다.

조합원 전원이 기명날인을 하지 않고 그 대리인이 어음행위를 대리하는 경우 현명주의(顯名主義)의 원칙에 따라 조합원 전원을 본인으로 기재하고 대리인이 기명날인하는 것이 원칙이나, 판례는 조합대표가 조합의 명칭과 그 대표자격을 표시하고 기명날인한 경우에도 전조합원의 어음행위로서 유효하다고 한다($\frac{판례}{[7]}$). 예컨대 '서울주택조합 대표 홍길동(길홍동인)'과 같은 방식이다. 조합과 같은 계속적 채권관계에서는 그 당사자의 범위가 이미 정해지므로 조합명칭의 기재만으로도 어음행위자 본인들의 동일성이 표시된다고 본 때문이다.

판 례

[7] 대법원 1970. 8. 31. 선고 70다1360 판결

「…조합이 어음행위를 하였을 경우에는 그 조합원이 위 어음행위로 인한 권리의 취득 또는 의무의 부담을 하는 것이고, 조합 자체가 위 어음행위로 인한 권리취득이나 의무부담을 하는 것은 아니다. 조합의 어음행위는 전조합원의 어음상의 서명에 의한 것은 물론 대표조합원이 그 대표자격을 밝히고 조합원 전원을 대리하여 서명하였을 경우에도 유효하다고 하여야 할 것이다. 그리고 조합의 대표조합원이 그 대표자격을 밝히고 어음상의 서명을 하는 경우에는 그 조합의 대표자격을 밝히기만 하면 유효한 것이고 반드시 어음행위의 본인이 되는 전조합원을 구체적으로 표시할 필요는 없다 할 것이다.…」

2. 실질적 요건

어음행위는 법률행위이므로 이상과 같은 형식적 요건 외에 법률행위 일반에 요구되는 유효요건을 구비하여야 한다. 대체로 법률행위의 유효요건에 관한 민법의 일반원칙이 어음행위에도 그대로 적용되지만, 그 중 일부는 어음행위의 특성을 고려하여 수정해서 적용하거나 아예 적용을 배제하여야 할 경우도 있다. 이하 사항별로 검토한다.

(1) 어음상의 권리능력

어음행위를 하거나 어음상의 권리를 취득하기 위해서는 당연히 권리능력을 구비하여야 한다. 자연인의 경우에는 권리능력에 관해 논란의 여지가 없으나, 법인 기타 단체의 경우에는 권리능력의 유무가 문제되는 예가 있다.

i) 조합은 법인이 아니므로 조합 그 자체가 어음행위를 하거나 어음상의 권리를 취득할 수 없다($^{판례}_{[7]}$). 조합의 대표자가 조합명칭을 기재하고 기명날인한 경우에는 마치 조합 자체의 어음행위가 존재하는 듯한 외관을 보이지만, 이를 조합대리로 보아야 함은 기술한 바와 같다.

ii) 권리능력 없는 사단은 부동산등기능력 등 제한적인 권리에 한해 능력이 인정될 뿐이므로, 어음상의 권리능력은 없다고 보아야 한다($^{손주찬\ 44;\ 송옥렬}_{488;\ 최기원\ 122}$). 그러므로 권리능력 없는 사단의 대표자가 동 사단을 대표하여 어음행위를 한 경우에는 대표자 자신의 어음행위로 보아야 한다(대표자책임설). 이에 반하여 다수설은 권리능력 없는 사단도 대표자명의의 어음행위를 통해 총사원이 총유의 형태로 어음채무자가 되고, 또 권리능력 없는 사단의 재산에 대해 강제집행을 할 수 있으므로 권리능력 없는 사단도 어음행위를 할 수 있다고 본다($^{강 · 임\ 53;\ 김정호\ 52;\ 김홍기\ 947;\ 손진화}_{955;\ 이 · 최\ 120;\ 정경영\ 1080;\ 정동윤\ 67;}$ $^{정찬형\ 69;}_{채이식\ 34}$). 원래 민법학에서 권리능력 없는 사단의 권리능력을 극히 제한적으로만 인정하는 이유는 권리능력 없는 사단의 권리 · 의무(특히 채무)가 사원에게 귀속되는 법리가 불명확하기 때문이다. 권리능력 없는 사단의 어음행위능력을 인정한다면 긍정설이 말하는 바와 같이 대표자의 어음행위를 통해 부담한 어음채무가 사원 전원에게 총유적으로 귀속한다고 볼 수밖에 없는데(사원책임설), 이는 권리능력 없는 사단의 사원이라는 지위를 가지고 누리는 이익에 비해 과중한 위험부담이 아닐 수 없다. 이같은 문제점을 완화하기 위해 긍정설을 취하는 학자들 중 일부는 어음채무가 사원에게 총유적으로 귀속하되, 그 책임은 사단의 재산을 한도로 한다고 설명하기도 한다(사단책임설)($\binom{김정호\ 52;\ 정동}{윤\ 67;\ 정찬형\ 69}$). 그러나 「총유」라는 소유형태에 이같이 유한책임을 인정할 근거는 없다. 요컨대 어음·수표와 같은 고도의 추상적인 채무부담능력을 인정하는 것은 권리능력 없는 사단의 성격에 부합하지 아니한다.

iii) 영리회사의 경우 정관에 정한 목적의 범위 내로 일반적인 권리능력이 제한되는지 여부에 관해 견해의 대립이 있다($\binom{『會社法講義』}{79면\ 이하\ 참조}$). 통설은 무제한설을 취하는데, 무제한설을 취할 경우에는 당연히 어음상의 권리능력이 인정된다. 제한설을 취할 경우에는 어음행위가 회사의 목적범위 내에 해당되느냐 안 되느냐의 문제가 따를 것이나, 어음행위의 추상성으로 보아 회사의 목적과 관련짓는 것은 적당하지 않다. 다만 특정의 어음행위에 관한 원인관계상의 권리취득 또는 채무부담이 목적범위 내이냐는 문제가 제기될 수 있으나, 이는 어음행위능력과는 무관하게 논할 문제이다. 요컨대 영리회사는 목적 여하에 불문하고 어음상의 권리능력이 있다고 해야 한다.

iv) 판례는 특별법에 의해 설립된 비영리법인의 어음행위에 대해서는 엄격한 입장을 취하고 있다. 이러한 특수법인들의 근거법에서는 대개 자금차입 기타 채무부담행위를 엄격하게 제한하고 있는데, 판례는 이에 근거하여 어음의 발행을 통한 자금차입행위 또는 배서·보증과 같은 채무부담행위는 무효라고 판시해 왔다($\binom{판례}{[8],\ [9]}$).

판   례

[8] 대법원 1985. 2. 26. 선고 84다카527 판결

「…소외 김용식은 피고 새마을금고의 이사장으로 근무함을 기화로 피고 이사회의 의결 없이 개인목적에 사용할 자금차입을 위하여 액면 금 1,000만원의 약속어음 2매를 발행하여 피고명의로 거절증서작성의무를 면제하여 각 배서양도하고 소외 김재걸로부터 자금을 차입한 사실 …살피건대, 피고 새마을금고는 새마을금고법에 의하여 설립된 비영리법인으로서, 동법 제13조 제 3 항 제 3 호에는 소요자금의 차입에는 이사회의 의결을 얻어야 한다고 규정하고 있고, 동법 제16조 제 1 항 제 1 호에는 금고의 신용사업으로는 회원으로부터의 예탁금, 적금의 수입 및 회원에 대한 자금의 대출

로 한정하고 있는 점 …에 비추어 볼 때, 이사회의 의결 없이 한 비조합원으로부터의 자금차입이나 약속어음 배서행위는 무효라고 해석함이 상당할 것이다.…」

[9] 대법원 1974. 11. 26. 선고 74다993 판결

「…피고 조합은 농업협동조합법에 의하여 설립된 법인으로서 위 법 제111조 제 4 항의 취지에 의하면 그 사업에 소요되는 자금은 농업협동조합 중앙회 이외의 자로부터 차용할 수 없게 되어 있고, 그 사업내용 또한 위 법에 정하여져 있어 타인의 채무이행을 보증하기 위하여 약속어음을 발행하는 것은 피고 조합의 사업능력범위에 속하지 아니하며 피고 조합의 상무대리는 피고 조합을 대표하거나 대리할 자격이 있는 것이 아니라 다만 조합명의의 자기앞수표발행을 그 관장하는 직무의 하나로 하고 있을 뿐 피고 조합명의의 약속어음을 발행할 권한은 없는 자이므로, 위 이창영이 원심판시와 같은 경위로 약속어음을 발행하였다면 이는 위 이창영이 개인자격으로 발행한 것으로 볼 수 있을지언정 우리의 경험칙상 피고 조합의 직무의 일부로 또는 그와 관련하여 이를 발행한 것으로는 볼 수 없다.…」
※ 同旨: 대법원 1962. 5. 10. 선고 62다127 판결.

학교의 어음행위

사립학교의 장이 학교운영자금을 조달하기 위한 목적에서 사립학교 명의로 어음·수표를 발행하는 예가 있다. 그러나 사립학교는 사립학교법에 의해 설립된 학교법인이 운영하는 사업체에 지나지 않고, 그 자체 권리능력이 있는 단체는 아니다. 따라서 이러한 어음·수표는 권리능력 없는 자가 발행한 어음·수표로서 무효이거나 상황에 따라 학교장 개인의 발행으로 보아야 한다(판례[10]).

[10] 대법원 1971. 2. 23. 선고 70다2981 판결

「…1966. 12. 9에 「청구대학장 최해청」이란 직명으로 액면 금 200만원…으로 된 이 사건 약속어음 일 장을 소외 삼보국토건설 주식회사에게 발행하였다는 사실… 학교법인의 사업체에 불과한 학교 자체로서는 권리의무의 주체가 될 수 없으니 위의 약속어음이 「청구대학장 최해청」이란 직명으로 발행되었다 할지라도 결국 위 직명의 표시는 권리의무의 주체로서의 표시가 될 수 없는 것이므로 최해청 개인이름으로 발행된 것으로 보아야 한다. …피고가 당시 청구대학장 겸 동 학교법인의 이사였다 하더라도 사립학교법의 적용을 받는 학교법인은 그 이사들 중에서 선출된 이사장만이 그 학교법인을 대표함은 사립학교법 제19조에 의하여 명백할 뿐만 아니라 어음법상 권리관계는 그 문언증권성에 의하여 오로지 그 어음상에 표시된 문언에 의하여서만 정하여지는 것이므로 '청구대학장 최해청'이란 이름으로 발행된 약속어음을 곧 위 학교법인이 발행한 것이라고는 볼 수 없다.…」

※ 同旨: 대법원 1956. 9. 22. 선고 4289민상276 판결; 동 1975. 10. 23. 선고 75다1222 판결.

(2) 어음행위능력

어음행위에도 민법상의 제한능력제도가 일반적으로 적용된다. 따라서 의사능력 없는 자의 어음행위는 당연히 무효이며, 제한능력자는 일반 재산거래에서와 마찬가지로 제한된 능력만을 갖는다. 다만 민법상의 제한능력제도를 어음행위에 적용함에 있어 몇 가지 견해가 갈리는 부분이 있다.

i) 미성년자의 법률행위는 법정대리인이 대리하거나 미성년자가 법정대리인의 동의를 얻어 스스로 법률행위를 할 수 있고($^{민\,5조}_{1항\,본}$), 피성년후견인은 법정대리인의 대리를 통해서만 법률행위를 할 수 있는데($^{민\,10조}_{2항}$), 이 원칙은 어음행위에도 적용된다. 그러므로 미성년자가 법정대리인의 동의 없이 단독으로 어음행위를 하거나 피성년후견인이 (동의 유무에 불구하고) 단독으로 어음행위를 한 경우에는 취소사유가 된다($^{민\,5조\,2항,}_{10조\,1항}$).

한정후견을 개시하는 경우 법원은 피한정후견인이 한정후견인의 동의를 받아야 하는 행위의 범위를 정할 수 있는데($^{민\,13조}_{1항}$), 법원이 어음행위를 동의가 필요한 행위로 정한 경우에는 피한정후견인이 한정후견인의 동의 없이 어음행위를 한 경우 취소사유가 된다($^{민\,13조}_{4항}$).

ii) 미성년자가 단지 권리만을 얻거나 의무만을 면하는 행위에 관해서는 법정대리인의 동의를 요하지 않지만($^{민\,5조}_{1항\,단}$), 어음행위는 언제나 채무부담을 하거나 권리를 처분하는 내용이므로 이 예외에 해당되는 예는 생각할 수 없다($^{통}_{설}$).

iii) 법정대리인이 범위를 정하여 처분을 허락한 재산은 미성년자가 임의로 처분할 수 있으므로($^{민}_{6조}$), 미성년자는 그 재산에 관하여 어음행위능력을 가진다고 풀이하는 것이 다수설이다($^{강·임\,52;\,손진화\,956;\,정동}_{윤\,65;\,정찬형\,71;\,최기원\,95}$). 그러나 어음행위는 무인적인 채무부담행위이므로 처분이 허락된 재산에 관한 것인지 여부를 판단할 수 없는데다, 민법 제6조에 의하여 미성년자에게 허락된 것은 주어진 재산의 물권적 처분이지 채무부담행위가 아니므로 민법 제6조에 근거한 어음행위능력은 부정하는 것이 옳다.

iv) 미성년자가 법정대리인으로부터 영업의 허락을 받은 경우 또는 미성년자

가 법정대리인의 허락을 얻어 회사의 무한책임사원이 되는 경우에는 영업상의 행
위 또는 사원자격으로 인한 행위에 관해서는 능력자로 본다($^{민 8조,}_{상 7조}$). 이 경우 영업
또는 사원자격으로 인한 행위에는 어음행위도 포함시킬 필요가 있으므로 어음행
위능력을 인정해야 한다($^{통}_{설}$). 하지만 영업 또는 사원자격으로 인한 행위와 관련하
여 행해진 어음행위만 허용된다 할 것인데, 무한책임사원의 자격에서 어음행위를
할 경우에는 어음에 무한책임사원의 자격이 표시되므로 별 문제가 없으나, 영업
상 행한 어음행위는 외견상 영업에 관련된 것인지 영업 외의 어음행위인지 불분
명해지는 문제점이 있다.[1]

　v) 제한능력으로 인하여 취소할 수 있는 법률행위는 법정대리인 또는 본인이
취소 또는 추인할 수 있다($^{민 5조 2항, 10조 1항,}_{13조 4항, 143조 1항}$). 어음행위를 함에 있어 권리능력 또는
행위능력을 결하여 무효·취소사유가 있을 경우, 이는 물적 항변사유로서 누구에
게나 대항할 수 있다.

(3) 어음행위의 목적

　법률행위가 유효하기 위해서는 그 목적이 확정되고, 가능하고, 적법하며, 사
회질서에 위반하지 않아야 한다. 어음행위의 경우 법정의 방식을 따르는 한 행위
의 목적은 자동적으로 확정되며, 어음채무는 금전채무이므로 목적이 항상 가능하
다. 그리고 어음의 원인관계는 법률에 위반하거나 사회질서에 어긋날 경우가 있
으나 어음행위는 무인성을 가지므로 어음행위 자체의 목적은 항상 적법하다고 보
아야 한다. 예컨대 상대방의 폭리행위($^{민}_{104조}$)로 인해 부담한 채무를 이행하기 위하
여 어음을 발행했더라도 어음발행은 유효하다. 요컨대 어음행위에는 목적에 관한
일반 법률행위의 원칙이 적용될 여지가 없다.

(4) 의사와 표시의 일치

　민법 제107조 내지 제110조는 의사표시에 하자가 있는 경우의 효력을 다루
고 있는데, 한결같이 선의의 제 3 자를 보호하는 규정을 아울러 두고 있다. 따라서
이 규정들은 다음에 보듯이 어음행위에 적용하더라도 어음의 유통성에 장애를 주

---

[1] 그러므로 미성년자가 영업을 위해 어음행위를 할 때에는 기명날인 부분에 영업이 연결, 표시되어
　야 한다고 해석하는 견해도 있으나(예컨대 '서울상회 김○○(인)'과 같다. 木村, 132면), 현행법의
　해석상 무리이다.

는 바가 없으므로 그대로 적용된다는 것이 통설이다.

i) 비진의표시는 상대방이 알거나 알 수 있었을 경우에는 무효이나 선의의 제 3 자에게는 대항하지 못하므로($\frac{민}{107조}$), 이 원칙은 어음행위에 적용하더라도 어음의 유통성을 해하는 바 없다.

ii) 통정허위표시는 무효이나 선의의 제 3 자에게 대항하지 못하므로($\frac{민}{108조}$), 역시 어음행위에 적용할 수 있다($\frac{판례}{[11]}$).

━━━ 판   례 ━━━

[11] 대법원 1996. 8. 23. 선고 96다18076 판결

「…피고((주)대생상호신용금고)가 소외 주식회사 현대프로세스의 요청에 따라 금 1,000,000,000원을 대출함에 있어 동일인에 대한 대출액 한도를 제한한 상호신용금고법 제12조, 같은 법 시행령 제 8 조 제 1 항 제 1 호의 규정의 적용을 회피하기 위하여 소외 회사는 자신이 실질적인 주채무자이면서도 그 중 금 500,000,000원에 대하여 원고를 형식상의 주채무자로 내세웠고, 피고도 이를 양해하면서 원고에 대하여는 채무자로서의 책임을 지우지 않을 의도하에 원고 명의로 대출관계 서류 및 이 사건 약속어음을 작성받았음을 충분히 추단할 수 있으므로, 원고는 형식상의 명의만을 빌려 준 자에 불과하고 그 대출계약의 실질적인 당사자는 피고와 소외 회사라 할 것이어서, 원고가 공동 발행인으로 되어 있는 이 사건 약속어음 중 원고 명의의 부분은 피고의 양해하에 그에 따른 채무부담 의사 없이 형식적으로 기재·작성된 것에 불과하고, 따라서 원고의 위 약속어음 공동 발행행위는 통정허위표시에 해당하는 무효의 법률행위[이다.]」

※ 同旨: 대법원 2005. 4. 15. 선고 2004다70024 판결(거액의 빚을 안고 있는 甲이 자신의 채권자들의 채권추심이나 강제집행을 피하기 위하여 乙과 통모하여 실제 乙에게 어음상의 권리를 취득하게 할 의사가 없이 약속어음을 발행해 준 사건에서 甲의 어음발행행위는 통정허위표시로서 무효라고 한 예).

iii) 법률행위의 내용의 중요부분에 착오가 있을 경우 또는 의사표시가 사기나 강박에 의해 이루어진 경우에는 취소할 수 있으나, 선의의 제 3 자에게 대항할 수 없다($\frac{민\ 109조,}{110조}$). 따라서 이 규정도 어음행위에 그대로 적용할 수 있다($\frac{대법원\ 1996.\ 7.\ 30.}{선고\ 95다6861\ 판결:}$ 기망에 의해 이루어진 어음 발행의 취소를 인정한 사례).

(5) 어음행위의 무효·취소

어음행위에 무효·취소사유가 있는 경우, 무효·취소의 의의나 효과 그리고 추인의 가능성은 민법에서와 같이 이해하면 된다. 취소권자나 추인권자의 범위 또는 취소나 추인의 요건·방법에 대해서도 민법의 일반원칙이 적용된다($\substack{민\ 140조,\\143조}$). 그러나 다음 사항에 관해서는 민법의 일반원칙을 적용할 수 없음을 주의해야 한다.

i) 일부무효 및 무효인 행위의 추인   민법상 법률행위의 일부가 무효인 경우, 그 부분이 없었더라도 행위자가 법률행위를 하였으리라고 인정될 경우에는 나머지 부분은 무효가 되지 아니하며($\substack{민\ 137조\\단}$), 무효인 법률행위를 한 당사자가 그 무효임을 알고 추인을 한 때에는 새로운 법률행위를 한 것으로 본다($\substack{민\ 139조\\단}$). 그러나 어음행위에는 엄격한 요식성과 문언성이 적용되므로 어음의 문언상 무효원인이 잔존하는 한 일부가 유효로 취급되거나, 추인에 의해 유효한 법률행위가 새로이 성립하는 일이 있을 수 없다. 따라서 어음행위에는 민법 제137조 단서와 민법 제139조 단서가 적용되지 아니한다.

어음행위의 일부취소

민법은 일부무효에 관한 규정은 두고 있으나($\substack{민\ 137조\\단}$), 일부취소에 관한 규정은 두고 있지 않다. 하지만 민법학의 판례·학설은 일부취소를 허용한다.[1] 어음행위에 일부취소의 법리가 적용되어야 할 상황을 소개한다.

甲은 150만원의 어음을 발행할 의사로 어음을 작성하였으나, 자동타자기의 작동실수로 1,500만원이라 기재되었다. 甲은 이 점을 깨닫지 못하고 150만원짜리 어음으로서 乙에게 발행하였고, 乙 역시 이를 의식하지 못하고 150만원짜리 어음으로써 A에게 배서양도하였다. A는 1,500만원으로 기재되어 있다는 사실을 깨달았으나, 역시 150만원의 외상대금으로서 B에게 배서양도하였다. B는 어음에 1,500만원으로 기재되어 있는 것을 기화로 甲을 상대로 1,500만원의 어음금지급을 청구하였으나 거절당하자 乙을 상대로 1,500만원의 상환청구권을 행사하였다. 이에 乙은 자신의 배서가 착오로 인한 것임을 주장하면서 B가 악의의 취득자라는 이유로 어음금액 전부에 관해 취소하였다. 어음금액에 관한 착오는 내용의 중요부분의 착오로 보아야 할 것이다. 그러나 이 경우 乙은 150만원의 부분에 관해서는 배서의 의사가 있었으므로 착오

---

1) 판례는 법률행위의 일부에 취소사유가 있다고 하더라도, 그 법률행위가 가분적이거나 그 목적물의 일부가 특정될 수 있다면 나머지 부분이나마 유지하려는 당사자의 가정적 의사가 인정되는 경우 그 일부만의 취소도 가능하다고 본다(대법원 1998. 2. 10. 선고 97다44737 판결 외).

의 효과는 나머지 부분 즉 1,350만원의 부분에 한해 인정해야 할 것이다.[1]

ii) 무효행위의 전환   민법상 무효인 법률행위가 다른 법률행위의 요건을 구비하고, 당사자가 그 무효를 알았다면 다른 법률행위를 의욕하였으리라고 인정될 때에는 다른 법률행위로서 효력을 가진다($\frac{민}{138조}$). 그러나 어음행위는 역시 문언성으로 인해 어떤 어음행위로서의 요건을 구비하면 처음부터 그 행위로서의 효력을 발휘하며, 행위자의 주관적 의사는 묻지 아니한다. 예컨대 甲이 丙을 지급인으로 발행한 어음의 소지인으로부터 丙이 인수제시를 받고 인수할 생각으로 "甲의 어음금지급을 보증함"이라는 문언을 쓰고 기명날인하였다 하자. 물론 이는 인수행위로서는 무효이고, 보증의 효력을 갖지만, 그 이치는 무효행위의 전환의 법리가 아니고, 어음의 문언성으로 인해 처음부터 보증으로서의 효력을 발휘하기 때문이다. 요컨대 어음행위에는 민법 제138조가 적용되지 아니한다.

iii) 취소·추인의 상대방   법률행위에 취소사유가 있는 경우, 민법상으로는 법률행위의 직접의 상대방에 대하여 취소 또는 추인의 의사표시를 하여야 한다($\frac{민\ 142조,}{143조\ 2항}$). 그러나 어음행위에 제한능력, 착오, 사기·강박 등 취소사유가 있는 경우 취소 또는 추인의 의사표시는 어음행위의 직접의 상대방에 한하지 않고 그 후에 어음을 취득한 소지인에 대하여도 할 수 있다는 것이 통설·판례이다($\frac{판례}{[12]}$).

판   례

[12] 대법원 1997. 5. 16. 선고 96다49513 판결

「…피고가 약속어음을 할인하여 주겠다는 소외 이은창(일명 이은중)의 거짓말에 속아 1994. 11. 5. 이은창에게 액면 금 50,000,000원, 지급기일 1995. 1. 20로 된 약속어음 1장을 발행하여 주었고, 이은창은 이 사건 어음의 지급기일을 1995. 4. 20로 변조한 다음 지급거절증서 작성 의무를 면제하여 원고에게 백지식 배서의 방법으로 양도하여 원고가 변조된 이 사건 어음의 최종 소지인이 된 사실… 사기와 같은 의사표시의 하자를 이유로 어음발행행위를 취소하는 경우에 그 취소의 의사표시는 어음발행행위의 직접 상대방에 대하여 뿐만 아니라 어음발행행위의 직접 상대방으로부터

---

1) 이는 일본에서의 사건인데, 2017년 개정(2020년 시행) 이전 일본민법상으로는 착오의 효과가 무효이었으므로(日民 95조) 이 사건에서는 일부무효의 법리를 적용하였다(日最高裁 1979. 9. 6 판결, 民集 33권 5호, 630면).

어음을 취득하여 그 어음금의 지급을 청구하고 있는 소지인에 대하여도 할 수 있다고
봄이 상당하다.…」

(6) 대　　리

민법의 대리에 관한 규정은 어음거래의 특성상 상당 부분 수정되어 적용되어
야 한다. 상세한 점은 후술한다($_{\text{VI. 참조}}^{\text{이 節}}$).

(7) 어음행위와 조건

재산법적 법률행위는 원칙적으로 조건을 붙일 수 있으나, 어음행위는 일반적
으로 조건에 친하지 않은 행위이다. 그 이유는 다수인이 이해를 갖는 어음관계에
서는 권리관계의 안정과 예측가능성이 강하게 요구되는데, 어음행위에 조건을 붙
일 경우에는 그 어음행위의 효력이 불확실한 장래의 사실에 의존하게 되어 어음
거래에 임하는 당사자들의 지위가 불안정해지기 때문이다.

그러나 조건을 붙임으로써 어음관계에 주는 불안정의 정도는 어음행위의 종
류에 따라 상이하므로 어음법은 어음행위별로 조건의 효과를 달리 규정하고 있
다. 이하 각 조건부어음행위의 효력을 설명한다.

1) 조건부발행

환어음이나 수표의 발행에 있어서는 일정 금액의 지급을 '무조건'으로 위탁
하여야 하고($_{\text{수 1조 2호}}^{\text{어 1조 2호}}$), 약속어음의 발행에 있어서는 일정 금액의 지급을 '무조건'
으로 약속해야 한다($_{\text{조 2호}}^{\text{어 75}}$).

그러면 어음·수표의 발행에 조건을 붙이면 그 효과는 어떠한가? 발행에 붙
인 조건은 이른바 「유해적 기재사항」으로서 조건뿐만이 아니라 발행 전체를 무효
로 한다고 해석한다(定說). 후술하는 다른 어음행위에 조건을 붙인 경우에 비해
가장 엄격하다. 그 이유는 다음과 같다. 발행은 기본적 어음행위로서 발행 이후
어음관계에 개입하는 모든 당사자들의 권리관계의 기초를 이루므로, 발행단계에
서 조건을 붙이면 장차 조건의 성취 혹은 불성취시에 그들 전체의 지위가 비로소
확정된다. 그 결과 어음의 유통시 당사자들은 어음의 가치를 안정적으로 평가할
수 없으며, 따라서 어음을 지급수단으로 하는 원인관계의 결제도 임시적인 것이
될 수밖에 없고, 조건이 성취 또는 불성취로 확정될 때에 가서 다시 원인관계를

최종 결제하여야 한다. 그러므로 이러한 어음은 지급수단으로서의 가치가 없다고 할 수밖에 없어 아예 무효로 하는 것이다.[1]

2) 조건부배서

배서에 조건을 붙인 경우에는 기재하지 아니한 것으로 본다($^{어\ 12조\ 1항,\ 77조\ 1}_{항\ 1호,\ 수\ 15조\ 1항}$). 즉 배서에 붙인 조건 부분은 무익적 기재사항으로서 무효이고, 조건이 없는 배서로 보는 것이다. 조건부배서는 왜 조건부발행과 달리 조건이 없는 배서로 취급하는지는 조건부배서를 전체로 무효라고 보거나 조건을 유효라고 보는 것이 왜 부당한지를 밝힘으로써 설명할 수 있다.

i) 우선 조건이 유효라고 한다면 피배서인 및 그 이후의 취득자들의 권리관계가 불안정해지므로 용인할 수 없음은 조건부발행에 관해 설명한 바와 같다.

ii) 다음 조건부배서 전체를 무효로 할 경우를 생각해 보자. 배서가 무효라면 그 피배서인이 권리를 취득하지 못함은 물론이고 그 이후의 배서가 전부 무효로 된다. 배서의 무효로 인해 어음상의 권리는 조건부배서를 한 자가 그대로 갖게 된다. 그 무효의 원인된 행위를 한 자가 어음의 유통관계를 혼란에 빠뜨린 채 권리는 자신이 계속 보유한다면 이는 불공평하기 그지없다. 그러므로 조건부배서는 조건부발행과 달리 조건만을 무효로 함으로써 어음의 유통에 장애를 주지 않도록 한 것이다.

3) 조건부인수

조건부인수란 넓게는 순수한 의미에서의 조건을 붙인 인수 외에도 어음의 기재사항의 일부를 변경하여 인수하는 경우를 포함하는데, 어음법은 이를 두 가지로 나누어 해결하고 있다. 첫째, 어음금액의 일부에 한해서만 인수하는 경우(예컨대 1,000만원의 어음금액 중 300만원 부분만 인수하는 것)에는 그 일부에 한하여 유효한 인수로 본다($^{어\ 26조}_{1항}$). 지급인이 어음금액의 일부에 대해서라도 확정적으로 지급책임을 진다면 어음소지인에게 유익한 일이므로 이를 군이 무효로 할 필요가 없기 때문이다. 둘째, 어음금액 이외의 부분에 관해 조건을 붙이거나 기재사항을 변경한 경우에는 당초 어음소지인이 어음취득시 기대했던 권리에 변경이 생기므로 이를 소지인이 수용하도록 강요할 수는 없다. 그러므로 이는 인수의 거절로 보고

---

1) 조건의 효력을 제거하는 방법으로는 배서에 붙은 조건과 같이 조건을 무익적 기재사항으로 보는 방법도 있지만, 발행에 붙은 조건은 발행단계에서 이미 분쟁의 소지가 내재되어 있으므로 배서에 붙은 조건에 비해 어음거래에 야기하는 불안정의 도가 현저하여 유해적 기재사항으로 다루는 것이다.

어음소지인이 상환청구권을 행사하여 당초 기대했던 권리를 확보할 수 있도록 한다($\frac{\text{어 }26조}{2항 본}$). 즉 상환청구권의 발생에 관련해서는 조건부 인수를 무효로 보는 것이다. 그러나 상환청구권행사가 만족스럽지 않을 수도 있으므로(예컨대 상환의무자가 무자력한 경우), 지급인이 변경된 내용대로라도 어음금을 지급해 주는 것이 소지인에게 유리할 수도 있다. 그래서 지급인은 변경된 문구에 따라 책임을 지도록 한다($\frac{\text{어 }26조}{2항 단}$). 그러므로 문구의 변경이 조건을 붙인 것이라면 지급인의 책임발생에 관한 한 조건부인수도 유효하다는 결론에 이른다. 이 점 발행에 조건을 붙일 경우 발행 자체가 무효가 되고, 배서에 조건을 붙일 경우 조건만 무효가 되는 것과 비교해 볼 때 파격적이라 할 수 있다. 이는 인수가 어음의 유통에 직접 영향을 주는 행위가 아니라는 데에 그 이유가 있다.

발행은 어음을 창출하므로 그에 붙인 조건은 발행 후의 유통단계 전체에 영향을 미치고, 배서는 유통을 위한 행위이므로 배서에 붙인 조건은 배서의 당사자 및 그 이후의 유통단계에 영향을 미친다. 그러나 인수는 어음의 유통과정에 개입하는 행위가 아니고 유통당사자들 모두를 위해「임의로」책임을 부담해 주는 행위이므로 조건을 붙인다 해서 그 조건의 성취 여부에 따라 유통 당사자들이 소급적으로 어음상의 권리를 취득하거나 취득하지 못하게 되는 등 지위가 불안정해지는 일이 없다. 특히 인수가 거절될 수도 있음을 생각해 보면 인수인의 조건부책임 이행이 어음관계자들에게 다소라도 득이 됨을 알 수 있다. 그래서 위와 같이 조건부로 인수한 경우 조건부의 책임이 발생하도록 하는 것이다.

4) 조건부보증

위 세 가지 어음행위와는 달리 조건부보증의 효력에 관해서는 법에 명문의 규정을 둔 바가 없다. 그래서 학설은 발행에 조건을 붙인 경우와 같이 보증 자체가 무효가 된다는 설, 배서에 조건을 붙인 경우와 같이 조건만이 무효가 된다는 설, 조건부인수가 인수인의 책임면에서 유효한 것처럼 유효한 조건부보증이 된다는 설로 갈려 있다. 판례는 세 번째 설을 취하고 있다($\frac{\text{대법원 1986. 3. 11.}}{\text{선고 85다카1600 판결}}$).

결론부터 말하면 세 번째 설이 타당한데, 그 이유는 다음과 같다.

조건부발행이 무효가 되고 조건부배서는 조건 없는 배서로 취급해야 되는 이유는 그같이 하지 않을 경우 어음의 유통당사자들의 권리가 조건의 성취·불성취에 의하여 변동되므로 어음이 안정적인 지급수단으로서의 구실을 할 수 없기 때문이다. 그러나 보증은 특정 어음채무자의 의무이행능력을 보강해 주는 기능을 할 뿐이므로 조건부로 보증한다 하여 유통당사자들의 권리취득에 영향을 주는 바가 없다. 오히려 보증이 없는 것보다 조건부로나마 보증이 있는 것이 유통당사자들에게 유리하다는 상식론이 성립한다. 그러므로 조건을 붙였다 하여 보증 자체를 무효로 볼 것이 아님은 물론이고, 조건이 없는 보증으로 봄으로써 보증인의 명시된 의사보다 무거운 책임을 과할 이유도 없는 것이다(상세는 보증 부분에서 再論).

3. 증권의 교부(어음이론)

어음을 발행하기 위해서는 어음이라는 증권을 작성, 상대방에게 교부하여야 한다. 그런데 이 과정에서 어음이 언제 효력을 발생하느냐, 다시 말해, 어음상의 채권·채무가 언제 성립하느냐는 의문이 제기된다. 이 문제는 발행인이 어음을 작성만 하고 상대방에게 교부하지 않은 상태에서 발행인의 의사에 반하여 유통이 개시된 경우, 또는 어음을 수령하는 자에게 어음수령의 의사가 흠결된 경우 이를 완성된 어음으로 볼 것이냐, 나아가서 이 어음에 관해 선의취득이 가능하냐는 문제로 연결된다.

이 문제는 19세기 중엽부터 독일에서 논쟁이 개시되어 아직 定說이 없는 상태이다.[1] 초기에는 아인에르트(Einert)라는 학자가 어음상의 권리는 어음발행인이 직접의 상대방에 대하여 뿐만 아니라 어음을 취득하게 되는 모든 관계자에 대하여 하는 일방적인 지급의 약속으로서 상인의 지폐와 같다고 설명하여 후에 창조설(Kreationstheorie)에 의해 대표되는 단독행위설의 효시가 되었다. 이어 리이베(Liebe)에 의해 어음행위는 정형적인 요식행위로서 일단 적법한 방식을 갖춘 행위가 이루어지면 어음행위자의 의사를 묻지 않고 어음상의 권리를 발생시킨다는 요식행위설이 주장되었다. 그 후 「퇴엘」(Thöl)이 어음상의 채무는 어음행위의 원인관계의 여하를 묻지 않고 단순한 정액지급의 약속을 함으로써 발생한다는 정액약속설을 주장함과 동시에 어음상의 채무는 어음의 교부를 방식으로 하는 계약에 의해 성립한다는 교부계약설(Begebungsvertragstheorie)을 주장하였다.

이같은 경위로 독일에서는 어음행위의 성립시기에 관해 창조설과 교부계약

---

1) 독일에서의 어음이론의 발전에 관한 소개는 Gursky, S. 15ff.

설이 양 줄기를 이루어 왔는데, 근래 교부계약설의 한계점을 극복하기 위해 권리외관설(Rechtsscheintheorie)이 등장하였다. 한편 우리나라와 일본에서는 이 세 가지 학설 외에 창조설을 수정한 발행설이 있다. 이하 각 설의 내용을 소개한다.

(1) 창 조 설

창조설은 어음채무는 발행인이 어음을 일방적으로 작성(einseitige Schaffung)함으로써 발생한다고 설명한다. 이 설에 의하면 어음상의 채무가 발생하는 데에는 어음의 교부를 요하지 않으며, 어음발행인의 단계에서 이미 어음상의 권리가 발생하므로 어음이 발행인의 의사에 반하여(예컨대 도난·분실 등에 의해) 유통에 놓이더라도 적법하게 성립한 권리가 유통되는 것이므로 선의취득이 가능하다고 본다. 어음의 유가증권적 효력을 가장 강력하게 보장하는 설이라고 할 수 있다.

이 설은 19세기 중반 독일을 풍미했던 설로서, 독일 민법 제정시에 무기명증권의 효력발생시기에 관한 입법적 근거가 되었다.[1] 그러나 이 설에 대해서는 우선 법률행위에 의한 권리는 계약에 의해서만 발생한다는 민법의 대원칙에 어긋난다는 비판이 있으며,[2] 소지인출급식의 어음을 작성, 기명날인하여 둔 상태에서는 과연 누가 어음상의 권리자인가라는 의문이 제기되는 등 여러 가지 문제점이 지적된다. 그래서 현재는 독일에서도 극히 일부의 지지자를 갖고 있을 뿐이다.[3]

일본의 2원적 창조설

한편 일본에서는 후술하는 교부계약설을 가미하여 창조설을 대폭 수정한 학설이 창조설의 이름으로 주장되고 있다. 동설에 의하면 어음행위의 구조를 서면행위에 의해 이루어지는 채무부담행위와 교부행위로 이루어지는 권리이전행위로 분해하고, 전자는 상대방이 없는 단독행위이고 후자는 특정의 상대방을 갖는 계약이라고 한다. 그리하여 어음상의 권리이전은 교부계약이 있어야 이루어지지만 어음채무부담행위는 발행인의 단계에서 완결되는 까닭에 교부행위가 없이 유통되더라도 어음채무는 유효하게 성립하고 따라서 발행인은 어음에 기재된 바에 따라 책임을 진다고 설명한다.[4]

---

1) Hueck·Canaris, S. 29; Zöllner, S. 34. 독일 민법 제794조는 "무기명증권의 발행인은 증권이 도난·분실 등 발행인의 의사에 반하여 유통된 경우에도 증권의 내용에 따라 책임진다"는 규정을 두고 있다.
2) Hueck·Canaris, S. 29. 독일 민법 제305조 참조.
3) Ulmer, S. 32ff.
4) 鈴木, 143면; 平出, 23면.

(2) 발 행 설

발행설은 어음의 발행은 단독행위로서, 어음행위자의 의사에 의해 서면이 작성되며 특정의 상대방에게 교부되면 어음채무가 발생하고, 상대방의 어음수령의 사를 요하지 않는다고 설명한다($_{식\,64}^{채이}$).[1] 이 설은 어음의 발행을 단독행위라고 보는 점에서 창조설과 궤를 같이 하지만, 어음의 발행이 성립하기 위해서는 어음이 발행인의 의사에 의해 교부되어야 한다는 점에서는 창조설과 다르다. 따라서 어음이 작성된 후 교부 전에 도난당해 유통된 경우에도 이는 무효인 어음이고 선의취득이 성립할 여지가 없다. 이같이 교부를 요한다는 점에서는 교부계약설과 뜻을 같이 하지만, 어음의 발행이 단독행위라는 점, 교부는 반드시 권리자에 대한 교부만을 의미하지 않고 누구에게든 발행인의 의사에 의한 교부가 있으면 족하다는 점에서 교부계약설과 다르다. 예컨대 어음발행인 甲이 乙에게 어음을 발행할 의사로 어음을 작성하여 실제로는 乙′에게 교부하였다고 하더라도 어음은 적법하게 발행된 것이고, 선의취득도 가능해진다.

한편 원칙적으로는 발행설이 타당하다고 하면서, 교부 흠결의 경우에는 선의의 제 3 자를 보호하기 위하여 권리외관설에 의하여 보충되어야 한다는 입장을 취하는 견해도 있다($_{손주찬\,67;\ 서헌제\,98;\ 정찬형\,78;\ 최완진\,526}^{권리외관설에\ 의하여\ 보충된\ 발행설:\ 강\cdot임\,49;}$).

(3) 교부계약설

교부계약설은 어음발행도 일반 재산법상의 계약과 마찬가지로 발행인과 상대방간의 계약에 의해 효력이 발생한다고 설명한다. 그리하여 어음상의 채무가 발생하기 위하여는 발행인이 어음을 작성하는 외에 상대방과 어음의 교부에 관한 계약을 체결해야 한다고 설명한다. 이 계약은 채권법적인 계약을 의미한다.[2] 교부계약설에 의하면 결국 어음의 수령인이 어음상의 권리를 취득하기 위해서는 어음에 의해 적법한 권리를 가져야 하는 외에 이 적법한 권원이 어음행위자에 의해 주어져야 한다. 그리하여 교부계약은 한편 어음에 기재된 채무를 창설하는 계약이 되는 동시에 어음상의 권리를 처분하는 계약이라는 이중의 성격을 갖게 된

---

1) 石井, 30면; 田中, 72면.
2) Zöllner, S. 34.

다.[1] 이 설은 어음취득자가 어음상의 권리를 취득하는 법적 근거를 적절히 설명해 주는 까닭에 금세기에 들어 독일의 통설로 자리를 굳혀 최근까지 그 세력을 유지하여 왔으며 국내에서도 이 설을 지지하는 학자가 있다(정동윤 59). 그러나 이 설은 어음거래의 안전성이라는 관점에서 비판의 소지를 안고 있다. 즉 어음상의 권리가 발생하기 위하여는 어음의 교부시에 쌍방의 의사의 합치를 요구하는 까닭에 어음을 수령하는 자에게 의사의 흠결이 있을 때에는 어음이 발행되지 않은 것으로 보아야 한다. 따라서 상대방이 이 어음을 소지하고 있어도 권리를 취득하지 못하며, 다시 이 어음을 양도하더라도 선의취득이 불가능하다. 그래서 최근에는 독일에서도 교부계약설의 주장자들이 다음에 설명하는 권리외관설을 가미하여 그 취약점을 보완하고 있다.

(4) 권리외관설

권리외관설은 교부계약설이 안고 있는 취약점을 보완하기 위해 비교적 근래에 제시된 설이다. 어음채무는 원칙적으로 어음의 작성과 어음의 교부계약에 의해 발생하지만, 교부계약이 흠결된 경우라도 어음을 작성한 자는 어음상의 권리가 존재하는 듯한 외관을 창출하였으므로 그에 대해 귀책사유가 있는 한 교부계약이 있는 경우와 동일하게 책임져야 한다고 설명한다. 현재 독일에서 다수설화하고 있는 설이고,[2] 국내에도 지지자가 있다(서·정 96; 주석(Ⅰ), 216; 최기원 139).

(5) 판   례

어음의 효력발생시기에 관해 어느 설을 취하는지 입장을 분명히 밝힌 판례는 아직 없지만, 과거 약속어음의 발행의 성격을 단독행위라고 규정지음으로써 발행설을 취하였다고 볼 여지가 있는 판례가 나온 바 있다(판례[13]). 그러나 최근의 판례는 어음을 작성한 후 도난당한 자에 대해 소지인이 어음의 외관을 신뢰하였음을 이유로 발행인으로서의 책임을 물은 바 있는데(판례[14]), 이 판례에서는 「어음의 외관을 신뢰」하고 취득하였으므로 악의·중과실이 증명되지 않는 한 발행인이 책임져야

---

1) Ibid., S. 33.
2) Baumbach·Hefermehl·Casper, WPR Anm. 31ff.; Bülow, §17 WG Anm. 24; Gursky, S. 19; Hueck·Canaris, S. 41, 42; Zöllner, S. 41; BGHZ 121, 279, 281.

한다는 표현을 사용하고 있어 권리외관설을 취한 것으로 이해할 수도 있지만, 창조설에 의해서도 같은 결론을 낼 수 있어 딱히 어느 설을 취했다고 단정하기는 어렵다.[1][2]

판   례

[13] 대법원 1989. 10. 24. 선고 88다카24776 판결

「…약속어음의 발행이란 그 작성자가 어음요건을 갖추어 유통시킬 의사로 그 어음에 자기의 이름을 기명날인하여 상대방에게 교부하는 단독행위이다.」

[14] 대법원 1999. 11. 26. 선고 99다34307 판결

「1. 어음의 교부흠결의 점에 대하여 어음을 유통시킬 의사로 어음상에 발행인으로 기명날인하여 외관을 갖춘 어음을 작성한 자는 그 어음이 도난·분실 등으로 인하여 그의 의사에 의하지 아니하고 유통되었다고 하더라도, 배서가 연속되어 있는 그 어음을 외관을 신뢰하고 취득한 소지인에 대하여는 그 소지인이 악의 내지 중과실에 의하여 그 어음을 취득하였음을 주장·입증하지 아니하는 한 발행인으로서의 어음상의 채무를 부담한다고 할 것이다.

피고는 물품대금의 지급에 사용할 목적으로 이 사건 약속어음에 금액은 백지로 하여 발행인으로서 서명날인하여 두었[고], 한편 원고는 그 후 백지가 보충되어 완성된 이 사건 약속어음을 소외 안용배로부터 할인취득하였음을 알 수 있으므로, 원고가 이 사건 약속어음을 취득함에 있어서 악의 또는 중과실이 있음을 피고가 주장·입증하지 아니하는 한, 이 사건 약속어음을 유통시킬 목적으로 작성하여 발행인으로 기명날인한 피고는 이 사건 어음의 적법한 소지인인 원고에 대하여 발행인으로서의 어음상의 채무를 부담한다고 보아야 할 것이다.」

(6) 結

창조설의 문제점에 대해서는 교부계약설이, 교부계약설의 문제점에 대해서

---

1) 일본에서도 판례 [14]의 사실관계와 똑같은 사건에 있어 법원은 역시 소지인에게 악의·중과실이 없는 한 발행인이 책임져야 한다고 판시하였다(日最高裁 1971. 11. 16 판결, 民集 25권 8호, 1173면). 이 판례에 대해 학설은 본문에 기술한 바와 같이 창조설, 권리외관설 어느 설에 의해서나 같은 결론을 낼 수 있어 최고법원이 어느 설을 취했다고 단정할 수는 없다고 설명하는 것이 일반적이다(洲崎博史, "署名後意思によらずに流通した手形と署名者の責任,"『手形小切手判例百選(第六版)』(別冊 ジュリスト 173호, 2004. 10), 18면). 참고로 이 판례 이전의 일본판례는 발행설에 입각해 왔다.

2) 판례가 교부계약설을 권리외관설로 보충하고 있다고 설명하는 견해도 있다(송옥렬 492면).

는 권리외관설이 충분히 지적하여 결국 권리외관설이 현재 양설의 흠을 보완해 주는 설로 인식되어 있다. 그러나 당초 어음이론이 규명하고자 하는 것은 어음의 효력이 언제 발생하느냐는 문제인 데 반해, 권리외관이론이란 권리관계의 내용과 외관이 불일치할 경우 외관의 신뢰를 보호한다는 一般條項的 이론으로서, 어음이론이 제기하는 문제에 대해서는 답을 주지 못한다. 따라서 어음이론을 권리외관이론으로 해결하려 함은 문제의 본질을 비껴가는 자세가 아닐 수 없다.[1]

또한 권리외관설은 기본적으로는 교부계약설의 입장에서 출발하므로 교부계약 없이 유통된 어음을 취득한 자가 교부계약의 부존재에 관해 악의이면 발행의 효력을 부정하지만, 취득자가 선의이면 발행인의 책임을 인정하므로 실질적으로는 창조설을 취하는 것과 다름없다. 창조설과 교부계약설은 서로 극단을 이루는 이론인데, 권리외관설 역시 사안별로 극단을 선택한다는 점도 흠의 하나이다.

어음을 수수하는 당사자 사이에 계약적인 요소가 있는 것은 분명하다. 즉 일정한 채무의 변제방법에 관해 어음으로 지급하자는 합의가 존재하고 그 합의에 기해 어음이 수수되는 것이다. 그러나 이때의 합의는 원인관계에 있어서의 지급수단에 관한 합의의 일부이므로 무인증권성을 갖는 어음행위의 영역에 흡수시켜 이해할 것은 아니다. 발행설은 우선 단독행위설에 입각함으로써 교부계약설이 갖는 오류를 피하는 동시에 어음거래의 안전을 기하는 이론이라고 생각된다.

VI. 어음행위의 대리

1. 의   의

대리에 의한 어음행위도 가능하다. 오늘날 상거래에서 어음·수표는 매우 보편적인 지급수단으로 사용되는데, 상거래가 대리에 의해서 행해지는 경우에는 그 지급결제를 위한 어음행위 역시 대리에 의해 행해지는 예가 흔하다. 그러다보니 어음행위의 대리에 관련된 많은 법률문제가 발생하고, 특히 표현대리, 무권대리로 인한 분쟁이 빈번하다.

---

1) 平出, 24면.

어음법은 제 8 조($\frac{수}{11조}$)에서 어음행위의 무권대리의 효과만을 규정할 뿐 나머지 문제는 민법의 일반원칙에 미루고 있다. 그런데 민법의 대리에 관한 규정을 어음행위에 적용함에 있어서는 주의를 요하는 점이 있다. 첫째, 어음은 발행·배서 등의 어음행위가 있은 후 계속 유통될 것이 전제되므로 대리행위임을 모든 어음 관계자들이 주지할 수 있어야 한다는 점이다. 둘째, 임의대리의 경우에는 수권행위, 법정대리의 경우에는 법정의 대리관계와 같은 대리권의 존재근거가 어음에는 표시·증명되지 않는다는 점이다. 그 결과 무권대리에 의해 어음행위가 행해진 경우, 어음에 표시된 대리관계를 믿고 어음을 취득한 자를 보호하기 위한 특별한 배려가 따라야 한다. 어음법 제 8 조도 이 점을 고려한 것이지만 대리행위에 관한 기타 문제의 해결에서도 이 점을 유의해야 한다.

2. 절대적 현명주의

민법의 일반원칙에 의하면 대리인이 본인을 위한 것임을 표시하지 않았더라도 상대방이 대리행위임을 알았거나 알 수 있었을 경우에는 대리행위로서의 효력이 있다($\frac{민}{조단}$115). 그러나 어음의 대리에는 이 원칙을 적용할 수 없다. 일반 민사거래 혹은 상사거래에 있어서는 거래상대방이 여러 가지의 거래상황을 참작하여 상대방의 행위가 대리행위인지의 여부를 판단할 수가 있고 또 그 행위의 효과는 대리행위의 상대방의 선에서 머무른다. 따라서 민법 제115조 단서나 상법 제48조를 적용하여 본인을 표시하지 않은(비현명) 대리행위의 효력을 인정하더라도 거래의 안전에 큰 지장이 없다. 그러나 순차로 다수인이 당사자로 관여하는 어음거래에서는 비현명한 대리행위의 상대방이 대리행위임을 알았다고 하더라도 그 이후의 취득자에게까지 그 정보가 전달된다고 단정할 수는 없다. 이후의 어음관계자들은 어음에 기재된 대로 대리인 스스로의 어음행위라고 믿을 것이므로 민법 제115조 단서의 적용대상으로 적합하지 아니하다.

뿐만 아니라 어음의 문언성으로 인해 민법 제115조 단서는 비현명한 어음행위의 직접의 상대방과의 관계에서도 적용할 수 없다($\frac{통}{설}$). 즉 甲의 대리인 甲′가 甲을 대리할 의사로 乙에게 어음을 발행하였으나 甲을 현명하지 아니한 경우에는 乙이 甲의 어음행위임을 알았다 하더라도 甲에 대하여 어음금을 청구할 수 없다는 것이다. 반대로, 甲′ 역시 어음금청구를 받은 경우 자신의 어음발행이 대리행위임을 항변하지 못한다. 이와 달리 직접의 당사자 사이에서는 대리행위로서의 효력을 인정하더라도 어음거래의 안전에 미치는 영향이 없으므로 민법 제115조 단서를 적용할 수 있다는 반론이 있을 수 있다. 그러나 현명하지 않은 대리를 어음법상의 대리로 인정하기 위해서는 어음행위의 문언성과 무인성을 포기해야 하는 등 어음법제도의 혼란을 감수해야 하므로 그 비용이 인정할 때의 실익에 비해 너무 크다. 이 경우에는 어음법적 효력은 부인하고 당사자들이 원인관계에 의해 해결하도록 해야 한다.[1]

한편 상법 제48조는 민법 제115조 단서보다 현명주의를 더욱 완화하는 특칙을 두고 있는데, 이상 설명한 것과 같은 이유에서 상법 제48조도 어음행위에 적용할 수 없지만, 어음행위는 상행위가 아니라는 점에서도 상법 제48조를 적용할 여지가 없다.

어음행위의 대리에 있어서의 현명주의는 어음행위의 형식적 요건을 이룬다. 그러므로 본인을 표시하고 대리관계를 표시한 후 대리인이 기명날인하여야 함은 기술한 바와 같다.

어음행위의 대리의 현명주의는 발행·배서 등 어음행위를 할 때 적용되는 것이고 타인의 어음행위를 수령할 때, 즉 타인으로부터 어음을 교부받을 때에는 적용되지 않는다. 예컨대 甲이 乙의 대리인 乙′를 통해 乙에게 어음을 발행 또는 배서하면서 수취인 또는 피배서인란에 乙의 이름을 적는 것은 당연하지만, 乙′가 어음에 乙을 대리하여 수령한다는 뜻을 표시하지 않고 어음을 수령하더라도 무방한 것이다.[2]

---

1) 현명주의에 입각해, 상대방이 본인에 대하여 어음금을 청구할 수 없다고 하면서, 대리인은 대리행위임을 항변할 수 있다고 설명하는 견해가 있으나(김정호 71면; 서·정 74면; 정동윤 85면; 정찬형 93면), 이에 의하면 상대방은 본인과 대리인 누구에게도 권리행사가 불가능하게 되는 모순이 생긴다.

2) 대법원 1978. 12. 13. 선고 78다1567 판결; 동 1976. 12. 14. 선고 76다2191 판결(아버지가 유아인 아들을 대리하여 어음을 배서양도받음에 있어 피배서인란에 아들의 이름만 적고 법정대리인(아버지)의 표시가 없다고 하더라도 무방하다고 판시한 예).

3. 자기계약 · 쌍방대리 제한의 적용

(1) 적용여부

민법 제124조는 본인과 대리인 사이의 이익상충을 예방하기 위하여 대리인이 본인의 허락 없이 자신과 본인과의 법률행위를 하거나 동일한 법률행위에 관하여 쌍방을 대리하는 것을 금지한다. 어음행위에도 자기계약 또는 쌍방대리가 있을 수 있다. 예컨대 지배인이 영업주를 대리하여 자신에게 어음을 발행하는 경우(자기계약), 또는 A상인의 지배인 B가 동시에 C상인을 대리하여 A상인이 C상인에게 발행하는 어음을 작성하는 경우(쌍방대리)와 같다. 이 경우 민법 제124조의 규정을 적용할 것인지에 관해 견해의 대립이 있다. 어음 · 수표행위는 추상성을 가지며 지급수단에 불과한 행위로서 이해충돌의 염려가 없으므로 대리인이 본인의 허락 없이 어음행위를 하더라도 민법 제124조 단서가 규정하는 「채무의 이행행위」로 보아 민법 제124조 본문의 규정은 적용되지 않는다고 보는 설도 있다($서_{79}^{·정}$). 그러나 어음행위는 원인관계상의 채무보다 더욱 엄격한 채무부담의 원인이므로 오히려 제한의 필요성이 더욱 크다고 볼 수 있어 통설은 민법 제124조의 적용을 긍정한다.

따라서 위에 든 예에서 지배인이 영업주의 허락 없이 영업주를 대리하여 자신에게 어음을 발행한 행위, 지배인이 영업주와 다른 자를 대리하여 어음을 발행한 행위는 무효이다.[1]

(2) 제 3 취득자의 지위

자기계약 · 쌍방대리에 의해 발행 또는 배서된 어음을 취득한 제 3 자의 지위는 어떻게 되는가? 예컨대 지배인 B가 영업주 A를 대리하여 자신에게 어음을 발행한 후 그 어음을 제 3 자 C에게 양도한 경우 C는 어음상의 권리를 취득하느냐는 문제이다. 민법 제124조는 선의의 제 3 자를 보호하는 규정을 두고 있지 않으므로 자기계약 · 쌍방대리에 이어져 행해진 어음행위(즉 A가 C에게 양도한 것) 역시 무효라는 해석도 생각해 볼 수 있으나, 통설은 어음의 유통성보호의 고려에서 자

---

1) 민법 제124조 본문에 위반한 자기계약이나 쌍방대리는 무권대리가 되므로 본인의 추인이 있지 않는 한 무효이다.

기계약 또는 쌍방대리 이후에 선의로 그 어음을 취득한 자에 대해서는 무효를 주장할 수 없다고 새긴다(상대적 무효설).

상대적 무효설의 효과는 선의취득의 효과와 다르다는 점을 주의해야 한다. A가 분실한 어음을 B의 위조배서에 의해 C가 선의취득을 한다고 가정하면 C는 적법하게 어음을 취득하되 A에 대해서는 권리를 갖지 못한다. 그러나 A와 B의 대리인인 X가 쌍방을 대리하여 A가 B에게 발행한 어음을 C가 선의로 취득한 예에서 상대적 무효설에 의하면 C에 대해서는 A, B 간의 어음발행이 무효라고 하는 주장 자체가 봉쇄되므로 A도 C에 대해 채무를 부담한다.

(3) 적용범위

자기계약이라도 본인에게 채무를 지우지 아니하는 행위는 제한되지 않으므로, 어음행위 역시 본인에게 채무를 부담시키는 것이 아닐 때에는 민법 제124조 단서의 채무이행행위가 되거나, 그렇지 않더라도 제한되지 아니한다. 예컨대 지배인이 영업주에 대한 채무이행을 위해 영업주에게 어음을 발행하는 경우에는 민법 제124조 단서에 의해 허용된다. 그리고 타인으로부터 취득한 어음을 영업주에게 배서양도한 경우에도 영업주에게 불이익을 주는 바 없으므로 영업주의 허락을 요하지 않는다. 만일 이 어음양도의 원인관계로서 영업주의 이익을 변경시킨다면 그 원인관계의 효력이 문제될 것이나, 이는 어음의 효력과는 무관하다.

4. 표현대리

(1) 의   의

민법에서는 대리권이 없는 자의 법률행위라도 제 3 자가 보기에 행위자에게 대리권이 있다고 믿을 만한 정당한 이유가 있는 때에는 정상적인 대리행위와 마찬가지로 본인에게 책임을 귀속시킨다. 그 사유로서 대리권수여의 표시에 의한 표현대리($^{민}_{125조}$), 권한을 넘은 표현대리($^{민}_{126조}$), 대리권소멸 후의 표현대리($^{민}_{129조}$)의 세 가지를 들고 있다. 한편 상법에서는 본·지점에서 지배인으로 오인할 만한 명칭을 사용하여 영업주를 대리한 표현지배인의 행위에 관해 영업주의 책임을 인정한다($^{상\,14조}_{1항}$). 이러한 표현대리제도는 어음행위에도 적용된다. 예컨대 甲′가 甲의

대리인임을 사칭하고 甲의 이름으로 乙에게 어음을 발행하거나 배서 혹은 보증을 하였는데, 乙이 甲′에게 대리권이 있다고 믿을 만한 정당한 사유가 있을 경우, 甲은 어음발행인이나 배서인 혹은 보증인으로서의 책임을 면하지 못한다.

(2) 정당한 사유의 판단

어음행위에 관해 표현대리가 성립하기 위하여는 어음행위의 상대방이 표현대리인에게 대리권이 없다는 사실에 관해 선의이며 과실이 없어야 한다. 이 점 민법에서 명문으로 정하는 바이다($\genfrac{}{}{0pt}{}{\text{민 125조 단,}}{\text{126조, 129조 단}}$).

학설 중에는 어음이 유통증권으로서 갖는 특성을 감안하여 어음행위의 표현대리의 요건으로서는「선의·무중과실」만을 요구해야 한다는 견해가 있다($\genfrac{}{}{0pt}{}{\text{정찬형}}{\text{100; 최기}}$ $\genfrac{}{}{0pt}{}{\text{원}}{\text{157}}$). 즉 상대방이 경과실로 표현대리인에게 대리권이 없음을 몰랐더라도 표현대리가 성립하는 것으로 보자는 것이다. 그러나 어음행위의 표현대리에 관해서만 이같이 요건을 완화해서 해석할 근거가 없고, 어음의 유통성의 보호는 과실의 유무에 관한 사실인정에서 고려될 수 있으므로 어음행위의 표현대리의 성립을 위해서도 민법의 법문대로「선의·무과실」을 요구하는 것이 옳다.

요건완화론의 문제점

경과실이 있더라도 표현대리의 성립을 인정하자는 견해는 어음법 제10조와 제16조 제2항이 각각 소지인의 경과실이 있더라도 백지어음의 부당보충항변을 제한하고($\genfrac{}{}{0pt}{}{\text{10}}{\text{조}}$) 선의취득을 인정하고 있음($\genfrac{}{}{0pt}{}{\text{16조}}{\text{2항}}$)과 균형을 이룰 필요가 있다는 점을 논거로 제시한다. 그러나 표현대리는 이들과 균형을 이룰 사안이 아니다. 소지인이 선의취득을 하더라도 배서인의 전자(예: 어음을 분실한 자)는 어음상의 책임을 지지 아니하나, 표현대리가 인정될 경우 표현대리의 본인은 어음상의 책임을 져야 하므로 선의취득과 표현대리는 그 요건을 같이 할 수 없다. 또 백지어음이 부당보충된 경우에는 발행인이 책임지지만, 발행인이 당초 백지어음으로 발행할 때부터 위험을 부담하므로 본인의 의사와 관계없이 행해지는 표현대리의 본인과 동일하게 취급해서는 안 된다.

어음의 표현대리를 인정한 판례의 사안을 보면 특히 후술하는「서명대리」의 예가 많다. 타인의 인장을 보관하는 자가 그 인장을 이용하여 타인의 이름으로 어음이나 수표를 발행하고 이 어음·수표의 금액이 계속 지급되어 왔다면 상대방으로서는 대리권이 있다고 믿을 만한 정당한 사유가 있다 할 것이다 ($\genfrac{}{}{0pt}{}{\text{판례}}{\text{[15], [18]}}$). 그러

나 어음행위와 무관한 특정한 행위를 위한 대리권이 있고 그 권한의 범위가 거래
계에 잘 알려진 상태에서 그 거래계에 속한 자를 상대로 대리인이 본래의 권한을
넘어 어음행위를 하였을 경우 그 상대방은 대리인에게 어음행위를 위한 대리권이
없음을 알고 있다고 추정해야 한다.[1)]

그리고 은행의 지방예금취급소장이 은행을 대리하여 거액의 보증을 하는 것
과 같이 거래통념상 대리행위로서는 이례적인 일에 속하는 경우에는 설혹 상대방
이 대리권이 있는 것으로 믿었다 할지라도 정당한 사유가 있다고 할 수 없다(판례[16]).
그리고 특히 고액의 어음인 경우 어음의 외관으로 보아 진정한 대리권의 존재를
의심할 만한 사정이 있음에도 불구하고 발행인 본인에게 확인을 하지 않았다면
대리권을 믿은 데에 정당한 사유가 있다고 할 수 없다.[2)]

판   례

[15] 대법원 1969. 12. 23. 선고 68다2186 판결

「…원심이 소외 김소암이가 약 10년 전부터 피고 회사의 생산물의 매매 및 원료의
구입을 알선하여 왔고 1966년 6월경부터는 피고 회사의 수표장과 대표이사 우창래의
실인을 보관하고 원료구입에 있어 수표발행의 필요가 있을 때에는 피고 회사명의 수
표를 발행하여 왔는바, 동 김소암은 1966년 10월 중순경 본건 수표를 피고 회사의 승
낙 없이 발부하여 소외 최봉린에게 교부하였으나 동 소외인은 김소암에게 피고 회사
를 대리하여 수표를 발행할 대리권이 있다고 믿을 정당한 이유가 있다는 전제 아래
동 소외인의 수표발행행위가 민법 제126조의 권한을 넘은 표현대리로서 법률상 유효
하다고 판단한 조치는 정당하[다.]…」

[16] 대법원 1980. 8. 12. 선고 80다901 판결

「원심은 …사건에서 문제된 수표 4매 도합 35,000,000원을 피고 은행 진주지점 관

---

1) 예컨대 건설회사의 명의를 빌어 공사를 수주하고 회사에는 소정의 명의대여료를 납부하는, 소위
「부금상무」가 공사계약을 위해 보관하던 건설회사 대표이사의 인장을 이용해 같은 업계의 동업자
에게 어음을 발행한 경우에 상대방은 부금상무에게 어음발행의 대리권이 없음을 알고 있다고 추정
해야 한다(대법원 1990. 4. 10. 선고 89다카19184 판결).
2) 액면금 30억 원의 위조어음의 발행인 인영 부분에 인영 전사 수법으로 종종 사용되는 스카치테이
프가 붙어 있고 어음용지책에서 어음용지를 떼어낼 때 통상적으로 하는 이른바 꼭지간인이 되어
있지 않았음에도 발행인에게 아무런 확인을 하지 않은 경우, 위조어음이 진정한 것이라고 믿은 데
에 정당한 사유가 있다고 할 수 없어 민법상 표현대리의 규정이 유추 적용되지 않는다고 한 사례
(대법원 2000. 2. 11. 선고 99다47525 판결).

내 남부 간이예금취급소장이던 소외 구판진이 지급보증을 하게 된 경위와 위 예금취급소장의 권한·업무한계 등을 설명한 후 비록 원고나 원고의 대리인이 소외 박규창이가 위 소외인의 행위가 피고 은행의 정상적인 업무라고 믿었다 하더라도 그로서는 이른바 권한유월에 의한 표현대리가 될 수는 없는 것이므로 피고 은행에 대하여 본인으로서의 책임을 추궁할 수는 없다고 설시하였는바, 그 조치는 그대로 수긍이 간다.

지방은행의 예금취급소장이 그 자격을 사용하여 액면이 거액인 개인의 지급수표를 지급 보증한다는 것은 이례에 속한다 할 것이므로 원고가 논지에서 말하는 바와 같이 초등학교밖에 나오지 않은 사람이라고 해서 그 이례에 속하는 것을 당연한 것으로 믿었다 함은 이유 없다.…」

(3) 어음의 단순한 교부와 표현대리의 성부

어음에 표현대리 제도가 적용되기 위해서는 발행·배서·보증 등의 어음행위가 있어야 한다. 단순히 어음을 교부하는 것은 어음행위가 아니므로 그 교부행위가 민법상 표현대리의 요건을 갖추었다 해도 표현대리는 성립할 수 없다. 어음행위가 없으므로 무권대리($_{8조}^{어}$)도 성립하지 아니한다. 예컨대 A라는 법인이 백지식으로 배서한 어음을 대리권 없는 A′가 절취하고 A법인의 대리인임을 사칭하고 B에게 교부양도한 경우, B가 A′에게 A를 위한 대리권이 있다고 믿었고 그 믿음에 정당한 이유가 있다 하더라도 A′의 교부행위는 표현대리가 될 수 없다. 판례는 이같은 경우 정당한 교부행위가 흠결된 어음의 취득으로서 무권리자로부터 양수한 것으로 보고 선의취득 여부가 문제될 수 있다고 한다($_{[17]}^{판례}$).

판 례

[17] 대법원 1987. 4. 14. 선고 85다카1189 판결

「…원심은 피고가 1983. 9. 16 소외 동양전기산업 주식회사에게 액면 금 10,000,000원, 지급기일 1984. 1. 9. 발행지 및 지급지 각 서울특별시, 지급장소 주식회사 조흥은행 중앙지점, 수취인 위 소외 회사로 된 약속어음 1매를 물품대금조로 발행교부하고, 위 소외 회사는 이를 할인하기 위하여 위 어음이면의 피배서인을 백지로 한 채 배서를 하여 두고 회사관리부 차장인 소외 이과식에게 보관시키던 중 분실한 사실과, 원고는 같은 날 14:00경 위 소외 회사의 이(李)사장이라고 자칭하는 사람으로부터 전화로 어음할인의 요청을 받고 이를 응락한 후 이 사건 어음을 소지하고 나타난 약 25세 가량의 성명불상 남자로부터 그의 신분을 확인하거나 위 소외 회사에 문의함이 없이 이 사건 어음을 교부받고 액면금에서 지급기일까지 월 2푼 9리의 이자를 공제한 잔액을 그에게 지급하여 어음할인을 하여 준 사실 및 원고는 위 어음의 최후소지인으로서 백지로 된 피배서인란에 원고의 성명을 보충한 후 지급기일인 1984. 1. 9 지급장소에 지급제시하였으나 분실된 어음이라는 이유로 지급거절당한 사실을 각 인정한 다음, 위 소외 회사의 직원이라고 자칭하면서 위 회사를 대리하여 어음할인의 방법으로 원고에게 이 사건 어음을 양도한 위 성명불상자는 실제로 위 회사를 대리할 권한이 없는 자이므로 비록 위 어음면상 위 소외 회사의 배서가 진정하게 이루어졌고, 원고가 이를 취득할 당시 위 성명불상자를 위 소외 회사의 적법한 대리권자로 믿었다 하더라도 원고는 위 어음상의 권리를 적법하게 취득할 수 없다고 판단하여 원고의 청구를 배척하고 있다.

 … 이미 피배서인란이 백지로 된 채 법인의 배서가 적법히 기재되어 배서의 어음행위가 있었고 다만 배서가 된 어음을 분실당한 뒤에 법인의 직원이라고 자칭하는 자로부터 피배서인란이 백지로 되어 있는 이 사건 약속어음을 단순히 교부받은 경우, 이 같은 어음은 단순한 교부만으로도 양도가 가능한 점과, … 무권대리인의 어음행위의 법리에 비추어 보면, 원고는 이 사건 약속어음의 취득을 위의 권한 없이 직원이 한 무권대리인의 어음행위로 인한 것으로는 볼 수가 없다 할 것이고 다만 어음행위자의 의사에 기하지 아니하고 유통된, 즉 교부행위가 흠결된 어음으로서 무권리자로부터 양도받은 것으로 보아야 사리에 맞다.

 따라서 원심은 어음법 제16조에 따라 이 사건 약속어음을 양도받은 원고가 위 약속어음을 취득할 당시 악의 또는 중대한 과실이 있었는가를 판단함이 마땅하다 할 것이다.…」

(4) 서명대리

어음행위의 표현대리는 원래 대리인을 자칭하는 자가 대리인으로서 기명날인한 경우에 성립한다. 그러나 구법시대부터 판례는 본인의 수권에 의한 기명날인의 대행을 이른바 「서명대리」라 하여, 대리의 일종으로 다루었으며, 대리인을 사칭하며 본인의 기명날인을 대행한 경우에는 표현대리의 성립을 인정하여 왔다$\left(\begin{smallmatrix}판례\\[15],\,[18]\end{smallmatrix}\right)$.[1] 예컨대 처 甲′가 남편 甲의 대리권이 있다고 사칭하며 甲의 이름으로 어음을 발행하여 乙에게 준 경우, 乙이 과실 없이 甲′의 대리권을 믿었다면 甲′가 한 기명날인의 대행을 표현대리로 보는 것이다. 원래 권한 없이 타인의 기명날인을 대행하는 것은 어음의 위조가 될 것이나, 피위조자에게 귀책사유가 있을 때에는 표현대리의 성립을 인정하는 것이다$\left(\begin{smallmatrix}위조와\;관\\련\;후술\end{smallmatrix}\right)$.

---

1) 同旨판례: 대법원 1964. 6. 9. 선고 63다1070 판결 외 다수.

판   례

[18] 대법원 1991. 6. 11. 선고 91다3994 판결

「…피고가 경북 상주군에서 가스를 판매하는 상일가스상회를 경영하면서 1985. 2. 16 제일은행 상주지점에 당좌를 개설하고 1989. 4. 1경부터 구미시에 별도로 린나이가스대리점을 경영하면서 같은 해 6. 26 한국 상업은행 구미지점에 당좌를 개설한 사실, 소외 김순자는 피고의 처로서 위 상일가스상회의 경리업무를 보면서 1988년부터 약 2년 동안 피고의 위 거래은행으로부터 피고의 수표용지를 수령해 피고 명의의 수표를 발행해 온 사실,… 피고도 그 무렵부터 위 김순자가 피고 명의의 수표를 발행해 오고 있는 사실을 알고 있었고 위 김순자는 피고의 위 대리점에서 사용하는 인장이나 피고의 거래은행에 신고된 인장을 사용하여 약 2년 간에 걸쳐 모두 100여 장의 피고 명의의 수표 및 어음을 발행하였으나 피고가 피사취계를 내기 전까지는 대부분의 어음과 수표가 정상적으로 지급되어 온 사실과 위 김순자는 1989. 9. 4경 수표할인을 받기 위하여 피고가 한국 상업은행 구미지점에 신고한 인감도장을 사용하여 소외 황의국에게 이 사건 수표를 발행하였고, 그 이자조로 지급한 피고 명의의 가계수표 1매는 같은 해 10. 4 지급된 사실,… 사실관계가 위와 같다면 원고로서는 위 김순자에게 피고를 대리하여 피고명의의 이 사건 수표를 발행할 권한이 있었다고 믿을 만한 정당한 이유가 있었다고 할 것이[다.]… 한편 피고는 위 김순자의 수표발행을 위와 같이 방치함으로써 위 수표를 교부받은 위 황의국으로 하여금 위 김순자가 피고 명의의 수표를 발행할 권한이 있다고 믿게 할 만한 외관을 조성하였다 할 것이고 위 김순자가 피고 명의의 이 사건 수표를 발행할 때 그 상대방인 위 황의국으로서는 종전의 수표들이 정상적으로 지급된 이상 위 김순자에게 피고를 대리하여 피고 명의의 이 사건 수표를 발행할 권한이 있다고 믿을 만한 충분한 사정이 있었다고 할 것이며 위와 같이 직접의 상대방인 위 황의국에게 표현대리의 요건이 갖추어져 있는 이상 위 소외인으로부터 이 사건 수표를 전전양수한 원고로서는 표현대리에 의한 위 수표행위의 효력을 주장할 수 있다 할 것이[다.]…」

(5) 제 3 자의 범위

민법의 해석론에 의하면 표현대리에 관한 민법 제125조, 제126조, 제129조에서 말하는 제 3 자는 표현대리의 직접의 상대방만을 지칭하는 것으로 이해한다. 어음의 표현대리에도 같은 해석론을 적용할 것이냐가 문제된다. 민법의 해석론에서와 같이 제 3 자를 직접의 상대방으로 해석하는 제한설과 모든 어음 취득자를 제 3 자의 범위에 포함시키는 확장설이 대립한다. 통설은 확장설을 취하나(김정호 82; 서헌제 146; 서·정 76; 손주찬 85; 손진화 979; 송옥렬 507; 장덕조 867; 양명조 115; 정경영 1104; 정동윤 95; 정찬형 101; 채이식 53; 최기원 159), 판례는 제한설을 취하고 있다

$\left(\begin{smallmatrix} \text{판례} \\ \text{[19], [20])} \end{smallmatrix}\right)$ $\left(\begin{smallmatrix} \text{제한설: 강·임 100; 김홍기} \\ \text{962; 최완진 540; 최준선 154)} \end{smallmatrix}\right)$. 1)

　　표현대리의 상대방이 선의일 때에는 그 상대방으로부터 어음을 전득한 자가 악의이더라도 그 전득자는 적법하게 어음을 취득한다는 점에 관해서는 양설이 일치한다. 예컨대 A′가 권한 없이 A의 대리인으로서 B에게 어음을 배서양도하고 B는 다시 이 어음을 C에게 배서양도한 경우를 생각해 보자$\left(\begin{smallmatrix} \text{판례 [18] 후} \\ \text{반부의 사안} \end{smallmatrix}\right)$. B가 선의라서 표현대리의 법리에 의해 권리를 취득한 이상은 C는 선의·악의를 묻지 않고 B의 권리를 승계취득한다$\left(\begin{smallmatrix} \text{판례} \\ \text{[18], [20]} \end{smallmatrix}\right)$. 2)

　　문제는 B가 악의이지만 C는 A′에게 대리권이 있다고 믿을 만한 정당한 사유가 있을 경우 C가 표현대리의 법리에 의해 어음상의 권리를 취득하느냐이다. 이 경우, 제한설을 취하면 표현대리에 의해 보호될지가 문제되는 제3자는 어음행위의 직접의 상대방인 B로 국한되고 C는 제3자의 범위에서 제외된다. 따라서 C가 과실 없이 A′의 대리권을 믿었고 그 믿음에 정당한 이유가 있다고 하더라도 A에 대해 권리를 취득하지 못한다. 물론 이 경우 C는 선의취득을 한다. 하지만 선의취득의 효과로서는 A에 대해서 권리를 갖지 못한다. 그러나 확장설을 취하면, 이 경우 C는 민법 제125조, 제126조 및 제129조의 제3자에 해당되므로 A에 대해 권리를 주장할 수 있다.

　　표현대리인의 본인이 책임지는 이유는 무권대리인의 표현적 지위에 관해 본인에게 귀책사유가 있기 때문이다. 원래 민법의 제한적 해석론이 타당성을 갖는 것은 일반적으로 무권대리인의 본인이 직접의 상대방이 아닌 자와의 관계에서 무권대리인의 표현적 지위를 창출하는 예는 생각하기 어렵기 때문이다. 그러나 어음이란 당초 전전유통될 것이 예상되는 것이니만큼 본인에게 무권대리인의 표현적 지위에 관한 귀책사유가 있다면 그것은 직접의 상대방뿐 아니라 모든 어음취득자에 대해서 귀책사유가 있다고 보는 것이 옳다. 따라서 어음의 전득자가 자신이 취득하기 전에 이루어진 어음행위의 대리를 유권대리로 믿을 만한 정당한 이유가 있다면 그와의 관계에서도 표현대리의 성립을 인정해야 한다.

---

1) 일본에서도 판례는 일관하여 제한설을 취하지만(日最高裁 1961. 12. 12 판결, 民集 15권 11호, 1756면), 통설은 어음의 유통증권성을 감안하여 확장설을 취한다(金澤 理, "手形行爲の表見代理における第三者,"『ジュリスト』108호, 26면).

2) B가 선의임으로 해서 그의 권리가 유효하게 성립하고, 이 권리가 배서의 권리이전적 효력(어 14조 1항)에 의해 C에게 이전하는 것이다(丹羽, 104면).

아래의 판례 [19]는 어음보증을 무권대리한 사건을 다룬 것인데, 제한설을 취하고 있다. 판례는 어음보증을 보증인의 피보증인에 대한 단독행위라고 본다. 그 당연한 결과로서, 보증의 표현대리의 경우 제 3 자의 범위를 제한설에 따라 이해하면 판례 [19]가 설시하는 것처럼 제 3 자는 피보증인으로 국한된다. 결국 표현대리에 의한 보증의 경우 보호받을 수 있는 자는 피보증인(판례 [19]에서는 발행인)뿐이라는 결론이다. 그런데 어음보증이란 원래 피보증인의 어음채무불이행에 대비하여 보증인이 어음소지인에게 대신 책임질 의사를 표시하는 어음행위이다. 그렇다면 보증이 표현대리된 경우, 정작 표현대리제도에 의하여 구제받아야 될 자는 어음소지인이지 피보증인이 아니다(피보증인은 구제의 필요도 없다). 결국 어음보증의 표현대리에 관해 제한설을 취한다면 표현대리제도를 인정할 실익마저 없어지는 것이다. 요컨대 최소한 어음보증의 표현대리에 관한 한 제한설은 타당성이 없다.

판 례

[19] 대법원 1986. 9. 9. 선고 84다카2310 판결

「…표현대리에 관한 민법 제126조의 규정에서 제 3 자라 함은 당해 표현대리행위의 직접 상대방이 된 자만을 지칭하는 것이고, 이는 위 규정을 표현대리에 의한 어음행위의 효력에 적용 또는 유추적용할 경우에 있어서도 마찬가지로 해석함이 상당하다. 또 약속어음의 지급보증은 발행인을 위하여 그 어음금채무를 담보할 목적으로 하는 보증인의 단독행위이므로 그 행위의 구체적, 실질적인 상대방은 어음의 제 3 취득자가 아니라 발행인이라 할 것이다.

… 원고는 소외 영동개발 주식회사가 발행하고 소외 윤경구와 김영호들이 권한 없이 위 약속어음면에 피고(舊 조흥은행) 명의의 지급보증문언을 기재하여 위조한 이 사건 약속어음을 위 발행인으로부터 배서양도받아 제 3 취득자가 된 경우에 불과하다면, 가사 그 지급보증에 관한 기재내용이 진정한 것으로 오인하여 이를 취득한 것이라 하더라도 원고는 위 윤경구, 김영호 등이 한 지급보증행위의 직접상대방이 아니므로 소외 윤경구, 김영호 등이 권한 없이 한 이 사건 지급보증행위가 민법 제126조 소정의 표현대리행위로서 피고에게 효력이 미친다고 주장할 수 있는 제 3 자에 해당하지 아니한다 할 것이다.…」

※ 同旨: 대법원 2002. 12. 10. 선고 2001다58443 판결.

〈참고〉 자기앞수표의 발행에 관해서도 제한설을 취한 판례가 있으나(대법원 1997. 11. 28. 선고 96다21751 판결), 동 판례의 사실관계는 표현대리의 문제로 해결할 사안이 아니다. 이하 간단히 소개한다.

甲은행(대동은행)의 직원 甲′가 X의 부탁을 받고 甲발행의 자기앞수표를 위조하여 X에게 주었고, X는 자신이 발행한 당좌수표의 지급자금에 충당할 목적으로 동 당좌수표의 지급은행인 乙은행(대구은행)에 개설되어 있는 자신의 당좌예금 구좌에 동 위조수표를 입금하였다. 다음 날 동 위조수표가 대구의 어음교환소에 보내져 甲에게 제시되었는데, 甲이 위조수표임을 乙에 통보하였으나, 乙은 이미 정당한 수표로 믿고 그 자금으로 X의 당좌수표를 지급한 상태이었다. 이로 인한 손해의 부담을 놓고 이후 甲은행과 乙은행간에 다툼이 벌어졌다. 이 사건에서 乙은행은 표현대리에 의해 甲발행의 자기앞수표를 취득하였음을 주장하였으나, 대법원은 표현대리에 있어 보호되는 「제 3 자」란 직접의 상대방만을 가리킨다는 이유를 들어 乙의 주장을 배척하였다.

그러나 이 사건에서 甲과 乙간에는 표현대리의 문제가 생기지 않는다. 乙은 甲의 위조수표를 자신의 권리로서 취득한 사실이 없기 때문이다. 乙은 단지 X를 위해 자기앞수표의 추심을 대행하였을 뿐이므로 당초 乙이 표현대리의 「제 3 자」에 속하는지 여부는 문제될 여지가 없다.

[20] 대법원 1999. 12. 24. 선고 99다13201 판결

「어음행위의 위조에 관하여도 민법상의 표현대리에 관한 규정이 적용 또는 유추적용되고, 다만 이 때 그 규정의 적용을 주장할 수 있는 자는 어음행위의 직접 상대방에 한한다고 할 것이며, 약속어음의 배서행위의 직접 상대방은 당해 배서의 피배서인만을 가리키고 그 피배서인으로부터 다시 어음을 취득한 자는 위 배서행위의 직접 상대방이 아니라 제 3 취득자에 해당하며, 어음의 제 3 취득자는 어음행위의 직접 상대방에게 표현대리가 인정되는 경우에 이를 원용하여 피위조자에 대하여 자신의 어음상의 권리를 행사할 수가 있을 뿐이다(대법원 1986. 9. 9. 선고 84다카2310 판결; 1991. 6. 11. 선고 91다3994 판결; 1994. 5. 27. 선고 93다21521 판결; 1999. 1. 29. 선고 98다27470 판결 등 참조). 원심이 적법하게 확정한 사실관계에 의하면, 동인알미늄의 대표이사인 이수성이 이 사건 각 약속어음의 배서인란에 피고의 배서를 위조한 다음 다시 동인알미늄의 명의로 배서를 하여 원고에게 교부하였다는 것인바, 사실관계가 그와 같다면 피고 명의의 배서의 직접 상대방은 어디까지나 그 피배서인인 동인알미늄이고 원고는 동인알미늄으로부터 다시 배서양도받아 취득한 자로서 피고 명의의 배서에 대하여는 제 3 취득자에 해당하므로, 원고가 피고에 대하여 직접 피고 명의의 배서에 대한 표현대리 책임을 물을 수는 없고 그 직접 상대방인 동인알미늄에게 표현대리가 인정되는 경우에 이를 원용할 수 있을 뿐이라고 할 것인데, 피고 명의의 배서를 위조한 동인알미늄에게 민법 제126조 소정의 표현대리가 성립할 수 없음은 자명하다.」

註) 위 판례의 사안에서는 확장설을 취하더라도 피고의 책임을 물을 수 없다. 동인알미늄의 대표이사가 피고가 자신에게 배서하는 기명날인을 위조하였다는 것이므로 이 행위는 동인알미늄이 피고를 대리하였다고 볼 수 없기 때문이다. 원고의 선의취득이 문제될 수 있는 사안이다.

5. 명의대여자의 책임

상법 제24조에 의하면, 타인에게 자기의 성명 또는 상호를 사용하여 영업할 것을 허락한 자는 자기를 영업주로 오인하여 거래한 제 3 자에 대하여 그 타인과 연대하여 변제할 책임을 진다. 그러면 명의대여자는 명의차용자가 한 어음행위에 관하여도 책임을 지는가? 명의차용자가 자신의 이름으로 어음행위를 한 경우에는 명의대여자와 무관한 일이다. 또 명의대여자가 명의차용자에게 자신의 이름을 영업에 사용하는 것과 더불어 어음행위에도 사용할 것을 허락한 경우에는 앞서 설명한 서명대리에 속하므로 역시 문제될 것이 없다. 명의대여자의 책임유무에 관한 문제는 명의차용자가 명의대여자의 허락없이 그의 이름으로 어음행위를 한 경우, 즉 명의대여자의 기명날인을 위조하거나 무권대리를 한 경우에 생긴다.

명의차용자가 영업과 관련하여 어음행위를 한 경우에는 상법 제24조가 적용된다고 하는 견해(서헌제 134; 장덕조 870; 정동윤 96; 정찬형 114; 최기원 176; 최준선 157)가 있고 판례도 같은 입장이다(판례[21])(적용설).

그러나 상법 제24조는 명의차용자의 영업상의 채무에 관한 규정인데, 어음의 추상성으로 보아 어음채무를 영업상의 채무로 볼 수는 없다. 즉 명의차용자가 영업상의 거래로 채무를 부담하고 이를 이행하기 위하여 어음을 발행했다 하더라도 원인채무는 영업상의 채무로서 상법 제24조의 적용을 받지만, 어음채무는 영업거래로 직접 부담한 채무가 아니라는 것이다. 또 명의차용자가 명의대여자의 기명날인을 위조하여 어음을 발행하였다면 명의차용자는 어음법상의 기명날인자가 아니므로 원칙적으로 어음채무를 지지 아니하는데(후술 149면 참조), 명의대여자가 명의차용자의 채무에 대해「연대책임」을 진다는 것은 모순이다. 그러므로 이 경우는 어음의 위조 또는 무권대리에 관한 법리에 의해 해결할 일이고, 상법 제24조의 적용대상으로 삼을 것은 아니다(부적용설).

> ### 판 례
>
> [21] 대법원 1969. 3. 31. 선고 68다2270 판결
>
> 「…김현구는 본건 약속어음을 발행할 때에 어음용지 주소란에 대한교육보험 주식회사 부산지사라고[만] 표시하고 동지사장이라고 기재하지 않았다 하더라도 그 성명 아래에는 그 개인 도장 외에 위 회사 부산지사장이라는 직인을 찍었다는 것이므로 특별한 사정이 없는 한 이는 동인이 피고 회사 부산지사장이라는 대표자격을 표시한 것

이라 할 것이고, 또 피고 회사는 김현구에게 피고 회사 부산지사라는 상호를 사용하여 보험가입자와 피고와의 간에 보험계약의 체결을 알선할 것을 허락하였고, 김현구는 동지사 사무실비품대금을 조달하기 위하여 이주환에게 위 약속어음을 발행하고 원고가 그 소지인이 되었다는 것이며, 이주환이가 김현구의 위 어음발행행위의 주체를 피고 회사로 오인한 데에 중대한 과실이 있다고 보여지지 않으므로 피고는 명의대여자로서 그 외관을 신뢰한 김현구와의 거래인에 대하여 상법 제24조에 의한 책임을 져야 한다 할 것이[다.]…」

※ 同旨: 대법원 1970. 9. 29. 선고 70다1703 판결.

註) 위 사건에서 김현구가 이주환에게 부담한 비품조달관련채무는 상법 제24조가 적용되는 채무임에는 틀림없으나 김현구의 어음발행은 어음행위의 표현대리 또는 무권대리의 문제이다.

적용설의 배경

일본의 통설·판례는 영업을 위해 명의대여가 이루어지고, 차용자가 영업을 하는 이상 그 거래에 관해 행해진 어음거래는 명의대여가 이루어진 영업에 관한 행위에 포함된다고 해석한다.[1] 나아가 일본의 판례는 명의차용자가 차용한 명의를 가지고 영업은 하지 않고, 어음행위만을 한 경우에도 상법 제24조를 유추적용하여 명의대여자의 책임을 묻는다.[2]

앞에 소개한 국내의 적용설은 일본의 통설·판례의 영향을 받은 것으로 보인다. 이 설은 일본에서는 설득력이 있을 수 있으나, 우리의 어음법리에는 부합하지 않는다. 일본에서는 어음행위를 절대적 상행위로 다루므로($^{日商\,501}_{조\,4호}$) 영업에 관해 명의대여가 이루어진 경우 그 영업에 관한 어음행위 역시 상행위이므로 명의대여의 대상에 다 포섭된다고 볼 수도 있다. 그러나 우리나라에서는 어음행위를 상행위로 보지 않으므로 영업거래를 위해 이루어진 명의대여가 어음행위까지 대상으로 한 것이라고 보기는 어렵다.

후술하는 어음행위만을 위한 명의대여에 상법 제24조를 적용해서는 안된다는 것도 같은 이유에서이다.

한편 어음행위만을 위해서 명의대여가 행하여진 경우에도 상법 제24조를 적용 또는 유추적용해야 한다는 견해가 있으나(강·임 107; 김정호 89; 손주찬 98; 서헌제 134; 장덕조 870; 정찬형 115), 상법 제24조는 타인의 영업거래에 자신의 이름을 사용하게 하여 제3자를 오인시킨 책임을 묻는 제도이므로 어음행위만을 위해서 명의대여를 한 것은 이러한 입법취지에 부합하지 아니한다.[3] 타인에게 자신의 이름으로 어음행위를 하게 하였다면 이는 앞

---

1) 日最高裁 1967. 2. 9 판결, 判例時報 483호, 60면; 丹羽, 111면.

2) 日最高裁 1980. 7. 1 판결, 判例時報 982호, 144면.

3) 일본의 판례도 이런 경우 상법 제24조의 적용을 부정하는데, 그 이유로서는, i) 상법 제24조가 규정

서 소개한 서명대리로 보아야 하고, 어음의 문언성에 의해 자신의 어음행위로서 책임을 지게 하면 족하다(同旨: 손진화 981; 정경영 1111; 정
동윤 97; 최기원 176; 최준선 157).

6. 무권대리

(1) 의   의

권한 없는 자가 타인의 대리인으로서 법률행위를 한 경우, 즉 무권대리의 경우 민법상 본인이 무권대리행위를 추인하면 무권대리행위는 처음부터 유효한 대리행위가 된다(民 132조·133조). 본인이 추인하지 않을 경우 무권대리행위가 표현대리행위의 요건을 구비하면 본인이 그 무권대리행위의 이행책임을 지게 된다. 이 두 가지 법리는 어음행위의 대리에도 그대로 타당하다.

본인이 추인하지도 아니하고 표현대리의 요건을 구비하지도 아니한 경우, 민법에서는 상대방의 선택에 좇아 무권대리인에게 계약의 이행 또는 손해배상의 책임을 과한다(民 135조). 그러나 어음법 제 8 조는 이에 대한 특칙으로서 「대리권 없이 타인의 대리인으로 환어음에 기명날인하거나 서명한 자는 그 어음에 의하여 의무를 부담한다. 그 자가 어음금액을 지급한 경우에는 본인과 같은 권리를 가진다. 권한을 초과한 대리인의 경우도 같다」라는 규정을 두고, 약속어음에 준용하고(어 77조 2항), 수표법에도 같은 취지의 규정을 두고 있다(수 11조). 즉 어음행위의 무권대리의 상대방은 민법이 인정하는 손해배상청구를 택할 수 없고, 대신 실제의 어음행위자인 무권대리인이 본인과 같은 책임을 진다는 것이다.[1] 이 특칙은 다음과 같은 취지에서 두어진 것이다.

첫째, 무권대리의 직접의 상대방뿐만 아니라 그 이후의 취득자도 보호해야 하므로 모든 어음취득자를 만족시킬 수 있는 방법으로 무권대리인에게 어음상의 책임을 지운다.[2] 둘째, 무권대리의 상대방에게 손해배상청구를 인정한다면 상대

하는 「영업」이란 영리를 위한 사업활동을 말하고 단순한 어음행위는 이에 포함되지 않는다는 점, ii) 명의차용자가 명의대여자의 이름으로 어음행위를 하면, 차용자 자신의 어음행위가 아니므로 차용자의 어음상의 책임이 발생할 여지가 없는데, 대여자가 「연대」책임을 진다는 것은 있을 수 없다는 점을 제시한다(日最高裁 1967. 6. 6 판결, 判例時報 487호, 56면).

1) 日最高裁 1958. 6. 17 판결, 民集 12권 10호, 1532면.

2) 민법 제135조 및 제136조를 적용함에 있어 무권대리인의 책임을 물을 수 있는 상대방이란 무권대

방이 무권대리인에게 손해배상을 청구하는 한편, 어음을 유통시킬 우려가 있으므로 이를 차단한다. 셋째, 무권대리인에 대한 손해배상청구를 인정할 경우 손해액의 증명이 필요하고 이에 관해 다툼이 있을 수 있으므로 어음상의 책임을 물음으로써 다툼을 간소하게 해결한다. 넷째, 이 규정은 책임을 이행한 무권대리인을 보호하는 뜻도 있다. 무권대리인이 악의적으로 무권대리행위를 하는 수도 있으나, 자신에게 대리권이 있다고 믿고 대리행위를 한 후 대리권을 증명하지 못하여 결과적으로 무권대리가 될 수도 있으므로 어음책임을 이행하는 한 그에 상응하는 권리를 부여하는 것이 공평하기 때문이다.

(2) 특칙의 요건

1) 대리행위

무권대리인이 대리인으로서 기명날인(또는 서명. 이하 같음)하였을 것을 요한다. 무권대리인이 본인의 기명날인을 하였을 때에는 어음의 위조가 되어 위조자로서의 책임을 지거나, 본인에게 귀책사유가 있는 경우 기명날인의 대행이 되어 표현대리의 성립이 문제될 수 있다.

2) 무 자 격

대리권이 없이 어음행위를 대리하였어야 한다. 이는 현실적으로는 본인이 무권대리를 이유로 어음채무의 이행을 거절하므로 어음소지인이 대리인의 책임을 추궁하기에 이르렀는데, 대리행위를 한 자가 대리권의 존재를 증명하지 못함을 뜻한다.

무권대리인의 상대방에 대한 책임은 무과실책임으로서 대리권의 흠결에 관하여 대리인에게 과실 등의 귀책사유는 요하지 않으며, 무권대리행위가 제 3 자의 기망이나 문서위조 등 위법행위로 야기되었다고 하더라도 책임은 부정되지 아니한다.[1]

리행위의 직접의 상대방만을 의미한다. 따라서 무권대리의 상대방으로부터 어음을 취득한 자 및 그 이후의 소지인은 민법 제135조 및 제136조에 의한 권리행사가 불가능하다.

1) 대법원 2014. 2. 27. 선고 2013다213038 판결: 이는 민법 제135조 제 1 항의 민사상의 무권대리인의 책임에 관한 판시이나, 어음법 제 8 조의 무권대리인의 책임을 물음에 있어서도 같다고 보아야 한다.

3) 추인의 부존재와 책임발생시기

본인의 추인이 없어야 한다.[1] 추인을 하면 유권대리가 되고 무권대리인의 책임은 발생하지 않는다($\frac{민}{130조}$). 본인이 추인할 경우 그 추인의 성질에 관해서는 이미 발생한 무권대리인의 책임을 소멸시키는 원인이 된다는 설($\frac{강·임 93; 서헌제 151; 손진화}{973; 송옥렬 511; 최준선 148; 장}$ $\frac{덕조 864; 정경영 1107; 정찬}{형 105; 채이식 50; 최기원 167}$)과 무권대리인의 책임 없음을 확인하는 효력이 있다는 설($\frac{손주찬}{90; 정}$ $\frac{90; 정}{동윤 91}$)이 대립한다. 이 설의 대립을 역으로 이해하면 무권대리인의 책임이 발생하는 시기에 관한 다툼이 된다. 전설은 대리행위시에 이미 무권대리인의 책임이 발생하고 본인의 추인에 의하여 책임이 소급적으로 소멸한다고 보는 것이고(해제조건설), 후설은 본인의 추인거절에 의하여 무권대리인의 책임이 비로소 발생한다고 보는 것이다(정지조건설). 대리권 없이 어음행위를 하였는데도 추인거절이 있을 때까지 무권대리인의 책임이 발생하지 않는다면, 상대방이 본인과 대리인 누구에게도 권리를 행사할 수 없는 공백상태가 생기게 되므로 부당하다. 전설이 타당하다.

4) 표현대리의 요건불비

무권대리가 표현대리의 요건을 구비한 경우에는 유권대리에서와 같이 본인의 책임이 성립한다. 이 경우 어음취득자는 표현대리임을 이유로 본인의 책임을 추궁하는 동시에 어음법 제 8 조에 근거하여 무권대리인에 대해서도 책임을 추궁할 수 있느냐에 관해 견해의 대립이 있다. 통설은 무권대리인에 대해서도 책임을 추궁할 수 있다고 하는데, 이는 다시 본인과 무권대리인의 양자의 책임을 추궁할 수 있다는 설($\frac{중첩설: 김홍기 957; 서헌제}{147; 최준선 126; 채이식 54}$)과 본인과 무권대리인의 어느 일방에 대해서만 책임을 추궁할 수 있다는 설($\frac{선택설: 강·임 103; 손주찬 83; 손진화}{974; 정동윤 91; 정찬형 103; 최기원 167}$)[2]로 나누어진다.

표현대리라 하더라도 기본적으로는 무권대리인 만큼 무권대리인의 책임($\frac{어}{8조}$)을 추궁할 수 있다고 보아야 할 것이다. 그러나 표현대리와 무권대리는 권리행사방법이 상이하여 양립하기 어려운 법률관계이다. 즉 표현대리를 주장하기 위해서는 본인에게 어음을 제시하고 지급을 청구해야 하는 반면, 무권대리를 주장한다

---

1) 추인은 묵시의 의사표시로도 가능하다. 하지만 추인은 무권대리행위로 인한 효과를 자신에게 귀속시키려는 의사표시인 만큼 무권대리의 추인이 있었다고 하기 위해서는 그 효과를 수용하는 뜻으로 볼 만한 사유가 있어야 하고, 단지 범죄가 되는 무권대리행위를 장기간 고발하지 아니하였다 해서 그 사실만으로 묵시적인 추인이 있었다고 볼 수는 없다(대법원 1998. 2. 10. 선고 97다31113 판결).

2) 日最高裁 1958. 6. 17 판결, 民集 12권 10호, 1532면.

면 무권대리인에게 어음을 제시하고 지급을 청구해야 하는 것이다. 따라서 선택설이 타당하다.

5) 어음소지인의 선의

어음소지인이 무권대리임을 알지 못했어야 한다. 민법에서는 상대방이 과실 있는 선의인 경우 무권대리인의 책임을 부정한다($_{2항}^{민 135조}$). 어음법에는 명문의 규정이 없으므로 다수설은 어음의 유통성보호를 이유로 과실 있는 선의자도 무권대리인의 책임을 물을 수 있다고 풀이한다.

상대방이 악의인 경우 무권대리인의 책임은 처음부터 성립하지 않는다고 볼 것인가, 아니면 책임은 성립하지만 상대방의 악의를 항변으로 주장할 수 있을 뿐인가라는 문제가 있다. 전자로 이해한다면 악의인 상대방으로부터 어음을 양수한 선의의 제 3 자를 보호할 수 없으므로 후자로 이해하는 것이 타당하다($_{원 169}^{최기}$).[1]

6) 대리행위에 하자가 없을 것

대리행위 자체는 적법하게 이루어져야 한다. 무권대리인이 제한능력자인 경우에는 민법 제135조 제 2 항에 의해 무권대리인의 책임이 발생하지 아니한다($_{찬형 106; 채이식 49; 최기원 169}^{同旨: 강·임 86; 최준선 148; 정}$). 반대로 본인이 실존하지 않거나 또는 권리능력이 없는 경우에는 무권대리인의 책임은 발생한다고 보아야 한다($_{윤 91; 최기원 168; 최완진 538}^{손주찬 84; 손진화 974; 정동}$).

(3) 증명책임

무권대리인과 그의 책임을 추궁하는 어음소지인 사이의 다툼에서 책임추궁의 요건에 관한 증명책임을 누가 지느냐는 문제가 있다. 어음소지인이 무권대리인의 책임발생을 주장한다면 우선 그 책임발생요건을 증명하게 하는 것이 일반적인 증명책임배분의 원칙에 부합한다. 그러므로 일차적으로 어음소지인은 본인이 무권대리를 이유로 이행을 거절한 사실을 증명하여야 한다($_{865; 정경영 1107; 정}^{同旨: 김정호 78; 손주찬 90; 송옥렬 512; 정동윤 92. 반대: 장덕조}$). 대리인이 이를 반박하고자 할 경우에는 자신에게 대리권이 있음을 증명하여야 한다.

---

1) 서헌석, "어음行爲의 無權代理人의 責任," 『어음·수표法에 관한 諸問題(上)』, 276면.

(4) 효   과

1) 무권대리인의 책임

i) 책임내용   무권대리인은 유권대리라면 본인이 져야 할 책임과 동일한 책임을 진다. 예컨대 어음의 발행을 무권대리한 자는 발행인으로서의 책임을, 배서를 무권대리한 자는 그 배서의 순서에 따른 배서인의 책임을 진다.

무권대리인은 유권대리라면 본인이 어음소지인에게 가질 수 있는 항변을 원용할 수 있다. 그러나 무권대리인 자신이 가지는 항변은 원용할 수 없다. 무권대리인이 책임을 짐으로 인해 상대방의 지위가 더 불리해져서는 안 될 것이기 때문이다. 무권대리인은 어음 자체에서 생기는 항변(예: 어음요건의 흠결)은 물론 유권대리였다면 본인이 소지인에 대해 가질 수 있는 항변을 원용할 수 있다. 예컨대 본인이 물품을 매수하고 갖는 대금채무를 변제하기 위해 무권대리인이 어음을 발행하였는데, 매도인이 물품인도를 게을리한다면 무권대리인은 이를 항변할 수 있는 것이다. 다만 무권대리인이 원용할 수 있는 본인의 항변은 어음 자체와 관련있는 원인관계에 한하고 본인의 다른 권리에 영향을 미치는 항변은 할 수 없다고 보아야 한다. 예컨대 본인이 소지인에 대해 가지고 있는 채권을 가지고 상계하는 것은 허용되지 않는다.[1]

ii) 책임의 보전   무권대리인의 책임을 추궁함에 있어 상환청구권의 보전과 시효중단을 위한 조치를 본인 또는 무권대리인 중 누구에 대하여 할 것인지 문제된다. 원래 무권대리라는 사실은 본인과의 다툼에서 최종적으로 판명되는 탓에 본인에 대하여 권리보전절차를 취하는 것이 보통이다. 그 결과 추후 무권대리임이 판명되어 무권대리인의 책임을 물을 단계에 이르면 상환청구권보전의 시기를 놓치거나 시효가 완성될 가능성이 크다. 따라서 본인에 대한 상환청구권보전과 시효중단은 무권대리인에 대하여도 효력이 미친다고 보아야 한다(同旨: 서헌제 92; 정찬형 107; 반대: 채이식 51; 김정호 80). 같은 이유에서 본인에 대한 상환청구권보전은 다른 상환의무자에 대하여도 효력이 미친다고 본다.

iii) 월권대리책임의 범위   대리인이 주어진 대리권의 범위를 초과하여 대리한 경우, 예컨대 1,000만원의 어음을 발행하도록 위임받은 자가 1,500만원의

---

1) 稻田, 125면.

어음을 발행한 경우에도 무권대리인의 책임이 발생한다(어 8조). 이 경우 무권대리인의 책임이 미치는 범위가 어디까지인지에 관해 견해가 대립한다. 이는 권한을 초과한 부분이 민법 제126조의 요건을 구비하지 못한 경우에 생기는 문제이다. 이 점에 관해서는 첫째, 대리인이 어음금 전액에 대하여 책임을 지고 이를 이행한 후 유권대리부분(1,000만원)에 관해 본인에게 구상할 수 있다는 설(본인무책임설), 둘째, 대리인은 전액에 관하여 책임을 지고 본인은 수권한 범위에서 책임진다는 설(책임병존설), 셋째, 본인은 수권의 범위(1,000만원)에서 대리인은 월권의 범위(500만원)에서 책임진다는 설(책임분담설)이 있다. 통설은 책임병존설이다. 그러나 책임병존설이 이중의 변제를 허용한 뜻이 아님을 주의하여야 한다. 예컨대 대리인이 전액을 지급하였는데, 다시 본인에게 수권한 범위의 금액을 지급할 것을 청구할 수는 없다.

본인은 자신의 어음행위가 있었으니 그 범위에서는 책임짐은 당연하다. 그러나 양자가 책임을 분담한다면 어음소지인이 책임을 추궁하는 데에 부담이 늘어나게 되어 부당하므로 병존설이 타당하다. 판례도 본인이 수권한 범위에 서는 대리인과 함께 어음채무를 부담한다고 함으로써 책임병존설을 취하고 있다(대법원 2001. 2. 23. 선고 2000다45303 판결).

2) 무권대리인의 권리

무권대리인이 책임을 이행한 때에는 본인과 동일한 권리를 가진다. 즉 본인의 전자에 대하여 어음상의 권리를 행사할 수 있다. 무권대리인이 본인과 동일한 권리를 가지는 관계로 무권대리인의 권리행사에 대하여 전자는 무권대리인의 본인에게 항변할 수 있는 사유로 무권대리인에게 항변할 수 있음은 물론이고, 무권대리인의 권리행사는 무권대리인 자신의 권리행사이므로 전자는 무권대리인에게 항변할 수 있는 사유로도 항변할 수 있다.[1]

무권대리인의 권리취득은 법률의 규정에 의한 원시취득이므로 무권대리인의 책임을 추궁한 어음소지인이 전자에 대해 부담하던 항변사유는 무권대리인이 악의이더라도 무권대리인에게 원용하지 못한다(어 17조 단서의 부적용). 보증인이 책임을 이행한 경우 피보증인에 대하여도 권리를 갖는 것(어 32조 3항)과는 달리 무권대리인은 본인에 대해서는 상환청구권을 갖지 못함을 주의하여야 한다.

---

1) 平出, 198면.

3) 본인과 무권대리인과의 관계

본인과 무권대리인 사이에는 어떠한 권리관계가 있는가? 이는 본인이 당초 어음상의 권리를 갖는 경우와 갖지 않는 경우에 따라 다르다.

i) 본인이 어음상의 권리를 갖지 않는 경우   예컨대 무권대리인이 지급인을 대리하여 인수한 경우 또는 무권대리인이 약속어음의 발행인을 대리하여 발행한 경우, 지급인 또는 약속어음의 발행인은 어음상 어떠한 권리도 갖지 아니하므로 본인과 무권대리인 사이에는 아무런 문제가 없다.

ii) 본인이 당초 어음상의 권리를 갖는 경우   예컨대 배서가 무권대리로 행해진 경우, 책임을 이행한 무권대리인은 어음법 제 8 조에 기하여 전자에 대해 어음상의 권리를 갖는데, 한편 본인도 전자에 대하여 어음상의 권리를 가지므로 누구의 권리를 우선시킬 것인가의 문제가 생긴다. 이에 관하여 본인이 무권대리인에 대하여 어음의 반환청구권을 갖는다는 설(서헌제 159; 정동윤 93; 최기원 173)과 본인의 권리는 어음소지인의 선의취득에 의하여 상실되므로 무권대리인에 대하여 불법행위로 인한 손해배상청구권만을 가진다는 설이 있다.

어음소지인으로부터 어음을 절취한 자가 자기채무의 변제를 위해 소지인의 대리인으로서 배서한 경우와 같이 무권대리로 인해 본인의 권리행사가 방해된 경우에는 무권대리인이 책임을 이행하더라도 본인에게 어음이 귀속되는 것이 공평하다.

이에 반해 예컨대 어음의 할인을 수권받은 대리인이 권한 없이 본인의 다른 채무를 변제하기 위하여 배서하고 추후 무권대리인이 책임을 이행한 경우와 같이 본인이 무권대리로 인해 이미 이익을 얻은 경우에는 본인이 어음반환을 청구할 수 있다면 그에게 이중의 이득을 준다.

어음법 제 8 조에서 책임을 이행한 무권대리인이 본인과 동일한 권리를 가진다고 함은 무권대리인이 본인에게 어음을 반환할 책임이 없음을 전제로 한 것이다. 또한 배서가 무권대리에 의하여 행해진 경우 무권대리인이 책임을 이행한 상태에서 어음을 소지하고자 하는 것은 재상환청구를 위한 것인데, 본인이 자신의 상환책임의 이행 없이 재상환청구권을 갖는다고 함은 어음법리상 불합리하다. 후설이 타당하다.

Ⅶ. 법인의 어음행위

법인의 어음행위라 해서 자연인의 어음행위와 기본적으로 다를 것은 없으나, 기명날인(또는 서명)이 대표기관에 의해 행해진다는 점을 비롯하여 법인에 대하여는 조직법적 원리가 지배한다는 점에서 자연인의 어음행위에서는 볼 수 없는 문제가 몇 가지 생겨난다. 법인에는 다수의 종류가 있으나 여기서는 실제거래상 어음거래의 주류를 이루는 주식회사를 중심으로 설명한다.

1. 어음행위능력의 문제

농업협동조합과 같이 특별법에 의해 설립된 특수법인들의 경우에는 법상 어음행위가 엄격히 제한되는 경우가 많다. 주식회사와 같은 영리법인의 경우에도 법인의 권리능력이 사업목적에 의해 제한된다는 입장을 취할 경우 어음행위능력의 유무가 문제될 수 있으나, 어음은 추상적인 지급수단이므로 제한여부를 논할 대상이 아님은 기술한 바와 같다($^{95면}_{참조}$).

2. 이사의 자기거래와 어음행위

주식회사의 이사가 회사를 상대방으로 하여 자기 또는 제3자의 계산으로 거래하는 것을 자기거래라 하는데, 자기거래는 이사회의 승인을 얻지 않으면 하지 못한다($^{상}_{398조}$). 이 제도와 관련하여 자기거래에 어음행위가 포함되느냐는 문제가 있다. 예컨대 이사가 회사를 상대로 어음을 발행한다든지, 회사로부터 발행받는다든지, 혹은 타인에게 발행하는 어음에 회사의 보증을 받는다든지 하는 것이 자기거래에 포함되느냐는 문제이다. 자기거래에 포함된다고 본다면 회사와 이사 간의 어음행위 역시 이사회의 승인을 받아야 하고, 승인을 받지 않고 한 경우에는 그 효력이 일반적인 자기거래와 같이 거론될 것이다. 그런데 이 문제는 이사회의 승인 없이 한 자기거래의 효력을 어떻게 보느냐와 관련된 문제이다. 크게는 유효설과 무효설로 나뉘고 무효설은 다시 절대적 무효설과 상대적 무효설로 나뉜다. 유효설을 취할 경우에는 이사회의 승인 없이 한 자기거래가 일반적으로 유효하므로 어음행위가 자기거래에 포함되느냐는 것은 논의의 실익이 없다. 그러나 무효설을 취할 경우에는 어음행위의 추상성을 감안하여 다른 행위와는 달리 취급해야 하지 않는가라는 의문이 제기되고, 따라서 포함 여부가 다투어진다.

어음행위는 고도의 추상성으로 인해 회사와 이익충돌을 일으킬 염려가 없다는 이유로 자기거래에 포함되지 않는다는 소수설이 있으나(서; 정 79), 어음행위는 원인행위와는 독립된 책임을 발생시키고, 항변절단의 효력이 있는 등 회사의 이익을 해할 가능성이 일반거래에 비해 더욱 크므로 당연히 포함시켜야 한다는 것이 통설·판례이다(대법원 1966. 9. 6. 선고 66다146 판결; 동 1978. 11. 14. 선고 78다513 판결). 다만 자기거래에 포함되는 것은 회사가 이사를 상대로 하는 어음행위뿐이고, 이사가 회사에 대해 하는 어음행위는 포함되지 아니한다. 회사에 대한 어음행위란 회사가 어음상의 권리를 취득하는 것을 의미하므로 회사에 대해 무해하기 때문이다.

어음행위가 자기거래에 포함된다고 볼 경우 자기거래인 어음행위를 할 때에는 이사회의 승인을 받아야 함은 당연하고, 이사회의 승인이 없이 어음행위를 한 경우 어떤 효력을 갖느냐는 것은 자기거래의 일반론에 의해 해결된다. 통설·판례가 취하는 상대적 무효설에 의하면 회사가 자기거래라는 사실을 가지고 선의의 취득자에게 대항할 수 없으며, 상대방의 악의에 대한 증명책임을 진다(상세는『會社法講 義』, 782면 이하 참조).

상법 제398조는 이사 외에도 주요주주 기타 소정의 특수관계인(상법 398조 1호 내지 5호)에게도 적용된다. 따라서 이러한 자와 회사의 어음거래에 대해서도 이상 설명한 이사의 자기거래에 관한 법리가 적용된다.

3. 표현대표이사의 어음행위

상법 제395조는 대표이사가 아닌 자가 회사로부터 부여받은 표현적인 명칭을 가지고 대표행위를 한 경우에는 회사가 그 거래의 이행책임을 진다고 규정하는데, 어음행위도 이 규정의 적용대상이 되느냐는 문제가 있다. 예컨대 회사의 「경리담당 상무이사」라는 직명을 가진 자가 대표권을 자칭하고 어음을 발행한 경우, 회사가 이에 대해 발행인으로서의 책임을 지느냐는 것이다. 회사의 조직법적 혼란으로부터 상대방을 보호할 필요성은 어음행위라고 해서 예외일 수 없고, 오히려 어음거래에서 거래의 안전이 보다 강도 높게 요구되므로 긍정해야 한다. 판례도 같은 입장인데, 주목할 것은 표현대표이사가 대표이사의 자격으로 자신이 기명날인한 경우뿐만 아니라 자기 이름을 표시하지 않고 진정한 대표이사의 이름으로 어음행위를 한 경우에도 적용대상으로 삼고 있으며, 보호대상인 제 3 자의 범위를 어음행위의 직접상대방뿐만 아니라 제 3 취득자까지 포함시키고 있는 점이다($^{판례}_{[22]}$).

판   례

[22] 대법원 1988. 10. 25. 선고 86다카1228 판결

「…피고회사의 경리담당 상무이사 소외 이상화가 피고회사의 자금관리업무를 담당하면서 구체적인 수권 없이 소외 세영컴퓨터주식회사가 발행한 액면 2,489만원의 약속어음이면에 피고회사 대표이사 명의로 백지식 배서를 하여 소외 망 이종태를 통하여 소외 정낙준에게 어음할인을 요청하고 정낙준은 위 이상화가 피고회사의 경리담당 상무로서 어음배서 등의 방법으로 자금조달을 하여 오고 있는 사정을 알고 있는 터이라서 이 사건 어음도 위 이상화가 피고회사를 위하여 그 명의로 배서한 것이라는 위 이종태의 말을 믿고 그의 중개로 어음할인을 하여 주고 어음을 양도받아 1984. 9. 7에 그 어음을 원고에게 양도하여 원고가 그 어음의 최종소지인이 된 사실… 피고는 이 사건 어음의 배서인으로서 원고에게 어음금액과 어음법 소정의 이자를 지급할 의무가 있다…

상법 제395조가 정한 표현대표이사의 행위에 의한 회사의 책임에 관한 규정은 표현대표이사가 자기의 명칭을 사용하여 법률행위를 한 경우는 물론이고 자기의 명칭을 사용하지 아니하고 다른 대표이사의 명칭을 사용하여 행위를 한 경우에도 적용된다고 하여야 할 것이[다.]」

4. 공동대표이사의 어음행위

2인 이상의 대표이사를 공동대표이사로 한 경우에는 전원이 공동으로서만 대표행위를 할 수 있다($^{상 389조}_{2항}$). 이들이 회사의 이름으로 어음행위를 할 경우에는 현명주의에 입각하여 공동으로 기명날인하여야 한다. 혹 공동대표이사 사이에 권한의 위임이 있어 1인의 대표이사가 어음행위를 할 경우에는 권한의 위임관계가 표시되어야 한다. 수동대표, 즉 타인으로부터 어음행위를 수령하는 것은 각자가 할 수 있다.

공동대표이사의 기명날인의 방식에 흠결이 있는 경우에는 물적 항변사유가
된다.

Ⅷ. 어음의 위조와 변조

1. 총   설

어음의 위조(僞造)는 권한 없이 타인의 이름으로 어음행위를 하는 것이고, 어
음의 변조(變造)는 이미 발행된 어음의 내용을 권한 없이 변경하는 것인데, 어느
것이든 어음이 진실한 권리관계를 나타내지 못한다는 점에서 공통된다. 따라서
어음소지인이 기대했던 내용대로 권리를 행사할 수 없게 되어 당사자 간에 분쟁
이 야기된다.

위조·변조는 어음거래에서 흔히 볼 수 있다. 어음이나 수표의 위조·변조는
사실상 통화의 위조나 거의 같은 경제적 효과를 얻을 수 있는데, 형사 책임의 측
면에서 볼 때, 어음·수표와 같은 유가증권의 위조는 통화의 위조에 비해 훨씬 가
벼운 반면(형 207조와 214조 비교), 오히려 어음·수표의 위조가 기술면에서 용이하고 금액의 단
위도 월등히 거액이므로, 범죄에도 경제법칙이 적용된다면 어음·수표의 위조·
변조가 더욱 큰 유인동기를 가진다.

어음의 위조나 변조는 범죄행위이므로 위조·변조자는 형사책임을 져야 하
고, 동시에 위조·변조는 불법행위를 구성하므로 피해자는 위조·변조자에게 손
해배상책임을 물을 수 있다. 그러나 위조·변조된 어음을 놓고 어음의 외관대로
권리를 행사하려는 어음소지인과 그의 권리를 부정하는 어음채무자의 주장이 충
돌하게 마련인데, 이 문제는 어음법에서 해결하여야 한다. 어음의 위조·변조에
관한 어음법적 접근에 있어 중요한 과제는 어음의 유통성의 보호와 위작된 외관
에 의해 책임추궁을 당하는 자의 보호를 어떻게 조화시키느냐이다.

2. 위조와 변조의 개념

(1) 위 조

어음의 위조라 함은 타인의 성명을 모용(冒用)하여 어음행위를 하는 것을 말한다.

위조와 무권대리

위 조

약속어음
(내용생략)
발행인: 甲⑭

(실제는 X가 기명날인)

무 권 대 리

약속어음
(내용생략)
발행인: 甲의 대리인X Ⓧ

(실제 X가 기명날인, 그러나
X는 甲의 대리인이 아님)

위 조

약속어음
(내용생략)
발행인: 甲의 대리인 甲′ ⑭

(실제는 X가 기명날인)

i) 타인의 성명을 「모용」한다는 것은 타인의 허락 없이 타인의 이름으로 어음행위를 하는 것을 말한다. 즉 어음행위의 주체를 허위로 표시하는 것이다.[1] 예컨대 X가 甲의 이름을 허락 없이 사용하여 甲의 기명날인(또는 서명. 이하 같음)으로 발행·배서 등의 어음행위를 하는 것이다. 타인의 허락을 얻어 그의 이름으로 어음행위를 한다면 이는 기명날인의 대행으로서 대리의 일종이다.

---

1) 은행을 지급담당자로 하는 약속어음(은행도어음)의 경우 발행인이 미리 은행에 인감을 신고하고 어음을 발행할 때에는 이 인감을 사용하기로 약정한다. 발행인이 이 신고된 인감이 아닌 인감을 사용하여 어음을 발행하였던 탓에 은행이 약정에 따라 지급을 거절하였으므로 이를 위조로 보아 발행인을 허위유가증권작성죄로 기소한 사건이 있다. 하지만 발행인이 자기의 이름으로 어음을 발행한 이상 이는 유효한 어음이고 위조가 될 수 없다(대법원 2000. 5. 30. 선고 2000도883 판결).

위조는 무권대리와 구별해야 한다. 위조는 타인의 기명날인을 직접 어음행위에 사용하는 것이고, 무권대리란 기명날인은 자신의 것으로 하되 권한 없이 타인의 대리인이라는 자격을 사용하는 것이다. 예컨대 X가 허락 없이 甲의 기명날인으로 어음을 발행한다면 이는 위조이나, X가 甲의 대리인임을 표시하고 자신이 기명날인하여 어음을 발행한다면 이는 무권대리이다.

대리인의 이름을 모용하는 것도 위조이다. 예컨대 X가 甲의 대리인 甲′라는 기명날인(또는 서명)을 사용하여 어음을 발행한다면 이 역시 위조이다.

ii) 위조는 서면행위에서만 있을 수 있으므로 어음행위에 한해 생기는 문제이다. 따라서 인수제시나 지급제시를 하면서 타인의 성명을 사칭했다 하더라도 이는 위조가 아니다. 백지식배서가 된 어음을 타인의 이름을 사칭하면서 교부에 의해 양도하더라도 역시 위조가 아니다.

iii) 타인의 기명을 모용하면서 날인만큼은 타인의 진정한 인장을 사용할 수도 있다. 위조란 명의상의 어음행위자의 의사가 전혀 결여되어 있다는 데에 그 본질이 있으므로 인장이 진정한 것이라도 위조의 성립에는 영향이 없다.

iv) 이미 행해진 타인의 기명날인의 기재를 변경하여 종전의 어음행위자가 아닌 자가 어음행위를 한 듯한 외관을 나타낸다면, 이는 물론 위조이다. 그러나 어음행위 후에 어음행위자의 상호가 변경되어 소지인이 그 기명날인 중「기명」 부분에 표시된 구상호를 지우고 신상호를 기재하는 바와 같이 어음행위자의 동일성에 변동이 없는 기명의 변경은 위조가 아니며, 이로 인해 어음상의 권리관계가 달라지는 바가 없으니 변조도 아니다(대법원 1996. 10. 11. 선고 94다55163 판결).

타인의 이름으로 한 어음행위의 의사해석

어음행위자가 타인의 대리인으로서가 아니라, 직접 타인의 명의를 사용하여 기명날인하는 경우, 그 타인의 허락을 얻거나 부탁을 받아 그 명의를 사용한다면 서명대리가 되고, 타인의 허락없이 그 명의로 어음행위를 하면 위조가 된다고 함은 기술한 바와 같다.

그런데 어음행위자가 타인의 이름을 사용하더라도 행위자 자신의 어음행위로 보고 그가 직접 책임을 지게 하는 것이 공평한 경우가 있다. 예컨대 甲이라는 상인이 자신의 본명이 따로 있음에도 불구하고 한국사람에게 어린 시절부터 친숙한「김철수」라는 이름으로 상거래를 하면서 역시 그 이름으로 어음행위를 했다고 하자. 우리나라에는 김철수가 수만명에 달하지만, 甲은 딱히 어느 김철수를 잠칭하겠다는 의사를 가지고 그 이름을 사용한 것이 아니고, 단지 호명에 편리하기 때문이었다면, 甲은 김철수를 자신을 표시하는 명칭으로 사용한 것으로 이해해야 하고, 이 이름을 사용한 어음행위는 자신의 성명을 사용한 어음행위로 보아야 한다. 따라서 이 경우에는 서명대리 여부, 위조 여부의 문제가 생기지 아니한다.[1]

(2) 변　조

이미 행해진 어음행위의 내용 중 기명날인(또는 서명) 이외의 부분을 권한 없이 변경하는 것을 말한다. 예컨대, 甲이 어음금을 100만원으로 하여 발행한 어음을 乙이 취득하여 권한 없이 1,000만원으로 고치는 것, 甲이 만기를 2022년 12월 31일로 하여 발행한 어음을 乙이 취득하여 권한 없이 2023년 1월 31일로 고치는 것 등과 같다.

i) 위조와 다른 점은 변조의 대상에서는 기명날인(또는 서명) 부분이 제외된다는 점이다. 기명날인(또는 서명)의 부분을 위작한다면 이는 위조이지 변조가 아니다. 위조란 당초 어음행위를 하지 않은 자가 어음행위를 한 것과 같은 외관을 만들어 내는 것임에 대하여, 변조란 타인이 앞서 한 어음행위의 내용에 변경을 가하여 그 타인이 표시한 의사와 다른 내용의 어음채무가 발생한 것과 같은 외관을 만들어내는 것이다.

어음의 변조는 어음의 손괴와도 구별해야 한다. 유효하게 성립된 어음의 내용을 무용하게 만든다는 점에서는 양자가 공통성을 가지나, 손괴는 어음의 용지를 파훼하거나 요건적 기재사항을 전부 말소하는 등의 물리적인 파괴를 통해 어음을 무용하게 함을 뜻하는 데 대하여, 변조는 기재사항의 변개를 통해 외견상 새로운 내용의 어음을 창출함을 뜻한다.

ii) 변조는 주로 어음금액·만기와 같은 어음요건에 관해 행해지지만, 어음요건이 아닌 기재사항에 관해서도 행해질 수 있다. 예컨대 유익적 기재사항을 삽입하거나, 말소하거나, 혹은 변경하는 것(예: 이자문구의 삽입·말소, 이율을 변경하는 것(어 5조 1항)), 유해적 기재사항을

---

1) 매우 오래된 판례인데, 일본에서 어느 상인이 자신의 처의 이름으로 오랫동안 상거래를 하면서 그 이름으로 어음을 발행한 것을 본문에서와 같은 이유로 자기의 이름으로 어음행위를 한 것으로 보아야 한다고 판시한 예가 있고 통설도 같은 결론을 취하고 있다(日大審院 1921. 7. 13 판결, 民錄 27권, 1318면; 丹羽, 110면).

삽입·말소하는 것($^{예: 어음의 발행에 조건을 붙이거나 붙}_{여진 조건을 삭제하는 것(어 1조 2호)}$)과 같다. 무익적 기재사항을 삽입·말소·변경하는 것은 어음의 효력에 아무 영향도 미치지 못하므로 변조가 아니다($^{예: 타인이 한 배서에 조건}_{을 붙이는 것(어 2조 1항)}$).

변조 후에도 어음은 유효하게 존재해야 한다는 것을 전제로 변조에 의하여 어음요건이 흠결된 경우에는 변조가 아니라 어음의 말소 또는 훼멸이라는 설이 있다($^{정동}_{윤 99}$). 이 설에 의하면 어음요건의 일부를 말소하거나 유해적 기재사항을 기재하면 어음이 무효가 되므로 어음의 말소·훼멸로 다루어지고 어음법적 효력은 발휘할 수 없다.[1]

변조에 해당하느냐 않느냐라는 논의의 실익은 어음법 제69조의 적용대상으로 삼을 수 있느냐에 있다. 甲이 乙에게 발행하고 乙로부터 A를 거쳐 B에게 배서양도된 어음을 甲이 잠시 손에 넣어 조건을 기재하였으므로 어음이 무효로 되었다 하자. 이를 변조가 아니라고 본다면 B는 甲, 乙, A의 책임을 묻지 못하는데, 이것이 타당한 해결이 될 수는 없다. 어음의 물리적 외양을 유지하고 다만 법률적 흠이 생긴 탓에 어음이 무효라면 이는 변조의 개념에 포함시켜야 한다. 그러므로 유해적 기재사항을 추가한 경우에도 변조로 보아야 한다.[2] 반대로 유해적 기재사항이 있는데 이를 말소하여 유효한 어음을 만드는 것 역시 변조이다($^{말소·훼멸·변조에 관}_{해 상세는 217면 참조}$).

iii) 변조는 기재된 사항을 말소하는 것, 기재된 사항의 내용을 변경하는 것, 새로운 사항을 추가하는 것 등을 말한다. 적극적으로 말소하거나 변경·추가하는 것뿐만 아니라 기재사항 위에 인지를 붙여 기재내용을 알 수 없게 하는 것도 포함된다($^{판례}_{[23]}$).

판 례

[23] 대법원 1980. 3. 25. 선고 80다202 판결

「…이 사건에서 문제가 된 약속어음 표면에 지시금지의 문구가 기재된 것이라고 인정한 자체에서 원고 주장의 그 문구 위에 100원짜리 수입인지를 붙여서 그것을 받은 사람으로 하여금 내용을 알 수 없게 하였다는데,… 인지의 첨부가 그 어음을 발행한 피고에 의하여 저질러진 것이 아니고 권한 없는 제3자에 의하여 지시금지의 문구를 고의로 가리게 하기 위한 것이었다면 이는 어음의 기재내용을 일부 변조한 것

---

1) 平出, 212면.
2) 稲田, 147면.

[이다.]」

iv) 변조는 위조된 어음에도 할 수 있으며 변조된 어음에 재차 변조하는 것도 가능하다.[1] 예컨대 甲´가 甲의 기명날인을 위조하여 乙에게 1,000만원짜리 어음을 발행하고 乙이 금액을 2,000만원으로 고쳐 A에게 배서한 것을 A가 다시 3,000만원으로 고쳐 B에게 배서하는 것과 같다. 이 경우 甲, 甲´, 乙, A의 B에 대한 책임관계는 후술하는 위조 · 변조의 효과에 따라 해결된다.

v) 변조란 권한 없이 내용을 개작하는 것을 말하므로 어음행위자의 동의를 받아 개작하는 것은 변조가 아니다. 그러나 그 변조된 내용이 이미 어음행위를 한 타인의 의무내용을 변경할 때에는 그의 동의도 얻어야 한다. 예컨대 甲이 乙에게 발행한 1,000만원권의 어음을 乙이 甲의 동의를 얻어 2,000만원으로 변경한다면 이는 변조가 아니다. 그러나 乙이 1,000만원권의 어음을 A에게 배서양도한 후 A가 甲의 동의를 얻어 금액을 2,000만원으로 변경한다면 乙의 상환의무의 금액을 증가시키므로 乙의 동의를 얻지 않는 한 변조에 해당한다.

어음행위자가 타인에게 어음을 교부하기 전에 자신의 어음행위내용을 변경한다면 이는 원칙적으로 변조가 아니다. 그러나 이로 인해 이미 행해진 타인의 의무내용을 변경하는 결과가 되면 역시 변조가 된다. 예컨대 甲이 1,000만원의 어음을 작성하여 甲´에게 제시, 甲´의 보증을 받은 후 금액을 2,000만원으로 변경하여 乙에게 교부하였다면 이는 변조에 해당한다(판례[24]).

판   례

[24] 대법원 1981. 10. 13. 선고 81다726, 81다카90 판결

「…어음발행인이 자기 수중에 있는 어음의 기재내용에 어떠한 변경을 가하여도 이는 통상 권리자의 변경행위로서 변조가 되지 않는 것이나, 다만 그 어음상에 다른 권리 또는 의무를 가진 자가 있을 때에는 이러한 자의 동의를 받지 아니한 변경은 변조

---

1) 형법상의 유가증권 위조죄 및 변조죄를 다룬 판례에서는 위조 또는 변조된 어음의 내용을 다시 권한 없이 변경하는 것은 변조가 아니라고 한다(대법원 2006. 1. 26. 선고 2005도4764 판결; 동 2012. 9. 27. 선고 2010도15206 판결). 형법학의 통설 · 판례는 위조나 변조된 문서는 문서위조죄나 변조죄의 객체가 될 수 없다고 보기 때문이다(대법원 1986. 11. 11. 선고 86도1984 판결). 그러나 어음법학에서는 위조, 변조된 어음의 내용을 변경하는 것도 변조로 보아야 한다. 위조 또는 변조된 어음의 내용을 변경함으로써 새로운 책임문제를 발생시키므로 이에 대해 변조의 법리(어 69조, 수 50조)가 적용되어야 하기 때문이다.

에 해당하는 것이다.

소외 전원개발 주식회사의 대표이사인 소외 이길상은 1979. 9. 29 소외 한국에이스 주식회사를 수취인으로 기재하여 작성한 이 사건 약속어음에 피고로부터 발행인을 위한 어음보증을 받은 다음, 피고의 동의 없이 멋대로 수취인난의 기재를 삭제하고 원고에게 이를 교부하여 원고가 그 수취인난에 자신의 이름을 써 넣었다는 것이므로 위와 같은 약속어음의 수취인난 기재변경은 피고에 대한 관계에 있어서 어음의 변조에 해당한다. …

그리고, 위와 같이 어음의 변조에 해당한다고 보는 이상 변조 전의 문언에 따른 당초의 수취인 한국에이스 주식회사에 대한 어음채무의 내용과 변조 후의 원고를 수취인으로 하는 어음채무의 내용간에 차이가 없다고 하여도, 원래 어음보증은 어음상 채무를 담보함을 목적으로 하는 부속적 어음행위로서 주된 채무의 형식적 존재를 전제로 한 것인데, 이 사건 어음보증의 주된 채무는 발행인의 수취인 한국에이스 주식회사에 대한 채무이며 원고에 대한 채무가 아니므로 변조된 수취인인 원고에 대하여서까지 어음보증의 책임을 물을 수 없는 것이다.」

vi) 백지어음의 부당보충도 어음발행인의 의사와 다른 내용을 표현한다는 점에서 변조와 같다. 그러나 변조는 어음에 표현된 어음행위자의 의사를 변경하는 것임에 대해 부당보충은 어음 외적으로 표현된 발행인의 의사를 변경하여 어음에 기재하는 것이므로 변조와 구별된다(판례[25]).

위조 · 변조는 물적 항변사유로서 위조 · 변조된 어음에 의해 청구를 받은 자는 누구에게나 대항할 수 있다.

판 례

[25] 대법원 1978. 3. 14. 선고 77다2020 판결

「…본건 어음에 관하여 부여된 보충권의 한도액인 금 136,000원을 초과하여 금액란에 3,500,000원으로 부당보충이 된 것으로,… 금액란이 부당보충된 본건의 경우에는 어음법상 보충권의 남용에 해당되고 어음법상의 어음의 위조에 해당되는 것이 아니[다]. 왜냐하면 어음의 위조라고 하는 것은 어음행위자의 명의를 조작하는 것을 말하는데, 백지어음의 부당보충의 경우에는 그 보충으로 인하여 완성된 어음행위의 주체는 의연히 당초의 어음행위자 그대로이고 다만 합의된 내용과 상이한 기재가 이루어진 것에 불과한 것이어서 어음의 위조와 보충권의 남용은 그 개념이 서로 다르기 때문이[다.]…」

註) 이 판례는 백지어음의 부당보충과 위조를 구별하는데 초점을 맞추었으나, 판시와 같이 백지어음의 부당보충이 위조와 혼동되어서는 안됨은 물론, 변조와도 본질을 달리한다.

3. 위조의 효과

위조된 발행·배서에 의해 어음을 취득한 자는 어음상의 권리를 취득하지 못한다. 예컨대 甲이 乙에게 발행한 어음을 乙′가 乙의 기명날인을 위조하여 A에게 양도한 경우 A는 어음상의 권리를 취득하지 못한다. 그러나 예외적으로 피위조자인 乙의 어음행위로 보고 乙의 책임과 A의 권리취득을 인정해야 할 경우가 있고, 또 위조자 乙′에게는 어떤 책임을 과할 수 있느냐는 문제도 제기된다. 한편 A가 권리를 취득하지 못하였더라도 A가 이 어음에 다시 배서하여 B에게 양도하고 B가 선의이며 중과실 없이 취득한다면 B는 이 어음을 선의취득한다($\binom{어 16}{조 2항}$). 이에 의해 B는 甲에 대해 어음상의 권리를 행사할 수 있음은 물론이지만 피위조자 乙 및 위조자 乙′에게 어떤 책임을 물을 수 있느냐는 점, 그리고 이 위조어음에 배서한 A는 어떤 책임을 지느냐는 점이 문제된다.

(1) 피위조자의 책임

피위조자는 어음행위를 한 사실이 없으므로 원칙적으로 누구에 대해서도 어음상의 책임을 지지 아니하며, 위조의 항변은 물적 항변사유이므로 어음소지인의 선의·악의를 불문한다($\binom{대법원 1965. 10. 10.}{선고 65다1726 판결}$).

그러나 예외적으로 다음과 같은 사유가 있을 경우에는 피위조자가 어음상의 책임을 진다.

1) 위조의 추인

피위조자가 위조된 어음행위를 추인할 수 있다고 함에는 이설이 없으나, 그 효력발생시기에 관해서는 논란이 있다. 과거의 통설은 위조된 어음행위는 절대무효이고 피위조자가 이를 추인하더라도 소급적으로 유효가 되는 것은 아니며, 다만 새로운 어음행위로 보아 추인한 때로부터 효력이 발생한다고 보았다($\binom{강·임 111;}{서·정 89; 손}$ $\binom{주찬 102;}{정무동 434}$). 그러나 위조의 추인에 소급효를 인정하더라도 누구에게든 불이익을 주지 아니하며 오히려 거래의 안전을 위해 바람직하므로 현재의 다수설은 위조의 소급적 추인을 인정한다($\binom{김정호 91; 김홍기 963; 서헌제 152; 손진화 984; 송옥렬 505; 양명조 132; 최준선 163;}{장덕조 984; 정경영 1117; 정동윤 100; 정찬형 120; 채이식 77; 최기원 193; 최완진 542}$). 1)

---

1) 독일의 통설이다(Baumbach · Hefermehl · Casper, §7 Anm.6; Bülow, §7 Anm. 11; Hueck · Canaris, S. 60; Zöllner, S. 65).

위조의 소급적 추인을 인정하는 근거가 무엇이냐는 의문이 제기된다. 대체로 무권대리의 추인에 관한 규정($_{133조}^{민}$)을 근거로 제시한다. 위조는 어음채무를 부담할 의사를 표명하지 아니한 자에게 어음채무를 귀속시키는 외관을 창출한다는 점에서 무권대리와 공통되고, 위조에 해당하는 기명날인의 표현대행을 표현대리로 보는 것이 통설·판례임을 감안할 때 표현대행이 아닌 대행, 즉 위조를 무권대리에 비견하는 데 큰 무리가 없기 때문이다.[1]

추인은 위조자 또는 어음소지인을 상대로 한다. 누구에게 하든 추인의 효력은 어음관계자 전원에게 미친다고 보아야 한다.

추인은 특별한 방식을 요하지 않는다. 묵시적인 의사표시로도 가능하다. 예컨대 약속어음의 발행인으로 위조당한 자가 위조어음임을 알고 어음금을 지급하였다면 묵시적인 추인으로 보아야 한다.[2]

2) 표현대행

무권대리의 상대방이 무권대리행위를 적법한 대리행위로 믿고 그 믿음에 관해 본인의 귀책사유가 있을 경우, 이를 표현대리로 보아 본인의 책임을 추궁한다. 기술한 바와 같이 어음의 위조에도 이 원리를 적용하는 것이 통설·판례이다. 즉 위조행위의 상대방이 위조자가 피위조자의 기명날인을 적법하게 대행(서명대리)하는 것으로 믿었고 또 이 믿음에 정당한 이유가 있을 때에는 이를 표현대리의 일종으로 보아 피위조자의 책임을 묻는 것이다. 상세한 점은 표현대리와 관련하여 기술하였다($_{참조}^{119면}$).[3]

3) 신의칙상의 항변부정

위조어음이라는 사실은 물적 항변으로서 누구에게나 대항할 수 있음이 원칙이나, 독일의 통설은 피위조자의 위조항변이 그의 선행행위와 모순될 경우에는 신의칙상 위조의 항변을 할 수 없다고 본다(venire contra factum proprium; 선행행

---

1) 일본에서 오래전부터 굳어진 통설·판례이다(丹羽, 119면).
2) 묵시적인 추인으로 보려면 피위조자가 위조된 어음행위의 효과를 자기에게 귀속시키려는 의사로 볼 만한 사유가 있어야 함은 무권대리의 추인에 관해 설명한 바와 같다.
3) 한편 일본에는 표현대리 이론에 불만을 품고 권리외관설에 근거하여 피위조자의 책임을 인정하는 학설도 있다. 위조어음의 경우 상대방은 기명날인이 이미 행해진 어음을 취득하면서 동 기명날인이 명의자에 의해 이루어졌다고 믿고 취득하는 데 지나지 않으므로 표현대리의 법리를 적용할 근거가 취약하다는 점, 표현대리의 법리를 적용할 경우에는 직접의 상대방만이 보호받으나, 권리외관설에 의하면 어음소지인이면 누구나 보호된다는 점을 동 이론의 장점으로 제시한다(森本, 176면).

위와 모순되는 주장을 할 수 없다).[1] 우리나라에서도 일부의 학자가 이 설을 취하고 있다(정동윤 100; 채이식 76; 최기원 194; 최준선 164). 위조가 표현대행의 요건을 구비하지 못한 경우 적용할 실익이 있는 이론이다. 판례 [26]의 사실관계를 보면, A가 친분관계 있는 B의 이름과 인장을 도용하여 수표를 다수 발행하였는데, B가 이 사실을 알고 인장을 회수하였으나 그 이후에도 A의 수표위조가 계속되었다. 그럼에도 B는 위조수표의 지급제시가 있을 때마다 지급은행 및 A와 긴밀히 연락하며 지급이 되도록 노력하여 한동안 위조수표가 지급되었다. 그러나 종내 자금부족으로 수표가 부도나게 되어 수표의 소지인이 B에게 책임을 물어 왔다. 원심판결에서는 표현대리로 보고 B의 책임을 인정하였으나, 대법원은 표현대리에 해당하지 않는다고 보고 B의 책임을 부정하였다. 대법원의 판시대로 A의 수표위조를 표현대리로 보기 어렵다면 신의칙을 적용하여 항변을 부정하기에 적합한 사안이라 할 수 있다.

판 례

[26] 대법원 1972. 11. 28. 선고 72다36 판결

「…원심은 소외 이상묵과 피고는… 의형제처럼 지내는 처지로서 다 같이 그들이 사업상 각각 지급은행과 당좌수표거래를 하여 왔는데 1970. 7월경부터 위 소외인의 사업이 부진하여 동소외인 명의의 수표로는 사업자금의 융통이 어렵게 되자 소외인은 자기를 위하여 1970. 8월 중순경부터 함부로 피고의 인감과 서명판도장을 위조하고 그것을 사용하여 피고 명의의 선일자당좌수표를 수십 장 발행하였는데, 피고는 같은 해 10월경 동소외인으로부터 피고 명의의 위와 같은 위조수표 발행사실을 듣고 이에 발행한 위조수표를 조속히 결재하고 앞으로는 더 이상 발행하지 말라고 이르고 동소외인으로부터 그가 함부로 새겨 가지고 있는 인감도장과 서명판도장을 회수해 가는 한편, 지급은행으로부터 위와 같은 위조수표제시가 있다는 통보를 받으면 그 때마다 동소외인에게 직접 또는 지급은행을 통하여 간접적으로 연속하여 동소외인이 입금결재토록 한 것이 같은 해 12월 초까지에 걸쳐 10,000,000원 가량이나 되었는바, 동소외인은 다시 자기 이익을 위하여 위와 같은 도장들을 함부로 새겨 그 해 12월 중순경까지 계속 위에서 본 바와 같은 수법으로 피고 명의의 선일자수표를 발행하여 자금을 융통하고서 스스로 입금결재해 오다가 1970. 12. 19 자금부족으로 지급은행에 제시된 수표를 결재해 주지 못하고만 사실… 한편 원고를 포함한 수많은 채권자들도 위 소외인과 피고간의 위와 같은 우의관계를 알고 있었을 뿐만 아니라 그 때마다 위 소외인으로부터 받은 피고명의의 선일자수표들이 잘 결재되어가므로 동소외인에게

---

1) Baumbach · Hefermehl · Casper, §7 Anm. 13.

피고 명의의 수표행위를 할 수 있는 권한이 있는 것으로 믿으며 또 피고는 위 소외인의 통보로 피고 명의의 수표가 위조되고 있다는 사실을 미리 알았음에도 불구하고 동 소외인이 자금부족으로 지급은행에 수표금을 입금시킬 수 없었던 1970. 12. 19까지 수개월간에 걸쳐 위 위조수표들이 지급은행에 제시되어 왔다는 통지를 지급은행으로부터 받았을 때마다 적극적으로 소외인에게 직접 또는 간접으로 알려 그에게 입금결재토록 하여 왔으니 원고가 위와 같이 믿는 데 정당한 이유가 있다고 보는 것이 상당하다 할 것이고, 따라서 피고는 비록 이 사건 수표가 위조되었다 하더라도 원고를 포함한 제 3 자에게 피고가 적법하게 발행시킨 것과 같은 신뢰를 갖게 했으니 이 사건 수표금을 지급할 의무가 있다 할 것이라는 이유로 원고의 이 사건 청구를 인용하였다. 그러나 …위와 같은 관계만으로는 일반 제 3 자가 위 소외인이 피고 명의의 수표를 발행할 수 있는 것으로 믿을 수 있는 특수관계가 있다고 할 수는 없을 것이고,… 원심이 이를 마치 이 사건 위조수표에 관한 표현책임이 있는 것으로 판단하였음은 위조수표자의 표현책임의 법리를 오해하여 위법[이다.]…」

4) 사용자배상책임

어음의 위조는 피위조자와 전혀 무관한 자가 저지르는 수도 있으나 실제는 피위조자와 특별한 관계, 특히 고용관계에 있는 자(피용자)가 사익을 위하여 행하는 경우가 대부분이다. 예컨대 회사의 직원이 자신의 개인적인 채무를 변제할 목적으로 대표이사의 기명날인을 도용하여 어음을 발행하거나 배서하는 것과 같다. 이러한 피용자의 위조행위는 예외 없이 불법행위($^{민}_{750조}$)가 될 것이므로 피위조자가 사용자배상책임($^{민}_{756조}$)을 져야 할 경우가 있다. 그리하여 어음소지인은 피위조자에게 어음상의 책임을 물을 수 없는 경우 사용자배상책임에 의해 손해를 전보받을 수 있으며, 어음상의 책임을 물을 수 있더라도 선택적으로 사용자배상책임을 물을 수 있다.

위조어음의 할인금 등 어음을 취득하기 위하여 지급한 금액이 어음금액과 상위한 경우 판례는 일관하여 실제로 지급한 취득금액(할인금액)을 손해액으로 보고 있다($^{판례}_{[27],\,[28]}$).[1)]

---

1) 사기적 수단으로 어음할인을 받은 자를 사기죄로 문의할 경우에도 피고인의 재산상의 이득을 얼마로 볼 것이냐는 문제가 제기되는데, 판례는 어음의 액면금이 아니라 피고인이 실제로 수령한 금액을 이득액으로 보아야 한다는 입장이다. 단, 당사자가 선이자와 비용을 공제한 현금액만을 실제로 수수하면서도 선이자와 비용을 합한 금액을 대여원금으로 하기로 하고 대여이율을 정하는 등의 소비대차특약을 하는 것과 같은 특별한 사정이 있는 경우에는 특약의 대상이 된 금액이 이득액이 된다(대법원 2009. 7. 23. 선고 2009도2384 판결).

사용자배상책임을 묻기 위하여는 민법 제756조 제 1 항의 요건이 충족되어야 함은 물론이다. 이 요건충족의 문제에서는 피용자의 어음위조가 사용자의 「사무집행」에 관한 것이냐는 점이 중요한 다툼의 대상이 된다. 「사무집행에 관하여」의 해석은 민법학에서의 해석과 다를 바 없으므로 설명을 생략한다.

또 하나의 쟁점으로서, 한 때 판례는 어음소지인이 피위조자에게 사용자배상책임을 묻기 위해서는, 위조어음이 아니라고 가정하면 어음소지인이 피위조자의 어음상의 책임을 물을 수 있어야 한다고 보았다(대법원 1986. 9. 9. 선고 84다카2310 판결). 그러나 현재의 판례는 태도를 바꿔 어음상의 권리유무에 관계없이 사용자배상책임을 물을 수 있다고 한다(판례 [28]). 예컨대 어음소지인이 자신의 과실로 제시기간 내에 제시를 하지 못하였으므로, 진정한 어음이라고 가정하면 피위조자에 대하여 가졌을 상환청구권을 상실하는 경우에도 피위조자에 대하여 사용자배상책임을 물을 수 있는 것이다.

판 례

[27] 대법원 1992. 6. 23. 선고 91다43848 전원합의체 판결

「위조된 수표를 할인에 의하여 취득한 사람이 그로 인하여 입게 되는 손해의 액은, 특별한 사정이 없는 한 그 위조수표를 취득하기 위하여 현실적으로 출연한 할인금에 상당하는 금액이지, 소론과 같이 그 수표가 진정한 것이었더라면 그 수표의 소지인이 지급받았을 것으로 인정되는 그 수표의 액면에 상당하는 금액이 아니라고 봄이 상당하다(당원 1970. 10. 23. 선고 70다1714 판결 참조).

위조수표의 액면에 상당하는 금액은, 그 수표가 위조된 것이 계기가 되어 그 소지인이 그 금액을 얻을 수 있으리라는 기대를 갖게 되는 이익에 지나지 아니할 뿐, 수표의 위조라는 불법행위가 없었더라면 그 소지인이 원래 얻을 수 있었던 것으로서 그 수표의 위조행위로 말미암아 얻을 수 없게 된 이익은 아니라고 할 것이므로, 그 소지인이 그 액면에 상당하는 금액을 지급받지 못하게 된 것이 불법행위로 인한 소극적 손해에 해당한다고 볼 수 없기 때문이다.」

[28] 대법원 1994. 11. 8. 선고 93다21514 전원합의체 판결

「가. 제 3 점에 대하여

…(2) 어음이 위조된 경우에 피위조자는 민법상 표현대리에 관한 규정이 유추적용될 수 있다는 등의 특별한 경우를 제외하고는 원칙적으로 어음상의 책임을 지지 아니한다. 그러나 피용자가 어음위조로 인한 불법행위에 관여한 경우에 그것이 사용자의

업무집행과 관련한 위법한 행위로 인하여 이루어졌으면 그 사용자는 민법 제756조에 의한 손해배상책임을 지는 경우가 있다. 이 경우에 사용자가 지는 책임은 어음상의 책임이 아니라 민법상의 불법행위책임이므로 그 책임의 요건과 범위가 어음상의 그것과 일치하는 것이 아니다. 따라서 민법 제756조 소정의 사용자 책임을 논함에 있어서는 어음소지인이 어음법상 소구권을 가지고 있느냐는 등 어음법상의 권리 유무를 따질 필요가 없다.

뿐만 아니라 어음소지인으로서는 위조된 배서를 진정한 것으로 믿고 할인금을 지급하는 즉시 그 어음액면금이 아닌 그 지급한 할인금 상당의 손해를 입었다고 할 것이므로(당원 1992. 6. 23. 선고 91다 43848 전원합의체 판결 참조) 그 후 어음소지인이 현실적으로 지급제시를 하여 지급거절을 당하였는지의 여부가 어음배서의 위조로 인한 손해배상책임을 묻기 위하여 필요한 요건이라고 할 수 없고, 어음소지인이 적법한 지급제시기간 내에 지급제시를 하지 아니하여 소구권 보전의 절차를 밟지 않았다고 하더라도 이는 어음소지인이 이미 발생한 위조자의 사용자에 대한 불법행위책임을 묻는 것에 장애가 되는 사유라고 할 수 없다(당원 1977. 2. 22. 선고 75다1680 판결; 1993. 8. 24. 선고 93다6164, 6171 판결 참조).

(3) 이에 대하여는 배서가 위조되지 아니하였다고 가정하더라도 소지인이 지급제시기간을 도과하였으면 배서인에 대하여 어음상 소구책임을 물을 수 없는데 우연히 배서가 위조된 어음의 소지인이 되었다고 하여 지급제시기간을 도과한 경우에도 손해배상을 받을 수 있다면 배서가 위조된 어음의 소지인이 진정한 어음의 소지인보다 더 보호를 받는 것이 되어 균형을 잃는다는 반론이 있을 수 있으나, 배서가 위조된 어음의 경우에는 어음의 소지인은 적법하게 지급제시를 하였더라도 배서명의자나 직접 불법행위를 한 자의 사용자에 대하여는 소구권를 행사할 수 없으므로 그에 대한 관계에 있어서는 지급제시기간의 준수 여부가 별다른 의미를 가지지 아니하고 오히려 어음소지인이 지급제시기간의 도과로 말미암아 사용자책임을 물을 수 없게 된다고 하는 것이야말로 우연한 사정에 의하여 결과가 달라지는 부당한 것이 되므로 위와 같은 반론은 근거가 없다고 하지 않을 수 없다.

뿐만 아니라 어음의 만기 이전에 그 배서가 위조된 사실이 밝혀진 경우에도 어음소지인으로서는 어음법상의 책임을 부담하지 않는 불법행위자의 사용자에 대한 관계에 있어서도 만기까지 기다려 적법한 지급제시를 하여야만 위조로 인한 사용자책임을 물을 수 있다고 하여야 할 아무런 이유도 없다.…

나. 제 1 점에 대하여

위조된 약속어음을 취득함으로써 입은 손해는 다른 특별한 사정이 없는 한 이를 취득하기 위하여 현실적으로 출연한 할인금 상당액일 뿐, 소론과 같이 위 어음들이 진정한 것이었다면 원고가 지급받았을 것이라고 인정되는 그 어음액면 상당액이라고는 할 수 없다.…」

※ 同旨: 대법원 1994. 11. 22. 선고 94다20709 판결; 동 2003. 1. 10. 선고 2001다

37071 판결.

[사실관계] 위 판례의 사실관계는 다음과 같다.

태양피알주식회사의 대표이사인 양태양이라는 자가 '朝鮮貿藥合資會社'(피고)라는 회사의 명칭 중에서 약(藥)자가 락(樂)자로만 바뀐 '朝鮮貿樂合資會社'라는 명판과 피고 회사의 대표사원인 朴大圭 이름의 대표사원직인을 조각한 후 이를 이용하여 자기가 발행한 수 매의 어음에 위 '朝鮮貿樂合資會社 代表 朴大圭'의 이름으로 된 배서를 위조한 다음 이 어음을 가지고 동인상호신용금고(원고)로부터 할인받았다. 원고의 할인담당직원은 어음에 기명날인된 글자가 '藥'자가 아니고 '樂'자라는 사실을 깨닫지 못하고 각 약속어음을 할인하여 주었는데, 그 때마다 피고 회사 경리과 소속 김운수 및 여직원인 이정미 등에게 피고의 배서 여부를 확인하였다. 그런데 김운수 등은 피고의 총무담당 상무이사인 김동춘으로부터 태양피알이 할인의뢰한 어음에 기재된 피고 회사 명의의 배서의 진정성립 여부에 관하여 조회가 오면 피고 회사가 배서를 하였다고 답변하라는 지시를 받고 이에 따라 그 각 어음상의 피고 명의의 배서가 진정한 배서라고 답변하여 원고 직원은 이를 믿고 이 어음들을 할인하여 준 것이다.

이에 원고는 피고 회사의 담당직원들이 피고 회사 명의의 배서가 진정하게 이루어진 것이라고 답변한 행위는 허위사실을 고지하여 원고를 기망한 불법행위에 해당하고 이는 외형상 그들의 직무범위 내라고 주장하며 발행인인 태양피알주식회사에게 지급제시를 함이 없이 피고 회사에 사용자배상책임($^{민}_{756조}$)을 물었다.

(2) 위조자의 책임

어음의 위조자가 민·형사상의 책임을 지는 것은 당연하나, 어음에 자신의 명의로 기명날인을 한 바 없는 이상 어음행위자가 아니므로 어음상의 책임을 지게 할 근거가 없다. 그래서 종래의 통설은 위조자는 어음상의 책임을 지지 아니한다고 설명하였으며 이 점을 무권대리와 구별되는 중요한 징표의 하나로 이해하였다($^{강·임 123; 서·정 88; 최준}_{선 161; 정무동 435; 채이식 77}$). 그러나 최근에는 소지인의 보호를 위하여 위조자도 어음·수표상의 책임을 진다고 보는 것이 다수설의 입장이다($^{김정호 97; 김홍기 964; 서헌제}_{159; 손주찬 105; 손진화 986; 양명}$ $_{조 134; 장덕조 874; 정경영 1121; 정동윤}$ $_{102; 정찬형 126; 최기원 199; 최완진 542}$).[1] 그 근거에 대한 설명으로 다음과 같은 두 가지 이론이 있다. 첫째, 무권대리규정($^{어 8조}_{수 11조}$)을 유추적용하는 설이다(무권대리설). 어음법 제 8 조는 무권대리인에 대하여 본인을 채무자로 표시한 데 대한 책임을 물어 담보책임을 지우는 것인데, 위조자는 더욱 직접적으로 피위조자를 채무자로 표시하

---

1) 日本과 독일에서의 통설이다(Baumbach·Hefermehl·Casper, §7 Anm.2; Bülow, §7 Anm.10; Hueck·Canaris, S. 60; Zöllner, S. 65).

였으므로 무권대리인이 지는 것과 같은 책임을 물어 마땅하다는 것이다(서헌제 159; 손주찬 105; 손진화 986; 양명조 134; 장덕조 874; 정경영 1121; 정동윤 102; 정찬형 126; 최완진 542).[1] 위조자에게 무권대리인과 같은 책임을 부여한다면 위조자가 책임을 이행한 후에는 무권대리인과 같이 어음상의 권리를 취득한다고 보아야 할 것이다.[2] 둘째, 위조자는 피위조자의 명칭을 자기를 표시하는 명칭으로 삼아 어음행위를 하였으므로 자신의 행위로서 어음상의 책임을 지는 것이 옳다는 설명이다(위조자행위설)(최기 원 200).[3]

어음상의 책임은 기명날인을 근거로 함이 어음법상의 대원칙이고, 무권대리인에게 어음상의 책임을 지울 수 있는 근거는 무권대리인이 기명날인(어음행위)을 하였다는 점이다. 기명날인을 한 바 없는 위조자에게 어음상의 책임을 지우는 것은 이같은 어음법상의 책임귀속의 원칙에 어긋난다. 뿐만 아니라 위조자는 자신의 이름을 어음에 나타낼 의사가 없이 타인을 어음상의 책임을 지는 자로 표시하였는데, 위조자가 타인의 명칭을 자신을 나타내는 명칭으로 사용했다는 것도 위조자의 주관적 의도와 동떨어진 해석이다.[4] 끝으로 위조자가 책임이행과 더불어 어음상의 권리를 취득한다는 것도 어색한 결론이다.

그런데 보다 근본적인 문제로 위조자에게 불법행위책임 이외에 별도로 어음상의 책임을 물을 실익이 있는지 의문이다. i) 어음상의 책임은 어음소지인에 한하여 추궁할 수 있음에 반하여, 불법행위책임은 인과관계가 미치는 모든 피해자가 청구할 수 있으며, 청구금액에 있어서 어음상의 책임은 어음금액에 국한되나 불법행위책임은 실손해액이다. ii) 그리고 어음상의 책임의 시효는 최장 3년이나 (어 70조, 수 51조), 불법행위책임의 시효는 손해 및 가해자를 안 날로부터 3년, 또는 불법행위를 한 날로부터 10년이다(민 766조). iii) 어음상의 책임을 추궁하자면 상환청구권보전절차를 밟아야 하고, 따라서 만기 전에는 책임을 물을 수 없으나, 불법행위책임은 만기 전이라도 상환청구권보전과 무관하게 물을 수 있다. iv) 끝으로 불법행위책임을 묻는 것보다 어음상의 책임을 묻는 것이 유리한 점은 증명의 편의라고 하겠는데, 위조자의 어음책임을 묻기 위해서도 소지인은 어차피 위조자의 위조사실

---

1) 日最高裁 1974. 6. 28 판결, 判例時報 746호, 3면.

2) 稻田, 142면.

3) 日本 · 독일에서의 다수설이다(木村, 155면; 森本, 174면; Baumbach · Hefermehl · Casper, §7 Anm. 2).

4) 小橋一郎, "手形僞造者の手形上の責任,"『金融法務』730호, 25면 이하; 丹羽, 115면.

을 증명해야 할 것이므로 증명의 부담 면에서도 불법행위책임을 묻는 것과 차이가 없다. 이와 같이 위조자에게 어음상의 책임을 묻는 것이 소지인에게 특히 실익이 있는 것도 아닌 바에는 위조자의 어음책임을 묻기 위해 부자연스러운 이론구성을 할 필요는 없다고 본다.

(3) 위조어음에 기명날인(또는 서명)한 자의 책임

위조된 어음에 새로이 어음행위를 한 자, 예컨대 위조어음에 배서한 자는 어음행위독립의 원칙에 의해 자신의 어음행위의 내용에 따라 책임을 진다($\frac{어}{7조}$). 이 책임은 어음행위자의 선의·악의를 불문하고 발생한다. 상세한 것은 어음행위독립의 원칙과 관련하여 기술하였다($\frac{68면}{참조}$).

(4) 증명책임

어음채무자가 어음소지인으로부터 어음상의 청구를 받고 자신의 기명날인이 위조된 것이라는 항변을 할 때 증명책임을 누가 지느냐는 문제가 있다. 예컨대 어음면상 甲이 乙에게 발행한 것으로 기재된 어음을 乙의 배서를 통해 취득한 A가 甲에게 지급제시하였더니, 甲은 자신의 기명날인이 위조되었다고 주장한다. 이때 甲이 어음상에 자신의 이름으로 된 기명날인이 자신 또는 자신의 대리인이 한 것이 아님을 증명하여야 하는가, 아니면 A가 어음상의 기명날인이 甲 또는 그 대리인에 의해 이루어진 것임을 증명하여야 하는가의 문제이다. 어음소지인은 배서의 연속에 의하여 적법한 소지인으로 추정된다는 점($\frac{어16조}{1항}$)을 근거로 하여 피위조자가 증명책임을 진다는 소수설이 있으며, 판례도 한때 이 입장을 취한 적이 있다 (서·정 89; 이·최 175; 대법원 1971. 5. 24. 선고 71다570 판결; 동 1987. 7. 7. 선고 86다카2154 판결: 판례 [29]에 의해 폐기됨). 그러나 어음법 제16조에서 말하는 배서의 연속에 의하여 정당한 소지인으로 추정된다는 것과 어음상의 기명날인자가 실제로 기명날인을 하였느냐는 것은 별개의 문제이므로 어음법 제16조 제 1 항은 피위조자에게 증명책임을 전가할 정당한 근거가 되지 못한다.

적극적인 사실의 주장(피위조자가 어음행위를 하였다는 사실의 주장)과 소극적인 사실의 주장(피위조자가 어음행위를 하지 않았다는 사실의 주장)이 대립할 경우, 적극적인 사실의 주장자가 증명책임을 진다는 것이 증명책임배분의 원칙이므로 위조가 아님을 주장하는 자, 즉 어음소지인이 증명책임을 져야 한다. 이것이 현재의 통설과 판례의 입장인데(^{강·임 115; 김정호 98; 김홍기 965; 서헌제 166; 손주찬 100; 손진화 987; 양명조}_{135; 장덕조 875; 정경영 1120; 정동윤 103; 정찬형 130; 최기원 194; 최완진 543; 판}_{례[29]}). 이같이 해석하는 것이 사문서는 진정한 것임을 증명해야 한다는 민사소송법 제357조의 취지에도 부합한다. 즉 민사소송법 제357조는 「사문서는 그것이 진정한 것임을 증명하여야 한다」라고 규정하고 있는데, 어음에 기명날인한 것으로 기재된 자가 자신의 기명날인이 아니라고 주장할 경우에는 바로 민사소송법 제357조의 적용단계에 들어갔음을 의미하는 것이다.

그러나 어음에 찍힌 피위조자의 인장이 진정한 그의 인장임이 밝혀졌다면 피위조자가 기명날인을 한 것으로 추정해야 하고(^{민소 358조}_{참조}), 이 단계에서는 피위조자측이 타인에 의해 기명날인이 이루어졌음을 증명해야 한다(^{판례 [29]: 이 사건에서는 피위}_{조자 명의의 배서란에 압날된}
^{인영이 피위조자의 것임은 밝혀졌으나, 피위조자가 타인이 압날한 것임을 증명하였으므로 피위조자의 책임을 묻기 위}
_{해서는 소지인은 인장을 압날한 타인이 피위조자로부터 배서를 대리할 권한이 있음을 증명하여야 한다고 판시하였다}).

판 례

[29] 대법원 1993. 8. 24. 선고 93다4151 전원합의체 판결

「…원심은, 피고가 자신이 배서한 것으로 기재되어 있는 부분에 찍힌 명의의 인영이 자신의 인장에 의한 것이기는 하지만 자신의 인장을 보관하고 있던 소외 김태염이 자신의 동의 없이 날인한 것이라고 주장하고 있는 … 위 서증의 기재와 변론의 전취지를 종합하여, 소외 한미건산 주식회사가 1992. 1. 20 소외 홍호조에게 액면 금 20,000,000원, 만기 1992. 4. 20, 발행지 및 지급지 서울특별시, 지급장소 한국주택은행 갈월동 지점으로 된 약속어음 1통을 발행하고, 위 홍호조는 소외 전도일에게, 위 전도일은 제 1 심 공동피고 이장숙에게, 위 이장숙은 피고에게, 피고는 다시 원고에게 각 지급거절증서의 작성을 면제하여 위 어음을 순차 배서양도한 사실을 인정한 다음, 피고 명의의 배서는 위조된 것이어서 피고에게는 배서인으로서의 책임이 없다는 피고의 주장에 대하여 다시 판단하기를, 약속어음의 배서가 위와 같이 형식적으로 연속되어 있으면 그 소지인은 정당한 권리자로 추정되므로, 배서가 피고의 주장과 같이 위조된 것이라 하더라도 이를 주장하는 사람이 그와 같은 사실 및 소지인이 고의 또는 중대한 과실로 어음을 취득하였다는 사실을 주장·입증하여야 할 것인바, 원고가 피고의 주장과 같은 사정을 알고 이 사건 어음을 취득하였다거나 이를 알지 못하였음에 중대한 과실이 있었다는 점에 관하여 아무런 주장·입증이 없으므로, 피고의 위 주장은 이유가 없고, 따라서 피고는 위 어음의 배서인으로서 원고에게 위 어음금을 지급할 의무가 있다고 판단하였다.

민사소송에서의 입증책임의 분배에 관한 일반원칙에 따르면 권리를 주장하는 자가 권리발생의 요건사실을 주장·입증하여야 하는 것이므로, 어음의 소지인이 어음채무

자에 대하여 어음상의 청구권을 행사하는 경우에도 어음채무발생의 근거가 되는 요
건사실, 즉 그 어음채무자가 어음행위를 하였다는 점은 어음소지인이 주장·입증하여
야 된다고 볼 것이다. 배서의 자격수여적 효력에 관하여 규정한 어음법 제16조
제 1 항은 어음상의 청구권이 적법하게 발생한 것을 전제로 그 권리의 귀속을 추정하
는 규정일 뿐, 그 권리의 발생 자체를 추정하는 규정은 아니라고 해석되므로, 위 법조
항에 규정된 "적법한 소지인으로 추정한다"는 취지는 피위조자를 제외한 어음채무자
에 대하여 어음상의 청구권을 행사할 수 있는 권리자로 추정된다는 뜻에 지나지 아니
하고, 더 나아가 자신의 기명날인이 위조된 것임을 주장하는 사람에 대하여까지도 어
음채무의 발생을 추정하는 것은 아니라고 할 것이다. 그렇다면 어음에 어음채무자로
기재되어 있는 사람이 자신의 기명날인이 위조된 것이라고 주장하는 경우에는 그 사
람에 대하여 어음채무의 이행을 청구하는 어음의 소지인이 그 기명날인이 진정한 것
임을 증명하지 않으면 안 된다고 볼 수밖에 없다.

   그러나 피고 명의의 배서란에 찍힌 피고 명의의 인영이 피고의 인장에 의한 것임
을 피고가 인정하고 있으므로 그 배서부분이 진정한 것으로 추정되기는 하지만, 그
인영이 작성명의인인 피고 이외의 사람이 날인한 것으로 밝혀질 때에는 그 추정은 깨
어지는 것이므로, 이와 같은 경우에는 이 사건 어음을 증거로 제출한 원고가 작성명
의인인 피고로부터 날인을 할 권한을 위임받은 사람이 날인을 한 사실까지 입증하여
야만 그 배서부분이 진정한 것임이 증명되는 것인바(당원 1989. 4. 25. 선고 89다카6815 판결; 1990. 4. 24. 선고 89다카21569 판결 등 참조),
기록에 의하면 피고명의의 배서란에 찍힌 피고명의의 인영이 피고가 날인한 것이 아
니라 위 김태염이 날인한 것임은 원고도 스스로 인정하고 있는 바이므로 위 김태염에
게 피고를 대리하여 피고의 명의로 배서를 할 권한이 있었음이 증명되어야만 … 피고
명의 배서부분이 진정한 것임을 인정할 수 있[다.]…」

※ 同旨: 대법원 1998. 2. 10. 선고 97다31113 판결.

4. 변조의 효과

(1) 어음행위자의 책임

어음이 변조된 경우 어음채무자들은 변조 전에 어음행위를 한 자와 변조 후
에 어음행위를 한 자로 구분해 볼 수 있다.

1) 변조 전의 기명날인(또는 서명)자

어음행위자는 행위 당시의 어음이 표시하는 채무를 부담할 의사를 가지고 기
명날인(또는 서명. 이하 같음)을 하므로 변조 전에 기명날인한 자는 원래의 문구에
따라 책임을 진다(어 69조, 77조 1 항 7호, 수 50조). 원래의 문구가 기명날인자의 어음행위의 내용을

이루기 때문이다. 변조 후의 문구에 따른 책임이 원문구에 따른 책임보다 무거울 수도 있고 가벼울 수도 있으나, 변조 전 기명날인자의 책임에는 영향이 없다. 이러한 해결이 어음의 증권성과 괴리된다는 지적을 생각해 볼 수도 있다. 그러나 원래 어음상의 권리와 어음증권의 결합관계는 오로지 권리의 유동화라는 목적을 실현하기 위한 범위에서 의의를 가질 뿐이므로 일단 유효하게 성립한 어음상의 권리·의무는 어음증권을 떠나 존재할 수 있으며, 권한 없는 자의 기재변경에 의해 변경, 소멸될 수 있는 것이 아니다. 원래 문구에 따른 기명날인자의 책임은 위조의 항변과 같이 물적항변이다(판례[24]).

변조 전 어음행위자의 책임범위

변조 전 기명날인자는 변조 전의 문구에 따라 책임을 질 뿐이라는 것이 전통적인 이론이었으나, 최근 일본에는 변조 전의 기명날인자도 변조에 부분적으로 귀책사유가 있을 때에는 변조 후의 문구에 따라 책임져야 한다는 주장도 있다. 흔히 발행인이 어음금의 기재에 불필요한 여백을 만들어 놓아 쉽게 변조가 이루어지고 이를 알지 못하는 제 3 자가 변조를 깨닫지 못하고 취득한 경우를 예로 제시한다. 가령 발행인이 어음금을 「¥ 500,000※」이라고 기재한 결과 배서인이 「¥1,500,000※」이라고 변조한 것과 같다. 또 발행인이 어음요건을 연필로 쓴 결과 쉽게 변조가 이루어진 경우도 예 중의 하나이다.[1] 변조 전 어음행위자에게 변조 후의 책임을 묻는 근거로서는 변조가 가능한 소지를 만든 자는 백지어음의 작성자와 마찬가지의 위험을 부담해야 한다는 이론으로 설명하기도 하고, 권리외관설에 의해 설명하기도 한다.[2]

2) 변조 후의 기명날인자

변조 후에 기명날인한 자는 변조된 문구대로 책임을 진다(어 69조, 어 77조 1항 7호, 수 50조). 기술한 바와 같이 어음채무자는 어음행위를 할 당시의 어음이 표시하는 대로의 채무를 부담할 의사로 기명날인을 하기 때문이다. 이는 어음행위독립의 원칙(어 7조)상 당연한 것이나 어음법 제69조는 이 점을 주의적으로 규정하고 있다. 그러나 변조로 인하여 어음요건이 흠결되거나 기타 사유로 어음 자체가 무효가 되었을 때에는 변조 후에 기명날인하더라도 책임을 지지 아니한다.

---

1) 森本, 179면 註 20: 日最高裁 1975. 8. 29 판결, 判例時報 793호, 97면 게재 판례의 사안으로 소개하고 있다.
2) 川村, 97면; 丹羽, 124면; 森本, 179면; 鈴木竹雄·前田庸, 『手形法·小切手法』(新版), 有斐閣, 1992, 176면.

3) 변조자의 책임

변조자에게 민법상의 불법행위책임과 형사상의 책임이 따름은 당연하나, 변조자가 변조된 어음에 새로이 어음행위를 하지 않는 한 어음상의 책임은 지지 아니한다(통설). 따라서 백지식배서의 피배서인이 어음의 기재사항을 변조한 후 어음을 단순한 교부에 의하여 양도한 경우에는 어음행위를 한 바 없으므로 어음상의 책임을 지지 아니한다.

이에 대하여는 근래 무권대리에 관한 어음법 제 8 조를 유추적용하거나 변조된 문구를 변조자 자신의 어음행위로 보아 변조자의 책임을 인정해야 한다는 견해가 있으나(김정호 106; 서헌제 177; 이·최 180; 정동윤 106; 정찬형 135), 타당성은 의문이다(강·임 133; 손주찬 110; 양명조 144; 최준선 174; 채이식 83; 최기원 215). 또한 앞서 위조자의 책임에 관해 詳論한 바와 같이 변조자에게 불법행위책임을 묻는 것보다 어음상의 책임을 묻는 것이 특히 실익이 크다고 할 수 없다.

4) 변조효과의 상대성

어음법 제69조에서는 단순히 변조를 전후하여 기명날인(또는 서명)한 자를 구별하고 기명날인(또는 서명) 당시의 문구에 따른 책임을 묻고 있으나, 변조의 효과는 책임추궁의 당사자가 누구이냐에 따라 상대적으로 부여하여야 한다. 어음의 변조는 어음을 소지하는 자의 독단에 의해 범죄적으로 행해지는 경우도 있지만 판례 [30]에서 보듯이 어음당사자 중의 일부가 합의하여 만기나 금액을 수정하는 형태로 행해지는 예도 많다. 예컨대 甲이 발행한 어음금 100만원, 만기 2022년 5월 31일인 어음을 乙이 수취하여 A에게 배서양도하였는데, A가 만기에 가서 甲에게 제시하였으나 甲이 자금이 없어 만기를 10월 31일로 연장하는 동시에 이자조로 어음금액을 110만원으로 변경하기로 합의하고 어음문구를 변경한 경우를 생각해 보자. 그리고 이 어음을 A가 다시 B에게 배서양도하였다고 하자. B가 이 어음을 가지고 권리행사를 함에 있어, 어음법 제69조의 문구대로 해석한다면 A는 변조 후의 문구인 110만원, 만기 10월 31일에 대해 책임지고 甲과 乙은 원래 문구인 100만원, 만기 5월 31일에 대해 책임져야 한다. 乙이 원래 문구에 따라 책임지는 것은 당연하지만 甲이 원래 문구에 따라 책임진다는 것은 불합리하고, 변경된 문구에 따라 책임을 진다고 해야 한다. 그러나 B가 甲에게 책임을 묻지 않고 A, 乙의 순으로 상환청구해 온 까닭에 현재 乙이 A에게 어음금을 지급하고 甲에게 청구한다고 하면 乙의 청구에 대해서는 甲이 당초의 문구에 따라 책임지는 것이 합리적이다. 이와 같이 동일인인 甲이 乙에 대해서는 원래 문구에 따라, A와 B에 대해서는 변조된 문구에 따라 책임을 지는 등 상대방에 따라 책임을 달리해야 하는 합리적인 이유는 당초 이 어음금액과 만기의 변경이 乙에 대해서는 어음의 변조이지만 甲과 A의 관계에서는 어음의 변조가 아니고 정당한 권한 있는 자에 의한 어음문구의 수정이라는 이중의 성격을 갖기 때문이다. 따라서 이와 같이 어음문구의 변경이 일부 당사자의 합의에 의한 경우에는 변조의 개념도 상대적으로 적용하여 그 합의에서 제외된 旣어음행위자와의 관계에서만 변조로 보고 합의당사자 및 그 이후의 당사자 사이에서는 어음문구의 적법한 수정으로 보아야한다.[1]

(2) 변조의 특수문제

1) 만기의 변조와 보전절차

어음의 만기가 변조된 경우에는 어음채무자별로 보전절차의 기준이 되는 일자가 달라지게 된다. 변조 전의 어음행위자에 대한 상환청구권을 보전하기 위하여는 변조 전의 만기를 기준으로 상환청구권보전절차를 밟아야 하고 변조 후의 어음행위자에 대한 상환청구권을 보전하기 위하여는 변조된 만기를 기준으로 상환청구권보전절차를 밟아야 한다. 예컨대 만기가 2022. 5. 1인 어음을 2022. 6. 1로 변조하였다면 변조 전의 어음채무자에 대하여는 2022. 5. 1을 기준으로 지급제시, 거절증서작성 등을 하여야 하고, 변조 후의 어음채무자에 대하여는 2022. 6. 1을 기준으로 같은 절차를 밟아야 한다. 변조된 어음의 소지인은 변조사실을 알지 못하는 한 변조 후의 만기를 기준으로 상환청구권보전절차를 밟을 것임이 분명하므로 결과적으로 변조 전의 어음행위자에 대하여는 상환청구권을 잃게 될 것이다(판례[30]).

판 례

[30] 대법원 1996. 2. 23. 선고 95다49936 판결

「… 이 사건 약속어음의 최종소지인인 원고가 배서인인 피고에 대하여 변개 전의 원문언에 따른 소구의무자로서의 책임을 묻기 위하여서는 원고가 변개 전의 원문언

---

1) 關俊彦, "滿期の變造," 『ジュリスト』 108호, 44면.

에 다른 적법한 지급제시를 하였음이 인정되어야 할 것인바, 변개 전의 원문언에 따른 이 사건 약속어음의 지급기일이 1994. 2. 25임은 원심이 적법하게 확정한 바이고, 기록에 의하면 원고는 이 사건 약속어음이 변개된 후인 같은 해 3. 9에야 비로소 위 어음을 취득하였다고 주장하고 있을 뿐만 아니라, 원고가 변개 전의 원문언에 따른 지급제시기간 내에 이 사건 약속어음을 지급제시하였음을 인정할 만한 증거도 엿보이지 아니하므로(원고도 위 어음을 1994. 4. 7에 지급제시하였다고 주장하고 있다), 원고의 피고에 대한 소구권은 요건 흠결로 상실되어 원고는 피고에 대하여 변개 전의 원문언에 따른 책임도 물을 수 없다고 할 것이다.…」

  [사실관계] 위 판례의 사실관계는 다음과 같다.

  甲은 금액 23,000,000원, 만기 1994. 2. 25인 약속어음을 작성하여 乙, A, B의 배서를 받아 C에게 차용금의 담보로 제공하였다. 그러나 甲은 채무변제기에 변제할 자금이 없어 C로부터 이 어음을 회수하는 한편 다른 어음을 발행하였다. 그리고 甲은 회수한 어음의 금액을 30,000,000원으로 만기를 1994. 4. 29로 변경하여 D에게 교부하였다. D는 1994. 4. 29에 이 어음을 甲에게 제시하였으나 역시 자금부족으로 거절되었으므로 배서인인 A에게 소구하였다. 이에 대해 법원은 A는 변개된 어음내용에 관해서는 책임이 없으나 원 어음문언에 따른 책임을 져야 한다고 판시한 한편, A의 책임을 묻기 위해서는 위 판결문에서 보듯이 원문언에 따른 소구권보전절차를 밟아야 한다고 판시하였다.

2) 수취인의 변조

어음의 수취인이 변조된 경우에는 어음의 유통상 권리귀속의 문제를 야기하므로 어음법 제69조의 적용사안이 아니다. 예를 들어 甲이 乙을 수취인으로 하여 발행한 어음을 A가 절취하거나 기타 위법한 방법으로 손에 넣어 수취인을 자기 이름으로 변조하고 B에게 배서양도한 경우에는 어음법 제69조로 해결할 사안이 아니고 B의 선의취득이 문제된다(^통_설). 따라서 이 어음이 외형상 어음법 제16조 제 1 항이 정하는 배서의 연속의 요건을 충족한다면 B의 선의취득을 인정해야 할 것이고(^{어 16조}_{2항}), 甲은 B에게 발행인으로서의 책임을 져야 한다.

3) 변조의 증명책임

어음행위가 변조시점을 기준으로 언제 행하여졌느냐에 따라 책임의 내용이 달라지게 되므로 어음소지인과 어음채무자 사이에 어음의 변조 여부 및 변조시기에 관하여 자주 다툼이 생기고 누가 증명책임을 부담할 것이냐가 문제된다. 이에 대해 다음과 같은 견해의 대립이 있다.

　i) 식별가능성에 따른 구별설　　종래의 통설은 변조의 사실이 어음면상 식별가능한가의 여부에 따라 증명책임을 배분한다. 그리하여 어음면상 변조 여부가 명백하지 아니한 경우에는 변조된 문언에 따른 채무를 면하려는 어음채무자가 변조된 사실 및 자신의 어음행위가 변조 전에 있었던 사실을 증명하여야 하고, 변조가 명백한 때에는 소지인이 어음채무자의 기명날인이 변조 후에 행하여졌음을 증명해야 한다고 해석한다.

　ii) 소지인증명설　　어음채무자가 변조사실을 주장하는 것은 소송법상 채무부담의 간접부인이므로 변조가 명백한지 여부에 관계 없이 소지인이 변조되지 않았다는 사실 또는 어음채무자의 어음행위가 변조 이후에 있었다는 사실을 증명해야 한다고 주장한다(김정호 106; 김홍기 968; 정동윤 107).

　iii) 그 밖에 변조의 효과를 주장하는 자가 증명책임을 진다는 설, 변조가 어음상의 책임을 확대하는 경우에는 소지인이, 어음상의 책임을 축소하는 경우에는 어음채무자가 각각 증명책임을 진다는 견해도 있다.

　iv) 판례는 한때 변조를 주장하는 자가 그 어음이 변조된 사실, 즉 자신이 어음에 기명날인할 당시의 어음문언에 관하여 증명책임을 진다는 입장을 취하였으나(대법원 1985. 11. 12. 선고 85다카131 판결), 그 이후의 판례는 위 통설에 따라 어음문언의 변경이 명백한 경우에 어음채무자에게 변경 후의 문언에 따라 책임을 지우자면 어음소지인이 어음채무자의 기명날인이 변경 후에 있은 것을 증명하여야 한다고 하였다(판례 [31]).

판　　례

[31] 대법원 1987. 3. 24. 선고 86다카37 판결

「…어음의 문언에 변개(개서)가 되었음이 명백한 경우에 어음소지인이 기명날인자(배서인 등)에게 그 변개 후의 문언에 따른 책임을 지우자면 그 기명날인이 변개 후에 있은 것 또는 기명날인자가 그 변개에 동의하였다는 것을 입증하여야 할 것이다.

　이 사건 약속어음…문언을 보면, 소외 이상만이 발행하여 소외 홍재락, 피고 김은환, 피고 서진석, 소외 주식회사 상호무역, 소외 박일선을 거쳐 원고 앞으로 배서연속이 되어 있으나 그 어음전면 지급기일이 1984. 7. 20에서 9. 20으로 변개(개서)되고 여기에 발행인인 위 이상만의 정정인만이 날인되어 있음이 명백하므로 이러한 경우 어음소지인인 원고가 배서인인 피고들에게 위 변개된 문언에 따른 책임을 구하기 위하여는 피고들의 배서가 위 변개 후에 되었거나 또는 피고들이 그 변개를 동의하였다

는 점을 입증해야 할 것이고, 원고가 그 입증을 다하지 못 하면 그 불이익은 원고가 입어야 할 것이다.…」

위조 · 변조어음의 재산성

위조된 어음에 다시 기명날인한 자는 어음행위독립의 원칙에 의해 어음상의 책임을 지며, 변조된 어음의 경우 어음행위자는 변조 전후를 구분하여 기명날인 당시의 문언에 따라 책임을 지므로 위조된 어음이나 변조된 어음이라도 어음으로서의 재산적 가치가 있다. 그러므로 위조 · 변조된 타인의 어음을 보관중 분실하였다면(예컨대 은행이 추심을 의뢰받은 고객의 어음을 분실한 경우) 당연히 손해배상책임을 진다 $\binom{\text{대법원 1977. 12. 13.}}{\text{선고 77다1753 판결}}$.

어음금의 지급과 부당이득

어음채무자가 위조된 어음임을 알지 못하고 어음금을 지급하거나 변조된 어음에 관해 자기의 책임 이상으로 지급한 경우, 어음금을 수령한 자는 부당이득을 한 것이므로 어음채무자는 당연히 그 반환을 청구할 수 있다$\binom{\text{민}}{741조}$. 약속어음의 발행인 또는 환어음의 지급인을 위한 지급담당자가 같은 실수를 한 경우에는 발행인 · 지급인은 지급담당자에 대하여 손해배상을 청구할 수 있을 것이나, 어음금수령액에 대하여 부당이득반환을 청구하는 데에는 영향이 없다$\binom{\text{대법원 1992. 4. 28.}}{\text{선고 92다4802 판결}}$.

제 6 절 어음항변

Ⅰ. 총   설

1. 개   념

어음항변이라 함은 어음채무자가 어음소지인의 권리행사에 대해 일정한 사유를 들어 채무의 이행을 거절하는 주장을 말한다. 어음항변이 법상 정당한 것이라면 의무이행을 거절하더라도 채무불이행이 되지 아니한다. 어음항변의 근거로서 제시하는 사유를 「어음항변사유」, 어음항변을 할 수 있는 권리를 「어음항변권」이라 표현한다. 어음법 제17조$\binom{\text{및 어 77조}}{\text{1항 1호}}$에서 어음항변에 관해 규정을 두고 있으며, 수표법 제22조에도 같은 취지의 규정을 두고 있다.

어음항변은 어음「채무자」가 주장하는 것이므로 어음채무자가 아닌 환어음의 지급인, 단순히 어음을 교부에 의해 양도한 자는 어음채무의 이행을 청구받을 이유가 없으므로 어음항변을 할 계기도 갖지 않는다.

어음을 가지고 어음상의 권리를 행사하는 자라고 해서 항상 정당한 권리를 갖는 것은 아니다. 그 어음이 무효일 수도 있고(예: 어음요건이 결여된 경우), 어음이 유효하더라도 어음채무자가 당초 하였던 어음행위가 무효이거나, 취소되었을 수도 있다(예: 甲이 乙에게 어음을 발행하였으나, 甲이 제한능력상태에서 발행하였으므로 발행을 취소한 경우). 또 어음채무자가 당초 어음채무를 부담한 이유는 어떤 원인관계에서 채무를 이행하기 위한 것이었는데, 그 원인관계가 무효·취소됨으로 인해 채무가 소멸하였을 수도 있다(예: 甲이 乙로부터 부동산을 매수하고 그 대금조로 어음을 발행하였으나, 乙이 등기이전을 게을리하므로 甲이 매매를 해제한 경우). 이러한 경우 어음채무자가 어음채무를 이행하려 하지 않을 것은 당연하고 또 법상 그 이행거절이 허용되기도 한다.

일반적으로 「항변」이라 할 때에는 권리를 행사하는 자가 의무자에게 일정한 권리를 가지고 있다는 것은 사실로 전제하고 의무자가 다른 사유를 들어 이행을 거절하는 주장을 가리킨다(예: 동시이행의 항변, 보증인의 최고·검색의 항변). 그러나 어음법상 항변이라 함은 어음에 의해 청구받은 자가 어음소지인의 청구의 정당성을 부정하는 일체의 주장을 말한다. 따라서 어음소지인의 권리의 존재를 부정하는 것도 어음항변이다.[1]

2. 항변절단제도와 취지

채무자가 채권자의 권리행사에 대해 일정한 사유를 들어 이행을 거절하는 예는 민사거래에서 흔히 볼 수 있는 일이고, 어음항변도 기본적으로는 민법상의 항변제도에 근거를 두고 있다고 할 수 있다. 그러나 어음항변제도는 어음이 양도될 경우, 일정한 항변사유(인적항변)로는 어음소지인에게 대항하지 못한다는 점(어음 17조)에서 민법상의 항변제도에 대해 특색을 이룬다.

---

1) 平出, 229면.

민법상으로는 채무자가 의무이행을 거절할 수 있는 사유를 가질 경우, 채권이 양도되더라도 채권자에 대한 항변권을 가지고 채권의 양수인에게도 대항할 수 있음이 원칙이다.[1]

즉 채권양도의 대항요건으로서 채권양도의 사실을 채무자에게 통지하거나 채무자의 승낙을 받아야 하는데(민 450조 1항), 채무자가 이의를 보류하지 않고 채권양도를 승인한 경우를 제외하고는(민 451조 1항) 채권자에게 대항할 수 있는 사유로 채권의 양수인에게도 대항할 수 있는 것이다.

이 원칙을 어음에도 적용한다면 어음거래가 매우 불안정해질 것이다. 특히 어음의 양도는 일반 채권양도와 달리 채무자에 대한 통지, 또는 채무자의 승낙이 요구되지 아니한다. 그러므로 어음을 양수받은 자는 어음채무자가 어음양도인에게 어떤 항변사유를 가지고 있는지 알지 못하는 것이 보통이다. 그런데 어음채무자가 자신의 상대방에 대해 가진 항변사유로 어음의 양수인에게 대항할 수 있다면, 어음을 양수받은 자는 항상 자신의 전단계에서 이루어진 모든 어음행위에 관련된 당사자들의 거래관계를 일일이 조사해야 할 것이고, 그래야 한다면 어음의 양도란 실질적으로 원인채권의 양도와 차이가 없어진다.

원래 어음·수표는 다수인 간에 순차로 지급수단으로 활용하도록 창안된 유가증권으로서 통화에 준하는 지급기능, 즉 유통성을 생명으로 한다. 어음·수표를 양도할 때에 일반 채권양도의 대항요건을 요구하지 않는 것도 바로 이 점에 대한 법적 기대 때문이다. 그러므로 어음법은 정책적으로, 어음의 양도시에 파악할 수 없는 항변사유에 관해서는 거래의 안전보다 우위에 서는 법리를 해하지 않는 한 항변을 절단시키고 있다.

대표권의 남용에 의한 어음발행과 배임죄

대표이사가 권한을 남용하여 발행한 어음이 무효이더라도 항변절단에 의해 제3자에게 회사가 책임을 부담할 가능성이 있을 경우에는 배임죄(형 355조 2항)가 성립할 수 있다.

---

1) 민법상의 채권양도에 있어서의 항변제도는 nemo plus iuris transferre potest quam ipse habet(누구도 자신이 가진 것 이상의 권리는 이전할 수 없다)라는 원칙에 기초한 것이다. 이 원칙에 의해 채권은 항변사유를 포함하여 동일성을 유지하며 양수인에게 이전되고, 따라서 채무자는 채권자에 대해 갖는 일체의 항변사유를 가지고 양수인에게 대항할 수 있는 것이다.

[32] 대법원 2017. 12. 22. 선고 2016도16939 판결

「대표이사가 대표권을 남용하는 등 그 임무에 위배하여 회사 명의로 약속어음을
발행하더라도 일단 회사의 행위로서 유효하나, 어음발행의 상대방이 대표이사의 진
의를 알았거나 알 수 있었을 때에는 회사에 대하여 무효가 된다. 다만 어음법상 약속
어음의 발행인은 종전의 소지인에 대한 인적 관계로 인한 항변으로써 소지인에게 대
항하지 못하므로(어음법 제77조, 제17조), 어음발행이 무효라 하더라도 그 어음이 실제로 제 3 자에
게 유통되었다면 회사로서는 어음채무를 부담할 위험이 구체적·현실적으로 발생하
였다고 보아야 하고, 따라서 그 어음채무가 실제로 이행되기 전이라도 배임죄의 기수
범이 된다. 그러나 약속어음 발행이 무효일 뿐만 아니라 그 어음이 유통되지도 않았
다면 회사는 어음발행의 상대방에게 어음채무를 부담하지 않기 때문에, 그러한 약속
어음 발행으로 인해 피해회사가 실제로 약속어음금을 지급하였거나 민사상 손해배상
책임을 부담하는 등의 특별한 사정이 없는 한 회사에 현실적으로 손해가 발생하였다
거나 실해 발생의 위험이 발생하였다고도 볼 수 없으므로, 이때에는 배임죄의 기수범
이 아니라 배임미수죄로 처벌하여야 한다(대법원 2017. 7. 20. 선고 2014
도1104 전원합의체 판결 참조).」

Ⅱ. 항변의 분류

어음법 제17조는 「환어음에 의하여 청구를 받은 자는 발행인 또는 종전의 소
지인에 대한 인적 관계로 인한 항변으로써 소지인에게 대항하지 못한다. 그러나
소지인이 그 채무자를 해할 것을 알고 어음을 취득한 경우에는 그러하지 아니하
다」라고 규정하며, 이를 약속어음에 준용하고(어 77조 1항 1호) 수표법에서도 같은 취지의
규정을 두고 있다(수 22조). 이 규정은 이른바 「인적 항변」(persönliche Einwendung)이
라 하여 어음이 양도되면 양수인에게는 대항할 수 없는 항변을 규정한 것이다. 여
기서 「대항할 수 없다」라고 함은 어음채무의 이행을 거절할 정당한 사유가 되지
못하며, 거절할 경우에는 이행지체가 됨을 뜻한다.

이 규정의 반대해석으로서, 어음의 인적관계로 인한 항변이 아닌 항변으로
서, 어음의 양도에도 불구하고 누구에게나 대항할 수 있는 항변이 존재함을 짐작
할 수 있다. 이를 물적 항변(dingliche Einwendung)이라 한다. 원래 타인의 권리행
사를 저지하거나 자신의 의무이행을 거절할 수 있는 항변의 주장은 법이 특히
제 3 자의 보호를 위해 주장을 제한한 경우(예: 착오의 주장, 민 109조 2항) 외에는 권리가 양도된다

해서 차단되는 것이 아니다. 그러므로 물적 항변이 항변의 원칙적인 모습이다. 그러나 어음법은 기술한 바와 같이 어음의 유통성보호를 위해 대인적인 항변사유, 즉 인적 항변사유에는 상대적 효력만을 인정하여 어음이 유통되면 항변의 주장이 차단되도록 규정하고 있다.

어음법은 위와 같이 항변을 인적 항변과 물적 항변으로 분류하고 있으나, 어떤 것이 인적 항변이고 어떤 것이 물적 항변인지에 관해서는 규정한 바 없으므로 해석에 의해 구분할 수밖에 없다.

항변 세분설

종래의 통설이 항변사유를 인적 항변과 물적 항변으로 분류함에 대해 최근 독일의 학설을 본받아 종류를 세분하는 견해가 있다. 독일에서도 이에 관한 定說이 없어 다양한 분류방법이 제시되는데, 이에 따라 국내에서도 일부 학설은 증권적 항변(urkundliche Einwendung), 비증권적 항변(nicht urkundliche Einwendung), 인적 항변(persönliche Einwendung)의 3가지로 분류하는가 하면($^{최기}_{원 568}$),[1] 증권상의 항변, 귀책가능성의 항변, 어음의 효력에 관한 항변, 인적 항변, 배제불요의 항변이라는 5가지 범주로 분류하기도 한다($^{정동}_{윤 122}$).[2] 그러나 항변의 분류는 기본적으로 절단이 되느냐 되지 않느냐의 분류로 귀착되어야 하며, 위 학설들도 결국은 각자가 분류한 항변 종류 중 어떤 것은 절단되고 어떤 것은 절단되지 않는다는 귀착점을 취한다. 그렇다면 이 분류방법은 결국 인적 또는 물적 항변사유에 속하는 개개 항변사유의 특성을 설명한 데 지나지 않으므로 어음법 제17조의 해석상 특히 의미 있는 항변의 분류방법을 제시하는 것은 아니다($^{同旨: 정}_{찬형 399}$).

Ⅲ. 항변사유

1. 물적 항변사유

물적 항변은 어음상의 채권·채무의 효력을 다투는 항변이다. 어음채무의 불성립 또는 소멸을 주장하거나, 어음상의 권리의 제한사유를 주장하는 것이다. 물

---

1) Bülow, §17 Anm.13 ff.; Zöllner, S. 132 ff.
2) Hueck · Canaris, S. 102 ff.

적 항변은 누구에게나 주장할 수 있는 항변이지만, 누가 주장할 수 있느냐는 것은 항변사유에 따라 다르다. 어음요건을 흠결한 경우와 같이 어음의 외관상 권리의 장애가 뚜렷한 경우에는 누구나 주장할 수 있으므로 이를 「절대적 물적 항변」이라 부르고, 제한능력자의 어음행위를 취소한 경우와 같이 특정의 어음채무자에 한해 존재하는 항변사유는 그 어음채무자만이 주장할 수 있으므로 이를 「상대적 물적 항변」이라고 부른다. 대체로 아래 (1)은 전자에 속하고, 아래 (2)는 후자에 속하지만, 그렇지 않은 경우도 있다. 예컨대 무담보배서($^{어}_{1항}\,^{15조}$)를 한 자가 담보책임을 거절하는 것은 어음의 외관상 명백한 권리장애사유를 이유로 하지만(아래 (1)), 무담보배서인만 주장할 수 있으므로 상대적 물적 항변에 속한다.

　　이하 구체적인 항변사유를 본다.

(1) 어음의 외관상 명백한 권리장애사유

　　어음상의 기재 또는 불기재로 알 수 있는 흠은 누구나 인식할 수 있으므로 이를 물적 항변으로 하더라도 어음의 유통성에 장애를 주는 바 없다.

　　i) 어음행위의 성립요건으로서 요식의 서면행위가 요구되는데, 어음의 요식성에 반하는 것은 전부 물적 항변사유가 된다. 예컨대, 어음요건을 흠결한 경우, 배서 등 어음행위의 방식에 흠이 있는 경우와 같다.

　　ii) 소멸시효의 완성, 상환청구권의 상실, 어음금의 지급필과 같이 어음상 알 수 있는 권리의 소멸도 물적 항변사유이다.

　　iii) 무담보배서를 한 자가 담보책임을 거부하는 것($^{어}_{1항}\,^{15조}$), 지시금지어음을 배서양도받은 자에게 발행인이 그 양도의 효력을 부정하는 것($^{어}_{2항}\,^{11조}$), 조건부어음보증을 한 자가 조건불성취를 이유로 보증채무이행을 거절하는 것, 제 3 자방지급의 기재가 있는 어음의 청구를 받은 지급인 또는 발행인이 지급을 거절하는 것($^{어}_{4조}$)과 같이 어음에 기재된 유익적 기재사항을 들어 그 효력을 주장하는 것도 물적 항변이다.

　　iv) 배서가 불연속하는 어음의 소지인에게 어음채무자가 지급을 거절하는 것($^{어}_{1항}\,^{16조}$)은 소지인의 권리 자체를 부정하는 것은 아니나, 권리의 증명이 없음을 주장하는 것으로, 이것도 물적 항변이다.

　　v) 만기 전에 어음을 제시하는 자에게 만기가 도래하지 않았다고 이행을 거

절하는 항변($^{어}_{2항}^{40조}$), 어음을 제시함이 없이 어음금을 청구하는 자에게 어음의 제시가 없다고 지급을 거절하는 항변($^{어}_{1항}^{38조}$), 지급인이 지급하면서 어음소지인에게 어음의 상환을 요구하는 항변($^{어}_{1항}^{39조}$)과 같이 유가증권의 성질에 유래하는 권리행사의 방식·요건에 관한 항변도 물적 항변이다.

(2) 어음행위의 실질적 효력요건에 관한 항변

어음행위가 유효하기 위하여는 어음행위의 형식적 요건(방식)을 구비하는 외에 법률행위 일반의 효력요건, 즉 실질적 요건을 구비하여야 한다. 실질적 요건을 구비하지 못하여 어음행위가 무효·취소된 경우 어음행위자의 어음채무는 발생하지 아니하고 그 주장은 물적 항변에 속한다. 따라서 의사무능력으로 인한 무효, 제한능력으로 인한 취소, 무권대리의 무효는 물적 항변사유이다. 비진의표시($^{민}_{107조}$)·허위표시($^{민}_{108조}$)로 인한 무효, 착오($^{민}_{109조}$), 사기·강박($^{민}_{110조}$)으로 인한 취소도 어음행위의 효력을 상실시키므로 물적 항변사유이다(물적 항변설). 다만 이들 사유는 과실 없는 선의의 제3자에게 대항하지 못하므로 선의의 소지인이 보호받는다.

일부학설은 비진의표시 등 의사표시상의 하자($^{민\ 107\sim}_{110조}$)에 기한 무효·취소를 인적 항변이라고 보며($^{손주찬\ 127;}_{정찬형\ 403}$), 같은 입장을 취한 판례도 있다($^{판례}_{[33]}$)(인적 항변설).[1] 그러나 의사표시의 하자는 어음행위의 효력요건을 결한 것으로 보는 데에 이견이 없는데, 어음행위의 효력요건을 결한 것을 인적 항변사유로 보는 것은 논리적인 설명이 아니다.

판 례

[33] 대법원 1997. 5. 16. 선고 96다49513 판결

「…어음행위에 착오·사기·강박 등 의사표시의 하자가 있다는 항변은 어음행위 상대방에 대한 인적 항변에 불과한 것이므로, 어음채무자는 소지인이 그 채무자를 해할 것을 알고 어음을 취득한 경우가 아닌 한, 소지인이 중대한 과실로 그러한 사실을 몰랐다고 하더라도 종전 소지인에 대한 인적 항변으로써 소지인에게 대항할 수 없다고 할 것이다.」

註) 이 판례는 확립된 판례이론을 대표한다고 보기는 어렵다. 다른 판례(대법원 1996. 7. 30. 선고 95다

---

1) 일본의 판례도 같은 입장이다(日最高裁 1979. 9. 6 판결, 民集 33권 5호, 630면).

6861 판결)에서는 어음발행인이 제3자의 기망에 의해 어음을 발행하였다가 이를 취소하였는데, 법원은 어음소지인이 그 기망사실을 알 수 있었다고 하며 발행인의 취소로 어음채무가 부존재하게 되었다고 판시한 바 있다. 이는 사기에 의한 어음행위(민 110조 1항)를 물적 항변사유로 보고 있음을 뜻한다.

견해대립의 실익

甲이 乙에게 약속어음을 발행하는데, 어음금을 500만원으로 할 것을 5,000만원으로 기재하였다. 甲은 이를 깨닫고 어음발행을 취소하였다. 그러나 乙은 이 어음을 A와의 거래에서 생긴 5,000만원 상당의 채무를 변제하기 위해 A에게 배서양도하였다. 이에 A가 甲에게 제시하였을 때, 甲이 발행을 취소한 사실을 주장할 수 있느냐는 문제에서 양설의 설명이 상이하다.

물적 항변설에 의하면 甲은 A에 대해 어음발행이 취소되었음을 주장할 수 있다. 다만 민법 제109조 제2항에 의해 착오에 의한 취소는 선의의 제3자에게 대항하지 못하므로 A가 선의이면 甲은 취소사실을 A에게 대항하지 못한다. 인적 항변설에 의하면 甲의 취소는 甲과 乙 사이에서만 항변가능한 사실이므로 A가 지급제시하였을 때 甲은 어음법 제17조 본문을 적용받아 A에게 대항할 수 없다. 다만, A가 害意일 경우 甲은 동조 단서에 의해 대항할 수 있다. 이같이 어음의 실질적 효력요건의 흠결은 선의의 소지인에게 대항하지 못한다는 점에서는 차이가 없으나, 그 이유를 설명하는 방법이 다르다.

2. 인적 항변사유

(1) 실질관계의 항변

인적 항변이란 특정의 어음거래당사자 사이에서 어음 외적으로 발생한 권리장애사유이다. 대표적인 예는 원인관계로 인한 항변이다. 융통어음을 제외하고 어음은 원인채무의 변제수단으로서 교부된다. 그러므로 원인관계상의 채무가 무효·취소되거나 계약이 해제되면, 어음채무자가 자신의 거래상대방이 어음금을 청구할 경우 지급을 거절하는 것은 정당하다. 그러나 원인관계는 어음거래의 동기를 이룰 뿐 어음행위의 효력과는 무관하므로(무인성) 그 항변은 인적 항변에 속한다.

자금관계로 인한 항변도 인적 항변이다. 예컨대 환어음의 지급인이 발행인으로부터 만기 전에 자금의 공급을 약속받고 인수를 하였으나 발행인이 자금을 공급하지 아니할 경우, 발행인이 지급청구를 해 오면 지급을 거절할 수 있음은 당연하나, 이 관계는 인수인과 발행인의 인적 항변사유에 그친다. 자금관계로 인한 인수인의 항변은 발행인에 대해서만 주장할 수 있다는 의미에서 인적 항변이라고 할 수 있지만, 그 효력에 있어 다른 인적 항변과는 크게 다름을 주의하여야 한다. 다른 인적 항변은 악의의 취득자에 대해서는 주장할 수 있으나($\frac{\text{어}17}{\text{조 답}}$), 자금관계로 인한 항변은 악의의 취득자에 대해서도 주장할 수 없다. 즉 어음을 인수한 후 발행인이 자금을 공급하지 않았다는 점을 알고 어음을 취득한 자에 대해서도 인수인은 지급을 거절할 수 없는 것이다. 이는 인수인의 책임은 인수라는 행위를 통해 완결적으로 발생한다는 특성에서 비롯되는 것이다.

(2) 표현되지 않은 어음상의 권리항변

어음상의 권리관계에 관한 것이라도 어음의 문언을 통해 표현되지 않은 것은 인적 항변사유이다. 예컨대 담보를 위해 발행한 어음이라는 주장, 지급을 연기하는 합의가 있었다는 주장, 조건부로 어음상의 권리를 행사하기로 하였다는 주장, 어음채무와 다른 채권의 상계의 항변 등과 같다. 흔히 백지어음의 보충권의 남용을 인적 항변의 예로 들지만 이는 별개의 법리로 이해해야 한다. 백지어음의 보충권은 어음문구상 표시되지 않았을 뿐, 증권적 권리로서 그 내용은 어음상의 권리의 일부를 이루므로 이를 그릇 행사한 것을 단지 발행인과 부당보충자 사이의 인적 항변으로 이해할 수는 없기 때문이다. 그러므로 백지어음의 부당보충에 대한 항변에 관하여는 어음법 제10조에서 따로 규정을 두고 있고, 항변제한의 효력도 인적 항변과는 달리 악의만이 아니라 중과실이 있는 자에 대하여도 대항할 수 있게 항변의 가능성을 넓히고 있다.

3. 융통어음의 항변

(1) 융통어음의 개념

타인의 자금사정을 도와주기 위해 대가 없이 발행해 주는 어음(주로 약속어음)을 융통어음이라 한다.[1] 예컨대 甲과 乙 간에 특별한 원인관계가 있어 이를

---

1) 판례 중에는 융통어음을 "타인으로 하여금 어음에 의하여 제 3 자로부터 금융을 얻게 할 목적으로 수수되는 어음"이라고 정의한 예도 있으나(대법원 2012. 11. 15. 선고 2012다60015 판결), 융통어

결제하기 위함이 아니고 甲이 乙의 자금사정의 해결에 협력하기 위해 호의적으로 어음을 발행해 주는 것이다. 주로 은행도 약속어음을 이용한다. 乙은 이 어음을 타인에 대한 자기의 채무를 변제하는 데 사용하거나 은행 또는 사금융업자로부터 어음을 할인하는 방법으로 활용할 것이다. 乙이 이 어음을 사용하고 만기 전에 甲에게 어음금액을 제공하면 甲이 어음금을 지급하는 식으로 거래관계가 이루어지겠지만, 乙이 자금을 공급하지 못하면 甲이 융통어음임을 이유로 지급을 거절하는 예가 많아 분쟁이 생긴다.

융통어음은 배서에 의해서도 생길 수 있다. 예컨대 乙이 A의 부탁을 받고 원인관계 없이 호의적으로 배서해 주는 것이다. 하지만 주로 발행에 의해 생기므로 이하 발행을 중심으로 융통어음의 법률관계를 설명한다.

(2) 융통어음의 판단

융통어음은 융통자(어음을 발행해 주는 자)와 피융통자(융통어음을 발행받는 자) 간의 내부적인 합의에 의해 수수되므로 융통어음인지 여부를 판단하기 어려운 경우도 있다. 어떠한 어음이 융통어음에 해당하는지 여부는 어음거래 당사자의 주장만에 의할 것은 아니고 구체적인 사실관계에 따라 판단하여야 한다(대법원 1996. 5. 14. 선고 96다3449 판결).[1] 융통어음이라는 사실은 융통어음임을 주장하는 자가 증명하여야 한다(대법원 2001. 8. 24. 선고 2001다 28176 판결).

(3) 항변의 가능성

융통어음의 경우, 그 수취인이 발행인에게 어음금을 청구한다면 발행인이 어음금지급을 거절할 수 있음은 물론이다. 그러나 융통어음은 발행인이 어음채무를 부담하려는 의사에서 발행한 것이므로 수취인 이외의 소지인에 대해서는 일체 항변사유가 되지 않는다는 점에 이견이 없다(판례 [34] 및 대법원 1957. 3. 21. 선고 4290민상20 판결 이후 다수).

음의 용도가 반드시 제 3 자로부터 금융을 얻는 것에 국한되는 것은 아니고, 원인채무의 변제를 위해서나 담보의 목적으로 사용될 수도 있다.

1) 동 판례는 甲이 乙에게 어음할인을 의뢰하며 어음을 발행하고, 다시 乙이 이 어음을 A에게 할인의뢰하고, A는 할인목적으로 발행된 것임을 알면서 이 어음을 취득하여 乙에 대해 가진 채권의 담보로 처리하고 甲에게 어음금 지급을 청구한 사건에 관한 것이다. 법원은 이 어음은 융통어음이 아니고, 甲은 원인관계에 기한 악의의 항변(어 17조 단)으로서 A에 대한 지급을 거절할 수 있다고 판시하였다.

다만, 발행인이 항변할 수 없는 이유에 관한 설명에서는 견해가 대립한다. 융통어음이라는 사실은 인적 항변사유이지만 소지인의 「해의」($\binom{어 17조 단서의}{해할 것을 알고}$)를 인정할 수 없기 때문이라는 것이 다수설이다($\binom{서·정 110; 손주찬 130; 양명조 307; 정경영}{1286; 정무동 455; 최기원 577; 최완진 561}$). 이에 대해, 융통어음은 발행인이 어음채무를 부담하려는 의사에서 발행한 것이므로 융통어음의 항변은 성질상 처음부터 제 3 자에게는 대항할 수 없는 항변이고 아예 절단이나 배제가 논의될 수 없는 항변이라고 설명하는 견해도 있다($\binom{강·임 177; 정동윤 132;}{정찬형 406; 채이식 322}$).

융통어음이란 사실은 항변사유가 될 수 없음이 원칙이지만, 융통어음을 취득한 자가 그에 상응하는 대가적 원인관계를 갖고 있지 못한 경우에는 융통어음의 발행인은 인적 항변으로써 대항할 수 있다. 예컨대 융통어음이 재차 융통의 목적으로 양도된 경우 또는 융통어음이 무상으로 이전된 경우 그 소지인은 발행인에게 어음금을 청구할 대가적 근거가 없으므로 발행인의 항변이 허용되어야 한다($\binom{대법원 2012. 11. 15. 선고}{2012다60015 판결}$).[1] 또 융통어음과 교환하여 피융통자(융통어음의 수취인)가 담보조로 융통자(융통어음의 발행인)에게 어음을 교부해 주었는데 그 담보어음이 지급거절된 경우, 이러한 사정을 알고 융통어음을 양수한 제 3 자에 대하여는 융통어음이라는 사실로 항변할 수 있다($\binom{판례}{[34]}$).

(4) 융통자와 피융통자의 법률관계

융통어음은 융통자와 피융통자 사이의 내부관계에 있어서 피융통자가 어음금의 결제를 책임지는 것을 당연한 전제로 하여 수수되는 것이므로, 융통어음의 수수 당시 당사자 사이에서는 어음의 만기가 도래하기 이전에 피융통자가 어음을 회수하여 융통자에게 반환하거나, 융통어음의 결제자금으로 그 액면금에 상당한 금액을 융통자에게 지급하기로 하는 약정이 있었던 것으로 보아야 할 것이다($\binom{대법}{원}$ $\binom{1999. 10. 22. 선}{고 98다51398 판결}$). 그리고 피융통자가 융통어음을 활용하여 자금을 차입하였다 하더라도 융통자는 피융통자로부터 어음을 양수한 제 3 자에 대하여 어음의 발행인으로서의 어음금채무를 부담할 뿐이고, 피융통자의 자금차입에 대해 보증한 것으로 볼 수는 없다($\binom{대법원 1987. 4. 28.}{선고 86다카2630 판결}$). 그러므로 융통자가 스스로 어음금을 지급하였다면

---

1) 甲이 乙로 하여금 어음할인을 받게 할 목적으로 약속어음을 발행하였고, 乙은 A에게 어음할인을 부탁하며 어음을 배서교부하였고, A는 B에게 다시 어음할인을 부탁하며 어음을 교부하였는데, B가 어음을 소지함을 기화로 甲에게 어음금을 청구하였으나 거절하였던바, 법원은 본문에서와 같은 이유로 甲의 융통어음의 항변을 허용하였다.

이는 어디까지나 융통어음의 발행인으로서 자신의 어음금채무를 이행한 것에 불과하고, 피융통자의 보증인의 지위에서 피융통자의 채무를 대신 변제한 것으로는 볼 수 없다(전게 98다51398 판결). 융통자가 자신이 지급한 어음금을 피융통자로부터 보상받고자 한다면 위에 말한 내부관계의 합의에 기해 청구해야 할 것이다.

판 례

[34] 대법원 1995. 1. 20. 선고 94다50489 판결

「1. 타인의 금융 또는 채무담보를 위하여 약속어음(소위 융통어음)을 발행한 자는 피융통자에 대하여 어음상의 책임을 부담하지 아니하지만, 그 어음을 양수한 제3자에 대하여는 선의, 악의를 묻지 아니하고 대가 없이 발행된 융통어음이었다는 항변으로 대항할 수는 없다(당원 1994. 5. 10. 선고 93다58721 판결 및 1979. 10. 30. 선고 79다479 판결 참조).

다만 피융통자가 융통어음과 교환하여 그 액면금과 같은 금액의 약속어음을 융통자에게 담보로 교부한 경우에 있어서는 융통어음을 양수한 제3자가 양수 당시 그 어음이 융통어음으로 발행되었고 이와 교환으로 교부된 담보어음이 지급거절되었다는 사정을 알고 있었다면, 융통어음의 발행자는 그 제3자에 대하여도 융통어음의 항변으로 대항할 수 있다고 할 것이다(위 93다58721 판결 및 당원 1990. 4. 25. 선고 89다카20740 판결 참조).」

※ 同旨: 대법원 2010. 1. 14. 선고 2006다17201 판결(乙이 甲으로부터 융통어음을 발행받아 A에게 양도담보의 목적으로 배서한 후 파산한 경우, 乙은 甲에게 어음상의 권리를 행사하지 못한다고 하더라도 동 어음은 乙의 파산재단을 구성하고 A는 동 어음에 대해 별제권을 가진다고 판시한 예).

융통어음의 再度使用의 항변

乙이 甲으로부터 융통어음을 발행받아 A에게 사용한 후 원인관계를 해결하고 회수하였다가 甲의 승낙 없이 동일한 A에게 다시 배서양도하고 A가 이러한 사정을 알고 취득한 경우에는 甲은 A에 대해 융통어음의 「재도사용의 항변」으로 대항할 수 있다는 것이 판례의 입장이다.

[35] 대법원 2001. 12. 11. 선고 2000다38596 판결

「융통인이 피융통인에게 신용을 제공할 목적으로 수표에 배서한 경우, 특별한 사정이 없는 한 융통인과 피융통인 사이에 당해 수표에 의하여 자금융통의 목적을 달성한 때는 피융통인이 융통인에게 지급자금을 제공하든가 혹은 당해 수표를 회수하여 융통인의 배서를 말소하기로 합의한 것이라고 보아야 할 것이므로, 피융통인이 당해 수표를 사용하여 금융의 목적을 달성한 다음 이를 반환받은 때에는 위 합의의 효력에 의하여 피융통인은 융통인에 대하여 융통인의 배서를 말소할 의무를 부담하고, 이것을 다시 금융의 목적을 위하여 제3자에게 양도하여서는 아니 된다고 할 것이다.

그럼에도 불구하고, 피융통인이 이를 다시 제3자에게 사용한 경우, 융통인이 당해 수표가 융통수표이었고, 제3자가 그것이 이미 사용되어 그 목적을 달성한 이후 다시 사용되는 것이라는 점에 관하여 알고 있었다는 것을 입증하면, 융통인이 피융통인에 대하여 그 재사용을 허락하였다고 볼 만한 사정이 없는 한, 융통인은 위 융통수표 재도사용의 항변으로 제3자에 대하여 대항할 수 있다고 할 것이다.」

Ⅳ. 항변의 효력

어음항변을 인적 항변과 물적 항변으로 구분하는 이유는 어음법 제17조에 의해 어음이 양도됨에 따라 절단되는 항변과 양도에도 불구하고 절단되지 않는 항변으로 구분하기 위함이다.

1. 물적 항변의 효력

기술한 바와 같이 물적 항변은 어음 또는 어음행위 자체의 효력을 이루므로 어음이 양도될 경우 어음채무자는 양수인에 대해서도 대항할 수 있다. 상대적 물적 항변사유가 있는 어음이라면 어음소지인은 항변사유가 있는 어음채무자 이외의 채무자에게 권리를 행사할 수 있지만, 예컨대 어음요건의 흠결이나 시효소멸과 같은 절대적 물적 항변사유가 있는 어음의 소지인은 어음채무자 누구에게도 권리행사가 불가능하고 어음을 자신에게 양도한 자와의 사이에서 원인관계상의 채권을 행사하여 보상을 받거나, 요건이 충족된다면 이득상환청구권을 행사하여 보상받을 수 있을 뿐이다.

2. 인적 항변의 효력(항변의 절단)

인적 항변사유는 자신의 어음행위의 상대방에 대해서만 원용할 수 있고 그 이후의 선의의 어음소지인에게는 원용할 수 없다(어 17조 본). 이를 「인적 항변의 절단」

이라 표현하는데, 어음의 유통성을 뒷받침하는 가장 중요한 제도이다. 인적 항변 절단의 효과는 배서에 의해 어음을 취득한 자뿐만 아니라, 백지식으로 배서된 어음 또는 수취인이 백지인 어음을 교부에 의해 양수한 자도 누린다$\left(\begin{smallmatrix} 대법원 1994. 11. 18. \\ 선고 94다23098 판결 \end{smallmatrix}\right)$.

인적 항변사유라 하더라도 항변이 절단되지 않는 다음과 같은 예외가 있다.

1) 첫째, 어음이 지명채권의 양도방법으로 양도된 경우$\left(\begin{smallmatrix} 어 11조 \\ 2항 \end{smallmatrix}\right)$ 또는 기한후 배서$\left(\begin{smallmatrix} 어 20조 \\ 1항 단 \end{smallmatrix}\right)$에 의해 양도된 경우에는 지명채권양도의 효력밖에 없으므로 항변이 절단되지 않는다.

2) 인적 항변을 절단시키는 취지는 어음의 유통성을 보장하려는 것이므로 어음의 유통과 무관하게 어음이 이전된 경우에는 항변이 절단되지 않는다. 예컨대 상속이나 합병과 같은 포괄승계에 의해, 또는 판결에 의해 어음이 이전된 경우에는 항변이 절단되지 않는다.

3) 추심위임배서$\left(\begin{smallmatrix} 어 18조 \\ 1항 \end{smallmatrix}\right)$의 피배서인이 어음금을 청구하는 경우에는 어음의 양도가 없으므로 항변이 절단될 수 없음은 물론이다. 양도배서의 형식을 취했더라도 숨은 추심위임배서인 경우에는 역시 항변이 절단되지 않는다.

4) 배서가 불연속한 경우, 배서가 단절된 이후에 취득한 자에게는 항변이 절단되지 않는다. 배서가 단절된 어음은 유통성보장의 고려대상이 아니기 때문이다.

항변절단의 근거

일본에는 항변절단제도의 타당근거에 관해 두 가지 상이한 설명방법이 있다. 어음의 배서양도는 어음채권의 양도이므로 어음채권의 이전과 더불어 항변도 부착되어 이동하는 것이 원칙이나, 이같이 다룬다면 어음의 유통성이 저해되므로 어음법에서 항변절단이라는 제도를 둔 것이라고 설명하는 것이 일반적이다. 즉 어음법 제17조는 어음의 유통성보장을 위한 정책적 규정이라는 것이다. 다른 하나는, 어음항변의 속인성(屬人性)에 입각한 설명으로서, 어음의 배서에 의해 이전되는 것은 어음채권에 그치고, 어음외적인 항변은 항변사유가 있는 자에게 머물 뿐, 어음과 더불어 이전하는 것이 아니라는 설명이다.[1] 이에 의하면 어음법 제17조는 어음항변의 당연한 법리를 주의적으로 규정한 것에 지나지 않는다.

---

1) 丹羽, 193면.

Ⅴ. 악의의 항변

1. 의 의

어음이 양도됨에 따라 인적 항변을 절단시키는 취지는 특정 당사자 간에 생긴 권리의 분쟁이 어음의 유통에 영향을 주지 않도록 하기 위함이다. 그러므로 이미 인적 항변사유가 있음을 알면서 어음을 취득한 자가 있다면, 그는 스스로 권리행사에 관한 위험을 감수하고 어음을 취득한 자이므로 항변절단제도의 입법취지 밖이며, 그마저 보호한다면 오히려 형평에 어긋난다. 따라서 어음법 제17조 단서에서는 「그러나 소지인이 그 채무자를 해할 것을 알고 어음을 취득한 경우에는 그러하지 아니하다」라고 규정함으로써 항변절단의 적용한계를 설정하고 있다.

이 규정에서 「채무자」라 함은 자기의 후자에 대해 인적 항변사유를 가지고 있는 자를 말하며, 「소지인」이라 함은 그 후자 이후에 어음을 취득한 자를 말한다. 예컨대 甲이 乙의 부동산을 매수하고 대금지급을 위해 약속어음을 발행하였는데 만기 전에 매매를 해제하였다 하자. 그러나 乙은 이 어음을 A에게 배서하였고 A가 계약해제의 사실을 모른다면 甲은 A의 청구에 대해 지급을 거절하지 못한다(항변의 절단).

그러나 이 예에서 A가 甲을 해할 것을 알고 어음을 취득한 경우라면 甲은 계약해제를 이유로 어음금의 지급을 거절할 수 있다. 이와 같이 어음채무자가 어음소지인의 해의(어 17조 단)를 이유로 하는 항변을 「악의의 항변」(exceptio doli)이라고 한다.

어느 특수한 상황에서 어음소지인이 권리를 행사하는 것이 신의칙에 위반할 때에는 어음채무자가 채무이행을 거절할 수 있다고 보아야 할 경우가 있으며, 이를 「일반 악의의 항변」(exceptio doli generalis)이라 하는데, 어음법 제17조의 항변은 전자가 부담하는 항변사유를 후자에게 승계시키는 제도이므로 이와 구별하여야 한다.

일반 악의의 항변

「일반 악의의 항변」이 거론되는 예를 들면 다음과 같다.

무권대리인으로부터 대리권 없음을 알고 어음을 취득한 자는 무권대리인의 책임

($_{8조}^{어}$)을 물을 수 없는데, 이를 처음부터 권리가 발생하지 않기 때문이라고 설명하는 견해도 있지만, 권리는 발생하되 무권대리인이 악의의 항변을 할 수 있다고 보는 것이 타당하다.

융통어음임을 알고 취득한 자가 발행인에 대해 권리를 행사할 경우, 발행인이 악의의 항변을 할 수 있다고 설명하는 견해도 있다. 그러나 앞서 설명한 바와 같이 융통어음은 발행인이 채무부담의 의사를 가지고 발행한 것이므로 항변을 할 수 없다고 보는 것이 옳다.

어음위조의 경우 소지인은 위조자에 대해 무권대리인으로서의 책임을 물을 수 있다고 함이 다수설인데, 이때 소지인이 위조어음임을 알고 있었다면 위조자는 일반 악의의 항변을 하여 어음채무를 면할 수 있다고 한다. 그러나 기술한 바와 같이 위조자에게 어음채무를 묻는 것은 타당하지 않다.

2. 악의의 항변의 요건(해의)

(1) 해의(害意)의 의의

악의의 항변이 성립하기 위하여는 어음소지인이 어음채무자를 해할 것을 알고 어음을 취득해야 한다. 여기서 채무자를 「해할 것을 알고」가 무엇을 뜻하느냐에 관해 세 가지 해석이 가능하다.

첫째는 공모설로서, 전자(앞 예의 乙)와 어음소지인(앞 예의 A) 사이에 어음채무자(앞 예의 甲)를 해할 의사로 통모하는 것을 뜻한다고 보는 견해이다.

둘째, 악의설로서 소지인이 단순히 채무자에게 항변사유가 있음을 알면 족하다고 보는 견해이다.

셋째, 해의설로서 소지인이 항변사유를 아는 것만으로는 부족하고, 자신의 어음취득으로 채무자의 항변이 절단되고 따라서 채무자가 손해를 입는다는 사실을 알아야 한다는 견해이다.

어음법통일조약의 초안 당시에 악의의 항변의 요건을 어떻게 규정할 것이냐에 관해 위의 세 가지 안이 제기되었는데, 동 조약에서는 셋째 안을 채택하였으며, 우리 어음법 제17조도 이에 따른 것이다(어음법 제17조 단서의 「해의」란 통일조약상의 "knowing to the detriment of the debtor"의 번역어이다). 따라서 어음법 제17조의 악의의 항변은 소지인의 해의를 요한다는 데에 이설이 없다($_{고\ 96다3449\ 판결;\ 同}^{대법원\ 1996.\ 5.\ 14.\ 선}$

1996. 5. 28. 선). 1)
고 96다7120 판결).

(2) 해의와 악의의 구별

1) 문 제 점

어음법 제17조가 악의의 항변의 요건으로 해의를 요구하는 것은 명백하지만, 이 「해의」를 「악의」와 어떻게 구별하느냐는 것이 난제이다. 어음소지인이 항변사실을 알고 있다면 자신의 어음취득으로 항변이 절단된다는 사실도 알고 있다고 보아야 할 것이기 때문이다(항변이 절단된다는 사실을 모른다면 어음을 취득하려 하지 않을 것이다). 그래서 학자에 따라서는 항변이 존재함을 알고 취득한 경우에는 채무자를 해할 것을 알고 취득한 것으로 인정해야 하고, 「채무자를 해할 것을 알고」라는 법문의 표현은 항변의 존재를 알고 취득하더라도 간단히 악의의 항변을 인정해서는 안 된다고 하는 해석의 방향을 시사하는 것 이외의 의미를 부여할 필요가 없다고 설명하기도 한다.[2]

2) 통   설

통설은 채무자를 해한다는 의미를 다음과 같은 예를 들어가며 유의의하게 해석한다. 甲이 乙로부터 물건을 구입하고 어음을 발행하였으나, 물건에 하자가 있어 甲이 乙의 어음금청구에 항변할 수 있는 상황에서 乙로부터 A가 어음을 배서양도받았다 하자. 이 경우 A가 이 어음의 원인관계를 알고 물건의 하자도 알았지만, 乙이 甲에게 하자 없는 물건으로 교환해 주는 등의 방법으로 甲과 乙 사이에 잘 해결되어 甲이 항변권을 행사하지 않을 것으로 믿고 어음을 취득하였다면 해의가 없는 것이고, 반대로 잘 해결되지 않을 것으로 생각하고 취득하였다면 해의가 있는 것이라고 한다(강·임 168; 서·정 115; 서헌제 235; 정동윤 128; 정찬형 408; 최기원 584).

3) 사   견

통설은 요컨대 어음취득자가 어음항변의 배경관계에 대한 예측을 여하히 하였느냐에 따라 해의의 유무를 결정한다는 것인데, 과연 사법적 요건사실의 판단기준으로 적합한지 의문이다. 악의의 항변이 현실화되는 것은 위 예에서 甲과 乙

---

1) 관련 判旨: 「…악의의 항변이라 함은 항변사유의 존재를 인식하는 것만으로는 부족하고 자기가 어음을 취득함으로써 항변이 절단되고 채무자가 해를 입는다는 사실까지도 알아야 한다.…」

2) 鈴木, 245면.

사이에 잘 해결되지 않았을 때이다. 그러므로 A가 올바른 예측을 하였다면 해의가 있는 것이고 예측이 틀린 경우에는 해의가 없는 것이 된다. 여기서 A의 예측을 여하히 알아내느냐는 문제가 제기된다. 어음취득자의 예측이란 것은 지극히 주관적인 것이라서 취득자의 정직한 진술에 의존할 수밖에 없을 것이므로 대부분의 실제사건에서는 해의가 없다고 판단할 수밖에 없을 것이다. 공평한 해결이 아님은 물론이다. 그러므로 입법론적으로는 단순 악의를 요건으로 하는 것이 타당하다고 생각되지만, 현행법 하에서는 어음취득시에 항변사유가 이미 발생하였느냐의 여부에 따라 다음과 같이 달리 해석하는 것이 합리적이다.

첫째, 항변사유가 이미 발생한 후에 취득자가 이 사실을 알면서 취득한 경우에는 장차 항변사유가 해소될 것임을 믿을 수 있는 특별한 사유가 없는 한 해의가 있는 것으로 보아야 한다(판례[36]).

둘째, 장차 항변사유가 발생할 수 있는 원인관계를 알고 있음에 불과한 상태에서 취득한 경우에는 일반적으로 해의가 있다고 할 수 없고, 다만, 어음채무자가 만기에 항변할 수 있는 사실이 발생할 것이 거래통념상 확실한 경우에 한해서 해의가 있다고 보아야 한다.

판 례

[36] 대법원 1971. 3. 23. 선고 71다101 판결

「…피고 유장현이 1967. 4. 21에 그 소유 전분공장의 전기공사를 소외 최영옥에게 대금 187만원에 도급하고 그 공사대금의 지급담보를 위해서 피고들 공동명의로 본건 액면 187만원 지급기일 1967. 7. 30의 약속어음을 위 최영옥에게 발행하였으나, 위 최영옥은 그 시공을 하지 않고 위 어음을 소지함을 기화로 1969. 5월경에 원고명의로 소송을 제기하기 위해서 숨은 추심위임의 취지하에 그 날자를 1967. 7. 30로 소급하여 이를 원고에게 배서양도한 사실을 인정한 다음… 그렇다면 위 최영옥은 그 공사대금의 청구권이 없고, 원고는 위 어음이 공사대금의 담보조로 발행된 것임을 알면서 기한후배서양도를 받은 악의의 취득자라 할 것이므로 위 최영옥에게 대항할 수 있는 피고들의 인적 항변은 원고에게 대항할 수 있다.…」

註) 이 판결문 중 원고의 악의 운운은 사족이다. 최영옥이 원고에게 숨은 추심위임배서를 하였다고 인정한 이상, 피고의 최영옥에 대한 항변은 절단되지 않으며, 통상의 양도배서라 하더라도 최영옥이 원고에게 기한후배서를 한 것으로 인정한 이상 역시 항변의 절단을 인정할 여지가 없기 때문이다.

참고로 해의의 유무에 관한 일본판례를 소개한다.

i) 甲이 乙에게 돈을 빌리고 변제기까지의 이자를 담보하기 위하여 변제기를 만기로 하는 약속어음을 발행해 주었고, 乙은 이 어음을 이 사실을 알고 있는 A에게 양도하였다. 그러나 甲은 어음의 만기 전에 乙의 채무를 변제하였으므로 A가 만기에 어음금청구를 해오자 甲은 원금의 변제로 이자채무가 발생하지 않았음을 이유로 지급을 거절하였다. 이 사건에서 법원은 A가 어음을 취득할 시점에서 만기 전에 원본채무가 변제되리라는 것을 알고 있었다고 볼 특단의 사정이 없는 한 해의를 인정할 수 없다고 판시하였다(日最高裁 1955. 7. 14 판결, 判例時報 1550호, 120면).

ii) 도급인 甲이 수급인 乙에게 도급공사의 전도금으로 약속어음을 발행하고, 乙은 이 사정을 알고 있는 A에게 어음을 양도하였다. 그리고 만기 전에 도급계약이 해제되었으므로 甲은 A의 어음금청구를 거절하였다. 법원은 A가 도급계약이 해제될 것을 예상하였다고 인정되지 않는 한 해의를 인정할 수 없다고 판시하였다(日最高裁 1955. 11. 18 판결, 民集 9권 12호, 1763면).

iii) 甲이 乙로부터 상품구입을 약정하고 상품대금조로 약속어음을 발행하면서, 상품이 인도되지 않는 한 어음금을 지급하지 않는다는 특약을 하였다. 乙은 이 특약을 알고 있는 A에게 어음을 양도하였는데, A가 만기에 이르러 甲에게 어음금을 청구할 때에도 상품이 인도되지 않아 甲이 어음금지급을 거절하였다. 법원은 A가 만기 전에 상품이 인도될 것을 믿고 어음을 취득한 이상 A에게 해의를 인정할 수 없다고 판시하였다(日最高裁 1959. 8. 18 판결, 民集 13권 10호, 1275면).

해의는 최소한 항변사유에 대한 악의를 요하므로 소지인이 항변사유를 알지 못한 데에 중과실이 있더라도 악의의 항변은 성립하지 않는다(대법원 1996. 3. 22. 선고 95다56033 판결).[1]

중과실이란 명문의 규정이 없더라도 악의와 같이 다루는 것이 일반적인 해석론이고 보면, 중과실로 항변사유를 알지 못한 경우 어음법 제17조 단서를 적용하지 않는 것은 다소 이례적인 해석이라 생각할 수도 있다. 그러나 어음법 제17조 단서가 요구하는 채무자를 「해할 것을 알고」라는 요건은 단순히 항변사유를 알고 있음에 그치지 않고 나아가 채무자의 손실에 대한 의식(해의)도 요구하는 표현이므로, 비록 중과실이 있더라도 항변사유를 알지 못했다면 두 번째 단계인 해의라는 요건을 충족할 수 없기 때문에 위와 같은 해석이 불가피한 것이다.

---

1) Baumbach · Hefermehl · Casper §17 Anm. 116; 일본에서도 통설 · 판례이다(日最高裁 1960. 10. 25 판결, 民集 14권 12호, 2720면).

(3) 해의의 존재시기

해의의 유무는 어음의 취득시기를 기준으로 판단해야 한다($^{異說}_{없음}$). 항변절단제도는 어음의 유통성보호를 위한 제도인 만큼 유통성에 대한 배려는 어음을 취득하는 시기에 대해 베풀어져야 하기 때문이다. 그러므로 어음취득시에 해의가 없다면, 어음상의 권리를 행사하는 시점에서 해의가 인정되더라도 항변의 대상은 되지 아니한다.

(4) 증명책임

악의의 항변이 제기된 경우 해의유무의 증명이 초점이 될 것이다. 해의는 악의의 항변의 요건이므로 어음채무자가 해의를 증명해야 한다는 것이 통설이나, 일률적으로 이같이 볼 것은 아니다. 전술한 바와 같이 어음취득 당시에 이미 항변사유가 발생한 경우에는 어음채무자의 증명책임은 소지인의 악의를 증명하는 데에 그친다고 해석한다. 그러나 어음소지인이 취득 당시 원인관계만 알았을 뿐이고, 어음취득 후 항변사유가 발생한 경우에는 어음소지인이 어음취득 당시 원인관계를 알고 있었다는 사정 외에 장차 항변사유의 발생을 예상할 수 있었음을 증명하여야 한다고 본다.

3. 배서인의 선의와 소지인의 해의

어음소지인에게는 해의가 있으나 그 소지인이 해의가 없는 자로부터 어음을 취득한 경우에 그 소지인을 상대로 악의의 항변이 가능한가라는 문제가 있다. 예컨대 발행인 甲에 대해 항변을 부담하는 수취인 乙이 A에게 어음을 양도하고 A는 다시 B에게 양도하였는데, A는 항변사실을 알지 못하였으나 B는 항변사실을 알고 취득한 경우, 甲은 B에 대해 항변할 수 있느냐는 문제이다. 이것이 선의취득의 문제라면 B는 적법하게 어음을 취득한다. 즉 A가 무권리자인 乙로부터 선의취득을 한 이상 B가 乙의 무권리에 대해 악의일지라도 흠 없이 어음을 취득하는 것이다.

이 문제를 거론하는 학자들은 모두 선의자의 개입으로 항변은 영구히 차단되므로 해의의 취득자가 항변의 부담 없이 어음을 취득한다고 설명하며(정동윤 129;
정찬형 410) 판례도 같은 입장을 취한다([판례
[37]]).[1] 그러나 그 타당성은 의문이다. 다수설은 인적 항변의 절단을 선의취득과 같은 효력으로 설명하나[2] 이는 선의취득과는 성질을 달리하는 문제이다. 선의취득은 권리의 귀속에 관한 문제이다. 일단 선의취득이 성립되면 소지인이 흠결 없는 어음상의 권리를 원시취득하는 까닭에 그 이후의 취득자도 흠결 없는 권리를 취득한다. 그러나 항변절단은 권리의 귀속과는 무관하고, 어음채무자와 소지인 간의 권리행사관계에서 어음의 유통성과 형평성을 비교형량하는 제도이므로 다분히 속인성을 갖는다. 따라서 유통성의 보호와 무관한 취득자에게까지 제도의 혜택을 미치게 할 수는 없다는 논리가 성립한다.[3] 앞의 예에서 B가 항변의 제한을 받게 되더라도 유통성의 보호에는 지장이 없는 것이다. 한편 실제문제로서 선의자의 개입에 항구적인 항변차단효과를 인정한다면, 항변사유가 있는 어음이 다단계에 걸쳐 유통된 경우에는 최후 소지인의 해의가 증명되더라도 중간단계의 배서인들의 해의가 전부 증명되지 않으면 악의의 항변은 불가능해진다. 결과적으로 악의의 항변제도의 적용범위는 사실상 항변당사자의 직후단계의 취득자에 국한되는데, 이 또한 타당한 결과라고 할 수 없다. 요컨대 악의의 항변은 선의자에 의해 차단되지 않는다고 보아야 한다.

판 례

[37] 대법원 2001. 4. 24. 선고 2001다5272 판결

「백지식 배서에 의하여 어음을 양수한 사람은 백지를 보충하지 아니하고 인도에 의하여 어음을 양도하면 배서인으로서의 소구의무를 부담하지 아니하지만 현재의 어음소지인의 앞사람으로서 권리를 양도한 어음상의 권리자였다는 지위에는 변함이 없으므로, 어음상 배서인으로 나타나 있지는 않지만 현재의 어음소지인에게 어음을 양도한 사람이 어음취득 당시 선의였기 때문에 그에게 대항할 수 없었던 사유에 대하여는 현재의 어음소지인이 비록 어음취득 당시 그 사유를 알고 있었다고 하여 그것으로

---

1) 일본에서의 통설·판례이다(日最高裁 1962. 5. 1 판결, 民集 16권 5호, 1013면).
2) 일본의 통설은 「양도인에 대한 인적 항변은 원래 어음상의 권리의 이전에 수반하여 어음에 부착하여 이전되고 양수인에게도 대항할 수 있음이 원칙이나, 이에 인적 항변제도가 작용하여 선의의 양수인에 대해 항변이 제거되면 어음상의 권리는 흠없는 청결한 권리가 되어 이전된다」라고 설명한다(예: 川村, 231면). 그러나 선의자의 개입으로 인해 하자 없는 권리가 된다는 것은 선의취득의 법리를 설명한 것으로서 어음항변제도와는 무관한 설명이다.
3) 椎原國隆, "人的抗辯切斷後の手形取得,"『ジュリスト』108호, 58면.

써 현재의 어음소지인에게 대항할 수 없[다.]」

※ 同旨: 대법원 1995. 1. 20. 선고 94다50489 판결.

註) 이 판례는 선의의 배서인에 의해 어음항변이 차단되느냐는 문제 외에 또 하나의 쟁점을 다루고 있
다. 배서인의 선의에 의해 항변이 차단된다는 입장을 취할 경우, 선의의 양도인이 단지 교부에 의해
양도한 때에도 항변이 차단되느냐는 문제이다. 소지인에게 어음을 「양도한」 자가 선의이었기 때문
에 항변이 차단된다는 이론을 취하는 이상 양도인이 배서에 의하여 양도하였느냐, 교부에 의해 양도
하였느냐는 것에 따라 차이가 나는 것은 아니라 해야 할 것이다.

4. 제 3 자의 항변원용

(1) 개념 및 유형

악의의 항변은 항변사유를 가진 자가 하는 것이 원칙이다. 그런데 특수한 상
황에서는 이를 제 3 자가 원용할 수 있다는 학설도 있다. 동설은 어음채무자가 자
기의 후자가 소지인에 대해 가지고 있는 항변을 원용하는 「후자의 항변」과, 어
음채무자가 자기의 전자가 어음소지인에 대해 가지고 있는 항변을 원용하는 「전
자의 항변」이라는 두 가지 유형을 제시한다. 예컨대 甲이 乙에게 약속어음을 발
행하고 乙의 배서에 의해 A가 현재 어음을 소지하고 있는 상태에서, 가령 乙이 A
에 대한 원인채무를 변제하였다면 A가 이 어음을 가지고 乙에게 권리를 행사할
경우 乙은 당연히 항변할 수 있다. 그런데 A가 甲에게 어음금을 청구해 올 경우,
甲은 乙의 항변을 원용하여 A에게 대항할 수 있다는 것이다. 이것이 「후자의 항
변」이다. 한편 A가 甲에게 어음금을 청구하였는데 甲이 일단 지급을 거절하였으
나 후일 지급을 약속하고 A가 이에 동의한 상태에서 A가 乙에게 상환청구권을
행사해 올 경우, 乙은 甲의 지급유예의 항변을 원용할 수 있다고 하며, 이를 「전
자의 항변」이라 부른다.

(2) 근거 및 타당성

제 3 자의 항변원용을 인정하는 근거로서는 위와 같은 상황에서의 소지인의
어음금청구는 권리남용이므로 항변이 가능하다는 설, 소지인이 어음금을 지급받
는 것은 부당이득이 되므로 항변이 가능하다는 설, 어음채무부담은 무인행위이
지만 채무이전은 유인행위이므로 항변이 가능하다는 설 등 여러 가지 이론이 제

시되지만, 비교적 설득력이 있는 것은 권리남용설이라고 할 수 있다.[1] 그러나 어음항변은 이해관계인들간의 공평을 회복하기 위한 제도인데, 앞서 예로 든 사안이 필연적으로 제 3 자의 항변원용을 허용해야 공평을 기할 수 있는 것은 아니다. 후자의 항변의 예에서, 만일 乙이 어음금청구를 해 온다면 甲은 당연히 어음금을 지급해야 할 것이다. 그리고 甲이 A의 청구를 거절하더라도 이 어음은 乙에게 회수되어 결국은 甲이 지급을 면할 수 없다. 그러므로 甲이 항변을 한다 함은 乙의 이익을 위함인데 甲은 乙, A 간의 원인관계에 대해 전혀 이해관계를 갖지 아니하므로 甲이 관여할 사항이 아니다. 한편 전자의 항변의 예에서는 乙이 A에게 상환의무를 이행하고 甲에게 어음금지급을 청구하면 족하다. 이때 甲이 A와의 지급유예의 합의를 가지고 乙에게 대항할 수 없음은 물론이므로 乙에게 불합리한 손해는 없다. 요컨대 제 3 자의 항변은 어음관계의 신뢰를 해할 뿐 당사자의 공평한 이해조정에 필연적으로 요구되는 것이 아니므로 부정하는 것이 옳다(최기
원 591).

5. 이중무권의 항변

연속된 어음거래자 3인 간에 원인관계가 무효·취소되는 등 항변사유가 연속해서 존재하는 경우, 최초의 어음채무자가 자기 후자의 항변을 원용하여 소지인의 청구를 거절하는 것을 二重無權의 항변이라 한다. 예컨대 가전제품의 생산자 A가 중간도매상 乙에게 제품을 공급하고 乙은 소매상 甲에게 이 제품을 공급하는 관계에서 甲이 가전제품의 대가로서 乙에게 약속어음을 발행하고 乙은 이 어음에 배서하여 A에게 교부하였는데, 동제품에 하자가 있어 甲은 乙에게, 乙은 A에게 반품하였다 하자. 이 상태에서 A가 甲에게 어음금청구를 해 올 경우 甲은 乙의 항변을 원용하여 지급을 거절할 수 있다는 것이 이중무권의 항변론이다.[2] 항변의 당사자에 국한해 말하면 이중무권의 항변은 후자의 항변과 같으나, 어음항변사유가 어음금을 청구하는 소지인에서 비롯되어 전단계의 어음당사자의 항변사유를 야기한다는 점이 다르다. 이 경우 항변을 인정하지 않는다면, 甲이 A에

---

1) 근거론에 대한 상세한 설명은 노혁준, "후자의 항변 및 이중무권의 항변에 관한 연구,"「商事法硏究」제31권 제 2 호(2012), 435면 이하; 송진현, "後者의 抗辯과 二重無權의 抗辯,"『어음·수표法에 관한 諸問題(上)』, 461면 이하 참조.
2) 日最高裁 1970. 7. 16 판결, 民集 24권 7호, 1077면.

게 지급한 후에 乙에게 제품대금의 부당이득반환을 청구하고, 다시 乙은 A에 대해 부당이득반환을 청구하는 무의미한 청구의 순환이 이루어질 것이다. 그러므로 이중무권의 항변은 일반적인 「후자의 항변」과 달리 악의의 항변으로 허용함이 다수설이다(강·임 176; 김정호 152; 손주찬 139; 손진화 1001; 정동윤 131; 채이식 321. 반대: 최기원 592).

이중무권의 항변을 허용한 것으로 보아야 할 판례도 있다. 甲이 자금차입을 위해 乙에게 어음을 발행하고 乙이 A에게 배서양도하고 자금을 받아 甲에게 건넸는데, 甲이 어음을 회수하지 아니한 채 차입금의 일부를 乙에게 지급하고 乙이 다시 이 금액을 A에게 지급하였던바, A가 어음을 소지함을 기화로 甲에게 어음금 전액을 청구한 사건에 대한 판결이다(판례[38]). 법원은 A에 대한 항변절단을 부정하고, 甲은 A에게 귀속된 금원을 제외한 잔액의 어음금만 지급하라고 판시하였다. 그 이유는 달리 설명하고 있지만, A가 乙에게 어음금을 청구한다면 乙이 주장할 수 있는 어음금지급의 항변을 甲에게 허용한 것과 같은 결론을 내고 있다.

법원은 이 결론의 근거로 「어음소지인이 자기에 대한 배서의 원인관계가 흠결됨으로써 그 어음을 소지할 정당한 권원이 없어지고 어음금의 지급을 구할 경제적 이익이 없게 된 경우에는 인적 항변이 절단되는 이익을 향유할 수 없다」는 일반이론을 제시하고 있다. 이 이유설시를 보면 마치 앞서의 제3자의 항변을 일반적으로 원용한 것처럼 오해할 소지가 있으나, 甲의 乙에 대한 항변이 존재하고 乙의 A에 대한 항변이 존재하는 것을 전제로 하여 甲의 항변이 A에 대해 차단되지 않는다는 뜻을 말하고 있으므로 이는 이중무권의 항변을 허용하는 취지로 받아들여야 할 것이다.

판   례

[38] 대법원 2003. 1. 10. 선고 2002다46508 판결

「어음에 의하여 청구를 받은 자는 종전의 소지인에 대한 인적 관계로 인한 항변으로써 소지인에게 대항하지 못하는 것이 원칙이지만, 이와 같이 인적 항변을 제한하는 법의 취지는 어음거래의 안전을 위하여 어음취득자의 이익을 보호하기 위한 것이므로 자기에 대한 배서의 원인관계가 흠결됨으로써 어음소지인이 그 어음을 소지할 정당한 권원이 없어지고 어음금의 지급을 구할 경제적 이익이 없게 된 경우에는 인적 항변 절단의 이익을 향유할 지위에 있지 아니하다고 보아야 할 것이다.

따라서 피고가 조길석에게 이 사건 어음금을 모두 지급하고 조길석이 원고에게 이

사건 어음금 중 292,368,410원을 지급한 이상, 원고는 배서인인 조길석과 사이에서
소멸된 292,368,410원 부분에 대하여는 그 어음금의 지급을 구할 경제적 이익이 없게
되어 인적 항변 절단의 이익을 향유할 지위에 있지 아니하므로, 이 사건 각 어음의 발
행인인 피고는 위 범위 내에서 조길석에 대한 위 인적 항변으로써 소지인인 원고에게
대항하여 그 부분 어음금의 지급을 거절할 수 있다.」
※ 同旨: 대법원 2012. 11. 15. 선고 2012다60015 판결.

제 7 절 어음·수표의 실질관계

I. 어음의 추상성과 실질관계

어음 또는 수표의 실질관계라 함은 어음행위 또는 수표행위의 대가적 기초가
되는 관계를 말한다. 대가적 기초가 되는 관계에는 어음 또는 수표의 유통시에 유
통당사자 간에 어음·수표를 수수할 때의 대가를 이루는 원인관계와 환어음과
수표의 지급시에 발행인과 지급인 간에 대가를 이루는 자금관계가 있다. 약속어
음에는 지급인이 없으므로 자금관계가 없다.

어음(또는 수표)의 발행이나 배서양도에는 예외 없이 경제적인 동기가 선행한
다. 즉 어떠한 경제거래가 행해지고 그 지급수단으로 어음을 발행 또는 배서하는
것이다. 그리고 환어음이나 수표의 지급인이 어음·수표금을 지급하는 것도 발행
인으로부터 자금을 공급받았거나 받기로 예정했기 때문이다. 이와 같이 어음관계
는 실질관계와 경제적으로 밀접한 관계를 이루지만, 어음관계는 유통성의 확보를
최우선의 이념으로 삼는 까닭에 고도의 추상성을 가지며, 그 결과 실질관계로부
터 영향을 받지 않음을 원칙으로 한다.

그러나 양자를 절대적으로 분리시켜 놓는다면 어음거래자들의 실질관계에
터잡은 이해배분이 불공평해질 수 있다. 그러므로 어음의 유통성을 해하지 않는
범위에서는 어음관계와 실질관계를 유기적으로 연결시켜 당사자들의 권리관계를
정리하는 것이 슬기로운 이해조정이다. 이 節에서는 어음의 추상성에도 불구하고
어음관계와 실질관계가 어떠한 경우에 서로 어떤 영향을 미치는가라는 문제를 다

른다. 이 점에 있어 원인관계와 자금관계가 내용을 달리하므로 구분하여 설명한다.

Ⅱ. 원인관계와 어음관계

1. 의   의

원인관계란 어음의 유통단계에서 어음수수의 대가를 이루는 법률관계를 말한다. 발행·배서와 같은 유통적 성격의 어음행위는 이러한 원인관계에서 발생한 채무의 이행으로서 행해진다. 주로 물건의 매매 기타 유상계약에서 대금지급의 방법으로 발행·배서가 행해지기도 하나, 증여의 이행을 위해 수수되기도 하고, 채무의 담보를 위해 수수되기도 하는 등 그 원인관계는 다양하다.

이같이 어음행위는 원인관계의 기초 위에서 이루어지지만, 기술한 바와 같이 유통성보호의 이념 때문에 어음관계는 무인성을 가지고 원인관계로부터 절연됨이 원칙이다. 어음관계가 원인관계에서 절연된다 함은 구체적으로 다음과 같은 뜻을 갖는다.

첫째, 어음의 양도는 원인채권의 이전을 수반하지 않으며 원인채권의 양도 역시 어음채권의 이전을 수반하지 아니한다.

둘째, 어음상의 권리는 원인채권의 유·무효에 의해 영향받지 아니한다.

셋째, 어음소지인은 어음상의 권리를 행사함에 있어 원인관계를 증명할 필요가 없다.

그러나 어음은 원인관계의 지급수단으로 유통되므로 어음관계는 원인관계에 광범하게 영향을 미치며, 반대로 원인관계도 일정한 경우 공평의 견지에서 어음관계에 영향을 미칠 수도 있다.

2. 원인관계가 어음관계에 미치는 영향

기술한 어음채무의 무인성으로 인한 제약 때문에 제한적이기는 하나, 어음의 유통성을 확보하는 데 지장을 줌이 없이 어음당사자들의 이해를 공평하게 조정할 수 있는 경우에는 원인관계상의 권리내용에 기초하여 어음관계를 수정한다.

(1) 인적 항변의 허용

어음의 무인성을 관철한다면 이론상 원인관계에서 발생한 채무의 무효·취소·소멸 기타 항변사유는 어음상의 의무이행과 관련하여 원용할 수 없음이 원칙이다. 그러나 어음거래의 직접 당사자 간에서는 어음의 유통성을 보호한다는 명분이 없으므로 이 원칙을 관철할 이유가 없고, 오히려 그 무인성을 고집하면 불공평한 결과를 초래한다. 예컨대 甲이 乙로부터 상품을 매수하고 대금조로 어음을 발행하였는데 乙이 상품의 인도를 게을리한다고 하자. 그럼에도 불구하고 甲이 어음금을 지급해야 한다면 甲은 어음금을 지급하고 상품의 매매를 해제한 후에, 원상회복의 방법으로 지급한 상품대금의 반환을 청구해야 할 것이다. 이같이 하면 불필요한 지급·반환절차를 거쳐야 하므로 번거로울 뿐 아니라, 甲은 어음채무를 이행하였는데 乙은 대금의 반환을 게을리할 경우, 또는 반환을 위한 자력이 부족해질 경우 甲에게는 매우 불공평한 손실을 준다.

이러한 불공평을 해소하기 위하여 어음법 제17조는 직접의 어음당사자 간에는 원인관계에서 발생한 채무의 무효·취소·소멸 등 권리의 흠을 어음채무이행의 거절사유로 원용(어음항변)할 수 있게 한다($\binom{\text{제17조 본문}}{\text{의 반대해석}}$).[1]

(2) 이득상환청구의 기초

어음상의 권리가 시효의 완성이나 상환청구권보전절차의 흠결로 소멸한 경우, 이로써 어음당사자 간의 권리관계를 종결짓는다면 당사자 사이에서 원인관계를 이루는 거래가 대가를 결하게 되어 형평에 어긋난다. 그러므로 어음법은 어음상의 권리가 소멸하더라도 원인관계를 추적하여 궁극적인 이득을 얻은 자로 하여금 어음상의 권리를 잃은 자에게 이득을 반환하도록 규정하고 있다($\binom{\text{어 79조,}}{\text{수 63조}}$).

---

1) [참고판례] 대법원 1972. 1. 31. 선고 71다2399 판결: 어음이 강행법규인 외국환관리법에 위반하여 무효인 채무를 보증하기 위하여 발행된 경우, 채권자는 어음금을 청구할 수 없다고 한 예.

　대법원 1993. 11. 9. 선고 93다16390 판결: 어음발행인이 수취인에 대해 부담하는 원인채무가 시효완성으로 소멸한 경우 어음이 아직 유효하게 존재하더라도 발행인은 어음금의 지급을 거절할 수 있다고 한 예.

3. 어음관계가 원인관계에 미치는 영향

원인관계가 어음관계에 미치는 영향이 극히 제한적인 것과는 달리, 원인관계는 어음관계로부터 절연되어야 할 필연적인 이유가 없고 어음은 원인관계의 지급수단으로 교부되므로 오히려 어음관계의 영향을 강하게 받는다. 어떤 원인관계에 기해 어음을 교부하였느냐에 따라 그 내용이 다르다.

(1) 변제수단으로서의 어음행위

1) 어음행위의 의사해석

어음행위는 보통 기존의 금전채무를 변제하는 수단으로 행해진다. 변제의 수단으로 어음을 교부하는 당사자의 의사는, i) 변제에 갈음하여 어음을 교부하는 경우, ii) 변제를 위하여, 즉 지급의 방법으로 어음을 교부하는 경우, iii) 지급을 확보(담보)하기 위하여 어음을 교부하는 경우라는 세 가지 유형으로 나누어 볼 수 있다(대법원 1993. 11. 9. 선고 93다11203, 11210 판결). 변제에 「갈음하여」 어음이 교부되었다면 이는 대물변제이므로 기존의 원인채무는 소멸하고 어음채무만 남는다. 그러나 변제를 「위하여」 또는 「지급담보를 위하여」 어음이 교부되었다면 채권자가 어음금을 추심하여 채권의 만족을 얻을 때까지 원인채무와 어음채무가 병존한다.

이같이 어떤 의사로 교부하였느냐에 따라 당사자들 간의 권리의무의 내용이 크게 달라진다. 어떤 뜻으로 교부하느냐는 것은 물론 당사자가 합의할 사항이나, 명시된 합의가 없는 경우에 당사자의 의사를 여하히 해석하느냐는 문제가 생긴다. 통설·판례는 당사자 간에 특별한 합의가 없는 한, 「변제를 위하여」 또는 「지급담보를 위하여」 어음을 교부한 것으로 해석한다(대법원 1956. 7. 28. 선고 4289민상313 판결; 동 1995. 10. 13. 선고 93다12213 판결 외 다수). 어음이 지급수단인 점을 감안할 때 어음의 가치가 실현되지 않은 상태에서 채권자가 기존채무를 소멸시킬 것을 원했다고 보는 것은 거래통념에 반하기 때문이다.[1] 특히 어음상의 주채무자가 원인관계상의 채무자와 동일하지 아니한 경우에는 제 3 자인 어음상의 주채무자에 의한 지급이 예정되어 있으므로 「지급(변제)을

---

1) 대금지급을 위해 어음을 수수하면서 흔히 원인관계에 관한 계약서에 대금이 지급되었다는 뜻을 기재한다. 판례는 이 경우에도 장차 만기에 어음금이 지급될 것을 예상하여 금전수령의 뜻을 미리 표시한 것으로 보아야 하고, 대금채무를 소멸시킬 의사가 있는 것으로 단정할 수 없다고 한다(대법원 1997. 3. 28. 선고 97다126, 133 판결).

위하여」교부된 것으로 추정해야 한다는 것이 판례의 입장이다(대법원 2010. 12. 23. 선고). 그러나 판례는 지급에 갈음하여 교부된 것으로 볼 만한 특별한 사정이 있는 경우에는 이 추정이 깨진다고 한다. 어음을 수수한 후 원인관계에서의 사실관계가 어음금 상당액의 원인채무가 소멸된 것을 전제로 진행되는 경우는 「지급을 위하여」의 추정이 깨어지는 전형적인 예가 될 것이다(동 판례).

한편 판례는 이른바 어음할인의 방법으로 자금을 조달하는 것은 어음의 매매라고 본다. 그런데 금전을 차용하면서 채무자가 차용증서에 갈음하여 채권자에게 채권액(또는 채권액과 이자상당액)을 기재한 어음을 발행해 주는 예가 많다. 이 거래 역시 어음의 매매로 볼 소지도 있으나, 판례는 어음의 매매라기보다는 차용금의 지급을 확보(즉 담보)하기 위해 어음이 발행된 것으로 보아야 한다는 입장이다(대법원 1988. 4. 12.\n선고 87다카541 판결).

요컨대 판례는 당사자의 명시된 의사표시가 없는 한, 「지급에 갈음하여」어음을 교부한 것으로 보지 않는다는 점을 분명히 하고 있다. 이에 의하면 어음채권과 원인채권이 병존하므로 양자의 관계에 관해 다음과 같이 몇 가지 검토해 볼 점이 있다. 지급에 갈음한 것이 아니라면 「지급을 위하여」냐 「지급담보를 위하여」냐는 구분이 문제되는데, 이 점은 후술하고 여기서는 「지급을 위하여」어음이 교부된 경우만을 다룬다.

수표(어음) 되막기

수표를 발행한 자의 은행구좌에 그 수표를 지급할 자금이 없을 경우, 발행인이 제3자 혹은 자신이 발행한 새 수표를 그 구좌에 입금시키고 지급인(은행)이 호의적으로 수표금이 지급된 것으로 처리해 주는 예를 볼 수 있다. 새 수표는 다음날 교환에 돌려지므로 이에 의해 발행인은 하루만큼 수표자금을 마련할 여유를 가질 수 있다. 판례는 이 경우 은행은 종전 수표상의 권리는 행사할 수 없고 새 수표상의 권리를 행사할 수 있을 뿐이나, 새 수표가 지급될 때까지 종전 수표의 채무는 소멸하지 않는다고 한다(대법원 1998. 11. 27. 선고\n97다54512, 54529 판결). 즉 새 수표는 종전 수표금의 「지급을 위하여」교부된 것으로 보는 것이다.

은행의 대출채무자가 채무변제를 위해 약속어음을 발행하고 만기에 지급하지 못하는 경우 다시 새로운 약속어음을 발행하고 은행이 이로써 구어음이 지급된 것으로 처리해 주는 방식으로 약속어음의 되막기도 행해지고 있다. 이러한 어음 되막기에도 수표 되막기와 같은 논리를 적용해야 한다. 즉 새로운 어음의 만기까지 지급이 유예된 것일 뿐, 새 어음의 교부로 인해 구채무가 소멸하는 것은 아니라는 것이다(대법원 1999. 9. 7. 선
고 98다47283 판결).

2) 어음의 만기와 원인채무의 변제기

기존채무의 변제를 위해 어음을 교부한 경우에는 후술과 같이 일반적으로는 어음채권과 원인채권 중 어음채권을 먼저 행사하여 만족을 얻을 것을 당사자가 예정하였다고 보아야 한다. 그러므로 어음의 만기가 기존채무의 변제기보다 후일인 경우에는 특단의 사정이 없는 한 기존채무의 변제를 유예하는 묵시적인 합의가 있었다고 보아야 한다(대법원 1999. 8. 24. 선고 99다24508 판결;
동 2001. 7. 13. 선고 2000다57771 판결).[1] 나아가 물품공급 대금의 지급을 위해 물품공급일 이후의 일자를 만기로 하여 약속어음이 발행된 경우에는 어음발행인에게 다른 지급정지사유가 생겨 만기의 지급이 불가능할 것으로 예상되더라도 물품대금지급채무의 이행기는 어음의 만기로 보아야 한다(대법원 2014. 6. 26.
선고 2011다
101599
판결).

한편 기존채무의 변제기보다 앞선 날짜를 만기로 하는 어음을 교부한 경우에는 어떻게 보아야 하는가? 이 경우에도 역시 기존채무의 변제기를 변경하는 합의가 있었다고 추정해야 할 것이다.

변제를 위해 어음을 교부한 경우 원인채무가 어음의 지급시까지 병존하기는 하지만, 일응 지급수단을 제공하였으므로 어음을 교부한 자는 채무의 이행에 착수한 것으로 보아야 한다. 그러므로 부동산의 매수인 乙이 매도인 甲에게 계약금(민
565조)을 지급한 후 중도금의 지급을 위해 어음을 교부한 때에는 乙은 이행에 착수하였으므로 甲은 어음을 반환하고 계약금의 2배를 상환하는 방법으로 매매를 해제(민 565조 1항
에 의한 해제)할 수 없다(대법원 2002. 11. 26. 선
고 2002다46492 판결).

3) 채권의 병존시기

변제를 위하여 어음이 교부된 경우, 양 채무는 언제까지 병존하는가? 어음채무는 그 자체의 소멸원인에 의해 소멸할 뿐, 원인채무의 소멸에 의해 영향을 받지 않으므로(무인성) 원인채무가 변제·시효완성 등으로 소멸하더라도 어음채무는

---

1) 이미 이행기가 도과한 상태에서 기존채무의 변제를 위해 어음이 교부된 경우에는 이같은 의사해석이 타당하지 않다는 판례가 있다(대법원 2000. 7. 28. 선고 2000다16367 판결; 동 2001. 3. 23. 선고 2000다11560 판결). 이 판례들은 기존채무의 보증인의 책임이 발생하였는지에 관한 문제가 쟁점이 된 사안에 관한 것이므로 이같은 이론을 설시하였으나, 당사자 간에 있어서는 본문에서 말한 바와 같이 변제를 유예하는 합의가 있는 것으로 보아야 할 것이다.

소멸하지 아니한다(다만 원인채권자가 어음채권을 행사하고자 할 경우, 채무자는 원인채무의 소멸을 이유로 어음채무의 이행을 거절할 수 있을 뿐이다). 그러므로 어음채무와 원인채무가 언제까지 병존하느냐는 문제는 어음이 지급수단이라는 점과 관련하여 원인채무가 언제까지 존속하느냐는 의문을 뜻한다.

i) 어음은 「지급을 위하여」 교부되므로 원인채무는 그 지급수단으로 교부된 어음으로부터 만족을 얻을 때까지 존속한다. 그러므로 어음채무가 어음금의 지급, 상계 등으로 소멸하면 그 때 비로소 원인채무도 소멸한다(대법원 2000. 2. 11. 선고 99다56437 판결). 채권자가 받은 어음을 타인에게 양도한 경우에는 그 대가에 의해 잠정적으로 만족을 얻었다고 할 수 있지만, 그는 계속 자신의 후자들에 대해 상환의무의 부담을 안고 있으므로 종국적인 만족을 얻었다고 볼 수 없다. 어음금이 지급될 때 비로소 궁극적인 만족을 얻은 것이므로 그 때 원인채무가 소멸한다(대법원 2002. 12. 24. 선고 2001다3917 판결). 채권자가 어음을 제 3 자에게 배서양도한 경우, 채무자는 자신의 원인채권자가 아닌 자(어음소지인)에게 어음금을 지급하게 되지만, 그 지급에 의해 원인채무가 소멸함은 당연하다.

ii) 어음의 유통 중에 원인채권자의 제 3 채권자가 원인채권을 압류하는 수가 있다. 예컨대 채무자 甲이 채권자 乙에게 변제를 위해 약속어음을 발행하였는데, 乙이 이 어음을 A에게 양도하였고 A가 지급제시하기 전에 乙의 채권자 乙'가 乙의 甲에 대한 원인채권을 압류하는 것과 같다. 원인채권이 압류되었더라도 채무자 甲은 어음채무자로서 A에게 어음금을 지급해야 하고, 이로써 甲은 압류채권자에 대해 원인채무가 소멸하였음을 대항할 수 있다(판례[39]).

마찬가지 이유에서 채무의 변제를 위하여 어음 또는 수표를 교부하였는데 채권자가 그 어음 또는 수표를 받고도 원인채권만을 제 3 자에게 양도한 경우, 어음 또는 수표금이 지급되면 채무자는 채권의 양수인에 대하여 원인채무의 소멸을 주장할 수 있다(판례 [43], 대법원 2003. 5. 30. 선고 2003다13512 판결).

───── 판 례 ─────

[39] 대법원 1994. 3. 25. 선고 94다2374 판결

「…피전부채권인 소외 주식회사 여수도계장의 피고들에 대한 매매대금채권은 이 사건 압류명령이 피고들에게 송달되기 이전에 피고들이 발행 또는 배서한 약속어음

을 소외 회사에게 양도하고 그 약속어음이 제 3 자에게 배서양도되어 만기 또는 그 즈음에 정상적으로 지급된 사실… 원인채권에 대한 압류의 효력이 발생하기 전에 원인채권의 지급을 위하여 약속어음을 발행하고 그것이 제 3 자에게 배서양도된 경우에 그 어음의 소지인에 대한 어음금의 지급이 원인채권에 대한 압류의 효력이 발생한 후에 이루어졌다 하더라도 그 어음을 발행하거나 배서양도한 원인채무자는 그 어음금의 지급에 의하여 원인채권이 소멸하였다는 것을 압류채권자에게 대항할 수 있[다.]」

※ 同旨: 대법원 1984. 7. 24. 선고 83다카2062 판결; 동 2000. 3. 24. 선고 99다1154 판결.

4) 채권의 행사순서

채권자는 어음채권과 동시에 원인채권을 가지는데, 어느 채권을 먼저 행사해야 하는가? 원인채권의 변제를 위해 어음이 교부된 경우에는 어음채권을 먼저 행사하기로 합의된 것으로 보아야 한다는 것이 통설·판례의 입장이다($^{강·임\ 238;\ 김정}_{호\ 179;\ 김홍기}$ $^{1006;\ 손주찬\ 170;\ 손진화\ 1006;\ 장덕조\ 890~891;\ 정경영\ 1223;}_{정동윤\ 162;\ 정찬형\ 160;\ 주석(Ⅰ),\ 230;\ 최기원\ 225;\ 최준선\ 90}$)($^{판례\ [40]}_{외\ 다수}$). 어음의 지급수단적 성격을 감안하면 일반적으로는 타당한 설명이나, 어느 채권을 먼저 행사하더라도 무방하다고 보아야 할 경우도 있고, 어느 채권도 행사할 수 없는 상황도 있다. 이하 어음이 지급수단으로 교부되어 전개되는 여러 가지 경우를 살펴본다.

ⅰ) 채무자가 약속어음을 발행하고 채권자가 원인채권의 변제기까지 계속 이 어음을 소지하고 있는 경우가 있다. 이 경우에까지 어음채권을 먼저 행사해야 한다면 채권자가 어음소송에 패소할 경우 다시 원인채권을 가지고 제소해야 하므로 2단계의 소송을 강요하게 되며, 원인채권에 보증인이 있거나 담보가 설정되어 있는 경우, 이를 활용할 수 없는 문제점도 있다. 원인채권자가 어음을 소지하고 있는 경우에는 제 3 자의 이해가 개입하는 바 없이 오직 원인채권자와 원인채무자만이 대립할 뿐이므로 원인채권과 어음채권 중 어느 채권의 행사를 통해 만족을 얻든 채권자의 선택에 맡겨도 채무자에게 불리할 것은 없다. 그러므로 채권자는 어느 채권를 행사해도 무방하고, 두 가지 권리를 동시에 행사해도 무방하다 할 것이다. 물론 양 채권의 변제를 모두 수령할 수는 없다. 어느 한 채권의 전부 또는 일부가 만족되면 그 범위에서 다른 채권은 행사할 수 없다($^{판례}_{[41]}$).

ⅱ) 채무자가 환어음이나 수표를 발행하고 채권자가 이를 소지하고 있는 경우를 생각해 보자. 이 경우에는 어음금을 지급하는 자가 원인채무자 아닌 제 3 자이

므로 채권자가 환어음이나 수표를 발행받을 때 제 3 자로부터 변제받는 것에 동의한 것으로 보아야 한다. 따라서 채권자는 어음채권부터 행사해야 한다.

iii) 채무자가 제 3 자에 의해 발행된 약속어음을 채권자에게 배서양도해 주고 채권자가 이를 소지하고 있는 경우에도 채권자는 어음의 주채무자로부터 변제받을 것에 동의한 것으로 보아야 하므로 어음채권을 먼저 행사하여야 한다.

iv) 채무자가 발행 또는 배서해 준 어음을 채권자가 제 3 자에게 배서양도한 경우에는 채권자가 어음채권을 행사할 수 없음은 물론이고, 원인채권도 행사할 수 없다. 채무자가 장차 어음소지인의 어음금청구 또는 상환청구에 응해야 하므로 채권자에게 원인채권의 행사를 허용한다면 채무자는 이중변제의 위험을 부담하기 때문이다. 그러므로 이 경우 채권자는 어음이 지급거절되어 자신이 상환의무를 이행하고 어음을 환수할 때까지 원인채권을 행사할 수 없다($\frac{판례}{[42]}$).

한편 채권자가 어음을 타인에게 배서양도하고 원인채권을 또 다른 타인에게 양도한 경우에는 채무자가 이의를 보류하지 아니하고 채권양도를 승인한 경우($\frac{민}{451조}$)가 아닌 한 채무자는 어음을 반환받지 않은 상태에서는 채권의 양수인에 대해 원인채무의 이행을 거절할 수 있다고 해야 한다($\frac{판례}{[43]}$). 그렇다고 원인채권이 소멸하는 것이 아님은 물론이다($\frac{대법원\ 1970.\ 10.\ 23.}{선고\ 70다2042\ 판결}$).

v) 환어음의 자금관계상의 채무를 이행하기 위한 방법으로 어음을 인수하는 경우가 있다. 예컨대 甲이 丙에 대한 채권을 추심하는 방법으로 丙을 지급인으로 하는 환어음을 乙에게 발행하고 丙이 이를 인수하는 예와 같다. 이 경우 丙의 인수는 甲에 대한 원인채무의 변제방법이라 볼 수 있고 丙은 乙 또는 그 이후의 소지인에 대하여 어음채무를 이행해야 하므로 甲은 丙에 대한 원인채권을 행사할 수 없다고 해야 한다($\frac{판례}{[44]}$).

판 례

[40] 대법원 1995. 10. 13. 선고 93다12213 판결

「…이 사건에 있어서와 같이 채무자가 기존채무의 이행에 관하여 채권자에게 어음을 교부하는 경우에는 채권자는 어음채권과 원인채권 중 어음채권을 먼저 행사하여 만족을 얻을 것을 당사자가 예정하였다고 할 것이므로 채권자로서는 어음채권을 우선 행사하고, 그에 의하여서는 만족을 얻을 수 없을 때 비로소 채무자에 대하여 기존

의 원인채권을 행사할 수 있다고 하여야 할 것이[다.]…」

※ 同旨: 대법원 2001. 2. 13. 선고 2000다5961 판결 외 다수.

[41] 대법원 1960. 8. 18. 선고 4292민상864 판결

「…기존채무의 지급확보를 위하여 채무자로부터 채권자에 대하여 약속어음이 발행된 경우에 채권자의 어음채권은 반대의 합의가 없는 이상 원인채권, 즉 기존채권과 함께 동일목적을 위하여 각 독립적인 채권으로서 병존하고, 그 중 어느 것을 먼저 행사할 것인지 양자를 동시에 행사할 것인가는 채권자의 자유에 일임된 것이나 다만 그 중 어느 채권의 행사로써 전부 또는 일부의 목적을 달성하였을 때는 목적달성의 범위 내에서 타채권의 행사를 할 수 없을 따름이다.」

※ 同旨: 대법원 1956. 7. 28. 선고 4289민상313 판결; 동 1976. 11. 23. 선고 76다1391
         판결 외 다수.

[42] 대법원 1969. 5. 27. 선고 69다426 판결

「…약속어음이 기존채무의 지급확보를 위하여 또는 그 담보로 발행된 경우에 있어서는 가령 어음금의 지급이 없더라도, 채권자가 그 어음을 유상 또는 무상으로 타인에게 배서양도한 경우에는 다른 특별한 사정이 없는 한 기존채권의 채권자는 채무자에게 대하여 기존채무의 지급을 청구할 수 없다.」

※ 同旨: 대법원 1962. 4. 12. 선고 4294민상1190 판결.

[43] 대법원 1989. 5. 9. 선고 88다카7733 판결

「…확정한 사실에 의하면, 소외 김철묵과 소외 정화철재 주식회사(이하 소외인 등이라고 한다)가 피고에게 1986. 10. 21 현재 금 13,539,012원의 물품대금 채권을 가지고 있다가 같은 해 10. 23 원고에게 이를 양도하고 그 통지가 같은 해 10. 25 피고에게 도달하였다는 것이고, 피고는 위 물품대금채무에 관하여 소외[회사] 명의의 입금표를 교부받고 같은 해 10. 24에 약속어음을 각 발행하였는데 위 소외 회사는 같은 해 11. 14 이를 소외 김태정에게 배서양도하여 위 김태정이 같은 해 12. 1 지급제시하고 그 지급이 거절되자 피고를 상대로 약속어음금 청구소송을 제기하였다는 것인바, 사실관계가 그와 같다면 이와 같이 채무자인 피고가 기존채무의 지급(이행)을 위하여 자기 명의의 약속어음을 발행교부하였는데, 채권자가 위와 같이 기존채권과 약속어음을 각기 다른 사람에게 양도한 경우에는 채무자는 이중으로 채무를 지급하게 될 우려가 있으므로 그 약속어음이 반환되기까지 원인관계의 채무이행을 거절할 수 있다고 해석함이 타당하다고 할 것이며, 이 사건의 경우에 있어서는 위 약속어음의 배서양도가 그 원인된 채권의 양도통지 후에 이루어진 것이라고 하여도 약속어음의 만기 전에 된 것이라면 피고는 다른 특별한 사정이 없는 한 소지인(피배서인)인 위 김태정

에게 약속어음금을 지급하여야 하게 될 것이므로 그 원인된 채권의 양수인인 원고에 대하여 위 약속어음이 반환되기까지 그 이행을 거절할 수 있다고 보아야 할 것이[다.]」

※ 同旨: 대법원 2003. 5. 30. 선고 2003다13512 판결.

[44] 대법원 1977. 3. 8. 선고 75다1234 판결

「…원고[웰컴 파운데이션(株)]가 피고[현대산업(株)]에게 공급한 의약품대금의 결제방법으로서 피고를 지급인으로 하고, 소외 주식회사 아이오니언 은행을 수취인(지급받을 자)으로 하여 본건 환어음 10장을 원고가 발행하고 현재 이것들을 위 은행이 소지하고 있는 사실은 다툼이 없다.

본건에 있어서 원고가 발행한 환어음 10장은 지급인인 피고가 인수함으로써 지급인인 피고는 어음상의 채무자가 되는 것이니, 인수로써 비로소 원고는 피고에 대하여 기본채권인 의약품판매대금청구권과 본건 환어음상의 채권을 가지게 되고 환어음은 기존채권의 지급을 담보하게 되는 관계에 놓이게 되나니 본건 환어음이 소외 은행의 소지에 들어가 있는 이때에 원고에게 기존채권의 행사를 허용한다면 기존채무의 지급을 담보하기 위하여 어음이 수수된 경우인데도 불구하고 채무자인 피고는 어음상의 채무의 지급까지 하게 되어 2중지급의 위험이 있게 되므로, [환]어음이 기존채무 담보로 활용되고 그것이 인수된 경우는 채권자는 기존채무의 지급을 청구할 수 없다고 하여야 상당하[다.]」

5) 원인채권의 행사

i) 행사가능시기　　　앞서 본 바와 같이 일반적으로는 원인채권자가 어음채권을 먼저 행사해야 하지만, 어음채권으로 만족을 얻지 못할 때에는 원인채권을 행사할 수 있다고 해야 할 것인바, 그 시기가 언제이냐는 의문이 제기된다. 당해 어음에 지급수단으로서의 효능을 인정할 수 없게 된 때, 즉 어음채권으로 만족할 수 없음이 객관화된 때라고 풀이해야 한다. 구체적으로는 인수가 거절되거나 지급이 거절되면 채권자는 바로 원인채권을 행사할 수 있다고 보아야 한다. 이론적으로는 지급이 거절되더라도 지급인을 상대로 소를 제기하거나 상환청구권을 행사하는 등 어음상의 권리행사는 계속 가능하다. 그러나 원인채권자로 하여금 채권추심을 위해 추가의 비용을 부담하도록 강요할 수는 없다. 그러므로 통상적인 방법에 따른 어음상의 권리행사(즉 만기에 지급제시하는 것)를 통해 목적을 달성할 수 없는 때에는 어음이 지급수단으로서의 가치를 잃었다고 보고 원인채권의 행사를 허용해야 한다. 다만 채무자가 어음을 환수하여 권리행사가 가능하도록

어음의 법률적 가치는 보전해야 하므로 후술하는 바와 같이 상환청구권보전절차는 밟아야 한다(판례[45]). 그러나 위에 말한 바와 같이 상환청구권을 행사할 필요까지는 없다.

ii) 상환청구권의 보전   채권자가 어음으로 만족을 얻지 못해 원인채권을 행사할 경우, 원인채무를 변제하는 채무자는 어음을 반환받아 이 어음을 가지고 자신의 권리를 행사할 수 있어야 한다. 그러므로 원인채권을 행사하는 채권자는 채무자가 어음상의 권리를 행사할 수 있도록 상환청구권을 보전하기 위한 절차(적법한 제시기간 내의 지급제시와 거절증서 작성. 어 38조 1항, 44조 1항)를 밟아야 한다. 하지만 이는 채무자가 제 3 자로부터 받은 어음을 교부한 경우에 국한된 것이고, 채무자가 채권자에게 약속어음을 발행하여 채무자 자신이 어음의 주채무자이거나 채무자가 타인이 발행한 약속어음을 수취하여 채권자에게 배서한 경우에는 상환청구권을 행사할 대상이 없으므로 채권자는 상환청구권보전절차를 밟을 필요가 없다.

iii) 어음의 반환   채권자가 어음채권의 만족을 얻지 못하여 원인채권을 행사할 경우 또는 어음채권의 행사와 동시에 원인채권을 행사하는 경우, 기술한 바와 같이 채권자가 원인채권을 변제받더라도 어음채권이 소멸하는 것은 아니다. 그러므로 채권자가 원인채권을 변제받고 어음을 유통시킨다면 채무자는 이중변제의 위험을 부담한다. 따라서 원인채권을 행사할 때에는 동시이행의 방법으로 어음을 반환해야 한다(대법원 1969. 12. 30. 선고 69다1934 판결; 판례 [46]). 그러나 어음을 반환해야만 원인채무의 이행을 최고할 수 있는 것은 아니므로 채권자는 어음을 반환함이 없이 이행을 최고할 수 있고, 이 경우 채무자는 어음의 반환과의 동시이행을 주장할 수 있다. 동시이행의 주장 없이 단순히 이행을 거절한다면 이는 이행지체가 된다(판례[46]).

원인채권의 행사와 어음반환의 동시이행을 요구하는 이유가 채무자의 이중지급의 위험을 제거하는 데에 있으므로, 어음상의 권리가 시효완성으로 소멸하여 채무자에게 이중지급의 위험이 없고, 채무자가 다른 어음상 채무자에 대하여 권리를 행사할 수도 없는 경우에는 채무자는 어음상환의 동시이행을 주장할 수 없다고 보아야 한다(대법원 2010. 7. 29. 선고 2009다69692 판결).

이와 같이 원인채권을 변제받을 때에는 동시이행으로 어음을 반환해야 한다고 해석하는 결과, 어음이 반환되고 원인채권의 변제 여부에 관해 다툼이 있는 경우에는 원인채권이 변제된 것으로 추정해야 한다($^{대법원 1996. 12. 20.}_{선고 96다41588 판결}$). 그러나 채권자가 어음에 의한 변제를 거부하는 뜻으로 반환하거나 지급이 거절되어 반환한 사실이 밝혀진 경우에는 채무자가 원인채무의 변제사실을 증명해야 한다($^{동}_{판례}$).

iv) 채무이행의 장소와 방법   어음채무는 예외 없이 추심채무이지만, 원인채무는 대체로 지참채무이다($^{민 467조}_{2항}$). 그러므로 원인채무의 변제를 위해 어음을 교부한 경우에는 지참채무와 추심채무가 병존하는 현상이 생긴다. 어음채권을 행사하는 경우에는 어음채권의 추심방법에 따라 이행을 청구해야 함은 물론이다. 그러면 원인채무를 먼저 행사하는 경우에는 지참채무의 방식에 따라($^{민 467조}_{2항}$) 채무자가 채권자의 주소에서 이행해야 하는가? 원인채권을 행사하는 경우란 어음채권과 원인채권을 선택해서 행사할 수 있는 경우이거나 어음채권으로 만족을 얻지 못한 경우이다. 어느 경우이거나 채무자는 채권자가 원인채권을 행사할 시기를 예측할 수 없으므로 지참채무의 이행방식에 매여 먼저 채무의 내용에 좇은 현실의 제공($^{민}_{460조}$)을 할 필요는 없고 채권자의 청구를 기다리면 된다고 해석한다.

판   례

[45] 대법원 1995. 10. 13. 선고 93다12213 판결(판례 [40]과 동일판례)

「…어음을 배서양도받은 채권자는 특별한 사정이 없는 한 채무자에 대하여 원인채권을 행사하기 위하여는 어음을 채무자에게 반환하여야 할 것이므로, 채권자가 채무자에 대하여 자기의 원인채권을 행사하기 위한 전제로서 지급기일에 어음을 적법히 제시하여 소구권 보전절차를 취할 의무가 있다고 보는 것이 양자 사이의 형평에 맞는 것이라고 할 것이다.」

※ 同旨: 대법원 1996. 11. 8. 선고 95다25060 판결.

[46] 대법원 1993. 11. 9. 선고 93다11203, 11210 판결

「…기존의 원인채권과 어음·수표채권이 병존하는 경우에 채권자가 원인채권을 행사함에 있어서는 어음·수표의 반환이 필요하고, 이는 채무자의 채무이행과 동시이행의 관계에 있다고 할 것이고, 따라서 채무자는 어음·수표와 상환으로 지급하겠다고 하는 항변으로 채권자에게 대항할 수 있고, 이와 같은 항변이 있을 때에는 법원은 어음·수표와 상환으로 지급하라는 취지의 상환이행의 판결을 하여야 할 것이다.

그러나 채무자가 어음·수표의 반환이 없음을 이유로 원인채무의 변제를 거절할 수 있는 것은 채무자로 하여금 무조건적인 원인채무의 이행으로 인한 이중지급의 위험을 면하게 하려는 데 그 목적이 있는 것이지 기존의 원인채권에 터잡은 이행청구권

과 상대방의 어음·수표의 반환청구권이 민법 제536조에 정하는 쌍무계약상의 채권
채무관계나 그와 유사한 대가관계가 있어서 그러는 것은 아니므로, 원인채무의 이행
과 어음·수표의 반환이 동시이행의 관계에 있다 하더라도 이는 어음·수표의 반환과
상환으로 하지 아니하면 지급을 할 필요가 없으므로 이를 거절할 수 있다는 것을 의
미하는 것에 지나지 아니한다고 할 것이다.

　　따라서 채무자가 어음·수표의 반환이 없음을 이유로 원인채무의 변제를 거절할
수 있는 권능을 가진다고 하여 채권자가 어음·수표의 반환의 제공을 하지 아니하면
채무자에게 적법한 이행의 최고를 할 수 없다고 할 수는 없고, 채무자는 원인채무의
이행기를 도과하면 원칙적으로 이행지체의 책임을 지고, 채권자로부터 어음·수표의
반환을 받지 아니하였다 하더라도 이 어음·수표를 반환하지 않음을 이유로 위와 같
은 항변권을 행사하여 그 지급을 거절하고 있는 것이 아닌 한 이행지체의 책임을 면
할 수 없다고 보아야 할 것이다.」

※ 同旨: 대법원 1999. 7. 9. 선고 98다47542 판결.

6) 채권자의 과실로 인한 어음채권의 소멸

　　원인관계의 채권자가 채무자에게 원인채권을 행사하며 어음을 반환하였으
나, 채권자의 과실로 어음상의 권리행사가 불가능하게 된 때, 예컨대 채권자가 어
음을 보유하던 중 시효가 완성되었다든지, 채권자의 과실로 상환청구권을 상실한
경우에는 원인채권에 어떤 영향을 미칠 것인가? 다음과 같이 세 가지 경우로 나
누어 보아야 한다.

　　i) 채무자가 약속어음이나 수표를 발행하고 채권자가 이를 소지하고 있다가
어음·수표상의 권리가 소멸한 경우에는 어음·수표상의 권리가 소멸하더라도 채
무자가 손해를 입는 일이 있을 수 없으므로 채권자는 원인채권을 행사할 수 있다
$\binom{대법원\ 1976.\ 11.\ 23.}{선고\ 76다1391\ 판결}$.

　　ii) 채무자가 제3자에 의해 발행된 어음·수표를 채권자에게 변제를 위하여
교부하고 채권자가 이를 소지하던 중 권리행사를 게을리하여 시효가 완성되거나,
보전절차를 밟지 않아 상환청구권을 상실한 예를 생각해 보자. 이 경우 채권자가
어음·수표를 채무자에게 반환하고 원인채권을 행사할 수 있다면 채무자는 자기
의 원인채무는 변제하여야 하는 반면 어음·수표상의 권리는 행사할 수 없게 되
는 부당한 결과를 초래한다. 이 경우에는 원인채권은 소멸하는 것으로 보고, 채권
자의 손실은 이득상환청구$\binom{어\ 79조}{수\ 63조}$를 통해 구제받도록 해야 한다. 그러므로 채권

자가 주채무자에게 어음을 제시하였으나 어음금의 지급이 거절되었을 때, 채권자가 원인채권을 행사하고자 한다면 채권자는 스스로 상환청구권보전절차를 밟거나, 상환청구권보전절차를 밟을 수 있는 기간 내에 채무자에게 어음을 반환해야 한다($_{[45]}^{판례}$).

iii) 채무자가 제 3 자가 발행한 어음을 채권자에게 교부한 경우라 하더라도 어음상 주채무자의 채무가 존속하는 경우에는 위 ii)의 일반론을 그대로 적용할 수 없다. 예컨대 甲이 발행한 약속어음을 乙이 수취하여 자신의 채권자인 A에게 변제를 위하여 양도하였는데, A가 제시기간이 경과한 후에 甲에게 지급제시하였다가 거절당하였다고 하자. 그렇더라도 甲의 어음채무가 시효로 소멸하지 않는 한 乙의 어음금청구는 가능하므로 A는 乙에게 어음의 반환과 동시에 원인채권을 행사할 수 있다($_{[47]}^{판례}$).

그러나 A가 이를 제시기간에 제시하였더라면 그 당시에는 甲에게 자력이 있었으므로 어음금을 지급하였을 것인데, 제시기간 후 상당한 시일이 경과한 후에 제시하였던바, 이때에는 甲에게 자력이 없어 어음금지급이 불가능한 상태가 된 경우에는 또 달리 고려할 점이 있다. 이 경우 甲이 무자력이 되어 乙이 어음채권을 변제받지 못하게 되었다는 것은 특별한 손해($_{2항}^{민\ 393조}$)에 해당하므로 A가 장차 甲이 무자력이 될 것을 알았거나 알 수 있었음에도 불구하고 어음의 제시를 게을리 한 경우에 한해 乙이 A에 대해 손해배상청구권을 갖게 되고, 乙은 이 배상청구권을 가지고 A의 원인채권과 상계할 수 있다($_{[48]}^{판례}$). 바꿔 말하면, 甲이 무자력이 될 것을 A가 과실 없이 알지 못한 경우에는 A의 손해배상책임이 생기지 아니한다

$\left(\begin{matrix} 판례\ [47];\ 대법원\ 2003.\ 1.\ 24. \\ 선고\ 2002다59849\ 판결 \end{matrix}\right)$.1)

---

1) 2002다59849 판결의 사실관계: 甲이 乙로부터 물품을 구입하고 약속어음을 발행해 주었고, 乙이 이 어음을 A은행에 어음할인의 방법으로 양도하였다. 만기에 이르러 A은행은 어음을 분실하여 제시기간 내에 제시를 하지 않고 있던 중, 甲의 자력이 악화되어 어음이 부도가 났다. 이에 A은행은 어음할인약정에 따라 乙에 대해 어음할인금을 반환할 것을 청구하였으나, 乙은 A은행의 과실로 인해 甲이 자력이 있는 시기에 어음채권 혹은 물품대금채권을 행사할 기회를 놓치는 손해를 입었다고 하며, 그 손해배상채권과 어음환매대금채무의 상계를 주장하였다. 이에 대해 법원은 A에게 과실이 없음을 이유로 乙의 청구를 배척하였다.

판 례

[47] 대법원 1995. 10. 13. 선고 93다12213 판결(판례 [40]과 동일판례)

「…나아가 이러한 목적으로 어음을 배서양도받은 채권자는 특별한 사정이 없는 한 채무자에 대하여 원인채권을 행사하기 위하여는 어음을 채무자에게 반환하여야 할 것이므로, 채권자가 채무자에 대하여 자기의 원인채권을 행사하기 위한 전제로서 지급기일에 어음을 적법히 제시하여 소구권 보전절차를 취할 의무가 있다고 보는 것이 양자 사이의 형평에 맞는 것이라고 할 것이다.… 그러나 채권자가 위의 의무를 위반하여 지급기일에 적법한 지급제시를 하지 아니함으로써 소구권이 보전되지 아니하였더라도 약속어음의 주채무자인 발행인이 자력이 있는 한 어음을 반환받은 채무자가 발행인에 대한 어음채권이나 원인채권을 행사하여 자기 채권의 만족을 얻을 수 있기 때문에 아직 손해는 발생하지 아니하는 것이고, 지급기일 후에 어음발행인의 자력이 악화되어 무자력이 됨으로써 채권자에게 자신의 채무를 이행하여야 할 채무자가 어음을 반환받더라도 발행인에 대한 어음채권과 원인채권의 어느 것도 받을 수 없게 된 때에야 비로소 자신의 채권에 대하여 만족을 얻지 못하게 되는 손해를 입게 되는 것이고, 이러한 손해는 어음 주채무자인 발행인의 자력의 악화라는 특별사정으로 인한 손해로서 소구권 보전의무를 불이행한 어음소지인이 그 채무불이행 당시인 어음의 지급기일에 장차 어음발행인의 자력이 악화될 것임을 알았거나 알 수 있었을 때에만 그 배상채권으로 상계할 수 있는 것이라고 할 것이다(대법원 1986. 10. 28. 선고 86다카218 판결 참조).」
※ 同旨: 대법원 2010. 7. 29. 선고 2009다69692 판결.

[48] 대법원 2001. 7. 13. 선고 2000다55324 판결

「…지급을 위하여 제 3 자 발행의 수표를 교부받은 채권자가 수표의 발행일 이후 수표발행인의 자력이 악화될 것임을 알았거나 적어도 이를 알 수 있었으면서도 수표를 지급기일에 지급제시하지 않아 발행인에 대한 소구권을 상실하는 한편, 그와 같은 사정을 채무자에게 고지하지도 않아 그로 하여금 적절한 시기에 발행인에 대해 수표발행의 원인이 된 채권을 행사하거나 그 채권을 보전할 기회조차 가지지 못하게 하여 채권의 만족을 얻지 못하게 하는 손해를 입혔다고 할 것이므로 채무자는 그 손해배상채권으로 채권자가 갖는 원인채권과 상계할 수 있다.」(要旨)

7) 어음소송과 원인채권의 시효

원인채권을 행사하기 위한 소송을 제기하더라도 원인채권의 변제를 위해 교부한 어음의 시효를 중단시키는 효력이 없음은 물론이다(어음채권의 무인성)(판례 [49]). 반대로 어음금을 청구하는 소송을 제기한 경우 그 어음채무자에 대한 원인채권의

시효를 중단하는 효력이 있는가라는 문제가 있다. 어음채무는 원인채무와 별개의 독립된 채무인 점을 강조하면 시효중단의 효력이 없다고 해야 옳을 듯하다. 그러나 어음이 원인채권의 지급수단으로 교부된 점을 생각하면 옳은 결론이 아니다. 앞서 보았듯이 어음이 '변제를 위하여' 제공된 경우에는 대부분 어음채권을 먼저 행사해야 하는 점을 감안하면 더욱이나 옳지 않다. 어음소송에 시효중단의 효력을 인정하지 않는다면, 어음소송이 진행하는 중에 원인채권이 시효완성으로 소멸할 경우 원인채권의 소멸은 어음채무자가 어음소지인에 대항할 수 있는 인적 항변이 되므로 소지인을 구제할 방법이 없어지기 때문이다. 따라서 어음소송을 제기하면 소송상대방에 대한 원인채권의 시효가 중단된다고 보아야 한다($\binom{판례}{[49]}$).

그러나 이미 어음채권이 시효로 소멸한 상태에서는 어음채권을 행사할 수 없고 따라서 그에 관한 소를 제기하더라도 원인채권의 시효를 중단시키는 효력이 있을 수 없다($\binom{대법원 2007. 9. 20. 선고 2006다68902 판결: 이미 시효소멸한 어음채권을 피보전권리로}{하여 가압류 결정을 받아 내었지만, 원인채권의 시효를 중단하는 효과가 없다고 판시한 예.}$). 어음채무자가 어음채무의 시효소멸의 이익을 포기하는 경우 원인채권의 시효도 중단됨은 물론이다($\binom{대법원 2010. 5. 13. 선고}{2010다6345 전원합의체 판결}$).

판 례

[49] 대법원 1999. 6. 11. 선고 99다16378 판결

「…이 사건과 같이 원인채권의 지급을 확보하기 위한 방법으로 어음이 수수된 경우에 원인채권과 어음채권은 별개로서 채권자는 그 선택에 따라 권리를 행사할 수 있고, 원인채권에 기하여 청구를 한 것만으로는 어음채권 그 자체를 행사한 것으로 볼 수 없어 어음채권의 소멸시효를 중단시키지 못하는 것이지만($\binom{대법원 1967. 4. 25. 선고 67다}{75 판결; 1994. 12. 2. 선고 93다}$ $\binom{59922 판결}{등 참조}$), 다른 한편, 이러한 어음은 경제적으로 동일한 급부를 위하여 원인채권의 지급수단으로 수수된 것으로서 그 어음채권의 행사는 원인채권을 실현하기 위한 것일 뿐만 아니라, 원인채권의 소멸시효는 어음금 청구소송에 있어서 채무자의 인적 항변 사유에 해당하는 관계로 채권자가 어음채권의 소멸시효를 중단하여 두어도 채무자의 인적 항변에 따라 그 권리를 실현할 수 없게 되는 불합리한 결과가 발생하게 되므로, 채권자가 어음채권에 기하여 청구를 하는 반대의 경우에는 원인채권의 소멸시효를 중단시키는 효력이 있다고 봄이 상당하고($\binom{대법원 1961. 11. 9. 선고}{4293민상748 판결 참조}$), 이러한 법리는 채권자가 어음채권을 피보전권리로 하여 채무자의 재산을 가압류함으로써 그 권리를 행사한 경우에도 마찬가지로 적용된다고 할 것이다.」

※ 同旨: 대법원 2002. 2. 26. 선고 2000다25484 판결(원인채권의 지급을 확보하기 위하여 어음이 수수된 당사자 사이에 채권자가 어음채권에 관한 집행력 있는

채무명의 정본에 기하여 한 배당요구는 그 원인채권의 소멸시효를 중단시키는 효력이 있다고 한 예).

(2) 지급담보를 위한 어음행위

1) 구별기준

앞서 말한 바와 같이 판례는 원인채무의 변제와 관련된 어음의 교부를「지급에 갈음하여」,「지급을 위하여」,「지급을 담보하기 위하여」라는 세 가지 유형으로 구분하고 있다.「지급에 갈음하여」는 대물변제를 뜻하므로 나머지 두 가지와 명확하게 구별되나「지급을 위하여」와「지급을 담보하기 위하여」는 어떻게 구별되는지 분명하지 않다. 판례의 문언에서 보듯이,「지급을 위하여 또는 지급을 담보하기 위하여 어음을 교부한 때에는」라는 식으로 양자를 섞어 표현하고 있어 더욱 그러하다. 그러하여 당사자의 의사가 분명하지 않을 때에는 어느 쪽의 의사로 어음을 교부한 것으로 보느냐라는 의사해석의 문제가 제기된다.

양자의 구별기준으로서, 채무자가 채권자에게 약속어음을 발행해 주는 경우와 같이 원인관계상의 채무자가 어음상 유일한 채무자인 경우에는 지급을 담보하기 위하여 어음을 교부한 것으로 추정하고, 채무자가 타인으로부터 취득한 어음을 채권자에게 교부해 주는 경우처럼 원인관계상의 채무자가 어음상의 유일한 채무자가 아닌 경우에는 지급을 위해 교부한 것으로 추정해야 한다는 견해가 있다 (김홍기 1008; 장덕조 897; 정동윤 167; 최기원 234). 판례는 원인관계의 채무자가 어음의 유일한 채무자인 경우 어떻게 보아야 하느냐에 관해 입장을 밝힌 바는 없으나, 채무자가 타인으로부터 취득한 어음을 채권자에게 교부한 때에는「지급을 위하여」교부한 것으로 추정해야 한다는 입장이다(대법원 1996. 11. 8. 선고 95다25060 판결). 이같은 풀이는 타인이 발행한 어음을 채권자에게 교부하고 채권자가 이를 수령하는 것은 채권자가 어음의 주채무자로부터 지급받는 것에 동의한 것으로 볼 수 있다는 생각에 기초한 듯하다.

이상의 구별방법은 거래의 실정을 외면한 것이다. 기업 간의 상품·용역구입 거래에서는 대금의 지급을 위해 약속어음을 발행하는 예가 허다하고 수취인은 이 어음을 할인하여 자금을 융통하거나 재차 거래처에 지급하는 실정인데, 위 기준에 의할 경우 이때의 어음발행은 담보를 위하여 발행한 것으로 취급될 것이기 때문이다. 또 타인이 발행한 어음을 채무담보를 위해 채권자에게 보관시키는 예도 허다하다.

양자는 오히려 원인채무의 변제방법에 관해 별도의 합의가 있느냐로 구별하는 것이 거래의 실정에 맞다. 원인채무의 변제방법에 관한 합의가 별도로 있다면 이 어음은 담보를 위한 것임에 틀림없다. 반면 원인채권의 변제에 관한 별도의 합의가 없다면 이 어음을 지급수단으로 사용한 것으로 보아야 하므로 지급을 위하여 교부한 것으로 추정하는 것이 옳다.

2) 효   력

지급을 담보하기 위하여 어음을 교부한 경우 중심문제는 원인채권과 어음채권 중 어느 쪽을 먼저 행사해야 하느냐는 것이다. 어느 쪽이든 채권자가 임의로 선택하여 행사할 수 있다고 설명하는 것이 일반적이나($\binom{강·임 240;~김홍기 1009;~손진화 1008;~정}{경영 1224;~정동윤 166;~정찬형 161;~주석}$ $\binom{(I),~231;~최기}{원 227;~최준선 97}$) 옳은 설명이 아니다. 거래통념상 일반적으로 인식되는「담보」의 개념에 부합하지 않기 때문이다. 담보를 위해 어음이 제공된 경우에는 원인채권을 먼저 행사하고, 불이행시에 어음채권을 행사할 수 있다고 보아야 한다. 그러므로 채무자는 어음이 지급을 위하여 교부된 경우와 달리 채권자의 어음상의 권리행사를 기다리지 말고 원인채무의 내용에 좇아 변제의 제공을 하여야 한다($\binom{민}{460조}$). 이행기에 변제의 제공을 하지 않을 때에는 채무불이행이 된다. 선택적으로 행사할 수 있다고 하는 견해도 변제의 제공을 하지 않으면 채무불이행이 된다고 풀이하는데 ($\binom{정동윤 168;}{최기원 231}$), 이는 모순된 설명이다.

(3) 원인채무의 보증을 위한 어음행위

1) 보증목적의 배서

i) 원인채무보증의 요건   채무자가 채무를 담보하기 위하여 채권자에게 약속어음을 발행할 때, 채무자의 신용을 믿지 못하는 채권자의 요구에 의해 제 3 자가 보증의 의미로 배서를 하는 경우를 흔히 본다. 이 배서인이 어음법상 배서인으로서의 담보책임($\binom{어 15조}{1항}$)을 짐은 물론이다. 나아가 이 배서인이 어음채권자에 대하여 원인채권에 대한 민사상의 보증채무까지 부담한 것인지가 문제될 수 있다. 이 점에 관해 판례는 보증은 통상 당사자들 간에 이를 부담할 특별한 사정이 있을 경우에 이루어진다는 점을 강조하며, 엄격한 판단기준을 제시하고 있다. 배서가 행해진 때에 채권자에게 원인채권에 대한 민사상의 보증채무를 부담할 것

까지도 배서인에게 요구하는 의사가 있었고 배서인도 채권자의 이러한 의사 및 채무의 내용을 인식하면서 배서하였다는 사실이 인정될 때에 한해 민사보증이 있은 것으로 인정할 수 있다는 것이다. 그리고 이러한 배서인과 채권자의 의사는 배서에 이르게 된 동기, 배서인과 채권자 사이의 교섭과정과 방법, 어음발행으로 인한 실질적 이익의 귀속 등 배서를 전후한 제반 사정과 거래계의 실정에 비추어 판단할 것이라고 한다(판례[50]).[1] 판례는 타인의 채무를 담보하기 위해 수표를 발행한 자가 원인채무에 관해 민사보증책임을 지느냐에 관해서도 같은 논리를 적용하고 있다(대법원 2007. 9. 7. 선고 2006다17928 판결; 동 2015. 5. 14. 선고 2013다49152 판결). 그리하여 어음이 타인에 대한 채무의 차용증서에 갈음하여 발행되는 사실을 알고 원인채무를 보증할 의사로 배서를 한 경우에는 원인채무의 보증책임까지 져야 한다는 입장이며, 채권자가 누구임을 배서인이 알지 못한 경우에도 같은 결론을 내리고 있다(판례[51]).[2]

ii) 보증채무의 형태   원인채무의 보증으로 인정될 경우 이 보증은 특별한 사정이 없는 한 연대보증이라고 한다(판례[51]). 이 경우 배서는 어음상의 책임부담행위로서의 배서와 일반거래상의 보증이라는 이중의 의미를 지니게 된다.

iii) 보증책임의 범위   배서인이 원인채무의 보증책임까지 진다고 함은 채권자가 상환청구권의 보전절차를 흠결하였거나 어음상의 채무가 시효로 소멸하더라도 원인채무가 존속하는 한 배서인도 채무를 변제할 책임이 있음을 뜻한다.

원인채무의 금액이 어음금을 상회할 경우 보증채무의 범위에 관해 검토의 여지가 있다. 즉 배서인은 어음금을 한도로 책임을 지면 족한가, 아니면 원인채무의 전액에 대해 책임을 져야 하느냐는 문제이다. 판례는 수표발행인의 보증책임을 물을 때에는 수표금에 한정된다는 뜻을 밝히고 있으나(대법원 1974. 5. 14. 선고 74다278 판결; 동 1980. 3. 11. 선고 80다15 판결) 어음배서인의 보증책임의 한도에 대해서는 분명하지 않다. 수표의 경우와 같은 결론을 내려야 할 것이다.

iv) 증명책임   배서에 원인채무를 보증하는 의미가 곁들여진 것으로 판

---

1) A회사가 자금조달을 위해 발행한 어음에 담보조로 배서한 계열회사인 B회사의 민사보증책임을 부정한 예이다. 단지 타인의 자금사정의 해결을 지원하기 위해 융통어음을 발행해 주었다 하여 이 어음을 활용한 자(어음의 융통자)가 부담한 원인채무의 보증인이 되는 것은 아니라고 한 예도 있다(대법원 1994. 12. 9. 선고 94다38106 판결).

2) 채권자가 누구인지 알지 못한 경우에도 배서인이 보증책임을 지라고 함은 논리적으로 의문이다. 민법상의 보증은 보증인이 될 자와 채권자의 계약인데, 채권자가 누구인지 알지 못하고 배서를 한 경우 이같은 계약이 있었다고 볼 수는 없기 때문이다.

단될 경우 배서인의 책임이 무거워지므로 필히 배서의 의미가 무엇이었느냐에 관한 다툼이 일게 된다. 외관상으로는 일반 배서와 구별되지 않으므로 보증책임을 추궁하는 자가 배서인이 원인채무를 보증할 의사로 배서했음을 증명해야 한다$\left(\begin{smallmatrix}\text{대법원 1994. 8. 26.}\\\text{선고 94다5397 판결}\end{smallmatrix}\right)$.

2) 어음보증과 원인채무

채무자가 원인채무를 변제하기 위하여 채권자에게 발행하는 약속어음에 그 채무를 담보하기 위하여 제 3 자가 어음보증$\left(\begin{smallmatrix}\text{어}\\\text{30조}\end{smallmatrix}\right)$을 하는 경우, 판례는 그 보증인은 특별히 채권자에게 원인채무까지 보증하겠다는 뜻을 밝히지 않은 한, 어음보증인의 책임만 질 뿐이고$\left(\begin{smallmatrix}\text{어}\\\text{32조}\end{smallmatrix}\right)$ 원인채무에 관해서는 보증책임을 지지 아니한다고 본다$\left(\begin{smallmatrix}\text{대법원 1998. 6. 26.}\\\text{선고 98다2051 판결}\end{smallmatrix}\right)$. 어음보증인이 원인채무의 내용을 알고 어음이 그 채무의 변제를 위해 발행·배서되는 것을 알았더라도 같다고 한다. 이 판례는 어음의 발행인을 위한 보증인의 책임을 다룬 것이나, 배서인을 위한 보증인에 대해서도 같은 법리를 적용해야 한다.

3) 담보목적의 어음발행

타인의 채무를 담보하기 위해 채권자에게 약속어음을 발행해 준 경우에는 특별한 사정이 없는 한 동일한 채무를 면책적 또는 중첩적으로 인수한 것으로 보아야 한다는 것이 판례의 태도이다$\left(\begin{smallmatrix}\text{대법원 1997. 5. 7.}\\\text{선고 97다4517 판결}\end{smallmatrix}\right)$. 담보목적으로 배서한 경우처럼 보증으로 보지 않고 채무인수로 보는 이유는 약속어음의 발행은 어음상의 주채무를 부담하는 행위이기 때문이다.

판 례

[50] 대법원 2009. 10. 29. 선고 2009다44884 판결

「…민사상의 보증계약이라는 것은 어음상의 권리·의무에 관한 행위와는 엄연히 구분되는 법률행위이므로 그에 관한 청약과 승낙이 별도로 존재하여야 하고 그 존재 여부의 판단 문제는 근본적으로 당사자 사이의 의사해석의 문제이다. 그리고 보증계약의 성립 요건인 보증의사의 판단방법에 관한 일반 법리, 즉 보증계약의 성립을 인정하려면 당연히 그 전제로서 보증인의 보증의사가 있어야 하고 이러한 보증의사의 존재 여부는 당사자가 거래에 관여하게 된 동기와 경위, 그 관여 형식 및 내용, 당사자가 그 거래행위에 의하여 달성하려는 목적, 거래의 관행 등을 종합적으로 고찰하여 판단하여야 할 당사자의 의사해석 및 사실인정의 문제이지만 보증은 이를 부담할 특

별한 사정이 있을 경우 이루어지는 것이므로 보증의사의 존재나 보증범위는 이를 엄격하게 제한하여 인정하여야 한다는 법리를 감안해 볼 때, 비록 약속어음의 배서인에게 어느 특정인의 채무를 담보하기 위한 것이라는 약속어음의 사용 목적에 대한 인식이 있었다 하더라도…바로 약속어음의 배서인과 채권자 사이에 민사상 보증계약이 성립한다고 추단할 수는 없다. 그보다 더 나아가 채권자의 입장에서 배서시에 원인이 되는 채무에 대한 민사상의 보증채무를 부담할 것까지도 배서인에게 요구하는 의사가 있었고 배서인도 채권자의 그러한 의사 및 채무의 내용을 인식하면서 그에 응하여 배서하였다는 사실, 즉 배서인이 단순히 어음법상의 상환의무를 부담한다는 형태로 채권자에게 신용을 공여한 것이 아니라 민사상의 보증의 형태로도 신용을 공여한 것이라는 점이 채권자 및 채무자와 배서인 사이의 관계, 배서에 이르게 된 동기, 배서인과 채권자 사이의 교섭 과정 및 방법, 약속어음의 발행으로 인한 실질적 이익의 귀속 등 배서를 전후한 제반 사정과 거래계의 실정에 비추어 인정될 수 있을 정도에 이르러야만 배서인과 채권자 사이의 민사상 보증계약의 성립을 인정할 수 있을 것이고, 그에 미치지 못하는 경우에는 배서인은 원칙적으로 약속어음의 채무자로서 약속어음이 지급거절된 경우 그 소지인에 대하여 상환청구에 응하지 않으면 안 되는 어음법상의 채무만을 부담할 뿐이[다.]」

※ 同旨: 대법원 2007. 9. 7. 선고 2006다17928 판결; 동 1994. 8. 26. 선고 94다5397 판결.

[51] 대법원 1986. 9. 9. 선고 86다카1088 판결

「…피고 회사의 대표이사는 소외 조정옥에 대하여 2,000여만원의 채무를 부담하고 있던 관계로 위 조정옥이 발행하는 이 사건 약속어음은 같은 소외인이 타인으로부터 금전을 차용하기 위해 그 차용증서에 갈음하여 발행하는 것이고, 발행인이 거기에 피고의 배서를 요구하는 것은 차용금 채무에 대한 담보의 의미로 요구하는 것이라는 사정을 충분히 알고 위 조정옥의 요구에 따라 원심판시와 같은 배서행위를 하였던 것으로 인정하기에 넉넉하다. 그렇다면 피고가 비록 위 배서행위 당시에 소외 조정옥에게 금전을 대여하는 채권자가 누구인가를 구체적으로 몰랐다 하더라도 그 어음배서행위는 배서된 어음을 위 조정옥으로부터 교부받고 금전을 대여하는 채권자에 대하여 위 조정옥의 차용금 채무를 연대보증하겠다는 의사를 표시하는 뜻에서 한 것이었다고 봄이 상당하고, 그 어음을 취득하고 위 조정옥에게 금전을 대여한 채권자인 원고 역시 배서인이 대여금채무에 대하여도 보증한 것으로 믿고 금전대여를 한 것이었다고 봄이 상당하며, 따라서, 피고는 소외 조정옥의 원고에 대한 대여금채무에 대하여 연대보증의 책임을 면할 수 없다.…」

※ 同旨: 대법원 1957. 11. 4. 선고 4290민상516 판결; 동 1989. 7. 25. 선고 88다카 19460 판결 외 다수.

Ⅲ. 자금관계와 어음관계

약속어음에는 자금관계가 없으므로 환어음과 수표에서만 자금관계와 어음관계의 상호관계가 거론될 수 있다. 어음관계와 원인관계는 앞서 본 바와 같이 다양한 문제를 제기하나, 자금관계와 어음관계의 상호영향은 극히 제한된 예를 보여줄 뿐이다.

먼저 어음관계가 자금관계에 영향을 미치는 예는 지급인 또는 인수인이 어음금 또는 수표금을 지급한 경우 발행인에 대해 보상을 청구할 수 있다는 점, 발행인과 지급인 간에 지급에 관한 합의가 있었음에도 불구하고 지급인이 지급을 하지 않은 경우 발행인이 지급인에 대해 채무불이행책임을 물을 수 있다는 정도이다.

자금관계가 어음관계에 미치는 영향으로서는, 어음채무가 절차의 흠결이나 시효로 소멸한 경우 자금관계가 이득상환청구의 귀착점이 될 수 있으며, 환어음의 자금관계가 결여된 경우 인수인은 발행인의 지급청구에 대해 항변할 수 있다는 점이다. 원인관계의 무효·취소 기타의 하자는 악의의 항변사유가 될 수 있으나($^{어\ 17조}_{단}$), 자금관계의 흠결은 악의의 항변사유가 되는 일이 없다. 인수하지 않은 환어음의 지급인 또는 수표의 지급인은 어음채무자가 아니고 소지인도 이들의 채권자가 아니므로 당초 항변의 문제가 제기되지 않으며, 인수한 환어음의 지급인은 인수라는 어음행위의 결과로 지급책임을 지므로 발행인이 자금을 공급하지 않았고 소지인이 이 사실을 안다 하더라도 지급을 거절할 수는 없기 때문이다.

제 8 절 어음상 권리의 소멸

Ⅰ. 어음상 권리의 소멸사유

어음상의 권리는 민법에 정한 채권의 일반적인 소멸사유, 즉 소멸시효의 완성, 변제, 대물변제($^{민}_{466조}$), 공탁($^{민}_{487조}$), 상계($^{민}_{492조}$), 경개($^{민}_{500조}$), 면제($^{민}_{506조}$)에 의해 소멸한다. 일반채권은 혼동($^{민}_{507조}$)에 의해서 소멸하지만, 어음은 환배서($^{어\ 11조\ 3항,}_{수\ 14조\ 3항}$)가 허용되므로 어음상의 권리는 혼동에 의해서는 소멸하지 아니한다. 변제는 일반채권과 마찬가지로 가장 보편적인 어음채권의 소멸사유인데, 어음·수표법에서는 지급이라는 용어로 다루며, 지급의 절차와 효과에 관해 특칙($^{어 38조 이하.}_{수 28조 이하}$)을 두고 있어 민법의 변제에 관한 규정이 적용될 여지가 별로 없다. 그리고 어음·수표법에서는 매우 단기의 시효를 두고 있어($^{어 70조.}_{수 51조}$) 민법의 시효기간에 관한 규정은 적용되지 않는다.

어음법에서는 민법에 없는 「상환청구권보전절차의 흠결」이라는 특이한 소멸원인을 두고 있는데 이는 어음제도에서 매우 중요한 사항이므로 다음 章의 별개의 節에서 심도 있게 다룬다($^{제3장}_{제7절}$). 本節에서는 권리의 일반적인 소멸사유에 대해 어음법이 명문으로 인정하거나 해석상 인정해야 할 특칙을 설명한다.

1. 상   계

어음채권도 다른 채권과 상계할 수 있음은 물론이다. 상계는 단독행위이므로 일방채권자의 일방적인 의사표시에 의해 효력이 발생함이 원칙이다. 그러나 어음은 제시증권성과 상환증권성을 가지므로 상계의 의사표시 외에 어음의 제시와 교부를 요하는지 검토되어야 한다. 어음채권을 가지고 상계하는 것은 어음채권을 자동채권으로 할 경우와 수동채권으로 할 경우로 나누어 보아야 한다.

어음채권을 자동채권으로 상계할 경우에는 어음의 제시와 교부를 요한다 (대법원 1991. 4. 9. 선고 91다2892 판결; 동 2008. 7. 10. 선고 2005다24981 판결). 왜냐하면 우선 상계자의 어음채권을 상대방에게 증명할 필요가 있고, 상계자가 상계를 하고 다시 어음을 유통시킬 가능성을 배제하기 위해 어음을 상환시켜야 하기 때문이다. 예컨대 乙이 甲에 대해 100만원의 채무를 부담하고 있는 반면 甲이 발행한 같은 금액의 약속어음을 소지하고 있다고 하자. 이 경우 乙은 甲에게 어음을 제시하여 자기의 어음채권을 증명하는 동시에 어음을 교부함으로써 상계할 수 있는 것이다. 따라서 어음의 교부 없이는 상계의 의사표시를 하더라도 어음채무자의 승낙이 없는 한 상계의 효력이 생기지 아니한다.[1] 이때 어음의 교부는 상계의 효력발생요건이므로 상계의 의사표시를 하는 자가 교부사

---

1) 판례는 이 경우 어음법 제39조 제 1 항을 준용해야 한다는 이론을 제시한다(대법원 1976. 4. 27. 선고 75다739 판결).

실을 주장·증명해야 한다($\binom{전계\ 2005다}{24981\ 판결}$).

어음채권을 수동채권으로 하여 상계할 경우, 즉 위 예에서 甲이 상계할 경우에는 어음을 상환받지 않음으로 인한 불이익은 상계자(甲)가 입으므로 자신이 관리할 문제이고 법이 관여할 문제가 아니다. 따라서 어음의 제시·교부를 요하지 않는다고 해석한다. 그러나 어음을 환수하지 않고 상계할 경우에는 자동채권(甲의 채권)과 수동채권(乙의 어음채권)이 일응 소멸하지만, 채무자(乙)가 다시 어음을 유통시킬 경우(예컨대 A에게 양도할 경우) 어음소지인(A)에 대한 상계권자(甲)의 상계항변은 인적 항변($\binom{어\ 17조}{본}$)에 불과하여 甲은 이중변제의 위험을 부담한다.

한편 상계를 할 때 어음금액과 반대채권의 금액이 상이할 수도 있다. 어음금액이 반대채권보다 소액일 경우에는 별 문제가 없으나 어음금액이 반대채권보다 클 경우에는 어음의 상환증권성을 고려하여야 한다. 역시 어음채권을 자동채권으로 할 경우와 수동채권으로 할 경우를 나누어 보아야 한다. 어음채권을 자동채권으로 할 경우, 예컨대 위 예에서 乙이 甲에 대해 부담하는 100만원의 채무를 乙이 甲에 대해 갖고 있는 150만원의 어음채권으로 상계할 경우에는 상계를 하고도 50만원의 어음채권이 남는다. 이 경우는 어음의 일부지급에 준해서 상계자가 어음채무자에게 영수증을 교부하고 어음에 지급필의 기재를 해야 한다고 본다. 어음채권을 수동채권으로 상계할 경우에는 기술한 바와 같이 상계자의 자기관리에 속하는 문제이므로 일부지급필의 기재를 하지 않더라도 상계의 효력에는 영향이 없다.

2. 면   제

어음소지인이 어음채무자의 채무를 면제할 수 있음은 물론이나, 어음을 상환하지 않고 면제한 후 소지인이 이 어음을 유통시킬 경우 어음채무자는 채무면제를 인적 항변($\binom{어\ 17조\ 단,}{수\ 22조}$)으로 대항할 수 있을 뿐이다.

3. 공   탁

공탁에 관해서는 어음법에 별도의 규정을 두고 있다. 지급제시기간 내에 어음소지인이 지급제시를 하지 않을 때에는 각 어음채무자는 소지인의 비용과 위험으로 어음금액을 관할관서에 공탁함으로써 어음채무를 면할 수 있다($\substack{어 \\ 42조}$)($\substack{459면 \\ 참조}$).

4. 전부명령

전부명령의 일반적 효력으로서 집행채권이 소멸하므로 집행채권이 어음채권일 경우 전부명령은 어음채권의 소멸사유가 된다. 즉 민사집행법 제231조 본문은, "전부명령이 확정된 경우에는 전부명령이 제 3 채무자에게 송달된 때에 채무자가 채무를 변제한 것으로 본다"고 규정하고 있는데, 이는 집행채권자가 전부명령을 받음으로써 피전부채권에 대한 독점적인 권리를 취득하는 것에 상응하여 피전부채권의 범위에서 집행채권이 변제되는 것과 동일한 효과가 발생한다는 취지이다. 따라서 예컨대 어음소지인 A가 약속어음금 채권을 집행채권으로 하여 약속어음 채무자 B가 제 3 채무자 C에 대하여 가지는 채권의 압류 및 전부명령을 받아 확정되었다면, 이 전부명령이 C에게 송달된 때에 소급하여 피전부채권(B의 C에 대한 채권)이 A에게 이전하고 이는 B가 채무의 이행에 갈음하여 현실적인 출연을 한 것과 법률상 동일하게 취급되어야 하므로 집행채권인 약속어음금채권은 변제된 것으로 보아 소멸하는 것이다($\substack{대법원 2009. 2. 12. 선고 \\ 2006다88234 판결}$). 이 어음채권이 소멸함으로써 어음채권에 의해 담보되는 원인채무도 같이 소멸한다($\substack{동 \\ 판례}$).

Ⅱ. 어음 · 수표시효

1. 어음 · 수표시효제도의 특징

어음 · 수표채무는 일반채무에 비해 두 가지 특징을 가진다. 첫째는 인적 항변이 절단되는 등 책임이 엄격하고, 둘째는 채무자가 다수인이라는 점이다(책임의 다수성과 다면성). 이는 어음 · 수표의 유통성을 보호하고 지급증권으로서의 신용을 강화하기 위하여 불가피한 제도이다. 하지만, 이같이 다수인에 걸쳐 존재하는 엄격한 책임을 일반 민사시효를 적용하여 10년씩($\substack{민 162조 \\ 1항}$) 존속시킨다면, 자신이 관리불가능한 위험에 장기간 연루되는 것을 두려워하여 어음·수표의 거래를 기피하는 예가 늘고, 따라서 어음·수표의 이용도는 크게 감소할 것이다. 그래서 어음법과 수표법은 일반 시효에 비해 크게 단축된 시효를 두고 있다. 그리고 어음은 일반적으로 신용증권의 기능을 하고 수표는 일람출급성으로 인해 지급증권성이 더욱 강하게 표출됨을 생각하면 수표거래를 보다 신속히 종결지을 필요가 있으므로 수표의 시효를 어음시효에 비해 더 단기로 하고 있다.

한편 어음채무자에는 주채무자와 상환의무자의 구분이 있는데, 이들의 책임의 주종관계를 생각하면 시효 역시 획일적으로 적용할 것이 아니다. 그래서 어음법에서는 주채무자와 상환의무자의 시효에 차등을 두어 전자를 장기로, 후자를 단기로 규정하고 있다. 나아가 상환의무를 이행한 자가 재상환청구를 할 때에는 당초의 상환청구권에 비해 더욱 단기의 시효를 적용하고 있다.

어음·수표의 채무자가 다수인 경우 어음소지인의 청구에 응해 채무를 이행한 어음채무자는 자기의 전자에 대해 재상환청구, 즉 다시 어음금을 청구할 수 있는 기회를 가진다. 하지만 어느 채무자가 어음소지인의 청구에 응해 소송을 수행하다 보면 소송의 장기화로 자기의 전자에 대한 재상환청구권을 시효로 상실할 경우도 있다. 그래서 어음소송을 제기당한 어음채무자가 자기의 전자에 대한 시효를 이행청구 이외의 방법으로 중단시킬 수 있는 제도가 필요한데, 그에 기여하는 것이 소송고지제도이다.

2. 시효기간

(1) 어음의 시효

1) 주채무자에 대한 시효

약속어음의 발행인과 환어음의 인수인의 지급채무는 만기일로부터 3년이 경과하면 소멸한다(어 70조 1항, 77조 1항 8호, 78조 1항). 이들의 보증인과 참가인수인의 시효도 같다고 보아야 한다. 또 무권대리인은 본인과 같은 책임을 지므로 대리권 없이 타인을 대리하여 약속어음을 발행한 자 그리고 환어음을 인수한 자의 채무도 3년의 시효에 걸린다.

3년의 기간은 만기일로부터 기산한다. 일람출급어음의 지급제시는 발행일로부터 1년 내에 해야 하는데(어 34조 1항), 그 기간 내에 적법한 지급제시가 없다면 그 기간의 말일에 만기가 도래한 것으로 보아야 하므로 그때부터 어음채무의 소멸시효가 진행한다고 보아야 한다(대법원 2007. 11. 15. 선고 2007다40352 판결 참조). 지급제시를 할 때에는 만기가 공휴일일 경우 그 후의 첫번째 거래일이 「지급할 날」이 되지만(어 72조 1항), 시효를 적용할 때에는 만기가 공휴일이더라도 만기일로부터 기산한다. 주채무자와 어음소지인 간에 지급유예의 특약을 한 경우에는 그 기간이 경과한 날로부터 기산해야 할 것이다(정찬형 420).[1] 그러나 지급유예는 그 합의당사자간에서만 효력이 있으므로 소지인과 다른 상환의무자 및 상환의무자와 주채무자 간의 어음금청구에 있어서는 만기로부터 기산하여야 한다.

주채무자에 대한 시효는 만기로부터 기산함이 원칙이나, 장래 발생할 채무를 담보하기 위하여 채무자가 채권자에게 발행한 어음의 경우에는 피담보채무가 발생한 시점을 기산점으로 삼아야 한다(판례[52]). 피담보채무가 발생한 시점에서 비로소 어음채권을 행사할 수 있기 때문이다. 판례는 장래의 구상채무를 담보하기 위한 경우를 들고 있으나, 구상채무에 국한할 것이 아니라 장래의 채무를 담보하기 위한 경우에 일반적으로 적용해야 할 이론이다.

판 례

[52] 대법원 2004. 12. 10. 선고 2003다33769 판결

「…발행인에 대한 약속어음상의 청구권의 소멸시효는 만기의 날로부터 진행하는 것이 원칙이나, 그 약속어음이 수취인 겸 소지인의 발행인에 대한 장래 발생할 구상채권을 담보하기 위하여 발행된 것이라면, 소지인은 발행인에 대하여 구상채권이 발생하지 않은 기간중에는 약속어음상의 청구권을 행사할 수 없고, 구상채권이 현실로 발생한 때에 비로소 이를 행사할 수 있게 되는 것이므로, 그 약속어음의 소지인의 발행인에 대한 약속어음상의 청구권의 소멸시효는 위 구상채권이 현실적으로 발생하여 그 약속어음상의 청구권을 행사하는 것이 법률적으로 가능하게 된 때부터 진행된다고 봄이 상당하다. 그리고 이러한 결과가 민법 제184조 제2항의 규정에 반하여 소멸시효를 가중하는 것이라고 할 수는 없다.」

[사실관계] 위 판례의 사실관계는 다음과 같다.

---

1) 日最高裁 1970. 5. 30 판결, 民集 34권 3호, 521면.

Y₁이 리스회사로부터 기계를 리스하였는데, 리스료지급에 관해 H가 보증을 하였다. 그리고 H가 보증채무를 이행할 경우 Y₁이 H에 대해 부담할 구상채무를 담보하기 위하여 Y₂가 H에게 만기를 일람출급으로 하는 약속어음을 발행하였다. 그 후 Y₁이 리스료의 지급을 연체하여 H가 대위변제를 한 다음, Y₂를 상대로 어음금을 청구한 사건에서 어음시효의 기산점이 문제되었던바, 법원은 위 이론에 따라 어음시효는 H가 대위변제를 하여 구상채권을 취득한 때를 기산점으로 한다고 판시하였다.

2) 상환청구권의 시효

주채무자를 제외한 채무자들, 즉 환어음의 발행인, 약속어음 및 환어음의 배서인 그리고 이들의 보증인 또는 무권대리인에 대한 상환청구권의 시효는 1년이다($\binom{어\ 70조\ 2항,}{77조\ 1항\ 8호}$). 이들에 대한 시효의 기산점이 주채무자와 다름을 주의해야 한다. 이들에 대한 시효는 상환청구권행사를 위하여 거절증서를 작성할 경우에는 거절증서작성일로부터 1년이고, 거절증서의 작성이 면제된 경우에는($\binom{어\ 46조,}{77조\ 1항\ 4호}$) 만기일로부터 1년이다($\binom{어\ 70조\ 2항,}{77조\ 1항\ 8호}$).

배서인 등 상환의무자와 소지인이 지급유예의 특약을 한 경우, 이들간에서는 주채무자에 대해 말한 바와 같이 지급유예기간이 경과한 날로부터 기산해야 한다.[1]

어음법 제70조 제 2 항은 환어음의 만기 후 상환청구에 대해서 적용되는 것은 물론이지만, 만기 후로 제한하는 규정이 없으므로 만기 전의 상환청구에도 적용된다($\binom{판례}{[53]}$). 따라서 인수가 거절된 경우에는 인수거절증서의 일자가 시효의 기산점이 된다. 나아가 어음법은 약속어음의 만기 전 상환청구에 관해서는 규정을 두고 있지 않으나, 약속어음에 관해서도 만기 전의 상환청구를 인정해야 할 것이므로($\binom{473면}{참조}$), 어음법 제70조 제 2 항은 약속어음의 만기 전 상환청구에도 적용된다고 보아야 한다($\binom{판례}{[53]}$).

판 례

[53] 대법원 2003. 3. 14. 선고 2002다62555 판결

「…어음법은 환어음의 경우 만기 전 소구와 만기 후 소구에 관한 규정을 모두 두고 있고, 환어음 소지인의 배서인, 발행인에 대한 청구권의 소멸시효에 관한 어음법 제70조 제 2 항은 …만기 후 소구권의 행사의 경우에만 위 조항을 적용한다고는 규정하고 있지 아니하고 있으므로 위 규정은 환어음의 만기 전의 소구권의 행사의 경우에도

---

1) 前註.

당연히 적용된다고 보아야 할 것이고, 한편 어음법상 약속어음에 관하여는 환어음의 경우와 같은 만기 전 소구에 관한 규정을 두고 있지 않으나 약속어음에 있어서도 발행인의 파산이나 지급정지 기타 그 자력을 불확실하게 하는 사유로 말미암아 만기에 지급거절이 될 것이 예상되는 경우에는 만기 전의 소구가 가능하다고 할 것이므로 (대법원 1992. 5. 26. 선고 92다6471 판결; 1993. 12. 28. 선고 93다35254 판결 등 참조) 만기 전의 소구가 가능한 약속어음의 경우에도 역시 만기 전·후의 소구권 행사 여부를 불문하고 그 소멸시효에 관하여는 모두 어음법 제77조 제1항 제8호에 의하여 준용되는 같은 법 제70조 제2항이 적용된다고 해석하여야 할 것이다.」

3) 재상환청구권의 시효

어음소지인에게 상환의무를 이행한 자가 주채무자를 제외한 자기의 전자에게 재상환청구를 할 경우, 그 재상환청구권의 시효는 6월이다(어 70조 3항, 77조 1항 8호). 이 시효의 기산점에 주의를 요한다. 재상환청구권자가 자기의 상환의무를 이행하여 어음을 환수한 경우에는 그 환수한 날로부터 기산한다(동조). 이 날로부터 재상환청구권의 행사가 가능하기 때문이다. 그러나 상환의무를 이행하지 아니하여 어음소지인으로부터 소송상의 청구를 받은 경우에는 제소된 날로부터 기산한다(동조).

4) 재판상 확정채무의 시효

이상 세 가지의 단기시효가 적용되는 채무라도 판결에 의해 확정된 채무인 경우에는 일반 민사시효와 같이 10년의 시효에 걸린다(민 165조 1항). 판결에 의해 확정된 채무라 함은 화해, 청구의 인낙 등을 통해 확정된 채무를 포함한다. 공증인이 작성한 약속어음의 공정증서에는 집행력은 있으나 기판력이 없으므로 동 어음채무는 판결에 의해 확정된 채무에 포함되지 않는다(대법원 1992. 4. 14. 선고 92다169 판결).

(2) 수표의 시효

수표에는 주채무자가 없으므로 주채무자의 시효라는 것도 있을 수 없다. 그 대신 지급은행이 지급보증을 한 경우 그에 대한 어음관계자들의 신뢰를 감안하여 상환의무자보다 장기의 시효를 적용한다. 그리고 수표의 상환의무자들의 시효는 상환청구와 재상환청구를 구분하지 않고 단일한 시효를 적용한다.

1) 지급보증인의 시효

수표소지인의 지급보증인에 대한 수표금청구권은 지급제시기간이 지난 날로부터 1년이 경과하면 소멸한다(수 58조). 지급보증인은 바로 지급인이므로 그 지위는 환어음이나 약속어음의 주채무자와 흡사하지만 그에 대한 시효는 어음의 주채무자에 대한 시효와는 달리 이해해야 한다. 어음의 주채무자에 대한 시효라 함은 시효가 완성하기 전에는 언제든지 주채무자에게 어음금을 청구할 수 있음을 의미한다. 그러나 수표의 지급보증인에 대한 시효는 제시기간 내에 제시하였으나 지급하지 않을 경우에 그의 책임을 추궁할 수 있는 기간을 의미한다. 그러므로 지급보증인에 대한 시효는 제시기간 내에 제시를 한 경우에 진행하는 것이고, 제시기간 내에 제시하지 못한 경우에는 지급청구권이 소멸하고 시효의 문제는 생기지 않는다.

2) 상환청구권의 시효

발행인·배서인·보증인 등의 상환의무자에 대한 상환청구권은 지급제시기간이 지난 날로부터 6월이 경과하면 소멸한다($\genfrac{}{}{0pt}{}{수\,51조}{1항}$). 이들에게 상환청구권을 행사하려면 제시기간 내에 지급제시를 하고 거절증서를 작성하거나 이와 동일한 효력이 있는 거절선언을 작성하는 등 상환청구권보전절차를 밟아야 하므로 이 절차를 밟았을 경우에 한해 시효기간 내의 청구가 가능하다.

3) 재상환청구권의 시효

상환의무를 이행한 자의 전자에 대한 재상환청구권도 6월의 시효에 걸린다($\genfrac{}{}{0pt}{}{수\,51조}{2항}$).

4) 재판상 확정판결의 시효

재판상 확정된 채무의 시효는 어음의 경우와 같이 10년이다.

3. 시효의 중단

어음·수표의 시효는 이행청구 등 민법이 정한 일반 시효중단사유에 의해 중단되는 외에 특유한 중단사유로서 소송고지에 의해서도 중단된다. 일반 시효중단사유를 어음·수표에 적용함에 있어서는 어음·수표의 제시증권성과 관련하여 어음·수표의 제시를 필요로 하느냐는 문제가 있다.

(1) 이행의 청구

어음채권의 시효를 중단시키기 위하여 이행의 청구를 함에 있어 민법상의 이행의 청구($\genfrac{}{}{0pt}{}{민\,168조}{1호}$)와 마찬가지로 의사의 통지로 족한가, 아니면 어음의 제시까지 요하는가? 재판상의 청구에는 어음의 제시를 요하지 않으므로($^{대법원\ 1962.\ 1.\ 31.\ 선고}_{4294민상110,\ 111\ 판결}$),
이는 재판외의 청구에 있어 제기되는 문제이다. 어음법상 어음채무자를 이행지체
에 빠뜨리기 위한 뜻에서의 이행청구는 지급제시를 해야 한다는 데에 의문의 여
지가 없다. 민법상 이행지체의 효과를 가져오는 이행청구와 시효중단을 가져오는
이행청구에 구분이 없으므로 논리적으로는 이행청구에 의해 시효중단의 효과를
가져오기 위해서는 어음의 제시를 요한다고 볼 소지가 있고, 과거의 판례도 지급
제시를 요한다는 입장을 취하였다($^{대법원\ 1962.\ 12.\ 20.}_{선고\ 62다680\ 판결}$). 그러나 시효제도의 근본취지는
권리행사를 게을리하는 자를 보호할 필요가 없다는 것인데, 어음을 제시하지 않
더라도 이행의 청구만으로 권리를 행사할 의사가 있음이 분명해진 이상 반드시
어음의 제시를 요구할 필요가 없다는 것이 현재의 통설이다.[1] 그렇다고 해서 어
음을 소지하지 않고 이행청구를 할 수 있다는 뜻은 아니다. 이행청구는 권리 있는
자만이 할 수 있는 만큼 어음은 소지하여야 한다.[2]

원인채권의 이행청구는 어음시효의 중단사유가 될 수 없음은 기술한 바와
같다.

(2) 압류·가압류

어음채권자가 어음상의 권리행사를 위해 어음채무자의 재산에 압류 또는 가
압류를 하면 시효가 중단된다($^{민\ 168조}_{2호}$). 민법에서는 가처분도 시효중단사유로 삼
고 있다($^{동}_{조}$). 어음의 인도가 소송물이 될 경우에는 가처분이 시효중단사유가 될 수
있으나, 어음금을 청구하는 소송에서는 어음에 가처분을 할 이유가 없으므로 가
처분이 시효중단사유가 될 수 없다.

압류·가압류에 의해 시효를 중단하는 경우에는 법원의 결정에 의하므로 어
음의 제시가 필요 없다.

(3) 채무승인

어음채무자가 시효완성 전에 어음채무를 승인($^{민\ 168조}_{3호}$)할 경우 시효중단사유

---

1) 日本의 판례도 같다(日最高裁 1963. 1. 30 판결, 民集 17권 1호, 99면).
2) 정동윤 137면: 어음의 소지를 요구하면 어음을 분실하거나 또는 그것이 압수되어 있는 경우에는
    시효중단을 할 수 없어 불합리하며, 같은 이유로 시효중단을 위한 재판외의 청구에도 어음의 소지
    는 불필요하다고 한다.

가 된다. 이 경우에도 어음의 제시는 필요 없고 단지 어음채무자가 채무의 존재를 인식하고 있다는 표시로 족하다($\binom{\text{대법원 1990. 11. 27.}}{\text{선고 90다카21541 판결}}$). 따라서 어음의 점유를 상실하여 공시최고중에 있는 상태에서도 채무승인이 가능하며, 백지어음에 대해서도 채무 승인이 가능하다($\binom{\text{대법원 2010. 5. 13. 선고}}{\text{2010다6345 전원합의체 판결}}$)($\binom{\text{정찬}}{\text{형 423}}$).

(4) 소송고지

소송고지라 함은 소송당사자의 일방이 소송의 결과에 대해 이해관계 있는 제3자에게 소송계속을 알리는 제도로서($\binom{\text{민소}}{\text{84조 1항}}$), 소송고지를 하면 고지받은 자에 게까지 판결의 효과를 미치게 할 수 있으므로($\binom{\text{민소}}{\text{86조}}$) 흔히 소송당사자가 피고지인 으로 하여금 소송에 참가하도록 유도하기 위한 목적에서 한다. 원래 소송고지는 시효중단과는 무관한 제도이나, 어음채무자의 전자에 대한 소송고지에만은 시효 중단의 효력을 인정하고 있다($\binom{\text{어 80조 1항,}}{\text{수 64조 1항}}$).

소송고지에 의한 시효중단은 재상환청구권자를 위한 제도이다. 어음·수표채 무자가 어음금 또는 수표금의 청구를 받은 경우 속히 상환의무를 이행하면 자기 의 전자에 대해 재상환청구권을 행사할 수 있는 시간을 가질 수 있다. 그러나 항 변사유가 있어 상환의무의 이행을 거절하면 소지인이 소송을 제기할 것이고 이에 응소하여 다투게 된다. 이 소송에서 상환의무자가 승소하면 의무를 벗어나지만, 패소하면 상환의무를 이행해야 하고 자기의 전자를 상대로 재상환청구권을 행사 해야 한다. 그런데 앞서 본 바와 같이 재상환청구권은 어음·수표 공히 제소를 당 한 날로부터 6월의 시효에 걸리므로 어음소지인과의 소송이 6월 이상 지연되면 재상환청구권이 시효로 소멸하게 된다. 이를 방지하기 위해 소송 중에 전자에게 미리 청구를 해서 시효를 중단시키려 해도 불가능하다. 왜냐하면 전자에게 청구 하려면 어음을 소지해야 할 터인데, 상환의무자가 상환의무를 이행하기 전에는 어음을 손에 넣을 수 없기 때문이다. 상환의무자는 재상환청구권과 관련하여 이 러한 딜레마에 빠지므로 이를 해결해 주기 위해 다음과 같이 소송고지에 의한 시 효중단제도를 둔 것이다.

어음법 제80조 제1항은 「배서인의 다른 배서인과 발행인에 대한 환어음상 과 약속어음상의 청구권의 소멸시효는 그 자가 제소된 경우에는 전자에 대한 소 송고지를 함으로 인하여 중단한다」고 규정하고 있으며, 수표법 제64조 제1항에서도 같은 취지의 규정을 두고 있다.

위 조문에서「배서인의 다른 배서인에 대한 청구」라 함은 소송에 의해 상환청구를 받은 배서인이 상환의무를 이행할 경우 자기의 전자인 배서인에 대해 하게 될 재상환청구를 뜻한다. 그리고「발행인」이라 표현한 것은 환어음의 발행인을 가리킨다. 약속어음의 발행인도 포함하는 뜻이라면 환어음의 인수인을 제외시켰을 리가 없기 때문이다. 그 결과 제80조의 적용대상에서 약속어음의 발행인과 환어음의 인수인은 제외되는데, 이들을 제외시킨 이유는 이들은 상환의무자가 아니라 주채무자라는 이유에서인 듯하다. 그러나 주채무자에 대한 지급청구권의 시효도 소송고지에 의해 중단시킬 수 있도록 어음법 제80조 제 1 항을 유추적용해야 한다. 주채무자에 대해서는 비교적 장기의 시효(3년)가 적용되지만, 소송이 그보다 장기화되고 패소할 경우 주채무자에 대한 청구권을 상실하게 되는 점은 재상환의무자에 대한 관계와 같기 때문이다. 그리고 법문에서는 보증인이 소송상 이행청구를 받은 경우에 관해서는 언급하고 있지 않지만, 보증인 역시 채무를 이행하고 주채무자의 권리($\frac{어 32조}{3항}$)를 행사하기 위해서는 전자에 대한 시효중단이 필요하므로 제80조는 보증인이 소지인으로부터 이행청구를 위해 제소된 때에도 유추적용해야 한다.

소송고지에 의해 주채무자와 배서인에 대한 재상환청구권의 시효를 중단시키면 그들의 보증인에 대해서까지 시효중단의 효력이 미치므로 보증인에 대해서는 별도의 소송고지가 필요하지 않다.

4. 시효이익의 포기

어음시효가 완성되었더라도 채무자가 소멸시효이익을 포기할 수 있음은 물론이다. 소멸시효가 완성한 어음채무를 일부변제한 경우에는 액수에 관해 다툼이 없는 한 그 채무 전체를 묵시적으로 승인하고 시효이익을 포기한 것으로 추정해야 한다.[1] 또 소멸시효가 완성된 어음채무의 집행에 이의를 진술하지 않은 경우에도 어음채무자가 어음채권에 대한 시효이익을 포기한 것으로 보아야 한다($^{대법}_{원}$

---

1) 판례는 채무일반에 관해 이러한 시효이익의 포기를 인정한다(대법원 2001. 6. 12. 선고 2001다3580 판결).

2010. 5. 13. 선고)
2010다6345 판결)

Ⅲ. 어음 · 수표의 抹消 · 毁損 · 喪失(말소 · 훼손 · 상실)

어음 · 수표에 관한 물리적 사건으로 어음 · 수표상의 권리에 변동이 생길 수 있다. 주요 사건은 다음과 같다.

1. 말소 · 훼손 · 상실의 개념

i) 어음의 기재사항의 전부 또는 일부를 삭제하는 것을 어음의 말소라고 하는데, 정당한 권한 있는 자가 자신의 어음행위의 내용을 수정하기 위하여 말소하는 것은 유효하고 그 말소된 내용이 없는 채로 어음으로서의 효력을 발휘한다(어 16조 1항, 29 조, 50 조 2항). 자주 문제되는 것은 배서의 말소인데, 이에 대하여는 후에 상술한다. 이에 반해 정당한 권한이 없는 자가 어음의 기재사항을 말소한다면 이는 변조가 될 것인바, 그 효력에 관하여는 기술하였다.

한편 어음의 기재사항의 일부를 말소하여 잔존부분만으로도 독립된 내용의 권리관계를 표창할 수 있다면, 권한 있는 자가 한 경우 적법한 말소가 될 것이고 권한 없는 자가 한 경우 변조가 될 것이지만, 기재사항의 전부 또는 불가결의 요건(예: 발행인의 기명날인)을 말소하였다면 이는 후술하는 어음의 상실이 된다.

ii) 어음을 찢거나 소각하는 등 어음의 지편에 물리적 손상을 가하는 것을 어음의 훼손이라 하는데, 잔존부분만으로 독립된 어음으로서의 효력을 발휘하고 종전과 같은 내용을 유지한다면 별 문제가 없으나, 훼손으로 인해 내용에 변화를 가져오는 경우(예컨대 글자와 숫자로 어음금을 상이하게 기재하였는데, 글자부분을 절단한 경우)에는 변조이다. 그리고 훼손의 결과 어음의 외관을 구비하지 못하게 된 경우에는 어음의 상실이 된다.

iii) 어음의 상실이라 함은 어음의 말소 · 훼손 등에 의해 어음의 존재성을 상실하거나 어음소지인이 자기의 의사에 반하여 어음의 점유를 잃는 것을 말한다. 어음을 상실한다 해서 바로 어음소지인이 권리를 상실하는 것은 아니다. 그러나 어음이 없으므로 어음상의 권리를 행사할 수 없게 되고, 혹 타인이 거래에 의해 그 어음을 선의로 취득할 경우 결국은 어음상의 권리를 잃게 된다. 그러므로 어음을 상실한 자의 지위를 회복해 주기 위하여 다음에 설명하는 공시최고와 제권판결이 이용된다.

어음의 抹消와 損壞(훼손 · 훼멸 · 파괴)

어음의 말소와 손괴의 차이를 되풀이하여 설명한다. 어음의 말소는 어음법에서 사용하고 있는 용어로서, 이미 존재하는 어음의 기재사항 위에 그 기재를 철회하는 의사로 볼 수 있는 표시를 하는 것을 말한다. 즉 어음법적으로 유의의한 평가를 해야 할 사실행위이다. 보통 그 기재사항 위에 줄을 긋는다. 무익적 기재사항을 말소하면 어음의 효력에는 변동이 없고, 유해적 기재사항을 말소하면 어음행위는 무효에서 유효로 바뀌며, 유익적 기재사항을 말소하면 그 유익적 기재사항이 없는 어음이 된다. 그리고 어음법이 특별히 말소를 허용하는 예도 있다. 인수의 말소($^{어\ 29조}_{1항}$), 배서의 말소($^{어\ 16조\ 1항,}_{50조\ 2항.}$) 등이다. 말소가 권한 있는 자에 의해 이루어진 경우에는 이같은 말소의 효력 자체에 머물지만, 권한 없는 자에 의해 이루어진 경우에는 변조가 된다.

말소나 변조에 의해 어음이 무효가 될 수도 있다. 예컨대 어음발행인의 기명날인을 말소하였다면 이로 인해 어음은 무효가 되고 이는 변조에 해당한다. 말소나 변조로 보기 위해서는 이로 인해 어음의 효력이 어떻게 되느냐는 것은 별론하고, 여전히 어음의 동일성을 인식할 수 있는 성상을 지녀야 한다. 그렇지 않고 예컨대 어음의 기재사항 대부분에 먹칠을 하여 어음의 외관을 인정할 수 없는 경우에는 어음의 무효라는 평가가 무의미하고, 어음의 존재가 부정되어야 하므로 이는 어음의 상실에 해당한다.[1] 따라서 이같이 상실되기 전의 상태에서 어음을 소지하던 자는 공시최고와 제권판결을 통해 어음상의 권리를 회복할 수 있다. 어음의 상실에 이르는 행위를 학자에 따라 손괴, 훼멸, 파괴 등 다양한 용어로 부르는데, 어떠한 용어이든 어음으로서의 존재를 인정할 수 없는 상태를 지칭한다는 점을 주의하여야 한다.

2. 공시최고와 제권판결

(1) 공시최고

증권의 공시최고에 국한하여 말하자면, 공시최고란 자기의 의사에 반하여 증권의 점유를 상실한 자가 있을 경우 불특정다수인을 상대로 일정 기간을 정하여

---

1) 丹羽, 132면.

그 사실을 공지시키고 아울러 그 증권에 대해 권리를 주장하는 자에게 신고할 것을 독려하는 절차이다.[1] 증권의 점유를 「상실」한다고 함은 자기의 의사에 반하여 증권의 점유를 잃는 것을 뜻하므로, 사기·강박 등에 의해 어음을 교부한 것은 자기의 의사에 기한 것으로서 증권의 상실이 아니고, 따라서 공시최고의 사유가 되지 못한다($\binom{\text{대법원 2004. 10. 11.}}{\text{선고 2004다4645 판결}}$). 횡령을 당한 경우에도 당초 증권을 자기의 의사에 기하여 타인에게 교부하였던 바이므로 증권의 상실이 아니고 공시최고의 대상이 아니다($\binom{\text{대법원 2016. 10. 27. 선}}{\text{고 2016다235091 판결}}$).

공시최고의 구체적인 절차는 민사소송법에 규정되어 있다($\genfrac{}{}{0pt}{}{\text{민소 475}}{\text{조, 492조}}$). 어음을 공시최고할 경우에는 어음의 최종소지인의 신청을 받아 법원이 결정하며($\genfrac{}{}{0pt}{}{\text{민소 478}}{\text{조 1항}}$), 이를 허가할 경우 대법원규칙이 정하는 바에 따라 공고하여야 한다($\genfrac{}{}{0pt}{}{\text{민소 480조, 민}}{\text{사소송규칙 142}}$ $\genfrac{}{}{0pt}{}{\text{조}}{\text{1항}}$). 공시최고기간은 공고가 끝난 날부터 3월 뒤로 정하여야 한다($\genfrac{}{}{0pt}{}{\text{민소}}{\text{481조}}$). 공시최고기간중이라도 어음의 선의취득이 가능하고, 어음의 지급인이 선의로 지급한 경우 지급의 효력을 주장할 수 있다.

공시최고는 어음의 현재의 점유자를 알지 못할 때에 필요성이 인정되는 것이다. 따라서 자기의 의사에 반하여 점유를 잃었더라도 현재의 점유자를 알고 있으면 공시최고가 허용되지 않는다. 이 경우에는 현재의 점유자를 상대로 반환을 청구해야 한다($\genfrac{}{}{0pt}{}{\text{대법원 1993. 2. 3. 선고 93다52334 판결;}}{\text{동 2004. 10. 11. 선고 2004다4645 판결}}$).

(2) 제권판결

공시최고의 기간이 종료할 때까지 권리신고가 없으면 제권판결을 선고한다($\genfrac{}{}{0pt}{}{\text{민소}}{\text{485조}}$). 제권판결에서는 그 대상이 된 어음의 무효를 선고해야 한다($\genfrac{}{}{0pt}{}{\text{민소}}{\text{496조}}$). 따라서 제권판결 후에는 어음의 선의취득이 불가능하다. 그리고 어음은 제권판결의 효력으로써 무효가 되므로 현소지인은 이 어음을 가지고 권리를 행사할 수 없다($\genfrac{}{}{0pt}{}{\text{대법}}{\text{원}}$ $\genfrac{}{}{0pt}{}{\text{1990. 4. 27. 선고 89다카16215 판결: 어음의}}{\text{실질적 권리자라도 같다는 점을 강조하고 있다}}$). 설혹 소지인이 제권판결 전 혹은 공시최고 전에 어음을 취득하였더라도 결과는 같다($\genfrac{}{}{0pt}{}{\text{대법원 1993. 11. 9. 선고 93다32934 판결;}}{\text{동 1994. 10. 11. 선고 94다18164 판결}}$).

---

1) 공시최고는 본문에서 기술한 바와 같이 도난, 분실 등 자기의 의사에 반하여 증권의 점유를 잃은 자가 권리를 회복할 수 있도록 하는 제도이다. 그러나 어음·수표를 정상적으로 발행·배서한 자가 자신의 의무이행을 지연시키거나 회피하는 수단으로서 허위의 분실사유를 들어 공시최고를 신청하고 법원으로부터 제권판결을 받아내는 예가 있다. 이는 사기죄(형 347조 1항)를 구성한다(대법원 1999. 4. 9. 선고 99도364 판결).

제권판결이 공시최고의 신청인에게 실질적인 권리를 창설해 주는 것은 아니나, 어음을 소지하는 것과 동일한 지위를 회복시켜 주는 효력이 있으므로($^{전계}_{93다}$ $^{32934}_{판결}$) 신청인은 어음소지인으로서 어음채무자들에게 어음상의 권리를 주장할 수 있다($^{민소}_{497조}$). 제권판결을 받은 후 어음을 선의취득한 자가 있는 경우, 누구의 권리가 우선하느냐는 문제가 있는데, 이는 어음의 선의취득과 관련하여 후술한다($^{381면}_{참조}$).

어음·수표의 유실에 따른 법률관계

어음·수표의 소지인이 분실 등의 사유로 어음·수표의 점유를 상실한 경우 다음과 같이 소지인 본인을 포함하여 수인 간에 새로운 利害가 창출되므로 그 이해의 법적 해결이 필요해진다.

1) **상실자의 점유회복** 어음·수표의 점유를 상실한 자가 어음·수표의 점유자로서의 지위를 회복하는 방법이 무엇이냐는 문제가 생긴다. 이는 앞서 공시최고 절차를 밟아 제권판결을 받는 것으로 해결된다(단 선의취득자 등 권리신고를 하는 자가 없을 경우에 한한다).

2) **선의취득자** 유실된 어음을 제3자가 거래를 통해 취득한 경우에는 그의 선의취득 여부가 문제된다. 어음법 제16조 제2항, 수표법 제21조의 요건을 구비하면 동 어음·수표를 선의취득한다.

3) **유실물의 습득** 유실물을 습득한 자가 있는 경우에는 유실물법에 따라 공고한 후 6개월 내에 소유자가 권리를 주장하지 않으면 습득자가 유실물의 소유권을 취득한다($^{민}_{253조}$). 무기명증권으로서의 성질을 가진 어음·수표($^{소지인출급식 수표.}_{수 5조 1항 3호}$), 최후의 배서가 백지식배서인 어음($^{어 14조}_{2항}$)은 이 규정의 적용대상이 될 수 있다고 보아야 한다. 그러나 지시식으로 배서된 어음·수표의 경우에는 이론적으로는 권리자가 표창되어 있으므로 민법 제253조의 적용대상이 아니라고 볼 소지도 있다. 하지만, 현실문제로서 기명식의 배서가 있다고 하더라도 권리자의 동일성을 파악하는 것이 항상 가능한 것은 아니므로 상실자의 동일성을 인식할 수 없는 어음·수표는 역시 민법 제253조의 적용대상이라고 보아야 한다.

4) **습득자에 대한 보상** 유실물을 반환받은 자(점유상실자)는 습득자에게 물건가액의 100분의 5 내지 100분의 20의 범위에서 보상금을 지급하여야 한다($^{유실물법}_{4조}$). 유실한 어음·수표가 그 대상임은 물론이다. 그런데 고액의 어음·수표의 경우에는 이 규정을 그대로 적용할 수 없다. 다음과 같은 이유에서이다.

유실물법이 습득자에게 보상금을 지급하도록 하는 이유는 선의취득제도와 밀접한 관련이 있다. 습득자 자신은 유실물을 영득하더라도 선의취득을 할 수 없다. 그러나 습득자가 유실물을 유통시키면 이를 선의로 취득한 자는 선의취득을 하고($\frac{민}{250조}$), 그 결과로 유실자는 권리를 상실한다. 그러므로 습득자에게 보상금을 지급하는 것은 타인에게 선의취득을 시키지 않은 데 대한 보상이라고 할 수 있다. 그런데, 고액의 어음·수표의 경우에는 현실적으로 선의취득이 불가능하다(예컨대 1, 2억원의 어음이 유통되는 실정을 상상해 보라). 따라서 이런 어음·수표를 습득하여 반환한 자에게는 단지 그 선행에 대한 도의적 보상으로 족하다는 논리도 제시할 수 있다. 판례도 선의취득이 사실상 불가능한 고액의 어음·수표의 경우, 습득자에게 0.1% 정도의 사례 또는 그 이하의 사례만 준 것으로도 족하다고 보고 있다($\binom{대법원 1967. 5. 23. 선고 67다389 판결; 동}{1965. 1. 26. 선고 64다1488 판결; 서울남부}$ 지방법원 2009. 7. 2. 선고 2008가합21793 판결).

제 9 절 이득상환청구권

I. 의   의

1. 개   념

이득상환청구권이란 어음·수표상의 권리가 상환청구권보전절차의 흠결·시효완성 등으로 소멸한 경우, 어음소지인이 그로 인해 이익을 얻은 어음채무자에게 어음·수표금의 상환을 청구할 수 있는 권리를 말한다($\frac{어 79조,}{수 63조}$).

어음·수표는 지급수단으로 유통되므로 어음·수표상의 권리가 소멸하여 지급기능을 하지 못할 때에는 필연코 어음관계자들 사이의 실질관계에 대가의 불균형이 일어난다. 예컨대 甲이 丙을 지급인으로 하는 환어음을 작성하여 乙에게 부동산의 구입대금조로 발행하였다고 하자. 그리고 丙이 어음금을 지급한 후에 甲으로부터 자금을 제공받기로 하고 일단 丙이 이 어음을 인수하였다. 乙은 어음할인의 방법으로 A에게 이 어음을 배서양도하고 A는 다시 B에게 종전부터 갖고 있던 채무의 「변제에 갈음」하여 이 어음을 B에게 배서양도하였다. B가 이 어음을 소지하던 중 이 어음의 소멸시효가 완성하여 B는 丙에게는 물론 甲, 乙, A 누구에게도 어음상의 권리를 행사할 수 없게 되었다. 이 상황에서 각 어음관계자들의 득실을 따져 보면, 乙의 경우 甲에 대한 부동산인도와 A로부터의 어음할인금액이 상쇄되고, A의 경우 乙에게 제공한 자금과 B에 대해 갖고 있던 채무소멸이 상쇄되어 각자에게 아무 득실이 없다. 그리고 丙은 인수인으로서의 의무가 소멸하였고 甲으로부터 자금을 제공받은 바 없으므로 역시 득실이 없다. 그러나 甲은 乙로부터 부동산을 취득한 반면, 丙에 대해 자금을 제공한 바 없고 어음상의 채무는 소멸하였으므로 어음금에 해당하는 금액만큼 이득을 본 것이라 할 수 있다. 그리하여 B는 甲에게 그 이득의 반환을 청구할 수 있는 것이다.

이와 같이 어음상의 권리가 소멸한 후 어음소지인이 어음관계자들의 원인관계와 자금관계를 추급하여 어음상의 권리소멸로 인해 최종적으로 이득을 얻은 자에게 그 반환을 청구할 수 있는 권리가 이득상환청구권이다. 환어음의 경우에는 보통 발행인과 인수인 사이에 자금의 공급 여부에 따라 발행인 또는 인수인이 이득자가 될 것이고, 약속어음과 수표의 경우에는 대부분 발행인이 이득자가 된다.

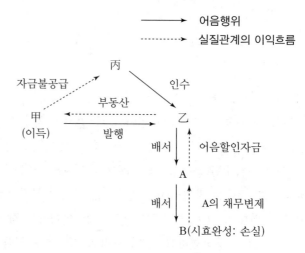

이득상환청구권 발생의 예

이득상환청구권은 어음법과 수표법에 각기 규정되어 있으므로 어음법 또는 수표법에 의해 발생하는 권리이기는 하나 어음상의 권리 또는 수표상의 권리가 아니다(즉 증권적 권리가 아니다). 이 점은 이득상환청구권에 관련된 법률관계에서 후술하는 바와 같이 매우 중요한 뜻을 갖는다.

2. 취   지

어음의 상환청구절차는 매우 엄격하고 그 절차를 이행해야 할 기간도 단기인
데다, 시효 역시 일반채권에 비해 대단히 짧다. 이는 어음의 유통성이 고도로 보
장되어야 하므로 어음채무의 무인성, 인적 항변의 절단 등과 같이 어음채무의 이
행을 강화하는 한편, 어음상의 법률관계를 신속하게 종결지음으로써 어음채무자
들의 불안한 지위 또한 신속하게 안정시키기 위한 것이다. 그 결과 어음의 경우에
는 일반사법상의 권리에 비해 비실체법적 요인으로 권리가 상실될 위험이 매우
높다. 어음·수표는 실질관계의 결제수단이므로 어음관계가 지급 이외의 원인으
로 소멸하는 것을 방치하면 실질관계상의 대가관계가 불균형해지는 문제점이 생
긴다. 위 예에서 B는 대가를 받음이 없이 채권이 소멸되고 甲은 대가없이 부동산
을 취득하게 되는데 이는 법적 정의에 부합한다고 할 수 없다. 그러므로 어음법은
이왕 종결된 어음관계를 소급적으로 혼란시키지 아니하면서 실질관계에 터잡아
어음관계자들 사이에 이해를 공평하게 조정하는 방법으로 이득상환청구제도를
둔 것이다.

이득상환제도의 연혁

이득상환청구권은 우리 어음제도의 모법이라 할 수 있는 1930년 어음법통일조약
에는 없고, 다른 나라에서도 흔히 볼 수 있는 입법례는 아니다. 우리의 이득상환청구
제도는 일본의 어음법에서 온 것이고, 일본의 이득상환청구제도는 독일의 제도를 계
수한 것이다. 그러나 독일의 이득상환청구제도(Bereicherungsanspruch od.
Ersatzanspruch)는 발행인과 인수인에 대해서만 행사할 수 있는 권리로 규정하고, 배
서인은 대상에서 제외하며$\left(\begin{smallmatrix}독일 \ 어음법\\89조 \ 1항 \ 및 \ 2항\end{smallmatrix}\right)$, 이득상환청구권의 시효를 3년으로 명문화하
는 등$\left(\begin{smallmatrix}동조\\1항 \ 2문\end{smallmatrix}\right)$ 일본 및 우리와는 사뭇 다른 모습을 보인다.

Ⅱ. 법적 성질

기술한 바와 같이 이득상환청구권은 어음에서 유래되고 어음법상 인정된 권
리이기는 하나, 어음상의 권리는 아니다. 그래서 이득상환청구권의 성질이 무엇
이냐를 규명할 필요가 있는데, 예로부터 여러 가지 견해가 대립하여 왔다. 어느

설을 취하느냐에 따라 이득상환청구권의 발생요건과 효과, 행사방법 등 구체적인 문제의 해결에 있어 상이한 입장을 보이게 된다.

그러나 오래 전부터 통설과 판례($\binom{판례}{[55]}$)는 이득상환청구권을 「형평의 견지에서 법률이 특별히 인정한 청구권으로서 지명채권의 일종」이라고 설명해 왔으므로 여타의 학설은 단지 연혁적인 의미만을 갖는다.

학　　설

1. 부당이득반환청구권설과 손해배상청구권설　　과거에는 이득상환청구권을 부당이득반환청구권으로 보거나 손해배상청구권으로 보는 견해가 유력하였다. 그러나 부당이득으로 본다면 이득자가 법률상 원인 없이 이득을 얻었어야 하는데($\binom{민}{741조}$), 이득상환청구권의 경우 시효의 완성, 보전절차의 흠결 등 법률이 인정하는 원인이 있으므로 법률상 원인 없이 얻은 이득이라 할 수 없다는 이론상의 난점이 있다. 그리고 손해배상청구권설이 타당성을 갖기 위하여는 어음소지인의 권리소멸이 불법행위 또는 채무불이행에 기인한 것이라야 하는데, 이득상환청구권의 발생에는 이득자의 불법행위나 채무불이행이 개재하는 바 없어 역시 이론상의 난점이 있다. 그러므로 현재 우리 나라에서는 이 설을 취하는 학자가 없다. 독일에서는 이득상환제도를 시효완성이나 상환청구권보전절차의 흠결로 인해 형평에 어긋나게 이루어진 재산의 이동을 시정하기 위한 제도라고 설명하는 것이 유력한데,[1] 이 점 부당이득반환청구권설과 맥을 같이 한다고 볼 수 있다.

2. 변형물설 또는 잔존물설　　이득상환청구권이 어음에서 유래된 권리라는 사실에 집착하여 어음상의 권리의 변형물이라고 보거나, 어음상의 권리가 양적으로 제한받아 남은 잔존물이라고 보는 설이 있다.[2] 그러나 어음상의 권리가 '변형'되었다거나 '잔존'한다는 것은 법적 성질의 설명으로는 지나치게 비유적이고, 그나마 이득상환청구권은 어음상의 권리가 「소멸」함으로 인해 발생한다는 점을 보면 정확한 비유라고 할 수도 없다.

---

1) Bülow, §89 Anm. 1.
2) 일본의 소수설 및 판례가 이 견해를 취하고 있다(日最高裁 1967. 3. 31 판결, 民集 21권 2호, 483면, 判例時報 477호, 3면). 이 판례는 이득상환청구권에 대해 상사시효를 적용할 수 있느냐를 다룬 것인데, 법원은 이득상환청구권을 어음상의 권리의 변형물로 봄으로써 이득상환청구권에 상사시효를 유추적용할 수 있는 논거로 삼았다(참고로 일본 상법에서는 어음·수표행위를 상행위로 다루고 있다. 日商 501조 4호). 과거 독일에서도 이득상환청구권을 어음의 잔존물(Resiuum od. Überbleibsel)이라고 설명하는 견해가 많았지만, 현재는 이 설을 찾아 보기 어렵다.

Ⅲ. 당 사 자

1. 청구권자

이득상환청구권을 갖는 자는 어음상의 권리가 소멸할 당시의 어음소지인이다($\substack{어 79조 \\ 수 63조}$). 어음상의 권리가 「소멸할 당시의 어음소지인」이란 소멸 당시의 최후의 피배서인, 어음소지인에게 상환의무를 이행하고 어음을 소지하고 있던 중 재상환청구권을 상실한 배서인 또는 보증인, 그리고 어음을 발행받아 배서양도하지 않고 소지하고 있던 중 권리를 상실한 수취인을 가리킨다. 무권대리인이 의무를 이행하고 얻은 권리($\substack{어 \\ 8조}$)를 상실한 경우에도 이에 해당한다고 보아야 한다. 소멸 당시 「정당한」 소지인이어야 함은 물론이다. 백지어음의 소지인은 후술하는 바와 같이 이득상환청구권을 가질 수 없다. 이득상환청구권은 양도가능하나 지명채권의 양도방법에 의해 양도해야 하므로 이득상환청구권의 선의취득은 있을 수 없다.

2. 의 무 자

이득상환청구에 대응하는 의무자는 어음상의 권리소멸로 인하여 이익을 얻은 자이다($\substack{어 79조 \\ 수 63조}$). 어음채무의 소멸과 인과관계를 이루어 실질관계상의 이득을 얻은 자이어야 하므로 어음채무자만이 이득상환의무자일 수 있다. 약속어음의 경우 실질관계의 흐름으로 보아 주로 발행인이 의무자가 될 것이나, 배서인이 의무자가 될 수도 있다. 예컨대 융통어음을 발행받은 자가 원인거래의 대가로 어음을 배서양도하였는데, 이 어음의 시효가 완성하거나 상환청구권보전절차의 흠결로 소지인이 어음상의 권리를 모두 상실한 경우와 같다.[1] 환어음의 경우에는 인수인이 자금을 공급받았다면 인수인이 의무자가 되겠지만, 자금을 공급받지 않았다면 주로 발행인이 의무자가 될 것이다. 수표의 경우에는 거의 예외 없이 발행인이 의무자가 된다.

---

1) Bülow, §89 Anm. 4. 그러나 기술한 바와 같이 독일에서는 배서인은 이득상환의무자가 아니다(독일 어음법 89조 2항).

Ⅳ. 발생요건

1. 어음상 권리의 소멸

(1) 권리의 범위

이득상환청구권이 발생하기 위하여는 어음상의 권리가 소멸하여야 한다. 권리소멸에 어음소지인의 과실이 있었느냐는 것은 묻지 아니한다. 「어음상의 권리」가 소멸하여야 하므로 백지어음은 백지보충이 이루어지지 않는 한 보충권의 시효나 기타 사유로 백지어음상의 권리가 소멸하더라도 이득상환청구권이 발생할 여지가 없다(판례[54]). 미완성어음인 상태에서는 「어음상의 권리」가 생겨난 바가 없으므로 소멸한다는 일도 있을 수 없기 때문이다.

> **판 례**

[54] 대법원 1962. 12. 20. 선고 62다680 판결

「…본건 약속어음은 그 지급기일인 1958. 6. 30로부터 법정시효기간이 3년이 지난 1961. 6. 30 당시에도 아직 피고가 본건 어음의 이른바 수취인으로서 보충권을 행사하고 있지 않았던 사실이 명백하므로 피고는 필경 본건 어음에서 생긴 권리가 시효로 인하여 소멸할 당시에도 아직 어음상의 청구권을 가지고 있지 않았다 할 것이다. 그렇다면 본건 어음으로 인한 이득이 있건 없건 피고로서는 이득상환청구권을 행사할 수 있는 요건을 갖추고 있지 못하였다 할 것이[다.]…」

(2) 권리의 소멸사유

어음법은 이득상환청구권의 요건으로서 어음상의 권리가 「절차의 흠결로 소멸된 때」와 「소멸시효가 완성된 때」를 들고 있다. 기술한 바와 같이 이득상환청구제도는 어음상의 권리를 행사하는 절차가 일반채권에 비해 엄격하고 일반채권보다 단기의 소멸시효가 적용됨으로 인해 생기는 불공평을 시정하려는 뜻에서 만들어진 것이므로 이 두 가지 사유는 제한적인 것으로 읽어야 한다. 따라서 그 밖의 사유로 인하여 어음상의 권리가 소멸한 경우, 예컨대, 어음상의 권리자가 제 3 자의 선의취득에 의하여 권리를 잃거나 자신에게 어음을 발행 또는 배서한 자의 어음행위가 무효 · 취소됨으로 인해 권리를 잃은 경우에는 이득상환청구권이 생겨날 수 없다.

(3) 수표의 특수문제

수표의 제시기간은 10일간인데, 이 기간이 경과하도록 제시되지 아니하면 상환청구권이 상실된다($\substack{수 \\ 29조}$). 그러나 제시기간이 경과하더라도 발행인이 지급위탁을 취소하지 않는 한, 지급인은 수표금을 지급할 수 있다($\substack{수 32조 \\ 2항}$). 바꿔 말하면 제시기간이 경과하도록 수표가 제시된 바 없으나, 이 상태에서라도 수표소지인이 지급인에게 제시할 경우 수표금이 지급될 가능성을 배제할 수 없는 것이다. 그러므로 제시기간이 경과한 수표의 경우 이득상환청구권은 어떠한 형태로 생겨나느냐에 대해 시각의 차이가 있을 수 있다.

정지조건설은 이득상환청구권이 지급위탁의 취소 및 현실적인 지급거절이 있음으로써 발생한다고 설명함에 대해,[1] 해제조건설은 지급제시기간이 경과하면 일응 이득상환청구권이 발생하고 그 후의 지급제시에 대해 지급이 이루어지면 이득상환청구권이 소멸한다고 설명한다($\substack{통 \\ 설}$).

양설의 차이점은 다음과 같다. 정지조건설에 의하면 제시기간이 경과하더라도 소지인은 일단 지급을 위한 제시를 하고 그에 대해 지급거절이 있음으로써 비로소 이득상환청구권을 행사할 수 있다. 이에 대해 해제조건설에 의하면 제시기간이 경과함으로써 이득상환청구권이 발생하므로 지급제시를 요하지 않고 바로 이를 행사할 수 있다. 정지조건설에 의하면 무의미한 지급제시가 강요될 뿐 아니라 지급제시기간의 경과는 법률적 의미에서의 권리소멸을 뜻하고 제시기간 경과 후의 지급 여부는 소지인이 알지 못하는 지급위탁의 취소 여부 또는 지급인의 隨意的인 결정에 의존하므로 거래통념상 해제조건설이 타당하다. 이 문제를 정면에서 다룬 판례는 없으나 해제조건설을 전제로 한 판례는 있다($\substack{대법원 1964. 12. 25. 선고 \\ 64다1030 판결 및 판례 [58]}$).

2. 권리구제수단으로서의 최후성

이득상환청구권은 어음상의 권리가 소멸한 후 실질관계에 터잡아 형평에 부합하는 해결을 모색하는 제도이다. 따라서 권리구제수단으로서 최후성을 갖는다

---

1) 양승규, "이득상환청구권," 「서울대학교 법학」 12권 1호, 1972, 103면.

고 볼 수 있다. 여기서 이득상환청구권을 행사하기 위한 전제가 되는「권리소멸」
이란 어떤 범위에 걸쳐 요구되느냐에 관해 견해의 대립이 있다.

　　i) 이득상환청구의 의무자가 되는 어음채무자에 대해 어음상의 권리가 소멸
하면 이득상환청구권이 발생한다는 설이 있다(김홍기 1003; 서·정 128; 손주찬 155). 앞의 예(221면)에서 소
지인 B가 A와 乙을 상대로 상환의무의 이행을 구하는 소를 제기하여 아직 소송
이 계속 중이지만, 甲에 대한 권리행사는 소홀히 하여 甲에 대한 시효가 완성되었
다고 할 경우, 이 설에 의하면 소지인 B는 甲에 대해 이득상환청구권을 행사할
수 있는 것이다.

　　ii) 모든 상환의무자에 대하여 어음상의 권리를 상실해야 이득상환청구권이
발생한다는 설이 있다(통설). 이 설에 의하면 앞의 예에서 甲, 丙, 乙, A 모두에 대해
어음상의 권리를 전부 상실한 경우에 한해 이득상환청구권을 행사할 수 있어 위
i)설보다 엄격하나 다음 iii)설보다는 관대하다.

　　iii) 모든 어음채무자에 대해 어음상의 권리를 상실할 뿐 아니라, 일반법상의
구제방법마저 잃어버렸을 때 비로소 이득상환청구권이 생긴다는 설이 있다. 이에
따르면 어음상의 권리가 소멸하더라도 원인관계상의 채권을 행사할 수 있는 때에
는 이득상환청구권을 행사할 수 없다. 판례가 취하는 입장이다(판례 [55]).

　　이득상환청구권은 어음채권의 소멸로 일단락된 당사자간의 법률관계를 다시
조정하는 이례적인 제도이므로 권리구제수단으로서 최후성을 갖는 것이 바람직
하다. 또 이득상환청구권은 어음상의 권리가 일반사법상의 권리에 비해 단기적으
로 그리고 용이하게 소멸함으로 인해 생기는 불공평을 해소하기 위한 제도이므로
어음상의 권리에 갈음하여 일반법상의 권리구제수단이 있는 한 이득상환청구권
을 인정할 명분이 박약하다. 따라서 제3설이 타당하다.

　　위 제3설의 입장에서는 어음상의 권리가 소멸할 당시에 원인채권이 존재하
였다면 어음채권이 소멸한 후에 원인채권이 소멸하더라도 이득상환청구권은 발
생하지 아니한다(판례 [56]). 어음상의 권리가 소멸할 당시에 민법상의 구제방법이 있었
기 때문이다. 그리고 원인관계상의 채무를 담보하기 위하여 어음이 발행 또는 배
서된 경우에는 어음채권이 소멸할 때에 생기는 채무자의 이득은 어음상의 권리의
소멸에 기한 것이 아니므로 원인채권의 소멸여부에 불구하고 이득상환청구권은
발생하지 않는다(판례 [57]).

[55] 대법원 1970. 3. 10. 선고 69다1370 판결

「…(1) 어음법에 약속어음의 소지인의 발행인에게 대한 이득상환의 청구권을 인정함은 소지인이 타에 어음상 또는 민법상 하등의 구제방법이 없을 경우에 발행인으로 하여금 그 이득을 취득시킴은 불공평하다는 원칙에서 나온 것이므로 이득상환의 청구권이 발생하는 데 있어서는 모든 어음상 또는 민법상의 채무자에 대하여 각 권리가 소멸되었음을 요한다 함이 당원의 견해($\frac{대법원 1959. 9. 10. 선고}{4291민상717 판결 참조}$)인바,… 원고는 원판시 특약에 따른 주식반환청구권(그 이행불능시는 손해배상청구권) 또는 주식매매대금 청구권 등(채무불이행으로 인한 손해배상청구권 또는 부당이득반환청구권이 인정될 경우도 있을 것임) 민법상의 청구권이 있다고 보여지는 본건에 있어서 특별한 사유가 없는 한 원고는 본건 약속어음상의 권리가 시효에 의하여 소멸하였다 하더라도 원고가 이와 병존하는 민법상의 권리를 행사할 수 있는 이상 그 이득상환청구를 할 수 없다.…

(2) 이득상환청구권은 법률의 직접 규정에 의하여 어음의 효력소멸 당시의 소지인에게 부여된 지명채권에 속하므로 지명채권양도의 방법에 의하여 양도할 수 있는 것이고 약속어음상의 권리가 소멸된 이후에 배서양도만으로써는 양도의 효력이 없다 할 것이다.…」

[56] 대법원 1963. 5. 15. 선고 63다155 판결

「…소외 동아통신 주식회사가 원고로부터 금전을 차용함에 있어 1954. 1. 23에 액면 금 110,000원 지급기일 1954. 2. 26 지급지, 발행지 모두 서울특별시 지급장소 원고 은행 수취인 피고로 된 약속어음을 발행하고 피고는 같은 날 이 약속어음에 백지로 배서양도하여 원고가 소지하고 있다가 이 약속어음이 시효완성되고 또 위 약속어음 채권의 원인관계인 대여금 채권에 대하여 원고는 피고를 상대로 하여 대여금 청구소송을 제기하였으나 이 청구 역시 시효완성으로 인하여 원고패소판결이 확정되었던 사실…

[이와] 같다 하면 원고는 민법상의 구제방법이 있는 것이므로 이득상환청구를 할 수 없다 할 것이[다.]…」

[57] 대법원 2000. 5. 26. 선고 2000다10376 판결

「…원인관계상의 채무를 담보하기 위하여 어음이 발행되거나 배서된 경우에는 어음채권이 시효로 소멸되었다고 하여도 발행인 또는 배서인에 대하여 이득상환청구권은 발생하지 않는다고 할 것인바, 이러한 이치는 그 원인관계상의 채권 또한 시효 등의 원인으로 소멸되고 그 시기가 어음채무의 소멸 시기 이전이든지 이후이든지 관계없이 마

찬가지라고 보는 것이 당원의 견해이다(대법원 1993. 10. 22. 선고 93다26991 판결; 1992. 3. 31. 선고
91다40443 판결; 1963. 5. 15. 선고 63다155 판결 등 참조).
따라서 위 판례의 법리에 의하면, 원심 인정대로 피고의 위 어음에의 배서가 피고의
원고에 대한 보증채무의 담보를 위한 것이라면, 피고의 배서인으로서의 어음채무가
시효로 소멸되었다고 하여도 피고에 대한 이득상환청구권은 발생하지 않는다고 할
것이다.」

3. 어음채무자의 이득

어음상의 권리소멸로 인해 어음채무자가 이득을 얻어야 한다. 어음채무자가
얻은 이득에 한하므로 인수하지 아니한 환어음의 지급인 또는 수표의 지급인이
얻은 이득은 이득상환청구의 대상이 아니다. 「이득」이란 어음상의 채무를 면한
것 자체를 뜻하는 것이 아니라 어음의 실질관계에서 어음채무자가 현실로 받은
이익을 말한다(대법원 1993. 7. 13. 선고 93다10897 판결). 예컨대 환어음의 지급인이 발행인으로부터 어음금
지급을 위한 자금을 공급받고 인수하였으나 어음채무가 시효로 소멸하였다면 인
수인이 이득상환의무자가 될 것인데, 이때 인수인이 반환해야 할 이득이란 지급
을 면한 어음금이 아니라 발행인으로부터 공급받은 자금인 것이다. 또 약속어음
의 발행인이 어음채무의 시효소멸로 지급을 면한다면 그의 이득은 어음금이나 재
상환청구금액인 것이 아니라, 수취인으로부터 어음발행의 원인관계로 받은 급부
의 가액이 되는 것이다.[1] 이득은 어음거래의 대가로 재산을 취득하는 형태일 수
도 있고(적극적 이득), 채무를 면하는 형태일 수도 있다(소극적 이득).

V. 이득상환청구권의 행사

이득상환청구권의 행사에 관해서는 다음과 같은 점들이 문제된다.

---

1) 이득상환청구를 부당이득반환청구로 보는 견해에 의하면 이득상환의무자는 이득이 현존하는 범위
에서 반환하면 족할 것이나(민 748조 1항), 기타 설에 의하면 이득의 현존 여부를 묻지 않는다.

1. 어음의 소지 여부

이득상환청구권을 행사함에 있어 어음의 소지를 요하는가? 이득상환청구권을 어음의 변형물이나 잔존물로 본다면 이득상환청구권은 여전히 어음에 의해 표창된다고 보아야 하므로 이득상환청구권의 행사는 어음상의 권리행사와 같이 어음의 소지를 요하게 된다. 그리하여 어음을 제시함으로써 권리를 증명해야 하고 이득상환을 받을 때에는 어음과 상환하여야 할 것이다. 그러나 지명채권설에서는 이득상환청구권을 어음과 연결지을 이유가 없으므로 어음의 소지를 요하지 않는다고 본다(김흥기 1001; 손주찬 157; 장덕조 1006; 정동윤 147; 정찬형 431; 최기원 663). 그리하여 청구자는 어음상의 권리가 소멸할 당시에 어음의 소지인이었음을 증명하면 권리를 행사할 수 있다.

2. 어음항변

이득상환의무자가 종전에 가지고 있던 어음항변을 이득상환청구권자에게 원용할 수 있는가? 변형물설이나 잔존물설에 의할 때에는 어음상의 항변이 이득상환청구권에 승계됨이 당연하다. 지명채권설에 의할 때에는 이득상환청구권은 어음상의 권리와 연결 없이 발생하므로 어음항변이 당연히 승계된다고 볼 수는 없다. 그러나 어음채무자가 어음상의 채무가 소멸한 뒤에 더 불리한 지위에 선다는 것은 형평에 어긋나므로 의무자는 모든 항변사유로써 대항할 수 있다고 해석해야 한다. 즉 의무자는 종전의 소지인에 대하여 가지고 있던 항변을 행사할 수 있고, 특히 자신이 원인관계나 자금관계로 인해 얻은 이익이 없음을 항변할 수 있다.

3. 증명책임

어음상의 권리에 관해서는 어음법 제16조 제 1 항에 따라 배서가 연속하는 어음의 점유자에게 권리가 추정되지만, 이득상환청구권에는 이 원칙을 적용할 수 없다.[1] 따라서 어음을 소지하더라도 청구자가 어음상의 권리가 소멸할 당시 자신

---

1) 변형물설이나 잔존물설에 의하면 이득상환청구권에도 어음법 제16조 제 1 항의 적용을 인정할 수 있을 것이다.

이 적법한 소지인이었다는 사실, 의무자에게 실질관계로 인한 이득이 있다는 사실 등 모든 요건을 증명하여야 한다(대법원 1994. 2. 25.
선고 93다50147 판결). 특히 이득상환청구권을 양수받은 자는 어음상의 권리가 소멸할 당시 적법한 소지인으로부터 적법하게 승계취득한 사실을 증명하여야 한다(후술).

4. 이행지와 이행방법

이득상환청구권은 지명채권이므로 지명채권의 일반적 성질에 따라 지참채무의 성격을 갖는다고 볼 여지가 있으나, 현실적으로 누가 이득상환청구권자인지를 의무자가 알 수 없으므로 지참채무로 볼 수는 없다. 그러므로 이득상환청구권은 성질상 추심채무로 보아 청구자가 의무자의 주소에서 이행청구를 해야 한다고 본다(이설
없음).[1]

Ⅵ. 이득상환청구권의 양도

이득상환청구권은 양도할 수 있다. 이득상환청구권의 성질에 관해 어느 설을 취하든 양도성을 인정함에는 이론이 없다. 이득상환청구권의 양도에 관해서는 다음 두 가지 점에 주의를 요한다.

1. 양도의 요건

이득상환청구권은 지명채권이므로 선의취득이 허용될 수 없다(판례
[58]). 따라서 어음상의 권리가 소멸할 당시의 정당한 소지인에 한해 이득상환청구권을 갖고 그로부터 적법하게 승계한 자에 한해 이득상환청구권을 취득한다. 그리고 이 사실은 이득상환청구권의 양수를 주장하는 자가 증명해야 한다(대법원 1983. 3. 8.
선고 83다40 판결).

---

1) 변형물설이나 잔존물설에 의하면 이득상환청구권은 어음상의 권리에 준하는 유가증권적 권리이므로 어음상의 권리와 같이 추심채무로서의 성격을 유지한다.

판   례

[58] 대법원 1978. 6. 13. 선고 78다568 판결

「…이득상환청구권이 있는 수표소지인이라 함은 그 수표상의 권리가 소멸할 당시의 정당한 소지인으로서 그 수표상의 권리를 행사할 수 있었던 자를 가리켜 뜻한다고 할 것인바,… 피고가 액면 금 900,000원, 지급지 및 발행지 각 주식회사 조흥은행 동대문지점, 발행일 1977. 4. 6로 된 자기앞수표 1매를 발행하였고, 원고가 이 수표를 그 지급제시기간이 지난 1977. 4. 25에 취득하였다는 것이며, 원래 이 사건 수표의 정당한 소지인은 소외 전봉엽이었던바, 동 소외인은 1977. 4일자불상경, 이 사건 수표와 주민등록증 및 명함 등이 들어 있는 지갑을 분실하였는데, 그 후 같은 달 25일, 성명불상자가 위 분실된 위 전봉엽의 주민등록증과 명함 등을 제시하면서 자기가 전봉엽이라고 사칭하며, 금 900,000원과 상환하여 이 사건 수표를 원고에게 넘겨 주었다는 것이다.

그렇다면 위 소외 전봉엽임을 사칭하여 원고에게 이 사건 수표를 넘겨준 위 성명불상자는 분실된 이 사건 수표를 습득한 자이거나, 적어도 이 사건 수표가 위 소외 전봉엽에게서 분실된 것임을 알고 있는 악의의 취득자라고 보아 마땅하다 할 것이니, 그로부터 지급제시기간이 경과한 후에 이를 취득한 원고는 이득상환을 청구할 수 있는 정당한 권리자가 될 수 없다.…」

2. 양도방법

(1) 일반적인 경우

이득상환청구권은 지명채권이므로 지명채권의 양도방법($\binom{민}{450조}$)에 의해서만 양도할 수 있다. 따라서 의무자에 대한 통지 또는 의무자의 승낙이 필요하다($\binom{통설\,\cdot}{판례}$). 그리고 권리의 행사에 어음의 소지가 필요 없었던 것과 마찬가지로 어음의 교부는 양도의 요건이 아니다.[1]

(2) 자기앞수표의 경우

은행이 발행한 자기앞수표의 경우에는 지급의 확실성 때문에 제시기간이 경과한 후에도 계속 유통되고 있고, 유통당사자들은 이득상환청구권을 양도한다는

---

1) 변형물설이나 잔존물설의 입장에서는 어음이 여전히 이득상환청구권을 표창한다고 보므로 어음의 배서·교부에 의해 이득상환청구권이 양도된다고 본다.

의식이 아니라 수표 자체를 양도한다는 의식을 가지고 수표의 교부만으로 양도하는 실정이며, 발행은행도 별 이의 없이 지급하는 관행이 오랫동안 형성되어 왔다. 이러한 거래실정을 존중하여 판례는 은행이 발행한 자기앞수표에 대해서만은 독특한 이론구성을 하고 있다. 즉 제시기간이 경과한 수표를 양도할 때에는 수표의 교부에 의해 이득상환청구권을 양도함과 동시에 상환의무자인 발행은행에 대해 채권양도의 통지를 할 권능을 아울러 이전하는 합의가 있는 것으로 보아야 한다는 것이다(판례[59]). 그러나 이같이 본다 하더라도 지급제시기간 경과시의 정당한 소지인으로부터 양수 또는 전전양수받아야 한다는 점만은 다름이 없다.

판 례

[59] 대법원 1976. 1. 13. 선고 70다2462 전원합의체 판결

「…수표상의 권리가 절차의 흠결로 인해서 또는 소멸시효의 완성으로 말미암아 소멸되었을 때 당시의 동수표의 정당한 소지인은 이득을 한 수표상의 의무자에 대하여 그가 받은 이익의 한도에서 상환을 구할 수 있으며, 한편 은행 또는 기타 금융기관이 발행한 자기앞수표(이하 단순히 은행의 자기앞수표라고 약칭한다)는 제시기간 내에서는 물론이거니와 제시기간 후에도 발행은행에서 또는 그 이외의 금융기관에서 쉽게 지급받을 수 있다는 거래상의 확신에 의해서 현금과 같이 널리 유통되고 있을 뿐만 아니라, 수표의 양도는 거래의 일반적인 인식으로서는 수표에 표시되어 있는 액면 상당의 금원을 발행은행으로부터 지급받을 수 있는 권리를 그것이 수표상의 권리이든 또는 그렇지 않고 (어느 의미에 있어서는) 동권리의 변형물이라고도 할 수 있는 동권리의 소멸로 인해서 발생되는 이득상환권이든 간에 구별함이 없이 또 그것을 구별하려고도 하지 않고 양도하고 양도받는 것이 거래의 실정이라고 할 것이므로 이와 같은 거래의 실정에 비추어 볼 때, 수표소지인이 수표법상의 보전절차를 취함이 없이 제시기간을 도과하여 수표상의 권리가 소멸된 수표를 양도하는 행위는 수표금액의 지급수령권한과 아울러 특별한 사정이 없으면 수표상의 권리의 소멸로 인해서 소지인에게 발생한 이득상환청구권까지도 이를 양도하는 동시에 그에 수반해서 이득을 한 발행인인 은행에 대하여 소지인을 대신해서 그 양도에 관한 통지를 할 수 있는 권능을 부여하는 것이라고 하여야 할 것이고, 그렇게 양도받은 수표를 양수인이 다시 제3자에게 양도하는 행위는 이와 같이 양도받은 수표금액의 지급수령권한과 아울러 이득상환청구권을 위 소지인으로부터 수권된 이득을 한 채무자인 발행은행에 대한 통지의 권능이 수반된 상태로 이전하는 행위라 할 것이고 그렇게 하는 것이 특별한 사정이 없는 한 당사자들의 의사에 합치될 뿐만 아니라 거래의 실정에 적합하고 나아

가서는 이와 같은 수표의 양도로 인해서 야기될 수 있는 법률관계를 간결하고 타당하게 해결할 수 있는 것이라고 할 것이므로, 이와 같은 수표의 정당한 소지인은 발행은행에 대하여 그가 받은 이익의 한도에서 이득상환청구권을 행사할 수 있고 또 채무자인 발행은행도 동수표의 소지인에게 변제함으로써 유효하게 동채무를 면하게 된다고 할 것이다.

당원의 판례($\binom{\text{1970. 1. 27. 선고}}{\text{69다1390 판결}}$)는 이상의 취지에 저촉되는 한도에서 본 판결에 의해 변경되는 것으로 보아야 할 것이다.…」

이론의 적용범위

판례는 자기앞수표에 관한 위의 이론구성은 정당한 소지인이 양도한 경우에 국한하여 적용되므로 소지인이 정당한 소지인지 알 수 없는 경우에는 지명채권양도의 방법으로 양도받지 않은 한 이득상환청구권의 양도를 주장하지 못한다고 한다($\binom{\text{대법}}{\text{원}}$ 1981. 6. 23. 선고 81다167 판결; 동 1983. 3. 8. 선고 83다40 판결).

그러나 양도인이 누구인지 알고 모르고에 따라 혹은 정당한 소지인인지 여부에 따라 양도방법이 달라져야 한다는 것은 납득하기 어려운 이론이다. 양도인이 정당한 소지인이 아니라면 지명채권양도의 방법에 의해 양도하더라도 양수인이 권리를 취득할 수 없다. 판례가 설시하는 양도방법은 양도인이 정당한 소지인인지 여부와 무관하게 적용되어야 할 것이고, 양도인이 정당한 소지인인지 파악이 안된 상태에서 양수했다면 양수인이 권리승계의 요건을 증명할 수 없으므로 이득상환청구권을 취득하지 못한다고 보아야 할 것이다.

Ⅶ. 이득상환청구권의 소멸시효

이득상환청구권의 소멸시효에 관해서는 법에 명문의 규정을 두지 아니하여 다양한 견해가 대립되고 있다. 이득상환청구권의 성질을 지명채권으로 보는 한 일반채권의 시효와 같이 10년($\binom{\text{민}}{\text{162조}}$)으로 보아야 한다.

학설의 현황

변형물설이나 잔존물설에서는 어음·수표의 장기시효를 취하여 어음의 경우 3년, 수표의 경우 6월로 본다. 한편 이를 상사채권에 준하는 것으로 보아 5년으로 보는 견해가 있으나, 어음행위를 절대적 상행위로 보는 일본에서라면 몰라도 우리 법에서는 이같이 볼 근거가 없다. 또 원인채권의 성질에 따라 민사채권이면 10년, 상사채권이

면 5년이라고 보는 설도 있으나, 원인채권의 성질은 이득상환청구권자가 알지 못하
므로 타당한 기준이 될 수 없다.

　명문화하는 것이 바람직함은 물론이고, 입법론으로서는 독일법과 같이 어음·수표
의 장기시효에 일치시키는 것이 바람직하다(독일 어음법 89조 1항/2문, 수표법 58조 2항).

제10절　국제어음·수표의 준거법

　이 책에서는 우리나라의 실정법인 어음법 및 수표법을 해설하고 있지만, 어
음관계 또는 수표관계에 외국적 요소가 있는 경우에는 그 어음 또는 수표로부터
생기는 법률문제에 대해 어느 나라의 법률을 적용할 것이냐는 점을 선결적으로
해결해야 한다. 그 어음·수표상의 법률관계와 실질적인 관련이 있는 여러 나라
의 법률이 후보로 등장하는 가운데, 이 중 법률관계의 실질을 감안하여 적용할 법
률로 선택된 나라의 법률을 준거법이라 한다. 준거법을 결정하는 원칙을 정하는
법률을 흔히 저촉법, 국제사법, 섭외사법(Private International Law) 등으로 부른다.
이에 해당하는 우리나라의 실정법률은「국제사법」이라는 이름의 법률이다. 국제사
법은 제 8 장에 9개조(51조 내지 59조)를 두어 외국적 요소가 있는 어음·수표에서 생기는
법률문제에 적용할 준거법을 정하고 있다. 그런데 준거법은 당해 사건에 있어 최
적의 해결기준이 되어야 하므로 아무 법률이나 무원칙하게 선정되어서는 안된다.
예컨대 한국 사람과 일본 사람이 중국에 있는 부동산의 소유권을 다투고 있는데,
부동산에 관해서는 독일 민법이 매우 잘된 법률이라 해서 독일법을 준거법으로
정해서는 안 될 것이다. 최적의 해결기준이 되기 위해서는 당해 법률관계와 가장
밀접한 관련이 있는 법률이 준거법으로 선정되어야 한다(국사 8조 1항). 이같이 준거법으
로 채택할 것인지가 논해지는 나라의 법률과 당해 사건의 밀접한 관련성을 파악
하는 착안점을「연결점」이라 하는데, 국제사법은 쟁점이 된 법률관계별로 연결점
을 정하여 준거법을 결정하고 있고, 어음·수표 사건에 있어서도 같다. 어음·수
표 사건에서 준거법결정을 위한 연결점이 될 수 있는 것으로는 어음행위자의 국
적, 서명지, 지급지, 발행지 등의 어음행위지, 거절증서작성지 등이 있는데, 이 중
가장 일반적인 연결점이라고 할 수 있는 것은 지급지이고 따라서 지급지법이 준

거법으로 결정되는 일이 가장 흔하다. 이하 준거법결정을 요하는 사안별로 국제사법이 정하는 준거법의 결정원칙을 열거한다. 이러한 원칙은 1930년 6월 7일 서명된 「환어음 및 약속어음에 관한 법저촉의 해결을 위한 제네바협약」과 1931년 3월 19일 서명된 「수표에 관한 법저촉의 해결을 위한 제네바협약」을 수용한 것이다.[1]

1) 어음행위자의 행위능력

환어음, 약속어음 및 수표에 의하여 채무를 부담하는 자의 능력의 유무는 그의 본국법에 의하여 결정한다($국사 51조 1항 본$). 다만, 그 국가의 법이 다른 국가의 법에 의하도록 정한 경우(이를 '전정'이라 한다)에는 그 다른 국가의 법에 의한다($동답$).

어음행위자의 본국법이나 본국법에 의해 지정된 국법에 의하면 능력이 없는 자라 할지라도 다른 국가에서 서명을 하고 그 국가의 법에 의하여 능력이 있는 때에는 그 채무를 부담할 수 있는 능력이 있는 것으로 본다($국사 51조 2항$). 여기서 서명이라 함은 어음행위를 의미한다.

2) 수표지급인의 자격

수표지급인이 될 수 있는 자의 자격(예: 지급인은 은행이어야 한다는 것)은 지급지법에 의한다($국사 52조 1항$). 그러나 지급지법에 의하면 지급인이 될 수 없는 자를 지급인으로 하여 수표가 무효인 경우에도 동일한 규정이 없는 다른 국가에서 행한 서명으로부터 생긴 채무의 효력에는 영향을 미치지 아니한다($국사 52조 2항$).

3) 어음행위의 방식

환어음, 약속어음 및 수표행위의 방식은 서명지법에 의한다. 다만, 수표행위의 방식은 지급지법에 의할 수 있다($국사 53조 1항$). 어음행위란 발행, 인수, 배서, 어음보증을 가리키고, 발행인의 발행행위의 방식에는 당연히 어음요건이 포함된다. 서명지라 함은 어음 또는 수표의 교부지나 어음 또는 수표면상 서명지라고 기재된 장소를 지칭하는 것이 아니라 사실상의 서명지를 말한다.[2] 그리고 서명이란 자필기명의 의미로서의 서명만이 아니라 기명날인을 포함하는 뜻으로 읽어야 한다.

서명지법 또는 지급지법에 의해 어음행위가 무효인 경우에도 이 어음에 후속적으로 어음행위가 행해지고 그 행위가 행위지법에 의해 적법한 때에는 전 행위

---

[1] 상세는 석광현, 「국제사법해설」, 박영사, 2013, 563면 이하 참조.
[2] 前註, 567면.

의 무효는 후 행위의 효력에 영향을 미치지 아니한다($_{53조\ 2항}^{국사}$). 어음행위독립의 원칙($_{7조}^{어}$)과 같은 이치로 생각할 수 있다.

그리고 대한민국 국민이 외국에서 행한 환어음, 약속어음 및 수표행위의 방식이 행위지법에 의하면 무효인 경우에도 대한민국 법에 의하여 적법한 때에는 다른 대한민국 국민에 대하여 효력이 있다($_{53조\ 3항}^{국사}$)($_{후술}^{상세는}$).

4) 어음·수표의 효력

환어음의 인수인과 약속어음의 발행인의 채무는 지급지법에 의하고, 수표로부터 생긴 채무는 서명지법에 의한다($_{54조\ 1항}^{국사}$). 다른 어음행위자의 채무는 서명지법에 의한다($_{54조\ 2항}^{국사}$). 그러나 환어음, 약속어음 및 수표의 소구권(상환청구권)의 행사기간은 모든 서명자에 대하여 발행지법에 의한다($_{54조\ 3항}^{국사}$).

5) 원인채권의 취득

어음의 소지인이 어음발행의 원인채권을 취득하는지 여부는 어음의 발행지법에 의한다($_{55조}^{국사}$).

6) 일부인수와 일부지급

환어음의 인수를 어음 금액의 일부에 제한할 수 있는지 여부 및 소지인이 일부지급을 수락할 의무가 있는지 여부는 지급지법에 의한다($_{56조\ 1항}^{국사}$). 약속어음의 일부지급에 대해서도 같다($_{2항}^{동조}$).

7) 권리의 행사·보전을 위한 행위의 방식

환어음, 약속어음 및 수표에 관한 거절증서의 방식, 그 작성기간 및 환어음, 약속어음 및 수표상의 권리의 행사 또는 보전에 필요한 그 밖의 행위의 방식은 거절증서를 작성하여야 하는 곳 또는 그 밖의 행위를 행하여야 하는 곳의 법에 의한다($_{57조}^{국사}$).

8) 어음의 상실과 도난

환어음, 약속어음 및 수표의 상실 또는 도난의 경우에 행하여야 하는 절차(공시최고, 제권판결 등)는 지급지법에 의한다($_{58조}^{국사}$).

9) 기타 수표의 법률관계

수표에 관한 다음 사항은 수표의 지급지법에 의한다($_{59조}^{국사}$).

① 수표가 일람출급을 요하는지 여부, 일람후 정기출급으로 발행할 수 있는지 여부 및 선일자수표의 효력, ② 제시기간, ③ 수표에 인수, 지급보증, 확인 또

는 사증을 할 수 있는지 여부 및 그 기재의 효력, ④ 소지인이 일부지급을 청구할 수 있는지 여부 및 일부지급을 수락할 의무가 있는지 여부, ⑤ 수표에 횡선을 표시할 수 있는지 여부 및 수표에 "계산을 위하여"라는 문구 또는 이와 동일한 뜻이 있는 문구의 기재의 효력(다만, 수표의 발행인 또는 소지인이 수표면에 "계산을 위하여"라는 문구 또는 이와 동일한 뜻이 있는 문구를 기재하여 현금의 지급을 금지한 경우에 그 수표가 외국에서 발행되고 대한민국에서 지급하여야 하는 것은 일반횡선수표의 효력이 있다), ⑥ 소지인이 수표자금에 대하여 특별한 권리를 가지는지 여부 및 그 권리의 성질, ⑦ 발행인이 수표의 지급위탁을 취소할 수 있는지 여부 및 지급정지를 위한 절차를 취할 수 있는지 여부, ⑧ 배서인, 발행인 그 밖의 채무자에 대한 소구권(상환청구권) 보전을 위하여 거절증서 또는 이와 동일한 효력을 가지는 선언을 필요로 하는지 여부.[1]

국제사법 제53조 제 3 항의 적용범위

국제사법 제53조 제 3 항의 취지는 동조 제 1 항에서 어음행위의 방식의 준거법으로 행위지(서명지)법을 규정하고 있으므로 외국에서 행해진 어음행위의 방식이 그 나라의 법정 방식에 위반하면 무효가 됨이 원칙이지만, 한국법의 방식에 적합한 경우에는 한국인에 대해서는 유효하다는 것이다. 그러므로 제 3 항은 어음행위의 방식이 어음행위의 행위지법에 의해 무효이고 한국법에 의해 유효한 경우에 적용될 수 있는 것이지, 행위지법에 의해서는 유효한데, 한국법에 의해 무효인 경우 무효로 볼 수 있는 근거가 되는 것은 아니다. 이 점에 관해 오해의 소지가 있는 판례가 있어 소개한다.

한국의 법인으로서 국내에 소재하는 신용장 매입은행(A)과 외국(방글라데시 다카)에 소재하는 국내은행의 지점인 신용장개설은행(B) 사이에서 외국에서 이루어진 환어음의 인수(B가 인수)의 효력이 문제된 사안이다. 동 판례는 어음행위의 방식에 대하여는 국제사법 제53조 제 3 항에 의해 우리나라 어음법도 준거법이 될 수 있다고 하며, 동 사건에서의 어음의 인수가 우리나라 어음법 제25조 제 1 항이 정하는 방식을 갖추지 아니하여 무효라고 판시한 바 있다(대법원 2008. 9. 11. 선고 2007다74683 판결). 기술한 바와 같이 제53조 제 3 항은 행위지법에 의해 무효이지만, 우리 법에 의해 유효인 경우에 한해 적용될 수 있는 것이므로, 위 판결이 마치 제53조 제 3 항에 의해 일반적으로 우리 법을 준거법으로 삼을 수 있는 듯이 언급한 것은 옳지 않다. 이 판결에서는 B의 인수행위의 효력이 방글라데시법에 의해 어떠한지에 관해 언급이 없는데, 만일 B의 인수행위

---

[1] 우리 국제사법이 정하는 준거법원칙에는 합리성이 결여되거나 불명확한 점도 많다. 문제점의 지적과 개선방안에 관해서는, 석광현, 前註書, 563면 이하가 상세하다.

가 방글라데시법에 의해 유효라면, 이는 당초 제53조 제 3 항이 적용될 사안은 아니다. 그리고 방글라데시법에 의해 무효인데, 우리 법에 의해서도 무효라고 한다면 이역시 제53조 제 3 항을 적용할 사안이 아니고 행위지법에 의해 무효로 선언되어야 한다. 당사자간에 한국법 기타 법을 준거법으로 지정할 수 있으며, 이 경우 제53조와 무관함은 물론이다.

제3장

환어음 · 약속어음

제3장 환어음·약속어음

제1절 서　설

　제2장에서는 환어음, 약속어음 그리고 수표에 공통되는 총론적인 과제를 다루었다. 본장(제3장)에서는 환어음과 약속어음에 관한 각종의 어음행위와 지급 그리고 상환청구를 다루고 다음 장에서는 수표에 관하여 같은 문제를 다루기로 한다. 본장은 전장에 대해 각론적인 관계에 있으므로 본장의 내용을 읽을 때에는 전장에서의 설명을 유념해야 한다. 특히 어음행위에 관해서는 전장에서 설명한 일반원칙을 기억해야 한다. 제2장에서는 어음행위를 중심과제로 삼았는데, 본장에서도 역시 어음행위가 중심이 된다. 그러나 양자의 접근방법이 다르다. 전장에서는 어음행위의 기본적인 방식이라든지 대리 또는 위조·변조 등 모든 어음행위에 공통적으로 적용되는 과제들을 다루었다. 그러나 본장에서는 어음행위를 다루되 발행·배서 등 어음행위의 종류별로 그 방식과 효력을 집중적으로 다룬다.

　본장에서는 환어음과 약속어음을 같이 다루는데, 그 이유는 어음법이 환어음에 관해 완결적인 규정을 두고($^{어 1\sim}_{74조}$), 약속어음에 대해서는 지급인과 인수에 관한 것을 제외하고는 환어음에 관한 규정을 광범하게 준용하고 있어($^{어 77조}_{참조}$), 약속어음과 환어음을 구분하여 설명을 반복할 필요가 없기 때문이다. 그러므로 본장에서 「어음」 또는 「어음행위」라고 할 때에는 약속어음과 환어음을 포함하는 뜻이다. 약속어음과 환어음 중 어느 한 쪽에만 적용되는 사항을 설명할 때에는 「약속어음」, 「환어음」이라고 구분하여 표기한다. 그리고 어음당사자를 표현하는 말에 대해서도 주의를 요한다. 배서인·보증인 등은 특별한 언급이 없는 한, 환어음과 약속어음의 배서인·보증인을 가리키나, 지급인은 반드시 환어음의 지급인을 뜻한다(약속어음에는 지급인이 없다). 그리고 환어음과 약속어음의 발행인은 그 지위가 크게 다르다. 환어음에는 지급인이 있으므로 발행인은 상환의무자에 불과하지만, 약속어음의 발행인은 주채무자이다. 그러므로 설명을 하다 보면 환어음의 지급인(인수인)과 약속어음의 발행인을 나란히 지칭해야 할 경우가 많다. 예컨대 "환어음의 지급인 또는 약속어음의 발행인은 …"라는 식이다. 이같이 복잡한 표현을 하는 이유를 이해해 두기 바란다.

그리고 설명 중에 법문을 인용할 때에는 문자의 말미에 근거조문을 표시하는데, 환어음에 관한 규정 중 지급인과 인수에 관한 규정 외에는 대부분 약속어음에 준용되므로 굳이 준용규정($\frac{어}{77조}$)을 표시하지 않는다.

제 2 절 어음의 발행

Ⅰ. 발행의 의의

어음의 발행(Wechselausstellung)이란 어음상의 권리(금전채권)를 창설하는 어음행위이다.

i) 어음은 설권증권으로서 그에 표창된 권리는 어음의 자금관계나 원인관계에 연결됨이 없이 발행 그 자체에 의해 창설되어 유통에 놓여지게 된다. 따라서 권리의 내용이 발행인에 의해 쓰여진 문언에 의해 결정되고 원인관계의 효력에 영향받지 아니하는 문언성·무인성의 특성을 지니게 된다.

ii) 발행은 어음상의 권리를 창설하는 법률행위이므로 이에 흠이 있어 무효이거나 취소될 때에는 어음에 표창된 권리 역시 근거를 잃어 존재하지 않게 된다. 그러나 그 흠이 어떠한 것이냐에 따라 후속하는 법률관계의 효력이 달리 결정된다. 발행에 형식적인 흠이 있어 무효인 때에는 그 이후의 어음행위가 전부 무효이지만, 발행의 실질적 요건에 흠이 있어 무효이거나 취소된 때에는 그 이후의 인수·배서 등을 한 자는 어음행위독립의 원칙에 의해 어음의 문언에 따라 책임을 져야 한다.

iii) 환어음에서나 약속어음에서나 공히 어음의 발행은 어음상의 권리를 창설하는 행위이지만, 그 창설된 권리에 대응하여 발행인이 지는 책임의 내용이 다르다. 약속어음의 발행에서는 발행인이 어음금을 지급하겠다는 뜻, 즉 주채무를 부담하는 의사가 표시되지만, 환어음의 발행에는 발행인이 제 3 자(지급인)에게 지급을 위탁한다는 의사가 표시되기 때문이다.

그러므로 후술하는 바와 같이 약속어음의 발행인은 어음금을 지급할 궁극적인 책임을 지지만, 환어음의 발행인은 어음금이 지급인에 의해 지급되지 아니할 경우 또는 인수가 거절될 경우에 지급한다고 하는 담보책임을 진다.

이같이 약속어음의 발행과 환어음의 발행은 의사표시의 내용이 다르므로 양 행위의 성격도 달리 이해해야 하고, 어음면에 기재해야 할 사항도 내용을 달리 한다.

iv) 약속어음의 발행이나 환어음의 발행이나 공히 어음의 교부에 의해 완료되는 단독행위이다. 일부 학설은 교부계약을 요한다고 하나, 발행을 계약으로 파악할 경우 수취인의 의사도 발행의 요소가 되므로 어음 외에서 행해지는 수취인의 의사표시의 흠이 발행의 무효로 연결될 수 있고, 그 흠이 취소사유인 경우에는 그의 취소로 외관상 아무 이상이 없는 어음의 발행이 효력을 잃게 되어 어음의 유통성을 해친다. 심지어 수취인은 자신이 어음에 배서·양도한 후에도 발행을 취소할 수 있을 것인데, 그 경우 자신의 배서를 소급적으로 무효화시킬 수 있게 되어 어음관계가 불안정해진다. 특히 모순되는 것은 발행인이 어음채무를 이행할 의사가 있더라도 수취인측의 무효·취소사유로 인해 이행이 불가능해진다는 것이다. 다음 그림의 예와 같다.

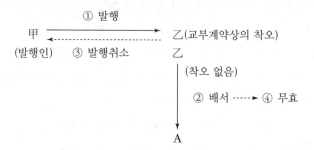

위 그림에서 甲은 어음의 발행에 필요한 형식적·실질적 요건을 모두 갖추었으나, 乙은 어음의 내용에 관해 착오를 일으켰다. 하지만 곧 어음의 내용을 정확히 인식하고 A에게 배서하였으며 이어 甲에 대해 착오를 이유로 발행(교부계약)을 취소하였다. 그러면 甲, 乙간에 교부계약이 결여되니 발행이 소급하여 무효가 되고 乙의 배서 역시 발행의 무효에 영향받아 무효가 되어 甲, 乙 모두 어음상의 책임을 지지 아니한다. 이 경우 乙의 배서에 대해서는 어음행위독립의 원칙을 적용하여 책임을 인정한다 하더라도 甲이 책임을 질 수 없게 되어 불합리하다.

어음의 발행에 의해서는 수취인에게 권리만 생길 뿐이고 의무를 부담하는 바가 없는데(이 점 모든 어음행위가 같다), 굳이 이를 계약으로 파악해야 할 이유는 없다.

Ⅱ. 어음발행의 성질

약속어음의 발행은 일정한 금액을 지급할 뜻을 무조건으로 약속하는 뜻을 의사표시의 내용으로 하므로($^{\text{어 }75조}_{2호}$), 그 성질은 어음금지급채무를 부담하는 행위라는 점에 의문의 여지가 없다. 그러나 환어음의 발행은 문언상 지급위탁의 형식을 취하고 있어 그 성질의 파악에 관해 다음과 같이 견해의 대립이 있다.

1. 이중수권설

독일의 통설을 그대로 수용한 견해로서, 환어음의 발행은 서면에 의한 지급지시이고 이 지시는 이중의 수권적 행위(Doppelermächtigung)라는 것이다. 이중의 수권이라고 하는 까닭은, 발행인은 일면 지급인에 대하여 발행인의 계산에서 지급인의 명의로 어음금을 지급할 권한을 수여함과 동시에, 수취인에 대하여는 수취인 자신의 명의로 어음금을 지급받을 수 있는 권한을 수여하기 때문이라고 한다. 현재 다수설의 위치에 있다(김홍기 1016; 서·정 180; 손주찬 221; 이·최 70; 장덕조 905; 정동윤 192; 정무동 542; 정찬형 211; 주석(Ⅰ), 314; 최기원 278; 최준선 243; 최완진 591).

2. 금전채권수여설

이중수권설에서 지급인에게 지급권한을 수여한다고 함은 어음에 나타나지 않는 자금관계에 속하는 문제이므로 어음행위의 성질론으로서는 부적당한 면이 있다. 그래서 발행을 발행인과 수취인 간의 관계에서만 파악하여 수취인에게 지급인으로부터 어음금을 수령할 권한을 수여하는 행위라고 설명하는 견해가 있다. 이 설은 이중수권설에서 지급인에 관한 부분만 빼고 설명한 것이나, 보다 근본적인 차이를 보이는 견해가 있다. 즉 인수 전의 환어음은 인수를 정지조건으로 하여 지급인에 대한 지급청구권과 인수거절 또는 지급거절시의 상환청구권을 택일적으로 갖는 금전채권을 표창하는 유가증권이므로 이러한 택일적 관계에 있는 금전채권을 수여하는 행위라고 설명하는 견해이다(강·임 275).

3. 사   견

이중수권설은 지급인이 지급을 함으로써 지급인이 발행인에 대해 갖고 있던 채무가 소멸하거나 아니면 지급인이 발행인에 대해 구상권을 취득하게 되는 점, 그리고 수취인은 지급받은 어음금을 발행인에게 반환할 필요 없이 자신이 취득할 수 있다는 점에 착안한 설명이다. 그러나 이는 어음의 추상성을 외면하고 실질관계에 연연한 설명이다. 발행인과 지급인 사이에서 채권·채무관계가 변동되는 것은 어음 외의 자금관계에서 양자의 합의로 정해지는 일이지 어음에 문언화되는 사항이 아니다. 또 발행인과 지급인 사이에 자금관계의 합의가 결여되어 있더라도 어음의 효력에 하등의 영향이 없는데, 이러한 자금관계가 없는 상태의 어음발행마저 「지급권한」의 부여라고 보는 것은 어색하기 그지없다.

수취인과의 관계설명도 타당하지 않다. 「수취인 자신의 명의로」 어음금을 수령할 수 있는 권한을 수여한다고 하지만, 수취인이 자신의 이름으로 청구하고 지급받은 어음금을 자신이 소유한다면 이는 「수권」이라 할 수 없고, 권리를 이전하거나 창설한 경우에 가능한 현상이다. 또 인수 또는 지급이 거절된 후에도 어음은 배서에 의해 양도될 수 있는데, 이때에 수취인의 명의로 어음금을 수령할 수 있는 권한이 이전된다고 할 수는 없다.

이중수권설은 환어음의 지급위탁문언에 집착한 탓에 이같이 답하기 어려운 문제점들을 던져 준다. 어음의 발행에서 보다 본질적인 것은 수취인에게 어떠한 권리가 창설되느냐는 점이다. 그 점에서는 금전채권수여설이 훨씬 설득력이 있다. 그런데 수취인에게 권리가 생긴다면 그에 대응하는 채무가 또한 창설되어야 한다. 그러므로 양자를 모두 설명하는 방법으로서 「수취인에게 지급인에 의한 지급을 정지조건으로 어음금을 수령할 수 있는 권리를 창설하고 아울러 인수거절 또는 지급거절을 정지조건으로 하여 발행인 자신이 어음금을 지급할 채무를 부담하는 행위」라고 정의하는 것이 어음의 여러 속성을 지키며 어음관계자의 실질적인 의사에도 부합하는 설명이라 생각된다.

Ⅲ. 어음요건

1. 총   설

모든 어음행위는 요식의 서면행위이므로 법정의 방식을 구비해야 하는데, 어음의 발행을 유효하게 하는 형식적 요건으로서 반드시 기재해야 하는 사항을 「어음요건」이라 한다. 환어음의 발행시에는, ① 증권의 본문 중에 그 증권을 작성할 때 사용하는 국어로 환어음임을 표시하는 글자, ② 조건 없이 일정한 금액을 지급할 것을 위탁하는 뜻, ③ 지급인의 명칭, ④ 만기(滿期), ⑤ 지급지(支給地), ⑥ 지급받을 자 또는 지급받을 자를 지시할 자의 명칭, ⑦ 발행일과 발행지(發行地), ⑧ 발행인의 기명날인(記名捺印) 또는 서명과 같은 8가지 사항이 어음요건을 이룬다(어1조). 그리고 약속어음의 발행시에는, ① 증권의 본문 중에 그 증권을 작성할 때 사용하는 국어로 약속어음임을 표시하는 글자, ② 조건 없이 일정한 금액을 지급할 것을 약속하는 뜻, ③ 만기, ④ 지급지, ⑤ 지급받을 자 또는 지급받을 자를 지시할 자의 명칭, ⑥ 발행일과 발행지, ⑦ 발행인의 기명날인 또는 서명과 같은 7가지가 어음요건을 이룬다($^{어}_{75조}$).

양자를 비교해 보면, 어음이 다르므로 어음의 종류를 표시하는 글자가 다름은 당연하고(①), 환어음은 「지급위탁」의 문구를 씀에 대해, 약속어음은 「지급약속」의 문구를 쓴다(②). 그리고 약속어음에는 지급인이 따로 없으니 환어음의 ③에 해당하는 기재사항이 없음이 당연하여 기재사항이 7가지이다. 그 밖에는 기재사항이 모두 같고, 그 의미하는 바도 같다. 난을 바꾸어 사항별로 환어음과 약속어음의 각 기재사항을 설명한다.

2. 기재사항

(1) 어음문구

약속어음과 환어음에는 그 증권의 본문 중에 그 증권을 작성할 때 사용하는 국어로 각각 환어음과 약속어음임을 표시하는 글자를 적어야 한다($^{어\,1조\,1호,}_{75조\,1호}$). 아래 예시에서 ☆부분의 「환어음」, 「약속어음」과 같다. 이를 「어음문구」라 한다.

환어음과 약속어음의 기재사항

환 어 음

丙 귀하

일금 일천만원정

<u>위 금액을 이 환어음(☆)과 상환하여</u>
<u>乙 또는 그 지시인에게 지급하여 주십시오.</u>

(이하 생략)

```
                약 속 어 음

                乙    귀하

          일금  일천만원정
          위 금액을 귀하 또는 귀하의 지시인에게
          이 약속어음(☆)과 상환하여 지급하겠습니다.

                        (이하 생략)
```

i) 환어음 또는 약속어음임을 표시하는 글자란 우리말로 작성할 경우 바로 「환어음」, 「약속어음」 자체가 가장 완전하겠으나, 그러한 뜻이 담겨진 문구라면 무엇이든 무방하다. 예컨대 「환어음증권」, 「약속어음증서」 같은 것이다. 「환」, 「약속」이란 접두어를 빼고 단지 「어음」, 「어음증서」라는 식으로 표기하는 것은 어음의 종류를 특정할 수 없어 무효라는 것이 통설이다. 또한 「어음」을 빼고 단지 「환」, 또는 「약속증서」라고 기재한 것은 어음 아닌 다른 채무증서와 구별이 되지 않으므로 역시 무효라고 할 것이다.

ii) 「증권을 작성할 때 사용하는 국어」로 적어야 한다. 어음에 작성하는 말은 기호·도형이 아니고 글자인 한, 어느 나라 언어를 사용하더라도 무방하나, 「환어음」, 「약속어음」은 반드시 본문의 언어와 일치해야 함을 말하는 것이다. 본문의 언어란 지급위탁문구 또는 지급약속문구, 즉 위 예에서 밑줄친 부분을 뜻한다. 한글과 한자로 쓴 것은 우리 국어로 본다.

어음의 본문의 용어가 2종 이상의 언어일 때에 어음의 효력이 어떻게 되는가? 예컨대 모두 한글로 쓰고 지급일은 「date of payment: 2022. 5. 15.」라는 식으로 썼을 경우이다. 2종 이상의 국어를 혼용하더라도 일반인들이 착오 없이 그 뜻을 이해할 수 있다면 유효하다는 것이 통설이다.

iii) 「환어음」 또는 「약속어음」임을 표시하는 글자는 위 예시의 상단 부분처럼 표제로 기재하면 족한가? 아니면 예시 중 (☆)부분처럼 본문 중에 기재해야 하는가? 법문상으로는 '증권의 본문 중에' 기재하게 되어 있다. 이는 어음법통일조약의 「in the body of the instrument」의 번역인데, 이 말대로라면 표제만으로는 부족하고 (☆)부분과 같이 지급위탁문구 또는 지급약속문구 중에 포함시켜야 한

다. 이같이 해석하는 실제적인 이유는 표제만 기재되어 있을 경우 일반 채무증서
의 여백에 어음문구를 삽입·변조한 경우와 구분이 되지 않기 때문이다. 표제는
어음요건이 아니므로 생략해도 무방하다.

(2) 지급위탁과 지급약속

환어음에는「조건 없이 일정한 금액을 지급할 것을 위탁하는 뜻」을 적어야
하고($^{어 1조}_{2호}$), 약속어음에는「조건 없이 일정한 금액을 지급할 것을 약속하는 뜻」
을 적어야 한다($^{어 75}_{조 2호}$). 이같이「지급의 위탁」과「지급의 약속」이라는 차이점을 빼
고, 나머지 기재사항은 공통되므로 이하 두 가지 어음의 기재사항을 같이 설명
한다.

1) 일정금액

일정한「금액」을 적으라 함은 어음은 금전채권만을 표창할 수 있음을 뜻한
다. 따라서 물건의 인도를 목적으로 하는 물품어음은 인정되지 않는다($^{예컨대 \text{"}쌀 20말}_{을 인도한다\text{"}는}$
$^{어음은 무효이다: 대법원 1964.}_{8. 31. 선고 63다969 판결}$).「금액」이라 함은 강제통용력 있는 法貨를 뜻한다고 보아
야 하므로, 발행 당시 통용력을 잃은 구화폐를 표시한 것은 물품인도증권의 일종
이고 어음이 아니다.[1] 강제통용력이 없는 화폐는 상환의무의 이행이 불가능하기
때문이다. 그러나 외국통화로 표시함은 무방하다($^{어}_{41조}$).

어음금액은 표창된 채권의 가치를 뜻하므로 당사자들의 이해가 가장 중요하
게 반영된 부분이라 할 수 있다. 그런 까닭에 어음금액은 모든 당사자들에게 확
정되고 단일한 의미를 갖게끔 기재되어야 한다. 이 뜻을 법에서는「'일정한' 금
액」이라고 표현하고 있다. 그러므로「100만원 이하」,「100만원 이상」이라는 식
의 상한 또는 하한을 정하는 기재,「100만원 또는 200만원」이라는 식의 선택적
기재는 어음금을 불확정하게 하므로 모두 무효이다. 또 어음금액은 시종 일정해
야 하므로「만기 당시 석유 100배럴의 가격 상당액」이라는 식으로, 확정할 수 있
는 기준은 마련되어 있으나 그 발행 당시에는 확정할 수 없는 기재도 무효이다.

어음금의 변조를 방지할 목적에서 어음금을 두 곳 이상 기재하는 예를 흔히

---

1) 法貨에 한정하지 않고 거래상 화폐의 역할을 하는 것이면 무방하다는 오래된 판례가 있고, 이를 지
  지하는 견해도 있다(朝鮮高等法院 1926. 9. 3 판결, 民集 13권, 221면, 同旨: 정동윤 198면; 정찬
  형 219면).

볼 수 있다. 이 두 곳 이상의 기재가 서로 상이한 금액을 나타낼 때에는 「일정」하지 않으므로 무효라고 해야 옳지만, 법에서는 어음의 유통성을 고려하여 유효로 다루고 어음금을 확정할 수 있는 기준을 제시하고 있다. 즉 글자와 숫자로 기재한 금액이 상이할 때에는(예컨대 '1,000,000원'과 '일천만원'으로 기재한 경우) 글자로 기재한 금액을 어음금액으로 본다($^{어 6조}_{1항}$). 그리고 글자와 글자 또는 숫자와 숫자로 기재한 금액이 상이할 경우(예컨대 '백만원'과 '천만원'으로 기재한 경우 또는 '100만원'과 '1,000만원'으로 기재한 경우)에는 작은 금액을 어음금액으로 본다($^{어 6조}_{2항}$). 글자의 크기나 위치·기재도구(예: 타자나 수기)의 차이는 문제되지 아니한다.

어음금에는 만기의 종류에 따라 이자를 붙일 수 있는 경우가 있다. 이 점에 관해서는 유익적 기재사항의 하나로 후술한다($^{281면}_{참조}$).

2) 무조건의 지급위탁 또는 지급약속

환어음에서의 지급의 위탁은 앞의 예시와 같이 발행인이 지급인에 대하여 수취인에게 어음금을 지급해 줄 것을 의뢰하는 뜻으로 기재하는 것이다. 보통은 이에 앞서 발행인과 지급인 사이에 자금관계에 관한 합의가 이루어지지만, 그러한 합의가 없이 어음을 발행하더라도 어음의 효력에 영향이 없음은 기술한 바와 같다.

약속어음에 기재하는 지급의 약속은 앞의 예시와 같이 자신이 직접 어음금을 지급하겠다는 뜻으로 기재하면 된다.

i) 무조건성　　「지급의 위탁」 또는 「지급의 약속」은 무조건이어야 한다. 조건을 붙이면 어음상의 권리가 확정될 수 없으므로 어음이 지급수단으로서의 안정된 가치를 갖지 못하기 때문이다. 예컨대 "만기 당시 본인(발행인)이 생존할 경우에 한해 지급함"이라는 조건을 붙인다면 만기에 이르기까지 어음상의 권리가 확정되지 못하고 그의 생존 여부에 따라 그간에 어음의 유통에 가담했던 당사자들의 원인관계가 새로이 정리되어야 할 것이다($^{조건부발행에 관해}_{상세는 103면 참조}$).

여기서 말하는 「조건」이란 민법 제147조 이하의 조건만을 말하는 것이 아니고 지급의 단순성을 해하는 모든 제약을 포함하는 뜻이다. 예컨대 "쌀 100가마를 수령하고 지급하라"든지 "김○○이 발행한 어음의 어음금이 지급될 경우 이 어음금을 지급한다"($^{대법원 1994. 6. 14.}_{선고 94다6598 판결}$)는 것처럼 대가를 연결시키거나, 발행인이 지급인에 대해 가진 "특정채권 중에서 지급하라"는 것처럼 지급자금의 제약을 두는 것은 무조건성에 반한다.

어음에 조건을 붙임은 후술하는 유해적 기재사항으로서, 어음을 무효로 한다. 판례는 조건의 기재에 대해 매우 엄격하여, 보충지(보전)에 기재한 조건도 어음을 무효로 한다고 본다(대법원 1994. 6. 14. 선고 94다6598 판결; 동 1971. 4. 20. 선고 71다418 판결).

ii) 위탁어음　　어음법 제 3 조 제 3 항은 「환어음은 제 3 자의 계산으로 발행할 수 있다」고 규정하고 있다. 예컨대 甲이 丙을 지급인으로 하여 환어음을 발행하면서, "김○○씨의 계산에서 지급하여 주시오"라는 문구를 삽입할 수 있다는 것이다. 이를 위탁어음(Kommissionswechsel)이라 하는데, 甲이 김○○의 위탁을 받아 어음을 발행하면서 지급인(丙)과의 자금관계상 자금부담의 주체를 김○○로 하고자 할 때 이같은 기재를 할 수 있다. 흔히 신용장방식의 무역거래에서 무역대금의 추심을 위해 환어음을 발행할 때에 신용장개설 은행을 지급인으로 하면서 수입업자를 실제의 자금부담자로 표시하고자 하는 목적에서 수입업자를 계산의 주체로 기재한다. 그러나 위탁자에게 계산을 귀속시키는 것은 발행인, 지급인 그리고 위탁자 사이의 내부관계에 그치고 어음법상의 효력을 발휘하는 바는 없다. 이 어음의 발행인은 여전히 명의상의 발행인(甲)이고 그가 발행인으로서의 책임을 져야 한다.[1]

(3) 지급인의 명칭

이는 환어음에만 있는 기재사항이다. 환어음의 지급인은 보통 발행인이 지급인으로 삼으려는 자와 자금관계에 관한 합의를 하고 기재하지만, 어음법상으로는 자금관계를 요건으로 하지 않으므로 그러한 자금관계의 합의나 지급인의 동의 유무에 관계 없이 발행인이 일방적으로 기재함으로써 족하다. 그 때문에 지급인은 「인수」를 하지 않는 한, 지급인으로 기재되었다 해도 어떠한 어음상의 책임도 부담하지 아니한다. 그러므로 지급인이 인수와 지급을 거절할 경우를 가상하면 실제적으로는 어음상의 권리실현에 아무 기여도 하지 않는 존재이다. 하지만 상환청구권이 발생하기 위해서는 지급인의 인수거절 또는 지급거절이 요건이 되므로 환어음의 구조상 지급인은 본질적인 존재이다.

i) 지급인의 요건성　　환어음은 발행인이 제 3 자에게 지급을 위탁하는 증권이므로 어음면에 반드시 지급인이 기재되어야 하며, 이를 결하면 무효이다.

---

1) Hefermehl · Baumbach · Casper, §3 Anm. 5; Bülow, §3 Anm. 5.

그러나 지급인은 어음면상으로 존재하면 어음의 형식적 완전성을 충족하므로 사자 · 허무인이라도 무방하다. 물론 이런 어음은 제시 · 지급이 불가능할 것이나, 발행인이 담보책임을 지므로 유통가치가 있다. 그러나 일견 사람을 지칭한다고 볼 수 없는 명칭을 기재한다면(예: 정부종합청사), 이는 지급인이 없는 것과 같아서 무효이다.

ii) 지급인의 자격   지급인의 자격에는 제한이 없으므로 권리능력이 있다고 보여지는 사람 · 단체이면 모두 지급인으로 기재할 수 있다. 권리능력 없는 사단을 지급인으로 한 경우, 그 적법성에 회의를 표시하며 그 구성원들을 지급인으로 한 것으로 보아야 한다는 견해도 있다($\binom{정동}{윤\ 200}$). 아마도 권리능력 없는 사단은 어음행위능력이 없기 때문에 그리 설명하는 듯하나, 권리능력 없는 사단도 지급능력은 있는 데다 지급인이 반드시 어음행위(인수)를 해야 하는 것도 아니고, 허무인도 지급인으로 기재될 수 있는 점과 균형을 맞추어 보면 지급인으로서의 적격성을 인정해야 한다. 한편 조합을 지급인으로 한 경우에는 그 구성원들을 지급인으로 하려는 뜻으로 이해해야 한다($\binom{정동}{윤\ 200}$).

iii) 지급인의 기재방법   지급인의 명칭은 지급인의 동일성을 인식할 수 있는 정도로 기재하면 된다. 따라서 자연인이라면 그의 성명 외에도 아호 · 별명 · 예명, 그리고 상인이라면 그의 상호를 기재해도 무방하다(지급인의 명칭으로서 상인의 상호만을 기재해도 무방하다고 하여 상호만을 가지고 기명날인할 수 있다는 뜻은 아니다)($\binom{84면}{참조}$). 법인을 지급인으로 할 때에는 법인의 명칭만 기재하면 족하고 그 대표자의 성명을 기재할 필요는 없다(그러나 그 법인이 인수를 할 때에는 법인의 어음행위 방식에 따라 대표자가 기명날인 또는 서명하여야 한다).

iv) 지급인의 복수기재   수인의 지급인을 기재하는 경우는 중첩적으로 기재하는 경우(丙과 丙'), 선택적으로 기재하는 경우(丙 또는 丙'), 순차적으로 기재하는 경우(丙이 지급하지 않을 경우 丙')를 생각해 볼 수 있다. 이 중에서 선택적 기재는 무효이나, 중첩적 기재는 유효하며, 순차적으로 기재한 경우에는 선순위자가 지급인이 되고 후순위자가 예비지급인이 되는 것으로 보아 역시 유효하다고 하는 것이 일반적이다($\binom{김홍기\ 1022;\ 서헌제\ 369;\ 손주찬\ 197;\ 장덕조\ 909;\ 정동윤\ 200;\ 정찬형\ 221\sim222.\ 반대:}{정무동\ 513;\ 최기원\ 299.\ 반대설은\ 중첩적\ 기재만\ 인정하고\ 순차적\ 기재를\ 허용하지\ 아니한다}$). 그리고 중첩적으로 기재된 경우에는 그 지급인 전원에게 제시하고 전원이 지급거절해야만 상환청구권이 발생하나, 인수제시는 그 중 1인에게 하면 족하고 그 1인이 거절하면 바로 상환청구권이 발생한다고 한다($\text{통}_\text{설}$). 중첩적 기재와 순차적 기재에 대해서는 부분적으로 타당한 설명이나($\text{본장 제3절}_\text{에서 상술}$), 선택적 기재를 굳이 무효라고 해야 할 이유는 없다. 丙과 丙′를 선택적으로 기재한 경우, 발행인의 의사는 丙과 丙′ 중 누구든 소지인이 편리한 자를 택해 인수제시 또는 지급제시를 하고 거절되면 상환책임을 지겠다는 뜻으로 읽는 것이 합리적이라 생각되며, 그같이 해석하는 한 소지인의 지위를 불리하게 하거나 불안하게 할 우려가 없으므로 유효하다고 본다.

v) 자격의 중첩   환어음의 발행인은 자신을 지급인으로 하여 발행할 수 있다($\text{어 3조}_\text{2항}$). 이를 「자기앞어음」이라 한다. 발행인이 다른 지역에 본·지점 등 두 개 이상의 영업소·거소를 갖고 있고, 발행지와 다른 곳에 있는 영업소나 거소에서 지급하고자 할 때 이용할 실익이 있다. 예컨대 서울의 본점이 부산의 지점을 지급인으로 하여 환어음을 발행하는 것과 같다. 이러한 어음은 그 실질이 약속어음과 같다고 할 수 있다. 특히 서울의 본점에서 부산지점을 지급장소로 하여 약속어음을 발행한다면 자기앞환어음과 똑같은 목적을 달할 수 있다.

(4) 만기(滿期)

1) 만기의 뜻

만기라 함은 어음면에 어음금이 지급될 시기로 기재된 일자를 말한다($\text{어 1조}_\text{4호, 75}$ $\text{조}_\text{3호}$). 만기 외에 지급과 관련된 날을 가리키는 말로서 「지급을 할 날」($\text{어 38조 1}_\text{항, 44조 3항}$)과 「지급하는 날」($\text{어 41}_\text{조 1항}$)이 있는데, 만기는 이 날들과 구별하여야 한다. 「지급을 할 날」이란 법상 지급제시가 가능한 최초의 날을 뜻한다. 지급을 할 날은 보통은 만기와 일치하지만, 만기가 법정휴일일 때에는 그에 이은 제1의 거래일에 지급을 청구할 수 있고($\text{어 72}_\text{조 1항}$), 이 날이 「지급을 할 날」이 되므로 만기와 다른 날이 된다. 그리고 「지급하는 날」은 어음금을 실제 지급하는 날을 뜻한다. 어음소지인이 지급을 할 날에 제시하고 그 날 지급이 이루어지면 지급하는 날이 지급을 할 날과 일치하게 되나, 지급을 할 날의 다음 날에 제시하거나, 지급을 할 날에 제시했다 하더라도 지급인 또는 약속어음의 발행인이 그 날 지급하지 못하고 수일이 지나서 지급하면 지급을 할 날과 지급하는 날이 불일치하게 된다.

어음발행의 실례를 보면 어음면에 '만기'라고 쓰기보다는 '지급일', '지급기일' 등의 용어를 즐겨 쓰고, 때로는 '지급할 날', '지급하는 날'이라고 쓰기도 하는데, 법상의 '지급을 할 날'과 '지급하는 날'은 성질상 어음면에 표시할 것이 못 되므로 이는 모두 만기를 뜻하는 것으로 풀이해야 한다.

2) 만기의 요건

만기는 단일하고, 확정할 수 있고, 가능해야 한다.

「단일」해야 하므로 분할출급의 어음은 무효이다(어 33조 2항). 분할출급이란 어음금을 분할하여 수차에 걸쳐 지급하는 것을 말하는데(예: 1,000만원 중 400만원은 2022. 5. 1에, 600만원은 2022. 10. 1에 지급), 만기를 이같이 정할 경우 어음의 상환증권성을 지킬 수 없고, 상환절차가 혼란스러워지기 때문이다.

만기는 어음소지인이 권리행사(지급제시)를 할 수 있는 날이고, 또 그 때에 지급제시하는 것이 상환청구권보전의 요건이 되므로 객관적으로 「확정」되지 않으면 안 된다. 그러므로 예컨대 「2022년 겨울」, 「2022년 5월 1일 또는 6월 1일」이라는 식의 만기는 확정할 수 없어 무효이다. 그렇다고 반드시 「연·월·일」을 못 박아 기재해야 한다는 뜻은 아니다. 예컨대 「2022년 한글날」 같은 것도 무방하다. 일자를 특정하더라도 단순히 '3월 1일'이라고 기재하고 연도를 기재하지 않았으면 확정할 수 없어 무효이나, 발행일 등 다른 기재로 연도를 추정할 수 있을 때에는 유효하다고 본다(강·임 298; 장덕조 911; 정동윤 207; 최기원 301). 만기는 어음의 문언으로 확정할 수 있어야 하므로 원인관계나 기타 어음 외적인 사정을 고려하여야 확정할 수 있다면 확정된 것이 아니다(판례[60]).

만기는 「가능」해야 한다. 「2022년 2월 30일」과 같이 일력에 없는 날은 만기로 할 수 없는 날이지만, 통설·판례는 이 같은 경우 무효로 볼 것이 아니라 「2월 말일」을 만기로 하는 어음으로 해석한다(대법원 1981. 7. 28. 선고 80다1295 판결). 발행일 이전의 날짜를 만기로 한 어음(예컨대 2022년 3월 1일에 발행하면서 2021년 4월 1일을 만기로 한 것)은 어음의 문언성을 이유로 무효라는 것이 통설·판례(판례[61])인데, 이것도 무효로 볼 것이 아니라 일람출급의 어음으로 보는 것이 합리적인 해석이다.[1]

---

1) 독일에도 어음의 효력에 영향이 없다는 설(Bülow, §1 Anm. 37; Zöllner, S. 72), 무효라는 설(Baumbach·Hefermehl·Casper, §1 Anm. 1)이 있다.

판 례

[60] 대법원 1997. 5. 7. 선고 97다4517 판결

「어음의 만기는 확정가능하여야 하므로 어음 자체에 의하여 알 수 있는 날이어야 하고 어음 이외의 사정에 의하여 좌우될 수 있는 불확정한 날을 만기로 정할 수 없다고 할 것이니 불확정한 날을 만기로 정한 어음은 무효라고 할 것이다.

··· 소외 우성특수조경 주식회사(이하 소외 회사라 한다)가 원고에게 공사대금조로 발행·교부한 어음이 부도되자 소외 회사의 이사인 피고는 1992. 9. 24. 원고에게 미변제된 부도어음금 35,550,000원을 액면으로 하고, ··· 지급기일 '용마산현장 준공 후'라고 기재한 약속어음을 발행한 사실 ··· 약속어음은 유통증권, 문언증권으로서 어음법이 요구하는 만기 등 어음요건의 구비는 원칙적으로 어음문면 그 자체에 의하여 판단할 것이지 원인관계상의 사정을 고려하여서는 아니된다고 할 것이므로 이 사건 어음의 위 지급기일은 부적법하므로 이 사건 어음은 무효[이다.]」

[61] 대법원 2000. 4. 25. 선고 98다59682 판결

「··· 어음요건의 기재가 그 자체로 불가능한 것이거나 각 어음요건이 서로 명백히 모순되어 함께 존립할 수 없게 되는 경우에는 그와 같은 어음은 무효라고 봄이 상당하고, 한편 약속어음의 발행일은 어음요건의 하나로서 그 기재가 없는 상태에서는 어음상의 권리가 적법하게 성립할 수 없는 것이므로(대법원 1994. 9. 9. 선고 94다12098, 12104 판결 참조), 확정된 날을 만기로 하는 확정일출급 약속어음의 경우에 있어서 만기의 일자가 발행일보다 앞선 일자로 기재되어 있다면 그 약속어음은 어음요건의 기재가 서로 모순되는 것으로서 무효라고 해석하여야 할 것이다.

··· 피고가 소외 김창현에게 액면 금 30,000,000원, 발행일 1995. 10. 2, 지급기일 1995. 1. 17···로 된 약속어음 1매를 발행하고, 위 김창현은 원고에게 위 어음을 배서 양도한 사실, ···위 약속어음은 그 지급기일이 발행일 이전의 날이어서 어음요건을 갖추지 못하여 무효이[다.]」

3) 만기의 종류

어음법에서는 일람출급, 일람후정기출급, 발행일자후정기출급, 확정일출급의 4가지 만기만을 인정하고 그 밖의 만기는 무효로 한다(어 33조 1항, 2항). 후 2자의 만기는 발행일 당시부터 확정되어 있는 것이나, 전 2자의 만기는 어음소지인이 언제 제시하느냐에 따라 달라진다. 그래서 전 2자의 만기를 가진 어음에 대해서는 이자를 붙일 수 있다 함은 기술하였다.

이하 종류별로 설명하는데, 편의상 확정일출급, 발행일자후정기출급, 일람출

급, 일람후정기출급의 순으로 설명한다.

i) 확정일출급(確定日出給)　　예컨대 '2022년 3월 31일'과 같이 특정의 날을 만기로 기재하는 것을 말한다. 실제 어음거래에서는 대부분 확정일출급의 방식으로 만기를 정한다. 2022년 '3월 초', '3월 중순', '3월 말'과 같은 기재는 어의적으로는 불확정한 시기이지만, 어음법은 이를 각기 「3월 1일」, 「3월 15일」, 「3월 31일」을 뜻하는 것으로 보아 확정일출급어음으로 다룬다($^{어\ 36}_{조\ 3항}$).

ii) 발행일자후정기출급(發行日字後定期出給)　　이는 발행일자로부터 기산해서 일정 기간이 경과한 날을 만기로 삼는 방식이다. 예컨대 2022년 3월 15일에 어음을 발행하면서, 만기를 '10일 후' 또는 '2월 후'라고 기재하는 것과 같다. 발행시점에서부터 만기가 특정된다는 점에서 확정일출급과 다를 바 없다. 다만 특정하는 방식이 다를 뿐이다.

발행일자후정기출급어음에서는 필히 기간을 계산해야 되는데, 초일은 불산입하므로($^어_{73조}$) 발행일은 빼고 기간을 계산한다(그러므로 3월 15일에서 '10일 후'면 3월 25일이 만기가 되는 것이다). 그러나 기간을 월수로 정한 경우에는 해당되는 달에 있어서의 발행일의 대응일을 만기로 한다($^{어 36조 1항: 그러므로 3월 15일에서 '2월'}_{후'라 하면 5월 15일이 만기가 되는 것이다.}$). 대응일이 없는 때(예: 1월 31일에 발행하면서 '1월 후'를 만기로 하는 경우)에는 그 달의 말일($^{즉 2월}_{28일}$)을 만기로 한다($^{어 36조}_{1항 후}$). 그리고 기간을 '반월'로 기재한 경우에는 '만 15일'을 뜻하며($^{어 36조}_{5항}$), 기간을 '1월 반' 혹은 '2월 반'이라는 식으로 정한 때에는 먼저 월을 계산하고 15일을 가산한다($^{어 36조 2항: 그러므로 3월 15일에서 '2월 반'}_{이라고 하면 5월 30일이 만기가 되는 것이다}$).

iii) 일람출급(一覽出給)　　이는 어음소지인이 지급을 위한 제시(일람)를 한 날을 만기로 삼는 방식이다. 어음면에 표기할 때에는 「일람출급」이라는 용어 외에도 「제시 즉시 지급함」이나 기타 같은 취지로 기재하면 된다.

일람출급어음에서는 발행일로부터 언제든 소지인의 의사에 따라 만기가 될 수 있으므로 신용창조의 기능은 기대할 수 없다. 특히 약속어음의 경우에는 발행을 하자마자 그 자리에서 발행인에게 지급제시가 가능하므로 신용창조를 주된 목적으로 하여 발행되는 약속어음에서는 특수한 사정이 없는 한 일람출급의 만기를 택하는 의의가 없다. 그러나 이자를 붙여 소지인이 지급제시를 미루도록 유도하거나, 아니면 후술하는 바와 같이 일정기간 내의 제시금지를 부가하여 발행하면 그 기간 동안 신용창조의 기능을 살릴 수 있다. 실제는 일단 일람출급으로 해 놓고 어음 외의 합의로써 제시를 후일에 하게 하는 경우도 있다.

발행인은 일정한 기일 전에는 일람출급어음의 지급을 위한 제시를 금하는 뜻을 기재할 수 있다(어34조 2항 전, 77조 1항 2호). 예컨대 2022년 3월 15일에 일람출급으로 어음을 발행하면서 '2022년 5월 15일까지 제시 금함'이라고 하는 것과 같다. 이 어음의 제시기간은 2022년 5월 16일부터 개시한다(어34조 2항 후). 이같이 일정 기간 제시를 금하는 경우에는 소지인이 그 기간 내에 제시하더라도 적법한 제시가 아니며, 따라서 지급이 거절되더라도 상환청구권이 생기지 아니한다. 그리하여 일람출급어음은 「발행일후일람출급어음」과 「정기후일람출급어음」의 두 가지가 있을 수 있다.

일람출급이라 해서 소지인이 편의에 따라 얼마든 제시를 지연시킬 수 있다고 한다면 어음관계가 장기간 미결상태에 놓인다. 어음관계는 신속히 종료하는 것이 바람직하므로 어음법은 제시기간을 1년으로 제한한다(어34조 1항 전). 이 기간을 경과하여 제시하면 거절되더라도 상환청구권을 행사할 수 없다(어53조 1항 1호). 그러나 약속어음의 발행인은 상환의무자가 아니고 주채무자이므로 이 기간이 경과하더라도 발행인에 대한 지급청구권은 상실되지 아니한다.

어음의 발행인은 이 1년이라는 제시기간을 단축하거나 연장할 수 있다(어34조 1항 후). 배서인은 1년이라는 제시기간을 단축할 수 있으며(어34조 1항 후), 발행인이 단축 또는 연장해 놓은 기간을 다시 단축할 수 있다. 그러나 배서인이 연장하는 것은 불가능하다(어34조 1항 후의 반대해석). 배서인이 임의로 연장할 경우 다른 어음채무자들과의 관계에서 상환청구권의 소멸시기에 혼란이 생기기 때문이다.

발행인이 단축 또는 연장한 기간은 어음채무자 전원에게 효력이 있다(어53조 2항). 따라서 단축·연장한 기간이 경과하도록 제시하지 않으면 모든 채무자에 대하여 상환청구권을 잃는다. 한편 원래의 제시기간(1년)이 경과하더라도 발행인이 연장한 기간 내이면 상환청구권을 잃지 아니한다. 그러나 배서인이 단축한 기간은 그 배서인만이 원용할 수 있다(어53조 3항). 그러므로 배서인이 정한 기간이 경과하더라도 원래의 제시기간(1년) 또는 발행인이 단축·연장해 놓은 기간 이내에 제시하면 다른 채무자(그 전후의 배서인 포함)에 대하여 상환청구권을 행사할 수 있다.

iv) 일람후정기출급(一覽後定期出給)   어음을 일람, 즉 제시한 후 일정 기간이 경과한 날을 만기로 삼는 방식이다.[1] 예컨대 「제시 후 2월이 경과한 후에

---

1) 일람출급어음과 일람후정기출급어음에 있어 「일람」의 의미가 상이함을 주의해야 한다. 일람출급

지급함」이라는 것과 같다. 편의상 환어음과 약속어음을 구분하여 설명한다.

「환어음」의 경우 제시란 인수제시를 말한다. 즉 소지인이 지급인에게 인수를 위한 제시를 하고 인수한 날로부터 일정 기간이 경과한 후에 만기가 되는 것이다. 지급인은 제시를 받고 인수를 거절할 수도 있는데, 그 경우에는 거절한 때로부터 일정 기간이 경과한 후에 만기가 되는 것이다(그러나 소지인은 즉시 상환청구권을 행사할 수 있다).

일람후정기출급의 환어음도 일람출급어음과 같이 소지인이 만기를 정하는 셈인데, 역시 장기간 어음채무자들의 지위를 미결로 방치하는 것은 바람직하지 않으므로 어음법은 발행일로부터 1년 내에 인수제시를 하도록 한다($\frac{\text{어} 23}{\text{조} 1항}$). 발행인은 이 기간을 단축·연장할 수 있고, 배서인은 단축할 수 있으며($\frac{\text{어} 23조}{2항, 3항}$), 그 뜻과 효과는 일람출급어음에 관해 설명한 바와 같다.

일람후정기출급의 환어음에 있어서는 「일정기간」의 기산점을 여하히 정하느냐, 그리고 그 기산점 즉 제시한 시기를 추후에 어떻게 증명하느냐는 것이 중요하다. 지급인이 어음을 인수한 경우에는 인수일자에 제시된 것으로 보고 그 때부터 일정 기간을 계산하고, 인수를 거절한 경우에는 거절증서($\frac{\text{후}}{\text{술}}$)의 일자로부터 계산한다($\frac{\text{어} 35}{\text{조} 1항}$). 인수는 했으되 일자가 없고, 거절증서도 없는 경우에는 인수인에 대한 관계에서는 인수제시기간의 말일에 인수한 것으로 본다($\frac{\text{어} 35}{\text{조} 2항}$). 그리고 거절증서 없이 인수가 거절된 경우에는 실제의 제시일자를 기준으로 기간을 계산한다.

인수가 거절된 경우에는 만기까지 기다릴 필요 없이 바로 상환청구가 가능하다($\frac{\text{어} 43}{\text{조} 1호}$). 그래도 만기는 중요한 뜻을 갖는다. 만기 전에 상환청구를 할 때에는 상환청구권행사 이후부터 만기까지의 이자를 어음금액에서 공제해야 하고($\frac{\text{어} 48}{\text{조} 2항}$), 실제 어음금의 지급이 만기 후에 이루어질 때에는 만기 이후의 이자를 가산해야 하기 때문이다($\frac{\text{어} 48조}{1항 2호}$).

「약속어음」의 경우에는 인수제시라는 것이 없으므로 제시란 단순히 발행인에게 어음을 보여 주는 것을 뜻한다. 실제의 의미는 만기를 결정하는 것이며, 발행인에게 지급을 준비시키는 뜻이 있다.

어음의 일람은 지급제시를 뜻한다. 그리고 일람후정기출급어음에서의 일람은 환어음과 약속어음에서 각각 의미를 달리한다. 전자의 경우에는 인수제시를 뜻한다. 그리고 후자의 경우에는 단지 만기를 정하기 위한 기준일이 된다.

제시 후「일정기간」의 기산점을 정하기 위하여 발행인이 약속어음에 일람한 뜻을 기재하고 일자를 부기하여 기명날인(서명)한 날로부터 기간이 경과하는 것으로 한다($^{어\,78}_{조\,2항}$). 발행인이 일람의 뜻과 일자의 기재를 거절할 경우에는 거절증서에 의해 증명해야 하고 그 일자를 초일로 해서 기간을 진행시킨다($^{어\,78}_{조\,2항}$).

약속어음의 제시기간도 1년이지만, 이 기간의 준수는 상환청구권의 보전을 위해 필요한 것이고 발행인에 대한 관계에서는 이 기간이 경과한 후에 제시하더라도 지급청구권을 잃지 아니한다.

(5) 지 급 지

지급지라 함은 어음금이 지급될 지역을 말한다.

i) 지급지의 요건성   어음소지인은 지급지에서 지급인 또는 약속어음의 발행인(또는 그들의 지급담당자)에게 지급을 위한 제시를 하여야 하고, 인수인 또는 약속어음의 발행인 역시 지급지에서 지급채무를 이행하여야 한다. 어음에 관한 분쟁이 있을 때 소지인은 어음채무자의 주소지의 법원에 제소하는 것이 원칙이지만($^{민소\,2}_{조,\,3조}$), 어음소송에 관해서는 지급지의 법원에 특별재판적이 인정되므로($^{민소}_{9조}$) 지급지의 법원에 제소할 수 있다. 이같이 지급지는 어음상의 권리행사에 있어 실제상 그리고 법률상 중요한 뜻을 지니므로 어음요건의 하나로 한 것으로, 이를 기재하지 아니한 어음은 무효이다.

ii) 지급지와 지급장소   지급지는 지급장소와 다르다. 지급장소는 지급지에 있으면서 지급이 행해질 지점을 말한다. 예컨대 '서울특별시'는 지급지로서 어음에 기재할 만한 것이고, '서울특별시 중구 소공동 1번지 1호' 또는 '우리은행 명동지점'은 지급장소로서 적격이다. 실제의 어음거래에서는 예외 없이 지급장소를 기재하지만 지급장소는 어음요건이 아니고 유익적 기재사항이다. 지급장소가 기재되어 있지 아니한 경우에는 지급인(또는 약속어음의 발행인)의 주소에서 지급되어야 한다. 지급장소는 어음요건이 아니므로 기재된 지급장소가 지급지와 모순되는 경우, 예컨대 지급지는 포항시인데, 지급장소는 서울특별시의 어느 지점인 경우에도 어음의 효력에 영향이 없다($^{대법원\,1970.\,7.\,24.}_{선고\,70다965\,판결}$). 다만 지급장소만이 무효가 될 뿐이다. 지급장소와 구별해야 될 개념으로「제 3 자방지급어음」이란 것이 있다. 이는 유익적 기재사항의 하나로 후술한다.

iii) 지급지의 기재방법　　지급지는 지급장소를 찾는 지리적 출발점이 되고 기술한 바와 같은 법적 의의를 가지므로 그 취지에 부합하도록 최소한 하나의 생활권을 이루는 지역을 기재해야 한다. 따라서 '경기도', '영남지방'이라는 식의 지나치게 광범한 지역은 지급지로서 기재할 수 없다. 원칙적으로는 최소행정구역을 기재해야 하나, 「서울특별시」의 경우 '서울' 정도만 표시하면 족하고 구까지 표시할 필요는 없다(대법원 1981. 12. 8.
선고 80다863 판결).

지급장소만을 기재했더라도 예컨대 '서울특별시 중구 소공동 1번지 1호'라는 식으로 지급지의 적격이 있는 지역(서울특별시)을 기재내용 중에 포함하고 있다면 지급지를 기재한 것으로 보아야 한다(판례
[62]). 또 이처럼 지급지로서의 명칭을 포함하고 있지 않더라도 '우리은행 본점'과 같이 그 소재가 전국에 잘 알려진 장소라면 지급지의 기재가 있는 것으로 보아야 할 것이다. 그러나 지급지란에 예컨대 '삼진기계'와 같이 무명의 사업체의 상호가 표시되어 있다면 이는 지급지의 장소적 개념이 표현된 것으로 볼 수 없다(대법원 1991. 7. 23.
선고 91다8975 판결).

판　례

[62] 대법원 2001. 11. 30. 선고 2000다7387 판결

「어음면상 지급지에 관한 특별한 표시가 없다 할지라도 거기에 지급장소의 기재가 있고 그것이 지(地)의 표시를 포함하고 있어 그로부터 지급지에 해당하는 일정 지역이 추지될 수 있는 경우에는 지급지의 기재가 이에 의하여 보충되는 것으로 볼 수 있다고 할 것이다.

이 사건 약속어음에는 지급장소로서 "중소기업은행 능곡지점"이라고 표시되어 있음을 알 수 있는바, 위 지급장소의 기재 중에는 '능곡'이라는 지역 이름이 포함되어 있고, 위 기재로부터 능곡 혹은 능곡이 소재하고 있는 경기 고양시가 지급지에 해당하는 것을 쉽게 알 수 있다고 할 것이므로, 이러한 경우에 약속어음상의 지급지란 자체는 백지라고 할지라도 위 지급장소의 기재에 의하여 지급지가 보충되었다고 봄이 상당하다.」

iv) 지급지의 실재성　　실재하지 않는 지역(예: 이어도)은 지급지로 기재할 수 없다. 앞서 허무인을 지급인으로 기재해도 무방하다고 했으나 허무의 지급지는 이와 같이 볼 수 없다(통
설). 지급인이 허무인이라서 지급이 불가능하더라도 상환청구가 가능하므로 별 문제가 없으나, 지급지는 형식적인 요건으로서의 의미만

갖는 것이 아니라 기술한 바와 같이 권리행사에 있어 여러 가지 실제적인 의미를 갖기 때문이다. 그리고 지급인이 허무인인 사실은 알려지지 않은 채 전전유통될 수 있으나, 지급지가 실재하지 않는다는 사실은 누구나 알 수 있는 바인데, 그 상태에서 태연히 전전유통한다는 것은 거래통념에 부합하지 않는다.

v) 지급지의 단일성　　　지급지는 중첩적이든 선택적이든 복수로 기재할 수 없다. 지급인을 복수로 기재하는 경우와 달리 지급지의 복수기재는 소지인이 권리행사를 함에 있어 물리적 이동을 강요하고 또 지급제시와 변제의 제공 여부에 관해 다툼이 있을 수 있기 때문이다(예컨대 소지인은 A지에서 지급제시를 시도하였는데, 지급인은 B지에서 대기하였다고 하는 경우).

vi) 동지출급·타지출급　　　지급지와 지급인(또는 약속어음의 발행인)의 주소지가 같은 어음을 동지출급어음, 다른 어음을 타지출급어음이라 해서 구분하는데, 환어음의 경우에는 양자간에 중요한 차이가 있다. 타지출급인 환어음의 경우에는 지급인이 지급지를 알지 못하므로 지급제시에 대비할 수 없다. 그러므로 원래 인수제시는 자유이나($\binom{\text{어}}{\text{21조}}$), 타지출급의 환어음은 반드시 인수제시를 하여 지급인이 이를 알게 해 주어야 한다($\binom{\text{어 22}}{\text{조 2항}}$). 약속어음의 경우에는 발행인 자신이 지급지를 기재하고 지급도 자신이 하므로 양자의 구분은 별 뜻이 없다.

어음의 발행지와 지급지가 같은 어음을 동지어음, 다른 어음을 이지어음이라고 구분하나, 구분의 실익이 없다.

vii) 효력의 존속기간　　　지급지는 지급제시기간 중에만 의미를 갖는다. 지급이 거절되어 상환청구권을 행사하거나 제시기간이 경과한 후에 주채무자에게 청구할 때에는 각 채무자의 주소에서 청구해야 하기 때문이다.

(6) 수 취 인

i) 수취인의 요건성　　　어음에는 어음금을 지급받을 자 또는 지급을 받을 자를 지시할 자의 명칭을 기재하여야 한다($\binom{\text{어 1조 6호,}}{\text{75조 5호.}}$). 수취인은 어음거래상 발행인의 상대방이 되어 어음을 취득하는 자이고 발행인에 의해 어음금을 수령할 권리가 주어진다. 그리고 발행후 어음이 유통된다면 최초의 배서인이 된다. 그러므로 수취인은 어음의 유통단계에서도 불가결한 존재이다. 법문에서 「지급을 받을 자를 지시할 자」라고 표현한 것은 수취인이 배서양도할 경우를 예상하고 이를 허

용하는 의미에서 규정한 것이나, 어차피 어음은 당연한 지시증권이므로($\frac{어 11조}{1항}$) 별 의미가 없는 규정이다. 어음은 지급증권성을 일차적인 성격으로 하는 수표와 달리 신용증권으로서의 성격이 강하므로 소지인출급식으로 발행하지 못한다.[1] 따라서 수취인은 불가결의 기재사항으로서 이를 결한 어음은 무효이다. 다만 소지인으로 하여금 수취인을 기재할 수 있도록 수권된 백지어음은 예외이다($\frac{후}{술}$).

ii) 자격의 겸병   환어음의 경우에는 발행인 자신을 수취인으로 하여 어음을 발행할 수 있다($\frac{어 3조}{1항}$). 이를 「자기지시어음」이라 한다. 약속어음에는 명문의 규정이 없다. 약속어음의 경우, 발행인이 자신을 수취인으로 기재하는 것은 별 의미가 없기도 하다. 그러나 이를 허용한다 해서 특히 어음관계를 불안정하게 하는 바는 없으므로 통설은 유효로 보고 있다.

iii) 수취인의 기재방법   수취인은 지급인의 기재와 같이 사람을 특정할 수 있을 정도로 기재하면 된다($\frac{대법원 1961. 11. 23.}{선고 4294민상65 판결}$) 성명·상호·통칭·별칭 모두 무방하다. 법인의 경우에는 대표자의 성명 없이 법인의 명칭만 표시하면 되고, 그 명칭도 등기된 명칭 전부가 아니라 통칭되는 부분만 기재해도 족하다고 본다(예컨대 '현대건설 주식회사'를 '현대건설'로 기재하는 것). 조합의 경우도 조합원이나 조합대표를 표기함이 없이 조합명으로 족하다고 본다. 권리능력 없는 사단도 어음행위능력은 없으나 어음금수취능력은 있으므로 그 이름을 가지고 수취인이 될 수 있음은 물론이다.

iv) 수취인의 실재성   수취인으로 기재된 이름은 일응 수취인으로 가능한 이름이면 족하고, 반드시 실재하는 사람의 이름이어야 하는 것은 아니다. 즉 수취인이 실재하지 않아도 어음은 유효하다.[2] 물론 수취인으로서 권리행사를 할 자가 존재하지 않는다. 하지만 발행인이 수취인의 이름에 부합하는 기명날인(또는 서명)을 하여 배서하고, 이것이 유통되어 제 3 자가 취득하였다면 그 제 3 자는 어음상의 권리를 취득한다.

v) 수취인의 복수기재   수취인도 수인을 기재할 수 있다. 「乙과 乙'」와

---

1) 지명소지인출급식으로 발행할 수 있느냐는 점에 관해 이를 지시식어음과 동일시하여 긍정하는 설(김홍기 1029면; 손주찬 207면; 장덕조 915면)과 소지인출급식어음과 동일시하여 부정하는 설(정찬형 231면)이 있다.

2) Baumbach · Hefermehl · Casper, §1 Anm. 16.

같이 중첩적으로 기재한 경우에는 수취인 전원이 공동으로 권리를 행사할 수 있고 아울러 배서도 공동으로만 할 수 있으며,「乙 또는 乙′」와 같이 선택적으로 또는 「제 1 수취인 乙, 제 2 수취인 乙′」와 같이 순차적으로 기재한 때에는 어느 수취인이나 어음을 소지한 자가 단독으로 권리행사 및 배서를 할 수 있다.

(7) 발 행 일

발행일은 어음을 발행한 날을 뜻하는데, 만기처럼 중요하지는 않으나 역시 그 기능이 있다. 발행일자후정기출급어음에서는 발행일이 만기를 정하는 기준이 되고($\substack{어 36조 \\ 1항, 2항}$), 일람출급어음과 일람후정기출급어음에서는 지급제시기간 또는 인수 제시기간의 기산점이 된다($\substack{어 34조 1항, \\ 23조 1항}$). 이에 반해 확정일출급어음에서는 발행일이 직접 어음관계의 권리형성에 기여하는 바가 없으므로 어음요건성이 의심스러울 수도 있다. 그러나 확정일출급어음에 있어서도 어음행위능력이나 대리권의 유무를 판단하는 문제에 있어서는 어음의 발행시기가 중요한 뜻을 갖는데, 어음상에 기재된 발행일자는 어음의 발행이 행해진 시기를 추정할 수 있는 근거가 되므로 무용하다고 말할 수는 없다. 어떻든 어음법상 발행일은 어음요건으로서 생략할 수 없는 기재사항이다($\substack{대법원 1979. 8. 14. \\ 선고 79다1189 판결}$).

발행일은 만기의 기재와 같이 단일하고, 가능하며, 확정할 수 있는 날로 기재해야 한다. 실제 어음을 발행하는 날과 일치할 필요는 없다. 예컨대 2022년 1월 1일에 발행하면서 발행일을 2022년 5월 5일로 기재해도 무방하다. 기술한 만기결정이나 제시기간의 확정 등과 같이 어음법적 효력이 생기는 문제는 실제의 발행일자가 아니고 문언성에 따라 어음에 기재된 일자에 의한다. 그러나 어음행위능력과 같은 실질적인 문제는 실제의 상태가 중요하므로 실제의 발행일에 의해 결정한다.

(8) 발 행 지

어음법상 발행지가 어음관계에 영향을 미치는 경우는 없다. 다만 국제어음에 적용할 준거법을 결정함에 있어, 상환청구권의 행사기간에 관해서는 발행지법에 의하며($\substack{국사 \\ 54조 3항}$), 어음소지인이 어음발행의 원인이 되는 채권을 취득하는지 여부에 관해서도 발행지법에 의하는데($\substack{동법 \\ 55조}$), 이것도 어음면에 기재된 발행지를 기준으로 하는 것이 아니고 실제의 발행지에 의해 결정하므로 어음면에 기재된 발행지는 실제 발행지의 추정근거가 될 뿐이다.

이같이 준거법 결정 외에는 어음상의 권리관계에 전혀 영향을 주는 바 없음에도 불구하고, 어음법이 발행지를 어음요건으로 하므로 과거의 판례는 발행지가 기재되지 않은 어음은 무효라고 보았다(대법원 1976. 11. 23. 선고 76다214 판결 외 다수). 그러나 현재의 판례는 국내어음(국내에서 발행되고 국내에서 지급되는 어음)에 관한 한 발행지가 기재되지 않은 어음도 유효하다고 보고 있다(판례[63]).

발행지의 기재요령은 지급지의 기재요령과 같다. 다만 지급지와 달리 발행지는 2곳 이상 기재해도 무방하다는 것이 통설이다. 그렇다고 2곳 이상 기재된 것이 각자 특별한 의미나 효력이 있다는 뜻은 아니고, 어차피 발행지 자체가 특별한 법적 효력을 갖지 않기 때문에 2곳 이상 기재하였다 하여 무효로 볼 필요는 없다는 뜻에서 무방하다는 것이다.

판 례

[63] 대법원 1998. 4. 23. 선고 95다36466 전원합의체 판결

「… 어음에 있어서 발행지의 기재는 발행지와 지급지가 국토를 달리하거나 세력(歲曆)을 달리하는 어음 기타 국제어음에 있어서는 어음행위의 중요한 해석 기준이 되는 것이지만, 국내에서 발행되고 지급되는 이른바 국내어음에 있어서는 별다른 의미를 가지지 못한다고 할 것이다.

그리고 국내어음이란 국내에서 발행되고 지급되는 어음을 말하는 것이므로 국내어음인지 여부는 어음면상의 발행지와 지급지가 국내인지 여부에 따라 결정될 것이지만, 어음면상에 발행지의 기재가 없다고 하더라도 그 어음면에 기재된 지급지와 지급장소, 발행인과 수취인, 지급할 어음금액을 표시하는 화폐, 어음문구를 표기한 문자, 어음교환소의 명칭 등에 의하여 그 어음이 국내에서 어음상의 효과를 발생시키기 위하여 발행된 것으로 여겨지는 경우에는 발행지를 백지로 발행한 것인지 여부에 불구하고 국내어음으로 추단할 수 있다고 할 것이다.

한편 일반의 어음거래에 있어서 발행지가 기재되지 아니한 국내어음도 어음요건을 갖춘 완전한 어음과 마찬가지로 당사자간에 발행·양도 등의 유통이 널리 이루어지고 있으며, 어음교환소와 은행 등을 통한 결제 과정에서도 발행지의 기재가 없다는 이유로 지급거절됨이 없이 발행지가 기재된 어음과 마찬가지로 취급되고 있음은 관행에 이른 정도이고, 나아가 이러한 점에 비추어 보아 발행지의 기재가 없는 어음의 유통에 관여한 당사자들은 완전한 어음에 의한 것과 같은 유효한 어음행위를 하려고

하였던 것으로 봄이 상당하다 할 것이다.

그렇다면 어음면의 기재 자체로 보아 국내어음으로 인정되는 경우에 있어서는, 발행지의 기재는 별다른 의미가 없는 것이고, 발행지의 기재가 없는 어음도 완전한 어음과 마찬가지로 유통·결재되고 있는 거래의 실정 등에 비추어, 그 어음면상 발행지의 기재가 없는 경우라고 할지라도 이를 무효의 어음으로 볼 수는 없다고 할 것이다.」

註) 이 판결은 목적론적 축소해석을 법해석방법으로 받아들인 예로서, 법학방법론의 입장에서도 매우 중요한 판례이다.[1]

(9) 발행인의 기명날인(또는 서명)

1) 기명날인(또는 서명)의 요건성

어음을 발행하고자 하는 자는 이상의 요건을 기재하고 기명날인(또는 서명. 이하 같음)을 하여야 한다. 기명날인을 함으로써 다른 모든 기재사항에 담긴 의미 내용을 자신의 의사표시의 내용으로 수용하고 어음의 작성을 완료하는 것이다. 그러므로 어음의 요건 중에서도 기명날인이 어음행위의 완성과정을 통틀어 가장 중요한 요소라 할 것이다. 기명날인이 진실하지 않을 경우에는 기술한 바와 같이 위조가 된다.

기명날인은 기술한 바와 같이 각 어음행위에 요구되는 기재사항의 일부로서 위치해야 하므로 발행인의 기명날인은 다른 어음요건과 같은 장소, 즉 어음의 앞면에 해야 한다.

2) 공동발행

지급인 또는 수취인을 복수로 기재할 수 있듯이 발행인으로서 2인 이상의 기명날인이 행해질 수가 있다. 이를 공동발행이라 하는데, 공동발행은 지급인이나 수취인처럼 타인에 의해 일방적으로 기재되는 것이 아니고 발행인들 자신이 하는 어음행위라는 점에 유의하며 관련문제를 검토해야 한다.

i) 공동발행의 유형　　지급인의 복수기재처럼 발행인의 기명날인도 중첩적(甲과 甲′)·선택적(甲 또는 甲′)·순위적(제 1 발행인 甲, 제 2 발행인 甲′)의 세 가지 모습을 보일 수 있다. 이 중에서 중첩적 기재가 유효하다는 데에 이설이 없으나, 선택적 기재에 관해서는 어음관계의 확정성과 상환청구요건의 일정성에 어긋나므로 무효라는 설(강·임 281; 김홍기 1031; 장덕조 917; 정동윤 205; 정찬형 237)과 소지인이 선택권을 행사할 수 있어 불

---

1) 金永煥, 『法哲學의 根本問題』(제 3 판), 弘文社, 292면: 법학방법론의 관점에서 이 판례를 평석하였다.

리함이 없으니 유효라고 하는 설($^{최기}_{원\,689}$)이 대립된다.[1] 순위적 기재에 대해서는 무
효라는 설만이 있다($^{김홍기\,1031;\,서헌제\,385;\,장덕}_{조\,917;\,정동윤\,205;\,정찬형\,237}$).

    그런데 유효·무효를 따지기에 앞서 어음면상 2인 이상의 발행인이 선택적·
순위적으로 기재되었을 때 그것에 어떤 의미를 부여할 수 있는가를 생각해 볼 필
요가 있다. 어음에 발행인으로 기명날인(또는 서명)이 되어 있다 함은 발행행위를
하였다는 뜻이다. 그렇다면, 「甲 또는 甲′가 발행했다」혹은 「1순위로는 甲이 발
행하고 2순위로 甲′가 발행했다」는 것이 논리적으로 성립할 수 있는 사실인가?
지급인은 어음금을 지급할 자이므로 그 효력은 별론하고, 丙 또는 丙′가 지급할
것이라거나 丙이 지급하지 않으면 丙′가 지급한다는 추론이 가능하고, 수취인은
권리를 행사할 자이므로 乙이 행사해도 좋고, 乙′가 행사해도 좋다는 권리관계를
생각할 수 있다. 그러나 발행은 의사표시, 즉 어음행위를 함을 말하는데, 이미 행
위(발행)가 완성된 어음을 놓고 "甲 또는 甲′가 발행했다" 혹은 "甲이 1순위로,
甲′가 2순위로 발행했다"는 것은 논리적으로 성립할 수 없는 명제이다. 굳이 의미
를 부여한다면 상환책임 또는 지급책임을 선택적으로 혹은 순위적으로 진다는 뜻
으로 이해할 수 있으나, 그 이전에 「발행」이라는 어음행위의 논리성을 벗어나서
는 안 된다. 그러므로 공동발행인을 어떻게 연결지었든 전원이 발행인으로서 동
순위의 책임을 져야 한다고 본다.

    ii) 공동발행인의 책임형태   발행인이 유효성에 다툼이 없는 중첩적 방
식으로 기재되어 있는 경우, 공동발행인은 어떤 형태로 상환책임(환어음의 경우)
또는 지급책임(약속어음의 경우)을 지는가라는 문제가 있다. 합동책임설과 연대책
임설이 대립하는데, 이는 공동발행인 각자의 행위를 독립된 것으로 보느냐, 하나
의 행위로 보느냐에 따른 차이이다.

    전설은 공동발행인의 발행행위는 각자 독립된 행위이므로 독립된 어음행위
자 전원에게 적용되는 합동책임($^{어}_{47조}$)을 진다고 한다. 이에 대해 후설은 공동발행
인들의 발행행위는 하나의 행위이므로 이들의 책임은 연대책임이라 한다. 통설은
합동책임설을 취하며, 판례도 다른 쟁점에 관한 판결에서의 방론으로서 공동발행

---

1) 일본에서도 같은 설이 대립하는데, 다수설은 무효설이다. 유효설은 稻田, 165면 이하; 前田, 116
   면 참조.

인의 책임은 합동책임이라 언급한 적이 있다(대법원 1970. 8. 31.)[1].

공동발행인들의 기명날인(또는 서명)을 과연 각각 독립된 행위로 볼 수 있는 가? 공동발행이라 하더라도 그 대상이 되는 어음관계는 단 1개이며 거기서 생겨 나는 어음상의 권리도 단 1개뿐이다. 바꿔 말해 공동발행인들의 행위로 수개의 권리가 창설되는 것이 아니다. 그렇다면 공동발행은 1개의 어음행위라고 보는 것 이 법률행위의 일반원칙에 부합한다. 단일한 어음행위라고 한다면 공동발행인들 의 책임은 성질상 가분할 수 있는 것이 못 되니 연대책임으로 보는 것이 타당하 다. 참고로 민법학에서는 다수의 채무자가 있는 경우 채무자 전원의 자력이 종합 적으로 고려되었다고 볼 수 있는 특별한 사정이 있는 때에는 당사자 사이에서 연 대채무로 한다는 묵시의 특약이 있는 것으로 해석해야 한다는 것이 통설이다(연 대의 추정).[2] 공동발행의 경우 어음의 불가분성으로 인해 수인의 발행인이 분할하 여 채무를 부담할 수는 없는 것이고, 공동발행으로 하는 것 자체가 발행인 수인의 자력을 종합하여 변제자력을 강화하려는 뜻임을 감안한다면 공동발행인의 책임 은 연대책임으로 보는 것이 타당하다.

합동책임과 연대책임의 차이점은 합동책임에 관한 부분에서 후술하겠지만, 공동발행인의 책임을 어느 쪽으로 보느냐는 것은 특히 약속어음의 경우 큰 차이 가 난다. 약속어음이 공동발행된 경우, 합동책임으로 본다면 소지인이 배서인에 게 상환청구권을 행사하기 위해서는 공동발행인 전원에게 지급제시를 하고 거절 되어야만 한다. 그러나 연대채무로 본다면 연대채무자 1인에 대한 이행청구는 절 대적 효력이 있는 까닭에(민416조), 소지인은 공동발행인 중 1인에게 지급제시하여 거절되면 바로 배서인들에게 상환청구권을 행사할 수 있다.

iii) 시차 있는 공동발행　　　　甲이 어음을 발행하여 乙 → A의 순으로 유통

---

1) 일본에서도 연대책임설은 소수설인데, 그 논거로서 공동발행은 1개의 상행위이므로 상법 제57조 제 1 항에 의해 연대책임을 진다고 한다(小橋, 125면). 일본에서는 어음행위가 절대적 상행위이므 로 이 같은 주장이 가능하나, 우리 상법상으로는 어음행위가 상행위가 아니고, 따라서 상법 제57조 의 적용대상이 아니므로 같은 논리를 적용할 수 없다. 그러나 1개의 행위로 보는 한 역시 연대채무 로 보는 것이 옳다.

참고로 독일에서도 수인의 발행인은 연대책임을 지는 것으로 이해하고 있다(Bülow, §1 Anm. 42). 다만 독일 어음법에서는 합동책임이라는 개념을 사용하지 않고 어음채무자들은 연대책임 (Gesamtschuld)을 지는 것으로 규정하고 있으므로(독일 어음법 47조 1항) 우리의 해석론에 직접 참고가 되지는 않는다.

2) 民法注解(X), 76면.

된 후에 제 3 자인 甲′가 발행인으로서 추가로 기명날인(또는 서명)한 경우, 그 효력을 어떻게 보아야 하는가? 흔히 당초 발행인의 신용이 부실하여 유통에 지장이 있으므로 신용을 보강하기 위한 방편으로 이같은 일을 한다. 이를 유효한 공동발행으로 보는 견해도 있다(정동윤 206; 정찬형 239). 그러나 어음이 일단 발행되어 유통이 되면 어음의 발행은 하나의 역사적 사건이 되는데, 소급적으로 발행인이 추가된다는 것은 이론적으로 정당화하기 어렵다. 그러므로 후자의 기명날인(또는 서명)은 발행으로서의 효력이 없다고 해야 할 것이다. 그러나 기명날인(또는 서명) 후 재차 유통된 경우〔甲 → 乙 → A → (甲′ 기명날인) → B〕에는 그 이후의 취득자(B)에 대해서는 외관법리에 의해 공동발행인으로서 책임을 져야 할 것이다.

어음요건의 합헌성

이상 설명한 어음요건을 결하면 어음법 제 2 조가 규정하는 법정보충사유에 해당되지 않는 한 어음은 무효이며, 백지어음일 경우에는 이를 보충하지 않으면 권리행사가 불가능하다. 발행일과 수취인이 기재되지 않은 약속어음을 지급제시하였으나 지급이 거절되자, 소지인이 발행일과 수취인을 필요적 기재사항으로 할 만한 경제적 필요성이 없음에도 불구하고 이를 필요적 기재사항으로 한 것은 국민의 재산권을 침해한 것이고(헌 23조 1항) 과잉금지의 원칙(헌 32조 2항)에 어긋난다고 하며 헌법소원을 제기한 사건이 있다. 이에 대해 헌법재판소는 발행일은 발행일자 후 정기출급어음의 만기 및 일람출급어음의 지급제시기간을 정하는 데 필요하고, 발행인의 능력과 대리권의 유무를 판단함에 있어서의 기준으로 삼기 위해 필요하며, 수취인을 기재하지 않은 어음은 소지인출급식 어음이 되어 수표와 다를 바 없게 되므로 역시 필요하다고 설시하였다. 다만 어음거래의 안전과 원활한 유통이라는 입법목적을 달성하는 데에는 수취인 및 발행일을 임의적 기재사항으로 규정할 수도 있으나, 이를 임의적 기재사항으로 할 것인지 또는 필요적 기재사항으로 할 것인지의 선택에 관하여 입법자는 광범위한 판단재량권을 가지며, 이는 입법형성권의 한계를 일탈한 것이 아니라고 판시하였다(헌법재판소 2000. 2. 24. 97헌바41).

Ⅳ. 어음요건의 흠결(불완전어음)

1. 흠결의 효과

이상 설명한 어음요건인 기재사항은 어음이 유효하기 위한 필수의 요건이므로 어느 하나를 결하더라도 어음이 무효가 된다($\frac{어 2조 본}{76조 본}$). 이를 불완전어음이라 한다. 어음요건을 결한 어음은 발행단계에서부터 무효이고, 형식적인 흠이 있는 어음에 대해서는 어음행위독립의 원칙이 적용되지 않으므로 그 어음에 새로이 행해진 인수·배서·보증 등의 부수적 어음행위도 전부 무효이다. 또한 어음요건을 불비하여 무효인 어음은 추후 어음의 유통중에 발행인이 흠결을 보정하더라도 치유되지 아니한다. 추후 어음의 흠결을 보정하는 것은 어음의 변조로 보아야 한다($\frac{어}{69조}$). 변조로 보는 까닭에 보정한 자는 이후의 취득자에 대해 보정된 내용에 따라 책임져야 하며, 이후 어음행위를 한 자들도 어음행위 독립의 원칙에 따라 보정된 내용에 따라 책임을 진다($\frac{어}{69조}$).

어음요건을 의도적으로 결한 자가 소지인이 어음금청구를 해 올 때에, 불완전어음임을 이유로 어음금의 지급을 거절하는 것은 신의칙에 반하여 허용되지 아니한다는 견해가 있다($\frac{서·정 149;}{정동윤 215}$). 고도의 기술성이 지배하는 어음관계에 지나치게 윤리성을 개입시키는 해석이라고 생각되며, 현실적인 필요성도 의문이다. 어음소지인은 어음요건이 흠결된 것임을 알고 취득하는 경우가 있겠고, 어음요건이 흠결된 것을 백지어음이라 오인하고 취득하는 경우가 있을 수 있다. 백지어음으로 오인하고 또 그럴 만한 상당한 이유가 있는 때에는 후술과 같이 백지어음의 이론으로 구제할 길이 있으므로 위와 같은 신의칙론은 불필요하다. 그러면 어음요건이 흠결된 것을 알고 취득한 자가 남는데, 이 자의 허물은 발행인의 의도적인 요건흠결에 못지않으므로 이를 보호하기 위해 신의칙을 거론하는 것은 법리의 불경제이다.

2. 어음요건의 법정보충

어음요건을 결한 어음은 원칙적으로 무효이지만, 다음에 보듯이 만기·지급지 · 발행지가 없는 어음은 법으로 그 기재를 의제하여 유효한 어음으로 본다. 물론 어음의 유통성을 확보하기 위한 제도인데, 이 3가지 특칙은 발행인의 이익을 크게 해하지 않으면서 객관적으로 설득력 있는 내용으로 발행인의 의사를 입법적으로 추정할 수 있다고 본 것이다(이에 대해 다른 기재사항의 경우, 예컨대 어음금액이나 수취인의 기재가 없을 때에는 이 같은 입법적 추정이 불가능하다).

(1) 의제의 내용

1) 만기의 흠결

만기가 적혀 있지 아니한 어음은 일람출급의 어음으로 본다($^{어 2조 1호.}_{76조 1호}$). 따라서 지급제시기간 · 소멸시효 등이 발행일을 기준으로 계산된다. 만기의 기재가 없다고 함은 어음면상 지급이 이루어질 시기에 관한 일체의 언급이 없음을 뜻한다. 무효인 만기(예: 분할출급의 만기)가 기재되어 있는 경우에는 무효인 어음으로 보아야 하고 일람출급의 어음으로 의제할 수 없다.

2) 지급지의 흠결

지급지가 적혀 있지 아니한 때에는 환어음의 경우와 약속어음의 경우 의제방법이 다르다.

환어음에 지급지가 적혀 있지 아니한 경우에는 지급인의 명칭에 부기한 지(地)를 지급지이며 지급인의 주소지로 본다($^{어 2조}_{2호}$). 지급인의 명칭에 부기한 지란 지급인의 기재에 밀착시켜 일정한 지역 또는 장소를 나타내는 기재를 한 것을 말한다. 지급인의 명칭에 부기한 지가 없더라도 지급인의 명칭 자체에서 일정한 지역 · 장소를 추단할 수 있으면 지급인의 명칭에 부기한 지로 보아야 한다고 함은 기술한 바와 같다(예: "우리은행 본점"). 지급인의 주소지로 의제하는 효과는 약속어음에서와 같다.

약속어음에 지급지가 적혀 있지 아니한 경우에는 발행지가 지급지이며 발행인의 주소지로 본다($^{어 76조}_{2호}$). 발행지를 지급지로 의제하는 것은 약속어음의 경우 발행인이 지급책임을 지므로 발행지를 지급지로 하더라도 발행인에게 부담을 주지 아니하리라는 뜻에서이다. 발행인의 주소지는 어음요건이 아니지만 지급제시기간이 경과한 후에는 발행인의 주소에서 지급제시를 해야 하므로 발행지를 발행인의 주소지로 의제하는 것은 제시기간이 경과한 후에 제시할 지역을 특정하는

효과가 있고, 아울러 발행인을 상대로 소송을 제기할 경우 재판적을 정하는 효과
가 있다($^{민소}_{3조}$).

3) 발행지의 흠결

발행지가 적혀 있지 아니한 어음은 발행인의 명칭에 부기한 지에서 발행된
것으로 본다($^{어 2조 3호,}_{76조 3호}$). 하지만 기술한 바와 같이 판례는 국내어음에 관해서는 발
행지의 기재가 없더라도 유효하다는 입장이므로($^{판례}_{[63]}$) 국내어음에 관한 한 이 규정
은 무의미하다.

(2) 의제의 요건

이상의 의제는 만기·지급지·발행지 등의 기재가 없을 때 적용되는 것이다.
이 사항들에 관해 기재가 있기는 하나 그 요건을 구비하지 못하거나 부적법한 사
항을 기재한 경우(예: 지급지가 허무지인 경우)에는 기재사항이 무효이고 나아가 어
음이 무효이므로 위와 같은 의제는 불가능하다($^{반대: 정}_{찬형 236}$).

(3) 의제의 효과

위에서 만기가 없는 어음을 일람출급의 어음으로 본다든지, 지급지가 없을
경우 발행지를 지급지로 본다는 것은 법적 의제이므로 어음에 이러한 기재가 있
는 것과 효력이 같다. 따라서 발행인이 그 의제와 다른 내용을 기재할 의사였고
또 그것이 증명된다 하여도 위와 같은 의제에 영향을 주지 아니한다. 예컨대 약속
어음에 지급지의 기재가 없으므로 발행지인 서울을 지급지로 의제해야 할 경우,
발행인이 부산을 지급지로 할 의사였고 그것이 수취인과의 거래에서 증명된다 하
더라도 지급지는 서울로 간주되는 것이다. 그러므로 만기·지급지·발행지 등의
기재가 없어 위와 같이 의제되는 어음에 추후 다른 내용의 기재를 하는 것은 어음
의 변조에 해당한다. 예컨대 만기의 기재가 없어 일람출급으로 보게 된 결과 소멸
시효에 걸렸으므로 소지인이 이 어음상의 권리를 살리고자 최근의 일자로 만기를
보충하여 기재한다면 이는 어음의 변조에 해당하는 것이다.

(4) 백지어음과의 구별

발행인이 추후에 어음소지인으로 하여금 보충하게 할 목적으로 만기나 기타

어음요건을 백지로 하여 발행한 백지어음($^어_{10조}$)은 미완성어음이라 하며, 어음요건이 흠결된 불완전어음으로 보지 않는다. 후일 어음소지인이 백지 부분을 보충함으로써 완전한 어음이 된다. 따라서 이 어음은 무효로 보지 아니하고($^{어 2조 본 및}_{어 76조 본}$ $_{의 부}^{적용}$), 백지 부분이 만기나 지급지 혹은 발행지이더라도 앞서 설명한 의제를 하지 아니한다($^{어 2조 1호 내지 3호, 76}_{조 1호 내지 3호의 부적용}$). 백지어음과 불완전어음은 외관상으로는 차이가 없는데, 그 판별에 관해서는 후술한다.

V. 어음요건 외의 기재사항

1. 총   설

어음요건은 어음상의 권리를 정형화하고 가시화하기 위해 최소한으로 필요하다고 인정되어 법으로 기재를 강제하는 사항들이다. 그러나 어음요건 이외에도 어음거래를 하는 자들이 합의하고 싶어 하는 사항이 있을 수 있다. 예컨대 어음금을 지급할 장소에 관련된 어음요건은 지급지뿐이지만, 어음관계자들은 어음금을 주고받을 보다 구체적인 지점(지급장소)을 기재하고 싶을 수도 있다. 그러므로 어음법에서도 사적 자치의 원칙에 입각하여 어음당사자들이 어음요건 이외에 상호 법적 구속을 가하고자 원하는 추가적인 사항이 있을 경우 이를 어음에 반영할 수 있는 예를 인정한다. 그리하여 발행단계에서 어음요건은 아니나 어음법적 효력을 발휘할 수 있는 사항들을 기재할 수 있는데, 이를 「유익적 기재사항」이라고 한다. 그러나 어음은 일단 발행되면 발행인과 직접 거래가 없는 다수인 간에 전전유통되므로 관계자 모두의 지위를 안정시킬 수 있는 객관적 확실성을 갖지 않으면 안 된다. 그러므로 발행인이 원한다 해서 어떠한 사항에 대해서나 구속력을 줄 수는 없으며, 어음관계의 안정성을 해할 소지가 있는 사항은 기재하더라도 그 효력을 부정할 수밖에 없는데, 그 방법에는 다음 두 가지가 있다.

첫째는 「무익적 기재사항」이라 하여 발행인이 기재하더라도 기재내용대로의 효력을 인정하지 않고 그 존재를 무시하는 것이다. 예컨대 발행인이 확정일출급어음에 이자를 지급할 뜻을 기재한 경우, 그 이자문구는 무익적 기재사항이 되는데($^{어\ 5조}_{1항\ 후}$), 이는 이자지급을 허용하지 않는다는 뜻이다. 즉 기재하더라도 아무 의미가 없는 것이다.

둘째는 「유해적 기재사항」이라 하여 어떤 사항을 기재하면 그 기재를 무시하는 데 그치지 않고 적극적으로 어음발행의 효력을 부정하는 것이다. 예컨대 어음금의 지급에 조건을 붙인 경우, 그 조건만 무효가 되는 것이 아니고 어음 전체를 무효로 하는 것이다.

이상의 기재사항의 구분은 어음의 발행뿐 아니라 배서·인수·보증 등 다른 어음행위에도 있다. 각 어음행위별로 발행시의 어음요건처럼 어음행위가 유효하기 위하여 최소한 기재해야 할 사항이 있으며, 그 밖에 유익적·무익적·유해적으로 구분할 수 있는 기재사항들이 있다. 유익적·무익적·유해적 기재사항을 통틀어 「임의적 기재사항」이라고도 부른다.

「유익적」·「무익적」·「유해적」이란 표현은 강학상의 용어이고, 어음법에서는 이러한 말을 쓰고 있지 않다. 해석으로 구분해야 하는데, 법문을 보면 대체로 유익적 기재사항은 "…(기재)할 수 있다"($^{예:}_{어\ 4조}$)라고 표현하고, 무익적 기재사항은 "적지 아니한 것으로 본다"($^{예:\ 어}_{5조\ 2항}$)라고 표현한다. 가령 어음법 제 9 조 제 2 항은 "발행인은 인수를 담보하지 아니한다는 내용을 어음에 적을 수 있다. 발행인이 담보하지 아니한다는 뜻의 모든 문구는 적지 아니한 것으로 본다"라고 규정하고 있다. 위 구분에 따라, 발행인이 인수무담보의 문구를 기재하면 유익적 기재사항이 되는 것이고, 지급무담보의 문구를 기재하면 무익적 기재사항이 되는 것이다. 유해적 기재사항 중에는 어음법 제12조 제 2 항(일부배서)과 같이 "…무효로 한다"라고 표현함으로써 적극적으로 유해적임을 선언한 것도 있으나, 이런 표현이 없더라도 어음발행에 조건을 붙인 경우와 같이 해석상 유해적 기재사항으로 보아야 할 경우도 있다($^{어\ 1조}_{2호}$).

어음에 빈번히 이용되는 것은 유익적 기재사항이므로 이하 주요 유익적 기재사항을 종류별로 설명하고, 무익적 기재사항과 유해적 기재사항은 관련되는 곳에서 설명한다.

2. 유익적 기재사항

(1) 의　　의

어음법이 정하고 있는 어음요건($\frac{\text{어}}{1\text{조}}$) 또는 기타 어음행위의 요건이 아닌 사항이라도 어음관계를 불안정하게 하지 않는 것은 널리 기재를 허용한다. 이를 기술한 바와 같이 유익적 기재사항이라고 부르며, 그 범위는 어음법에서 명문으로 정하고 있다. 이같이 법정된 유익적 기재사항은 아니지만, 명문화된 무익적·유해적 기재사항에도 속하지 않는 사항이 기재된 경우 이를 어떻게 다룰 것이냐는 의문이 제기된다. 어음관계자를 해하지 아니하는 사항으로서 합리성이 인정되는 것은 유익적 기재사항으로 효력을 인정해야 한다는 설($\frac{\text{강·임 311; 서헌제 386; 손진화 1036;}}{\text{정동윤 217; 정찬형 243; 최준선 290}}$)과 어음의 객관성과 명확성을 이유로 유익적 기재사항으로서의 효력을 부정하는 설($\frac{\text{손주찬 214;}}{\text{최기원 328}}$)이 있다.

법정사항 이외의 유익적 기재사항을 인정한다는 것은 그 사항이 기재될 경우 이에 대해 법적 구속을 인정한다는 뜻이다. 예컨대 약속어음에 "지급제시를 할 때에는 1주 전에 발행인에게 통지할 것"이라는 문구를 기재하였다 하자. 긍정설을 취한다면 이 문구를 유익적 기재사항으로 보아야 할 것이고 따라서 소지인이 사전통지 없이 지급제시를 한 경우에는 적법한 지급제시로 보지 않을 것이다. 이는 어음소지인의 지위를 불안하게 하고 나아가 어음의 유통성을 크게 해친다. 물론 긍정설에서도 이런 문구는 합리성이 없다 하여 유익적 기재사항이 아니라 할 수도 있다. 그러나 합리성의 유무에 관한 판단이 명쾌할 수만은 없으므로 유익적 기재사항인지의 여부에 관해 분쟁이 예상된다. 긍정설을 취한다면 어음법에 열거된 유익적 기재사항은 예시적 열거가 될 것인데, 고도의 형식성과 기술성에 입각하여 완결적으로 마련된 어음법상의 규정을 예시적으로 풀이한다는 것은 어음법의 성질에 부합하지 아니한다. 따라서 유익적 기재사항은 법에 명문화된 사항으로 제한된다고 보아야 한다.[1]

---

1) 일본에서도 어음소지인에게 유리한 기재는 허용된다는 소수설이 있으나(平出, 321면) 소지인의 유·불리에 불구하고 허용되지 않는다는 것이 통설·판례이다(日最高裁 1964. 4. 7 판결, 民集 18권 4호, 520면: 손해배상액의 예정에 관한 기재의 효력을 부인). 한편 조건부보증을 조건이 있는 유효한 보증으로 볼 때에는 일응 법에 명문화되지 않은 유익적 기재사항을 허용하는 예가 될 것이다. 그러나 이는 명문화되지 않은 유익적 기재사항을 허용하는 예로 보아서는 안 되고 법의 흠결을

그러면 법에 기재되지 아니한 사항을 기재한 경우 무익적 기재사항으로 보느냐, 유해적 기재사항으로 보느냐는 문제가 제기된다. 대체로 무익적 기재사항으로 보아야 할 것이나, 어음요건의 취지와 충돌되는 것은 유해적 기재사항으로 보아야 할 것이다.

(2) 유익적 기재사항의 예

어음을 발행하는 단계에서 기재할 수 있는 유익적 기재사항을 예시하면 다음과 같다.

i) 지급인의 명칭에 부기한 지 및 발행인의 명칭에 부기한 지($\text{어 2조 2호, 3}\atop\text{호, 76조 3호}$)

ii) 제 3 자방지급의 기재($\text{어}\atop\text{4조}$)

iii) 이자의 문구($\text{어 5조}\atop\text{1항 전}$)

iv) 어음금액을 글자와 숫자로 병기하거나 같은 글자 또는 숫자로 중복기재하는 것($\text{어}\atop\text{6조}$)

v) 인수무담보의 문구($\text{어 9조}\atop\text{2항}$)

vi) 지시금지의 문구($\text{어 11조}\atop\text{2항}$)

vii) 인수제시의 명령 또는 금지($\text{어 22조}\atop\text{1항, 2항}$)

viii) 일람후정기출급 환어음의 인수제시기간의 단축 또는 연장($\text{어 23조}\atop\text{2항}$)

ix) 일람출급 환어음의 지급제시기간의 단축 또는 연장($\text{어 34조}\atop\text{1항}$)

x) 예비지급인의 지정($\text{어 55조}\atop\text{1항}$)

배서인의 단계에서 기재할 수 있는 유익적 기재사항은 다음과 같다.

i) 소지인출급식배서($\text{어 12조}\atop\text{3항}$)

ii) 피배서인 지정방식, 즉 기명식·백지식 또는 소지인출급식으로 하는 것
($\text{어 12조 3항,}\atop\text{13조 2항}$)

iii) 인수무담보문구 및 지급무담보문구($\text{어 15조}\atop\text{1항}$)

iv) 배서금지배서($\text{어 15조}\atop\text{2항}$)

인수인의 단계에서 기재할 수 있는 유익적 기재사항은 다음과 같다.

보완하는 해석으로 이해해야 한다.

i) 어음금액의 일부인수($^{어\,26조}_{1항}$)

ii) 어음의 기재사항의 변경인수($^{어\,26조}_{2항}$)

iii) 제 3 자방지급의 기재($^{어\,27조}_{1항}$)

iv) 지급장소의 기재($^{어\,27조}_{2항}$)

보증인이 보증을 하며 기재할 수 있는 유익적 기재사항으로 법이 명문화한 것은 피보증인의 표시방법, 즉 피보증인을 표시하거나 표시하지 아니하는 것뿐이다($^{어\,31조}_{4항}$). 그러나 판례는 보증을 함에 있어 조건을 붙일 수 있다고 한다($^{상세는}_{후술}$).

(3) 주요 유익적 기재사항

위에 열거한 유익적 기재사항의 대부분은 각 어음행위별로 해당되는 곳에서 설명한다. 여기서는 다른 곳에서 자세히 설명하지 않은 다음 사항에 국한해 구체적인 내용을 다룬다.

1) 제 3 자방지급

i) 개　　념　　「제 3 자방 지급어음」이란 환어음의 지급인 또는 약속어음의 발행인이 아닌 자의 주소 등 지점(제 3 자방)에서 어음금이 지급될 것으로 기재된 어음을 말한다. 기재내용에 따라서는「제 3 자방」이 지급인이나 약속어음의 발행인을 위해 지급사무를 대행해 줄 제 3 자, 즉「지급담당자」를 뜻하기도 하고, 지급이 이루어질 구체적인 지점, 즉「지급장소」를 뜻하기도 한다. 예컨대 제 3 자방으로서 '신한은행 명동지점'이라 기재했다면 이는 지급장소와 동시에 지급담당자를 뜻하는 것으로 이해되지만 '서울 종로 1가 1번지'라 기재했다면 지급장소를 뜻하는 것으로 보아야 한다. 지급담당자를 기재하면 지급사무의 주체는 지급담당자가 되겠지만, 지급장소만을 기재한 경우에는 지급인 또는 약속어음의 발행인이 지급장소에서 직접 지급해야 한다.

실제 어음의 발행시에 '제 3 자방'이라는 용어를 사용하는 예는 드물고 지급담당자와 지급장소의 용어도 정확히 구분해 쓰지 않는다. 흔히 '지급장소'라고 쓰고 실제는 지급담당자로서 거래은행을 기재하는 수가 많다. 어떤 용어를 쓰든 실제의 내용에 따라 이해해야 한다.

ii) 효　　용　　원래 어음금은 지급인 또는 약속어음의 발행인의 주소나 영업소에서 지급하는 것이 원칙이고 어음법도 이러한 전제하에 지급지만을 어음요건으로 하였다. 그러나 지급인이나 약속어음의 발행인이 자신의 일반생활과 어음거래를 구분해서 다루고자 하거나, 다량의 어음을 거래하는 자가 지급사무를 집중적으로 처리하고자 할 때에는 자신을 위해 어음의 결제를 전담하는 사람 또는 장소를 정해 둘 필요가 있다. 특히 제3자방을 지급인 또는 발행인의 거래은행으로 해 둘 경우 소지인이 추심하기에 편리하고, 지급인과 발행인도 지급사무를 간소화·기계화시킬 뿐 아니라 거래은행에 예탁한 당좌예금 또는 대출금을 어음의 결제자금으로 활용할 수 있어 편리하다. 거래실무에서는 기업거래에서 발행하는 어음은 예외 없이 은행과의 약정 하에 은행을 제3자방으로 기재한다. 이러한 어음을 실무계의 용어로 「은행도어음」이라 한다($\substack{31면\\참조}$).

iii) 기재권자　　약속어음의 발행인은 자신이 어음금을 지급할 것이므로 제3자방을 자유롭게 정할 수 있음은 당연하다($\substack{어77조 2\\항→4조}$).

환어음의 경우에도 발행인이 제3자방을 자유롭게 기재할 수 있다. 제3자방이 지급인의 주소지에 있거나 다른 지역에 있음을 불문한다($\substack{어\\4조}$). 그러나 지급지 내에 있는 장소라야 함은 물론이다. 원래 제3자방이란 지급인을 위해 지급사무를 대행해 주는 자 또는 지급인이 지급사무에 이용할 장소이므로 대개의 경우 발행인이 지급인의 편리를 고려하여 지급인이 원하는 자나 장소를 제3자방으로 기재하게 될 것이다. 하지만, 이런 점을 고려하지 않고 발행인이 일방적으로 제3자방을 정하더라도 어음의 효력에 영향이 있는 것은 아니다. 다만 제3자방을 정한 경우에는 지급인이 사전에 알고 있어야 지급에 대비할 것이므로 발행인이 인수제시를 금지하지 못한다($\substack{어 22조 단\\2항}$)($\substack{후\\술}$).

발행인이 제3자방을 정하지 아니한 경우에는 지급인이 인수를 하면서 이를 정할 수 있다. 지급지가 지급인의 주소지에 있지 않을 경우에는 그 지급지 내에서의 제3자 또는 지급장소를 기재할 수 있다($\substack{어 27조\\1항}$). 그리고 발행인이 어음금의 지급장소를 지급인의 주소로 정한 때에는 지급인이 인수시에 지급지에서의 지급장소를 정할 수 있다($\substack{어 27조\\2항}$). 어음법 제27조 제1항에서 지급지가 지급인의 주소지와 다른 지역에 있을 경우에 지급인이 제3자방을 기재할 수 있다고 규정하고, 제2항에서는 지급지가 지급인의 주소지일 경우 지급인이 지급장소를 정할 수 있다고 하므로, 마치 타지출급어음의 경우에는 지급인이 제 3 자방을 기재할 수 있으나 동지출급어음의 경우에는 지급인이 지급장소만을 정할 수 있는 듯이 읽혀진다. 그러나 동지출급어음의 경우에도 지급담당자를 정하지 못할 이유가 없다. 이러한 오해는 제 1 항에서는 「제 3 자방」이란 용어를 쓰고 제 2 항에서는 「지급장소」라는 용어를 쓰기 때문인데, 이 조문에서는 지급장소를 제 3 자방을 겸하는 뜻으로 읽으면 된다.

　　iv) 기재의 효력　　제 3 자방을 기재하면 어음소지인은 어음에 기재된 지급담당자에게 또는 지급장소에서 지급제시를 하여야 한다($^{어\ 27조의}_{물론해석}$). 그러므로 어음소지인이 제 3 자방에서 지급제시를 하지 아니하고 지급인이나 약속어음의 발행인에게 지급제시를 하더라도 적법한 제시로 보지 아니한다. 지급인 또는 약속어음의 발행인도 제 3 자방에서 지급을 하여야 하고, 제 3 자방에서 지급을 거절하면 바로 지급거절이 되어 상환청구절차가 진행된다(예컨대 자신의 주소에서 지급하겠다는 의사를 밝히더라도 이는 지급거절이다). 그러나 환어음의 인수제시는 지급인의 어음행위(인수)를 구하는 것이므로 제 3 자방이 기재되어 있더라도 지급인에게 하여야 한다($^{후}_{술}$).

　　지급제시기간이 경과한 후에도 제 3 자방의 기재는 구속력을 갖는가? 구속력을 인정한다면 지급제시기간 경과 후에도 소지인은 지급담당자에게 지급청구를 해야 하고, 한편 약속어음의 발행인이나 환어음의 인수인은 제 3 자방에서 채무를 이행해야 하는 구속을 받을 것이다. 지급담당자는 정상적인 어음거래의 결제를 위해 지정된 채무이행의 대행자에 불과하고 발행인과 인수인의 항구적인 대리인이 아니다. 그렇다면 지급제시기간의 경과 후에까지 발행인과 인수인으로 하여금 지급담당자와 지급의 대행관계를 유지하도록 강요할 수는 없다고 본다($^{정동윤}_{221;\ 정찬}$ $^{형}_{246}$).[1] 그러므로 어음소지인은 제시기간 경과 후에는 지급인 등의 주소에서 제시해야 할 것이다.

　　지급담당자는 그를 지정한 환어음의 발행인이나 인수인 또는 약속어음의 발행인과 대내적인 법률관계를 가질 뿐이다. 예컨대 약속어음의 발행인이 자기의 거래은행을 지급담당자로 기재하였다면 발행인과 동은행과의 계약에 의해 은행

---

1) 강위두, "第 3 者方支給어음," 『商事法의 現代的 課題』(손주찬 교수 화갑기념논문집), 博英社, 1984, 520면.

이 지급사무를 대행해 줄 뿐이고 은행이 직접 어음법상의 지급채무를 부담하는 것은 아니다. 물론 지급담당자와 그를 지정한 발행인과의 사이에서는 어음금의 지급을 위한 자금공급의 합의가 있을 것이다. 발행인이 이 자금을 공급하지 않을 경우 지급담당자는 지급을 거절하겠지만, 자금을 공급받고 지급하지 않을 경우라도 발행인과의 관계에서는 채무불이행이 될지언정 어음소지인이 지급담당자를 상대로 어음금의 지급을 강제할 수는 없다.

2) 이자의 문구

어음을 지급수단으로 받을 경우 소지인은 어음금을 지급받을 때까지 금리의 손실을 보게 된다. 그러므로 소지인의 금리손실을 전보하기 위하여 어음금에 이자를 붙이고자 할 경우가 있다. 확정일출급어음이나 발행일자후정기출급어음의 경우에는 어음금을 지급받을 날이 예정되어 있으므로 어음을 발행할 당시에 어음금에 그 이자를 반영시키면 되고 굳이 이자의 약정을 따로 할 필요가 없다. 그러므로 확정일출급어음과 발행일자후정기출급어음에는 이자를 붙이더라도 효력이 없다($\binom{\text{어 5조 1항 후.}}{\text{무익적 기재}}$). 그러나 일람후정기출급환어음의 만기는 소지인의 인수제시(약속어음의 경우에는 만기를 정하기 위한 제시)에 의해, 그리고 일람출급어음의 만기는 소지인의 지급제시에 의해 결정되므로 이 두 가지 어음의 경우에는 만기를 언제로 하느냐가 어음소지인의 의사에 달려 있다. 따라서 이자를 붙임으로써 소지인에게 인수제시 또는 지급제시를 늦출 유인동기를 부여할 수 있다. 그러므로 어음법은 일람출급어음과 일람후정기출급어음에 한해 이자를 붙일 수 있게 한다($\binom{\text{어 5조}}{\text{1항 전}}$).

이자는 확정금액을 기재해서는 안 되고 이율을 기재하는 방식으로 붙여야 한다($\binom{\text{어 5조}}{\text{2항 전}}$). 확정금액이나 기타의 방식으로 기재하는 것은 효력이 없다($\binom{\text{어 5조}}{\text{2항 후}}$). 소지인이 언제 제시할지 알 수 없으므로 이자를 이율로 표시할 수밖에 없는 것이 당연하지만, 신용이 취약한 자가 어음을 발행하며 확정금액을 이자로 기재함으로써 과다한 대가를 약속할 우려가 있기 때문이다.

이자의 기산일은 별도로 기재할 수 있으나 기재가 없을 경우에는 발행일을 기산일로 본다($\binom{\text{어 5조}}{\text{3항}}$). 이자기산일을 발행일 이전으로 소급하여 기재하는 것은 무효라고 본다.

VI. 어음발행의 효력

어음발행에 의해 수취인은 소정의 증권적 권리를 취득하고 이에 대응하여 발행인과 지급인에게 일정한 법적 의무와 소정의 법적 지위가 생겨난다. 약속어음과 환어음은 발행인의 지위가 상이한 까닭에 구체적인 효과도 달리한다.

1. 환어음 발행의 효과

(1) 수취인의 어음금 수령권

환어음의 발행은 수취인에게 두 가지의 변수적 상황에 따른 권리를 수여한다. 기본적으로는 지급인에게 지급제시하여 지급이 될 경우 어음금을 수령할 수 있는 권리를 수여한다. 지급인이 인수를 하면 그 때부터 지급채무를 부담하지만 인수를 하지 않은 상태에서는 어음수취인에게 채무를 부담하는 바가 없다. 물론 발행인과 지급인 사이에 자금관계에 관한 합의가 있고 그에 의해 지급인이 지급을 해야 할 의무를 부담하는 경우가 있겠지만, 이는 발행인과의 대내적인 구속에 지나지 않는 것이고 지급인과 수취인 간의 법적 구속은 아니다. 그러므로 지급인이 발행인으로부터 자금을 공급받고도 지급을 하지 않을 경우, 수취인은 발행인에게 후술하는 상환청구권을 행사함은 별론하고 지급인에게 어음금지급을 강제할 근거는 없다. 그러나 지급인이 어음금을 지급할 경우에는 수취인은 이를 수령할 법적 권리를 가지며, 지급인에 대해 직접 권리가 없다 하여 부당이득이 되는 것이 아니다. 지급인이 발행인으로부터 자금을 공급받음이 없이 어음금을 지급했다 하더라도 같다. 또한 수령한 어음금을 발행인에게 반환할 필요가 없음은 물론이다. 수취인의 이러한 법적 지위는 어음의 양도에 의해 이전된다.

(2) 발행인의 담보책임

지급인에 대한 수취인의 지위는 위와 같이 "지급하면 수령할 수 있다"는 소극적인 것에 그치고 적극적인 권리행사는 불가능하다. 그러나 지급인이 지급을 거절할 경우 또는 인수를 거절할 경우, 발행인에 대하여 상환청구권을 행사할 수 있다. 바꿔 말해 발행인은 인수 또는 지급이 거절될 경우 어음금을 지급할 책임을 진다($\frac{\text{어}9\text{조}}{1\text{항}}$). 이는 어음거래의 안전을 위해 법률이 규정한 책임으로서(법정책임설: 통설), 지급이 거절될 경우 발행인이 어음금을 지급해야 할 책임을 지급담보책임이라 하고, 인수가 거절될 경우 지급해야 할 책임을 인수담보책임이라 한다.

환어음의 지급인은 인수를 하지 않는 한 어음금지급책임을 지는 것이 아니므로 환어음은 지급인이 인수를 하거나 현실로 지급할 때까지는 사실상 발행인의 담보책임을 신용의 근거로 하여 발행·유통된다고 할 수 있다.

인수가 거절될 경우 발행인에게 담보책임을 지우는 것은 인수가 거절된 이상 만기에 가서 지급인이 지급할 가능성이 희박하기 때문이고 필연적으로 지급이 거절된다는 뜻은 아니다. 또 지급이 거절되더라도 발행인이 지급담보책임을 지므로 수취인의 보호를 위해 인수담보책임이 절대적으로 필요한 것은 아니다. 그러므로 어음법에서는 발행인이 어음에 명기함으로써 인수담보책임을 면할 수 있게 하였다($\frac{\text{어}9\text{조}}{2\text{항 전}}$). 그러나 지급담보책임만은 면할 수 없다($\frac{\text{어}9\text{조}}{2\text{항 후}}$). 발행인이 지급담보책임을 지지 아니할 경우 궁극적으로 책임질 자가 없는 어음이 되기 때문이다. 따라서 지급무담보의 뜻을 명기하더라도 이 기재는 없는 것으로 본다(무익적 기재사항).

2. 약속어음 발행의 효과

약속어음에는 지급인이 따로 없으므로 발행인이 환어음에서의 인수인과 같은 최종적인 지급채무를 부담한다($\frac{\text{어}78\text{조}}{1\text{항}}$). 이 채무는 환어음의 발행인의 담보책임과는 달리 의사표시상의 채무이다. 이에 대응하여 수취인은 발행인을 상대로 만기에 어음금을 청구할 권리를 가지는데, 약속어음의 발행인은 주채무자인 까닭에 발행인에 대한 관계에서는 상환청구권보전절차라는 것이 불필요하고 어음시효가 완성하기 전까지는 언제든지 어음금을 청구할 수 있다. 발행인에 대한 수취인의 지위는 어음의 양도와 더불어 이전된다.

Ⅶ. 백지어음

1. 의   의

  기술한 바와 같이 어음법 제 1 조가 정하는 어음요건은 유효한 어음이 되기
위한 최소한의 형식요건이므로 그 중 어느 사항이라도 누락하면 어음은 무효이
다. 그러나 어음요건의 일부가 기재되지 아니하더라도 어음으로서의 효력이 유보
된 채 유효하게 발행·유통될 수 있는 어음이 있는데, 이를 백지(白地)어음이라
한다. 백지어음(Blankowechsel)이라 함은 기명날인(또는 서명) 이외의 어음요건의
일부를 기재하지 아니하되, 이 부분을 보충할 권한을 수취인에게 부여한 채 발행
한 어음을 말한다($\frac{어}{10조}$).
  어음을 발행할 때 보통은 원인관계의 모든 요소가 확정되고 그 지급수단으로
어음이 발행된다. 그러나 때로는 원인관계가 부분적으로 확정되지 아니한 상태에
서 어음을 발행해야 할 경우도 있다. 이 경우에는 확정되지 아니한 사항을 일단
공란으로 한 채 발행하고 장차 원인관계가 확정되는 대로 수취인으로 하여금 보
충하게 하는 것이 보통이다. 예컨대 주유소 甲이 정유회사 乙로부터 3개월 후를
만기로 하는 어음으로 지급하는 조건으로 석유를 구입하되 대금은 3개월 후의 석
유의 시가로 지급하기로 한다고 하자. 3개월 후의 시가를 알 수 없으니 어음금액
을 기재할 수 없다. 그러므로 일단 어음금액을 공란으로 하여 발행하고 3개월 후
乙로 하여금 시가에 따라 어음금액을 기재하여 청구할 수 있게 하는 것이다. 이
때 乙은 자신의 권한으로 완성시킬 수 있는 어음을 가짐으로써 3개월 후에 확정
될 대금채권의 변제가능성을 확보할 수 있는 것이다.
  요컨대 백지어음은 미확정된 원인관계상의 채권을 증권화하여 유통 가능하
게 하는 편리함이 있다. 그러나 백지어음에는 통상의 어음에 비해 분쟁을 야기할
소지가 보다 많다. 다음과 같은 이유 때문이다. 백지어음의 본질적인 요소는 보
충권이다. 보충권이 수여된 사실은 어음면에 표창되어 증명되는 것이 아닌데다
보충권의 행사는 수취인의 독단으로 이루어진다. 그러므로 백지어음은 발행인과
수취인 간의 고도의 신뢰를 바탕으로 발행된다고 할 수 있는데, 상호간에 이 신뢰
가 깨어지면 필히 어음상의 권리관계에 관한 다툼이 생겨난다. 흔히 일어나는 분

쟁의 양상을 예시하면, 우선 보충권의 범위에 관해 다툼이 생긴다. 즉 발행인이 주었다고 주장하는 보충권의 내용과 수취인이 받았다고 주장하는 보충권의 내용이 상이한 것이다. 예컨대 수취인이 어음금액을 200만원으로 기재하여 청구한 데 대해, 발행인은 100만원을 기재할 것을 수권하였다고 주장하는 것이다. 보충권의 범위에 관한 문제에 앞서, 백지어음인지의 여부 자체에 관해 다툼이 생길 수도 있다. 즉 발행인은 보충권을 부여한 사실이 없고 따라서 어음요건을 결여한 무효인 어음이라고 주장함에 대해, 수취인은 보충권이 수여된 적법한 백지어음이라고 주장하는 것이다.

백지어음에 관한 분쟁이 야기될 경우 발행인과 수취인 사이의 권리관계도 문제이지만, 백지어음이 유통된 경우에는 발행인과 제 3 의 어음소지인 사이의 문제로 확산된다. 이 경우에는 역시 어음의 유통성보호라는 대원칙이 기능하게 된다.

2. 백지어음의 성질

백지어음은 어음요건을 완비하지 못하였으므로 어음법에서 「미완성으로 발행한」 어음이라고 표현하듯이($\frac{어}{조}\frac{10}{본}$) 어음이 아니다($\frac{통}{설}$). 따라서 백지어음인 상태에서는 지급제시나 상환청구와 같은 어음상의 권리를 행사할 수 없다.

그러나 백지어음은 어음요건이 흠결된 불완전어음($\frac{어}{2조}$)과 구별해야 한다. 불완전어음은 법정의 치유사유($_{어\ 2조\ 1호,\ 3호}^{법정보충.}$)가 없는 한 무효이지만, 백지어음은 어음소지인이 백지를 보충할 경우 완성된 어음이 될 수 있다고 하는 일종의 기대권으로서의 법적 지위를 구비하고 있으므로 그 자체로 유효한 유가증권이다. 그러면 백지어음에는 어떠한 법리가 적용될 것인가? 백지가 보충되면 바로 완성된 어음이 되므로 어음에 근접한 유가증권이라 해야 할 것이고, 따라서 어음상의 권리행사를 제외한 나머지의 법리, 특히 권리이전에 관해서는 어음의 법리가 적용되어야 한다. 그러므로 어음의 이전방법과 그 효력으로써 전전유통될 수 있으며 선의취득도 가능하다($\frac{후}{술}$).

3. 백지어음의 요건

백지어음은 기술한 바와 같이 어음요건의 일부가 기재되어 있지 아니하고, 그 부분을 어음소지인으로 하여금 기재할 수 있도록 보충권이 수여되어야 한다.

(1) 기명날인(또는 서명)

백지어음이라 하더라도 발행인의 기명날인(또는 서명. 이하 같음)이 있어야 함은 물론이다. 기명날인은 발행행위의 외관적 요건이므로 이를 생략할 경우 발행행위 자체가 흠결되기 때문이다.

통설은 반드시 발행인의 기명날인이 있어야 하는 것은 아니고 인수인이나 배서인 혹은 보증인 등 누구의 기명날인이 있더라도 유효한 백지어음이 된다고 설명한다. 이는 발행인의 기명날인에 앞서 다른 어음당사자가 먼저 어음행위를 할 수 있음을 전제로 하는 설명이다. 다른 어음행위가 발행에 선행할 수 있다고 보더라도 발행인의 기명날인이 있기까지는 백지어음이 아니다. 백지어음이란 발행인이 어음소지인에게 보충권을 수여한 어음인데, 발행인의 기명날인이 있기 전에는 이 보충권의 수여가 있을 수 없기 때문이다.

(2) 어음요건의 일부 불기재

1) 불기재의 정도

발행인의 기명날인을 생략할 수 없음은 위와 같은데, 그러면 기명날인 이외의 부분은 무엇이든 백지로 할 수 있는가? 통설은 불기재의 정도를 묻지 아니한다. 따라서 극단적으로는 다음 그림과 같이 기명날인 이외에는 아무것도 기재되지 아니한 서면도 백지어음으로 인정한다.

그러나 이는 백지어음의 기능적 한계를 무시한 설명이다. 백지어음에 관한 법적 규율은 백지어음이 유통될 것을 전제로 필요한 것이다. 위와 같이 단순히 기명날인만 되어 있는 서면이라면 어음의 종류도 특정되지 않을 뿐더러 다른 유가증권이나 증거증권과도 구별되지 아니한다. 그럼에도 불구하고 통설처럼 불기재의 정도를 무시한다면 위 증서를 놓고 작성자와 소지인 간에 약속어음이라거나, 수표라거나, 혹은 차용증서로 만든 서면이라는 등의 다양한 주장이 제기되는 것을 허용하게 될 것이다. 이는 어음법이 해결할 수 있는 한계를 넘어서는 분쟁이다.

뿐만 아니라 백지어음의 유통과 관련하여 해결 불가능한 법적용의 문제를 야기한다. 예컨대 위 그림과 같은 백지어음을 발행하였다면 이는 발행인의 발행의사 중에서 환어음으로 발행할지, 약속어음 혹은 수표로 발행할지에 대한 결정이 유보되어 있다는 것을 뜻한다. 그렇다면 어음발행의 의사 자체가 흠결되었다는 뜻이므로 유효한 어음발행행위로 볼 수 없다. 또 이 증서가 유통된다면 아직 어느 종류의 어음(또는 수표)인지 특정되지 않은 상태에서 전전유통된다는 뜻인데, 이 상태에서의 취득자를 어음의 취득자로 보고 보호할 수는 없다. 그러므로 백지어음은 적어도 어음(또는 수표)의 종류만은 특정할 수 있는 범위에서 발행되어야 한다. 따라서 「증권의 본문 중에 환어음 또는 약속어음 또는 수표임을 표시하는 글자」($_{1호, 수 1조 1호}^{어 1조 1호, 75조}$)만큼은 생략될 수 없는 요소이다.

2) 준백지어음

백지어음은 「어음요건」의 일부가 기재되지 아니한 어음이다. 법에서 「미완성」으로 발행된 어음이라 함은 어음요건을 완비하지 않았음을 뜻하는 것이기 때문이다. 그런데 어음요건 이외의 유익적 기재사항을 추가기재할 수 있는 권한을 수취인에게 부여한 채 어음을 발행하는 경우도 생각해 볼 수 있다. 가령 일람출급어음을 발행하며 어음금의 이자를 기재하게 하는 것과 같다. 이같이 유익적 기재사항에 관한 보충권이 주어진 어음을 준백지어음이라 한다. 준백지어음은 백지어음이 아니지만 어음의 기재사항 중 보충의 여지가 있다는 점에서 백지어음과 성질을 같이 하므로 백지어음에 관한 법리를 유추적용해야 한다(통설).

(3) 백지보충권의 수여

백지어음은 발행인에 의하여 백지를 보충할 권한이 수여된 어음이다. 보충권은 발행인의 의사에 의해 수취인에게 수여되는 것이다. 이 보충권이 주어져 있다는 점에서 요건흠결의 불완전어음($_{2조}^{어}$)과 구별된다. 그러나 백지보충권은 어음에 표창되는 것이 아닌 탓에 보충권의 존재 여부, 따라서 백지어음의 여부에 관해 당사자 간의 다툼이 있을 수 있다. 구체적인 예로 수취인의 기재가 누락된 어음이 발행된 경우 다툼이 생긴다면, 발행인은 보충권을 부여한 사실이 없음을 들어 무효인 어음이라 주장할 것이고, 소지인은 보충권이 있다는 주장과 아울러 백지어음임을 주장할 것이다. 한편 어음의 만기 등 어음법 제 2 조 제 1 호 내지 제 3 호에 규정한 사항이 기재되지 아니한 어음의 경우에는 일람출급어음으로 보는 등 법정보충이 이루어진다. 따라서 예컨대 만기가 기재되지 아니한 어음이 발행된 경우에는 백지어음이냐 일람출급어음이냐가 다투어질 것이다.

어음의 발행인과 수취인 간에 있어서는 어디까지나 실제 보충권이 주어졌느냐의 여부를 가지고 백지어음 여부를 결정해야 한다. 따라서 이 경우에는 누가 무엇을 증명해야 하느냐가 중요한 문제가 된다. 그러나 어음이 유통되어 발행인과 제 3 의 소지인 사이에 위와 같은 분쟁이 생긴 경우에는 증명책임의 분배만으로 해결하기 어려운 측면이 있다. 어음소지인은 발행인의 직접의 상대방이 아닌 만큼 보충권을 직접 수여받은 바 없으므로 그 증명이 어렵기 때문이다. 그리하여 백지어음 여부의 다툼을 해결하는 기본방침으로서 백지어음의 판단기준을 설정해야 한다.

1) 백지어음의 판단기준

i) 주 관 설   백지어음은 발행인으로부터 보충권이 수여된 어음이라는 본질에 충실하게 발행인에게 보충권을 수여할 의사가 있었느냐의 여부로 백지어음의 여부를 결정해야 한다는 설이다. 일본의 통설이나[1] 우리나라에서는 소수설이다.[2] 이 설에 의하면 백지어음 여부가 다투어질 경우 오로지 증명에 의해 해결될 것이다. 그러므로 다음 단계로 누가 어떠한 증명책임을 지느냐는 문제가 제기된다. 즉 백지어음임을 주장하는 자가 보충권의 존재를 증명해야 하느냐, 아니면

---

1) 稻田, 178면.

2) 김태주, "白地어음," 『商事法論文集』(無礙 서돈각 敎授 停年記念論文集), 法文社, 1986, 416면.

백지어음임을 부정하는 자가 보충권의 부존재를 증명해야 하느냐는 문제이다.

기술한 바와 같이 발행인과 수취인 사이의 분쟁에서는 주관설에 의해 해결해야 한다. 그러나 어음이 유통된 경우 전득자와의 관계에서까지 주관설을 적용한다면, 제 3 자가 알기 어려운 발행인의 의사만으로 백지어음인지의 여부를 결정하게 되어 거래의 안전을 해한다는 비판이 따른다.

ii) 객 관 설   주관설이 갖는 문제점을 의식하여 어음의 객관적 성상에 따라 백지어음 여부를 판정하자는 설이다. 즉 어음의 외관상 보충이 예정되어 있다고 볼 수 있을 경우에는 발행인에게 실제로 보충권을 부여할 의사가 없었더라도 백지어음으로 보는 것이며, 반대로 어음의 외관상 보충을 예상할 수 없는 경우에는 발행인이 보충권을 부여하였더라도 어음요건이 흠결된 어음(어음법 2조의 어음)으로 보는 것이다. 그러면 어떤 경우에 보충을 예정한 것으로 볼 수 있느냐는 의문이 제기되는데, 예컨대 인쇄된 어음용지의 기재사항을 누락한 경우에는 보충이 예정된 경우로 본다고 한다.

객관설은 어음이 전전유통되면서 어음취득자는 발행인의 보충의사를 직접 확인함이 없이 어음의 외관만을 신뢰하고 취득하는 현실을 감안하여 거래의 안전을 위해 주장된 것이다. 객관설을 취한다면 실제로는 요건불기재의 정도와 어음의 유형에 따라 백지어음과 요건흠결의 어음을 구별하게 될 것이나, 양자의 구별이 정형화되지 않는 한 어떤 경우에 백지보충이 예정된 것으로 볼 수 있고 어떤 경우에 예정되지 않는 것으로 보아야 하느냐는 문제가 남는다. 또 외관상 보충을 예상하기 어렵다면 발행인이 실제로 보충권을 수여한 경우에도 요건불비의 어음으로 보아야 할 것이나, 백지어음의 본질적 표지(標識)가 발행인의 보충의사가 존재한다는 점에 있음을 감안할 때 지지하기 어려운 설명이다. 참고로 은행이 고객과의 거래에서 사용하고 있는 약관에서는 고객이 발행한 어음 중 "발행일이나 수취인이 기재되지 아니한 어음은 은행이 어음금을 지급하여 고객에게 손해가 생겨도 은행이 책임지지 아니한다"는 조항을 두고 있는데,[1] 이는 어음발행인(고객)과 지급담당자(은행) 간의 책임귀속에 있어 객관설적인 방법에 의해 해결하려는 노

---

1) 공정거래위원회, 「입출금이 자유로운 예금약관」(표준약관 10013호) 10조 1항 1호. 그러나 백지어음인 상태에서 지급한다면 적법한 지급이 될 수 없고, 실무적으로는 은행창구에서 어음을 제시한 자에게 백지보충을 권유하는 것으로 알고 있다.

력으로 볼 수 있다.

iii) 절 충 설   통설은 주관설을 기본으로 하되, 주관설의 약점을 객관설로 보완하는 절충설이라 할 수 있다. 즉 원칙적으로는 발행인의 보충권수여를 요하지만 보충권의 수여가 없더라도 어음의 외관상 보충권이 예정된 것으로 볼 수 있다면 외관주의에 의해 선의의 취득자에 대해서는 발행인이 보충권이 없는 어음임을 항변할 수 없다고 설명한다. 백지어음의 본질과 거래안전의 요구를 조화시킨 해석이다.

이상 설명한 세 가지 설의 차이점을 표로 정리하면 다음과 같다.

	실제 보충권 有		실제 보충권 無	
	외관상 有	외관상 無	외관상 有	외관상 無
주관설	○	○	×	×
객관설	○	×	○	×
절충설	○	○	○	×

○: 보충권이 있다고 간주되는 경우
×: 보충권이 없다고 간주되는 경우

위 표에서 보다시피 실제로도 보충권이 있고 외관으로도 보충권의 존재를 인정할 수 있을 때에는 어느 설에 의하거나 백지어음으로 인정된다. 반대로 실제로 보충권이 없고 외관으로도 보충권을 인정하기 어려운 경우에도 3가지 설 사이에 차이가 없다. 문제는 외관과 실제가 상이한 경우로서, 실제는 보충권이 있으나 외관상 보충권을 예상할 수 없는 경우에는 주관설과 절충설이 백지어음임을 인정하고, 그 반대의 경우에는 객관설과 절충설이 백지어음임을 인정한다.

iv) 판   례   우리의 판례는 주관설의 입장에 서 있다. 일부 학자들은 판례가 절충설을 취하고 있다고 설명하지만, 이는 오해이다. 난을 바꾸어 증명책임의 문제로 설명한다.

2) 증명책임의 분배

백지어음의 여부에 관한 다툼이 벌어졌을 때 누가 증명책임을 지느냐는 문제가 제기된다. 즉 소지인이 보충권이 수여되었음을 증명해야 하는가, 또는 발행인이 보충권을 수여한 사실이 없음을 증명해야 하느냐는 문제이다. 백지어음의 판정기준에 관하여 객관설을 취할 경우에는 증명책임의 문제는 생기지 아니한다. 어음의 객관적인 성상만을 가지고 판단할 뿐, 실제 보충권의 존재 여부는 밝힐 필요가 없기 때문이다. 절충설을 취할 경우에도 어음의 외관상 보충권의 행사가 예상되는 경우에는 객관설과 같은 결론을 내므로 역시 증명책임의 문제가 생기지 아니한다. 그러므로 증명책임의 문제는 주관설을 취할 경우, 그리고 절충설 하에서 외관상 보충권이 예상되지 아니하는 경우에 제기된다.

판례는 수취인 기타 어음요건을 기재하지 않고 발행한 어음은 백지어음을 발행한 것으로 추정해야 하므로 발행인이 백지어음이 아니고 불완전어음임을 증명할 책임을 진다고 한다($\substack{판례 \\ [64]}$). 또 만기를 공란으로 발행한 경우에도 어음법 제 2 조 제 1 호를 적용하여 일람출급의 어음으로 볼 것이 아니라 백지어음을 발행한 것으로 추정해야 한다는 입장이다($\substack{대법원 1976. 3. 9. \\ 선고 75다984 판결}$).

판례가 백지어음에 관해 증명책임을 거론하는 것은 앞서의 판단기준에 관해 적어도 객관설을 취하지 않음을 뜻한다. 특히 판례가 만기가 공란인 경우 백지어음으로 추정한다 함은 주관설을 취하고 있음을 시사한다. 왜냐하면 만기가 공란인 경우란 어음의 외관상 보충권이 예상되는 대표적인 경우라 하겠는데, 이 경우에도 백지어음으로 의제하지 아니하고 「추정」하는 것에 그치며 반증을 허용함은 주관설에 근거한 것임을 뜻하기 때문이다.

판 례

[64] 대법원 1984. 5. 22. 선고 83다카1585 판결

「…원고는 발행인 이태복의 서명날인이 되어 있고 주소는 이태복의 주소인 인천시 중구 유동 9, 지급장소는 주식회사 조흥은행 인천지점으로 되어 있으며 그 밖의 부분은 모두 백지인 약속어음을 소지하고,… 그러나 백지약속어음인 경우에 발행자가 수취인 또는 그 소지인으로 하여금 백지부분을 보충케 하려는 보충권을 줄 의사로서 발행하였는가의 여부의 점에 대하여는 발행인에게 보충권을 줄 의사로 발행한 것이 아니라는 점, 즉 백지어음이 아니고 불완전어음으로서 무효라는 점에 관한 입증책임이 있다고 해석함이 상당하다.…」

※ 同旨: 대법원 1965. 5. 25. 선고 65다1657 판결; 동 2001. 4. 24. 선고 2001다6718 판결.

4. 보충 전 백지어음의 지위

기술한 바와 같이 백지어음은 미완성의 어음이므로 완성된 어음에 주어지는 권리는 인정되지 아니한다. 그러나 유통의 측면에서는 어음에 준하는 지위가 인정되어 어음법적 방법으로 양도 가능하고 선의취득도 가능하다. 이하 상술한다.

(1) 권리행사의 제약

백지어음은 백지를 보충하기 전에는 어음이 아니므로 어음에 대하여 인정되는 어떤 권리도 행사할 수 없다. 약속어음의 발행인이나 환어음의 인수인에게 지급제시를 하더라도 적법한 어음금청구가 되지 못하고 발행인(환어음의 경우)이나 배서인 · 보증인 등에 대한 상환청구권도 행사할 수 없다. 어음채무자가 어음채무를 승인하더라도 같다($\substack{\text{대법원 1962. 12. 20.} \\ \text{선고 62다680 판결}}$).1) 따라서 상환의무자가 백지어음의 소지인에게 어음금을 지급하더라도 이는 채무 없이 변제한 것이므로 자신의 전자에 대해 재상환청구권을 행사할 수 없다($\substack{\text{대법원 1993. 11. 23.} \\ \text{선고 93다27765 판결}}$).

백지어음을 가지고 어음금을 청구하는 소를 제기하더라도 백지어음인 상태에서는 승소할 수 없음이 당연하나 변론종결에 이르기까지는 백지를 보충할 수 있다($\substack{\text{대법원 1970. 3. 10.} \\ \text{선고 69다2148 판결}}$). 한편 백지인 채로 소를 제기하였다가 패소한 후 그 어음에 보충을 하고 다시 제소할 수 있느냐는 문제가 있다. 이 경우 前後訴는 동일한 소송물을 가지는 것으로 보아야 하므로 중복제소로 다루어야 한다.2)

(2) 백지어음의 시효중단

앞서 말한 바와 같이 백지어음을 가지고는 권리행사가 불가능한데, 어음시효를 중단시키는 효력은 인정할 수 있느냐는 문제가 있다. 만기가 백지인 어음에는 시효의 기산점이 없으므로 시효가 진행하지 않고, 후술하는 보충권의 행사기간 내라면 언제이든 보충권을 행사하고 어음상의 권리를 행사할 수 있다. 그러므로 시효중단의 의문이 생기는 것은 만기 이외의 부분이 백지인 어음이다.

---

1) 同旨: 대법원 1964. 12. 29. 선고 64다1025 판결; 동 1970. 3. 10. 선고 69다2134 판결; 동 1991. 4. 23. 선고 90다카7958 판결; 동 1992. 3. 10. 선고 91다28313 판결; 동 2008. 11. 27. 선고 2008다59320 판결.

2) 日最高裁 1972. 3. 30 판결, 民集 36권 3호, 501면.

백지를 보충하지 않고는 권리행사가 불가능하다는 이론에 충실하면 백지인 채로 지급제시를 하거나 소를 제기하더라도 시효중단의 효력은 없다고 보는 것이 옳다. 그러나 판례는 백지어음이라도 만기가 있는 경우에는 시효가 진행한다는 사실과의 균형상 백지어음인 채로도 시효를 중단시킬 수 있다고 보아야 하며, 백지어음을 가지고 어음금을 청구하는 것도 권리행사를 객관적으로 표명하는 것으로 보아야 한다는 이유에서 시효중단의 효력을 인정한다(판례[65]). 판례의 구체적인 사실관계를 보면, 어음시효가 완성하기 전에 소를 제기하고 소송 진행 중 시효가 완성하였는데, 변론종결 전에 소지인이 백지를 보충한 사건이다. 판례는 소제기를 할 때에 백지가 보충되지 않았지만, 시효가 중단되었다고 본 것이다. 판례는 오래 전부터 백지인 채로 소제기를 하더라도 변론종결 전에 보충을 하면 소제기시로 소급하여 시효를 중단하는 효력이 있다는 입장을 견지해 왔으므로(대법원 1962. 1. 31. 선고 4294민상110, 111 판결; 동 1981. 4. 14. 선고 80다26956 판결; 동 1995. 6. 9. 선고 94다41812 판결), 이 점에 있어 판례 [65]는 특히 새로운 것은 아니다. 다만, 동 판지를 보면, 백지어음을 가지고 재판외의 청구를 하더라도 시효를 중단시키는 듯 읽을 여지도 있으나 그러한 취지인지는 분명치 않다.

변론종결 전에 보충할 수 있다고 함은 주채무자에 대한 어음금청구에 국한된 설명이고, 상환의무자에 대한 청구권에는 적용될 수 없다. 백지를 보충하고 지급제시기간 내에 제시하지 않는 한, 상환청구권은 발생하지 않으므로 상환의무자를 상대로 한 소송에서 백지를 보충한다는 것은 무의미하기 때문이다(대법원 1993. 11. 23. 선고 93다27765 판결).

판 례

[65] 대법원 2010. 5. 20. 선고 2009다48312 전원합의체 판결

「…만기가 기재된 백지어음은 일반적인 조건부 권리와는 달리 그 백지 부분이 보충되지 않은 미완성어음인 상태에서도 만기의 날로부터 어음상의 청구권에 대하여 소멸시효가 진행한다. 따라서 만기는 기재되어 있으나 지급지, 지급을 받을 자 등과 같은 어음요건이 백지인 약속어음의 소지인은 그 백지 부분을 보충하지 않은 상태에서 시효가 진행함에 대응하여 발행인을 상대로 어음상의 청구권에 대한 시효진행을 중단시킬 수 있는 조치를 취할 수 있다고 봄이 상당하다.

또한 백지어음상의 백지보충을 조건으로 하는 어음상의 청구권은 그 소지인이 언제라도 백지 부분을 보충하기만 하면 어음이 완성되어 완전한 어음상의 청구권으로 성립하게 되고, 백지 부분을 보충하지 않은 상태의 어음금청구라도 그 백지어음의 발

행인이 어음금채무를 승인하고 어음금을 지급하여 어음에 관한 법률관계를 소멸시키는 것도 얼마든지 가능하므로, 백지어음의 소지인이 어음요건의 일부를 오해하거나 그 흠결을 알지 못하는 등의 사유로 백지 부분을 보충하지 아니한 채 어음금을 청구하더라도, 이는 완성될 어음에 기한 어음금청구와 동일한 경제적 급부를 목적으로 하는 실질적으로 동일한 법률관계에 관한 청구로서 어음상의 청구권을 실현하기 위한 수단이라고 봄이 상당하다.

그렇다면 만기는 기재되어 있으나 지급지, 지급을 받을 자 등과 같은 어음요건이 백지인 약속어음의 소지인이 그 백지 부분을 보충하지 않은 상태에서 어음금을 청구하는 것은 어음상의 청구권에 관하여 잠자는 자가 아님을 객관적으로 표명한 것이라고 할 수 있고 그 청구로써 어음상의 청구권에 관한 소멸시효는 중단된다고 할 것이다(대법원 1962. 1. 31. 선고 4294민상110, 111 판결 참조). 이 경우 백지에 대한 보충권은 그 행사에 의하여 어음상의 청구권을 완성시키는 것에 불과하여 그 보충권이 어음상의 청구권과 별개로 독립하여 시효에 의하여 소멸한다고 볼 것은 아니므로 어음상의 청구권이 시효중단에 의하여 소멸하지 않고 존속하고 있는 한 이를 행사할 수 있다(위 대법원 판결 참조).

이와 달리 지급을 받을 자 부분이 백지로 된 약속어음의 소지인은 그 백지 부분을 보충하지 않은 상태에서는 어음상의 청구권을 행사할 수 없으므로, 그 백지어음 소지인의 권리행사에 의한 소멸시효 중단의 효과는 전혀 생길 여지가 없다는 취지로 판단한 대법원 1962. 12. 20. 선고 62다680 판결은 이 판결에 배치되는 범위 내에서 이를 변경한다.

…원심이 원고가 지급지 및 지급을 받을 자 부분이 각 백지로 된 액면 490,000,000원의 약속어음을 소지하고 있다가 그 지급기일인 2004. 10. 1.로부터 3년이 경과한 2008. 6. 23.경에 이르러 위 각 백지 부분을 보충하여 2008. 7. 8.경 발행인인 피고에게 지급제시를 하였으나, 원고가 위 약속어음의 지급기일로부터 3년의 소멸시효기간이 완성되기 전인 2007. 9. 7. 그 어음금을 청구하는 이 사건 소를 제기한 이상, 이로써 위 약속어음상의 청구권의 소멸시효는 중단되었다는 취지로 판단한 것은 정당하[다.]」

註) 1) 이 판결은 수취인과 지급지가 백지인 어음에 관한 사건이지만, 만기가 백지가 아닌 한, 다른 어음요건이 백지이더라도 같은 이론이 적용되어야 함은 물론이다. 2) 위 판결문에 인용된 62다680 판결은 백지어음에 의한 권리행사에는 시효중단의 효과가 생길 여지가 없다고 설시하였지만, 이후에는 다수의 판례가 판례변경절차 없이 시효중단을 인정하였다. 이제 와서 62다680의 판례를 변경하는 것이 큰 의의가 있을 것 같지는 않지만, 판례이론의 혼란스러운 부분을 정리했다는 의미는 있다. 그리고 시효중단의 이론적 근거를 제시했다는 점에도 의의를 부여할 수 있는데, 참고로 위 판결에 설시된 이론은 1966년에 나온 일본의 최고재판소 판례에서 소개된 이론이다.[1]

---

1) 日最高裁 1966. 11. 2 판결, 民集 20권 9호, 1674면. 이 판결도 백지어음의 시효중단을 인정하지 않았던 구판례를 변경한 것이다.

(3) 백지어음의 양도

1) 양 도 성

백지어음을 양도할 수 있다는 명문의 규정은 없으나, 어음법 제10조가 발행인과 수취인 간에 합의된 내용과 다른 내용으로 보충한 경우에도 발행인이 소지인에게 대항하지 못한다고 함은 백지의 보충이 수취인 이외의 소지인에 의해 이루어진 경우도 포함하는 뜻으로 읽을 수 있고, 따라서 이 조문은 백지어음의 양도성을 전제로 한 것이라고 볼 수 있다. 백지어음의 양도성을 인정한다 함은 「보충권의 이전」을 허용함을 뜻한다. 백지어음을 취득한 어음소지인이 보충권을 행사하여 완성어음을 만들 수 있으므로 백지어음도 지급수단의 기능을 하면서 유통될 수 있다.

2) 양도방법

백지어음을 어떤 방법으로 양도할 수 있느냐에 대해서는 명문의 규정이 없으므로 민법의 지시채권 및 무기명채권의 양도방법($\binom{민\ 508조,}{523조}$)에 따라야 한다는 주장도 제기될 수 있으나, 통설은 백지어음이 어음에 준하는 성질을 가지므로 어음의 양도방법에 따라 양도할 수 있다고 설명한다. 또 실제 거래계에서도 어음의 양도방법으로 양도하는 것을 당연한 것으로 여기고 있으며 판례에서도 이것이 문제된 예는 없다.

어음의 양도방법으로 양도한다 함은 배서에 의해 양도함을 뜻하는데, 수취인이 백지인 어음은 별도의 설명을 요한다. 수취인이 자기의 이름으로 백지를 보충하고 배서에 의해 양도할 수 있음은 물론이다. 그러면 백지인 상태로도 양도할 수 있는가? 수취인이 백지인 어음은 권리이전의 측면에서는 백지식배서가 되어 있는 어음과 같이 보아도 무방하므로, 단순한 교부에 의해 양도할 수 있고 백지를 보충하지 아니하고 배서에 의해서도 양도할 수 있다고 해야 한다($\binom{어\ 14조\ 2항}{의\ 유추적용}$)($\binom{대법원}{1994.}$ $\binom{11.\ 18.\ 선고\ 94}{다23098\ 판결}$). 그러나 이 어음을 취득하는 자가 권리를 행사하는 단계에서는 수취인란을 보충하여야 한다. 수취인이 백지인 어음을 배서에 의해 양도한 경우 그 배서는 배서로서의 요건을 갖춘 유효한 배서이어야 하며, 배서의 요건을 갖추지 못한 경우(예: 기명날인의 누락)에는 권리이전의 효과가 없음은 물론이다($\binom{대법원\ 1996.\ 12.\ 20.}{선고\ 96다43393\ 판결}$). 그러나 백지를 보충하지 아니한 채 부적법한 배서가 이루어졌다면, 소지인은 이 부적법한 배서를 말소하고 그 배서의 피배서인으로 백지를 보충함으로써 배서를 연속시킬 수 있다($^{어\,16조}_{1항}$).

3) 양도의 효력

백지어음을 어음의 양도방법, 즉 배서·교부에 의해 양도할 경우 배서·교부에 관한 어음법상의 효력을 백지어음의 배서·교부에도 인정할 것인지가 문제된다. 후술과 같이 어음의 배서·교부에는 권리이전적 효력($^{어\,14조}_{1항}$), 담보적 효력($^{어\,15}_{조\,1항}$), 자격수여적 효력($^{어\,16조}_{1항}$)이 인정된다($^{본장\,제4절}_{참조}$). 백지어음에 한 배서에 권리이전적 효력과 자격수여적 효력이 인정됨은 당연하다. 그러나 담보적 효력은 어음금의 지급이 거절되었을 때 제기되는 문제인데, 백지어음을 가지고는 어음금청구가 불가능하므로 백지어음인 상태에서는 배서의 담보적 효력이 발휘될 여지가 없다. 그러나 후일 백지가 보충되면 배서인의 담보책임이 생긴다.

4) 선의취득

통설이 백지어음을 어음법적 양도방법으로 양도할 수 있다고 함은 백지어음의 배서에 자격수여적 효력을 인정함을 뜻한다. 자격수여적 효력을 인정하는 결과는 당연히 백지어음의 선의취득도 인정하는 것으로 이어진다. 그러므로 무권리자로부터 백지어음을 취득한 자가 어음법 제16조 제 2 항이 정하는 선의취득의 요건을 구비하면 동 어음을 선의취득한다. 주의할 점은 백지어음을 선의취득한다고 함은 백지보충권도 아울러 취득함을 의미한다.

한편 백지어음은 정당한 소지인으로부터 취득하였으나 그로부터 보충권의 범위를 그릇 승계한 경우, 예컨대 100만원의 보충권이 있을 뿐인데 150만원의 보충권이 있다고 기망당해 어음을 취득한 경우에도 선의취득의 법리를 적용하는 견해가 있으나($^{강·임\,334;}_{정동윤\,229}$), 보충권만이 독립하여 선의취득의 대상이 될 수는 없다. 이 문제는 후술하는 부당보충의 문제로 해결된다.

5) 제권판결 후의 권리행사방법

백지어음의 점유를 상실한 경우에는 일반적인 증권의 무효선언을 위한 공시최고의 절차($^{민소}_{492조}$)에 따라 공시최고를 신청할 수 있고 제권판결을 받을 수 있다. 그러나 분실된 것이 백지어음인 탓에 그 제권판결문으로 지급제시를 할 수는 없다. 원래 제권판결의 중심된 효력은 제권판결을 받은 자는 증서에 의해 의무를 부담하는 자에게 「증서에 의한 권리」를 주장할 수 있다는 것이다($^{민소}_{497조}$). 그리고 백지어음의 백지보충권은 후술하는 바와 같이 증권상의 권리로 보아야 한다. 따라서 백지어음에 대하여 제권판결을 받은 자는 어음 외의 의사표시로서 보충권을 행사하고 어음금의 지급을 청구할 수 있다고 보아야 한다($\binom{판례}{[66]}$).

판 례

[66] 대법원 1998. 9. 4. 선고 97다57573 판결

「어음에 대한 제권판결이 선고되면 그 어음은 어음으로서의 효력을 상실하고, 제권판결을 얻은 자는 어음소지인으로서의 지위를 회복하여 어음상의 권리를 행사할 수 있는 것이지만($\binom{민소\ 467조,\ 468조\ (현행\ 민사소)}{송법\ 제496조,\ 제497조:\ 著者註}$), 어음요건의 일부가 백지로 된 백지어음은 미완성의 어음이므로 백지의 보충이 없이는 어음상의 권리를 행사할 수 없고, 또한 백지어음에 대한 제권판결이 있다고 하더라도 그 제권판결에 의하여 백지어음 자체가 부활하는 것은 아니므로 그 어음면에 백지를 보충할 방법은 없다 할 것이다.

그런데 민사소송법 제468조($\binom{현행}{제497조}$)는 "제권판결이 있는 때에는 신청인은 증권 또는 증서에 의하여 의무를 부담한 자에 대하여 증서에 의한 권리를 주장할 수 있다"고 규정하고 있는바, 제권판결제도는 증권 또는 증서를 상실한 자에게 이를 소지하고 있는 것과 같은 형식적 자격을 부여하여 그 권리를 실현할 수 있도록 하려는 것인 점과, 백지어음의 발행인은 백지보충을 조건으로 하는 어음금지급채무를 부담하게 되고, 백지에 대한 보충권과 백지보충을 조건으로 한 어음상의 권리는 백지어음의 양도와 더불어 양수인에게 이전되어 그 소지인은 언제라도 백지를 보충하여 어음상의 권리를 행사할 수 있으므로, 백지어음은 어음거래상 완성어음과 같은 경제적 가치를 가지면서 유통되고 있는 점을 함께 고려하여 보면, 백지어음에 대한 제권판결을 받은 자는 발행인에 대하여 백지보충권과 백지보충을 조건으로 한 어음상의 권리까지를 모두 위 민사소송법 제468조에 규정된 '증서에 의한 권리'로서 주장할 수 있다고 봄이 상당하다 할 것이다.

따라서 발행일·발행지·지급지·수취인의 각 난을 백지로 하여 발행된 이 사건 약속어음에 대한 제권판결을 받은 원고로서는 발행인인 피고에 대하여 위 백지 부분에 대하여 어음 외의 의사표시에 의하여 보충권을 행사하고 그 어음금의 지급을 구할 수 있다고 본 원심의 판단은 정당하고, 거기에 상고이유의 주장과 같은 법리오해의 위법이 있다고 할 수 없다.」

5. 보 충 권

(1) 보충권의 의의와 근거

백지어음은 기술한 바와 같이 보충권의 존재를 필수적인 요건으로 한다. 보충권이란 어음에 기재되지 아니한 어음요건을 기재하여 백지어음을 완성어음으로 변환시킬 수 있는 권리를 말한다.

i) 보충권의 근거   백지보충권의 발생근거에 관해서는 어음외계약설(주관설)과 백지어음행위설(객관설)이 대립한다. 어음외계약설은 보충권이 발행인과 수취인 간의 어음 외적인 합의에 의해 발생한다고 설명한다($\frac{통}{설}$). 이에 대해 백지어음행위설은 발행인이 어음을 작성한 때에 보충권이 발생하고 발행인이 수취인에게 어음을 교부한 때에 보충권이 수취인에게 이전한다고 설명한다($\frac{강·임}{315}$). 백지어음행위설에 의하면 보충권이 발행인에게 발생하고 그 다음에 수취인에게 이전된다는 2단계의 과정을 거쳐야 하므로 이론상 보충권의 효력이 문제될 기회가 두 번에 걸쳐 존재하게 되어 수취인을 불안하게 한다. 또한 발행인이 스스로 보충권을 행사하기 위해 백지어음을 작성한다는 것도 부자연스러운 설명이다. 그러므로 어음외계약설이 타당하다.

ii) 합의의 성질   어음외계약설에 의할 경우 백지보충권은 발행인과 수취인 사이의 어음 외적 합의에 의해 주어진다. 물론 보충권은 어음과 별개로 존재할 수 없으므로 어음의 발행에 합체되어서 수여된다. 이 합의를 위임으로 보아서는 안 된다. 우선 어음의 발행과 합체되어서 합의가 이루어진다는 요물적 성격 때문에 위임과 다르고, 후술하는 바와 같이 보충권이 채권적 권리가 아니라는 점에서도 위임과 다르다. 다른 어느 계약과도 유사성이 없으므로 그 자체로 독립된 내용을 갖는 계약으로 보아야 한다.

iii) 합의와 어음관계의 유인성   이 합의에 의해 수취인이 행사할 수 있는 보충권의 내용과 범위가 정해지고 수취인은 이 합의된 내용대로 보충권을 행사할 의무를 부담한다. 그러나 보충권에 관한 합의는 수취인을 발행인과의 관계에서 채권적으로만 구속하는 것이 아니라 백지어음의 권리내용을 결정하는 뜻이 있다. 다시 말해 발행 이후 어음에 관계하는 모든 당사자의 권리의무의 내용을 정하는 것이다. 그런 의미에서 보충권에 관한 합의는 어음관계에 유인적(有因的)으

로 연결된다.[1]

iv) 보충권의 내용규정   보충권의 내용은 보충권에 관한 합의시에 확정적으로 주어져야 하는 것은 아니고, 보충권을 행사할 시점에서 확정할 수 있는 기준을 정하면 족하다(실은 이러한 경우가 대부분이다). 보충권의 내용 혹은 기준은 보통 명시의 의사표시에 의해 정해지겠지만, 명시의 의사표시가 없더라도 묵시에 의한 합의가 있는 것으로 보아야 할 경우가 있다.

보통은 어음의 원인관계에서 발행인이 부담하는 금전채무의 내용이 보충권의 결정기준이 될 것이다. 원인관계나 기타 기준에 의해서도 보충권의 내용을 확정할 수 없다면 이는 보충권의 합의가 무효(목적의 불확정)라고 해야 할 것이고, 백지어음으로서의 요건을 구비하지 못하므로 불완전어음이 된다고 보아야 한다.

(2) 보충권의 성질

백지보충권은 소지인의 일방적인 의사표시만으로 어음상의 권리관계를 확정시키는 권리이므로 형성권이다(통설).

통설과 달리 보충권의 형성권적 성질을 부정하고 그 자체 고유한 권리라고 하는 견해가 있다(정동윤 231). 형성권이란 원래 권리행사자와 상대방 사이에서 효력을 발생하는 것인데, 보충권의 행사는 보충권의 수여자와 보충권의 행사자 사이에서가 아니라 보충권수여자와 제 3 자 사이에서 주된 효과를 발생시킨다는 점을 그 이유로 든다. 예컨대 甲이 백지어음을 乙에게 발행하고 乙이 丙의 인수를 받아 A에게 배서양도하고 A가 보충권을 행사한 경우, A의 보충으로 甲·乙·丙의 발행·배서·인수가 전부 유효한 행위가 되어 각자의 책임이 발생하는데, 이때 보충권의 행사는 보충자 A와 보충권수여자인 甲 사이에 직접 법률효과를 발생시키는 것이 아니라, 甲 → 乙 간의 발행, 丙 → 乙 간의 인수, 乙 → A 간의 배서를 유효하게 할 뿐이므로 형성권의 일반적 성질에 맞지 않는다는 것이다.

그러나 형성권이 반드시 형성권의 행사자와 그 상대방의 법률관계만을 변동시키는 것이 아님을 주의할 필요가 있다. 예컨대 법정대리인이 제한능력자의 법률행위를 취소할 경우 그 취소권은 형성권임이 분명하지만 권리를 행사하는 법정대리인과 상대방과의 법률관계를 변동시키는 것이 아니고 제한능력자와 상대방 간의 법률관계를

---

1) 그러나 백지어음행위설에 의하면, 보충권은 발행인의 서면행위에 의하여 발생하므로 무인적(無因的)인 권리이다(丹羽, 163면).

변동시키는 것이다. 또 재단법인설립행위의 취소와 같이 아예 상대방이 없는 형성권의 행사도 있다. 그러므로 보충권이 형성권에 부적합하다고 하는 이유가 위에 말한 권리행사의 효력방향 때문이라면 이 견해는 설득력이 없다.

(3) 보충권의 증권적 권리성

보충권은 발행인과 수취인의 어음 외적 합의에 의해 주어지지만 그 자체가 독립적으로 존속하는 권리가 아니고 어음에 화체되어 존속한다. 즉 보충권은 어음에 문언적으로 표현되어 있지 않을 뿐, 증권적 권리이다. 이 증권적 권리성으로 인해 다음과 같은 특수한 효과를 가진다.

1) 보충권의 종속성

보충권은 백지어음에 종속한다. 따라서 백지어음이 효력을 잃을 때에는 보충권 또한 소멸한다. 그리고 보충권은 후술하는 시효로 소멸하는 경우 외에는 독자적인 소멸원인을 갖지 아니한다. 보충권의 수여를 위한 합의가 무효인 경우에는 보충권도 무효이지만, 이 경우에는 보충권만이 무효인 것이 아니라 백지어음 자체가 무효이다.

발행인이 사망하거나 능력을 상실하더라도 보충권은 소멸하지 않는다는 데에 이설이 없다. 그 이유로 보충권은 인격권이 아니고 재산권적 성질을 갖기 때문이라거나($\frac{정동}{윤\,232}$),[1] 거래의 안전을 들지만, 정확한 설명으로 생각되지 않는다. 앞서 말했듯이 보충권은 증권적 권리이고 따라서 어음에 수반하는 권리로서 이미 소지인의 권리가 되었기 때문이라고 보아야 한다. 이같이 이미 백지어음에 화체되어 어음소지인의 권리를 이루므로[2] 보충권이 일단 주어지면 발행인은 이를 철회할 수 없다.[3]

2) 보충권의 이전

보충권은 백지어음에 화체되어 있는 결과, 보충권만 독립적으로 양도할 수

---

1) Hueck · Canaris, S. 120.
2) 대법원 1960. 12. 15. 선고 4293민상176 판결:「…어음의 단체법적 성격에 비추어 볼 때 백지어음이 일단 선의의 제 3 자에게 양도된 이후에는 발행인은 백지보충권수여에 관한 계약을 해제하지 못한다고 해석되는 바이다.…」이 판례는 어음이 양도된 후에 보충권수여계약을 해제할 수 없다고 하나, 어음이 수취인 단계에 머물러 있다 하더라도 본문에서 설명한 이유에서 보충권수여를 철회할 수 없다고 보아야 한다.
3) Baumbach · Hefermehl · Casper, §10 Anm. 10.

없고 그 자체가 담보나 압류의 목적이 될 수 없다. 그리고 백지어음이 양도될 때에는 보충권도 따라서 이전한다(보충권의 수반성). 보충권의 양도를 위해 별도의 이전행위를 요하는 것이 아니고, 어음을 정당하게 취득한 자는 보충권도 아울러 취득한다($\binom{\text{대법원 1960. 7. 21. 선}}{\text{고 4293민상113 판결}}$).

6. 보충권의 행사

(1) 보충권자

보충권은 어음에 화체된 권리이고 어음에 일정 사항을 기재하는 방식으로 행사되므로 현재의 어음소지인이 행사할 수 있다. 백지어음을 가지고 소지인에 갈음하여 일정한 행위를 하는 대리인도 명시된 수권에 의해 보충권을 행사할 수 있다. 명시의 수권이 없으면 일반적으로 보충권을 대리할 권한이 있다고 볼 수 없다. 예컨대 백지어음의 양도를 위임받은 대리인은 보충권행사를 대리할 수 없다고 보아야 한다. 그러나 백지어음을 가지고 권리행사를 할 것을 위임받은 자는 별도의 수권이 없이도 보충권을 행사할 수 있다고 보아야 한다. 예컨대 백지어음을 가지고 어음금청구를 위임받은 소송대리인은 당연히 백지를 보충할 수 있다($\binom{\text{대법원1959. 8. 6. 선}}{\text{고 4291민상382 판결}}$).

(2) 보충의 방법

백지어음의 보충은 미완성된 어음을 완성된 어음으로 만들기 위한 것이므로 어음면에 결여되어 있는 어음요건을 기재하여야 한다. 이와 달리 어음이 아닌 별지나 어음의 사본에 기재하더라도 이는 백지어음의 보충이 아니다($\binom{\text{대법원 2002. 2. 26.}}{\text{선고 2000다}}$ 48265 판결). 그리고 보충은 별도의 어음행위가 아니고 발행인의 의사를 보충하는 것에 불과하므로 보충자의 기명날인은 불필요하다.

(3) 보충권의 행사기간

백지보충권은 언제까지 행사할 수 있는가? 일반적으로 권리는 시효로 소멸하기 전까지 행사할 수 있음이 원칙이다. 형성권에는 소멸시효 대신 제척기간이 적용된다 함이 민법학에서의 통설이다. 그러나 판례는 보충권의 행사기간을 보충권의 소멸시효라고 부르며 그 기간을 언급하고 있다($\binom{판례}{[67]}$)(이 책에서는 학설에 따라
제척기간으로 보고 설명하지만, 판례를 소개할 때에는 그 기간을 소멸시효로 보고 언급한
것임을 주의해야 한다). 보충권의 행사기간을 무엇으로 보든, 일응 그 기간 내에는
보충권을 행사할 수 있다. 그러나 어음 자체에 소멸시효가 있어 어음상의 권리가
시효로 소멸하면 보충권의 제척기간(혹은 소멸시효)이 남아 있더라도 무의미하다.
그러므로 보충권은 어음시효가 소멸하기 전에 행사하여야 한다. 그런데 어음의
만기가 백지인 경우에는 이론상 어음시효가 진행할 수 없다. 그러므로 이 경우에
는 일응 보충권의 제척기간 내에 행사하면 된다고 말할 수 있는데, 그러면 보충권
의 제척기간이 얼마이냐라는 의문이 제기된다. 이상의 문제점을 보다 상세하게
설명하기 위해서는 어음과 수표를 구분하고, 어음은 다시 만기 이외의 부분이 백
지인 어음과 만기가 백지인 어음으로 구분해 설명하는 것이 편리하다.

1) 만기가 있는 백지어음

판례는 만기가 있는 백지어음의 경우에는 별도로 보충권의 시효나 제척기간
을 인정하지 않고 어음상의 청구권을 행사할 수 있는 기간 내에는 언제든 보충권
을 행사할 수 있다고 본다($\binom{판례}{[65]}$).

어음금에 관한 청구권은 주채무자에 대한 어음금 지급청구권과 주채무자로
부터 지급을 받지 못하였을 경우에 배서인 등 상환의무자에 대해 행사하는 상환
청구권으로 나누어진다. 어느 권리를 행사하느냐에 따라 보충권의 행사기간이 달
라진다.

어음의 주채무자인 환어음의 인수인 또는 약속어음의 발행인에 대한 지급청
구권은 만기로부터 3년의 소멸시효에 걸린다($\binom{어70조}{1항}$). 그러므로 백지어음을 가지
고 이들 주채무자에게 어음금지급청구권을 행사하려면 만기로부터 3년 내에 보
충권을 행사해야 한다.[1]

상환의무자에게 상환청구권을 행사하기 위해서는 미리 상환청구권의 보전절
차를 갖추어야 한다. 상환청구권보전절차란 어음금을 지급할 날 또는 그날 이후
의 2거래일 내에 지급인 또는 약속어음의 발행인에게 지급을 위한 제시를 하고
($\binom{어38조}{1항}$), 지급이 거절될 경우 거절증서를 작성하는 것을 말한다($\binom{어}{44조}$)($\binom{상세는 본장}{제7절 참조}$). 여

---

1) 만기 이외의 어음요건이 백지인 경우 그 백지보충권을 행사할 수 있는 시기는 다른 특별한 사정이
   없는 한 만기를 기준으로 한다(판례 [67]).

기서 지급제시라 함은 완전한 어음을 제시하는 것을 말하므로 그 전에 백지가 보충되어야 한다. 다시 말해 어음금을 지급할 날 또는 그날 이후의 2거래일 내에 보충해야 하는 것이다.

2) 만기가 백지인 어음

만기가 백지인 어음은 소멸시효의 기산점이 없으므로 어음상의 권리가 어음시효로 소멸한다는 일이 있을 수 없다. 그러므로 이 경우에 보충권은 보충권 자체의 제척기간 내에 행사하여야 한다. 그리고 이 제척기간이 경과하면 백지를 보충할 길이 없으므로 어음상의 권리는 불발생한 상태로 확정된다. 그렇다면 제척기간의 기산점은 언제이고 제척기간은 얼마인가라는 문제가 제기된다.

i) 기 산 점   판례는 만기를 백지로 한 약속어음의 보충권의 소멸시효는 다른 특별한 사정이 없는 한 그 어음발행의 원인관계에 비추어 어음상의 권리를 행사하는 것이 법률적으로 가능하게 된 때부터 진행한다고 보고 있다(판례[67]). 예컨대 2022년 1월부터 수차에 걸친 물품매매 대금의 지급을 담보하기 위해 만기와 금액을 백지로 하는 어음을 발행하였는데, 2022년 12월 31일에 거래가 종료되었다면 보충권은 2022년 12월 31일부터 행사할 수 있다고 보는 것이다(대법원 1997. 5. 28. 선고 96다25050 판결의 사실관계와 같음). 판례는 이같이 원인관계에 의존해서 기산점을 정하므로 기산점에 관해 당사자가 특약을 할 수 있다고 본다(판례[67]). 이같이 풀이하면, 제척기간이 경과한 후에 만기가 보충된 어음을 취득한 자의 보호가 문제되는데, 이 역시 후술하는 부당보충의 항변문제로 다루어야 할 것이다. 즉 발행인은 제척기간이 경과한 후에 만기가 기재되었음을 중대한 과실 없이 알지 못하고 어음을 취득한 자에게는 제척기간의 경과를 가지고 대항할 수 없는 것이다(판례[68]).

ii) 행사기간   보충권의 행사기간에 관해서도 법에 명문으로 정한 바가 없으므로 다양한 견해가 제시되고 있다. a) 보충권은 형성권이고, 형성권의 시효는 20년이므로 보충권의 시효 역시 20년이라는 설(민 162조 2항)(과거의 통설. 서·정 175; 정무동 539), b) 보충권을 어음채무자에 대한 채권의 일종으로 보고 일반 채권의 시효에 따라 10년이라고 하는 설, c) 백지어음의 원인채권과 연결시켜 원인채권이 민사채권이면 10년, 상사채권이면 5년의 시효에 걸린다는 설, d) 보충권 자체의 제척기간 또는 소멸시효를 부정하고 주채무자에 대한 어음상의 권리와 같이 3년의 시효에 걸린다는 설(강·임 346; 김정호 260; 김홍기 1042; 서헌제 408; 손주찬 235; 정동윤 235; 주석(Ⅰ), 453; 최기원 350), e) 일람출급의 어음과 같이 보아 제시기간 내에 보충권을 행사해야 한다는 설($^{정찬}_{형\ 151}$)이 있다.

최근에는 d)로 통일되어 가는 경향을 보이며, 이 설을 취한 판례가 거듭되고 있다($^{판례}_{[67] \cdot [68]}$). 판례는 백지약속어음에 관한 사건에서, 백지약속어음의 보충권 행사에 의하여 생기는 채권은 약속어음금 채권이고, 약속어음의 발행인에 대한 어음금 채권의 소멸시효는 3년이라는 점을 근거로 제시한다.

각 설의 타당성

a)설: 어음의 시효를 일반채권에 비해 단기로 한 것은 어음채무자들이 일반 채무자들에 비해 엄격한 책임을 지므로 그 책임관계를 신속히 종결하고자 함이다. 그런데 완성어음보다 당사자들에게 주는 불안의 도가 더욱 큰 백지어음에 관해 20년이란 장기간에 걸쳐 어음관계자들을 미확정의 채무에 묶어 놓는 것은 어음관계의 속성에 비추어 타당하지 않다. 한편 20년설은 채권과 소유권 이외의 권리는 20의 소멸시효에 걸린다는 민법 제162조 제 2 항을 근거로 하는 것인데, 민법상 형성권에는 소멸시효가 적용되지 않는다는 것이 통설화되어 있는 점도 20년설의 문제점이다.

b)설: 10년설도 장기간 어음관계자들을 불안하게 한다는 점에서 같은 문제점을 안고 있고 또 보충권을 일반 채권과 같이 다루어야 할 근거도 분명하지 않다.

c)설: 보충권의 원인채권이라면 발행인과 수취인간의 채권을 말하는 것일 터인데, 이들 간의 채권이 민사채권인지 상사채권인지는 그 이후의 어음취득자들이 알지 못하는 바이다. 따라서 원인채권의 성질에 따라 행사기간을 달리하는 것은 수취인 이외의 어음소지인이 보충권을 행사할 때에는 현실적으로 적용하기 어려운 설이다.

e)설: 보충권의 행사기간을 일람출급어음의 제시기간에 맞추는 것은 백지어음의 법률관계를 신속히 종결짓는 장점이 있다. 그러나 백지어음을 일람출급어음과 같이 보아야 할 설득력 있는 이유가 발견되지 않는다.

백지보충권은 기본적으로 어음상의 권리를 행사하기 위한 부수적인 권리라고 할 수 있다. 그렇다면 보충권의 제소기간을 그 주된 권리의 시효와 연결 없이 20년, 10년 등으로 정하는 것은 비논리적이다. 따라서 어음시효와 균형을 맞추어 보충권도 3년 내에 행사해야 한다고 풀이한다($^{(d)}_{설}$).

3) 수   표

수표의 제시기간은 발행일로부터 10일간이다($^{수\ 29조}_{1항}$). 그러므로 발행일 이외의 수표요건이 백지인 수표의 경우에는 이 제시기간 내에 보충해야 한다. 발행일이 백지인 경우에는 어음에 만기가 없는 것과 마찬가지로 제시기간의 기산점을 정할 수 없다. 그래서 판례는 만기가 없는 어음에서와 마찬가지로 백지보충권을 행사할 수 있는 날을 기산점으로 하며, 역시 만기가 백지인 어음에서와 같은 논리로, 백지보충권의 행사로 발행인에 대한 상환청구권(수표금채무)이 생기는 바이니, 상환청구권의 시효와 마찬가지로 백지보충권을 행사할 수 있는 날로부터 6월 내에 행사하여야 한다고 판시하고 있다($\binom{\text{판례}}{[68]}$).

판   례

[67] 대법원 2003. 5. 30. 선고 2003다16214 판결

「…만기를 백지로 한 약속어음을 발행한 경우, 그 보충권의 소멸시효는 다른 특별한 사정이 없는 한 그 어음발행의 원인관계에 비추어 어음상의 권리를 행사하는 것이 법률적으로 가능하게 된 때부터 진행하고($\binom{\text{대법원 1997. 5. 28. 선고 96다25050 판결;}}{\text{동 2001. 10. 23. 선고 99다64018 판결 등 참조}}$), 백지약속어음의 보충권 행사에 의하여 생기는 채권은 어음금 채권이며 어음법 제77조 제 1 항 제8호, 제70조 제 1 항, 제78조 제 1 항에 의하면 약속어음의 발행인에 대한 어음금 채권은 만기의 날로부터 3년간 행사하지 아니하면 소멸시효가 완성되는 점 등을 고려하면, 만기를 백지로 하여 발행된 약속어음의 백지보충권의 소멸시효기간은 백지보충권을 행사할 수 있는 때로부터 3년으로 봄이 상당하고(다만, 만기 이외의 어음요건이 백지인 경우 그 백지보충권을 행사할 수 있는 시기는 다른 특별한 사정이 없는 한 만기를 기준으로 할 것이다), 당사자 사이에 백지를 보충할 수 있는 시기에 관하여 명시적 또는 묵시적 합의가 있는 경우에는 그 합의된 시기부터 백지보충권의 소멸시효가 진행된다고 볼 것이다.…」
※ 同旨: 대법원 1997. 5. 28. 선고 96다25050 판결.

[68] 대법원 2001. 10. 23. 선고 99다64018 판결

「…백지수표의 보충권 행사에 의하여 생기는 채권은 수표금 채권이고, 수표법 제51조에 의하면 수표의 발행인에 대한 소구권은 제시기간 경과 후 6개월간 행사하지 아니하면 소멸시효가 완성되는 점 등을 고려하면 발행일을 백지로 하여 발행된 수표의 백지보충권의 소멸시효기간은 백지보충권을 행사할 수 있는 때로부터 6개월로 봄이 상당하다 할 것이다.

한편, 발행일 백지인 수표의 취득자가 백지보충권의 소멸시효기간 경과 후에 백지를 보충한 경우에 있어서도 수표법 제13조가 유추적용되어 악의 또는 중대한 과실이 없는 한 백지보충권의 소멸시효 경과 후의 백지보충의 항변으로써 대항받지 아니한다고 해석함이 상당하다고 할 것이나, 이 경우에도 그 수표취득자가 스스로 수표상의 권리를 행사하는 것이 법률적으로 가능하게 된 때로부터 새로이 6개월이 경과할 때까지 발행일을 보충하지 않았다면 그 보충권의 소멸시효는 완성되었다고 보아야 할

것이다.

발행인을 피고로 하고 발행일을 백지로 하여 발행된 이 사건 당좌수표를 소외 김 대율이 1992년 6월경 교부받아 1992년 10월경 소외 안영모에게 교부하였고 원고는 1992년 12월경 위 안영모로부터 부동산 매매대금의 지급을 위하여 교부받았으므로 특별한 사정이 없는 한 원고는 위 1992년 12월경부터 발행일의 보충권을 행사할 수 있었음에도 불구하고 그 때부터 6개월 내에 보충권을 행사하지 아니하다가 1997. 1. 7에서야 발행일의 보충권을 행사하였기 때문에 결국 이 사건 당좌수표의 백 지보충권은 시효소멸하였[고], 원고가 뒤늦게 이 사건 당좌수표의 발행일을 보충하여 지급제시하였다고 하여도 이로써 발행인인 피고에 대한 소구권은 발생되지 아니한 다.…」

(4) 보충권의 남용(부당보충)

1) 의   의

보충권의 내용은 보충권의 수여를 위한 계약에 의해 정해지고 수취인은 동 계약에 의해 정해진 대로 보충권을 행사할 의무를 부담한다. 수취인이 수권받은 범위를 초과하여, 가령 수권받은 것은 100만원인데 자의(恣意)로 150만원으로 기 재한 경우 수취인이 이 기재내용대로 권리를 행사할 수 없음은 물론이다. 문제는 수취인으로부터 다시 어음을 취득한 자의 권리가 어떻게 되느냐이다. 보충권수여 계약은 발행인과 수취인 사이의 채권적인 구속에 지나지 않는 것이 아니라 어음 의 권리내용을 정하는 행위이므로 제3취득자도 보충권을 초과하는 권리를 취득 할 수 없음이 원칙이다. 그러나 보충권의 내용은 어음문언에 나타나는 것이 아니 므로 선의로 백지어음을 취득한 자에게까지 이 원칙을 고집할 경우, 백지어음의 유통성을 부인하는 것과 같은 결과를 낳는다. 또 백지어음은 발행인이 수취인에 대해 갖는 신뢰를 바탕으로 발행되는 것인 만큼 자기(발행인)가 둔 신뢰는 자신이 지켜야 한다는 원리에 따라 신뢰의 배반으로 인한 위험은 발행인에게 부담시키는 것이 공평하다. 그래서 어음법 제10조 본문은 「미완성으로 발행한 환어음에 미리 합의한 사항과 다른 내용을 보충한 경우에는 그 합의의 위반을 이유로 소지인에 게 대항하지 못한다」라고 규정하여 보충권이 남용된 어음을 선의로 취득한 자를 보호하고 있다.

기명날인 외의 어떠한 어음요건도 백지로 하여 발행할 수 있으므로 어음법

제10조는 어떠한 어음요건의 백지보충에 대해서도 적용된다.[1] 그러나 가장 흔한 부당보충은 금액에 관해 이루어지므로 이하 금액을 부당보충한 예를 중심으로 하여 설명한다.

2) 적용범위

선의의 제 3 자가 보충권이 남용된 어음을 취득하는 데에는 두 가지 상황을 생각할 수 있다.

첫째는 수취인이 이미 부당보충한 어음을 취득하는 것이다. 예컨대 금액이 백지인 어음의 수취인 乙이 100만원으로 보충해야 함에도 150만원으로 보충하여 A에게 양도하는 경우이다. 이 경우에 어음법 제10조가 적용되는 것은 법문상 의문의 여지가 없다.

둘째는 수취인이 백지인 채로 양도하면서 취득자에게 보충권의 범위를 확대하여 고지해 주는 것이다. 위 예에서 乙이 A에게 150만원의 보충권이 있다고 기망하며 백지어음을 양도하는 것이다. 이를테면 소지인이 부진정한 보충권을 선의로 취득하는 셈이다. 백지어음 자체의 양도가 허용되는 한 유통성보호의 필요성은 완성된 어음과 같이 생각해야 할 것이고, 백지어음의 유통성보호는 보충권에 관한 거래의 안전을 제외하고는 생각할 수 없다. 따라서 부진정한 보충권을 진정한 것으로 오인하고 백지어음을 취득한 자에게도 부당보충된 어음을 취득한 자와 똑같이 어음법 제10조를 적용해야 한다. 일부 이설이 있으나(강·임 342; 김홍기 1041; 장덕조 887; 정찬형 147), 통설은 긍정하는 입장을 취한다.[2] 판례도 이 문제를 정면으로 다룬 적은 없으나, 판례 [69]에서 보듯이 거액의 보충권이 수여된 백지어음을 취득하면서 발행인에게 보충권의 한도를 조회해 보지 않은 것은 중대한 과실이라고 판시한 것은 부진정한 보충권을 취득한 경우에도 어음법 제10조가 적용됨을 전제로 한 것이다.

3) 취득자의 주관적 요건

소지인이 악의 또는 중대한 과실로 인하여 어음을 취득한 때에는 발행인은 부당보충되었음을 이유로 어음채무의 이행을 거절할 수 있다(어 10 조 단). 「악의」란 보충권이 남용된 사실을 알고 취득하거나 백지어음을 취득하여 자신이 보충권을 남용하는 것을 말한다. 어음법 제10조가 말하는 「악의로 어음을 취득한 때」를 "소

---

1) 대법원 1966. 4. 6. 선고 66다276 판결(수취인을 부당보충한 데 대해 어음법 제10조를 적용한 예).
2) 일본에서도 통설·판례이다(平出, 334면; 日最高裁 1961. 11. 24 판결, 民集 15권 10호, 2536면).

지인이 백지어음이 부당보충되었다는 사실과 이를 취득할 경우 「어음채무자를 해하게 된다는 것을 알면서도」 어음을 취득한 때를 말한다"고 함으로써 어음법 제17조 단서의 악의의 항변과 같은 개념으로 설명한 판례가 있으나($\frac{판례}{[70]}$), 그 근거는 의문이다.[1]

경과실은 보호되므로 구체적인 상황에서 중과실이냐 경과실이냐의 판단이 매우 중요하다. 과실의 경중은, i) 이미 부당보충된 어음을 당초 완성어음으로 발행된 것인 줄 알고 취득한 경우, ii) 백지인 채로 부진정한 보충권을 고지 받으며 취득한 경우를 구분하여 달리 판단해야 한다.

전자의 경우에는 외관상 완성어음이므로 통상의 어음거래시에 요구되는 주의를 기울이면 족하다. 판례는 「조금만 주의를 기울였어도 어음의 부당보충된 사실을 알 수 있었음에도 불구하고 만연히 부당보충된 어음을 취득한 경우」에 중과실이 인정된다고 표현하고 있다($\frac{대법원\ 1995.\ 6.\ 30.}{선고\ 95다10600\ 판결}$).

후자의 경우에는 백지어음을 거래하는 것이고 이는 완성어음에 비해 이례적인 거래대상이므로 완성어음을 취득할 경우보다 세심한 주의를 요한다. 특히 어음금액의 진정성에 대해서는 보다 높은 주의를 기울이는 것이 어음거래의 통념이므로 이를 게을리할 경우 중과실이 있다고 보아야 한다. 그리하여 판례는 어음금액이 백지인 어음을 취득한 자가 그 어음의 발행인에게 보충권의 내용에 관하여 조회하지 않았다면 특별한 사정이 없는 한 취득자에게 중대한 과실이 있는 것으로 보고 있다($\frac{판례}{[69]}$).

이상의 두 가지 경우 외에, iii) 당초 백지어음인 줄은 알았으나 정당하게 보충된 줄 알고 부당보충된 어음을 취득하는 상황도 생각해 볼 수 있는데, 이 경우에는 백지인 채로 취득하는 경우($\frac{위\ ii)}{의\ 상황}$)와 동일한 주의를 요구해야 할 것이다($\frac{판례}{[70]}$).

선의·악의 또는 중과실의 유무는 어느 시점을 기준으로 판단할 것인가? 이미 부당보충된 어음을 취득할 경우에는 어음취득시를 기준으로 판단해야 함은 물론이다. 백지인 채로 취득하는 경우에는 어음취득시를 기준으로 할 것인가 백지

---

1) 그러나 동 판례는 이같이 설시하면서도 사안에 대한 판시에 있어서는 해의의 법리를 적용하지 않고, 일반 악의의 법리를 적용한 것으로 보아 해의 부분의 설시에 특별한 의미를 둔 것으로 보이지는 않는다.

를 보충할 때인가라는 의문이 제기된다. 악의·중과실의 유무를 묻는 이유는 취득행위에서의 귀책성의 유무를 묻는 것이므로 어음취득시를 기준으로 해야 한다(통설). 따라서 취득시에 선의이며 중과실이 없는 한, 취득 후 보충권이 남용된 사실을 알았더라도 취득 당시에 알고 있던 내용대로 보충권을 행사하여 어음금을 청구할 수 있으며, 다시 그 어음을 양도할 수도 있다.

소지인이 악의 또는 중과실로 인해 부당보충된 어음을 취득하였다 하더라도 발행인은 자신이 유효하게 보충권을 수여한 범위에서는 어음상의 책임을 져야 한다(판례[70]). 예컨대 어음금액 100만원의 보충권이 수여된 어음을 150만원으로 부당보충하였다면 발행인은 100만원에 대해서는 책임을 져야 하는 것이다.

취득자의 주관적 요건에 관해서는 악의·중과실을 주장하는 자가 증명하여야 한다(정동윤 236).[1)]

판　례

[69] 대법원 1978. 3. 14. 선고 77다2020 판결

「…본건 어음에 관하여 부여된 보충권의 한도액인 금 136,000원을 초과하여 3,500,000원으로 부당보충된 것으로…피고로부터 백지어음부분에 대한 보충권한을 부여받은 위 김경열의 지시에 의하여(김경열이가 원고로 하여금 금액란을 보충하게 하여) 원고가 금액란을 3,500,000원으로 보충하였다는 것이니…피고의 항변내용은 "원고는 고등교육을 받은 자로서 어음거래를 많이 하여 온 경험이 있고 피고가 발행한 유가증권을 위 김경열로부터 여러 차례 교부받아 그것이 결제되었었는데, 본건 어음과 같이 금액란이 백지로 발행된 적은 없었으며 본건 어음에 보충된 금액이 금 3,500,000원이나 되는 거액이고, 또 원·피고는 서로 아는 처지로서 본건 어음과 같은 경우에는 전화 등으로 백지어음이 발행된 사실과 금액의 보충한도를 쉽게 조회하여 확인할 수 있었음에도 불구하고 이를 하지 아니하고 원고가 본건 어음을 취득한 것은 중대한 과실에 인한 것이다"라는 것이고…

그런데 백지어음의 백지부분을 두 가지 유형으로 나누어 보면 하나는 가장 중요한 사항인 어음금액에 관하여 또 그 범위가 한정되는 것이 통상적인 사항이 백지로 된 경우이고, 또 하나는 그다지 중요하지 아니한 사항으로서 한정되지 않는 것이 통상적인 그 밖의 사항, 특히 수취인이 백지로 된 경우 등인바, 어음금액이 백지로 된 전자의 백지어음을 본건의 경우처럼 원고가 그를 취득할 당시에 위 김경열의 지시에 의하

---

1) 日最高裁 1967. 3. 14 판결, 民集 21권 2호, 349면.

여 원고 자신이 본건 어음금액란을 보충한 경우에 있어서 원고가 보충권의 내용에 관하여 본건 어음의 기명날인자(피고)에게 직접 조회하지 않았다면 특별한 사정이 없는 한 취득자인 원고에게 중대한 과실이 있는 것이라고 보아야 할 것이[다.]…」

※ 同旨: 대법원 1995. 8. 22. 선고 95다10945 판결.

[70] 대법원 1999. 2. 9. 선고 98다37736 판결

「어음법 제10조가 규정하는 '악의로 어음을 취득한 때'라 함은 소지인이 백지어음이 부당보충되었다는 사실과 이를 취득할 경우 어음채무자를 해하게 된다는 것을 알면서도 어음을 양수한 때를 말하고, '중대한 과실로 인하여 어음을 취득한 때'라 함은 소지인이 조금만 주의를 기울였더라면 백지어음이 부당 보충되었다는 사실을 알 수 있었음에도 불구하고 그와 같은 주의도 기울이지 아니하고 부당 보충된 어음을 양수한 때를 말한다(대법원 1995. 6. 30. 선고 95다10600 판결 참조).

…피고 회사의 자금사정이 어렵게 되자 피고 회사의 당시 대표이사이던 소외 홍건천이 1995. 8경 소외 현정환에게 금 10,000,000원 내지 금 20,000,000원 정도의 어음할인을 의뢰하면서 어음금액과 발행일, 지급기일, 수취인을 각 백지로 한 이 사건 약속어음 3장을 발행하고, 현정환으로 하여금 제 3 자로부터 할인할 돈을 받으면서 그 금액에 맞추어 이 사건 각 약속어음의 어음금액란을 보충하도록 한 사실, 현정환은 그 약속어음 중 한 장에는 발행일 1995. 9. 12, 액면 금 105,000,000원, 지급기일 1995. 12. 18로, … 다른 약속어음 한 장에는 발행일 1995. 10. 5, 액면 금 100,000,000원, 지급기일 1996. 12. 19로, 나머지 약속어음 한 장에는 발행일 1995. 10. 5, 액면 금 100,000,000원, 지급기일 1995. 12. 26로 기재하[고]…, 현정환은 피고를 위하여 이 사건 약속어음들을 할인하지 아니하고, 1995. 말 일자불상경 현정환의 원고에 대한 기존 차용금 채무의 변제를 위하여 이 사건 약속어음들을 배서 양도하여 원고가 이를 소지하게 되었는데….

원고는 이 사건 약속어음들을 취득할 당시에 이 사건 약속어음이 어음금액란을 백지로 발행되어 현정환이 이를 보충하였음을 알고 있음을 자인하였고, 거기에 원심이 인정한 사실관계 특히 종전에 현정환이 피고 회사 발행의 액면 금 10,000,000원 내지 20,000,000원 정도의 어음에 대하여 원고에게 할인을 의뢰한 일이 있었을 뿐 피고 회사로부터 이 사건 각 약속어음과 같은 거액의 약속어음을 취득한 일이 없었음에도 이 사건에서는 현정환이 이 사건 각 약속어음을 취득하여 원고에 대한 자신의 채무 변제를 위하여 원고에게 양도하였다는 사실 및 원고가 현정환의 자금사정 등을 잘 알고 있었음에도 불구하고 피고 회사에 대하여 현정환에게 어느 금액 범위 안에서 이 사건 각 약속어음의 어음금액란을 보충할 권한을 부여하였는지 전혀 확인하지 아니하였던 사실 등을 종합하여 보면 이 사건에서 원고가 조금만 주의를 기울였더라면 이 사건 약속어음들이 부당 보충되었다는 사실을 알 수 있었음에도 불구하고 그와 같은 주의도 기울이지 아니하고 부당 보충된 이 사건 약속어음들을 양수하였다고 할 수 있으므로 결국 원심이 피고의 항변이 이유 있다고 판단한 것은 정당하다.

그러나 비록 소지인이 악의 또는 중과실로 부당 보충된 어음을 취득하였다 하더라도 발행인은 자신이 유효하게 보충권을 수여한 범위 안에서는 당연히 어음상의 책임을 져야 할 것이다.」

4) 불완전어음의 취득

백지어음이 아니라, 당초 요건이 흠결되어 무효인 어음을 백지어음인 줄 알고 취득한 경우 그 효력이 문제된다. 예컨대 甲이 백지어음을 발행할 의사에서가 아니라 실수로 금액란을 기재하지 아니하고 乙에게 어음을 발행하였는데, 乙이 100만원의 보충권이 있는 어음이라 기망하며 A에게 양도한 경우와 같다. 이 경우 권리외관론에 의해 발행인이 어음상의 책임을 져야 한다고 설명하기도 하나 $\binom{정동}{윤\ 277}$, 이 문제는 앞서 설명한 백지어음의 판단기준과 증명책임에 관한 문제로 풀어야 한다. 판례가 취하는 주관설에 의하면 이 어음은 백지어음이 될 수는 없으나, 발행인이 백지어음이 아니라 불완전 어음임을 증명해야 한다. 그리고 통설인 절충설에 의하면, 이 어음이 백지어음으로서의 외관을 갖추고 있어 취득자의 과실을 인정하기 어렵다면 백지어음을 취득한 것으로 보아야 한다.

5) 배서인에 대한 적용

부당보충의 항변을 제한하는 어음법 제10조는 일견 발행인을 적용대상으로 한 것이다. 그러면 백지어음에 배서한 자는 부당보충된 어음에 관해 어떤 지위를 갖느냐는 의문이 제기된다. 이미 부당보충된 어음에 배서한 자가 부당보충된 내용에 따라 책임져야 함은 어음행위독립의 원칙상 당연하다. 문제는 부당보충되기 이전에 백지어음인 상태에서 배서한 자의 책임이다. 예컨대 甲이 乙에게 100만원의 보충권을 수여한 백지어음을 발행하고 乙이 이 어음을 A에게 배서양도하였는데, A가 150만원으로 부당보충하여 선의인 B에게 배서양도한 경우 甲은 어음법 제10조에 의해 부당보충의 항변이 제한되지만, 乙은 B에 대하여 항변할 수 있느냐는 문제이다. 백지어음의 발행인에게 부당보충의 항변을 제한하는 타당근거는 백지어음을 발행하는 자는 부당보충을 예상할 수 있는 바이므로 아울러 그 위험을 부담하는 것이 형평에 부합하기 때문이다. 그렇다면 백지어음에 배서하는 자역시 같은 예상이 가능한 만큼 같은 위험을 부담시키는 것이 타당하다. 즉 어음법

제10조는 백지어음에 배서한 자에게도 유추적용되어야 한다.

6) 부당보충자의 책임

한편 백지어음을 부당보충한 자는 어떤 책임을 지느냐는 문제가 있다. 발행인에 대해 채무불이행 또는 불법행위로 인한 책임을 지는 것은 별론하고, 자기의 후자에 대해 어떤 내용의 어음상의 책임을 지느냐이다. 역시 부당보충을 해서 양도한 경우와, 백지인 채로 양도한 경우를 나누어 보아야 한다. 부당보충해서 양도한 경우에는 완성된 어음을 양도한 것이므로 어음행위독립의 원칙에 따라 자신이 보충한 내용대로 책임져야 함은 물론이다. 백지인 채로 양도하며 부진정한 보충권을 고지한 경우에는 자신이 기명날인(또는 서명)한 어음면에 부당보충된 내용이 명문화되어 있는 것은 아니다. 그러나 보충권이 백지어음에 화체되어 이전된다는 점을 고려하면 백지어음에 기명날인(또는 서명)할 때에 보충권도 포함시킨 채 기명날인(또는 서명)한 것으로 보아야 하므로 역시 추후 취득자가 부당보충한 내용에 따라 책임져야 한다($\binom{최기원}{351}$). 어음의 취득자가 재차 부당보충한 경우, 예컨대 당초 100만원의 보충권을 취득한 乙이 150만원의 보충권이 있는 것으로 하여 A에게 양도하였는데, A가 다시 200만원으로 보충한 경우에는 앞서 배서인에 관해 설명한 바와 같은 논리에서 양도인은 재차 부당보충된 내용에 따라 책임져야 한다.

(5) 보충과 어음행위의 효력발생

1) 기존어음행위의 효력

백지어음은 기술한 바와 같이 완성어음이 아니므로 백지어음에 한 인수·배서·보증 등의 어음행위는 보충할 때까지는 어음행위로서의 효력을 발휘하지 못한다. 백지를 보충하면 비로소 각 행위의 내용에 따라 효력을 발생한다. 그러므로 백지상태에서 한 어음행위는 보충시까지 효력을 유보한다고 말할 수 있다.

2) 어음행위의 효력발생시기

백지어음에 한 모든 어음행위가 보충에 의해 효력을 발생하는데, 어느 시기에 효력을 발생하느냐는 문제가 제기된다. 기준이 될 만한 시기는 당초 어음행위를 한 때와 보충을 한 때라는 두 가지 시점이 있다. 예컨대 2022년 3월 1일에 甲이 乙에게 만기를 2022년 5월 31일로 하고 금액을 백지로 한 약속어음을 발행하였는데, 乙이 2022년 4월 1에 A에게 배서하고 A는 이 어음의 금액란을 2022년 6

월 10일에 보충하였다고 하자. 그러면 A의 보충에 의해 乙의 배서가 효력을 발생하는데, 원래의 배서한 날인 2022년 4월 1일에 효력을 발생하느냐, 보충시인 2022년 6월 10일에 효력을 발생하느냐라는 문제이다. 전자로 본다면 별 문제가 없으나, 후자로 본다면 乙의 배서는 기한후배서가 되어 지명채권양도의 효력(어음 20조 1항)밖에 없게 된다.

```
2022. 3. 1        2022. 4. 1        2022. 5. 1        2022. 6. 10
+-------------------+-------------------+-------------------+----------------
   발  행            배  서            만  기            보  충
```

이 점에 관하여 학설은 원래의 행위시에 효력이 발생한다는 소급설(김정호 261; 최기원 359)과 백지를 보충한 때에 효력이 발생한다는 비소급설(통설)로 나뉜다. 한때 판례는 비소급설의 입장에서 위 예에서의 배서를 기한후배서로 보았다(대법원 1965. 8. 31. 선고 65다1217 판결외 다수). 그러나 현재의 판례는 소급·비소급의 용어는 쓰지 아니하고 단지 어음행위의 성립시기와 보충시기(효력발생시기)를 구분하여 어음 행위는 보충에 의해 효력이 발생하나, 어음행위의 성립시기는 어음행위 자체의 성립시기로 결정하여야 한다고 판시하며 위 예와 같은 사안에서 기한후배서가 되지 않는다고 한다(판례[71]). 지금은 비소급설도 판례와 같은 결론을 내리고 있다(정동윤 237; 정찬형 153). 결과적으로 이론구성이 다를 뿐 소급설과 비소급설은 실질적인 차이가 없다고 할 수 있다.

판　례

[71] 대법원 1971. 8. 31. 선고 68다1176 전원합의체 판결

「…피고가 소외 오충환에게 금액 50,000원, 만기 1966. 1. 20, 지급지와 발행지 모두 대전시, 지급장소 한일은행 대전지점, 지급받을 자 란 공백, 발행일 1965. 12. 13인 백지약속어음 1장을 발행교부하고, 오충환은 소외 최종인에게, 최종인은 소외 남광옥에게 그 무렵 각각 인도양도하고, 1966. 1. 10 남광옥은 원고에게 배서양도하고, 그 소지인이 된 원고가 1967. 8. 24 위 공백부분에 지급받을 자의 성명을 남광옥으로 기입보충하였다는 것인바, 백지어음에 있어서 백지의 보충시와 어음행위 자체의 성립시기와는 엄격히 구별하여야 할 문제로서, 백지의 보충 없이는 어음상의 권리를 행사할 수는 없으나, 어음행위의 성립시기를 곧 백지의 보충시로 의제할 수는 없는 것이

며, 그 성립시기는 그 어음행위 자체의 성립시기로 결정하여야 할 것이다. 그렇다면, 그 보충이 1967. 8. 24에 된 1966. 1. 20 만기의 이 사건 어음에서 1966. 1. 10에 이루어진 본건 배서를 기한후배서로 아니 본 원판결은 실로 정당하다. 그러므로 위 판례와 상충되는 당원의 종전판례(1965. 8. 31. 선고 65다1217 판결)에 입각하여 이 사건 배서는 기한후배서로 보고 그 효력은 단지 지명채권양도의 효력밖에 없다고 주장하는 상고논지는 이유 없다.…」

※ 同旨: 대법원 1994. 2. 8. 선고 93다54927 판결.

제 3 절   환어음의 인수

Ⅰ. 의   의

1. 인수제도의 기능

인수란 환어음에 기재된 내용에 따라 어음금을 지급할 채무를 부담하는 지급인의 어음행위이다. 환어음의 지급인은 발행인이 일방적으로 기재할 뿐이므로 지급인으로 기재되어 있다는 사실 자체만으로 지급할 채무를 부담하는 것은 아니다. 따라서 만기에 어음금이 지급되리라는 보장이 없다. 그러므로 어음소지인은 자신의 권리를 미리 확정짓고 나아가 어음의 신용도를 높이기 위해 지급인에게 지급의사의 유무를 물을 필요가 있다(인수제시). 이에 대한 답으로 지급인이 지급할 의사를 표명하는 것이 바로 인수이다. 인수를 하면 지급인은 어음금에 관해 주된 채무를 부담하게 된다. 지급인이 지급할 의사가 없다면 인수를 거절할 것이고, 그 때에는 어음소지인은 배서인·발행인 등에게 상환청구권을 행사함으로써 자신의 권리를 속히 확보할 수 있는 것이다($^{어 43조}_{1호}$).

약속어음에는 지급인이 별도로 없으므로 인수라는 행위 역시 있을 수 없고, 수표는 일람출급증권이므로 인수를 인정할 실익이 없는 데다, 법은 수표가 신용증권화하는 것을 막기 위해 인수를 금지하고 있다($^{수}_{4조}$). 요컨대 인수는 환어음에만 있는 제도이다.

어음법에서는 인수를 한 지급인을 아직 인수를 하지 아니하였거나 인수를 거절한 지급인과 구별하여 특히 「인수인」이라 부르는 경우가 많음을 주의하여야 한다.

2. 인수의 법적 성질

인수는 지급인의 단독행위이다(통설).[1] 이와 달리 인수는 서면에 의한 행위와 더불어 인수인·제시자 간의 교부계약에 의해 성립한다는 설이 있다(정동윤 239; 정찬형 253; 최기원 371). 교부계약설을 주장하는 학자들은 어음의 발행과 배서에 관해 교부계약설을 취하고 있으며 이 설명을 연장하여 인수도 교부계약으로 풀이하지만, 설혹 발행·배서를 교부계약으로 본다 하더라도 그 논리를 인수에까지 연장함은 무리이다. 인수인과 제시자 간에 교부계약이 있다고 하기 위해서는 인수인이 어음을 점유하고 있어야 하며, 그러기 위해서는 어음의 제시자가 지급인에게 인수를 위해 어음을 제시할 때에 어음의 점유가 제시자로부터 지급인에게 이전된 것으로 보아야 한다. 그러나 어음의 제시는 문자 그대로 어음을 보여주는 것이지, 점유를 이전하는 것이 아니다. 교부계약설은 지급인이 인수를 위한 서면행위를 하는 동안 어음이 제시자의 손을 떠나 지급인의 수중에 머무는 물리적 현상을 가리켜 어음의 점유가 지급인에게 옮겨진다고 보는 듯하나, 이는 법적 개념으로서의 점유가 아니다. 지급인이 인수의 서면행위를 하는 동안에도 어음의 점유자는 제시자이다.

요컨대 인수인이 어음에 관련해 하는 행위는 오로지 서면행위, 즉 인수를 위한 기명날인(또는 서명)뿐이며, 제시자와의 사이에 의사의 합치로 볼 요소가 전혀 없다. 인수제시는 어음의 소지인뿐 아니라 단순한 점유자도 할 수 있는데(어 21조), 교부계약으로 이해한다면 단순한 점유자가 무슨 자격으로 인수인과 교부계약을 체결할 수 있는지 설명할 길이 없다.

일부 학설은 어음법 제29조 제 1 항(인수를 기재한 지급인이 그 어음을 「반환」하기 전에 인수의 기재를 말소한 경우에는 인수를 거절한 것으로 본다는 규정)을 교부계약의 근거로 보기도 한다(정동윤 240). 그러나 여기서 말하는 어음의 「반환」이란 어음의 점유

---

1) 일본에서도 단독행위설이 통설이다.

를 이전한다는 뜻이 아니다. 어음의 반환시까지 말소할 수 있다고 함은 어음이 지급인의 수중에 있는 동안에는 아직 인수의 서면행위가 종료하지 않은 것으로 본다는 뜻으로 이해해야 한다(어떤 서면행위이든지 서면이 자기 수중에 있는 동안에는 얼마든지 수정·보완·말소가 가능함을 생각할 것).

Ⅱ. 인수제시

1. 의   의

인수제시란 어음의 점유자 또는 소지인이 지급인에 대하여 인수 여부를 최고함을 말한다. 지급인은 인수할 「의무」를 부담하는 것이 아니므로 인수를 청구한다는 것은 있을 수 없고, 단지 인수 여부를 최고할 수 있을 뿐이다.

기술한 바와 같이 지급인이 어음금을 지급한다는 보장이 없으므로 인수제시의 필요성이 강조된다. 제시한 결과 인수가 되면 주채무자가 확정되어 어음의 신용이 높아지고, 인수가 거절되면 만기까지 기다릴 필요 없이 상환청구절차를 밟아 권리를 주장할 수 있기 때문이다.

2. 인수제시의 자유와 예외

인수제시는 보통 소지인의 이익을 위해 하는 것이므로 굳이 이를 강제할 필요가 없다. 그러므로 원칙적으로 인수제시 여부는 소지인의 자유이다($^{어}_{21조}$). 인수제시가 「자유」라 함은 소지인이 인수제시를 하지 않고 있다가 만기에 가서 지급제시하였으나 거절되어 상환청구권을 행사할 때, 상환의무자는 인수제시가 없었음을 이유로 상환의무의 이행을 거절할 수 없다는 뜻이다.

그러나 어음의 내용에 따라서는 반드시 인수제시를 해야 할 경우가 있다. 일람후정기출급어음은 인수제시를 하지 않는 한 만기가 정해지지 아니하므로 만기를 정하기 위해서는 반드시 인수제시를 하여야 한다($^{어\ 23조}_{1항}$). 그리고 지급지가 지급인의 주소와 다른 경우(타지출급어음)에는 만기 전에 지급인에게 지급지에 관한 정보를 주어야 하며, 발행인이 제3자방지급을 기재한 경우 역시 지급인에게 지급을 준비시키기 위해서는 이 「제 3 자방」에 대한 정보를 주어야 하므로 인수제시를 생략할 수 없다($^{어\ 22조}_{2항}$).

3. 인수제시의 명령과 금지

(1) 제시의 명령

i) 발행인은 환어음에 기간을 정하거나 정하지 아니하고 인수를 위한 제시를 명할 수 있다($^{어\ 22조}_{1항}$). 자금관계를 둘러싸고 발행인과 지급인간에 분쟁이 생겨 발행인이 지급인에게 지급할 의사가 있는지 여부를 미리 타진해 보고자 할 때에는 인수제시를 명하면 편리할 것이다. 제시한 결과 지급인이 인수를 거절하면 발행인은 어음의 상환의무를 이행하여 어음관계를 종결짓고, 지급인을 상대로 자금관계에 기한 권리를 신속히 행사할 수 있는 것이다.

ii) 배서인도 기간을 정하거나 정하지 아니하고 인수를 위한 제시를 명할 수 있다($^{어\ 22조}_{4항}$). 배서인은 지급거절로 자신이 상환의무를 이행해야 할 사태를 예상하여 자기 역시 전자에 대한 상환청구권을 조속히 행사하고자 할 경우에는, 이같이 인수를 명령해 두어야 할 것이다. 그러나 배서인은 발행인과 저촉되는 명령을 할 수는 없으므로 후술과 같이 발행인이 기간을 정하지 않고 인수제시를 금한 때에는 인수제시를 명할 수 없고, 발행인이 기간을 정하여 인수제시를 금한 때에는 그 기간 중의 인수제시를 명할 수 없다($^{어\ 22조}_{4항\ 단}$).

여기서 인수제시를 「명령」한다 함은 강제력을 가지고 요구한다는 뜻이 아니라 제시하지 않을 경우 상환청구권이 상실되는 불이익을 준다는 뜻이다. 즉 발행인이 인수제시를 명했음에도 불구하고 어음소지인이 인수제시를 하지 않은 경우에는 만기에 지급거절이 되더라도 발행인을 포함한 모든 어음채무자에게 상환청구권을 행사할 수 없게 되는 것이다($^{어\ 53조}_{2항}$). 그리고 배서인이 인수제시를 명했음에도 불구하고 제시하지 않은 때에는 그 배서인에 대해서 만큼은 상환청구권을 행사할 수 없다($^{어\ 53조}_{3항}$).

(2) 제시의 금지

발행인은 만기에 이르기까지 인수를 위한 제시를 금할 수 있다($^{절대금지:}_{어\ 22조\ 2항}$). 발행인이 만기의 직전까지 지급인에게 어음금지급을 위한 자금을 공급할 형편이 되지 않을 경우, 인수제시를 방치하면 필히 인수의 거절과 상환청구사태로 이어질 것이므로 이를 예방하기 위해 인수제시를 금지할 필요가 있을 것이다. 이같이 제시금지된 어음의 경우 수취인은 순전히 발행인의 신용만을 믿고 취득할 것이고 그 이후의 유통도 상환의무자들의 신용에 의지하여 이루어질 것이다.

또 발행인은 일정한 기간을 정하여 인수제시를 금할 수 있다($^{\text{어 22조}}_{\text{3항}}$). 발행인이 만기 전의 일정 기일까지는 지급인에게 자금을 공급할 수 없을 경우 이같이 할 실익이 있다.

인수제시금지는 발행인만이 할 수 있고 배서인은 할 수 없다.

앞서 말한 일람후정기출급어음, 타지출급어음, 제 3 자방지급어음은 성질상 인수제시가 생략될 수 없으므로 일정 기간 내의 제시금지는 무방하나 절대금지하는 것은 불가능하다($^{\text{어 22조}}_{\text{2항 단}}$). 설혹 이러한 어음에 발행인이 절대금지를 기재했다 하더라도 그 기재는 없는 것으로 보아야 한다(무익적 기재사항).

발행인이 일정 기간 또는 만기에 이르기까지 제시금지한 것을 어기고 인수제시한 경우, 인수가 거절되더라도 상환청구권은 발생하지 아니한다. 그러나 다시 만기에 이르러 지급제시한 결과 지급이 거절된 경우에는 상환청구권의 행사에 지장이 없다.

4. 인수제시의 당사자

(1) 제시자격

인수제시는 어음의 소지인 또는 단순한 점유자가 할 수 있다($^{\text{어}}_{\text{21조}}$). 어음의 유통 중 어느 단계에 있는 자이든 소지인 또는 점유자인 동안 인수제시를 할 수 있다. 어음의 「소지인」이란 적법하게 어음상의 권리를 갖는 자($^{\text{어 16조}}_{\text{1항}}$)를 말하고 「단순한 점유자」란 어음상의 권리의 유무에 불구하고 현재 어음을 점유하고 있는 자를 말한다($^{\text{상세는 352}}_{\text{면 참조}}$). 단순한 점유자도 제시가 가능하므로 어음소지인은 대리권을 수여할 필요 없이 사용인에게 어음을 주어 인수제시를 하게 할 수 있다. 지급제시는 어음의 「소지인」만이 할 수 있음($^{\text{어 38조}}_{\text{1항}}$)에 반해 인수제시는 「단순한 점유자」도 할 수 있게 한 이유에 유념해야 한다. 인수제시란 권리행사가 아니며, 인수를 받았다 해서 인수인에 대한 권리가 단순한 점유자에게 생기는 것이 아니고 소지인에게 생기기 때문이다(이에 반해 지급제시를 해서 지급을 받으면 어음금을 취득하게 되는데, 이는 어음금을 수령할 권원이 있는 자에게 허용할 일이고 단순한 점유자에게 허용할 것은 아니다).

(2) 제시의 상대방

제시의 상대방은 지급인 또는 그 대리인이다. 지급담당자가 기재되어 있는 경우에도 인수제시는 지급인(또는 대리인)에게 하여야 한다. 인수란 지급인의 의사표시를 뜻하는데, 지급담당자는 지급인의 의사표시를 대리할 권능이 없기 때문이다.

지급인이 허무인인 경우에는 제시가 불가능하므로 인수제시를 요하지 않고 상환청구권을 행사할 수 있다고 해야 한다. 그리고 지급인은 인수를 해야 할 어음상의 의무를 지는 자가 아니므로 지급인이 사망하더라도 상속인이 그 지위를 승계하는 것은 아니다. 따라서 지급인이 사망하면 인수가 불가능하므로 인수거절로 보아 인수제시 없이 상환청구를 할 수 있다고 보아야 한다(서헌제 532; 정동윤 243).

지급인이 2인 이상 기재된 경우(중첩적 기재 또는 예비적 기재), 지급제시를 할 때에는 전원에게 해야 한다는 데 이견이 없다. 인수제시도 전원에게 해야 하고, 전원이 인수거절을 할 경우에만 상환청구권을 행사할 수 있다고 보아야 한다(서정 211; 서헌제 532; 정무동 514). 1인이라도 인수를 거절하면 상환청구가 가능하다고 해석하는 것이 다수설이나(김정호 335; 손주찬 279; 손진화 1060; 정경영 1198; 정동윤 243; 정찬형 256; 주석(Ⅱ), 42; 최기원 373), 이같이 해석한다면 지급인의 복수기재를 허용하는 실익이 없다. 다만 선택적으로 기재한 때에는 1인의 인수거절로 족하다고 본다.

5. 인수제시의 시기

인수를 위한 제시는 만기 전에 어느 때나 할 수 있으나, 기술한 바와 같이 제시기간이 법정되어 있을 경우(일람후정기출급어음의 경우) 또는 발행인이나 배서인에 의해 제시기간이 정해져 있을 경우에는 그 기간 내에 하여야 한다. 그 기간이 경과한 후에 제시하더라도 지급인이 인수를 할 경우 그 인수가 유효함은 물론이다.

인수제시는 거래일 내에 하여야 한다($^{어 72조}_{1항 후}$). 거래일이라 하더라도 거래통념 상의 합리적인 시간 내에 하여야 한다(예컨대 새벽 2시에 제시한 것을 유효한 제시라 할 수는 없다). 그리고 지급인이 법령 또는 관습에 의해 영업시간이 정해져 있는 자인 경우($^{예:}_{은행}$)에는 그 영업시간 내에 해야 한다($^{상 63조의}_{유추적용}$).

6. 인수제시의 장소

인수의 제시는 지급인의 주소에서 한다($^{어}_{21조}$). 지급인의 주소에서 하라 함은 그 밖의 장소, 예컨대 지급인의 영업소나 거소에서의 제시가 부적법하다는 뜻이 아니고, 주소에서 제시하였으나 거절된 때 또는 주소에서 제시하였으나 지급인을 찾지 못한 때에는 상환청구할 수 있다는 뜻으로 이해해야 한다. 지급인의 영업소에서 지급인을 만나 제시하였으나 주소가 아니라고 인수를 거절하였다면 이는 인수거절이므로 재차 주소에서 제시할 필요 없이 상환청구할 수 있다. 인수제시란 요컨대 지급인에게 인수의사의 유무를 묻는 것이므로 지급인의 면전에 어음을 제시하는 것이 중요하고 이행의 청구처럼 장소가 중요한 뜻을 갖는 것은 아니기 때문이다.

어음에 지급인의 주소·영업소가 기재되어 있으면 그 주소·영업소 등의 진실성 여부에 불구하고 그 곳에서 제시하면 되고, 그 장소에서 지급인을 찾을 수 없을 경우 적극적으로 그의 주소를 추적할 필요 없이 바로 상환청구할 수 있다($^{거령 3조}_{1항 2호}$).

7. 인수제시의 방법

제시란 지급인이 어음의 기재내용을 시각적으로 파악할 수 있도록 함을 말한다. 따라서 지급인이 어음의 내용을 읽는 동안, 그리고 인수한다면 인수의 기명날인(또는 서명)을 하는 동안 어음의 현물이 제시자로부터 지급인에게 잠시 이동하지만, 그렇다고 점유가 이전되는 것이 아님은 기술한 바와 같다.

8. 유예기간

i) 인수제시가 있을 경우 지급인은 제시자에 대하여 그 다음 날에 「두 번째 제시」를 할 것을 청구할 수 있다($^{어\ 24조}_{1항}$). 아직 지급인이 발행인으로부터 자금을 공급받은 바가 없기 때문에 발행인과 자금관계의 협의를 하고자 할 때 이 제도를 이용함으로써 1일의 시간을 벌 수 있다. 지급인이 인수 여부를 생각해 볼 시간을 갖는다는 뜻에서 「숙려기간」 또는 「고려기간」이라고도 한다. 이 유예기간 동안 제시자는 어음을 지급인에게 교부할 필요가 없다($^{어\ 24조}_{2항}$). 어음을 교부하여 지급인에게 보관시킬 경우, 지급인이 인수를 거절하면서 어음의 반환을 거부할 우려가 있기 때문이다. 법문에서는 「소지인」이라 표현하나, 소지인에 국한하지 않고 「점유자」도 포함하는 뜻이다.

ii) 제시자는 지급인의 두 번째 제시의 청구를 거절할 수 없다. 즉 첫 번째 제시에 대한 인수거절만으로 상환청구권을 행사할 수 없고, 그 다음 날에 두 번째 제시를 하여 재차 거절되었을 때에 상환청구권을 행사할 수 있다. 소지인이 두 번째의 제시까지 하였으나 거절되어 상환청구권을 행사할 때, 상환의무자와의 사이에서 두 번째 제시를 하였느냐는 문제를 놓고 분쟁이 생길 수 있다. 소지인은 두 번째의 제시를 하였다고 주장하고 상환의무자는 소지인이 두 번째의 제시를 하지 않았다고 주장하는 것이다. 또 지급인으로부터 두 번째의 제시의 청구가 있었느냐는 점에 대한 분쟁도 있을 수 있다. 소지인은 지급인이 단순히 인수를 거절하였다고 주장함에 대해, 상환의무자는 두 번째 제시의 청구를 하였음에도 두 번째 제시가 없었다고 주장하는 것이다.

이러한 분쟁에 대비하여 어음법은 정형화된 방법에 의해 증명문제를 완결짓고 있다. 즉 이해관계인은 지급인이 두 번째의 인수제시를 요구한 사실이 거절증서에 적혀 있는 때에 한하여 두 번째의 제시가 없었음을 주장할 수 있다($^{어\ 24조}_{1항\ 후}$). 그러므로 지급인이 상환의무자들의 항변을 가능하게 할 생각이라면 첫 번째의 제시에 대한 거절증서를 작성할 때에 두 번째의 제시를 청구한 사실을 적어야 할 것이다. 이러한 기재가 있으면, 소지인은 두 번째의 제시를 하고 그에 관한 거절증서를 작성하여야만 상환의무자들의 항변을 배척할 수 있다.

Ⅲ. 인수의 방식

1. 지급인과 인수인의 동일성

인수는 어음에 지급인으로 기재된 자가 하여야 한다. 지급인과 인수인의 동일성은 어음에 기재된 명칭으로 판단하여야 할 것인바(형식적 동일성), 완전한 표현의 일치를 요구할 것은 아니나 거래통념상 동일인으로 인식될 수 있어야 한다(^{김정호 337; 김홍기 1070; 서헌제 536; 손진화 1061;}_{장덕조 926; 정동윤 245; 정찬형 264; 최준선 353}). 그러므로 예컨대 어음면에 성명에 의해 지급인으로 지정된 자가 상호를 가지고 인수를 한다면 이는 인수의 거절로 보고 상환청구권을 행사할 수 있다고 해야 한다(형식적 동일설).

지급인과 인수인의 표시가 형식적으로 동일하지 않더라도 실질적으로 동일하다면 족하다는 설도 있다(실질적 동일설)(^{서·정 215; 손주찬 285;}_{송옥렬 551; 최기원 379}). 형식적 동일성만을 고집하여 인수인이 책임을 지지 않게 하는 것보다는 책임을 지게 하는 것이 어음소지인의 보호에 도움이 된다는 것이 주된 이유이다.

그러나 실질적 동일설을 취할 경우 만기에 가서 인수인이 자신이 지급인 아님을 이유로 혹은 지급인이 자신이 인수한 바 없음을 이유로 지급을 거절할 수도 있는데, 이때 실질적으로 동일인이라는 것을 어음소지인이 증명해야 하는 부담이 있을 뿐 아니라, 만기에 이르기까지 상환청구권을 행사하지 못하는 불이익이 따른다.

그러므로 형식적으로 불일치할 경우에는 위 형식적 동일설에 따라 상환청구권이 발생한다고 보아야 하며, 한편 지급인과 인수인이 실질적으로 동일인인 때에는 소지인의 증명부담 하에 인수인으로서의 책임을 물을 수 있다고 해석해야 한다.[1]

2. 기명날인

i) 인수는 환어음에 「인수」 기타 이와 동일한 의의가 있는 글자를 표시하고 지급인이 기명날인(또는 서명)을 하는 방법으로 하여야 한다(^{어 25조}_{1항 1문}). 「환어음」에

---

1) 小橋, 150면.

하라고 함은 인수의 기재를 어음의 앞면 또는 뒷면에 하고, 보충지(보전)에 하지 말라는 뜻이다. 인수란 어음면에 기재된 발행사항을 자신의 채무로 수용하는 의사표시이므로 발행사항과 물리적 일체성을 갖게 하기 위함이다. 보충지에 할 것을 허용할 경우, 다른 용도로 행해진 지급인의 기명날인을 제 3 자가 어음에 접하여 붙여서 인수로 악용할 우려가 있고, 한편 어음소지인이 이 보충지를 분리 제거하고 만기에 이르기 전에 상환청구권을 행사할 우려도 있기 때문이다(거절증서가 면제된 어음은 거절증서 없이 상환청구할 수 있다: 어 46조 1항). 보충지에 하지 못하게 함은 이같이 악용의 소지가 있음을 이유로 한 것이므로 지급인이 진실로 한 것이라면 보충지에 기재되었다고 하여 인수를 무효라 할 것은 아니다.

ⅱ) 인수는「인수」문구를 생략한 채 지급인의 단순한 기명날인(또는 서명)만으로 할 수도 있다. 이를 약식인수라 한다. 약식인수는 어음의 앞면에 해야 한다(어 25조 1항 2문). 어음의 뒷면이나 보충지에 할 경우에는 배서와 혼동되기 때문이다. 그러나 이 역시 인수인이 자신의 인수임을 주장하는 한 그 효력을 부인할 것은 아니다.

3. 인수일자

인수한 일자의 기재는 인수의 요건이 아니다. 그러나 언제 인수하였으냐가 중요한 뜻을 가지는 경우가 있다. 일람후정기출급어음에서는 만기를 정함에 있어 기산점이 되는 동시에 법정의 제시기간을 준수하였느냐는 판단의 기초가 된다. 발행인 · 배서인이 기간을 정하여 인수제시를 명한 어음의 경우에도 인수일자가 기간준수 여부를 판단하기 위한 기초가 된다. 그래서 이러한 어음에 인수할 때에는 인수일자를 적어야 한다. 다만 소지인이 인수일자 대신 제시일자의 기재를 요구한 때에는 제시일자를 적어야 한다(어 25조 2항 전).

기재된 인수일자 또는 제시일자가 사실과 다른 경우 위와 같은 법정기간의 준수여부를 따짐에 있어 기준이 되는 것은 실제의 인수일자 또는 제시일자이고, 기재된 일자가 아니다. 소지인에게 제시일자 또는 인수일자의 보충권을 수여하는 백지인수도 가능하다는 판례가 있으나(대법원 1980. 12. 12. 선고 78다1164 판결), 사실과 다른 제시일자 또는 인수일자가 효력을 가질 수 없는 이상 옳은 판단이 아니다.

인수인이 제시일자 또는 인수일자의 기재를 거부하는 등의 사유로 일자가 없는 때에는 기간준수 여부에 관한 다툼이 있을 수 있다. 그러므로 이런 경우에 상환청구권을 보전하기 위해서는 소지인은 일자거절증서를 작성시켜 일자의 기재가 없었음과 아울러 기간을 준수한 사실을 증명하여야 한다($^{어 25조}_{2항 후}$).

4. 제 3 자방의 기재

어음의 지급지가 지급인의 주소지와 다른 경우 발행인이 제 3 자방을 적었다면 그 제 3 자를 이용하여 지급하면 될 것이나, 그러한 내용을 적지 않았다면 지급인이 지급지에서 지급해야 하므로 부담이 크다. 그러므로 발행인이 제 3 자방을 적지 않은 경우, 지급인은 인수를 하면서 자신이 제 3 자방을 지정·기재할 수 있다. 그에 관하여 적은 내용이 없으면 인수인이 지급지에서 직접 지급하는 것으로 본다($^{어 27조}_{1항 후}$).

어음이 지급인의 주소에서 지급될 것으로 발행된 경우에도 지급인이 자신의 주소에서 지급하는 것을 피하고자 한다면 인수를 함에 있어 지급지 내에 있는 별도의 지급장소 또는 지급담당자를 정할 수 있다($^{어 27조}_{2항}$).

IV. 인수의 단순성

1. 조건부인수의 효력

인수는 조건 없이 하여야 한다($^{어 26조}_{1항 전}$). 여기서 조건이라 함은 발행에 관해 말한 바와 같이 채무부담의 단순성을 해하는 기재를 뜻한다. 어음소지인은 어음에 기재된 문구대로 권리를 행사할 기대를 갖고 어음을 취득하는데, 지급인이 조건을 붙여 인수한다면 소지인에게 예측하지 못한 부담을 주게 되어 부당하다. 그러므로 지급인이 인수에 조건을 붙이고자 할 경우 소지인은 이를 거절하고 상환청구권을 행사할 수 있음은 물론이고, 조건이 붙은 채 인수를 받았다 하더라도 역시 인수가 거절된 것으로 보고 상환청구권을 행사할 수 있다.

그런데 이때 인수인의 책임은 어떻게 되느냐는 문제가 있다. 조건부인 채로 책임을 인정한다면 어음 외의 사항에 의해 어음관계가 좌우되어 어음의 문언성에 반한다는 이유로 책임을 부정하는 설도 있다(^{김정호 340; 김흥기 1072; 손진화}_{1062; 정동윤 247; 최기원 383}). 그러나 어음소지인은 이미 상환청구권을 행사할 수 있으므로 인수인의 책임을 인정한다고 해서 어음관계자의 이익을 해할 리는 없고, 오히려 주채무자를 만들어 줌으로써 어음관계자에게 이익이 된다. 그렇다면 조건부의 책임부담 자체가 사회질서나 강행법규에 어긋나지 않는 한 그 조건대로 책임을 지게 하는 것이 현실적이다(^{서·정 217;}^{서헌제}_{538; 손주찬 288; 송옥렬}_{566; 장덕조 928; 정찬형 267}).

한편 어음법에서는 불단순성(不單純性)의 효력에 관해 다음과 같은 두 가지 특례를 두고 있다.

2. 일부인수

지급인은 어음금액의 일부만을 인수할 수 있다(^{어 26조}_{1항 후}). 예컨대 금액 1,000만원의 어음에 관해 300만원 부분만 인수하고 700만원은 거절하는 것이다. 이같이 일부만을 인수하더라도 특히 어음관계자들을 해할 우려가 없기 때문에 적법한 것으로 인정한 것이다. 이 일부의 금액에 관해서는 유효하게 인수가 이루어졌으므로 소지인은 나머지 금액에 관해서만 상환청구권을 행사할 수 있다.

3. 변경인수

지급인이 어음의 기재사항의 일부를 변경하여 인수한 경우에는 원래의 문구에 관해서는 인수를 거절한 것으로 본다(^{어 26조}_{2항 본}). 따라서 소지인은 바로 상환청구권을 행사할 수 있다. 예컨대 만기를 2022년 3월 15일에서 2022년 5월 15일로 변경하는 것과 같다. 어음의 기재사항이라 함은 어음요건뿐 아니라 유익적 기재사항도 포함한다(예: 이자문구). 그리고 변경한다고 함은 기존의 기재사항의 내용을 변개하는 것뿐 아니라, 새로 삽입하거나 말소하는 것을 두루 포함한다. 어음금액을 변경하는 것은 위에서 설명한 어음금액의 일부에 제한하여 인수하는 것에 포함되므로 본 규정(^{어 26조}_{2항 본})의 적용대상이 아니다.

법상 변경인수는 인수거절로 간주되므로 상환청구권이 발생하지만, 인수인은 자신이 변경한 문구에 따라 책임을 져야 한다($\frac{\text{어 26조}}{\text{2항 단}}$). 위 예에서 인수인은 2022년 5월 15일을 만기로 하는 어음의 주채무를 부담하는 것이다.

V. 인수의 말소

1. 말소의 효력

어음에 인수의 문구를 기재한 지급인이 그 어음을 제시자에게 반환하기 전에 인수의 기재를 말소한 때에는 인수를 거절한 것으로 본다($\frac{\text{어 29조}}{\text{1항 전}}$). 이는 인수의 말소를 허용한다는 뜻을 담고 있으며, 앞서 말한 바와 같이 어음이 지급인의 수중에 있는 동안에는 인수행위가 완료되지 아니하므로 인수의사의 번복을 허용한 것이다. 따라서 인수의 말소는 인수를 철회하는 것이 아니라 아예 인수를 하지 않은 것이다. 다만 어음면에 인수문구의 흔적이 남아 있으므로 그에 관한 법률적 평가를 명문화한 것이다. 한편 인수된 어음이 제시자에게 반환된 후에는 말소는 물론 철회도 있을 수 없다($\frac{\text{어 29조 1항 전}}{\text{단의 반대해석}}$).

말소된 인수를 놓고 추후에 어음의 반환 전에 인수인이 말소한 것이냐 반환 후에 말소한 것이냐는 다툼이 있을 수 있다. 인수의 말소는 어음의 반환 전에 한 것으로 추정한다($\frac{\text{어 29조}}{\text{1항 후}}$). 말소에 대해서는 모든 어음소지인이 소극적인 이해를 가지므로 지급인이 어음을 반환한 후에는 인수문구에 그의 손이 미칠 수 없다고 보는 것이 자연스럽기 때문이다.

2. 어음 외의 인수통지

지급인이 어음을 반환하기 전에 인수를 말소하였더라도 어음소지인이나 다른 어음채무자에게 서면으로 인수를 통지한 때에는 그 통지받은 상대방에 대하여 인수의 문구에 따라 책임을 진다. 인수를 통지함으로써 상대방의 신뢰가 생기는데, 말소를 이유로 인수거절을 주장함은 권리남용에 해당한다고 볼 수 있기 때문

이다.[1)]

제29조 제 2 항의 법문이 「제 1 항에도 불구하고」라고 표현하므로 이 규정은 인수를 했다가 어음을 반환하기 전에 인수문구를 말소한 지급인이 다시 인수의 통지를 한 때에만 적용되는 듯이 읽히고, 판례도 그같이 해석한다($\binom{판례}{[72]}$).[2)] 하지만 인수의 문구를 기재한 바가 없는 지급인이 어음외의 서면으로 인수의 뜻을 통지한 경우에도 소지인 등의 신뢰를 보호할 필요는 있으므로 제29조 제 2 항이 적용된다고 보아야 한다. 흔한 예로 무역거래에서 신용장개설은행(무역어음의 지급인)이 환어음의 발행인에게 지급일을 통지함으로써 인수의 뜻을 표하는데, 이 경우에는 개설은행에게 제29조 제 2 항을 적용하는 것이 합리적인 해석이라고 본다($\binom{판례 [72]는 이같은 상황에}{서\ 반대의\ 결론을\ 내었다}$).

당초 말소한 문구와 인수통지를 한 문구의 내용이 상위할 경우(예컨대 말소한 문구는 일부인수이고, 통지한 문구는 전부인수일 경우) 지급인은 어느 내용에 따라 책임을 져야 하는가? 소지인의 신뢰의 근거가 되는 것은 인수통지를 한 문구이므로 그 내용에 따라 책임을 지우는 것이 합리적이라 생각되나, 판례는 말소된 문구에 따라 책임을 져야 한다는 입장인 것으로 이해된다.[3)]

> ### 판 례

[72] 대법원 2008. 9. 11. 선고 2007다74683 판결

「…어음법 제29조 제 2 항은… '전항의 규정에도 불구하고'라는 문구를 두고 있음에 비추어 같은 조 제 1 항에서 규정하는 것처럼 환어음에 인수를 기재한 지급인이 그 어음을 반환하기 전에 인수의 기재를 말소하였음에도 소지인 등에게 서면으로 인수의 통지를 한 때에는 어음에 기재된 말소 전의 인수 문언에 따라 책임을 진다는 취지를 규정한 것으로 해석함이 상당하므로, 만일 지급인이 환어음에 인수 문언의 기재 및 기명날인 등을 하지 아니한 채 소지인 등에게 인수의 통지를 한 경우에는 그 지급인에 대하여 어음법 제29조 제 2 항에 따른 어음상의 책임을 물을 수는 없다.

위 법리와 기록에 비추어 살펴보면, 대한민국 법인인 원고 은행[신한은행]이 수익자인 리플렉스 및 리조스로부터 이 사건 각 백투백신용장에 터잡아 발행된 환어음과 선적서류 등을 매입한 후 이 사건 각 백투백신용장을 개설한 대한민국 법인인 피고

---

1) Bülow, §29 Rn. 8, 9.
2) 前註의 해석도 같은 취지이다.
3) 前註의 해석도 같다.

은행[우리은행]의 방글라데시 다카지점에 이를 송부·제시함에 따라 피고 은행 다카
지점이 서류송부은행인 원고 은행에게 그 환어음의 만기를 확정하면서 이 사건 각 백
투백신용장의 개설조건인 이 사건 특수조건과 동일하게 해당 마스터신용장 대금을
지급받는 것을 조건으로 하여 그 환어음을 인수하겠다는 취지를 통보한 사실을 알 수
있기는 하나, 피고 은행 다카지점이 이 사건 각 백투백신용장에 기한 해당 환어음에
'인수' 기타 이와 동일한 의의가 있는 문자로 표시하고 기명날인 또는 서명을 …하였
음을 인정할만한 아무런 자료가 없으므로, 피고 은행이 …이 사건 각 백투백신용장에
터잡아 발행된 환어음을 인수 내지 조건부로 인수하였다고 볼 수 없음은 물론, 피고
은행이 어음법 제29조 제 2 항에 따라 인수의 문언에 따른 책임을 겨야 한다고 볼 수
도 없다.」

어음법 제29조 제 2 항은 지급인에게 금반언의 책임을 묻는 것이지, 인수한
것으로 의제하는 것은 아니다. 그러므로 소지인은 이 경우의 지급인에 대한 책임
추궁이 주효하지 않을 때에는 물론, 처음부터 이를 무시하고 상환청구권을 행사
할 수 있다.

지급인은 통지한 상대방에 대해서만 책임을 지는데, 그 상대방에게 책임을
이행한 후 그 전자에 대해 어떤 권리를 갖느냐에 대해 법에 명문의 규정이 없다.
지급인이 상대방에 대해 책임을 이행할 때 배서양도받는 방식으로 어음을 환수한
경우에는 스스로 지급거절을 하고 발행인 등 모든 전자에 대해 상환청구권을 행
사할 수 있다. 그렇지 않고 단지 어음금을 지급하고 어음을 환수한 경우에는 어음
의 소지인이 아닌데다, 지급거절이 없으므로 상환청구권을 행사할 수 없다고 본
다. 다만 발행인과의 관계에서는 자금관계에 기한 권리를 행사하거나, 자금관계
에 관한 약정이 없을 경우에는 이득상환의 법리($\frac{어}{79조}$)로 해결해야 할 것이다.

Ⅵ. 인수 또는 거절의 효력

i) 지급인이 어음을 인수하면 그가 어음금 지급에 관한 주채무자가 되어 모든
어음관계자에게 책임을 진다. 그리하여 인수인이 만기에 지급하지 아니하여 상환
청구절차가 진행되면 최후로 다시 인수인에게 지급책임이 돌아온다. 발행인에 대
하여도 어음상의 책임을 부정할 수 없다. 다만 자금관계상의 항변사유가 있다면

발행인에 대해서만 주장할 수 있을 뿐이다.

　이러한 인수인의 책임은 약속어음의 발행인의 책임과 같이 의사표시에 의한 책임이다. 이 점 환어음의 발행인 및 배서인의 담보책임이 법정책임인 것과 구별된다.

　ii) 지급인이 인수를 거절하면 지급인은 어음관계에서 이탈하고 어떤 책임도 지지 아니한다. 자금관계상 발행인에 대해 채무불이행이 되는 수가 있겠으나, 이는 어음 외의 관계로서 어음에 영향을 미치지 아니한다.

　인수가 거절되면 만기까지 어음금의 지급을 기다린다는 것이 무의미하므로 소지인은 바로 전자들을 상대로 상환청구할 수 있다($^{어 43조}_{1호}$).

제 4 절 　 배 　 　 서

Ⅰ. 어음의 지시증권성(指示證券性)

1. 배서제도의 기능

　어음은 지시식으로 발행하지 아니한 경우에도 배서에 의해 양도할 수 있다($^{어 11조 1항,}_{77조 1항 1호}$). 이를 어음의 「당연한 지시증권성」이라 한다. 이같이 어음을 배서에 의하여 양도할 수 있음은 다음과 같은 이유에서 어음의 본질을 이루는 장점이라 할 수 있다.

　배서라는 제도가 없다면, 어음은 금전채권이므로 일반 지명채권의 양도방법($^{민}_{450조}$)에 의해 양도해야 한다. 지명채권의 양도방법(대항요건)이란 채권자와 양수인이 양수도의 합의를 하고 채무자에 대해 양도사실을 통지하거나 또는 채무자가 양도를 승낙하는 것으로서, 공시방법으로서는 불완전하기 그지없다. 누가 누구에게 채권을 가지고 있는지, 누구로부터 누구에게 채권이 이전되었는지 외부에서는 쉽사리 알 수 없기 때문이다. 더욱이 채권의 양도에는 선의취득이 허용되지 않으므로 채권은 채권자와 채무자를 개인적으로 신뢰할 수 있는 매우 좁은 범위의 사람들 사이에서만 유통될 것이다. 보다 치명적인 약점은 원칙적으로 채무자는 채권자에게 대항할 수 있는 모든 사유로써 양수인에게 대항할 수 있다는 점이다($\frac{민}{451조}$). 그 결과 채권의 양수인은 채권자와 채무자 사이의 권리관계를 정확히 파악해야만 채권의 가치를 평가할 수 있다. 이 같은 점들을 볼 때 일반 지명채권의 경우 다수인간의 유통은 당초 기대할 수 없는 것임을 알 수 있다.

어음의 배서는 지명채권양도의 이 같은 단점들을 모두 보완해 준다. i) 우선 통지·승낙 등으로 채무자와 연결지음이 없이 어음을 배서만으로 양도·양수할 수 있으므로 어음의 양도절차가 간편하고 신속하게 이루어진다. ii) 어음의 유통 순으로 배서와 함께 어음이 교부되므로 어음의 유통과정 및 현재의 권리의 소재가 명확히 공시되어 권리취득의 확실성을 기할 수 있다. iii) 선의취득이 인정되므로($\frac{어16조}{2항}$) 어음취득자는 어음유통과정에 개재된 당사자들의 권리이전의 이상 여부를 고려할 필요 없이 자신과 양도인의 거래에만 주의를 기울이면 된다. iv) 인적 항변이 절단되므로($\frac{어}{17조}$), 어음취득자는 전단계 어음거래에 있어서의 원인관계에 의해 영향받지 않고 어음의 문구에 따른 권리를 취득한다. v) 어음유통의 중간단계에 참가한 배서인들이 어음금지급에 대한 담보책임을 지므로 어음소지인은 어음금변제에 관하여 높은 가능성을 보장받는다.

배서에 의해 이같이 어음의 유통성이 보장 및 강화되므로 이를 토대로 어음의 발행 후 재차 신용창조기능을 발휘할 수 있으며, 그것이 가능하다는 전제 아래 어음의 발행이 가능한 것이다. 그리고 보면 배서제도는 단순히 어음의 양도방법이란 의미를 넘어 어음의 지급수단으로서의 존재가치를 결정해 주는 가장 핵심적인 요소라 할 수 있으며, 이 점이 어음을 당연한 지시증권으로 한 이유이다.

2. 배서 외의 양도방법

i) 배서는 상술과 같이 어음제도를 이용하는 자에게 커다란 편익을 주지만, 어음소지인이 배서의 이점을 포기하고 일반 지명채권의 양도방법에 따라 양도하는 것도 무방하다(통설)($\frac{대법원 1996. 4. 26.}{선고 94다9764 판결}$). 지명채권의 양도방법을 이용할 때에도 통지·승낙 외에 어음의 교부가 있어야 한다. 인적 항변의 절단이나 선의취득은 배서에 의해 양도할 경우에 주어지는 효력이므로 지명채권의 양도방법으로 양도할

때에는 이 제도가 적용되지 아니한다. 어음채무자는 양수인에게 양도인에 대한 인적 항변으로 대항할 수 있고, 따라서 어음채권의 행사는 어음채무자와 양도인 사이의 원인관계의 효력에 따라 제한될 수 있다(대법원 2003. 4. 22. 선고 2001다18094 판결; 동 2015. 3. 20. 선고 2014다83647 판결).

지명채권의 양도방법으로 양도되었다 하더라도 어음의 성격을 잃는 것은 아니므로 양수인은 배서에 의해 양도할 수 있다고 보아야 한다. 다만 이 경우 배서가 불연속하는 결과 어음소지인은 자신이 적법한 소지인임을 어음 외적인 방법으로 증명해야 하는 불이익을 입는다.

한편 후술하는 배서금지어음은 당초 배서의 편익을 배제하기 위해 발행된 어음으로서, 지명채권의 양도방법에 의해서만 양도할 수 있다.

ii) 수취인이 백지인 백지어음(어 10조), 백지식배서에 의해 취득한 어음(어 13조 2항)은 배서에 의하지 않고 어음의 교부만으로 양도할 수 있다.

iii) 어음도 상속·합병과 같은 포괄승계 또는 경매·전부명령의 대상이 되고 이 경우 배서 없이 이전됨은 물론이다. 그러나 그 이후의 소지인은 다시 배서에 의해 양도할 수 있다. 이 경우에는 지명채권의 양도방법에 의해 양도하는 경우와 마찬가지로 취득자가 배서에 의한 양도에서와 같은 효력, 즉 담보적 효력이나 자격수여적 효력을 누릴 수 없다(대법원 2015. 3. 20. 선고 2014다83647 판결).

3. 배서금지어음

(1) 의   의

어음은 당연한 지시증권이나 발행인의 의사에 의해 지시증권성을 배제할 수 있다. 발행인이 어음에 '지시금지'의 글자 또는 이와 동일한 의의가 있는 문구를 적은 경우에는 배서에 의해 양도할 수 없고 지명채권의 양도방법과 지명채권양도의 효력으로써만 양도할 수 있다(어 11조 2항, 77조 1항 1호). 이를 지시금지어음 또는 배서금지어음이라 한다.

배서금지어음은 발행인이 수취인에 대해 갖고 있는 항변이 어음의 양도에 의해 차단되는 것을 원하지 않을 때에 이용할 수 있다. 예컨대 甲이 乙로부터 부동산을 매수하고 대금조로 약속어음을 발행하였지만, 계약의 불이행이 염려될 경우에는 대금조로 주는 어음을 배서금지어음으로 해 두면 후에 乙이 부동산소유권을 이전해주지 않을 경우 항변권을 행사하여 어음금지급을 거절할 수 있는 것이다. 배서금지어음도 어음임에는 틀림없으나 그 기능면에서는 사실상 지명채권과 다름없으므로 유통성이 거의 없다.

(2) 발행방법

어음면에 지시금지 또는 배서금지, 기타 이와 같은 취지의 문구를 기재해야 한다. 어음법이 이같이 문언화할 것을 요구하므로 발행인과 수취인간의 배서금지의 특약만으로는 배서금지어음의 효력이 없으며, 그 후 제 3 자가 이러한 특약이 있었음을 알고 배서에 의해 어음을 취득하더라도 그 배서는 유효하다(대법원 1965. 5. 10. 선고 65다478 판결). 이 문구를 기재함에는 별도의 기명날인(또는 서명)이 필요하지 않다고 본다. 어음의 앞면에 기재해야 하며 뒷면 또는 보충지에 기재해서는 안 된다. 그러나 어음의 뒷면에 기재하더라도 이 문구에 발행인이 기명날인(또는 서명)을 해 두면 유효한 배서금지어음으로 보아야 할 것이다.

지시금지, 배서금지 기타 이와 같은 뜻으로 이해될 수 있는 문구를 기재해야 한다. 단지 어음면에 '보관용' 또는 '견질용(담보용)'이라고 쓴 것은 지시금지문구로 인정될 수 없다(대법원 1993. 11. 12. 선고 93다39102 판결; 동 1994. 10. 21. 선고 94다9948 판결). 적극적으로 배서금지의 문구를 기재해야 하며, 단지 인쇄된 어음용지에서 지시문구를 말소하는 것만으로는 배서금지라 할 수 없다. 예컨대 인쇄된 약속어음용지의 "귀하 또는 귀하의 지시인에게 어음금액을 지급하겠음"이라는 문구 중 「또는 귀하의 지시인」이라는 문구를 삭제했다고 해서 배서금지어음이 되는 것은 아니다(대법원 1962. 12. 20. 선고 62다680 판결). 어음은 당연한 지시증권이므로 지시문구가 없더라도 당연히 배서에 의해 양도할 수 있기 때문이다.

한편 인쇄된 어음용지의 지시문구를 그대로 방치하고 배서금지의 문구를 기재한 경우에는 발행인이 스스로 기입한 문구가 하나의 양식으로 인쇄된 문구에 우선한다고 보아 배서금지어음으로 보아야 한다(손주찬 242; 송옥렬 602; 정동윤 269; 최기원 394; 대법원 1987. 4. 28. 선고 86다카2630 판결). 그러나 배서금지의 문구가 명료하여 발행인의 뜻을 분명히 알 수 있어야 하며, 보통의 주의로는 알아보기 어려운 상태로 배서금지문구를 기재한 것은 지시문구에 우선한다고 할 수 없다.[1]

---

1) 대법원 1990. 5. 22. 선고 88다카27676 판결: 발행인이 어음용지에 부동문자로 인쇄된 지시문구를

(3) 양도방법

배서금지어음은 지시증권성을 갖지 않으므로 배서에 의해 양도할 수 없고 지명채권의 양도방법에 따라서만 양도할 수 있다($^{어 11조}_{2항}$). 채무자에 대한 대항요건을 갖추기 위해서 통지 또는 승낙을 구비하여야 한다. 누구에게 통지하고 누구의 승낙을 받아야 하는가? 약속어음의 경우에는 발행인이 주된 채무자이므로 발행인에게 통지하거나 발행인의 승낙을 얻어야 할 것이다. 발행인에 대하여만 대항요건을 구비하면 그의 보증인에 대하여는 별도로 대항요건을 구비하지 않더라도 책임을 물을 수 있다($^{대법원 1989. 10. 24.}_{선고 88다카20774 판결}$). 환어음의 경우 인수가 안 된 상태에서는 발행인이 통지의 대상 또는 승낙의 주체가 되어야 할 것이다. 인수가 이루어진 경우에는 인수인이 통지의 대상 또는 승낙의 주체가 되지만, 원래 배서금지어음을 발행하는 취지가 발행인이 수취인에 대해 갖는 항변을 유보하려는 것이므로 발행인에 대한 통지도 필요하다고 보아야 한다.

배서금지어음이라 하더라도 역시 어음이므로 양도시에는 어음의 교부를 요하며($^{대법원 1989. 10. 24.}_{선고 88다카20774 판결}$), 배서금지어음을 압류할 때에는 어음의 점유를 요한다($^{민집}_{233조,}$ $^{대법원 1997. 11. 14.}_{선고 97다38145 판결}$).

배서금지어음에도 추심위임배서는 가능하다. 추심위임배서는 양도가 아닐 뿐 아니라 항변절단의 효과가 없으므로 배서금지어음의 취지에 어긋나는 바가 없기 때문이다. 그러나 입질배서는 항변절단의 효과가 있으므로 배서금지어음에는 입질배서를 할 수 없다($^{同旨: 서헌제 431; 송옥렬 602; 장덕조 935; 채이식 150; 최기원 396.}_{반대: 강·임 405; 김정호 275; 서·정 185; 정동윤 270; 정찬형 278}$). 배서금지어음을 입질하고자 한다면 지명채권의 입질방법을 취해야 할 것이다($^{민 346조,}_{349조}$).

(4) 배서금지어음의 효력

배서금지어음의 양도는 지명채권양도의 효력만이 있다($^{어 11조}_{2항}$). 그래서 어음상의 권리는 이전되나 어음법상 배서에 의해 특유하게 발생하는 효력은 주어지지 아니한다. 가장 중요한 점은 인적 항변이 절단되지 않는다는 점이다($^{어 17조,}_{민 451조}$). 이 점이 배서를 금지시키는 가장 중요한 동기이다. 그리고 배서의 연속에 의해 인정

말소하지 아니한 채,「지시금지」라 새겨진 고무인을 지시문구와 중복되게 압날하였는데, 어음거래에서 보통 기울이는 주의만으로는 알아보기 어려운 상태로 희미하므로 이 어음이 지시금지어음이라는 발행인의 항변을 배척한 예.

되는 자격수여적 효력($^{\text{어}16조}_{1항}$)이 주어질 수 없고, 그 결과 선의취득이 인정되지 아니한다($^{\text{어}16조}_{2항}$). 발행 후 소지인에 이르기까지의 중간양도인들은 배서를 한 바 없으니 인수·지급담보책임($^{\text{어}15조}_{1항}$)을 지지 아니한다. 그러나 환어음의 발행인은 어음법에 의한 법정책임($^{\text{어}9조}_{1항}$)을 지는 자이므로 발행인으로서의 담보책임을 면할 수 없다.

배서금지어음도 어음의 성격을 잃는 것은 아니므로 배서를 전제로 하지 않는 어음법상의 효력은 그대로 적용된다. 특히 어음상의 권리를 행사함에는 어음의 제시를 요하고(제시증권성), 어음금을 지급받을 때에는 어음을 상환하여야 한다(상환증권성)($^{\text{대법원 1989. 10. 24.}}_{\text{선고 88다카20744 판결}}$).

배서금지어음의 소지인이 어음의 점유를 상실한 경우 제권판결의 대상이 되느냐는 점에 대해 견해가 갈린다. 현행 민사소송법에는 기명증권에 관한 제권판결제도를 두고 있지 않으므로 배서금지어음은 그 대상이 아니라고 함이 다수설이다($^{\text{서헌제 431; 정동윤 270;}}_{\text{정찬형 279; 최기원 396}}$). 배서금지어음은 선의취득이 불가능하므로 타인의 권리취득을 저지하기 위한 목적에서라면 제권판결을 인정할 필요는 없다. 그러나 배서금지어음을 민사소송법 제493조가 정하는「그 밖의 증서」에 포함시켜 이해할 수 있고, 배서금지어음도 여전히 제시증권성과 상환증권성을 지니는 까닭에 어음을 상실한 경우 권리행사가 불가능해지므로 이를 구제하기 위하여도 제권판결을 인정하는 것이 옳다($^{\text{同旨: 서·정 185; 손}}_{\text{주찬 243; 정무동 547}}$).

Ⅱ. 배서의 의의

1. 개   념

배서에는 양도배서 외에도 후술하는 추심위임배서와 입질배서가 있지만, 보통 배서라 하면 양도배서를 가리킨다. 양도배서란 어음상의 권리(어음채권)를 이전하는 어음행위이다. 과거에는 배서에 의해 피배서인이 어음상의 권리를 취득하는 이유를 설명하는 방법으로서, 배서에 의해 피배서인이 배서인의 권리를 승계취득한다는 설(채권양도설), 배서에 의해 피배서인은 새로이 권리를 취득한다는 설(원시취득설)($\frac{김정호}{114~117}$)이 대립하였으나, 오늘날은 채권양도설이 정설화되었다.[1)]

어음상의 권리를 이전하는 것이 배서의 목적이고 중심된 효력이지만, 어음의 유통성보호를 위해 법은 배서에 담보적 효력과 자격수여적 효력을 아울러 부여하고 있다.

배서는 어음행위이므로 어음행위 일반에 요구되는 요식성의 일환으로서 일정한 방식을 구비하여야 한다. 그 방식은 지시문구를 기재하고 배서인이 기명날인(또는 서명)을 하는 것인데, 보통 어음의 뒷면에 하므로 법에서도 이를 「背」書라 표현한다.

2. 배서의 성질

통설은 배서를 단독행위로 본다. 이에 대해 어음의 발행에 관해 교부계약설을 취하는 학자들은 배서 역시 배서를 위한 단독행위 외에 배서인과 피배서인 간에 어음의 교부계약이 필요하다고 설명한다($\frac{김정호\ 269;}{정동윤\ 264}$). 어음을 배서·양도함에 배서인과 피배서인 간에 합의가 필요함은 물론이다. 그렇다고 해서 교부계약이 있어야 배서가 완성된다는 결론으로 이어지지는 않는다. 어음이 양도되는 실제의 거래를 상정해 보고 결론을 내기로 한다.

어음양도의 예

A는 B로부터 자동차를 구입하고 그 대금을 자신이 타인으로부터 받은 어음으로 지급하고자 한다. 이때 이 지급방법에 관하여 A와 B간에 합의가 있어야 함은 물론이다. 그리하여 A와 B간에는 "대금지급은 어음으로 한다"는 합의(이를 X합의라 하자)가 성립된다. 그리고 그 이행을 위해 A는 자신이 소지하는 어음에 배서하여 B에게 교부한다. B는 이 어음을 수령한다.

위 예에서 볼 때 A·B간의 지급방법에 관한 X합의는 분명 계약이다. 그러면 A가 배서하고 어음을 교부할 때, 다시 "이 어음을 받겠는가?"라고 청약하고 B가 "받겠다"고 승낙을 해야 하는가? 이미 X합의가 있으므로 재차 어음교부에 관한 합의가 필요할 리 없다. 교부계약설에서 말하는 교부계약이란 이 예에서 X합의를

---

1) 일본, 독일에서도 통설이다(平出, 369면; Zöllner, S. 87).

말하는 것으로 보이는데, 이는 어음 외의 합의로서 배서라는 어음행위의 원인행위를 이루는 것이다. 그렇다면 교부계약설은 원인행위로서 이루어진 계약을 가지고 어음행위를 설명하려는 시도라 할 수 있으며, 이는 어음의 무인성·추상성에 어긋난다고 하지 않을 수 없다.

3. 배서의 유형

배서는 보통 양도를 목적으로 행해지나, 어음금을 추심하기 위한 대리권을 수여할 목적으로 하는 배서(추심위임배서)도 있고 질권설정을 목적으로 하는 배서(입질배서)도 있다. 또 어음법에서는 규정을 두지 않았으나 양도담보를 목적으로 하는 배서도 있을 수 있다. 다만 이 배서는 양도배서의 형식을 갖게 될 것이다.

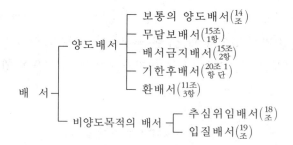

배서의 유형

양도배서 중에도 통상의 양도배서의 효력이 부분적으로 제한되는 배서가 있다. 담보책임을 지지 아니한다는 뜻을 부기하는 무담보배서($^{어 15조}_{1항}$), 피배서인이 다시 하는 배서를 금하는 배서금지배서($^{어 15조}_{2항}$), 거절증서작성기간이 경과한 후에 하는 기한후배서($^{어 20조}_{1항 단}$)가 있다. 그리고 어음채무자를 피배서인으로 하는 환배서($^{어 11조}_{3항}$)가 있다. 통상의 양도배서를 설명한 후에 이 특수한 배서들의 효력을 다루기로 한다.

어음할인

어음할인이라 함은, 아직 만기가 도래하지 아니한 어음을 소지하는 자가 어음을 양도하고 양수인이 어음의 액면금액에서 만기까지의 이자 기타 비용을 공제한 금액을 양도인에게 교부하는 거래를 말한다($\stackrel{판례}{[73]}$). 어음을 소지한 자가 만기에 이르지 않은 어음을 자금화하는 수단이라고 할 수 있다.

어음할인을 위해서는 당연히 배서를 하여 양도하므로 어음배서에 따르는 책임관계가 생겨나지만, 그 밖에 어음할인의 성질을 여하히 보느냐에 따라 원인관계에 따른 책임관계가 추가되기도 한다. 어음할인은 어음의 매매로 보아야 할 경우도 있고 소비대차에서 차주(借主)의 채무변제의 확보를 위해 이루어지는 경우도 있다. 전자의 경우에는 어음상의 채무관계만 생겨나지만 후자의 경우에는 어음할인당사자는 기본적으로 원인관계의 구속을 받는다. 판례는 금융기관과의 어음할인에 관해 대출과 무관하게 어음을 할인하는 경우에는 어음매매로서 여기서는 어음상의 채무만 발생한다고 보고($\stackrel{대법원 1985. 2. 13.}{선고 84다카1832 판결}$), 대출의 방법으로 어음할인을 하는 경우에는 어음을 담보로 대출하는 방법에 불과하다고 보고 있다($\stackrel{대법원 2002. 9. 24. 선}{고 2000다49374 판결}$). 그리고 금융기관이 아닌 일반인 간에 어음할인이 이루어진 경우 그 성질이 소비대차에 해당하는 것인지 아니면 어음의 매매에 해당하는 것인지의 여부는 그 거래의 실태와 당사자의 의사에 의하여 결정되어야 할 것이라 한다($\stackrel{판례}{[73]}$).

한편, 수표에는 만기가 없으므로 어음할인과 같은 엄격한 의미에서의 수표할인은 존재할 수 없으나 특정기일 전까지 지급제시를 하지 않기로 하고 수표금액에서 그 기간까지의 이자를 공제하는 방법에 의한 수표할인은 가능하고($\stackrel{동}{판례}$), 수표할인은 거의 예외 없이 소비대차의 담보로 이루어진 것으로 보아야 한다.

판   례

[73] 대법원 2002. 4. 12. 선고 2001다55598 판결

「금융기관이 아닌 사인이 거래관계로 알게 된 상대방으로부터 자금의 융통을 요청받고는 거의 대부분 그 상대방이 발행인으로 된 융통어음을 그 액면금액에서 만기 등까지의 이자를 공제한 나머지의 금액을 그 상대방에게 교부하였고, 소외 회사가 발행한 어음에 대하여도 그 상대방이 발행한 어음이나 수표와 같은 형태로 할인거래가 이루어졌다면 그 사인으로서는 그 어음 또는 수표 자체의 가치에 중점을 두고 이를 매수한 것이 아니라 어음 또는 수표의 할인의뢰인인 그 상대방의 신용이나 자력을 믿고서 그 상대방에게 어음 또는 수표를 담보로 금전을 대여하여 주었다고 봄이 상당하므로 그 사인과 그 상대방 간에는 어음 및 수표의 액면 상당 금액에 대한 원인관계인 계약이 체결되고, 그 어음 및 수표는 그와 같은 각 계약상의 채무를 담보하기 위하여 교부된 것으로 볼 여지가 많다.」

Ⅲ. 배서의 방식

1. 배서의 당사자

배서를 하는 자를 배서인, 그의 상대방이 되어 어음상의 권리를 양수하는 자를 피배서인이라 한다. 배서는 타인에게 어음과 더불어 어음상의 권리를 양도하는 행위이므로 배서인은 어음상의 권리를 갖는 자, 즉 어음소지인이어야 한다.[1] 어음이 수취인에게 발행되면 수취인이 최초의 배서인이 되어 배서를 하고, 그의 피배서인이 다시 제 2 의 배서를 하는 식으로 순차로 배서가 이어지게 된다.

2. 배서의 요건

i) 배서는 어음이나 이에 결합한 보충지(보전)에 한다($^{어\,13조}_{1항}$). 어음의 앞면이나 뒷면의 어느 곳에 해도 무방하나, 후술하는 기명날인(또는 서명)만으로 하는 약식배서는 뒷면이나 보충지에 하여야 하고 앞면에 해서는 안 된다. 실제로 자주 이용되는 것은 아니지만 어음의 등본을 만들어 그 등본에 배서할 수도 있다($^{어\,67조}_{3항}$). 수인의 배서가 있을 때 보통은 어음의 서면상 배서가 행해진 순서대로 하지만, 반드시 그럴 필요는 없다.

ii) 배서는 조건을 붙이지 아니하여야 하며, 조건을 붙인 경우에는 조건을 적지 아니한 것으로 본다($^{무익적\ 기재사항:}_{어\,12조\,1항}$). 즉 조건을 붙이지 않은 유효한 배서가 되는 것이다.

배서는 후술하는 바와 같이 조건을 제외한 여러 가지 유익적 사항을 기재할 수 있다.

iii) 일부의 배서는 무효이다($^{어\,12조}_{2항}$).「일부의 배서」란 어음금액의 일부에 국한하여 배서양도하는 것이다. 예컨대 어음금 1,000만원 중 300만원에 관한 권리만을 양도한다는 뜻으로 배서하는 것이다. 앞서 인수는 어음금액의 일부에 제한하여 할 수 있다고 했으나, 배서는 그것이 불가능하다. 일부의 배서양도를 인정하

---

1) 어음을 포함하여 기명식의 유가증권이 강제집행의 대상이 된 경우 집행관은 매수인을 위하여 배서할 수 있다(민집 211조).

면 어음금액이 분할되어 권리자를 달리하게 되는데, 어음은 불가분의 단일한 증권이므로 이같이 권리자를 달리하는 2개의 권리를 따로 표창할 방법이 없기 때문이다. 그러나 전자어음은 기술적으로 이러한 제약이 없으므로 일부배서(분할배서)가 가능하다($\binom{전어 7조의2,}{569면 참조}$).

3. 정식배서

배서를 정식으로 하자면 「○○에게」 「지급하라(권리를 양도한다)」는 뜻, 즉 피배서인과 배서문구를 기재하고 배서인이 기명날인(또는 '서명.' 이하 같음)하여야 한다. 이를 정식배서 또는 완전배서라고 한다.

피배서인의 표시는 어음발행시 수취인을 표시하는 요령과 같다. 따라서 피배서인의 기재는 거래통념상 특정의 사람을 가리킨다고 인식할 수 있는 정도이면 족하다($\binom{대법원 1973. 7. 10.}{선고 72다2551 판결}$). 피배서인이 다시 배서할 때 피배서인과 배서인의 명칭이 거래통념상 일치해야 하며, 그렇지 않을 경우 배서가 불연속한 것으로 추정되는 불이익을 입게 된다.

배서에 있어 배서일자의 기재는 요건이 아니다. 따라서 배서의 일자가 발행일자보다 앞서는 등 모순이 생기더라도 배서가 무효로 되는 것은 아니다($\binom{대법원}{1968. 6. 25.}$ $\binom{선고 68다}{243 판결}$). 후술하는 기한후배서에서는 배서일자가 중요한 뜻을 갖지만, 이때에는 실제의 배서일자를 기준으로 하는 것이지 어음에 쓰여진 일자에 의해 기한후 여부를 판단하는 것이 아니다.

배서인의 주소의 기재 역시 배서의 요건이 아니다. 그러므로 배서인이 주소를 허위로 기재하였다 하더라도 그것이 배서인의 인적 동일성을 해하여 배서인이 누구인지 알 수 없는 경우가 아닌 한 배서의 효력에 영향을 미치지 아니한다($\binom{대법원 1986. 6. 24.}{선고 84도547 판결}$).

배서의 예시

앞면의 금액을 김철수 씨에게 지급하여 주시오
김 영 자 (김영 자인)
앞면의 금액을 고길동 씨에게 지급하여 주시오
김 철 수 (김철 수인)

4. 백지식배서

(1) 의   의

백지식배서란 피배서인을 기재하지 아니하고 하는 배서를 말한다($^{어\,13조}_{2항}$). 예컨대 "앞면의 금액을_____에게 지급하여 주시오"라는 식으로 피배서인란을 공란으로 하여 배서하는 것이다. 백지식배서도 유효한 배서이다. 한 단계 더 나아가, 아예 배서문구도 기재하지 않고 기명날인만으로도 배서할 수 있다($^{어\,13조\,2항:}_{간략식배서}$). 간략식배서 역시 유효한 배서이다. 다만 간략식배서는 그 자체만으로 어떤 어음행위를 한 것인지 알 수 없으므로 그 위치가 중요하다. 어음의 뒷면이나 보충지에 단순한 기명날인이 있으면 이를 간략식배서로 보나, 어음의 앞면에 있으면 기명날인만으로 한 인수나 보증으로 간주되므로($^{어\,25조\,1항}_{후,\,31조\,3항\,전}$), 배서의 의사로 한 것임을 증명하더라도 배서로 인정받지 못한다.

백지식배서는 수취인을 백지로 한 백지어음과 구별하여야 한다. 수취인은 어음요건으로서 이를 백지로 한 백지어음은 미완성어음이다. 따라서 수취인란을 보충하지 않으면 어음상의 권리행사가 불가능하다. 그러나 백지식배서는 그 자체로 유효한 완성된 배서이므로 어음소지인은 백지인 피배서인란을 보충하지 않고도 권리행사가 가능하다($^{후}_{술}$). 그리고 백지식배서된 어음은 그에 이어 다시 배서에 의해 양도할 수 있고, 수취인이 백지인 백지어음도 수취인란을 보충하지 않고 다시 배서에 의해 양도할 수 있으나 권리행사의 단계에서는 수취인란을 보충해야 한다.

백지식배서의 예

| 일반 백지식배서 | 간략식배서 |

(2) 효   력

백지식배서에 의해 어음을 취득한 자는 자기가 직접 권리 행사할 경우와 다시 이를 양도할 경우로 나누어 여러 가지 선택이 가능하다.

1) 자신이 권리행사를 할 경우

i) 소지인은 피배서인란에 자신의 이름을 보충하여 어음상의 권리를 행사할 수 있다($\binom{어 14조}{2항 1호}$).

ii) 백지인 채로도 어음상의 권리를 행사할 수 있다. 최후의 배서가 백지식인 경우, 그 어음의 점유자는 적법한 소지인으로 추정되기 때문이다($\binom{어 16조}{1항 2문}$). 따라서 백지식으로 배서된 어음을 점유한 자는 자신이 적법하게 취득한 사실을 증명할 필요 없이 백지인 채로 어음상의 권리를 행사할 수 있다($\binom{대법원 1968. 12. 24.}{선고 68다2050 판결}$).

2) 양도할 경우

소지인(A)이 타인(B)에게 어음을 양도할 경우 다음 네 가지 방법의 하나를 선택할 수 있다.

i) 백지인 피배서인란에 자신의 이름(A)을 보충하고 타인(B)에게 배서할 수 있다($\binom{어 14조}{2항 1호}$). 배서할 때 정식배서를 할 수도 있고 다시 백지식배서를 할 수도 있다. 이때 양도인(A)의 배서가 배서의 요건을 구비하여야 함은 물론이다 $\binom{대법원 1996. 12. 20.}{선고 96다43393 판결}$.

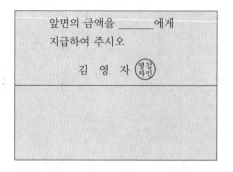

i) 피배서인란에 자신의 이름을 보충하여 배서하는 예

A가 받은 어음

앞면의 금액을 _____에게
지급하여 주시오

김 영 자 (김영자인)

A가 양도한 어음

앞면의 금액을 A에게
지급하여 주시오

김 영 자 (김영자인)

앞면의 금액을 (B)에게
지급하여 주시오

A Ⓐ

ii) 소지인은 백지인 피배서인란에 타인의 이름을 기재하고 그에게 교부하여 줄 수 있다($\frac{어14조}{2항1호}$). 이 경우에는 양도인(A)이 어음에 기명날인(또는 서명)을 하지 아니한다.

ii) 피배서인란에 양수인의 이름을 보충하는 예

A가 받은 어음

앞면의 금액을 _____에게
지급하여 주시오

김 영 자 (김영자인)

A가 양도한 어음

앞면의 금액을 B에게
지급하여 주시오

김 영 자 (김영자인)

iii) 소지인은 백지를 보충하지 않고 다시 타인(B)에게 배서할 수 있다. 이때 배서는 정식으로 또는 다시 백지식으로 할 수 있다($\frac{어14조}{2항2호}$).

이러한 경우 다음 예시에서 보다시피 김영자의 A에 대한 배서가 백지인 까닭에 A가 어음을 취득한 경위가 어음에 나타나지 않는다. 그렇더라도 A의 배서에는 영향이 없다. 왜냐하면 백지식배서(김영자의 배서)의 다음에 다른 배서(A의 배서)가 있는 때에는 그 배서를 한 자(A)는 백지식배서(김영자의 배서)에 의하여 어음을 취득한 것으로 간주되기 때문이다($\frac{어16조}{1항4문}$). 이때 양도인(A)의 배서가 배서요건을 구비하여야 함은 물론이나, 배서의 요건을 구비하지 않더라도(예: A의 기명날인의 흠결) 앞서의 배서(김영자의 배서)가 백지인 채로 남아 있으므로 양수인(B)은 양도인(A)의 배서를 말소하고 적법하게 권리를 행사할 수 있다($\frac{\text{어 16조}}{\text{1항 3문}}$).

iii) 피배서인란을 보충하지 않고 배서하는 예

A가 받아서 준 어음

앞면의 금액을 _____에게 지급하여 주시오 김 영 자 (영김 자인)		앞면의 금액을 _____에게 지급하여 주시오 김 영 자 (영김 자인)
앞면의 금액을 B에게 지급하여 주시오 A Ⓐ	또는	앞면의 금액을 _____에게 지급하여 주시오 A Ⓐ

iv) 소지인은 백지를 보충하지 아니하고 또 배서도 하지 아니하고 어음을 타인(B)에게 교부할 수 있다($\frac{\text{어 14조}}{\text{2항 3호}}$). 이 경우에는 양도인(A)의 기명날인(또는 서명)이 나타나지 아니한다.

iv) 피배서인란을 보충하지 않는 예

A가 B에게 교부

앞면의 금액을 _____에게 지급하여 주시오 김 영 자 (영김 자인)

(3) 교부양도인의 지위

앞서 본 백지배서된 어음을 양도하는 네 가지 예에서 i)과 iii)의 경우에는 백지배서된 어음의 취득자(A)가 다시 어음에 배서하여 양도하므로 그는 그 후의 소지인에 대하여 배서인으로서의 담보책임을 진다. 그러나 ii), iv)의 예에서는 취득자가 단순히 교부에 의해 양도하므로 그의 어음행위가 행해지지 않는다. 따라서 그 취득자는 어음관계에서 제외되고 그 후의 소지인에 대하여 담보책임을 지지 아니한다. 그러므로 백지식배서는 주로 어음의 양수인이 상환의무를 부담하지 않고자 할 때, 그의 요청에 의해서 행해진다.

어음은 원래 기명증권이지만 백지식배서에 의해 무기명증권화한다. 앞서의 수취인이 백지인 백지어음도 같은 기능을 발휘한다.

통장식 어음거래의 특수문제

단기금융회사($^{자금}_{360조}$)가 기업어음(CP)을 중개할 때에는 기업으로부터 수취인을 백지로 한 백지어음의 형태로 취득하거나 백지식배서에 의하여 취득한 후 고객에게 매도하는 방법을 취한다. 그러나 어음을 교부하지는 않고 그 기업어음의 내용 및 보관의 취지를 기재한 보관통장을 교부한다. 이 경우에는 어음을 실제 보관하고 있는 단기금융회사가 어음상의 권리를 갖는 것으로 볼 것인가, 고객이 어음상의 권리를 취득한 것으로 볼 것인가라는 문제가 있다. 유가증권의 교부에도 동산의 경우와 같이 간이인도, 점유개정, 목적물반환청구권의 양도 등의 양도방법이 인정되므로 고객이 점유개정의 방법으로 기업어음을 교부받아 어음상의 권리를 취득한다고 보아야 한다($^{대법}_{원}$ $^{2006. 12. 7. 선고}_{2004다35397 판결}$).

이같이 어음상의 권리가 이전되는 것과는 별개의 문제로, 어음의 제시증권성과 상환증권성으로 인해 고객이 직접 어음상의 권리를 행사할 수는 없다. 이 어음의 권리행사에 관해서는 다른 약정이 없는 한 고객이 단기금융회사에 어음을 보관하다가 만기에 동 단기금융회사의 이름으로 어음을 제시하여 어음상의 권리를 행사할 수 있는 권한을 수여하는 내용의 묵시적 합의가 존재하는 것으로 해석해야 한다는 것이 판례의 입장이다($^{위}_{판례}$).

5. 소지인출급식배서

소지인출급식배서란 피배서인을 지정하지 아니하고 어음의 소지인에게 지급하여 달라는 취지로 하는 배서이다. 피배서인이 지정되어 있지 않다는 점에서 백지식배서와 같으므로 어음법은 소지인출급식배서의 유효성을 인정하고 백지식배서와 동일한 효력을 부여한다($^{어 12}_{조 3항}$). 백지식배서와 동일한 효력이 있다고 함은 다음과 같은 뜻이다.

i) 소지인출급식배서에 의해 어음을 취득한 자는 그 어음을 제시함으로써 권리를 행사할 수 있다.

ii) 취득자는 소지인출급식으로 배서된 어음을 단순한 교부에 의해 양도할 수 있다.

iii) 취득자는 소지인출급식배서에 이어 자신이 타인에게 배서할 수 있다. 소지인출급식배서는 배서의 연속문제에 있어서도 백지식배서와 같은 효력이 인정되므로 소지인출급식배서의 다음에 있는 배서의 배서인은 소지인출급식배서에 의해 어음을 취득한 것으로 본다($^{어\ 16조}_{1항\ 4문}$).

소지인출급식배서는 배서에 한하여 허용될 뿐이고, 어음의 발행시에 수취인을 소지인출급식으로 할 수는 없다.

Ⅳ. 배서의 효력

1. 효력 일반

어음배서의 기본적인 효력은 어음상의 권리를 이전한다는 것이고(권리이전적 효력)($^{어\ 14조}_{1항}$), 또 그것이 배서의 주된 목적이기도 하다. 그런데 이같이 이전받은 권리를 주장하려면 자신이 정당한 권리자라는 것을 증명하여야 할 것인데, 어음 자체에서 증명할 수 있는 수단이 바로 배서이다. 즉 배서가 순차로 이어져 현재의 소지인에 이르면(배서의 연속) 일응 그를 정당한 권리자로 추정해 주는 것이다(자격수여적 효력)($^{어\ 16조}_{1항\ 1문}$). 이 두 가지는 지시증권의 배서에 일반적으로 인정되는 효력이나($^{민\ 508,}_{513조}$), 어음법은 어음의 지급가능성을 높이고 나아가 유통성을 실질적으로 강화하는 방법으로서, 지급인 또는 발행인에 의해 지급되지 아니할 때에는 보충적으로 배서인에게 지급책임(담보책임: 담보적 효력)을 과한다. 이상 세 가지가 배서의 효력을 이루는데, 통상의 양도배서에는 세 가지 효력이 모두 인정되나, 후술하는 바와 같이 특수한 배서에서는 일부의 효력이 제외된다.

2. 권리이전적 효력

i) 어음상의 권리   배서는 어음에서 생기는 모든 권리를 이전한다($^{어\ 14조}_{1항}$). 종전에 배서인이 갖고 있던 어음에 관한 권리가 포괄적으로 피배서인에게 이전하

는 것이다. 이를 배서의 권리이전적 효력이라 한다. 어음에서 생기는 모든 권리라 함은 주채무자에 대한 어음금지급청구권과 인수·지급이 거절될 경우의 전자에 대한 상환청구권이 되겠지만, 이에 국한하지 않고 이 권리들을 행사하기 위해 필요한 부수적인 권능을 포함한다.

어음에서 생기는 권리가 이전하는 것이므로 배서인이 그의 전자에 대해 갖고 있던 원인관계상의 권리는 이전하지 아니한다(어음의 무인성).

ii) 종된 권리   배서인이 갖고 있던 어음 외적인 종된 권리, 즉 자신의 전자에 대한 어음채권을 담보하기 위하여 가지고 있던 질권·저당권과 같은 담보권, 그리고 어음 외의 보증인에 대한 보증채권도 어음의 배서에 의해 피배서인에게 이전하느냐는 의문이 있다. 이 권리들은 어음상의 권리가 아니므로 피배서인에게 이전하지 아니한다고 본다(김홍기 1053; 서·정 191; 서헌제 445; 손주찬 248; 손진화 1080; 송옥렬 606; 장덕조 939; 정경영 1168; 정찬형 290; 최기원 410; 최완진 615). 이에 대해 지명채권의 양도시에는 이러한 종된 권리가 이전하는데, 어음의 양도에 지명채권보다 더 약한 효력을 인정해서는 안 되고 오히려 더욱 강력한 권리를 인정해야 한다는 이유에서 종된 권리도 이전한다고 보는 소수설이 있다(강·임 364; 김정호 280; 정동윤 277). 담보물권이 이전하려면 배서인과 피배서인 간에 담보물권의 이전에 관한 합의 외에 등기·인도 등 공시방법을 갖추어야 하며, 보증채권이 이전하려면 보증채권양도의 합의 외에 보증인에 대한 통지 또는 그의 승낙이라는 대항요건을 갖추어야 하므로 어음이 양도된다고 하여 담보권(또는 보증채권)이 자동적으로 이전된다는 것은 물권변동의 법리에 반한다.[1] 이 점은 지명채권이 양도된 때에도 같다. 따라서 굳이 소수설을 취하고자 한다면 피배서인이 배서인에게 종된 권리의 이전을 위한 공시방법을 갖추어 줄 것을 청구할 수 있다는 이론으로 수정해야할 것이다.

배서인이 배서를 하면서 피배서인에게 이러한 권리를 이전해 주기로 합의했다면, "이전한다," "이전하지 않는다"는 논쟁은 무의미하다. 그 합의에 따라 당연히 이전해 주어야 할 것이기 때문이다. 논쟁의 의미가 있는 것은 어음의 배서만 있었지 종된 권리에 관해서는 배서인과 피배서인 간에 아무런 합의가 없을 경우

---

1) 일본은 물권변동에 관해 의사주의를 취하고 있으므로(日民 176조) 소수설과 같은 주장도 가능하다. 한편 독일 민법에서는 채권이 양도될 경우 이를 위한 담보권이나 보증채권은 채권의 양수인에게 당연히 이전되는 것으로 규정하고 있으나(BGB §401), 우리 민법이나 일본 민법에는 이런 규정을 두고 있지 않으므로 본문의 소수설과 같은 해석이 불가능하다.

이다. 즉 이 경우에 피배서인은 배서인에게 담보물권 등을 이전해 줄 것을 청구할 수 있느냐는 문제로 귀착되는 것이다.

　소수설이 말하는 바와 같이 어음채권은 일반적으로 지명채권보다 강력한 보호를 받아야 하는 것은 사실이다. 그러나 어음법이 보호하고자 하는 것은 어음의 문언성에 기초해서 어음상으로 나타나는 권리에 국한된다. 담보권이나 보증채권과 같은 것은 배서인과 전자의 사이에 있어서 어음 외의 합의로 확보된 권리이므로 이는 어음법이 보장하려는 바가 아니다. 뿐만 아니라 종된 권리가 이전된다고 본다면 담보설정자(또는 보증인)에게 매우 불리한 결과를 초래한다. 왜냐하면 배서인이 담보권을 행사한다면 담보설정자는 배서인에 대하여 원인관계로 인한 항변권을 행사할 수 있는데, 담보권이 피배서인에게 이전된다면 피배서인이 담보권을 행사할 때 담보설정자는 항변권을 행사할 수 없기 때문이다($\frac{\text{어 17}}{\text{조 본}}$).

　iii) 권리이전이라는 효과의 측면에서만 보면 어음의 배서는 지명채권의 양도와 차이가 없다. 그러나 배서의 경우 권리이전과 관련하여 보다 강력한 효력이 주어진다. 즉 배서에 의한 권리이전에는 인적 항변이 절단되나($\frac{\text{어}}{\text{17조}}$), 지명채권의 양도에는 그러한 효과가 없는 것이다($\frac{\text{민 451}}{\text{조 1항}}$). 또 지명채권의 양도과정에서는 선의취득이 있을 수 없으나 어음배서에 의해서는 선의취득이 가능하다($\frac{\text{어 16조}}{\text{2항}}$). 이러한 점을 고려하면 배서의 권리이전적 효력이라 함은 단지 권리를 이전시키는 기능만을 하는 것이 아니고 아울러 어음의 유통성을 촉진하는 기능을 함을 알 수 있다.

3. 담보적 효력

(1) 의   의

　배서인은 반대의 문구가 없으면 인수와 지급을 담보한다($\frac{\text{어 15조}}{\text{1항}}$). 배서에 의해 어음을 취득한 자가 환어음의 지급인에 대하여 인수제시하였으나 인수가 거절되었을 때, 또는 만기에 지급인 또는 약속어음의 발행인에게 지급제시하였으나 지급이 거절되었을 때, 배서인은 어음소지인에 대하여 어음금을 지급할 채무를 부담하는 것이다. 이를 배서인의 인수담보책임 및 지급담보책임이라 하는데, 배서인은 자신의 피배서인뿐 아니라 그 후의 피배서인 전원에 대하여 같은 책임을 부담한다. 예컨대 甲이 발행한 어음을 乙이 수령하여 乙 → A → B → C의 순으로 배서양도하였다면 乙은 A에 대해서뿐 아니라 B, C에 대해서도 담보책임을 진다. C에 대해서 A, B가 담보책임을 지는 것은 물론이다. 따라서 C는 乙, A, B 중 누구에게나 담보책임을 물어 상환청구권을 행사할 수 있고, 그 결과 배서인이 많을수록 어음의 지급가능성은 더욱 높아진다고 할 수 있다. 한편 어음을 C가 소지하고 있는 한, 乙이 A·B에 대해 담보책임을 질 일은 없지만 B가 C에게 담보책임을 이행하면 B는 乙, A 중 누구에게나 다시 담보책임을 물을 수 있다(이를「재상환청구」라 한다. 후술).

지명채권이 양도된 경우에는 양수인이 변제를 받지 못하더라도 특약이 없는 한 채권의 양도인이 양수인에게 담보책임을 지지 않으며(민 579조 참조), 더욱이 채권의 양도인이 자신과 거래한 바 없는 제 2, 제 3 의 양수인에 대하여 담보책임을 질 리가 없다. 다른 유가증권(예: 화물상환증, 채권)에서도 증권의 양도인이 양수인이나 그 후의 전득자에 대해 담보책임을 지는 예가 없다. 오로지 어음·수표의 배서인만이 이러한 책임을 지는데, 이로 인해 어음·수표의 신용과 유통성이 크게 강화되어 어음·수표가 안정적인 지급수단으로서의 기능을 할 수 있는 것이다(민법이 지시채권의 배서에 대해 담보적 효력을 부여하고 있지 않음에 주의할 것. 민 508조 이하 참조).

(2) 공동배서인의 책임형태

수취인이 2인 이상으로 기재되거나 앞의 배서에 의해 2인의 피배서인이 지정됨으로 인해 2인 이상이 공동으로 배서할 경우, 그들 상호간에는 연대책임을 지는가 합동책임을 지는가 하는 문제가 있다. 이는 공동발행인의 책임과 같은 문제인데, 공동발행에 관해 언급한 이유에서 연대책임이라 보는 것이 옳다.

(3) 담보책임의 근거

배서인이 어음법 제15조에 의해 담보책임을 지는 것은 배서인의 의사표시에 기한 것인가 법정의 효력인가에 대한 의문이 있다. 배서인의 담보책임제도의 연혁에 근거하여, 원래 배서인의 담보책임은 대가문구의 기재가 있을 때 인정되던 것인데, 대가문구의 기재가 없을 경우를 예상하여 어음법 제15조가 배서인의 의사를 의제한 것이라고 설명하며 배서인의 의사에서 근거를 찾는 소수설이 있다(김정호 281). 그러나 배서는 기본적으로는 권리이전수단이고 배서인의 의사도 일응은 권리이전에 있으므로 배서인에게 담보책임을 지려는 의사가 당연히 있다고 볼 수는 없다. 담보책임은 어음의 실질적인 유통성을 보장하기 위하여 법이 정책적으로 부여한 책임이라고 보아야 한다($^{통}_{설}$).

(4) 담보책임의 배제

배서인의 담보책임은 법정책임이지만, 배서인의 의사로 이 책임을 전부 또는 일부 배제할 수 있다. 담보책임을 배제함으로써 이후의 소지인들이 불리해지지만 어음취득자들이 취득 여부를 선택하는 단계에서 자기의 이익을 방어할 수 있으므로 법은 이를 허용한다.

담보책임을 배제하는 방법에는 두 가지가 있다. 하나는 무담보배서를 함으로써 자기 이후의 모든 어음취득자에게 책임을 지지 않는 방법이고($^{어 15조 1항의}_{「반대의 문구」}$), 다른 하나는 배서금지배서를 함으로써 자신의 피배서인에게만 담보책임을 지고 그 이후의 취득자들에게는 책임을 지지 않는 것이다($^{어 15조}_{2항}$). 각각 무담보배서와 배서금지배서 부분에서 상론한다.

4. 자격수여적 효력

(1) 제도의 의의

누가 어떤 권리를 행사하든, 의무자의 앞에서 권리자라고 자칭하는 자가 과연 진실한 권리자인가라는 의문이 제기되고 당사자들이 서로 엇갈린 주장을 할 수 있다. 이 문제를 법률적으로 해결하는 방법은 두 가지가 있다. 첫째는 권리행사자로 하여금 자신의 권리를 증명하게 하는 방법이고, 둘째는 의무자로 하여금 권리행사자에게 권리가 없음을 증명하게 하는 방법이다. 일반 지명채권이라면 권리행사자가 자신의 권리를 증명해야 한다. 그리하여 甲에 대한 乙의 채권이 乙 → A → B → C의 순으로 양도된 경우 C는 자신이 乙 → A → B의 순을 거쳐 최후로 채권을 양수한 사실, 양도하는 단계마다 甲에게 통지하거나 승낙을 받아 대항요건을 구비한 사실, 그리고 보다 근본적으로 乙이 甲에 대해 채권을 가진 사실과 그 내용을 증명해야 한다.

어음채권은 이와 다르다. 어음채권의 경우는 권리가 서면에 표창되어 문언성의 강력한 지지를 받고 있으므로 채권의 존재 자체는 어음에 의해 확실히 증명된다. 그리고 수취인으로부터 최후의 소지인에게 이전된 경위도 배서에 의해 증명된다. 그러므로 어음의 소지인은 어음의 외관상 흠 없는 상태에서 배서가 자신에 이르기까지 단절 없이 이루어진 것을 제시하면 진정한 권리자로 추정되고 어음에 관한 실질적인 권리나 이익을 증명할 필요가 없으며($\substack{\text{대법원 1998. 5. 22.}\\ \text{선고 96다52205 판결}}$), 그 반대의 사실, 즉 어음소지인이 진정한 권리자가 아니라는 것을 주장하는 자가 반대의 증명을 할 책임을 진다($\substack{\text{어 16조}\\ \text{1항}}$). 이같이 어음의 배서에 의해 권리가 추정되는 효력을 자격수여적 효력이라 한다.

배서의 자격수여적 효력에 어음상의 권리를 창설하는 효력이 있는 것은 아니다. 배서가 일응 이상 없이 이루어져 있다고 하더라도 그 중간에 배서가 위조되었을 수도 있고 배서가 무효일 수도 있다. 이러한 사실들을 어음채무자가 증명하면 어음소지인의 권리행사를 저지할 수 있는 것이다. 요컨대 배서의 자격수여적 효력이란 지명채권이라면 원래 권리자에게 있을 증명책임을 의무자에게 전가하는 제도인 것이다.

배서의 자격수여적 효력은 한편 어음채무자에게도 유리한 측면이 있다. 어떠한 경우에도 진정한 권리자 이외의 자에게 이행한 것을 무효로 다룬다면 어음채무자의 위험부담이 매우 클 것이다. 그러나 배서에 자격수여적 효력이 인정되는 결과 어음소지인에게 어음금을 지급하면 비록 그가 정당한 권리자가 아니더라도 어음채무자는 책임을 면할 수 있는 것이다($\substack{\text{어 40조}\\ \text{3항 참조}}$). 이를 「면책적 효력」이라 하는데, 자격수여적 효력의 이면적 효력이라 할 수 있다.

(2) 배서의 연속(자격수여적 효력의 요건)

1) 의   의

배서의 자격수여적 효력은 외관상 흠없이 발행된 어음이 소지인에 이르기까지 적법하게 유통되었다는 사실을 추정해 주는 효력이다. 이 추정은 형식적 증거에 근거하여 이루어진다. 「형식적 증거」란 발행 이후 수취인으로부터 현 소지인에 이르기까지 권리이전의 과정이 배서에 의해 외관상 단절 없이 표시되는 것을 말한다. 이를 「배서의 연속」이라 하는데, 수취인을 최초의 배서인으로 한 모든 배서에 관해 전배서의 피배서인이 후배서의 배서인이 되어 있는 상태를 말한다. 구

배서의 연속

어음의 앞면

약 속 어 음

乙 귀하

금 일천만원정

위 금액을 귀하 또는 귀하의 지시인에게 이
약속어음과 상환하여 지급하겠습니다.

(이하 생략)

甲 甲

어음의 뒷면

[연속의 예]

앞면의 금액을 A에게
지급하여 주십시오.
乙 乙

앞면의 금액을 B에게
지급하여 주십시오.
A A

앞면의 금액을 C에게
지급하여 주십시오.
B B

[불연속의 예 1]

앞면의 금액을 B에게
지급하여 주십시오.
A A

앞면의 금액을 C에게
지급하여 주십시오.
B B

[불연속의 예 2]

앞면의 금액을 A에게
지급하여 주십시오.
乙 乙

앞면의 금액을 C에게
지급하여 주십시오.
B B

체적으로 말하면, 수취인의 배서에 의한 피배서인이 제 2 의 배서인이 되고, 다시 그 피배서인이 제 3 의 배서인이 되는 식으로 소지인에 이르기까지 순차 배서가 이어지는 것이다.

어음의 점유자가 배서의 연속에 의해 권리를 증명하는 때에는 이를 적법한 소지인으로 추정하므로(자격수여적 효력: 어 16조 1항 1문) 배서의 연속은 바로 자격수여적 효력의 요건을 이룬다.

2) 연속성의 판단

i) 판단의 근거　　자격수여적 효력은 기술한 바와 같이 어음의 유통에 관한 형식적 증거에 의해 주어지는 것이므로 배서의 연속 역시 형식적 근거에 의해 판단한다. 그러므로 배서의 연속은 형식적으로 존재해야 하고 또 그로써 족하다(대법원 1999. 3. 9. 선고 97다7745 판결). 예컨대 형식적으로 연속된 배서의 중간에 허무인의 배서가 들어 있거나 위조의 배서가 들어 있더라도 각기 배서의 요건을 구비하는 한, 배서의 연속성에는 장애를 주지 않는다(판례[74], [75]).

> #### 점유자와 소지인
>
> 어음법에서는 어음의 「점유자」와 「소지인」이라는 용어를 구분해 쓴다(예: 어21조). 어음의 소지인이란 어음을 적법하게 취득하여 점유하는 자를 뜻하고, 어음의 점유자란 어음상의 권리가 있는지를 불문하고 현재 그 어음을 수중에 가지고 있는 자를 가리킨다. 예컨대 배서에 의해 어음을 취득한 아버지가 딸에게 어음을 들려서 지급인에게 보내 인수제시를 하게 하였다면, 아버지는 어음소지인이고, 딸은 어음의 점유자이다. 어음의 인수를 위한 제시 같은 것은 권리행사가 아니므로 점유자도 할 수 있으나(어21조), 어음금지급청구·상환청구 등은 점유자는 할 수 없고 어음소지인만이 할 수 있다(어 38조 1항, 43조).
>
> 어음을 적법하게 취득하였을 때 소지인이 되는 것인데, 어음의 적법한 취득은 배서에 의해 증명된다. 한편 배서가 형식상 연속되어 있더라도 어음상의 권리를 적법하게 취득하지 않았을 수도 있으므로 법에서는 단지 소지인으로 '추정'해 주는 것이다.

> #### 발행인의 제1차 배서의 효력
>
> 최초의 배서인은 기술한 바와 같이 수취인이 되어야 한다. 그런데 간혹 발행인이 배서를 해서 수취인에게 교부해 주는 예가 있다. 이는 어음법상 아무 의미가 없다. 그렇다고 해서 어음발행이 무효가 되는 것은 아니고, 배서가 없는 것으로 보아야 한다(무익적 기재사항, 대법원 1965. 9. 7. 선고 65다1387 판결).

판   례

[74] 대법원 1974. 9. 24. 선고 74다902 판결

「…피고가 소외 한국포리에스텔 주식회사에게 이 사건 약속어음을 발행하고, …소외 김우웅이 위 약속어음을 훔쳐 내어 '한국포리에스텔 주식회사 대표이사 사장 이동찬'으로 된 고무명판과 대표이사 직인을 위조하여 이 사건 약속어음의 배서인란에 이를 날인하여 원고에게 양도함으로써 원고가 이 사건 약속어음을 소지하게 된 사실, 그러나 어음법 제77조 및 동 제16조 제 1 항의 규정에 의하여 보면 약속어음의 점유자가 배서의 연속에 의하여 그 권리를 증명한 때에는 이를 적법한 소지인으로 추정한다고 할 것이고 위 법조에 규정된 배서의 연속이란 그 배서가 형식상 연속되어 있으면 족하고 실질상 유효한 것임을 요하지 아니한다 할 것이므로 배서가 위조된 경우에 있어서도 배서의 연속이 흠결된 것이라고는 할 수 없다고 함이 상당하다 할 것인바, 원심이 위에서 확정한 사실에 의하면 이 사건 약속어음의 배서는 형식상으로는 연속되어 있고 원고는 그 배서양도인에 의하여 이 사건 약속어음을 소지하게 되었다는 것이므로 피배서인인 원고는 그 배서가 위조되었는가의 여부에 관계 없이 배서의 연속이 있다는 이 사건 약속어음의 적법한 소지인으로 추정된다 할 것이고 다만 이 경우에 발행인은 그 소지인이 악의 또는 중대한 과실로 인하여 동인이 이를 취득한 사실을 주장·입증을 하지 않는 한 발행인으로서의 어음채무를 부담하는 것이[다.]…」

※ 同旨: 대법원 1971. 4. 30. 선고 71다455 판결; 동 1987. 7. 7. 선고 86다카2154 판결 외 다수.

[75] 대법원 1993. 12. 10. 선고 93다35261 판결

「수취인란이 백지식인 어음을 정당하게 교부받은 어음소지인이 백지를 보충하여 타에 양도함에 있어 수취인란을 임의로 기재한 다음, 그 수취인을 제 1 배서의 배서인으로, 자신을 그 피배서인으로 하는 제 1 배서를 임의로 기재하고 이어 자신을 제 2 배서의 배서인으로, 임의의 사람을 그 피배서인으로 하는 제 2 배서를 한 다음, 그 제 2 피배서인을 제 3 배서의 배서인으로, 어음의 양수인을 그 피배서인으로 하는 제 3 배서를 하더라도, 어음의 양도인이 양도 당시 정당한 소지인인 이상 그 양수인은 적법하게 어음상의 권리를 이전받는다고 할 것이다.…」

※ 同旨: 대법원 1995. 9. 15. 선고 94다54856 판결.

註) 이 판례는 甲으로부터 수취인이 백지인 어음을 취득한 乙이 허무인 X의 이름으로 보충하고 X의 이름으로 자신에게 배서하고 자신이 다시 허무인 Y에게 배서하고 Y의 이름을 사용하여 A에게 배서양도한 사안을 다룬 것이다(甲 → X → 乙 → Y → A). 이 경우 A의 형식적 자격에 문제가 없을 뿐 아니라 실질적인 권리취득에도 이상이 없다.

ii) **연속의 모습**   배서가 형식적으로 연속하려면 배서가 이루어진 순서

대로 직전의 배서의 피배서인이 그 직후의 배서의 배서인이 되어야 할 것인데, 이 때 전배서의 피배서인과 후배서의 배서인이 형식적으로 일치해야 한다. 예컨대 어음이 A → B, B → C의 순으로 양도된 경우, A의 배서에서는 피배서인을 B의 상호를 따서 「대한상사」라고 표기하였는데, B가 한 배서에서는 자신의 성명을 써서 「김영자」라는 이름으로 배서하였다면 이는 연속하는 배서가 아니다. 그러므로 이런 경우에는 어음소지인인 C가 「대한상사」와 「김영자」가 동일인임을 증명해야 한다. 그러나 피배서인으로서의 명칭과 배서인으로서의 명칭이 어의적으로 일치해야 하는 것은 아니고, 거래통념상 동일인을 지칭한다고 인정되면 족하다. 예컨대 피배서인의 명칭이 「한국상사」로 기재되고, 이어서 「주식회사 한국상사 대표이사 배종덕」이라는 이름으로 배서가 되어 있다면 이는 형식상 피배서인과 배서인의 동일성이 인정된다 할 것이다(대법원 1995. 6. 9.
선고 94다33156 판결). 이 경우에는 「한국상사」와 「주식회사 한국상사」는 통념상 동일한 법인을 지칭한다고 보아야 할 것이고, 「대표이사 배종덕」 부분은 법인의 어음행위 방식이기 때문이다. 그러나 역으로 피배서인이 「배종덕」으로 기재되고 그에 이어지는 배서의 배서인이 「주식회사 한국상사 배종덕」으로 기재되어 있다면 양자의 동일성을 인정할 수 없다. 앞의 배서는 자연인 「배종덕」에게 한 것으로 보아야 하고 후의 배서는 「주식회사 한국상사」가 한 것으로 보아야 하기 때문이다(판례
[76]).

배서의 연속을 판단함에 있어 어음상의 배서의 물리적 위치는 고려할 필요가 없다. 어음의 뒷면의 상단에서부터 B → C, C → D, A → B순으로 기재되어 있더라도 이 어음은 A → B → C → D의 순으로 배서된 것으로 인정되는 것이다.

배서의 연속은 어음소송에서 변론종결시까지 갖추어지면 된다. 예컨대 A → B, H → K, B → C의 순으로 배서된 어음에서 변론종결시까지 H → K 부분을 말소하면 배서가 연속하게 된다.

판 례

[76] 대법원 1995. 9. 15. 선고 95다7024 판결

「…이 사건 각 약속어음의 배서에 있어 전 배서의 피배서인 「박찬희」와 다음 배서의 배서인 「주식회사 우전상사 대표이사 박찬희」의 기재나 전 배서의 피배서인 「김왕근」과 다음 배서의 배서인 「주식회사 우전상사 대표이사 김왕근」의 기재는 형식상

동일성이 인정되지 아니하여 형식상 그 배서의 연속은 없[다.]···」

3) 백지식배서와 연속성

배서의 중간 또는 말미에 백지식배서가 있을 경우 백지를 보충하지 않더라도 다음과 같이 배서의 연속이 인정된다.

첫째, 최후의 배서가 백지식인 경우에는 현재의 어음의 점유자가 그 피배서인으로 추정된다($^{어 16조 1항 2}_{문, \langle예시 1\rangle}$).

둘째, 중간의 배서가 백지식인 경우에는 그 다음 배서의 배서인이 백지식배서에 의하여 어음을 취득한 것으로 보아 배서의 연속이 인정된다($^{어 16조 1항 4}_{문, \langle예시 2\rangle}$).

여기서 법문의 표현에 주의하여야 한다. 어음법 제16조 제 1 항 4문은「백지식배서의 다음에 다른 배서가 있는 경우에는 그 배서를 한 자는 백지식배서에 의하여 어음을 취득한 것으로 '본다'」고 규정하고 있다. 보다시피 간주규정인데 이는 배서의 연속 여부를 판단하는 측면에서만 그같이 간주한다는 뜻이고, 실제의 권리취득을 그같이 간주한다는 뜻이 아니다. 후의 배서인이 실제 백지식배서에 의해 어음을 취득한 것이 아니라면(예: 절취·습득) 배서의 연속은 의제되나, 어음채무자는 그 무권리를 증명하여 책임을 면할 수 있는 것이다.

예시 1

실제 배서	추 정
앞면의 금액을 A에게 지급하여 주십시오. 乙 ⓩ	앞면의 금액을 A에게 지급하여 주십시오. 乙 ⓩ
앞면의 금액을 B에게 지급하여 주십시오. A Ⓐ	앞면의 금액을 B에게 지급하여 주십시오. A Ⓐ
앞면의 금액을 ( )에게 지급하여 주십시오. B Ⓑ	앞면의 금액을 (C)에게 지급하여 주십시오. B Ⓑ

※ C가 소지

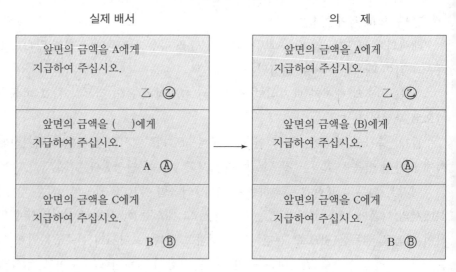

예시 2

실제 배서

의 제

앞면의 금액을 A에게
지급하여 주십시오.

　　　　　　乙　乙

앞면의 금액을 (　　)에게
지급하여 주십시오.

　　　　　　A　Ⓐ

앞면의 금액을 C에게
지급하여 주십시오.

　　　　　　B　Ⓑ

앞면의 금액을 A에게
지급하여 주십시오.

　　　　　　乙　乙

앞면의 금액을 (B)에게
지급하여 주십시오.

　　　　　　A　Ⓐ

앞면의 금액을 C에게
지급하여 주십시오.

　　　　　　B　Ⓑ

※ C가 소지

이중의 백지식배서

　　백지식배서에 의해 어음을 취득한 자는 다시 백지식배서를 할 수 있으므로(어 14조 2항 2호) 하나의 어음에 2개 이상의 백지식배서가 있을 수 있다. 그런데 백지식배서가 3개 이상인 경우에는 어음법 제16조 제 1 항 4문을 적용함에 다소 혼란이 생긴다. 예컨대 다음 예시의 경우, 乙이 최초의 배서인이고 최후로 C가 D에게 배서한 것은 확실하나, 乙에서 C에 이르는 순서를 알 수 없다. 乙 → A → B → C의 순으로 이루어졌을 수도 있고, 乙 → B → A → C의 순도 가능하다. 그러나 이 경우 배서가 연속된 것으로 볼 것이고 따라서 D를 어음소지인으로 추정하는 데는 지장이 없다. 다만 지급이 거절되어 상환청구가 이루어질 경우에 B가 A에게 재상환청구권을 행사할 수 있는지 그 반대인지는 어음면으로 알 수 없고, 이는 사실관계에 의해 실제의 순서에 따라 해결할 문제이다.

(어음의 앞면에서 수취인은 乙로 기재되어 있음)

앞면의 금액을 _____에게
지급하여 주시오.

乙 ㉢

앞면의 금액을 _____에게
지급하여 주시오.

A Ⓐ

앞면의 금액을 _____에게
지급하여 주시오.

B Ⓑ

앞면의 금액을 D에게
지급하여 주시오.

C Ⓒ

(3) 배서의 말소

1) 의 의

배서의 말소란 거래통념상 배서의 존재를 부정하는 뜻으로 판단될 수 있는 기재를 말한다. 보통은 배서란 위에 'X'표를 하지만 어떠한 형태이든 통념상 배서를 부정하는 뜻의 표시이면 족하다.

기왕의 배서를 말소하는 것은 배서인이 배서할 의사를 번복하여 스스로 말소하는 경우가 흔하겠지만, 타인도 정당하게 배서를 말소할 수 있는 경우가 있다. 예컨대 어음채무자가 상환의무를 이행하고 자기 이후의 배서를 말소하는 것은 정당하며$\left(\begin{smallmatrix}어 50조\\2항\end{smallmatrix}\right)\left(\begin{smallmatrix}예: 乙 → A → B → C로 배서된 어음에서 乙이 C에게\\상환의무를 이행한 후 A, B의 배서를 말소하는 것\end{smallmatrix}\right)$, 어음채무자가 어음을 다시 배서받은 뒤$\left(\begin{smallmatrix}환배서:\\어 11조 3항\end{smallmatrix}\right)$ 자기와 자기의 중간의 배서를 말소할 수도 있다. 반면 어음을 절취·습득 기타 부정한 방법으로 취득한 자가 말소할 수도 있는데, 이같이 말소할 권한이 없는 자가 배서를 말소하는 것은 어음의 변조이다.

2) 효 력

말소한 배서는 배서의 연속에 관하여는 배서의 기재가 없는 것으로 본다$\left(\begin{smallmatrix}어 16조\\1항 3문\end{smallmatrix}\right)$. 그 결과 배서의 말소에 의해 불연속의 배서가 연속되기도 하고 연속된 배서가 불연속되기도 한다.

　누구에 의해 또 어떠한 동기에 의해 배서가 말소되었느냐는 것은 묻지 않는다. 또한 말소가 권한 있는 자에 의해 행해진 것인지 여부, 그 방법·시기에 관계없이 배서가 존재하지 않는 것으로 본다(대법원 1995. 2. 24.
선고 94다41973 판결). 그러므로 설혹 어음의 절취자에 의해 말소되었더라도 배서가 없는 것으로 보는 효과는 여전하다. 다만 이같이 권한 없는 자가 말소한 경우에는 정당한 이익을 갖는 자가 실질적 권리를 증명하여 권리를 회복할 수 있음은 물론이다. 언제 말소되었느냐는 것도 묻지 않는다. 거절증서작성기간 후에 말소했더라도 말소의 효과에 영향이 없다(대법원 1964. 5. 12.
선고 63다55 판결). 다만 어음관계의 소송에서는 말소가 변론종결 전에 행해져야만 배서를 부정하는 효력이 인정된다.

예시—배서의 말소

[불연속 → 연속]	[연속 → 불연속]
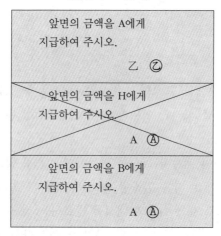	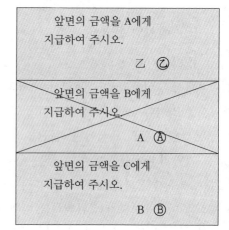

3) 일부의 말소

　배서의 기재사항 중 일부가 말소되었을 때 배서 자체의 효력이 어떻게 되느냐는 문제가 있다. 말소된 부분이 어떤 것이냐에 따라 효력을 달리 논해야 한다.

　i) 기명날인(또는 서명)　　　배서인의 기명날인(또는 서명)부분이 말소되어 있는 때에는 피배서인이나 배서문구가 완전하더라도 배서 전부가 말소된 것으로 보아야 한다.

ii) 배서문구   피배서인의 성명 이외의 배서문구가 말소된 경우에는 간략식배서도 허용되는 취지에 비추어($\frac{어 13}{조 2항}$) 배서의 효력에 영향이 없다고 보아야 한다.

예   시

앞면의 금액을 홍길동에게
지급하여 주시오.

　　　　　　　　김영자 (영길
자인)

iii) 피배서인   배서인의 기명날인(또는 서명)은 온전한데 피배서인의 명칭이 말소된 경우에는 어떻게 보아야 하느냐에 관해 견해가 대립한다.

a) 전부말소설   피배서인의 표시는 다음 권리자의 지정이라는 중요한 의미가 있으므로 그 말소는 배서 전체의 의의를 상실시킨다는 이유로 피배서인의 말소는 배서 전체의 말소와 같다고 한다($\frac{김정호 290; 손진화 1083;}{송옥렬 611; 정동윤 281}$).

b) 백지식배서설   기재사항의 일부가 말소되었으면 그 부분만 말소된 것으로 보는 것이 자연스러우며, 전부 말소로 보아야 할 법적 근거가 없다는 점, 그리고 어차피 법에서 백지식배서를 인정하고 있는 만큼 피배서인의 기재는 배서의 요건이 아니라고 보아야 하므로 피배서인이 말소된 배서는 백지식배서로 인정해야 한다고 주장한다($\frac{강·임 372; 장덕조 943; 정찬형}{296; 최기원 426; 최완진 619}$).[1]

어떠한 문서행위이든 정정은 인정되는 바이므로 통상의 정정방식에 따라 피배서인의 성명을 말소하고 배서인이 인장을 압날하였다면 이는 정정에 해당되어 피배서인부분만 말소된 것으로 보아야 한다. 견해가 대립하는 것은 이러한 정정인(訂正印)이 없이 단순히 말소한 경우이다.

권한고려설

일본에서는 말소의 권한 있는 자가 말소한 때에는 백지식배서로 보고, 말소의 권한 없는 자가 말소한 경우에는 말소의 효력이 없고 원래 기재된 피배서인에 대한 배서로 보아야 한다는 설(권한고려설)이 주장되기도 하나, 우리나라에서는 이를 취하는 학

---

1) 日最高裁 1986. 7. 18 판결, 民集 40권 5호, 977면.

자가 없다.

이 설은 권한 있는 자의 말소인지 권한 없는 자의 말소인지를 어음 외의 사실관계로 판단해야 하는 문제를 남겨 놓으므로 어음 자체에서 배서의 연속 여부를 판단해야 하는 원칙에 어긋난다.[1]

백지식배서설은 어음의 유통성을 보호하는 데 역점을 두나, 피배서인이 말소된 어음은 일응 외관상 이상이 있는 것이므로 그러한 어음을 의심 없이 취득한 자를 정상적인 배서에 의해 어음을 취득한 자와 똑같이 보호해야 하느냐는 의문이 제기된다. 백지식배서로 본다면 그 남용을 방치하는 경우가 생긴다. 예컨대 A → B → C의 순으로 배서된 어음을 D가 절취하여 B → C의 배서란 중 C의 이름을 지우고 백지식배서임을 주장하거나, 아니면 말소한 부위에 자기의 이름을 기재하고 권리를 행사하거나 양도할 수도 있다. 피배서인을 백지로 한 경우와 기재하였다가 말소한 경우는 객관적으로 부여할 의미가 전혀 다르다. 배서를 백지식으로 할 수 있다고 해서 피배서인의 기재가 아무 뜻도 갖지 못하는 것은 아니다. 피배서인의 명칭이 일단 기재되면 그것은 기명날인과 일체가 되어 특정인에게 권리를 양도하는 단일의 의사표시를 구성하기 때문이다. 그러므로 피배서인의 성명을 말소한 뜻은 배서 전체를 철회하려는 의사로 보아야 한다(일부무효는 전부무효로 됨). 따라서 전부말소설이 타당하다.

(4) 배서불연속의 효과

1) 소지인의 지위

말소를 포함하여 어떤 사유로든 배서가 불연속할 경우 단절된 이후의 배서는 자격수여적 효력이 없으므로 어음의 점유자는 적법한 소지인으로 추정받지 못한다(어 16조 1항). 대신 단절되기 직전의 피배서인이 적법한 소지인으로 추정된다.

그러나 이 배서의 단절(다음 예의 B와 C의 단절)이 실제 권리이전에 단절이 있기 때문이 아니라 다른 사정으로 인한 것이고 어음이 적법하게 승계된 것이라면, 어음의 점유자(E)는 실질적인 권리자라 할 것이므로 그는 단절된 부분(B⋯C)의 권리승계를 증명함으로써 어음상의 권리를 행사할 수 있다(定說)(대법원 1969. 12. 9. 선고 69다995 판결; 동

---

1) 그래서 지금은 일본에서도 이 설을 주장하는 자가 거의 없다(堀口 亘, "被背書人の氏名だけの抹消,"『ジュリスト』108호, 111면).

$^{1995.\ 9.\ 15.\ \text{선고}}_{95\text{다}7024\ \text{판결}}$). 권리의 승계가 있음에도 불구하고 배서의 단절이 생기는 사유로 흔히 생각할 수 있는 것은 상속이나 합병과 같은 포괄승계에 의해 어음이 이전된 경우(C가 B의 상속인), 단절된 부분이 지명채권양도방식으로 양도된 경우(B가 C에게 지명채권양도방식으로 양도) 등이다.

배서불연속의 예

> 앞면의 금액을 A에게 지급하여 주시오.
>
> 乙 ㉠

> 앞면의 금액을 B에게 지급하여 주시오.
>
> A Ⓐ

> 앞면의 금액을 D에게 지급하여 주시오.
>
> C ©

> 앞면의 금액을 E에게 지급하여 주시오.
>
> D Ⓓ

B와 C의 단절
- B: 적법한 소지인으로 추정
- E: 적법한 소지인으로 추정 불가

　　그러나 어음의 양도방법이 위법하여 배서가 불연속하는 경우에는 실질적인 권리승계가 있을 수 없다. 예컨대 B가 단순한 교부로 C에게 양도하였다면 배서가 불연속하는 것은 물론이고, B→C 간의 양도가 무효이므로 C는 실질적인 권리조차 승계한 것이 아니다($^{\text{대법원 1996. 4. 26.}}_{\text{선고 94다9764 판결}}$).[1) 또 乙→A→B→C로 순차 배서되기는 하였으나 乙의 배서가 무효라면(예: 乙의 기명이 없고 날인만 있는 경우) 乙→A의 양도가 무효이므로 실질적인 권리의 승계도 없다($^{\text{대법원 1996. 4. 26.}}_{\text{선고 94다9764 판결}}$).

　　어음의 점유자는 실질적인 권리승계사실을 어느 부분까지 증명해야 하는가?

---

1) 이 경우 B→C의 양도가 지명채권의 양도방법에 따른 것으로 주장할 수 있을 것이나, 그렇다면 발행인에 대한 통지 또는 발행인의 승낙이 있었음을 증명하여야 한다(대법원 1997. 7. 22. 선고 96다12757 판결).

단절된 부분의 승계사실만 증명하면 족하다는 것이 통설·판례($\binom{\text{대법원 1969. 12. 9. 선고 69다}}{\text{995 판결; 동 1995. 9. 15. 선고}}$ $\binom{\text{95다}}{\text{7024 판결}}$)이다. 이와 달리 단절된 부분 이후의 승계사실(B→C, C→D, D→E)을 전부 증명해야 한다는 입장도 생각해 볼 수 있으나, 단절된 부분만 증명되면 전체의 배서가 외형상 연속되는 바이므로 불필요한 요구이다.

2) 단절 이후의 배서의 효력

i) 실질적 권리가 증명된 경우   어음의 점유자가 배서가 단절된 부분의 권리승계를 증명하면 어음상의 권리를 행사할 수 있다고 함은 단절 이후의 배서($\binom{\text{361면의 C와}}{\text{D의 배서}}$)에 대해 권리이전적 효력을 인정한다는 뜻이다. 그러면 담보적 효력과 자격수여적 효력도 인정되는가? 권리이전적 효력을 인정한다면 담보적 효력도 인정해야 할 것이다. 담보적 효력은 이전된 권리의 만족을 보장하는 효력이기 때문이다. 따라서 위 배서불연속의 예($\binom{361}{\text{면}}$)에서 E가 (약속어음의) 발행인으로부터 어음금을 지급받지 못한다면 乙, A는 물론 C, D도 상환책임을 진다. 어음항변의 절단($\binom{\text{어}}{\text{17조}}$)도 권리이전에 따른 효력이지만, 배서의 단절부분의 권리승계에는 항변절단의 효과가 없다($\binom{\text{171면}}{\text{참조}}$). 예컨대 배서의 단절부분이 지명채권양도의 방법에 의해 이전된 것이라면 그 양도인과 이후의 양수인 간에는 항변절단의 효과가 없다.

실질적 권리가 증명되더라도 자격수여적 효력은 부정해야 한다. 자격수여적 효력이란 실질적 권리의 흐름에 관계 없이 배서의 연속이라는 외관적 적법성 (äußere Ordnungsmäßigkeit)에 근거하여 적법한 소지인임을 추정해 주는 제도이므로,[1] 배서가 단절된 부분의 실질적 권리승계는 자격수여적 효력의 요건과 무관하기 때문이다. 요컨대 어음의 형식적 자격(förmliche Berechtigung)은 실질적 자격 (sachliche Berechtigung)이 결여된 어음취득자에게 권리취득의 근거를 제공하지만, 반대로 실질적 자격이 형식적 무권리자의 권리의 근거가 될 수는 없다.[2] 자격수여적 효력이 인정되지 않는 결과 선의취득이 불가능하다.[3] 예를 들어 설명한다. 위 예($\binom{361}{\text{면}}$)에서 C가 D에게 배서한 사실이 없는데 D가 C로부터 어음을 절취하여 C의 배서를 위조한 후 선의인 E에게 배서하였다고 하자. B−C의 부분이 단절

---

1) Baumbach · Hefermehl · Casper, §16 Anm. 19.

2) Ibid.

3) Ibid.; Zöllner, S. 94.

되지 않았다면 E는 선의취득을 할 수 있다. 그러나 이 어음의 경우에는 B-C부분의 배서가 불연속하는 까닭에 D가 적법한 소지인으로 추정될 수 없고, 따라서 E가 선의취득의 요건으로서 신뢰를 둘 어음법적 근거가 없으므로 선의취득이 불가능하다. 이와 달리 배서의 불연속에도 불구하고 실질적인 권리가 증명될 경우 선의취득을 인정하는 견해가 있으나, 옳은 설명이 아니다. 선의취득부분에서 재론한다.

ii) 실질적 권리가 증명되지 않은 경우   배서가 불연속하는 어음의 점유자가 실질적 권리를 증명하지 못하는 경우 배서의 단절 후 현재의 점유자에 이르기까지 이루어진 배서에는 권리이전적 효력이 없다. 이 경우 배서인들에게 담보적 효력을 인정하는 견해가 있으나($\frac{정동}{윤\,288}$), 담보적 효력이란 어음소지인의 권리가 존재함을 전제로 하고, 그 권리가 만족을 얻지 못할 때 부담하는 책임인데, 어음의 점유자가 실질적 권리조차 갖지 못한다면 담보책임의 대상이 없다는 뜻이므로 배서인의 담보책임을 인정할 실익이 없다.

담보목적의 배서와 불연속

배서가 오로지 담보의 목적에서 어음의 실질적인 권리이전과정을 무시하고 행해졌다 하더라도 배서가 연속하면 그 배서인은 배서인으로서의 담보책임을 져야 한다. 예컨대 실제는 甲이 A에게 어음을 발행한 것이나 어음금지급을 담보하기 위해 甲이 乙에게 발행하고 乙이 A에게 배서하는 형식을 취한 경우 乙은 A에 대해 담보책임을 져야 하는 것이다. 그런데 담보의 목적으로 배서하되, 권리의 형식적인 흐름마저 무시한 경우에는 필히 배서의 불연속이 생긴다. 이 경우 어음소지인이 실질적 권리를 증명하여 어음상의 권리를 행사할 수 있음은 기술한 바와 같으나, 배서인은 자신의 배서에 관해 어떤 책임을 져야 하느냐는 문제가 제기된다. 예컨대 甲이 乙을 수취인으로 하여 乙에게 약속어음을 발행하는데, 이 어음에 甲'가 담보의 목적으로 배서한 경우이다. 현재 상태에서 이 어음에는 乙이 甲'에게 배서하고 甲'가 다시 乙에게 배서하는 과정이 결여되어 있으므로 배서는 불연속한다. 이 경우 乙이 실질적인 권리를 증명하여 甲에게 권리행사할 수 있음은 물론이고, 甲'의 배서가 배서로서의 유효요건을 구비하고 있는 한 甲'는 배서인으로서의 담보책임을 져야 한다고 함이 판례의 입장이다($\frac{판례}{[77]}$). 그러나 이는 기명식인 어음을 단순한 교부에 의해 양도하는 것을 허용하는 소치로서(즉 乙 → 甲' → 乙), 어음의 성질에 반하며, 또한 기명식인 어음을 교부에 의해 양도하는 것을 무효라고 한 다수의 판례와도 충돌된다($\frac{대법원\ 1996.\ 4.\ 26.\ 선}{고\ 94다9764\ 판결;\ 동}$ $\frac{1997.\ 7.\ 22.\ 선고}{96다\ 12757\ 판결}$). 이 사안에서는 甲'에게 배서인의 책임을 묻지 않더라도 민법상의 보증인의 책임을 물어 구체적 타당성을 기할 수 있을 것이다.

판 례

[77] 대법원 1995. 9. 29. 선고 94다58377 판결

「…이 사건 각 약속어음의 발행인은 소외 회사, 수취인은 원고, 제 1 배서인은 위 망인으로 각 기재되어 있어 이 사건 각 약속어음의 배서가 연속되어 있지 아니하나, 원심판결 이유와 기록에 의하면 이 사건 어음은 소외 회사가 원고에게 발행한 것인데 원고의 배서 없이 소외 망인이 그냥 담보를 위한 배서를 한 채로 원고가 취득한 사실을 알아볼 수 있으므로, 이 사건 어음상의 권리가 수취인으로 표시된 원고로부터 제 1 배서인인 위 망인에게로 이전되었다가 다시 원고에게로 승계된 것은 아니지만, 이 사건 어음의 최종 소지인인 원고를 수취인으로 표시하여 발행한 어음에 소외 망인이 그냥 담보의 목적으로 배서를 한 나머지 배서가 단절된 것에 불과하므로 그 실질적 권리가 어음에 표시된 바와 같은 경로를 거쳐 이전되지 않았다 하더라도 원고가 위 어음에 관한 실질적인 권리자임은 이미 증명되었다 할 것이며, 이와 같이 원고가 어음의 실질적 권리자임이 증명되고 위 망인의 배서가 배서로서의 유효요건을 구비하고 있는 이상 배서의 담보적 효력은 인정되어야 할 것이고, 그와 같은 경우에는 배서가 단절된 채로 지급제시를 하여 지급거절되었다고 하더라도 그 지급제시는 적법한 것으로 보아 어음소지인은 배서인에 대하여 소구권을 행사할 수 있다고 봄이 상당하다.」

V. 어음의 선의취득

1. 의　　의

어음의 선의취득이란 무권리자의 형식적 자격을 신뢰하고 그로부터 어음을 양수한 자는 적법하게 어음상의 권리를 취득하는 것으로 인정하는 제도를 말한다 ($_{2항}^{어 16조}$). 선의취득은 어음양도인의 권원에 기하여 권리를 승계하는 것이 아니고 법률의 규정에 의해 취득하는 것이므로 원시취득이다.

어음의 선의취득은 배서의 자격수여적 효력의 논리적 귀결이라 할 수 있다. 즉 배서가 연속된 어음을 최후의 피배서인으로서 점유하고 있는 자는 적법한 소지인으로 추정되는 까닭에 그를 정당한 권리자로 믿은 것 또한 보호되어야 하는 것이다. 이 선의취득제도가 있음으로 해서 어음거래에 임하는 자는 양도인의 실질적 권리의 유무를 조사함이 없이 어음의 외관에 기해 상대방의 자격 유무를 판단하면 족하다. 이에 의해 권리이전 방법으로서의 배서에 대한 신뢰가 높아지고, 어음의 신속하고 안전한 거래가 보장되는 것이다.

선의취득은 원래 동산의 거래에서 인정되고($\frac{민}{249조}$), 지명채권의 거래에서는 인정되지 아니한다. 어음이 채권을 표창하고 있음에도 불구하고 지명채권과는 달리 선의취득을 허용하는 데에는 어음의 유통성을 고려하여 어음의 양도방법인 배서에 동산의 인도와 같은 공신력을 부여하는 뜻이 있다. 나아가 어음거래는 동산거래보다 더욱 빈번하고 신속히 이루어지므로 어음거래의 안전은 동산거래의 안전보다 더 높은 유통성의 고려가 필요하다. 그래서 어음법은 어음의 선의취득의 요건을 동산에 비해 크게 완화하였다.

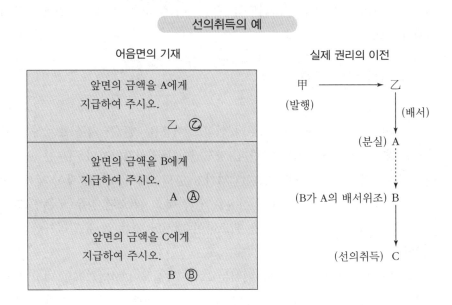

선의취득의 예

2. 요 건

(1) 어음법적 양도방법에 의한 취득

선의취득은 어음법적 양도방법에 권리이전방법으로서의 신뢰성을 부여한 데서 비롯된 제도이므로 취득자는 어음법적 양도방법에 의해 취득하여야 한다. 그러므로 배서에 의해 어음을 취득하든가, 백지식으로 배서된 어음이라면 배서 또는 교부에 의해 취득하여야 한다. 수취인이 백지인 어음은 보충될 때까지 계속 교부에 의해 양도될 수 있으므로 교부에 의해 선의취득할 수 있다.

어음법적 양도방법이 아닌 이전수단에 의해서는 선의취득이 불가능하다. 어음법 제16조 제 2 항은 배서의 연속에 의해 권리를 증명한 때에 선의취득을 인정한다고 규정함으로써 이 뜻을 분명히 하고 있다. 상속이나 합병과 같은 포괄승계에 의해 선의취득이 불가능함은 물론, 지명채권양도방법이나 전부명령에 의해서도 선의취득은 불가능하다.

배서라 하더라도 기한후배서는 지명채권양도의 효력밖에 없으므로($^{어 20조}_{1항 단}$) 기한후배서에 의한 선의취득이 있을 수 없으며, 추심위임배서는 당초 양도를 목적으로 하는 것이 아니므로 선의취득의 계기가 될 수 없다. 하지만 입질배서에 의한 질권의 선의취득은 가능하다.

(2) 양도인의 요건

1) 무권리자

선의취득제도는 무권리자로부터 선의로 어음을 취득한 자를 보호하는 제도이므로 양도인이 무권리자라야 한다. 양도인이 무권리자인지의 여부는 前권리자와의 관계에서 정해지는 것이다. 전권리자가 양도인에게 배서한 것이 제한능력 · 무권대리 · 의사표시의 하자 등의 사유로 인해 무효 · 취소된 경우 또는 양도인이 전권리자의 기명날인(또는 서명)을 위조하여 배서한 경우 등 무권리자인 사유는 다양하다.

민법상 동산의 선의취득제도에서는 도품 · 유실물이 선의취득의 대상에서 제외되고 있으나($^{민 250조}_{본}$), 어음법 제16조 제 2 항은 「어떤 사유로든」이라고 표현함으로써 도품 · 유실물도 선의취득의 대상이 됨을 명시하고 있다. 기술한 바와 같이 어음의 유통성이 동산거래의 안전보다 더욱 강하게 요구되기 때문이다. 도품 · 유실물이 선의취득의 대상이 되는 예는 백지식배서가 된 어음을 절취 · 습득한 자가 교부에 의해 이를 양도하거나, 정식배서가 된 어음을 절취 · 습득한 자가 피배서인의 기명날인(또는 서명)을 위조하여 자기에게 정식배서 또는 백지식배서한 것처럼 배서하고 다시 양도하는 경우 등이다.

지금까지의 통설은 양도인이 무권리자일 때 한하여 선의취득을 인정하고 있으나, 적용범위를 확대하는 설도 있다($\frac{후}{술}$).

2) 배서의 연속

선의취득제도는 형식적 자격으로 실질적 권리의 흠결을 치유하는 제도라고 할 수 있으므로 취득자의 선의의 근거로서 양도인이 배서의 연속에 의하여 자격수여적 효력($^{어 16조}_{1항}$)을 구비해야 한다. 어음법 제16조 제 2 항은 이를 요건으로 명문화하고 있다. 그 자격수여적 효력은 어음법 제16조 제 1 항의 요건을 구비하는 것을 의미하므로 양도인은 연속된 배서의 최후의 피배서인으로 기재되어 있든지, 최후의 피배서인이 백지인 어음을 소지하고 있어야 한다. 기술한 바와 같이 수취인이 백지인 어음은 백지식배서가 된 어음과 같이 배서 또는 교부에 의해 양도할 수 있으므로 백지어음을 점유하고 있는 것도 그 보충을 전제로 형식적 자격을 구비한 것으로 인정된다.

배서가 불연속하는 경우에는 점유자가 불연속부분의 실질적 권리승계를 증명하더라도 선의취득이 불가능하다. 선의취득을 긍정하는 설($^{강·임 145; 손주찬 117; 정동윤}_{111; 주석(Ⅰ), 514; 최기원 469}$)도 있으나, 이러한 해석은 배서의 연속을 선의취득의 요건으로 하는 명문의 규정($^{어 16조}_{2항}$)에 어긋난다. 기타 상세한 이유는 배서의 불연속과 관련하여 설명한 바 있다.

(3) 악의·중대한 과실이 없을 것

선의취득이 성립하려면 취득자에게 악의·중과실이 없어야 한다. 악의라 함은 자신의 양도인이 무권리자임을 알면서 취득함을 말하고, 중과실이라 함은 무권리자임을 알지 못했으나 알지 못한 데 대해 중대한 과실이 있음을 말한다. 악의·선의 여부 및 중대한 과실의 유무는 어음을 취득할 당시를 기준으로 판단한다. 따라서 어음을 취득할 당시에 선의이며 중대한 과실이 없었으면, 권리행사를 할 때에 알게 되었다 하더라도 선의취득에는 지장이 없다.

동산의 선의취득($^{민}_{249조}$)에서와는 달리 경과실 있는 선의도 보호됨을 주의해야 한다.

선의냐 악의냐는 것은 증명이 되는 한 판단이 분명하지만, 「중대한 과실」은 어떠한 경우에 인정할 것이냐가 문제이다. 일반적인 기준을 제시한다면 양도인의 무권리성에 대해 의심이 갈 객관적인 사정이 있음에도 불구하고 발행인이나 前배서인에게 조회해 보는 등의 노력을 기도하지 않았다면 이는 「중대한 과실」이 있다고 해야 할 것이다(판례 [78], [79], [80]). 무권리성을 의심할 만한 객관적 사정으로서 판례는 상대방의 신분의 확실성, 상대방의 형편과 관련한 금액의 크기, 거래계에 잘 알려진 어음의 특성, 어음의 외양, 조사의 난이도, 어음거래조건의 통상성 여부 등을 종합적인 판단자료로 제시하고 있다. 이하 중과실을 인정한 예와 인정하지 않은 예로 나누어 판단의 요소별로 판례의 경향을 소개한다.

1) 중과실을 인정한 예

i) 신분의 확실성　　평소 거래가 없던 자로부터 어음을 취득하는 경우 상대방의 권리의 유무에 관해 주의를 요구한다. 특히 은행 등 금융기관이 거래가 없던 자로부터 어음을 취득하면서 발행인에게 조회해 보지 않은 경우, 중과실을 인정하였다(판례 [78], [79]; 대법원 1997. 5. 28. 선고 97다7936 판결).

ii) 어음금액의 크기　　어음양도인의 신분에 비추어 지나친 거액의 어음을 양도받을 때에는 상대방의 무권리성을 의심해야 한다(판례 [80]; 대법원 1996. 10. 11. 선고 94다55163 판결).

iii) 어음의 특성　　법인이 아니고 개인이 발행한 고액의 어음을 취득할 경우(판례 [78]), 백지어음(수표)을 취득할 경우(대법원 1996. 10. 11. 선고 94다55163 판결), 진성어음(30면 참조)이 아닌 어음을 취득할 경우(판례 [79]) 등은 특히 주의를 기울여 상대방의 무권리성을 의심해 보아야 한다.

iv) 어음의 외양　　어음의 외양으로 보아 상대방의 무권리성을 의심해 보아야 했다는 사안으로서, 법인이 발행한 어음에 대표자의 목도장이 날인되어 있는 예(대법원 1993. 9. 24. 선고 93다32118 판결), 어음에 기재된 발행인의 구상호가 지워지고 신상호로 정정되어 있는 한편 날인은 구상호로 한 예(대법원 1996. 10. 11. 선고 94다55163 판결), 법인이 발행한 어음이 시중에서 파는 저질의 어음용지로 작성되어 있는 예가 있다.

v) 취득자의 조사능력　　은행, 상호신용금고 등 금융기관이 어음을 취득할 경우 특히 보다 높은 주의를 요구한다(판례 [78], [79]; 대법원 1996. 11. 26. 선고 96다30731 판결). 금융기관이 아니라도 취득자의 직업이나 학력 등을 보아 높은 주의를 요구한 판례도 있다(판례 [80]).

vi) 조사의 난이도　　"배서인에게 전화를 하여 확인하는 것이 어렵거나 시간이 소요되는 것이 아닌 점"을 강조한 판례가 있는데, 이는 상대방이 권리자인지 여부를 조사함에 있어서의 난이도를 참작함을 뜻한다(판례 [79]).

vii) 어음거래조건의 통상성 여부　　월 3푼이라는 고율의 할인율을 적용하여 어음할인을 한 사건에서 상대방이 이같이 파격적인 할인율을 감수하는 것은 상대방의 무권리성을 의심할 만한 사유라고 보았다($^{판례}_{[80]}$).

2) 중과실을 인정하지 않은 예

위에 말한 중과실을 인정한 사안과 대체로 같은 사안임에도 중과실을 인정하지 않은 예도 있다. 백지식배서가 된 어음을 취득하면서 최후의 배서인에게 연락을 취하지 않은 것을 중과실이라고 할 수 없으며, 취득자가 사채업자라 해도 같다고 한 사례($^{판례}_{[81]}$), 백지식배서가 되어 있는 어음을 취득하면서 상대방의 인적사항을 확인하지 않고, 지급은행에 조회해 보지 않은 것을 중과실이라고 할 수 없다고 한 사례($^{판례}_{[82]}$)가 있으며, 거액의 어음을 취득하면서, 어음면의 지급장소란에 통상 사용하지 않는 마크가 찍혀 있는 것을 간과하고, 지급은행에 조회하면서 어음번호의 진정여부를 조사해 보지 않은 것은 중과실이 아니라 과실상계할 과실에 해당한다고 한 사례($^{판례}_{[83]}$)가 있다.

판 례

1. 중과실을 인정한 예

[78] 대법원 1997. 5. 28. 선고 97다7936 판결

「…피고는… 1994. 11. 말경… 이 사건 어음을 수취인, 발행일, 발행지, 지급기일, 발행인의 주소 모두 공란으로 두고 액면금과 발행인란에 피고의 명판과 도장만을 날인한 채…보관하고 있다가 1995. 1. 12. 위 어음이 분실된 것을 알고… 한편 소외 강신달은 1994. 8. 13. 소외 장순만의 연대보증아래 원고[한미은행]로부터… 금 20,000,000원 등을 대출받았으나 그 상환을 지체함에 따라 추가담보제공을 요구받게 되자 자신이 발행인으로 있던 시도자치신문사의 광주지사 계약문제로 알게 된 위 강성은에게 담보제공을 부탁하게 되었고 위 강성은은 자신이 우연히 습득한 이 사건 어음을 위 강신달의 원고에 대한 위 대출금채무를 위하여 담보로 제공하기로 승낙하고 1995. 1. 16. 원고 은행 미아지점 사무실에서 원고와 유가증권용 근질권설정계약을 체결한 다음 원고 앞으로 배서하여 준 사실, 위 강성은은 전남 광주에 거주하는 자로서 그 동안 원고 은행과 거래실적이 전무하였으며, 지급이 불확실한 개인 발행의 어음이며 피고도 원고 은행과 거래실적이 전혀 없는 자인데, 원고는 이 사건 어음의 지급 은행인 위 오류동지점에 전화연락하여 피고의 거래사실 유무만을 확인하고 주민등록번호를 알아 금융결제원에 연결되어 있는 원고 은행 내의 컴퓨터단말기로 피고의 신용정보조회를 하여 적색거래자에 해당되지 않는다는 정보만을 취한 뒤, 이 사건

어음을 피고로부터 공사대금조로 교부받았다는 위 강성은의 설명에 위 강성은이 사업자등록이 되어 있는 사실만을 확인한 채 더 이상 이 사건 어음의 발행·교부가 적법하게 이루어졌는가에 대한 아무런 조사도 아니한 사실…

…금융기관인 원고로서는 어음거래에 정통하고 있으므로 일반인의 경우에 비하여 어음거래 및 담보취득에 있어 더욱 신중하게 대처하여야 할 것인데, 원고가 이 사건 어음을 담보취득함에 있어, 이 사건 어음은 일반적으로 법인 발행의 어음에 비하여 지급이 불확실한 개인 발행의 어음이고, 발행인인 피고나 배서인인 위 강성은이 원고 은행과 아무런 거래실적이 없는 자였으며, 전남 광주에 거주하는 위 강성은이 지급 은행이 대전 소재 은행으로 되어 있고 개인이 발행한 어음으로서는 비교적 고액인 이 사건 어음을 서울에서 담보제공하는 것이었고, 특히 당시 이 사건 어음의 지급기일 등 어음요건이 대부분 불비되어 있는 데다가 원고의 주장에 의하더라도 원고가 이 사건 어음을 취득할 당시에 위 강성은이 이 사건 어음을 피고로부터 공사대금조로 교부받았다고 하였다면 경험칙상 피고가 지급기일 조차도 기재하지 않는다는 것은 극히 이례에 속하는 경우인 점에서 그 양도인의 실질적 무권리성을 의심하게 할 만한 사정이 있었다고 보여짐에도 불구하고 원고는 이 사건 어음의 발행인인 피고에게 그 발행 경위에 관하여 확인하거나 지급 은행에 구체적인 정보조회를 하여 이의 의심을 해소할 만한 상당한 조사를 하여 보지도 아니한 채 이를 취득한 데에는 중대한 과실이 있다고 할 것이다.…」

註) 위 사건은 발행인이 어음을 작성한 뒤, 교부를 하지 않고 분실한 예이다. 이 판례에서는 쟁점으로 삼지 않았지만, 이 어음이 유효하게 발행되어 선의취득이 가능한 상태임을 전제로 하고 있다. 판례가 이 점을 의식하였는지는 알 수 없지만, 이러한 전제는 교부계약설이나 발행설의 입장에서는 설정할 수 없고, 창조설이나 외관설의 입장을 취할 때에만 설정할 수 있다(106~111면 참조).

[79] 대법원 1988. 10. 25. 선고 86다카2026 판결

「…원고 회사가 어음할인을 하여 준 소외 회사는 자본금이 2억5천만원인 중소기업 규모의 회사로서 … 이 사건 어음금액이(101,157,268원임) 위 회사로서는 그 영업규모에 비해 과다하[고]… 어음·수표를 취득함에 있어서 통상적인 거래기준으로 판단하여 볼 때 양도인이나 그 어음·수표 자체에 의하여 양도인의 실질적인 무권리성을 의심하게 할 만한 사정이 있는데도 불구하고 이와 같은 의심할 만한 사정에 대하여 상당하다고 인정될 만한 조사를 하지 않고 막연히 양수한 경우에는 중대한 과실이 있다고 하여야 할 것이고, 원고는 신용금고[신민상호신용금고]로서 어음거래 및 할인업무에 정통하고 있으므로 일반인의 경우에 비하여 어음거래 및 할인취득에 있어 더욱 신중하게 대처해야 할 것인바, 원심판결이 판시한 바와 같이 일반적으로 피고 회사와 같은 단자회사[삼희투자금융]가 발행한 약속어음을 환금을 목적으로 상호신용금고 등에서 높은 이자율로 할인하는 것은 지극히 이례에 속하는데 비정상적으로 발행된 소위 꺾기식약속어음만은 일반적인 약속어음과 같이 유통되어 온 관행이 있어 왔다면, 금융업을 주업무로 하는 원고 회사로서는 이 사건 어음이 꺾기식예금에 의한 약속어음인지의 여부에 대하여 확인하여 보고 만약 정상적으로 발행된 약속어음이라면 약속어음의 성격상 소지인의 무권리성에 대하여 의심을 하였어야 할 것이고, 또 이 사건 약속어음의 소지인인 위 소외 회사가 원고 회사와 약속어음 할인거래를 시작한 지 한 달도 안 되고 그 횟수나 그 액수가 … 월등히 큰 액수의 이 사건 약속어음을 물품대금으로 받은 어음이라고 하면서 물품대금영수증 사본과 납품확인서를 첨부하지 않은 채 할인을 요구한 행위는 위 소외 회사의 실질적인 무권리성을 의심하게 할 만한 사정이 된다고 할 것이고, 반면 이 사건 약속어음의 수취인이자 유일한 배서양도인인 피고 보조참가인 회사[삼경화성(주)]에 전화로 확인하는 행위가 어렵고 시간이 소요되는 것이 아닌 점에 비추어 볼 때, 원고 회사가 이의 의심을 해소할 만한 상당한 조사를 하지 않고 발행인에 대하여 발행 여부와 지급은행에 사고 유무의 확인전화만을 하고 이를 할인하여 취득한 데는 중대한 과실이 있다고 할 것이[다.]…」

[80] 대법원 1995. 8. 22. 선고 95다19980 판결

「…원고는 이 사건 약속어음 26매(이하 사건 어음들이라 한다)를 1992. 9. 8 서울지하철 2호선 을지로입구역과 을지로 3가역 사이에서 분실한 사실, 위 약속어음의 분실 후 같은 해 9. 9. 서울중부경찰서에 분실신고를 하고, 약속어음의 발행회사와 지급은행에 약속어음의 분실 사실을 알려둔 사실, 한편 소외 장선호는 1992. 10. 2. 19:00 경 목포시 상동 시외버스터미널 앞 공중전화박스 안에서 이 사건 어음들을 습득하였고 같은 해 10. 7. 피고에게 그가 습득한 위 어음들의 할인을 의뢰한 사실, … 피고에게 어음할인을 의뢰하기 전 약 7 내지 8개월 동안은 서로 연락이 없다가 위 장선호가 위 날짜에 갑자기 피고를 찾아와 지급지가 모두 서울로 된 위 어음들의 할인을 의뢰하게 된 것인데, 당시 위 장선호는 피고에게 "친구의 아버지가 소지하고 있던 어음인데 그 아버지가 사망한 후 친구가 어음을 할인하여 함께 사업을 하자고 한다"라고 하였던 사실, 위 장선호가 할인을 의뢰한 약속어음은 29매에 이르고 액면금만도 합계금 203,848,000원에 이르며, 위 어음들의 만기도 빠른 것은 같은 해 10.13이고 늦은 것이라도 같은 해 12.10인데, 피고는 어음취득 경위와 그 할인의 이유에 대하여 위 장선호의 위와 같은 말만을 믿고 더 이상의 추궁을 하지도 않았으며 이 사건 어음들의 발행인들 및 최후 배서인들 내지 지급은행에 확인 조회를 해보지 아니한 채 그 할인율에 관하여서도 일률적으로 월 3푼의 선이자를 공제한 금 196,000,000원에 할인하여 주기로 하고 위 장선호로부터 어음할인용 인감증명서와 주민등록등본을 교부받은 후 그 인감도장을 사용하여 이 사건 어음들 이면에 피고를 피배서인으로 한 위 장선호 명의의 배서를 하게 한 다음 동인에 대한 대여금 5,000,000원을 공제한 금 191,000,000원을 지급한 사실을 인정한 다음, 위 인정 사실에 의하면 별다른 재산이 없는 위 장선호가 7 내지 8개월만에 피고의 사무소를 갑자기 찾아와 액면금이 2억원

을 상회하며 그 매수도 29매에 이르는 어음에 대하여 한꺼번에 할인을 요구한 점, 이 사건 어음들을 포함한 위 약속어음 29매의 발행인은 서울에 있는 신용 있는 회사들인데 위 장선호는 서울이 아닌 목포에서 위 약속어음들을 할인하고, 할인율도 통상의 경우보다 고율일 뿐만 아니라 만기를 고려함이 없이 일률적으로 월 3푼으로 한 점 등 여러 사정을 종합하면, 피고가 이 사건 약속어음들을 할인, 취득함에 있어 양도인의 실질적인 무권리성을 의심하게 할 만한 사정이 있다고 할 것이고, 따라서 경찰공무원, 변호사사무소 사무장 경력이 있어 어음의 할인거래에 관하여 잘 알고 있는 피고로서는 이 사건 어음들을 포함한 위 약속어음 29매를 할인함에 있어 위 약속어음들의 발행회사 및 최후배서인 내지 지급은행에 사고 유무를 확인하여야 할 것임에도 불구하고 이에 이르지 아니한 채 어음취득 경위에 관하여 선뜻 믿기 어려운 위 장선호의 말만을 믿고 … 위 약속어음들을 할인, 취득한 것에는 중과실이 있다.…」

2. 중과실을 인정하지 않은 예

[81] 대법원 1985. 5. 28. 선고 85다카192 판결

「…원심은… 이른바 사채업자인 원고로서는 어음의 유통과정과 그 발행 및 배서인의 신용 등에 관하여 전문적 지식이 있다고 보여지는 만큼 어음을 취득함에 있어서 보통사람에 비하여 보다 더한 주의가 요구된다 할 것이고, 더구나 이 사건 어음과 같이 액면이 고액이고 발행인은 신용 있는 회사이나 최후배서인은 신용을 알 수 없는 개인으로 되어 있으며 최후배서가 백지식으로 되어 있어 배서 없이 단시간 내에 여러 단계 유통될 수 있는 어음을 취득함에 있어서는 발행인의 신용이나 중개인의 말만 신뢰하는 것으로는 부족하고 가능한 한 어음문면상 원고의 전자인 최후배서인에게 연락을 취하여 누구에게 양도하였던 것인지를 알아보는 등 어음의 유통과정을 조사하였어야 한다 할 것이며,… 이는 중대한 과실에 해당한다고 하여 원고의 이 사건 어음금청구를 배척하고 있다.

그러나… 원고가 어음할인의 방법으로 이를 취득함에 있어서는 양도인의 실질적인 무권리성을 의심하게 할 만한 특별한 사정이 없는 이상 위 어음문면상의 최후배서인에게 연락을 취하여 누구에게 양도하였는지를 알아보는 등 그 유통과정을 조사·확인하지 아니하였다 하여 이를 가지고 그 어음취득에 있어서 중대한 과실이 있었다고 할 수는 없다 할 것이고, 이는 원고가 사채업자라 하여도 또한 같다고 할 것이며, 한편 어음이 앞서 인정한 사실만으로서는 원고가 이 사건 어음을 취득할 당시 양도인의 실질적인 무권리성을 의심케 할 만한 사정이 있다고 보기도 어렵다 할 것이다.…」

[82] 대법원 1987. 6. 9. 선고 86다카2079 판결

「…원심은 피고 삼성전관 주식회사가 피고 최원태에게 발행교부한 1985. 3. 30 지급기일의 이 사건 약속어음에 관하여 위 수취인이 배서일자와 피배서인란을 백지로 한 배서를 해 둔 상태에서 그 해 2. 9 절취당했는데 성명미상자가 그 해 2. 16 박호연 및 김기영의 소개로 원고에게 배서 없이 교부양도함으로써 원고가 위 어음의 소지인이 되어 피고 최원태가 직접 그에게 배서양도한 것으로 백지식배서를 보충한 사실을 인정한 다음 원고와 성명미상자와는 종전에 어음할인 등의 거래를 해 온 일이 없고, 친분관계가 있는 박호연 등의 소개로 위 어음을 할인하여 주면서도 양도인의 인적사항을 확인하지 아니하였을 뿐 아니라 발행인 및 배서인 내지 지급은행 등에 조회하지도 아니하였으니 적어도 그 양도인의 무권리자라는 사실을 모르는 데 대한 부주의의 정도가 현저하여 원고는 위 어음상의 권리를 적법하게 취득하지 못하였다고 판단하였다.

그러나 이 사건 어음처럼 최후의 배서가 백지식으로 된 어음은 단순한 교부만으로 양도가 가능한 것이니 원고가 어음할인의 방법으로 이를 취득함에 있어서 그 어음이 잘못된 것이라는 의심이 가거나 양도인의 실질적인 무권리성을 의심하게 할 만한 특별한 사정이 없는 이상, 위 어음의 발행인이나 문면상의 최후배서인에게 반드시 확인한 다음 취득하여야 할 의무가 있다 할 수 없다.…」

[83] 대법원 1988. 11. 22. 선고 86다카1923 판결

「…원고 회사가 이 사건 위조약속어음을 그 위조인 정을 모르고 할인한 데 대하여 과실이 있었다고 인정한 사실관계, 즉 이 사건 어음의 지급장소란에 기재된 '영업부' 기재 중 장방형 외곽부분은 일반적으로는 사용되지 아니하는 표시인 점, 이 사건 어음의 액면금액이 거액인 점에 비추어 지급은행인 위 조흥은행 본점 영업부에 피고 회사와의 거래 여부 및 신용상태를 확인조회하면서 적어도 어음번호의 일치 여부 정도는 용이하게 조회할 수 있으므로 이를 조회해 보았어야 함에도 불구하고 이를 하지 아니함으로써 이 사건 약속어음이 위조인 것을 사전에 발견하지 못하였다는 것은 중과실이 아니고 과실상계를 할 과실에 해당한다고 볼 것이[다.]…」

註) 위 판례가 원고의 과실을 「과실상계를 할 과실에 해당한다」고 판시한 것은 사족이다. 과실상계는 채무불이행이나 불법행위로 인한 손해배상에서 문제되는 것이다(민 396조, 763조). 이 사건에서는 선의취득이 되느냐 않느냐는 것이 쟁점인 만큼, 선의취득이 된다면 단지 어음채권이 성립하는 것이고, 과실상계가 거론될 여지가 없다.

(4) 거래행위에 의한 취득

어음을 거래행위에 의하여 취득하였을 경우에 한하여 선의취득이 인정된다. 따라서 무상으로 취득한 경우에는 선의취득이 불가능하다. 또한 기술한 바와 같이 추심위임배서에 의해서는 선의취득이 불가능함은 물론, 숨은 추심위임배서에 의한 취득 역시 그 사실이 증명된다면 선의취득이 인정될 수 없다.

(5) 증명책임

배서의 연속에 의하여 권리를 증명하는 어음의 점유자는 적법한 권리자로 추정된다($어\,{16조 \atop 1항}$). 그러므로 이상 설명한 선의취득의 요건 중 적극적 요건들은 배서의 연속에 의해 객관적으로 증명되는 바이다. 이와 반대되는 소극적 측면, 즉 어음의 점유자의 악의·중과실은 선의취득을 부정하는 자가 증명하여야 한다.

3. 적용범위

(1) 학　　설

현재까지의 통설은 어음의 선의취득은 양도인이 무권리자일 때에 가능하다는 것인데 이에 대한 반대설도 있다. 이하 학설의 내용을 설명한다.

1) 무권리자설

양도인이 무권리자일 때에 한하여 선의취득이 인정된다고 보는 설이다. 예컨대 乙 → A → B → C의 순으로 배서가 연속된 어음에서 A의 배서가 B에 의해 위조되었거나 A의 배서가 있었으나 무효 또는 취소된 경우 B는 어음상의 권리를 취득하지 못하고, 선의이며 중과실 없는 C만이 어음상의 권리를 선의취득한다.

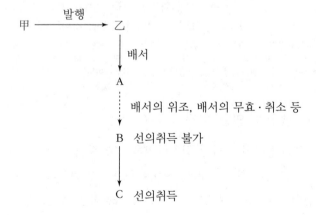

무권리자설에 의한 선의취득의 예

2) 확 장 설

양도인이 무권리자인 경우에 한하지 않고, 양도인으로부터의 취득행위 자체에 흠이 있는 경우에도 취득자가 선의인 경우에는 선의취득을 인정하는 설이다. 즉 무권리자설이 인정하는 선의취득자에게 어음을 양도한 자(위 예시의 B)도 선의인 경우에는 선의취득을 인정해 주어야 한다는 설이다. 어음의 양도가 무효·취소되는 사유는 어음양도인의 제한능력으로 인한 취소, 의사표시의 하자, 무권대리, 어음의 처분권한의 결여 등 여러 가지 사유가 있을 수 있는데, 이 같은 경우에도 양수인이 선의이고 중과실이 없으면 선의취득을 인정해야 한다는 것이다. 이 설을 주장하는 학자들의 견해는 다시 무제한적으로 선의취득을 인정하는 설과 양도인의 제한능력과 같은 일부의 경우를 제외하고 일반적으로 선의취득을 인정하는 제한설로 나누어진다.

i) 무제한설   어음법 제16조 제 2 항의 '어떤 사유로든'을 문리적으로 해석하여 어떠한 사유로 양도인의 배서가 무효·취소되든 간에 상대방이 선의이며 중대한 과실이 없을 때에는 선의취득을 인정해야 한다는 설이다(김정호 121; 서헌제 196; 양명조 291; 장덕조 959; 정찬형 334; 최기원 470).

ii) 제 한 설   대체로 무제한설과 같은 입장을 취하나, 양도인의 제한능력으로 인해 취소된 때만은 선의취득을 인정할 수 없다거나, 양도인이 제한능력자인 경우 및 의사표시에 하자가 있는 경우에는 선의취득을 인정할 수 없다고 설명한다(주석(I), 529; 정동윤 113; 최준선 167).

3) 이상 세 가지 설을 비교할 때 다음과 같은 차이가 난다. 앞의 예시에서, 무권리자설에 의하면 오직 C만이 선의취득을 할 수 있다. 무제한설에 의하면 B가 어음을 점유함에 있어 절취·습득 등 A의 의사에 반하여 점유를 취득한 경우를 빼고는, B가 A로부터 일단 어음을 양도받은 한, A → B 간의 배서가 제한능력, 무권대리, 의사표시의 하자 등으로 무효·취소되었다 하더라도 B는 선의취득한다. 한편 제한설에 의하면 A → B 간의 양도가 A의 제한능력 또는 의사표시의 하자 이외의 사유로 무효·취소된 경우에는 선의취득이 가능하다. 다만 학자에 따라서는 범위를 좀 더 좁혀 배서인의 인적 동일성에 흠결이 있는 경우에는 선의취득을 부정하기도 한다.

(2) 쟁점사유의 분석

이상 여러 설의 타당성을 논하기에 앞서 선의취득의 가능 여부가 논의될 수 있는 양도행위의 흠결을 정리하기로 한다.

1) 점유의 상실

어음소지인이 도난·분실 등 그 의사에 반하여 어음의 점유를 상실한 경우 그 상실행위의 직접의 상대방(절취자, 습득자)이 선의취득을 할 수 없음은 당연하고 이에 대해서는 이설이 있을 수 없다.

2) 제한능력

제한능력자의 배서로 인해 어음을 취득한 경우 선의취득이 가능한가라는 점에 관해 앞에 말했듯이 무제한설은 이를 긍정한다. 그런데 의사무능력자가 배서한 경우에도 선의취득이 가능하다는 뜻인지는 분명하지 않다. 의사무능력자의 배서는 당초부터 논의의 대상에서 제외시켜야 한다고 생각된다. 의사무능력자가 배서한 경우 상대방이 중과실 없는 선의로 어음을 취득하는 경우를 상상하기 어렵기도 하려니와, 의사무능력자는 어음의 유통성에 선행하여 보호되어야 하기 때문이다. 제한능력자에 관한 설명은 잠시 유보한다.

3) 의사표시의 하자

확장설은 하자있는 어음행위에 의해 어음이 유통된 경우 그 어음행위의 직접의 상대방도 선의취득이 가능하다고 한다. 확장설에 의하더라도 통정허위표시($\binom{민}{108조}$)의 경우에는 선의취득이 성립할 여지는 없다. 그리고 비진의표시($\binom{민}{107조}$)의 경우 선의의 상대방은 보호되므로($\binom{동조}{1항}$) 확장설에 의할 때에는 경과실 있는 상대방에게 선의취득을 허용한다는 실익이 있다. 그리고 착오($\binom{민}{109조}$), 사기·강박($\binom{민}{110조}$)에 의한 취소는 민법에서는 상대방의 선의·악의를 가리지 않는 반면, 확장설을 취할 경우에는 상대방이 악의·중과실이 없는 한 선의취득을 하게 된다. 그러면 무권리자설에 따라 하자있는 의사표시의 상대방은 선의취득이 불가능하다는 입장을 취할 경우, 어음거래는 어떻게 정리되는지를 보자. 앞의 예에서 A가 착오로 배서를 하여 취소를 하였다 하자. 그러면 부당이득반환의 법리에 의해 B가 교부받은 어음은 A에게 반환해야 하고, A는 B로부터 받은 대가가 있을 경우 역시 반환해야 하고 이는 동시이행의 관계에 있으므로 B에게 특히 불리한 것은 없다. 다만

B가 신뢰이익을 배상받지 못한다는 문제점이 있지만, 이는 우리 배상제도의 문제점이므로 어음거래에 관해 따로 의식할 문제는 아니다. 다음 확장설에 의할 경우, B는 악의 또는 중과실이 없는 한 선의취득을 하므로 A에게 어음을 반환할 필요가 없다. 물론 A도 B에게 대가를 반환할 필요는 없다.

요컨대 하자 있는 어음행위에 관해 무권리자설과 확장설이 차이를 보이는 것은 비진의의사표시, 착오, 사기·강박에 의해 이루어진 어음행위에 있어 상대방이 선의 또는 경과실일 경우이며, 이 상대방은 무권리자설에 의하면 당초 어음거래가 없던 상태로 되돌아가지만, 확장설에 의하면 상대방이 선의취득을 하게 된다.

4) 대리권의 흠결

배서가 무권대리인에 의해 이루어진 예는 두 가지로 나누어 볼 수 있다. 첫째, 표현대리의 요건을 갖추는 경우에는 상대방은 어음상의 권리를 취득하므로 선의취득제도를 적용할 필요가 없다. 둘째, 협의의 무권대리에 의한 경우도 이미 어음법에서 상대방을 보호하기 위한 규정을 두고 있다($_{8조}^{어}$). 다만 이 규정에 의할 때에는 무권대리인의 책임을 물을 수 있을 뿐이나, 선의취득을 인정하면 어음상의 권리를 취득하므로 보호가 강력해지는 것은 사실이다.

5) 처분권의 흠결

확장설에서는 처분권 없이 타인의 어음을 배서양도한 경우에도 상대방의 선의취득을 인정하며, 그 예로서 파산관재인($_{355조}^{회파}$), 유언집행자($_{1093조}^{민}$), 위탁매매인($_{101조}^{상}$) 등이 처분권한을 넘어 어음을 배서양도한 경우를 들고 있다. 그러나 이 경우에도 선의취득의 적용은 불필요하다. 위탁매매인이 보관중인 위탁자의 재산은 대외적으로는 위탁매매인의 재산으로 간주하므로($_{반대해석}^{상 103조의}$), 위탁매매인이 위탁자와의 관계에서 월권하여 어음을 배서하였다고 하더라도 상대방의 어음취득에 아무 문제가 없다. 나머지 관리인들은 민법상 법정대리인으로 보므로 이들이 처분권한을 넘어 어음을 배서양도한 경우에는 상대방이 선의인 한 표현대리($_{126조}^{민}$)가 성립하므로 역시 선의취득을 인정할 실익이 없다. 이 밖에도 처분권능이 문제되는 자들로서 지정후견인($_{931조}^{민}$), 부재자재산관리인($_{23조}^{민}$) 등 다수가 있으나 모두 법정대리인이고 마찬가지로 표현대리가 성립하므로 결론은 같다.

6) 인적 동일성의 결여

확장설 중 일부는 어음에 기재된 최후의 피배서인이 아닌 자가 피배서인을

사칭한 경우 이를 믿고 그로부터 배서양도받은 자도 선의취득을 인정해야 한다고
하고($\substack{\text{정찬} \\ \text{형 334}}$) 일부는 부정한다.

그러나 이 경우는 바로 위조의 문제이다. 즉 어음취득자의 주관에서 보면 상
대방(최후의 피배서인)의 인적 동일성에 대한 착오이지만, 어음의 배서양도의 측면
에서 보면 위조인 것이다. 따라서 이 경우에는 취득자가 선의취득의 요건을 구비
하였느냐에 따라 선의취득여부를 판단할 문제이고, 양도인의 인적 동일성의 결여
를 별도의 선의취득의 원인으로 다룰 필요는 없다.

(3) 結(무권리자설)

권리이전에 장애가 생기는 사유를 위와 같이 분석해 놓고 보면 결국 선의취
득의 적용 여부가 실익을 가질만한 사유는 하자있는 어음행위, 제한능력자의 어
음행위, 무권대리에 의한 어음행위임을 알 수 있다.

하자있는 의사표시에 의해 어음행위가 이루어진 경우 확장설을 취하면 어음
거래의 안전에 도움이 되는 것은 사실이지만, 표의자의 진정한 의사를 보호하려
는 민법의 노력이 무의미해지며, 심지어 사기·강박에 의해 어음행위를 한 자도
보호받지 못한다는 문제가 생긴다. 기본적으로 어음을 취득한다는 것은 지급수단
을 취득한다는 것이므로 대가의 반환이 이루어지는 한 민법의 대원칙을 희생시키
며 특히 상대방의 어음취득을 실현시켜야 할 이유는 없다고 본다.

제한능력자의 상대방에 대해서까지 선의취득을 허용할 경우, 제한능력자의
법률행위의 취소는 아무 의미도 없게 된다. 결국 어음거래에 관한 한 제한능력자
의 보호를 포기하는 것과 다름이 없다. 이는 사법체계에 중대한 변화를 가져오는
문제이므로 어음의 선의취득에 국한하여 쉽게 결론내릴 수 있는 문제가 아니다.
확장설은 제한능력자는 취소에 의하여 어음상의 책임을 지지 아니하므로 그 보
호는 충분하다고 한다. 그러나 그의 상대방에게 선의취득을 허용한다면 배서의
소급적 무효와 어음의 반환이라는 취소의 효과는 거둘 수 없는데, 제한능력제도
의 취지가 원래 제한능력자의 무분별한 처분행위로 인해 일실된 권리의 회복에
있음을 생각하면, 단지 상환책임을 지지 않는다는 것만으로 제한능력자의 보호가
충분하다고 할 수 없다.

무권대리의 경우 본인에게 귀책사유가 있고 대리권의 존재에 대한 상대방의

신뢰에 근거가 있는 경우에는 표현대리제도로 상대방을 보호하고 있다. 표현대리에 해당하지 않는 무권대리란 본인에게도 귀책사유가 없고 상대방에게도 대리권을 믿음에 대해 정당성을 인정하기 어려운 경우이다. 그런데도 본인의 권리를 희생시켜 가며 상대방의 선의취득을 인정해야 한다는 것은 우선 형평에 어긋난다. 더욱이 어음법이 무권대리의 상대방을 보호하기 위한 규정을 둔 것은 무권대리의 상대방에 대해서는 선의취득을 인정하지 않음을 간접적으로 천명한 것으로 보아야 한다. 요컨대 어음의 선의취득은 무권리자설에 따라 무권리자로부터의 취득에 한하여 인정해야 한다.

판 례

앞서의 소수설과 같이 무권대리의 상대방도 선의취득을 할 수 있다고 판시한 판례가 있다. 그러나 다음에 소개하는 사실관계를 보면 위조한 자가 바로 피위조자의 사용인이므로 표현대리의 성부문제로 다루어야 옳다.

[84] 대법원 1995. 2. 10. 선고 94다55217 판결

「…원심이, 피고(주식회사 금호개발)가 소외 주식회사 종합건축사무소 아키반티에스씨(이하, 소외 회사라고 한다)에게 액면 금 86,200,000원, 발행일 1993. 3. 3, 지급기일 같은 해 6. 25, 발행지 및 지급지 각 서울로 된 약속어음 1매…를 각 발행·교부하였는데,…지급기일에 지급제시되었으나 지급거절된 사실…소외 회사 명의의 배서는 그 총무부장이던 소외 김철근이 위조하였고, 원고들은 위 김철근으로부터 이 사건 어음들을 할인의 방법으로 취득한 사실을 인정한 다음, 원고들의 선의취득 항변에 대하여, 어음의 선의취득으로 인하여 치유되는 하자의 범위, 즉 양도인의 범위는 양도인이 무권리자인 경우뿐만 아니라 이 사건과 같이 대리권의 흠결이나 하자 등의 경우도 포함된다는 입장에서(당원 1993. 9. 24. 선고 93다32118 판결 참조), 원고 곽봉국은 1993. 3. 4. 소외 이호경을 통하여 평소 알고 지내던 고등학교 후배인 위 김철근으로부터 이 사건 제 1 어음의 할인요청을 받고 위 김철근이 소외 회사에 근무하고 있는지 여부를 확인하고, 발행인인 피고 회사의 경리부 어음담당직원인 소외 김우경에게 위 어음이 사고 어음인지 여부를 전화로 확인한 후, 위 어음 이면 좌측상단에 위 김우경의 이름과 그 확인일시를 기재하고 위 김철근으로부터 어음을 교부받는 사실,…어음할인 당시 제 1 배서인인 소외 회사 대표이사의 이름과 인감도장이 이미 날인되어 있었고, 원고들과 소외 회사 사이에는 이 사건 이전에는 어음거래를 한 적이 없었던 사실을 인정할 수 있으나, 그러한 사정만으로 원고들이 위 각 어음의 배서가 위조되었다는 점을 알고 악의로 위각 어음을 취득하였다고 단정할 수 없고, 또한 원고들이 어음할인의 방법으로 이를

취득함에 있어 양도인의 실질적인 무권리성을 의심하게 할 만한 뚜렷한 사정도 엿볼
수 없는 이 사건에 있어서 위 각 어음 문면상의 제 1 배서인인 소외 회사에게 연락을
취하여 소외 회사 명의의 배서가 진정한지 여부를 알아보는 등 그 유통과정을 조사
확인하여야 할 주의의무까지 있다고는 할 수 없으므로…원고들이 이 사건 각 어음을
선의취득하였다고 판단하였는바, 원심의 위와 같은 사실인정과 판단은 옳[다.]」

4. 선의취득의 효과

어음법 제16조 제 2 항은 선의취득의 효과로서 「…그 어음을 반환할 의무가
없다」고 규정하고 있다. 이는 선의취득자가 어음상의 권리를 취득함을 의미한다.
그 결과로서 본래의 어음상의 권리자는 권리를 상실한다. 선의취득은 원시취득으
로서 새로이 하자 없는 권리를 창설하는 원인이 되므로 그 이후에 승계취득한 자
는 선의취득의 사실을 알고(즉 당초 무권리자로부터의 취득임을 알고) 취득하더라도
적법하게 권리를 취득한다.

선의취득자는 그 전자인 무권리자가 어음을 취득하기 이전의 어음채무자(예
시 甲, 乙)에 대해 어음소지인으로서 권리행사를 할 수 있음은 물론이다. 그리고
자신의 전자(무권리자: 예시 B)에 대해서는 배서에 의해 취득한 경우에는 어음행
위독립의 원칙에 근거하여 어음상의 책임을 물을 수 있다. 그러나 선의취득이라
해서 애당초 존재하지도 않는 권리를 창설하는 것은 아니다. 선의취득으로 인해
권리를 상실한 본래의 어음소지인(예시 A)은 배서를 한 사실이 없거나, 있더라도
그의 배서가 무효 · 취소됨으로 인해 이미 배서의 효력이 발생하지 않거나 소멸한
바이므로 선의취득자에 대해 책임지지 아니한다. 다만 무효 · 취소된 원인에 따라
선의의 제 3 자를 보호하는 규정에 의해 책임질 경우가 있다. 예컨대 A가 B의 기
망에 의해 어음을 배서하였기에 취소한 경우 A는 C의 상환청구권행사에 대항하
지 못한다($\substack{\text{민 } 110조 \\ 3항}$).

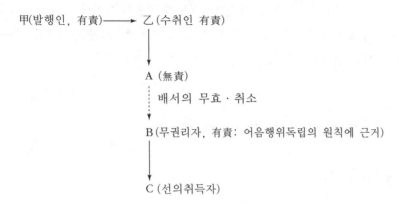

5. 제권판결 후의 선의취득

어음의 점유를 상실한 자가 공시최고를 경유하여 제권판결을 받은 경우, 제권판결은 어음의 무효를 선언하는 효력이 있으므로($\frac{민소}{496조}$) 그 이후에는 선의취득이 불가능하다. 한편 공시최고기간중 선의취득을 하였으나 권리신고를 하지 않은 경우에 공시최고의 신청인과 선의취득자 중 누구의 권리가 우선하는가? 제권판결은 그 대상이 된 증서상의 권리에 영향을 미치는 것이 아니라는 이유에서 선의취득자의 권리가 우선한다는 설(선의취득자우선설)($\frac{강·임 154; 김정호 125; 손주찬 151; 손진화}{1057; 양명조 297; 정동윤, 153; 최기원 52}$), 선의취득자를 우선시킬 경우 제권판결이 무의미해지며, 권리신고를 게을리 한 선의취득자를 보호할 필요가 없다는 이유에서 신청인의 권리가 우선한다는 설(신청인우선설)이 있고, 양자의 절충설로서, 선의취득자가 제권판결선고 전에 적법하게 권리를 행사한 경우에 한해 선의취득자가 우선한다는 설(제한적선의취득자우선설)이 있다.[1] 판례는 신청인우선설을 취하고 있다($\frac{대법원 1993. 2. 3. 선고 93다52334 판결;}{동 1993. 11. 9. 선고 93다32934 판결}$). 이 문

---

1) 본문에서 설명한 학설 외에도, 선의취득자가 공시최고의 사실을 알면서 권리신고를 하지 않은 경우에는 권리를 인정할 필요가 없고, 과실로 공시최고를 알지 못해 권리신고를 하지 못한 경우에는 증권의 유통보호상 실질적 권리를 인정해야 한다는 견해가 있다(정찬형 447면). 이 설에 의하면, 취득자의 선의여부에 따라 제권판결을 받은 자 및 그의 양수인 나아가 그에게 어음금을 지급한 어음채무자의 지위가 달라지게 되는데, 이같이 취득자의 주관적인 사정에 따라 다수 당사자의 권리관계가 변동되어서는 올바른 해석론이라 할 수 없다. 기본적으로 제권판결과 선의취득이라는 제도의 우선관계를 논함에 있어 당사자의 주관적 사유를 변수로 하는 것은 적절하지 않다.

제는 어음의 제권판결뿐만이 아니라 주권, 채권 등 다른 유가증권의 제권판결에 관해서도 제기되는 문제인데, 제권판결제도가 증권을 상실한 자의 보호와 유통성의 보호의 조정장치로서 공시최고절차, 즉 권리신고제도를 두고 있는 이상 신청인우선설이 타당하다(상세는 『會社法講義』, 339면 참조).

Ⅵ. 특수한 양도배서(배서의 효력의 제한)

1. 환 배 서

(1) 의   의

배서는 어음을 인수한 지급인이나 인수하지 아니한 지급인, 어음의 발행인 그 밖의 어음채무자에 대하여도 할 수 있다(어11조3항). 이와 같이 종전의 어음행위자나 환어음의 지급인에 대한 배서를 「환배서」라 한다.

환어음을 인수하지 아니한 지급인이나 무담보배서를 한 배서인은 어음상 채무를 지는 자가 아니므로 이들이 어음을 다시 취득하더라도 별달리 검토할 문제가 없지만, 통상의 배서인·발행인·인수인·보증인은 어음채무자들이므로 이들이 다시 어음을 취득한다면 민법상의 혼동에 해당하여 어음상의 권리관계가 소멸한다고 볼 소지가 있다. 그러나 어음채무자가 어음을 취득하더라도 그에게 전자로서의 어음채무자가 있는 한, 이 어음은 지급청구권과 상환청구권의 행사가 가능하여 지급수단으로서의 가치가 있으므로 어음법은 혼동의 법리를 배제하고 환배서를 정상적인 권리의 양도로 보아 그 피배서인이 다시 배서양도할 기회를 주고 있다(어11조3항). 한편, 환배서의 피배서인이 인수인이나 약속어음의 발행인과 같은 주채무자인 경우에는 이들이 권리행사를 할 상대방이 존재하지 않으나, 자신을 비롯하여 그 이전의 배서인 등 어음행위자들이 전부 어음채무자로서 어음의 신용을 강화해 주므로 그 어음은 역시 지급수단으로서의 가치를 인정할 수 있다. 따라서 어음법(어11조3항)은 주채무자에 대한 배서 및 주채무자의 배서도 정상적인 배서로 다루고 있다.

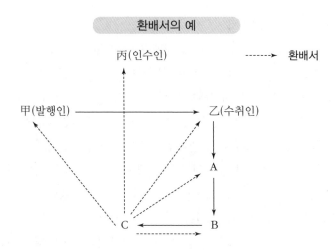

환배서의 예

丙(인수인)   ------▶ 환배서

甲(발행인) ————————— 乙(수취인)

A

C ◀------------ B

(2) 환배서와 배서의 말소에 의한 양도

어음채무자 중 1인에게 어음을 양도하고자 할 경우 환배서를 하는 방법과 단순히 교부에 의해 반환하면서 양수인과 양도인의 중간에 행해진 배서를 말소하는 방법이 있다. 배서의 말소는 배서가 없는 것으로 보므로($^{어\ 16조}_{1항}$) 배서의 말소에 의한 역취득이 법상 가능하다고 보는 데에 이설이 없다. 환배서는 모든 어음채무자 그리고 지급인에 대해서도 가능한데, 배서의 말소에 의한 양도는 종전의 배서인에 대한 양도시에만 가능하다는 차이가 있고, 중간의 어음행위자에 대해서는 권리행사가 불가능하다는 점에서 공통된다. 다만 무담보배서를 한 자가 어음을 환배서받은 경우에는 후술하는 바와 같이 중간의 어음행위자들에 대해서도 권리행사가 가능하다는 차이가 있다.

(3) 효 력

환배서는 정상적인 배서로서, 일반적인 양도배서와 같은 효력을 갖는다. 그리고 재차 배서할 수 있음은 명문의 규정으로 인정하는 바이다($^{어\ 11조}_{3항}$). 그러나 환배서의 피배서인은 어음의 최후의 소지인인 동시에 중간 또는 최종적인 어음채무자라는 지위를 가지는 경우가 있으므로 해석상 정리해야 될 문제가 있다. 피배서인의 지위별로 살펴본다.

1) 배서인에 대한 환배서

앞면의 예시에서 C가 乙 또는 A, B에게 배서한 경우이다. 乙에게 배서한 경우를 가지고 설명한다. 환배서에 의한 양수인 乙이 인수인에 대한 지급청구권, 발행인에 대한 상환청구권을 행사할 수 있음은 당연하다. 한편 자신의 전자이면서 당초 자신의 후자인 중간의 배서인들(A, B)에 대한 권리관계는 어떠한가? 이론상으로는 중간의 배서인들에 대해 소지인으로서 상환청구권행사를 하고 다시 그들에게 전자인 배서인으로서 상환의무를 이행하면 될 듯하나, 권리행사는 하고 의무이행은 게을리할 수 있으므로 이 같은 권리행사는 형평에 어긋난다. 그러므로 학설은 중간의 배서인들에게 권리를 행사할 수 없다는 데에 일치하고 있다.

그러나 무담보배서($^{어15조}_{1항}$)를 한 자는 배서인의 입장에서는 상환책임을 지지 않는 반면, 소지인의 입장에서는 전자에 대한 상환청구권을 가지므로 중간의 배서인들 전원에 대해 상환청구권을 행사할 수 있다(아래 예시). 그리고 배서금지배서($^{어15조}_{2항}$)를 한 자는 자기의 직접의 피배서인에 대해서만 상환책임을 부담할 뿐 그 이후의 피배서인에 대해서는 상환책임을 지지 아니한다. 따라서 배서금지배서를 한 자가 환배서에 의해 어음을 취득한 경우에는 자기의 직접의 피배서인을 제외한 모든 중간배서인에게 상환책임을 물을 수 있다(아래 예시).

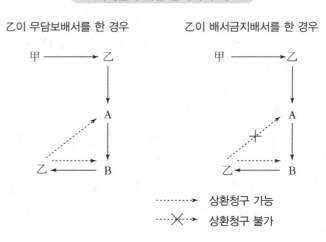

배서인에 대한 환배서의 예

乙이 무담보배서를 한 경우   乙이 배서금지배서를 한 경우

··········▶ 상환청구 가능
····✕··▶ 상환청구 불가

2) 환어음의 발행인에 대한 환배서

환어음의 발행인이 환배서에 의해 어음을 취득한 경우에는 인수인에 대해 권리행사를 할 수 있는 것은 물론이나, 배서인에 대한 환배서와 마찬가지로 발행인으로서의 자신과 어음소지인으로서의 자신 사이에 위치하는 배서인들에 대해서는 권리행사를 할 수 없다. 그런데, 인수담보책임을 지지 아니한다고 하며 어음을 발행한 자의 경우($^{어9조}_{2항}$) 어음소지인의 입장에서 지급인에게 인수제시를 하였으나 거절당했을 때 중간의 배서인들에게 상환청구권을 행사할 수 있는가? 인수거절로 인해 상환청구권을 행사한다는 것은 지급인으로부터 지급받을 가망성이 없어 지급제시가 무의미하다는 것을 뜻한다. 그런데 인수거절로 인한 발행인의 상환청구권행사를 인정한다면 상환책임을 이행한 중간의 배서인들은 만기에 이르러 지급제시를 하고 거절당했을 때 발행인에게 지급담보책임을 물어야 하는데, 이때 발행인이 상환의무를 이행하지 않는다면 불공평하기 그지없다. 그러므로 환어음의 발행인은 인수담보책임의 유무에 불구하고 중간의 배서인들에게 권리행사를 할 수 없다고 해석해야 한다.

환어음의 발행인에 대한 환배서의 예

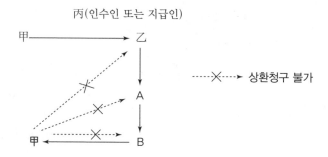

3) 인수인 또는 약속어음의 발행인에 대한 환배서

환어음의 인수인이나 약속어음의 발행인은 어음의 주채무자이므로 중간의 배서인들에게 담보책임을 묻는다는 것은 생각할 수 없다. 그러나 인수인 또는 약속어음의 발행인도 만기 전이라면 어음을 유통시킬 실익이 있으므로 이들도 다시 배서양도할 수 있다.

거절증서가 작성된 후 또는 거절증서작성기간이 경과된 후에 인수인 또는 약속어음의 발행인에게 환배서한 경우의 효력이 문제된다. 이 경우에는 어음채권이 혼동($\frac{민}{507조}$)으로 소멸한다고 보는 견해가 지배적인 듯하다($\binom{강·임 392; 김정호 295; 손주}{찬 261; 정동윤 293; 최기원 443}$). 어음이 인수인 또는 약속어음의 발행인의 수중에만 머문다면 혼동에 의해 소멸한다고 보아서 어색할 것은 없다. 문제는 이들이 다시 어음을 배서양도한 경우이다. 이 경우에 혼동이론을 적용하면 배서가 무효가 되어, 어음의 취득자를 해한다. 그러므로 거절증서 작성 또는 동기간의 경과 후에 주채무자에게 한 배서 및 이들이 한 배서도 유효한 배서로 보아야 한다($\binom{同旨: 서헌제}{496; 정찬형 306}$). 다만 이 경우의 배서는 지명채권양도의 효력밖에 없다($\frac{어 20조}{1항 단}$).

4) 환어음의 지급인에 대한 환배서

환어음에 아직 인수하지 아니한 지급인이나 인수를 거절한 지급인은 어음관계와 무관한 제3자이다. 그러므로 지급인에 대한 배서는 어음채무자 아닌 제3자에 대한 배서와 같다. 배서받은 지급인이 어음을 다시 유통시킨 후 인수를 위한 제시를 받았을 때 인수를 하면 위에 말한 인수인에 대한 환배서와 같은 효력이 주어지고, 인수를 거절하면 어음채무자 누구에게나 권리행사가 가능하다.

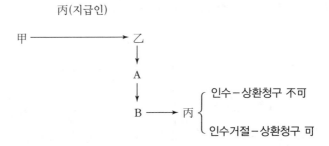

지급인에 대한 환배서의 예

5) 보증인에 대한 환배서

보증인은 자신의 피보증인과 같은 책임을 지므로($\frac{어 32조}{1항}$) 보증인에 대한 환배서는 피보증인이 누구냐에 따라 위에서 설명한 바와 같다. 다만 보증인은 자신의 피보증인에 대해 권리를 행사할 수 있음에 주의해야 한다.

(4) 어음항변에 대한 효과

어음이 환배서된 경우 이론상 전 배서인(아래 예시의 A)에 대해 그의 전자(아래 예시의 甲, 乙)가 갖고 있는 항변권이 환배서에 의한 소지인(아래 예시의 A)의 입장에서는 절단된다고 생각할 수도 있다. 그러나 환배서의 피배서인이나 종전의 배서인이나 실질적으로 동일인이므로 항변은 절단되지 않는다는 데 이설이 없다 (대법원 2002. 4. 24. 선고   2000다42915 판결).

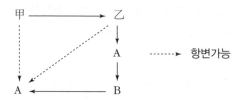

2. 무담보배서

(1) 의   의

어음법 제15조 제 1 항은 「배서인은 반대의 문구가 없으면 인수와 지급을 담보한다」고 규정하고 있다. 이는 반대의 문구를 기재하여 인수 또는 지급을 담보하지 않을 수 있음을 뜻한다. 이같이 인수나 지급, 또는 인수와 지급 모두를 담보하지 아니한다는 뜻을 부기한 배서를 무담보배서라 한다. 통상의 배서는 권리이전의 효과와 채무부담의 효과를 가져오지만, 무담보배서는 권리이전의 효과만을 가진다.

무담보배서를 하면 그 이후의 취득자에 대해 불안감을 주므로 단기금융회사가 CP(기업어음)의 중개를 위해 무담보배서를 하는 경우를 제외하고는 흔한 일은 아니다(33면 참조).

(2) 기재방식

무담보배서의 문구는 법에서 특히 정형화한 것이 없다. 따라서 담보책임을 지지 아니한다는 뜻이 표시되면 족하다. 약속어음의 경우에는 지급담보책임만이 대상이지만, 환어음의 경우에는 배서인이 인수담보책임과 지급담보책임을 지므로 무담보배서도 인수무담보배서와 지급무담보배서로 나누어진다. 배서인이 특히 어느 것이라고 명시하지 아니하고 단지 「무담보」의 취지로 배서한 경우에는 인수와 지급을 모두 책임지지 않는다는 뜻으로 해석해야 한다.

(3) 효   력

무담보배서를 한 자는 자기 이후의 모든 어음취득자에 대해 상환의무를 지지 아니한다. 이같이 상환책임이 배제되는 효력은 무담보배서를 한 자에게만 발생하고 그 전자 또는 후자에 대해서는 발생하지 아니한다.

무담보배서는 담보책임만을 배제할 뿐이고 그 밖의 배서의 효력에는 영향이 없다. 따라서 무담보배서에 의해 권리가 이전되는 것은 물론이고 피배서인에게 자격수여적 효력이 인정되므로 선의취득도 가능하다.

3. 배서금지배서

(1) 의   의

배서금지배서란 그 배서 이후의 새로운 배서를 금지하는 문구를 기재한 배서를 말한다($^{어 15조}_{2항 전}$). 「금전배서」라고도 한다. 배서인이 이같이 배서를 금지한다고 해서 다시 배서할 수 없는 것은 아니다. 다만 배서금지배서를 한 배서인은 그 이후의 배서에 의한 피배서인에 대해 담보책임을 지지 아니한다($^{어 15조}_{2항 후}$).

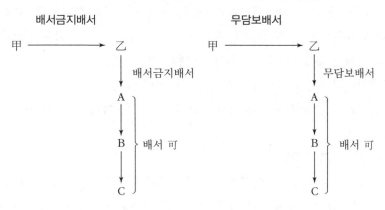

배서금지배서와 무담보배서 및 배서금지어음의 비교

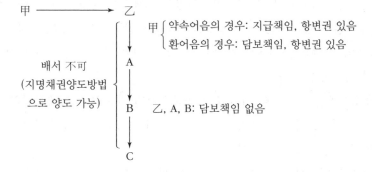

배서금지어음

배서금지배서는 이같이 담보책임의 범위를 자신의 직접의 상대방으로 제한하는 효과가 있으므로 배서인이 자기의 피배서인에 대해 갖는 항변이 이후의 배서에 의해 절단되는 것을 막기 위해 이용한다. 앞의 그림은 배서금지배서, 무담보배서, 배서금지어음을 비교한 것이다.

(2) 효   력

1) 지시증권성에의 영향

배서금지배서를 하더라도 계속 배서에 의해 양도할 수 있으므로 어음의 지시증권성에는 영향이 없다. 이 점 발행인이 어음의 지시증권성을 박탈하는 배서금지어음($\substack{\text{어 11조} \\ \text{2항}}$)과 다르다. 배서인의 배서금지문언에 담보책임을 제한하는 효과만을 주는 이유는 이미 발행인에 의해 지시증권으로 발행되고 유통된 어음을 지명채권화시키는 것은 배서인의 권한이 아니기 때문이다.

배서금지배서의 배서인은 자신의 피배서인에게는 담보책임을 진다는 점에서 피배서인을 포함한 모든 후자에게 담보책임을 지지 아니하는 무담보배서와 구별된다.

2) 전 · 후자의 지위

배서금지배서도 권리이전적 효력과 자격수여적 효력을 갖는 까닭에 그 피배서인이 어음상의 권리를 취득함은 물론 선의취득도 가능하다. 그 이후의 취득자들도 같다. 그리고 담보책임이 제한되는 효과는 배서금지배서의 배서인만이 누릴 뿐이고 발행인을 포함한 그의 전자 및 후자의 책임에는 영향이 없다.

3) 담보책임의 제한

배서금지배서의 배서인은 피배서인에 대해서는 담보책임을 지는데, 피배서인의 후자들에 대해서는 어떤 입장을 갖는가? 법문은 「그 후의 피배서인에 대하여 담보의 책임을 지지 아니한다」고 규정하지만($\substack{\text{어 15조} \\ \text{2항 후}}$), 이 법문의 해석에 관해 견해의 대립이 있다.

i) 무책임설　　　이 규정을 문리해석하면 배서인은 피배서인의 후자에 대하여 담보책임을 일체 지지 않는 것으로 읽혀진다. 그래서 통설은 배서인에게 담보책임이 없는 것으로 해석한다.

ii) 담보책임설　　　일부 소수설은 배서금지배서를 하는 목적은 자신의 피배서인에 대한 항변권이 차단되는 것을 방지하려는 것인데, 이 목적은 그 항변권을 이후의 소지인에 대해서도 행사할 수 있게 하면 달성되므로 배서금지배서인도 항변권이 유지된 상태에서 담보책임을 져야 한다고 주장한다($\substack{\text{강 · 임 380;} \\ \text{서헌제 465}}$).[1]

iii) 상환청구권양도설　　　위 소수설과 달리 배서금지배서인이 그 후의 어음취득자들에게 담보책임을 진다는 데에는 반대하지만, 배서금지배서의 피배서인이 배서금지배서인에 대해 갖는 상환청구권을 자기의 피배서인에게 양도할 수

---

1) 이는 일본의 소수설인데, 최근 꽤 많은 학자가 이 설을 지지하고 있다(平出, 391면; 稻田, 206면; 田中, 540면; 前田, 230면).

있다고 주장한다($\begin{smallmatrix}정동윤\ 291;\\최기원\ 431\end{smallmatrix}$).[1] 요컨대 배서금지배서인도 피배서인 이후의 취득자들에게 담보책임을 지지만, 그의 피배서인이 배서하는 것만으로써 상환청구권이 당연히 이전되는 것이 아니라 채권양도의 방법($\begin{smallmatrix}민\\449조\end{smallmatrix}$)으로 양도한 경우에 한해 상환청구권이 항변이 붙은 채 이전한다는 것이다($\begin{smallmatrix}최기\\원\ 431\end{smallmatrix}$).

iv) 어음법 제15조 제 2 항은 배서금지배서인은 「그 후의 피배서인에 대하여 담보의 책임을 지지 아니한다」고 규정하므로 담보책임설은 우선 명문의 규정에 어긋난다. 나아가 동설은 배서인의 목적이 항변의 차단을 방지하는 데 있다고 하나, 이 같은 명문의 규정이 있는 탓에 배서금지배서를 하는 자들은 항변차단의 방지에 그치지 않고 이후의 후자들에 대해 아예 담보책임을 지지 않을 것을 기대할 것이므로 담보책임설은 근거 없이 배서인에게 불측의 부담을 준다. 또한 앞서의 무담보배서에 의해 배서인은 자기의 담보책임을 면할 수 있는 바이므로, 본인의 의사에 의해 자기의 피배서인을 제외한 나머지 후자들에게 책임을 면하는 것도 가능하다고 해야 할 것이다. 그런데 담보책임설과 같이 해석한다면 배서인이 이러한 책임제한을 하고자 할 때에 어음법상 방법이 없다는 결과가 되어 무담보배서제도와 균형이 맞지 아니한다.

상환청구권양도설 역시 법문에서 유도하기 어려운 해석이므로 배서인에게 불측의 부담을 준다. 그리고 이론에 무리가 있다. 상환청구권이란 지급거절(또는 인수거절)이 있을 때 어음소지인에게 발생하는 권리인데, 상환청구권양도설에 의하면 아직 지급이 거절되지도 않은 상태에서(즉 배서금지배서의 피배서인이 다시 배서할 때에는 아직 상환청구권이 발생하지 않는다) 상환청구권이 이전될 수 있다는 결론에 이르기 때문이다. 판례도 상환청구권을 지명채권의 양도방법과 효력으로 양도한다는 표현을 쓰고 있지만($\begin{smallmatrix}판례\\[86],\ [96]\end{smallmatrix}$), 이는 이미 상환청구권이 발생한 이후에 어음이 이전된 사안에서 판단한 것이다.

요컨대 배서금지배서인은 법문에 충실하게 자기의 피배서인 이후의 어음소지인에 대해서는 담보책임을 지지 아니한다고 해석하는 것이 옳다.

---

1) 독일에도 같은 학설이 있다(Baumbach · Hefermehl · Casper, §15 Anm. 11; Bülow, §15 Anm. 16).

4. 기한후배서

(1) 의 의

기한후배서라 함은 지급거절증서가 작성된 후 또는 지급거절증서의 작성기간이 지난 후에 행해진 배서를 말한다($^{어\ 20조}_{1항\ 단}$).

어음은 지급할 날 또는 그날 이후의 2거래일 내에 지급을 위해 제시되어야 하며($^{어\ 38조}_{1항}$), 지급이 거절될 경우에는 지급할 날 이후의 2거래일 내에 거절증서를 작성하여야 한다($^{어\ 44조}_{3항}$). 이 거절증서작성기간이 경과하도록 거절증서를 작성하지 아니하면 상환청구권을 상실한다($^{어\ 53조}_{1항\ 2호}$).

어음법이 통상의 양도배서에 대해 유통성의 배려 하에 매우 강력한 효력을 부여하고 있음은 이미 본 바와 같다. 그러나 이미 지급이 거절된 어음을 취득하는 자는 그 어음에 지급수단으로서의 기능에 장애가 있음을 알고 취득하는 자이고, 거절증서작성기간이 경과한 후에 어음을 취득한 자는 상환가능성에 대한 기대를 포기하고 취득하는 자이므로 이러한 자들에게 유통성강화를 위한 보호장치를 적용할 이유가 없다. 또 지급거절된 어음을 유통시키는 동기가 원인관계로 인한 항변을 피하기 위한 경우이거나 비법률적 수단에 의한 추심을 노리는 등 불건전한 경우가 많아 이 점에서도 보호의 필요를 느낄 수 없다. 그래서 어음법은 기한후배서에 대해서는 지명채권양도의 효력만을 인정한다.

(2) 기한후배서의 판단

1) 만기후배서와의 구별

기한후배서는 만기 후의 배서와 구별하여야 한다. 만기후배서란 만기 이후이지만 아직 지급거절이 되지 않고 거절증서 작성기간도 경과하기 전에 행해진 배서를 뜻한다. 지급제시는 지급할 날 또는 그날 이후의 2거래일 내에 하면 되므로($^{어\ 38조}_{1항}$) 만기가 되었더라도 어음이 최소 3일간 유통될 기회가 있으며, 더욱이 만기가 공휴일인 때에는 그 다음 날이 지급할 날이 되므로 더욱 유통기회가 늘어난다. 그러므로 만기 후이지만 지급제시를 하기 전에, 그리고 거절증서작성기간이 경과하기 전에 행해진 배서는 어음의 정상적인 유통으로 보고 일반배서와 똑같은 효력을 부여한다($^{어\ 20조}_{1항\ 본}$).

i) 제시기간 내에 제시된 경우

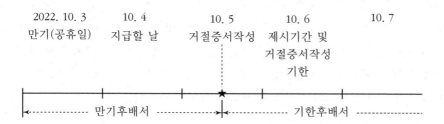

ii) 제시기간 내에 제시되지 않은 경우

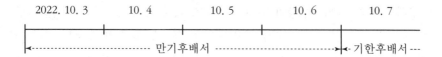

2) 지급거절증서가 작성되지 않은 경우

지급이 거절되더라도 지급거절증서를 작성하지 아니하면 동증서작성기간 내의 배서는 기한후배서가 아니다($\substack{이설 \\ 없음}$). 이 경우에는 어음취득자가 지급거절의 사실을 알 수 없으므로 기한후배서제도의 취지상 그 적용대상으로 볼 수 없기 때문이다. 단 취득자가 지급거절의 사실을 알고 취득한다면 기한후배서로 보아야 한다.

3) 무비용상환어음

거절증서의 작성이 면제되어 있는 어음($\substack{무비용상환어음: \\ 어 46조 1항}$)은 거절증서의 작성이 필요 없으므로 이를 지급제시하고 지급이 거절되더라도 거절증서작성기간이 경과하기 전에 배서한다면 취득자의 입장에서는 지급이 거절된 어음인지 아직 지급제시가 안 된 어음인지 알 수 없다. 그러므로 무비용상환어음의 경우에는 거절증서 작성기간 경과 후의 배서만이 기한후배서라고 보아야 한다. 이에 대해 무비용상환어음의 경우에는 지급거절만 있으면 바로 상환청구가 가능하므로 거절증서작성기간이 경과하기 전이라도 지급거절 후에 배서된 경우에는 기한후배서로 보아야 한다는 설이 있다($\substack{이·최 213; \\ 최기원 435}$).[1] 그러나 기한후배서제도가 사고어음인 사실을 인

---

1) 박찬주, "期限後背書," 『어음·수표法에 관한 諸問題(下)』(裁判資料 第31輯), 92면.

지하거나 또는 그 가능성을 감수하고 취득한 어음취득자를 보호할 필요가 없다는 데에 기초한 제도이므로 지급거절의 사실 유무보다는 취득자가 이 사실을 알 수 있느냐에 기준을 두어야 할 것이다. 그렇다면 어음취득자가 지급거절의 사실을 알지 못하는 한 거절증서작성기간 내라면 기한후배서가 아니라고 보아야 한다. 이렇게 해석하는 것이 지급거절 후의 배서라도 거절증서가 작성되지 않은 경우에는 기한후배서가 아니라는 앞서의 해석과 균형이 맞는다.

4) 인수거절된 어음

법문에는 「'지급'거절증서가 작성된 후」 또는 「'지급'거절증서 작성기간이 지난 후」라고 표현하고 있으므로 환어음의 경우 인수가 거절된 어음에 한 배서는 기한후배서가 아니라는 주장이 제기될 여지가 있다. 인수가 거절되면 지급거절증서의 작성이 필요 없고 바로 상환청구가 가능하므로 그 후의 배서는 기한후배서로 보아야 한다(강·임 384; 김정호 298; 손주찬 263; 이·최 213; 장덕조 950; 정동윤 297; 정찬형 310; 최기원 435. 반대: 채이식 172). 다만 인수거절증서가 작성되지 않는 한 어음의 취득자는 인수가 거절된 사실을 알 수 없으므로 인수거절증서가 작성된 경우에 한해 기한후배서로 보아야 한다.

5) 기타 지급거절이 확실한 경우

인수거절뿐 아니라 어음법상 상환청구권이 발생하는 그 밖의 사유(예: 약속어음발행인의 파산, 지급정지, 강제집행의 부주효: 어 43조)가 생기면 그 후의 배서는 어음취득자가 이 사실을 아는 한 기한후배서로 보아야 한다.

이러한 사유 이외에도 지급거절이 어음면상 확실한 경우가 있다. 예컨대 지급담당자가 은행인 어음(은행도약속어음)의 경우 발행인이 도난계·사취계 등을 내거나 예금이 부족한 경우에는, 어음교환소나 지급은행이 제시받은 어음에 '지급거절'이라는 스탬프를 찍는다. 이 같은 경우에는 지급거절이 어음면상 명백하므로 거절증서가 작성되지 않더라도 그 후의 배서는 기한후배서로 보는 것이 옳다(서헌제 471; 손주찬 264; 송옥렬 621; 이·최 213; 정찬형 310; 최기원 435). 이와 달리 법문이 지급거절증서작성 후 또는 동 증서작성기간 경과 후라고 규정한 것은 기한후배서인지의 여부에 대해 형식적으로 명확한 기준이 될 시점을 정하는 데에 그 취지가 있다는 이해 아래 위와 같이 지급거절이 명확해진 후의 배서도 기한후배서가 아니라는 설(강·임 383; 김정호 298; 정동윤 296; 채이식 172)이 있고 같은 취지의 판례(판례[85])도 있다.[1] 그러나 앞서 설명한 입법취지(사고어음임을 인지하

---

1) 일본에도 같은 취지의 판례(日最高裁 1980. 12. 18 판결, 民集 34권 7호, 942면)가 있다.

며 취득한 자의 보호는 불필요)에 비추어 보면 이러한 문리해석의 타당성은 의문이다.

판 례

[85] 대법원 1987. 8. 25. 선고 87다카152 판결

「…거절증서는 위탁자의 위탁에 의하여 공증인, 집달관($\substack{거령\\2조}$), 합동법률사무소 또는 법무법인이 작성하게 되어 있어 비록 만기시에 지급제시된 어음에 '교환필'이라는 스탬프가 압날되고 피사취 또는 예금부족 등의 이유로 지급거절한다는 취지의 지급은행의 부전이 첨부되어 있는 등 지급거절사실이 어음면에 명백하게 되어 있다 하더라도 이를 가지고 적법한 지급거절증서가 작성되었다고 할 수는 없다 하겠으므로 그러한 어음에 대한 배서도 그것이 지급거절증서작성기간 내의 것이기만 하면 이는 기한후배서가 아닌 만기후배서로서 만기 전의 배서와 동일한 효력이 있다 할 것이다.…」

수표법에는 지급인의 거절선언을 상환청구사유로 하고 있는데($\substack{수39조\\2호}$), 어음법에는 이에 해당하는 규정이 없다. 판례는 이 차이점을 의식한 듯하나, 어음의 경우에도 은행의 지급거절선언에 지급거절로서의 객관적 증명력을 부여하는 것이 거래실정에 부합한다. 특히 지급이 거절된 어음이 유통되는 실정을 보면 판례를 지지하기 어렵다.

　　은행을 통해 추심하려다 지급이 거절된 은행도어음(주로 약속어음)이 배서양도되는 경우는 대체로 두 가지 동기에서이다. 하나는 발행인과 소지인 간에 원인관계에서의 다툼이 있어 지급이 거절된 경우 소지인이 발행인의 항변을 차단하기 위해 제 3 자에게 양도하는 것이다. 따라서 이 경우는 숨은 추심위임배서인 경우가 대부분이다. 다른 하나는 지급이 거절되었지만 발행인이나 배서인들과의 집요한 싸움을 통해 지급받을 것을 기대하고 취득하는 것이다. 따라서 이 경우에는 어음금액의 수분의 1정도의 대가로 취득하며, 이러한 어음을 염가에 수집하는 전문업자도 있다 한다. 그리고 이런 어음을 지급받는 방법에 있어서도 법정싸움보다는 물리력에 의한 비법률적 수단이 사용되는 예가 자주 있다고 한다. 지급거절된 은행도어음의 거래실정이 이러하다면 어음법 제20조를 문리해석하여 취득자를 보호하는 것은 재고의 여지가 있다.

한편 위 판례와 같이 사실상 지급거절이 이루어진 후의 배서에 대해 만기전 배서와 동일한 효력을 부여할 경우 그 후속하는 법률관계에 주의할 필요가 있다.

만기전배서와 동일한 효력을 부여한다는 것은 형식논리적으로는 배서 이전에 지급거절이 없었다고 의제하는 것을 의미한다. 그러므로 이 배서의 피배서인은 전자들에 대한 상환청구권을 보전하기 위해서는 전자의 지급제시유무에 불구하고 스스로 지급제시를 하여야 한다(판례[86]).

6) 백지어음의 기한후 보충

백지어음을 기한 전에 배서에 의해 취득하였다면 기한 후에 백지를 보충하더라도 동 배서가 기한후배서가 되는 것이 아님은 기술하였다(313면 참조). 그리고 기한 전에 백지식배서에 의해 어음을 취득한 자가 기한 후에 백지를 보충한다 해서 기한후배서가 되는 것이 아님은 당연하다(대법원 1994. 2. 8. 선고 93다54927 판결). 백지식배서는 보충하지 않더라도 그 자체로 유효한 배서이기 때문이다.

■ 배서의 기한후 정정 ■

만기 전에 수취인으로부터 배서에 의해 어음을 취득하였으나, 그 배서가 무효이므로 거절증서작성기간 경과 후에 이를 말소하고 다시 수취인으로부터 적법한 배서를 받은 경우, 후자의 배서는 기한후배서이다(대법원 1997. 7. 22. 선고 96다12757 판결). 전자의 배서는 무효이므로 후자의 배서를 한 때에 비로소 배서가 이루어진 것으로 보아야 하기 때문이다.

7) 증명의 문제

기한후배서인지 일반배서인지 여부의 판단에 결정적인 것은 물론 배서의 시기이다. 보통 배서일자를 배서란에 기재하는데, 그 일자의 사실여부에 관해 다툼이 있을 경우 기한후배서 여부를 결정짓는 자료가 되는 것은 배서란에 기재된 일자가 아니라 실제 배서한 일자이다(대법원 1964. 5. 26. 선고 63다967 판결; 동 1968. 7. 23. 선고 68다911 판결). 물론 배서일자가 기재되어 있을 경우 일응 그 날짜에 배서한 것으로 추정한다(어 20조 2항의 물론해석). 그리고 배서일자의 기재가 없는 경우에는 거절증서작성기간의 경과 전에 배서한 것으로 추정한다(어 20조 2항). 그러므로 기한후배서임을 주장하는 자가 그 사실을 증명하여야 한다. 지급거절로 인해 거절증서를 작성할 때에는 어음의 뒷면에 기재된 사항에 계속하여 거절증서를 작성하고(거령 4조 2항) 또 그 어음의 요지가 기재된 등본을 작성자의 사무실에 비치하므로(거령 9조 1항) 그 이후의 배서가 기한후배서임을 쉽게 증명할 수 있다.

(3) 배서의 방식

기한후배서는 지명채권양도의 효력이 있을 뿐이지 지명채권양도의 방식을 따라야 하는 것은 아니다. 어음채무자에 대한 통지·승낙 등 대항요건을 갖출 필요가 없음은 물론이다(대법원 1962. 3. 15. 선고 4294민상1257 판결; 동 2012. 3. 29. 선고 2010다106290 판결).

(4) 효   력

기한후배서는 지명채권양도의 효력만을 가진다(어 20조 1항 단). 이는 구체적으로 다음과 같은 뜻을 가진다.

1) 권리이전적 효력

기한후배서도 배서이므로 권리를 이전하는 효력이 있다(어 14조 1항). 그리하여 피배서인은 배서인이 배서 당시 가지고 있던 권리를 취득한다. 배서인이 배서 당시 가지고 있던 권리에는 주채무자(인수인 또는 약속어음의 발행인)에 대한 지급청구권과 상환청구권이 있다.

2) 자격수여적 효력

기한후배서에도 자격수여적 효력이 있다는 것이 통설·판례이다(대법원 1961. 7. 27. 선고 4293민상 735 판결).[1] 따라서 피배서인은 배서의 연속에 의하여 형식적으로 자신의 권리를 증명하면 족하고(어 16조 1항), 실질적 권리의 이전사실을 증명할 필요는 없다.

3) 담보책임의 배제

기한후배서에는 지명채권양도의 효력밖에 없으므로 그 배서인은 피배서인과 그 이후의 피배서인에 대해 담보책임(어 15조 1항)을 지지 아니한다. 다만 자신의 피배서인에 대해 원인관계에 따른 책임을 질 뿐이다.[2] 기한후배서인의 전자들이 피배서인에 대해 담보책임을 지느냐는 문제는 두 가지 경우로 나누어 보아야 한다.

첫째, 배서인이 전자들에 대한 상환청구절차를 밟지 않은 상태에서 배서한 경우, 예컨대 거절증서를 작성하지 않은 상태에서 거절증서작성기간을 경과한 후에 배서한 경우에는 배서인 자신이 이미 상환청구권을 잃은 자이므로 전자들은 피배서인에 대해 담보책임을 지지 아니한다.

둘째, 배서인이 거절증서를 작성하여 이미 상환청구권을 갖고 있는 상태에서

---

1) 독일과 일본에서의 통설도 같다(Bülow, §20 Anm. 3; 丹羽, 204면).

2) Baunbach·Hefernehl·Casper, §20 Anm. 4.

배서한 경우에는 배서 당시 이미 배서인이 갖고 있던 권리이므로 배서인은 지명채권양도의 방법으로 전자에 대한 상환청구권을 피배서인에게 양도할 수 있다($\binom{판례}{[86]}$). 이 경우 전자는 배서인에 대한 항변으로 피배서인에게 대항할 수 있다($\binom{동}{판례}$).

판 례

[86] 대법원 2000. 1. 28. 선고 99다44250 판결

「[앞부분은 판례 [85]와 同旨] …한편 만기 전의 배서와 동일한 효력을 갖는 만기후배서의 피배서인이 어음의 최종소지인의 지위에서 어음의 배서인 등 소구의무자에 대한 소구권을 보전하기 위하여는 그에게 만기후배서를 한 배서인이 지급제시를 하였는지 여부와 관계없이 다시 스스로 적법한 지급제시기간 내에 지급제시를 하여야 하는… 것이다.

다만, 만기후배서의 피배서인인 원고가 〔배서인〕이 지급제시하여 지급거절된 사실을 알고 있었다면 <u>〔배서인〕이 지급제시함으로써 보전한 소구권을 지명채권 양도와 같은 효력으로 승계하였음을 주장하여</u> 이를 행사할 수 있다고 할 것이고, 원고가 김상진의 지급제시를 원용하여 소구권을 행사하는 경우에 피고로서는 〔배서인〕에 대한 항변사유를 들어 원고에게 대항할 수 있는 것이[다.]」

註) 판례의 정확한 사실관계를 알 수 없으나, 밑줄 부분이 말하는 바가 배서인이 단지 지급제시를 한 것으로서 상환청구권이 보전되고 이를 피배서인이 승계한다는 뜻이라면 잘못된 설명이다. 배서인이 거절증서를 작성하지 않았다면 상환청구권은 배서인에게도 생기지 않기 때문이다.

4) 선의취득

기한후배서에 의해 선의취득이 가능한가? 즉 기한후배서의 배서인이 무권리자인 경우 피배서인이 선의이고 중과실 없이 배서양도받은 경우에는 선의취득을 인정할 것이냐는 문제이다.

기한후배서도 배서임에 틀림없고 그에 자격수여적 효력도 인정되는 바이므로 선의취득이 가능하다고 볼 여지가 있다.[1] 그러나 자격수여적 효력은 권리의 증명의 문제이고 선의취득은 권리의 유통의 문제이므로 자격수여적 효력이 인정된다고 해서 당연히 선의취득이 인정되어야 하는 것은 아니다.[2] 기한후배서는 지명채권양도의 효력밖에 없는 바이니 기한후배서에 의한 선의취득의 가능성은 부정하는 것이 옳다.[3] 이 점을 생각하지 않더라도 선의취득은 외형상 정상적인 거

---

1) 일본의 소수설이다(納富, 344면).
2) 일본의 통설의 논리이다.
3) 독일에서도 이 점에 異說이 없다(Baumbach · Hefermehl · Casper, §20 Anm. 4; Bülow, §20

래를 통하여 어음이 양도될 때 인정되는 것이니 만큼, 기한후배서에 의해 어음을 취득하면서 상대방이 무권리자임을 알지 못했다면 이는 중과실이 의제되어야 한다고 보며, 그렇다면 선의취득의 요건을 결한다고 보아야 한다. 부정설이 통설이다.[1] 또한 피배서인에게 연장되는 배서인에 대한 항변은 무권리의 항변을 포함하는 것으로 이해해야 한다.

5) 어음항변의 연장

기한후배서의 중심된 효력은 동 배서에 의해 어음항변이 절단($\frac{\text{어}}{17\text{조}}$)되지 않는다는 것이다($\frac{\text{대법원 1961. 7. 27. 선고}}{4293\text{민상735 판결}}$). 즉 약속어음의 발행인 또는 인수인을 포함한 모든 어음채무자는 모든 배서인에 대한 항변으로써 소지인에게 대항할 수 있다. 원인관계로 인한 항변, 어음과 상환하지 아니한 어음금지급의 항변 등 항변사유의 종류를 불문한다. 요컨대 기한후배서에 의해 어음을 취득하는 자에게는 자신의 취득 전에 이루어진 모든 어음거래의 내용에 대해 무한한 조사의무를 부여한 것이라 할 것이다. 취지가 그러하므로 어음채무자는 기한후배서 당시 배서인에게 대항할 수 있는 모든 사유로 항변할 수 있을 뿐이고 기한후배서 이후에 비로소 발생한 배서인에 대한 항변사유는 피배서인에게 대항할 수 없다. 예컨대 기한후배서 이전에 발행인이 배서인에게 어음금을 지급한 사실은 항변할 수 있으나, 기한후배서 이후에 어음금을 지급한 사실은 항변할 수 없으며($\frac{\text{대법원 1982. 4. 13.}}{\text{선고 81다카353 판결}}$), 기한후배서가 있은 후 발행인이 배서인에 대해 취득한 채권을 가지고 상계할 수 없다($\frac{\text{대법}}{\text{원}}$ $\frac{\text{1994. 1. 25. 선고}}{93\text{다50543 판결}}$).

그런데 어음채무자는 기한후배서인의 전자에 대해 가지고 있던 항변으로서 배서인단계에서 일단 절단된 항변을 가지고 기한후배서의 피배서인에게 대항할 수 있느냐는 문제가 있는데, 이에 대해 판례는 일관되지 못한 입장을 보이고 있다. 즉 기한후배서인의 전자에 대한 항변으로써도 대항할 수 있다고 한 과거의 판례가 있는가 하면($\frac{\text{대법원 1965. 3. 2. 선고 64다1892 판결;}}{\text{동 1983. 9. 27. 선고 81다카1293 판결}}$), 보다 최근의 판례는 이를 부정하고 있다($\frac{\text{판례}}{[87]}$). 기한후배서에 의하여 피배서인은 배서인이 배서 당시 가지고 있던 권리를 취득한다는 점을 생각하면 배서인이 갖고 있지 않았던 항변의 부담이 피

Anm. 3; Hueck · Canaris, S. 98; Zöllner, S. 103).

1) 아직 국내 판례는 없으나 제시기간이 경과한 후에 수표를 교부양수받은 자의 선의취득을 부정한 일본판례가 있다(日最高裁 1963. 8. 23 판결, 民集 17권 6호, 851면).

배서인단계에서 부활한다고 할 수는 없으므로 후자의 판례가 옳다. 다만 후자의 판례가 기한후배서의 피배서인이 취득 당시 알고 있는 항변도 원용하지 못한다고 한 것은 타당하지 않다($^{178\sim179}_{\text{면 참조}}$).

판 례

[87] 대법원 1990. 4. 25. 선고 89다카20740 판결

「…어음채무자는 기한후배서의 피배서인에 대하여는 그 배서의 배서인에 대한 인적 항변을 가지고 대항할 수가 있지만, 특단의 사정이 없는 한 그 배서인의 전자에 대한 항변사유를 가지고는 피배서인에게 대항할 수는 없는 것이고, 따라서 배서인이 어음취득 당시 선의였기 때문에 배서인에게 대항할 수 없었던 사유에 대하여는 피배서인이 비록 어음취득 당시 그 사유를 알고 있었다 하여도 그것으로써 피배서인에게 대항할 수는 없다고 보아야 한다.

그런데 원심이 적법하게 확정한 바에 의하면, 원고는 1988. 6. 8 소외 조흥은행(이하 소외 은행이라 한다)으로부터, 피고가 같은 해 2. 17 소외 주식회사 정화엔지니어링(이하 소외 회사라 한다)에게 발행하고, 소외 회사가 지급거절증서 작성의무를 면제한 후 소외 은행에게 배서양도하여 소외 은행이 그 지급기일에 지급을 위한 제시를 하였으나 지급이 거절된 만기가 같은 해 5. 16로 된 이 사건 어음을 배서양도받아 현재 이를 소지하고 있다는 것이므로 이에 의하면, 소외 은행은 기한후배서인이라 할 것이나, 피고주장과 같이 소외 은행이 이 사건 어음취득 당시 피고는 소외 회사의 자금융통을 위하여 위 어음의 액면금과 같은 금액의 소외 회사 발행의 약속어음을 담보로 받고 이 사건 어음을 이른바 융통어음으로 발행하였고 그 후 위 담보어음이 지급거절되었다는 사실을 알고 있었다는 점에 관하여는 아무런 주장·입증이 없으므로, 피고는 이 사건 어음이 대가관계 없이 발행된 융통어음이고 그 담보어음이 부도가 났다는 사유를 가지고 배서인인 소외 은행에게 대항할 수가 없는 것은 명백하고, 따라서 위 소외 은행의 지위를 승계한 피배서인인 원고에 대하여서도 그 선의·악의를 묻지 아니하고 위 사유를 가지고 대항할 수 없다고 풀이하여야 한다.…」

※ 同旨: 대법원 2001. 4. 24. 선고 2001다5272 판결.

VII. 非양도목적의 배서

1. 추심위임배서

(1) 의   의

추심위임배서란 어음소지인이 타인에게 어음상의 권리행사를 대리할 수 있는 권능을 부여하는 배서이다. 어음법 제18조에서 그 방식과 효과를 규정하고 있다.

환어음의 인수제시는 어음의 단순한 점유자도 할 수 있으나($\frac{어}{21조}$), 지급제시는 어음의 소지인만이 할 수 있다($\frac{어 38조}{1항}$). 그러므로 어음소지인이 어음금의 지급청구를 타인에게 위임하고자 할 때 대리인에게 단지 어음만 맡겨서는 지급청구가 불가능하다. 그래서 소지인이 어음의 점유자를 어음법 제38조가 요구하는 소지인으로 만들어 주기 위한 방법으로써 추심위임배서를 하는 것이다.

한편 추심위임배서는 어음상의 권리행사에 관한 대리권의 수여방식과 권한을 정형화함으로써 대리권의 존재와 범위에 관한 증명을 용이하게 하고, 어음채무자의 면책을 쉽게 하기 위한 취지를 갖고 있다. 그러므로 추심위임배서가 대리권수여의 유일한 방법은 아니다. 다른 방식에 의한 대리권수여도 가능하다. 다만 이 경우에는 어음법상 추심위임배서에 의한 편익을 누리지 못한다.

추심위임배서는 어음의 양도가 아니므로 배서금지어음이나 지명채권양도방식으로 양도된 어음에 대해서도 할 수 있다. 기한후배서의 피배서인도 할 수 있음은 물론이다.

(2) 방   식

추심위임배서는 '회수하기 위하여', '추심하기 위하여', '대리를 위하여' 등 단순히 대리권을 준다는 내용의 문구를 적고 소지인이 기명날인(또는 서명)하는 방식으로 한다($\frac{어 18조}{1항}$). 이 대리권수여의 문구는 일반 양도배서에서의 문구에 부기하는 방식으로 해도 무방하다. 피배서인(대리인)의 성명도 기재사항이나, 이를 기재하지 아니하고 할 수도 있다(백지식 추심위임배서). 이 경우에는 누구든 어음을 점유하는 자가 대리인으로 추정된다($\frac{어 16조}{1항}$). 추심위임배서에서 대리권수여의 문구를 생략하면 양도배서와 구분이 되지 않으므로 이 문구는 생략될 수 없다. 따라서 간략식 추심위임배서가 인정될 수 없음은 당연하다.

(3) 효   력

1) 피배서인의 지위

i) 자격수여적 효력   추심위임배서에 의하여 피배서인에게는 어음상의 권리자의 대리인으로서의 자격이 수여된 것으로 추정된다($^{어\ 16조}_{1항}$). 그러므로 피배서인은 별도로 자신의 대리권을 증명함이 없이 대리권을 주장할 수 있다. 어음채무자도 형식상 추심위임배서로서의 외관을 믿고 지급하면 면책된다.

자격수여적 효력이 있지만 이는 대리권에 관한 것이므로 이에 근거하여 피배서인이 어음상의 권리, 또는 대리권을 선의취득하는 일은 있을 수 없다.

ii) 권리행사의 범위   추심위임배서의 피배서인은 어음으로부터 생기는 모든 권리를 행사할 수 있다($^{어\ 18조}_{1항\ 본}$). 어음으로부터 생기는 모든 권리란 어음금지급청구권과 상환청구권이 중심이 되겠지만 이러한 권리를 행사하기 위한 부수적인 권리도 포함된다. 권리행사를 위한 소제기도 할 수 있다($^{통}_{설}$).

이득상환청구권의 행사도 포함한다는 것이 다수설이나($^{강 \cdot 임\ 395;\ 서헌제\ 476;\ 손주찬}_{267;\ 정동윤\ 299;\ 정찬형\ 314;\ 최}$ $^{기원}_{449}$), 옳지 않다. 이득상환청구권은 「어음으로부터 생기는 권리」가 아니기 때문이다($^{후}_{술}$). 또 배서의 방식으로 대리권을 수여할 수 있게 한 취지는 어음상의 권리를 행사하는 데 국한하여 특수한 대리권의 수여방식을 인정한 것으로 보아야 하며, 실질관계에 기초하여 성립하는 지명채권인 이득상환청구권의 행사에까지 대리권을 연장하고 그 자격수여적 효력을 인정하는 것은 배서인의 의사에도 부합하지 않는다. 따라서 이득상환청구권의 행사를 대리함에는 별도의 수권이 필요하며, 이에 대해서는 대리의 일반규정을 적용해야 한다.

iii) 권리행사의 명의   추심위임배서의 피배서인은 배서인의 이름으로 권리행사를 해야 한다는 설($^{정동윤\ 299;}_{최기원\ 449}$)과 피배서인 자신의 이름으로 권리를 행사할 수 있다는 설[1]이 있다. 이 문제는 어음금을 청구하는 소송에서 배서인의 이름으로 소를 제기해야 하느냐 피배서인의 이름으로 소를 제기해야 하느냐는 의문을 뜻한다. 대리권수여의 의사가 어음에 명백히 표현되는 만큼 피배서인은 배서인의

---

1) 이시윤, 『新民事訴訟法』(제14판), 博英社, 2020, 159면: 법률이 명문의 규정으로 임의적 소송신탁을 허용한 예로 들고 있다.

대리인으로서만, 즉 배서인의 이름으로 권리를 행사해야 할 것이다.[1)]

iv) 재추심위임   어음법은 추심위임배서의 피배서인은 「대리를 위한 배서만을 할 수 있다」고 규정하는데($^{어18조}_{1항 단}$), 이는 본인(배서인)의 승낙 없이도 재추심위임을 할 수 있다는 뜻과 아울러 양도배서를 할 수 없다는 뜻을 밝힌 것이다. 피배서인은 추심의 대리권만을 가지고 있으므로 이는 당연하다. 그럼에도 불구하고 피배서인이 양도배서를 한 경우에는 이를 재추심위임배서를 한 것으로 보아야 한다는 견해가 다수설이다($^{강·임 397; 서·정 203; 손주찬 268;}_{정동윤 299; 정찬형 315; 최기원 450}$). 그러나 이는 어음행위의 문언성에 반하며 무효행위전환의 법리($^{민}_{138조}$)를 부당히 확대적용한 것이다. 이같이 해석하면 피배서인이 실제 양도의사로 배서하는 경우 그 목적을 성취시켜 주는 부당한 결과를 야기한다. 어음법 제19조 제 1 항에서는 질권자가 한 양도배서는 추심위임배서를 한 것으로 본다는 규정을 두면서, 제18조 제 1 항에서는 표현을 달리하여 양도배서를 금하고 있음은 다수설과 같은 해석을 허용하지 않겠다는 취지로 읽어야 한다. 따라서 피배서인의 양도배서는 단지 무효인 배서로 보아야 한다($^{同旨: 채}_{이식 179}$).

학설대립의 실익

피배서인의 양도배서를 무효로 보느냐, 재추심위임배서로 보느냐는 것은 특히 지급인에게 중대한 의의를 가진다. 무효설을 취한다면, 양도배서의 피배서인은 무권한 자이므로 지급인은 그에게 지급을 해서는 안 된다. 이와 달리 재추심위임배서로 본다면 양도배서의 피배서인은 정당한 수령권한을 가진 자로 보아야 하므로 지급인이 이에 대해 지급한 것은 적법하다.

재추심위임배서는 추심위임배서와 같은 방식으로 해야 한다. 재추심위임배서의 법적 성질에 관하여 다음 두 가지의 학설이 대립한다.

a) 대리권양도설   재추심위임배서는 원추심위임배서의 피배서인이 자신의 대리권을 양도하는 것이라 보고, 이에 의해 원래의 피배서인은 대리권을 잃고, 재추심위임배서의 피배서인만이 대리권을 갖는다고 한다.

b) 복대리인선임설   재추심위임배서는 복대리인을 선임하는 것이라고

---

1) 독일에서의 해석도 같다(Baumbach · Hefermehl · Casper, §18 Anm. 1; Bülow, §18 Anm. 2, 6; Hueck · Canaris, S. 98; Zöllner, S. 104).

설명한다($\frac{통}{설}$). 이 설에 의하면 원추심위임배서의 피배서인도 대리권을 잃지 않는 까닭에 어음을 점유할 경우 재추심위임배서를 말소하지 않고도 대리권을 행사할 수 있다.

대리의 일반이론상 대리권의 양도는 인정되지 아니하므로 복대리인선임설이 논리적이다. 이 설에 의할 경우에는 재추심위임배서는 복대리인의 선임에 본인의 승낙을 요구하는 민법의 일반원칙($\frac{민}{120조}$)에 대한 예외가 된다.

v) 대리권소멸의 특례   대리를 위한 배서, 즉 추심위임배서에 의하여 주어진 대리권은 그 대리권을 준 자가 사망하거나 무능력자(제한능력자)가 되더라도 소멸하지 아니한다($\frac{어18조}{3항}$). 민법의 일반원칙에 의하면 대리권은 본인의 사망으로 소멸한다($\frac{민127조}{1호}$). 이 원칙을 그대로 추심위임배서에 적용한다면 배서인이 사망함으로 인해 피배서인의 대리권이 소멸하게 된다. 따라서 어음채무자가 배서인이 사망한 것을 알지 못하고 배서만을 믿은 채 피배서인에게 지급한다면 이는 권한 없는 자에 대한 지급이 되고 차후 배서인의 상속인에 대해 이중으로 변제해야 하는 위험을 안게 된다. 위 어음법 규정은 어음채무자의 이러한 위험을 방지하기 위하여 민법 제127조 제 1 호에 대한 특례를 둔 것이다. 이에 의해 피배서인은 배서인의 사망으로 인해 그 상속인의 대리인으로서의 지위를 가지고 어음상의 권리를 행사할 수 있다. 대리권이 유지되는 까닭에 어음채무자가 배서인의 사망을 알고 피배서인에게 지급하였다 해도 유효한 지급이 됨은 물론이다.

어음법 제18조 제 3 항은 본인이 사망한 때뿐만 아니라 무능력자(제한능력자)가 된 경우에도 대리권이 상실되지 않음을 규정하고 있다. 그러나 민법 제127조는 본인의 능력상실을 대리권의 소멸사유로 삼지 않으므로 불필요한 규정이다.

어음법 제18조 제 3 항의 연혁

우리 어음법은 일본의 어음법전을 계수한 것이므로 어음법 제18조 제 3 항은 일본 어음법 제18조 제 3 항과 내용이 같고, 어음법통일조약 제18조 제 3 항과 같다.[1] 일본 민법도 우리 민법과 같이 본인이 능력을 상실하더라도 대리권이 소멸하지 않으므로 ($\frac{日民 111조}{1항 1호}$) 일본어음법 제18조 제 3 항 중 본인의 능력부분은 불필요하지만, 일본은 어

---

1) 어음법통일조약 제18조 제 3 항: "The mandate contained in an endorsement by procuration does not terminate by reason of the death of the party giving the mandate or by reason of his becoming legally incapable."

음법통일조약의 당사자이므로 조약의 이 조문을 그대로 번역한 것이다. 독일 민법에서는 우리와 달리 본인이 사망하거나 능력을 상실하면 대리권이 소멸한다($\frac{독일 민}{법 672조}$). 그러므로 독일에서는 추심위임배서의 피배서인의 대리권이 본인의 능력의 상실에 불구하고 소멸하지 않도록 하기 위해서는 이를 위한 특칙이 필요하고, 어음법통일조약은 독일이 주도하여 만든 것이므로 통일조약 제18조 제 3 항에 본인의 능력상실에 관한 규정이 들어간 것으로 짐작된다.

vi) 위임의 철회   배서인이 피배서인에 대한 대리권수여를 철회할 수 있음은 물론이다. 그러나 철회와 동시에 어음을 회수하여야 하며, 어음을 피배서인이 계속 점유하는 한 의사표시의 철회만으로는 선의의 어음채무자에게 대항할 수 없다.

2) 배서인의 지위

추심위임배서는 대리권에 관한 자격수여적 효력만을 부여하므로 이 배서에 의해 권리이전적 효력이 생길 리 없고, 배서인이 피배서인에 대해 담보책임을 지지도 아니한다. 요컨대 어음상의 권리자는 여전히 배서인이므로 다음과 같은 지위를 갖는다.

i) 권리행사   추심위임배서 후에도 배서인이 어음을 회수하면 배서를 말소하거나 또는 말소하지 아니하고도 직접 어음상의 권리를 행사할 수 있다. 또 추심위임배서를 말소하지 않고도 타인에게 양도배서를 할 수 있다($\frac{통}{설}$).

ii) 항변 문제   어음법 제18조 제 2 항은 「어음의 채무자는 추심위임배서의 배서인에게 대항할 수 있는 항변으로써만 소지인(즉 추심위임배서의 피배서인)에게 대항할 수 있다」고 규정하고 있다. 이 규정은 어음항변이 추심위임배서에 의해 절단되지 않음을 밝힘과 동시에 피배서인에 대한 항변사유가 있더라도 이를

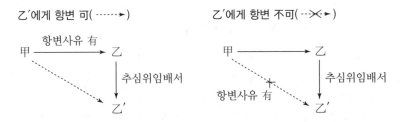

추심위임배서와 항변

원용할 수 없음을 주의적으로 규정한 것이다. 예컨대 발행인 甲이 수취인 乙에게 원인관계로 인해 항변사유를 가지고 있다면 甲은 乙로부터 추심위임을 받아 지급을 청구하는 乙′에 대해 항변할 수 있으나, 甲이 乙′에 대해 항변사유를 갖고 있더라도 乙′에게 대항할 수 없는 것이다.

(4) 추심위임배서의 말소

앞서 배서의 말소와 관련하여 언급하였지만, 같은 성질의 문제로 추심위임배서에서 기명날인(또는 서명)은 온전한 채 「추심위임」의 문구 또는 피배서인의 성명이 말소된 경우 이를 어떻게 보아야 하느냐는 문제가 있다. 다음 두 가지 경우로 나누어 보아야 한다.

첫째, 추심위임배서의 배서인이 권리를 행사하거나 제3자에게 양도배서를 하는 경우에는 별 문제가 없다. 왜냐하면 어차피 원권리자는 배서인이고, 기술한 바와 같이 추심위임배서를 말소하지 않고도 권리행사 또는 양도가 가능하기 때문이다.

둘째, 이 추심위임배서의 말소에 근거하여 제3자가 권리행사를 하는 경우에는 문제의 소지가 있다. 다음 여러 가지를 상정해 볼 수 있다. i) 추심위임배서의 피배서인이 추심위임의 문구를 말소하고 자신에 대한 양도배서인 양 권리를 행사하는 경우, ii) 제3자가 절취 또는 습득하여 추심위임문구과 아울러 피배서인의 성명까지 말소하고 백지식양도배서임을 주장하면서 권리행사를 하는 경우, iii) 피배서인 자신이 ii)와 같이 하고 백지식배서임을 주장하면서 제3자에게 교부·양도하는 경우 등이다. 어느 경우에나 용인할 수 없는 현상임은 물론이다. 그러므로 배서인 이외의 자가 배서의 일부말소에 근거하여 권리행사를 할 경우에는 추심위임배서 자체가 무효이고 양도배서로서의 효력도 생기지 아니한다고 해석해야 한다.

추심의 위임인과 수임인의 내부관계

추심위임배서에 관한 어음법 제18조는 피배서인의 소지인으로서의 어음법적 지위만을 다루고 있는데, 배서인과 피배서인의 내부관계에서도 법적 문제가 생길 수 있다. 배서인과 피배서인의 관계는 위임으로 보아야 한다(대법원 2005. 9. 28. 선고 2003다61931 판결). 따라서 피배서인은 선량한 관리자의 주의를 기울여 추심사무를 수행해야 하고 추심한 금전을 배서인에게 인도하여야 한다($\frac{민\ 684조}{1항}$). 기업이 거래은행을 통해 어음을 추심할 경우에는 거래은행이 배서인에 대해 갖는 채권을 가지고 상계를 하려 하는 경우가 있다. 상계가 가능함은 물론이지만, 금융기관의 채권이 변제기에 이르고 금융기관이 추심위임받은 어음금을 추심한 상태에 이르러서야 상계적상을 이룬다. 따라서 아직 추심하지 않은 상태에서는 상계가 불가능하다. 다만 배서인과 피배서인 간에 어음금을 추심하기 이전이라도 상계할 수 있다는 특약이 있는 경우에는 예외이다.

한편 배서인이 추심위임을 해지하고 어음의 반환을 요구하는 경우에는 피배서인은 어음을 반환하여야 할 것인데, 금융기관의 「어음반환채무」는 금전채무가 아니므로 상계를 위한 수동채권이 될 수 없다($\frac{동}{판례}$).

2. 숨은 추심위임배서

(1) 의   의

「숨은 추심위임배서」란 추심을 위임할 목적으로 하는 양도배서를 말한다. 배서인과 피배서인 간에 실제는 추심위임을 하기로 합의하고 형식은 양도배서를 하는 것이다. 이에 반해 앞서 설명한 바와 같이 당사자의 목적과 형식이 공히 추심을 위임하기 위한 배서를 「공연한 추심위임배서」라 한다. 이같이 실제의 목적과 괴리된 숨은 추심위임배서를 하는 동기는 배서인이 추심위임배서의 방법에 익숙하지 못한 때문인 경우도 있지만, 배서인에 대한 어음채무자의 항변이 예상될 경우 이를 차단하면서 추심할 목적으로 하는 경우가 일반적이다.

어음법은 양도이든 추심이든 배서인의 진정한 목적에 부합하는 형식의 배서가 행해질 것을 전제로 하고 각 배서의 방식과 효과를 규정하고 있다. 그런데 숨은 추심위임배서는 이 전제를 깨고 진정한 목적(推尋)과 상이한 배서방식(양도)을 취하므로, 여기서 법의 흠결이 생기고 따라서 이 배서의 효력을 어떻게 다루어야 하느냐는 해석론의 과제로 이전된다. 숨은 추심위임배서는 내부적으로 피배서인이 어음금을 추심해서 배서인에게 이전하기로 하는 합의하에 행해지므로 피배서인과 배서인 간의 권리·의무의 문제가 제기되고, 대외적으로 숨은 추심위임배서라는 사실이 밝혀질 경우 어음채무자와 배서인의 관계를 어떻게 규율할 것이냐는 문제가 제기된다. 전자의 문제는 일반 위임관계이므로 어음법에서 관심가질 사항이 아니나, 후자는 어음법적 효력에 관한 것이므로 어음법의 해석론으로써 풀어야 한다.

(2) 방   식

숨은 추심위임배서는 통상의 양도배서의 형식을 취한다. 숨은 추심위임배서는 백지식으로 할 수도 있다. 그리고 백지식배서에 의해 어음을 양도받은 자가 추심위임을 목적으로 교부에 의해 양도하는 경우도 숨은 추심위임배서와 같은 법률효과로 다루어야 한다.[1]

(3) 숨은 추심위임배서 여부의 판단

추심위임은 배서인과 피배서인의 내부적 합의에 지나지 않고 어음의 외관상으로는 양도배서인 까닭에 숨은 추심위임배서임을 주장하는 자가 그 내부적 합의를 증명하여 밝힐 문제이다. 그런데 때로는 진정한 양도배서인지 숨은 추심위임배서인지 배서인과 피배서인 간의 합의가 없어 의사해석을 요하는 경우도 있다. 판례 [88]에서 보다시피 배서인이 은행도(약속)어음의 추심을 자신의 거래은행에 위임하기 위하여 양도배서를 하는데, 동시에 배서인이 거래은행에 변제기에 이른 채무를 부담하고 있을 경우 이를 숨은 추심위임배서로 보아야 하느냐, 진정한 양도배서로 보아야 하느냐는 문제가 있다. 원래 숨은 추심위임배서는 대외적으로 양도배서의 형식을 지니므로 양도배서인지 추심위임배서인지에 관한 당사자의 합의가 밝혀지지 않는 이상은 외관에 따라 양도배서로 보는 것이 자연스럽고, 더욱이 채무변제로 볼 수 있는 정황이라면 양도배서로 보는 것이 당연하다. 판례 또한 그같이 보고 있다. 또한 판례는 당초에는 양도배서를 하였으나 양도할 원인관계가 소멸하였는데, 배서인이 피배서인에게 다른 채무가 있어 피배서인이 어음금을 추심하여 채권의 변제에 충당하기로 약정한 경우에는 숨은 추심위임배서로 전환된 것으로 보고 있다(대법원 1994. 11. 22. 선고 94다30201 판결).

판   례

[88] 대법원 1988. 1. 19. 선고 86다카1954 판결

「…일반적으로 은행의 예금주가 제 3 자발행의 어음을 예금으로서 자신의 구좌에

---

1) 平出, 417면; 田中, 559면.

입금시키는 것은 추심의 위임이라고 보아야 하겠지만 은행에 대한 채무자가 그 채무의 변제를 위하여 제 3 자발행의 어음을 교부하는 것은 특별한 사정이 없는 한 어음상의 권리의 양도로 보는 것이 합리적이고 이를 단순한 추심권한만의 위임이라고 할 수는 없다 할 것이므로 이 사건에서도 위 장영자가 피고 회사발행의 당초어음들을 그가 위 일신제강 주식회사 명의로 당좌거래하는 원고 은행 반도지점에 대한 당좌대월채무의 변제를 위하여 같은 지점에 교부한 것은 어음상의 권리를 양도한 것으로 보아야 할 것이[다.]…」

(4) 유 효 성

숨은 추심위임배서도 유효하다는 데에 異說이 없다($\substack{\text{대법원 1990. 4. 13.} \\ \text{선고 89다카1084 판결}}$).[1] 그러나 피배서인으로 하여금 어음금을 추심하기 위한 소송을 제기하게 할 목적으로 하는 추심위임배서는 무효라는 것이 일관된 판례이다($\substack{\text{판례} \\ [89]}$). 신탁법 제 6 조는 수탁자로 하여금 소송행위를 하게 하는 것을 주목적으로 하는 신탁은 무효라고 규정하고 있다. 남소의 폐단을 방지하고, 변호사대리원칙의 잠탈을 방지하기 위함이다. 통설과 같이 숨은 추심위임배서를 신탁적 양도로 본다면 소송수행을 시키기 위한 숨은 추심위임배서는 정확히 신탁법 제 6 조에 어긋난다. 한편 자격수여설을 취한다면 달리 볼 소지도 있겠으나, 판례는 어느 설에 의하건 신탁법 제 6 조에 위반된다는 입장을 취하고 있다. 숨은 추심위임배서의 피배서인이 자신이 직접 소송을 수행하지 않고 변호사에게 소송수행을 위임했더라도 그 효과는 차이가 없다($\substack{\text{대법원 1973. 2. 28.} \\ \text{선고 72다2489 판결}}$). 신탁법 제 6 조가 규정하는 「소송행위를 하게 하는 것이 주목적인지」의 여부는 추심위임배서에 이르게 된 경위와 방식, 추심위임배서가 이루어진 후 제소에 이르기까지의 시간적 간격, 배서인과 피배서인 간의 신분관계 등 여러 상황에 비추어 판단하여야 한다($\substack{\text{대법원 2007. 12. 13. 선고} \\ \text{2007다53464 판결}}$).

소송수행을 위한 숨은 추심위임배서가 무효라 함은 당사자간의 추심위임의 합의가 무효일 뿐 아니라, 어음상에 행해진 양도배서에 의한 권리이전의 효과 또한 생기지 않음을 뜻한다.[2] 따라서 피배서인은 어음채무자에 대하여 어음금지급청구권을 행사할 수 없는 것은 물론 타인에게 재차 추심위임배서를 하거나 양도배서를 할 수도 없다. 그러나 배서인은 어음을 회수하여 배서를 말소하고 자신이

---

1) 일본에서는 1906년도 판례에서 허위표시라 했으나(日大審院 1906. 10. 13 판결), 1908년 판례(동 1908. 11. 12 판결) 이래로 유효성을 인정하고 있으므로 유효성론은 현재 별 의미가 없다.

2) 日最高裁 1969. 3. 27 판결, 民集 23권 3호, 601면.

권리행사를 하거나 정식의 추심위임배서를 하거나 혹은 양도배서를 할 수 있음은 물론이다.

판 례

[89] 대법원 1982. 3. 23. 선고 81다540 판결

「…이른바 숨은 추심위임배서는 어음상의 권리를 신탁적으로 양도한다는 입장에서나 어음상의 자격을 수여하는 것이라는 입장에서나 또는 당사자의 의사에 따라 신탁적 양수로 보거나 자격수여로 본다는 입장에서나 그 어떠한 관점에서던 간에 신탁법 제 7 조[현행 제 6 조]는 소송행위를 하게 하는 것을 그 주된 목적으로 하여 재산권의 이전 기타 처분을 하는 것을 금하고 이에 반하는 행위를 무효로 하고 있으므로 이와 같은 숨은 추심위임을 위한 어음배서가 소송행위를 하게 하는 것을 그 주된 목적으로 행하여졌을 경우에는 어음상의 권리이전행위인 배서는 그 효력을 발생할 수 없는 법리이[다.]…」

※ 同旨: 대법원 1969. 7. 8. 선고 69다362 판결; 동 1973. 2. 28. 선고 72다2489 판결.

[사실관계] 위 판례의 사실관계는 다음과 같다.

甲회사는 乙로부터 목재를 구입하기로 하고 전도금으로 약속어음을 발행하였는데, 乙이 이행기일까지 목재를 인도해 주지 못했다. 甲이 어음금의 지급을 거절할 것이 당연하므로 乙은 친지 A로 하여금 어음금청구소송을 제기하게 하기 위하여 A에게 양도배서를 하고, A가 甲을 상대로 소를 제기하였다.

(5) 법적 성질

숨은 추심위임배서의 유효성을 긍정하고 그 법적 성질을 설명하는 방법에는 여러 가지 학설이 있으나, 기본적인 이론은 다음 세 가지이다.

1) 신탁적 양도설

숨은 추심위임배서를 어음의 신탁적 양도로 보고, 어음상의 권리는 대외적으로 완전히 피배서인에게 이전하고, 대내적으로 피배서인이 어음금을 추심하여 배서인에게 이전해 줄 의무를 부담한다고 설명한다. 통설의 입장이다(강·임 400; 서·정 205; 손주찬 270; 손진화 1093; 송옥렬 628; 장덕조 954; 정경영 1187; 정동윤 302; 정찬형 317; 최완진 626). 1)

2) 자격수여설

배서의 실질을 중시하여 어음거래의 안전을 해하지 않는 한 당사자의 경제적

---

1) 일본에서도 통설 · 판례이다(日最高裁 1956. 2. 7 판결, 民集 10권 2호, 27면).

목적에 부합하도록 해석해야 한다는 것을 전제로 한다. 그리하여 숨은 추심위임배서에 의해서는 어음상의 권리가 이전하지 아니하나, 피배서인은 어음상의 권리자로서의 형식적 자격을 가지고 배서인의 계산에서 자신의 이름으로 권리를 행사할 권한이 주어진다고 설명한다. 현재 이 설을 취하는 학자는 없다.[1]

3) 의 사 설

위 두 가지 설의 절충설이라 할 수 있다. 숨은 추심위임배서에는 신탁적 양도인 것도 있을 수 있고, 자격수여인 것도 있을 수 있는데, 구체적인 경우 어느 것인가에 대한 당사자의 의사가 불명할 경우에는 자격수여를 위한 것으로 보고 있다(김정호 305; 최기원 458).

이상과 같이 숨은 추심위임배서의 성질에 관해 학설이 대립함은 배서의 형식과 실질이 상이한데서 비롯된다. 이 성질론은 숨은 추심위임배서임이 밝혀진 상황에서 문제되는 것이다. 그리고 주의를 요하는 것은 피배서인이 「양도배서」의 피배서인으로서 권리행사를 할 때에만 이 성질론이 의미 있는 것이다. 만일 피배서인이 추심을 위한 대리인으로서만 권한행사를 한다면 대리권의 증명문제는 별론하고 위 성질론의 문제는 생겨나지 아니한다. 그러면 어느 설이 법리적으로 타당한가? 간과해서 안 될 점은 숨은 추심위임배서의 「유효성」이다. 동 배서의 유효성을 긍정한다면 동 배서의 형식성과 문언적 효력을 부정할 수 없다. 자격수여설은 숨은 추심위임배서의 실질에만 착안하여 공연한 추심위임배서와 동일시하는데 이는 배서의 형식성과 문언성을 외면한 것이다. 의사설은 배서의 당사자의 의사가 자격수여를 위한 것임이 명백한 때, 그리고 의사가 불명한 때에는 자격수여로 이해하므로 자격수여설의 문제점을 여전히 안고 있다. 이에 반해 신탁적 양도설은 대외적인 문제는 배서의 외관에 따라 해결하고, 대내적인 문제는 배서의 실질에 따라 해결하므로 타당한 설명방법이라 본다.

(6) 효　　력

숨은 추심위임배서는 양도배서의 형식을 가지면서 추심위임배서의 실질을 가지므로 양도배서 혹은 추심위임배서와 같은 효력을 부여할 수는 없고 별도로 그 효력을 검토해 보아야 한다. 숨은 추심위임배서의 성질론은 동 배서의 효력을

---

1) 일본에서도 극소수설이다(大隅, 112면).

정하는 이론적 근거를 마련하기 위한 것이다. 따라서 어느 설을 취하느냐에 따라 그 효력을 달리 보게 되는데, 여기서는 신탁적 양도설의 입장에서 설명하기로 한다. 그리고 숨은 추심위임배서임이 알려진 경우에 한해 그 성질론이 문제되듯이 그 효력 또한 숨은 추심위임배서임이 알려진 경우에 한해 문제된다. 그러므로 추심위임배서의 여부가 문제될 경우 당연히 증명책임의 문제가 제기된다. 일단 양도배서로서의 외관을 갖추었으므로 숨은 추심위임배서임을 주장하는 자가 증명책임을 진다고 보아야 한다(異說없음). 다음은 그 증명이 성공했을 때에 당사자별로 어떤 효력을 갖느냐는 점을 보기로 한다.

1) 배서인과 피배서인

배서인과 피배서인의 내부관계에서 실질적으로는 추심의 위임이지만 권리를 양도하고자 하는 의사가 존재하는 것 또한 사실이므로 권리이전적 효력이 발생한다. 그리고 배서의 연속에 의해 피배서인은 자격수여적 효력을 인정받을 수 있다. 그리하여 피배서인은 배서인의 대리인으로서가 아니라 어음상의 권리자로서 모든 권리를 행사할 수 있다. 그러나 배서인과 피배서인 간에 양도의 형식을 취했을 뿐 실질적으로 양도하는 것은 아니므로 그 배서에 담보적 효력은 인정되지 아니하며, 거래에 의한 권리이전이 아니므로 배서인이 무권리자일 경우 피배서인이 선의취득을 하는 일도 있을 수 없다.

2) 피배서인의 양수인과의 관계

숨은 추심위임배서에 의해서 내부적으로도 권리이전이 있다고 보는 까닭에 피배서인이 월권하여 제 3 자에게 어음을 배서양도하는 경우, 제 3 자는 선의 · 악의를 불문하고 어음상의 권리를 취득한다. 이는 선의취득이 아니고 통상의 권리취득이다.

3) 어음채무자와의 관계

숨은 추심위임배서의 피배서인으로부터 청구를 받은 어음채무자와 배서인 및 피배서인과의 관계에서 중심되는 과제는 어음채무자가 배서인에 대한 항변사유로 피배서인에게 대항할 수 있느냐 혹은 피배서인에게 대한 항변사유로 피배서인에게 대항할 수 있느냐는 문제이다.

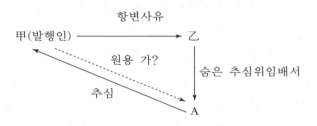

숨은 추심위임배서와 항변원용

i) **배서인에 대한 항변사유**   자격수여설이나 의사설을 취할 때에는 당연히 배서인에 대한 항변사유로써 피배서인에게 대항할 수 있다($\text{최기}_{원 457}$). 이에 대해 신탁적 양도설에 의해 피배서인에게 완전히 권리가 이전한다는 전제를 취한다면 숨은 추심위임배서에 의해 항변이 절단되므로($\text{어}_{17조}$) 어음채무자는 피배서인에 대한 항변사유만을 원용할 수 있고 배서인에 대한 항변사유는 원용할 수 없다($\text{정무}_{동 566}$)고 함이 일응 논리적이다. 그러나 이 같은 결론은 실질에 부합하지 않으므로 신탁적 양도설을 취하는 학자들도 대부분은 배서인에 대한 항변이 절단되지 않는다고 설명한다. 즉 피배서인은 어음에 관해 독립적인 경제적 이익을 갖지 않으므로 배서인에 대한 항변으로 피배서인에게 대항할 수 있다는 것이다($\text{통}_{설}$). 그리고 이때의 항변은 악의의 항변($\text{어 17}_{조 단}$)이 아니고, 피배서인을 바로 배서인으로 보고 하는 항변이므로 피배서인의 선의·악의를 불문한다. 한편 원칙적으로는 항변이 절단되나 어음채무자가 추심위임배서임을 증명하면 항변을 원용할 수 있다는 견해도 있으나($\text{장덕조 955; 정동윤}_{303; 정찬형 317~318}$), 기술한 바와 같이 숨은 추심위임배서의 모든 문제는 숨은 추심위임배서라는 사실이 밝혀졌다는 전제하에서 논의하는 것이므로, 「어음채무자가 추심위임배서임을 증명하면」이라는 가정은 무의미하다.

원래 어음항변의 절단은 어음의 유통성을 보호하기 위해 실질관계의 간섭을 차단하는 제도이다. 따라서 이 제도는 거래행위에 의한 어음의 이전에만 적용해야 한다. 숨은 추심위임배서를 신탁적 양도로 보는 뜻은 숨은 추심위임배서가 어음금추심의 방법으로 유효하다는 데 그치고, 논리필연적으로 양도의 효력이 있어야 된다는 뜻은 아니다. 그렇다면 피배서인은 거래행위를 통해 취득한 자가 아니므로 어음항변절단의 이익을 누릴 수 없다고 하더라도 「신탁적 양도」의 논리에 어긋나는 것은 아니다.

한편 판례는 숨은 추심위임배서의 성질에 대한 판단은 유보하고 있으나 ($\binom{판례\ [89]}{참조}$), 숨은 추심위임배서에 의해서는 항변이 절단되지 않는다는 입장을 취하고 있다($\binom{대법원\ 1990.\ 4.\ 13.\ 선고\ 89다카1084\ 판결;}{동\ 1994.\ 11.\ 22.\ 선고\ 94다30201\ 판결}$).

ii) 피배서인에 대한 항변사유　　신탁적 양도설을 취하는 학자들의 상당수는 위와 같이 추심위임배서의 실질적 측면을 중시하여 배서인에 대한 항변으로써 피배서인에게 대항할 수 있다고 하는 동시에, 양도배서라는 형식적 측면에 착안하여 피배서인에 대한 항변을 가지고도 피배서인에게 대항할 수 있다고 본다($\binom{강\ \cdot\ 임\ 403;\ 서\ \cdot\ 정\ 206;\ 손주}{찬\ 271;\ 정동윤\ 303;\ 정찬형\ 318}$). 그러나 어음채무자가 배서인 · 피배서인에 대한 항변을 모두 원용할 수 있다는 것은, 배서인에 대한 항변의 원용은 형식적 측면에서 부정하고 피배서인에 대한 항변의 원용은 실질적 측면에서 부정하는 것이나 마찬가지로 형평에 어긋난다. 항변문제는 실질적 각도에서 접근하는 것이 타당한 만큼 피배서인에 대한 항변은 원용할 수 없다고 보아야 한다.

물론 배서인에 대해서는 항변사유가 없고 피배서인에 대해서만 항변사유가 있는 어음채무자라면 싸움의 기술적 방법으로써 추심위임배서라는 주장을 단념하고 피배서인에 대한 항변을 원용하는 것은 가능할 것이다(그리고 이에 대해 반대로 피배서인이 숨은 추심위임배서임을 증명하여 항변을 배척하거나 배서를 말소하고. 배서인이 직접 추심하는 것도 가능하다).

3. 입질배서

(1) 의　　의

입질배서(入質背書)라 함은 어음상의 권리에 질권을 설정할 목적으로 하는 배서를 말한다. 어음을 어떤 채권의 담보로 제공하고자 할 때 어음상의 권리에 질권설정을 할 수 있으며, 이 질권설정의 방법으로서 입질배서를 하는 것이다. 민법에서 권리질, 특히 지시채권질에 대해 규정하고 있으므로($\binom{민}{350조}$) 어음도 민법의 규정에 따라 질권을 설정할 수 있다. 그러나 민법상의 지시채권질은 양도배서에 의해 설정하므로($\binom{민\ 346조,}{350조}$) 공시방법에 있어 질권설정과 증권의 양도가 구분되지 않는 문제가 있으며, 민법상의 질권의 행사는 채권액과 관련한 제약이 있고($\binom{민\ 353조}{2항,\ 3항}$), 질권자에게는 항변이 절단되지 않는 불편이 있다. 어음의 입질에 대해서는 어음의 유가증권적 특성 및 유통성을 고려하여 이러한 문제점을 해소할 필요가 있으므로 어음법은 어음의 입질에 관해 다음에 보는 바와 같은 특칙을 두고 있다.

(2) 방　식

입질배서의 방식은 질권자와 입질의 뜻을 기재하고 배서인이 기명날인(또는 서명)하는 것이다. 입질의 문구는 「담보하기 위하여」, 「입질하기 위하여」, 기타 질권설정을 표시하는 문구로 기재한다($^{어 19조}_{1항 본}$). 피배서인을 기재하지 않고 한 백지식배서로도 가능한지에 대해 명문의 규정은 없으나 부정할 이유가 없다($^{송옥렬 631;}_{정동윤 304;}$ $^{정찬형 320;}_{채이식 182}$).[1] 그러나 입질의 문구를 생략하면 양도배서가 되므로 이는 생략할 수 없다. 입질배서에 조건을 붙일 경우 조건 없는 배서가 되고($^{어 12조}_{1항}$), 일부배서가 무효인 것($^{어 12조}_{2항}$) 등은 일반 양도배서와 차이가 없다.

배서금지어음도 입질배서를 할 수 있다는 견해가 있다($^{김정호 275; 서·정 185;}_{정동윤 270; 정찬형 320}$). 이를 긍정한다면 양도배서를 받은 자는 권리행사가 불가능한데 입질배서를 받은 자는 권리행사가 가능해진다는 모순이 생기며, 배서금지어음을 양수한 자에 대해서는 항변이 절단되지 않는데, 그 질권자에 대해서는 항변이 절단된다는 것도 불합리하다($^{어 19조}_{2항 참조}$). 배서금지어음은 어음법적 방법에 의한 유통이 금지되어 있는 바인데, 입질배서란 어음법적 방법에 의한 어음의 유통이라는 점에서도 역시 배서금지어음의 입질배서는 불가능하다고 보아야 한다($^{同旨: 서헌제 488; 송옥렬 632; 장}_{덕조 956; 채이식 182; 최기원 459}$). 배서금지어음은 지명채권화한 어음이므로 일반 지명채권의 입질방법($^{민}_{349조}$)에 따르도록 해야 한다($^{333면}_{참조}$).

(3) 효　력

1) 자격수여적 효력

입질배서의 목적은 담보의 제공이므로 배서에 권리이전적 효력이 없음은 당연하다. 대신 피배서인은 어음상의 권리에 대해 질권을 취득한다. 즉 입질배서는 피배서인에게 질권자로서의 자격을 수여하는 효력이 있다. 따라서 피배서인은 자기의 배서인에까지 이르는 양도배서의 연속과 그 최후의 피배서인이 한 입질배서에 의해 적법한 질권자로 추정된다.

---

1) 孚出, 427면.

2) 담보적 효력

입질배서에 담보적 효력이 있는가에 대해 부정설과 긍정설이 대립한다. 부정설은 담보책임이란 권리이전적 효력에만 부수한다는 전제하에 입질배서에는 권리이전적 효력이 없으므로 담보적 효력도 없다고 한다($^{최기}_{원 462}$). 긍정설은 담보책임이 권리이전적 효력을 전제로 하지 않는다는 주장과 함께 배서인은 일반적으로 인수와 지급을 담보한다는 법리($^{어 15조}_{1항}$)를 근거로 제시한다($^{김정호 313; 손주찬 275; 송옥렬}_{632; 장덕조 956; 정경영 1190; 정}$ $^{동윤 306; 정무동 568;}_{정찬형 323; 채이식 184}$).

담보책임의 유무가 거론되는 것은 어음의 인수 또는 지급이 거절되었을 경우이다. 입질배서인이 피담보채권의 채무자 자신인 경우에는 어음의 인수 · 지급이 거절되면 기한의 이익을 상실한다고 해야 할 것이므로($^{민 388조}_{2호}$), 질권자는 굳이 어음배서인으로서의 담보책임을 물을 것이 아니라 원래의 채무의 이행을 청구하면 족하다. 그러나 채무자 아닌 제 3 자(물상보증인)가 입질배서를 한 경우에는 변제의 확실을 기하기 위해 물상보증인인 입질배서인의 담보책임을 물을 실익이 클 것이다.

후술하는 바와 같이 질권자는 어음상의 모든 권리를 행사할 수 있으므로($^{어}_{1항}$ $^{19}_{조}$) 자신의 입질배서인의 전자 모두에게 담보책임을 물을 수 있다. 그런데, 부정설을 취하면, 모든 어음행위자가 담보책임을 지는데 정작 담보설정자가 담보책임을 면하게 되어 균형이 맞지 않는다. 담보책임이란 변제의 확실성을 높임으로써 지급수단으로서의 어음의 유통성을 보장하기 위한 정책적 제도이다. 그렇다면 권리이전이 수반되는 양도배서나 담보제공을 위한 입질배서나 모두 유통성이 보장되어야 할 어음거래이므로 담보책임의 인정에 차별을 둘 것은 아니다.

3) 질권자의 지위

입질배서의 질권자의 지위는 민법상의 질권자에 비해 크게 강화되어 있다.

i) 질권자는 어음으로부터 생기는 모든 권리를 행사할 수 있다($^{어 19조}_{1항 본}$). 어음금의 지급청구, 거절시의 상환청구권, 소제기 등 어음채권의 만족을 위한 모든 행위를 할 수 있다. 다만 이득상환청구권($^{어}_{79조}$)은 어음상의 권리가 아니고 실질관계에 기한 지명채권이므로 질권자가 행사할 수 없다.

「어음으로부터 생기는 모든 권리를 행사할 수 있다」는 법문의 표현은 추심위임배서($^{어 18조}_{1항 본}$)와 같다. 그러나 추심위임배서는 피배서인이 본인(배서인)의 이름으로 권리를 행사하고, 추심한 어음금을 본인에게 이전해야 하는 내부적 의무가 따르나, 질권자는 「자신의 이름」으로 「자신의 권리」를 행사하는 점에서 본질적으로 다르다.

ii) 질권자는 추심위임배서만을 할 수 있으므로 어음 자체의 양도배서는 물론이고 질권의 양도를 위한 배서를 할 수 없으며, 전질(轉質)을 위한 배서도 할 수 없다. 양도배서나 입질배서를 한 때에는 이를 추심위임배서로 본다(어 19조 1항 단).

그러나 질권자는 백지식으로 입질배서를 해 받아, 이를 교부양도함으로써 질권을 양도하는 효과를 얻을 수 있을 것이다.

추심위임배서의 피배서인의 양도배서와 질권자의 양도배서의 차이

어음법 제18조 제 1 항 단서와 제19조 제 1 항 단서는 각기 추심위임배서의 피배서인과 질권자로 하여금 추심위임배서만을 하게 하는 취지를 규정하고 있는데 표현이 상이하다. 제18조 제 1 항 단서는 「그러나 소지인은 대리를 위한 배서만을 할 수 있다」라고 규정하는데, 제19조 제 1 항 단서는 「그러나 소지인이 한 배서는 대리를 위한 배서의 효력만 있다」라고 규정하고 있다. 이 문언의 차이를 근거로 추심위임배서의 피배서인이 한 양도배서는 무효이고, 질권자의 양도배서는 추심위임배서의 효력이 있는 것으로 해석하였다(403면 참조).

이같은 차이를 둔 이유는 추심위임배서와 입질배서는 어음금의 계산의 주체를 달리하기 때문이다. 전자의 경우에는 배서가 이루어지더라도 어음금의 계산의 주체는 배서인인 반면, 후자의 경우에는 피배서인 즉 질권자가 계산의 주체인 것이다. 그러므로 추심위임배서의 피배서인이 한 양도배서를 재추심위임배서로서 유효한 것으로 본다면 추심위임배서의 배서인이 자신의 의사와 무관하게 권리를 상실할 위험이 있는 반면, 질권자의 양도배서는 계산의 주체인 질권자 자신의 행위이므로 유효한 추심위임배서로 봄으로써 질권자가 권리를 상실할 위험을 맞더라도 이는 본인이 관리할 위험인 것이다.

iii) 민법의 일반원칙에 의하면 입질된 채권의 변제기가 피담보채권의 변제기보다 먼저 도래한 때에는 질권자는 제 3 채무자에게 자기에게 변제할 것을 청구할 수 없고 변제금액을 공탁할 것을 청구할 수 있을 뿐이다(민 353조 3항). 어음은 상환증권이므로 공탁요구와 동시에 어음을 반환해야 하는데, 이에 의해 질권자는 어음의 점유를 잃게 되고 아울러 질권이 소멸하게 되므로 이 원칙을 어음의 입질에 적용할 수는 없다. 따라서 어음의 질권자는 이러한 제약을 받지 않고 어음금을 지급할 날에 지급을 청구할 수 있다(異說
없음). 그러나 질권자는 지급받은 어음금을 피담보 채권의 변제기에 이르기까지 공탁하여야 한다.

iv) 질권자는 어음금에 대해 자기의 피담보채권을 가지고 우선변제권을 행사 한다. 이 점 역시 민법에 대한 특칙이 인정된다. 민법에 의하면 금전채권이 입질된 경우 질권자는 자기 채권의 한도에서 직접 청구하여 변제에 충당할 수 있다(민 353조
2항). 예컨대 700만원의 채권을 담보하기 위해 1,000만원의 채권이 입질되어 있는 경 우, 질권자는 제 3 채무자에게 700만원만을 청구할 수 있다. 그러나 어음의 경우 에는 어음의 상환증권성과 상환청구권보전절차의 단기성 때문에 이 원칙을 적용 하기 어렵다. 그러므로 어음의 질권자는 어음금의 전액을 청구할 수 있다(이설
없음). 물론 질권자는 자기의 채권금액만을 변제에 충당하고 입질배서인에게 잔액을 반 환하여야 한다.

4) 어음항변의 절단

어음채무자는 배서인에 대한 항변으로써 소지인(質權者)에게 대항하지 못한 다. 이 역시 민법의 입질제도에 대한 특칙이다. 그러나 소지인이 그 채무자를 해 할 것을 알고 어음을 취득한 때에는 그러하지 아니한다(어 19조
2항). 입질배서에도 양 도배서에 관한 어음법 제17조와 같이 어음항변의 절단을 인정하는 것이다. 이 점 추심위임배서와 다르다. 이는 법이 입질배서를 어음의 유통거래로 보고 있음을 뜻한다. 즉 입질배서도 양도배서와 같이 지급의 확실성을 강화해 주어야 할 어음 거래로 보는 것이다.[1]

항변에 관한 기타 구체적인 문제는 어음법 제17조에 관해 설명한 바와 다를 바 없으나, 입질배서에 독특하게 생기는 문제가 있다. 피담보채권액이 어음금에 미치지 못하더라도 질권자는 어음금의 전액을 청구할 수 있음은 기술한 바와 같 다. 그러나 이때 피담보채권을 초과하는 부분에 관한 한 질권자는 실질적으로는 추심을 대리할 뿐이므로 어음채무자는 배서인에 대한 항변으로 대항할 수 있다고 보아야 한다.[2] 예컨대 甲이 乙에게 1,000만원의 어음을 발행하고 乙이 A에게 700만원의 채무를 담보하기 위해 입질배서를 하였는데, 甲이 乙에게 원인관계상

---

1) 입질배서의 피배서인은 어음에 대해 질권이라는 독립된 경제적 이익을 갖기 때문이라고도 설명한 다(丹羽, 212면).
2) 鈴木, 274면; 丹羽, 212면; 平出, 429면.

의 항변권이 있다면 甲은 A의 청구에 대해 700만원 부분에 대해서는 항변할 수 없으나 300만원 부분에 대해서는 항변을 주장할 수 있다고 해야 한다. 그렇지 않다면 항변의 부담이 있는 소지인이 어음금액에 비해 아주 적은 채무를 부담하고 입질배서를 함으로써 어음항변을 회피할 수 있는 길이 열리기 때문이다.

4. 숨은 입질배서

(1) 의　　의

「숨은 입질배서」란 담보의 목적으로 하는 양도배서를 말한다. 일종의 양도담보이다. 어음법에서는 어음을 담보로 제공하는 방법으로 입질배서를 규정하고 있다($\text{어}_{19조}$). 그러나 실제로 입질배서는 널리 이용되지 아니하고 대신 숨은 입질배서가 많이 행해진다. 어음거래자들이 입질배서의 방법에 익숙하지 아니한 탓도 있지만, 채권자(질권자)가 양도배서를 통해 보다 강력한 지위를 확보하려 하기 때문이라고 짐작된다.

숨은 입질배서의 법적 성질은 신탁적 양도라고 이해되며, 그 유효성에는 異說이 없다.

(2) 양도배서 및 민법상의 입질과의 구별

숨은 입질배서는 양도배서의 형식을 취한다. 한편 지시채권의 입질은 증서에 배서하여 교부함으로써 그 효력이 생긴다($\text{민}_{350조}$). 그러므로 어음에 양도배서가 행해진 경우 배서의 외관상으로는 양도배서인지, 숨은 입질배서인지 혹은 민법상의 질권설정을 위한 배서인지 구분할 수 없다. 3자의 구분은 배서인과 피배서인 간의 내부적 합의의 내용에 의해 결정해야 한다.

그런데 민법 제346조가 질권의 설정방법에 관해 법률에 다른 규정이 있으면 그에 따르도록 하고, 어음에 관한 한 어음법 제19조의 입질배서가 있는 만큼 민법 제350조의 지시채권의 입질방법은 어음에 적용되지 않는다고 보아야 한다. 따라서 민법 제350조에 따라 이루어진 입질목적의 양도배서는 숨은 입질배서의 효력을 갖는다고 보아야 하므로 어음에 단순한 양도배서가 행해진 경우 양도배서인지 숨은 입질배서인지의 판단만이 문제된다.

(3) 효   력

1) 배서인과 피배서인

숨은 입질배서는 신탁적 양도로 보는 까닭에 배서인과 피배서인 간에 어음상의 권리가 이전한다. 그러나 배서인과 피배서인 간에서는 담보설정의 합의가 있는 까닭에 피배서인은 질권자로서의 권리만을 행사할 의무를 부담한다.

간혹 숨은 입질배서를 하면서 피담보채권의 채무자가 변제기에 변제하지 못할 경우 채권자가 어음상의 권리를 취득하기로 하는 합의를 하는 수가 있으나, 이는 유질계약금지의 원칙($_{339조}^{민}$)에 위반하므로 무효라고 해석된다.

2) 피배서인의 양도배서

대외적으로는 피배서인이 어음상의 권리를 취득하는 까닭에 피배서인이 양도배서를 하는 경우, 그 양수인은 선의 · 악의를 불문하고 어음상의 권리를 취득한다.

3) 어음채무자와 피배서인의 관계

숨은 입질배서의 피배서인은 어음채무자에 대하여 어음소지인으로서의 모든 권리를 행사할 수 있다. 공연한 입질배서의 피배서인도 어음상의 모든 권리를 자기의 이름으로 행사할 수 있는 까닭에 어음채무자에 대한 권리행사에 있어 공연한 입질배서나 숨은 입질배서나 차이가 없다. 어음채무자가 질권설정자에 대한 항변으로써 대항할 수 없는 점도 마찬가지이다.

그리고 질권자의 피담보채권의 금액이 어음금액보다 소액일 경우, 어음채무자는 그 차액부분에 대해서는 배서인에 대한 항변으로 질권자에게 대항할 수 있다고 보아야 한다는 점도 공연한 입질배서와 차이가 없다.

제 5 절   어음보증

I. 의   의

어음보증이란 특정의 어음채무자의 채무이행을 담보하는 어음행위이다($_{30}^{어}$

$\frac{조}{1항}$). 어음보증에 의해 보증인은 피보증인과 동일한 책임을 진다($\frac{어}{1항}\frac{32조}{}$).

i) 각 어음행위자들이 어음의 지급에 관해 합동책임을 지므로 변제가능성은 상당히 높다고 할 수 있으나, 어음행위자들의 자력이 취약하다면 어음상의 권리는 만족을 얻을 수 없다. 그러므로 자력 있는 제 3 자가 어음채무자들 중의 1인의 책임을 보증함으로써 그 피보증인 이후의 어음소지인들이 변제받을 가능성이 크게 높아진다.

어음보증이 행해지는 실례를 보면 보통은 어음을 취득하는 자가 어음을 교부하는 자에게 어음을 지급수단으로 받는 조건으로 보증을 붙일 것을 요구하고, 이에 의해 어음을 교부하려는 자가 제 3 자에게 보증을 부탁하고 그 제 3 자가 이를 수락하는 식으로 행해지고 있다. 혹은 발행인 또는 그 이후의 어음소지인이 미리 제 3 자의 보증을 받아 어음을 유통시키는 예도 많다.

ii) 기업이 거래은행의 보증을 받아 어음을 발행하는 예는 흔히 볼 수 있다. 하지만 그 밖의 어음거래에서 보증은 그리 활발히 이용되지 않는다. 금융기관의 보증을 얻으면 그만큼 금융기관으로부터 신용을 얻고 있다는 뜻을 전시할 수 있고, 상대방도 금융기관의 신용을 믿어 기꺼이 어음을 취득하고자 한다. 그러나 일반인을 보증인으로 하면 보증인 자체의 신용을 크게 신뢰할 수 없고, 어음채무자의 신용의 취약성을 노출시키게 되어 오히려 상대방이 이러한 어음을 취득하기를 꺼리는 경향이 있기 때문이다. 그래서 실제는 보증의 목적으로 양도배서를 하는 것이 보통이다. 즉 보증인이 명목상으로 어음을 발행 또는 배서양도받고, 다시 이에 배서를 해서 피보증인의 실질적인 거래상대방에게 교부하는 형식을 취하는 것이다. 보증인을 배서인으로 끼워 넣으면 그가 담보책임을 지므로 보증을 받은 것과 같은 효과를 누릴 수 있는 것이다.

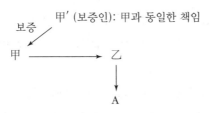

어음보증의 예

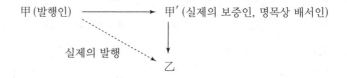

배서의 형식으로 하는 어음보증의 예

甲(발행인) ────────→ 甲′(실제의 보증인, 명목상 배서인)

실제의 발행 ┄┄┄┄→ 乙

Ⅱ. 민법상의 보증과 어음보증

민법에 이미 보증이란 제도가 있음에도 불구하고 어음법에서는 따로 「어음보증」의 방식·효력 등에 관해 특별한 규정을 두어 규율하고 있는데, 이는 어음거래에 민법상의 보증제도를 이용할 경우 다음과 같은 문제점이 있기 때문이다.

첫째, 어음채권에 민법상의 보증을 이용할 경우, 어음상의 권리와 어음 외적 권리가 병존하게 된다. 어음이 전전유통되면서 거래단계별로 일일이 보증채권의 양도절차를 밟아야 하는 불편이 따르므로 어음의 유통성이라는 측면에서 바람직하지 않다. 둘째, 어음상의 권리는 요식의 서면에 의해 선명하게 공시되는 데 반해, 어음 외적으로 존재하는 어음보증은 그 내용에 관해 정형화된 공시방법이 없어 어음관계의 확실성의 요청을 충족할 수 없다.

그래서 어음법은 어음보증의 방식을 요식화·정형화시켜 어음면에 기재하게 함으로써 보증채무를 증권채무로 화체하는 동시에 어음보증의 문언성을 확보하고, 그 효력을 법정함으로써 당사자들에게 안정적이고 획일적인 권리내용을 부여하는 것이다.

이 같은 취지에서 어음법이 어음보증에 관해 별개의 규정을 둔 결과, 어음보증은 민법상의 보증과 여러 측면에서 법리적 차이점을 보인다.

i) 민법상의 보증은 채권자와 보증인 간의 계약이지만, 어음보증은 보증인의 단독행위이다(후술). 또한 민법상의 보증계약은 불요식행위이나 어음보증은 요식의 서면행위이다.

ii) 민법상의 보증이든, 어음보증이든, 피보증인이 특정됨이 원칙이나 그 원칙의 강도에 차이가 있다. 민법상의 보증의 경우 피보증인, 즉 주채무자가 특정되지 않을 경우에는 목적이 불확정한 계약이 되어 무효이나, 어음보증의 경우 피보증인이 특정되지 않더라도 기명날인(또는 서명)의 책임성을 중시하여 유효하게 보고 발행인을 위한 보증으로 본다($^{어\,31조}_{4항}$).

iii) 민법상의 보증은 채권자가 특정되어 있으나, 어음보증채권은 채권양도절차 없이 배서에 의해 이전하므로 어음보증인은 장차의 모든 어음취득자에 대해 보증채무를 부담한다($^{어\,47조}_{1항}$).

iv) 민법상의 보증채무는 주채무에 대해 부종성을 갖는다. 그리하여 주채무가 무효·취소된 때에는 보증채무는 성립하지 아니한다. 그러나 어음보증은 주채무가 방식의 흠 이외의 사유로 무효·취소되더라도 유효하게 성립한다($^{어음보증의\,독립성.}_{어\,32조\,2항}$). 이에 의해 어음보증의 담보적 기능은 민법상의 보증에 비해 크게 강화된다.

v) 민법상의 보증은 보충성을 지니므로 보증인은 채권자의 이행청구에 대해 최고·검색의 항변을 할 수 있다($^{민}_{437조}$). 그러나 어음보증인은 피보증인과 동일한 책임을 지므로($^{어\,32조}_{1항}$), 이러한 항변권을 행사할 수 없고 피보증인과 동순위에서 책임을 부담해야 한다. 이 점 역시 어음보증의 담보적 기능을 강화하는 요소이다.

vi) 민법상의 보증인은 채무를 변제할 경우 주채무자에 대해 구상권을 갖는다($^{민\,441조,}_{444조}$). 어음보증인이 피보증인의 채무를 이행한 경우에는 보증인이 어음상의 권리를 취득하여 피보증인과 그 전자들에 대해 상환청구권을 행사한다($^{어\,32조}_{3항}$).

Ⅲ. 어음보증의 성질

통설·판례는 어음보증을 「피보증인을 상대로 하는 단독행위」라고 설명한다($^{대법원\,1986.\,9.\,9.\,선고}_{84다카2310\,판결}$). 어음보증은 보증인의 서면행위를 통해 표현되는 일방적인 의사표시이므로 단독행위임이 분명하다($^{통}_{설}$). 그러나 반드시 「피보증인을 상대로 하는」 단독행위라고 할 수는 없다. 보통은 피보증인의 부탁으로 보증을 하므로 보증행위의 동기적 상대는 피보증인이다. 그러나 어음이 유통된 후, 피보증인의 사전부탁을 받고 또는 부탁을 받지 않고 현재의 배서인의 제시에 응해 보증을 할 경우, 그 때도 피보증인이 상대라 할 수는 없다. 예컨대 甲이 어음소지인이 요구할 경우 甲′의 보증을 붙일 것을 약속하고 乙에게 어음을 발행하고 乙 또는 그 후의 소지인 A가 甲′에게 보증을 부탁하여 甲′가 발행인 甲을 피보증인으로 하는 보증을 할 경우도 생각해 볼 수 있는데, 이때 피보증인 甲을 보증의 상대라 할 수는 없는 것이다. 더욱이 어음법에서는 피보증인을 표시하지 않은 경우 발행인을 위한 보증으로 의제하는데($^{어\,31조}_{4항}$), 이 경우에도 발행인을 상대로 한 단독행위라 설명하는 것은 무리이다. 또한 보증을 「피보증인을 상대로 하는」 단독행위라고 한다면, 보증이 표현대리에 의해 행해진 경우 그 구제범위가 축소되는 문제가 있다($^{122면}_{참조}$). 보증인이 보증을 할 때에는 모든 어음소지인에 대해 책임질 의사로 하는 만큼 피보증인과 이후의 모든 어음관계자를 보증의 상대방으로 보아야 한다.

어음보증과 교부계약설

어음발행에 대해 교부계약설을 취하는 학자들은 어음보증도 교부계약이 필요하다고 한다($^{김정호\,321;}_{정동윤\,250}$). 보증인과 보증을 부탁한 자간에 교부계약이 있다고 함은 보증인으로부터 보증을 부탁한 자에게 어음의 점유가 이전됨을 뜻하고, 그 전에 보증을 부탁하면서 보증인에게 어음의 점유를 이전했음을 뜻한다. 그러나 점유이론상, 보증의 서면행위를 하는 동안 보증을 부탁하는 자로부터 보증인에게, 다시 부탁한 자에게 어음이 물리적으로 이동한 것을 점유의 이전이라 할 수는 없다. 이 밖에도 보증을 교부계약으로 볼 수 없는 이유가 여러 가지 있으나, 앞서 인수와 배서의 법적 성질을 논하면서 설명하였으므로 중복을 피한다($^{315면,}_{335면\,참조}$).

Ⅳ. 어음보증의 당사자

누구든 어음보증인이 될 수 있다. 이미 어음행위를 한 자도 다른 어음채무자를 위해 보증인이 될 수 있다($^{어\,30조}_{2항}$). 예컨대 배서인 중의 1인이 발행인을 위해 보증을 할 수도 있다. 하지만 환어음의 인수인이나 약속어음의 발행인은 주채무자인 까닭에 다른 어음채무자를 위해 보증을 한다는 것이 무의미하고, 전자(예컨대 제 1 배서인)가 후자(예컨대 제 2, 제 3 배서인)를 위해 보증하는 것도 무의미하다. 그러나 인수하지 아니한 지급인 또는 인수를 거절한 지급인은 어음채무자가 아니므로 누구를 위해 보증하여도 유의의하다. 무담보배서를 한 자도 같다.

어음보증은 특정의 어음채무자를 위해 행해진다. 인수인(및 참가인수인)·발행인·배서인 모두 피보증인으로서의 적격이 있다. 그러나 인수하지 아니한 지급인, 또는 지급담당자, 무담보배서를 한 배서인은 어음채무를 부담하는 자가 아니므로 이들을 위한 보증은 무효이다. 배서금지어음에서는 환어음의 경우 인수인과 발행인, 약속어음의 경우 발행인만이 어음채무자이므로 이들에 대한 보증만이 가능하다.

Ⅴ. 보증의 방식

i) 보증도 어음행위이므로 서면행위이다. 보증의 표시는 어음의 앞면·뒷면 또는 보충지에 할 수 있으며($^{어\,31조}_{1항}$), 등본을 작성한 때에는 등본에도 할 수 있다 ($^{어\,67조}_{3항}$).

ii) 보증에 관해서도 법정의 방식이 마련되어 있다. 원칙적인 방식은 피보증인을 특정하고 보증의 뜻을 표시한 후 기명날인하거나 서명하는 것이다($^{어\,31조}_{2항}$). 보증의 문구는 반드시 「보증」이라는 용어를 쓰지 않더라도 특정의 어음채무자의 채무를 부담한다는 취지의 문구를 담으면 족하다.

iii) 피보증인이 특정되어야 하나($^{어\,31조}_{4항\,전}$), 피보증인이 생략된 보증도 무효는 아니다. 그렇다고 백지어음과 같이 보충권이 수여되어 소지인이 임의로 피보증인을 표시할 수 있는 것은 아니고, 발행인을 위해 보증한 것으로 본다($^{어\,31조}_{4항\,후}$). 이는 법적 의제이므로 보증인이 실제로 누구를 위해 보증할 의사였느냐는 것은 발행인을 피보증인으로 간주하는 데 영향이 없다. 따라서 피보증인이 생략된 채 일단 보증이 행해진 후에 누군가가 피보증인을 발행인 이외의 자로 보충한다면 이는 어음의 변조이다.

이 규정을 적용함에 있어 문제는 피보증인의 성명을 기재하지는 않았으나 보증인의 기명날인(또는 서명)의 위치로 보아 누구를 위한 것인지 외관상 명백한 경우에도 발행인을 위한 보증으로 볼 것이냐 하는 것이다. 예컨대 배서란이 배서인마다 구분되어 있는 가운데 A가 한 배서의 배서란에 "위 사람의 채무를 보증함" 또는 단순히 "채무를 보증함"이라고 기재하고 A′가 기명날인(또는 서명)한 경우에는 A를 위한 보증임이 외관상 명백한데, 이를 발행인을 위한 보증으로 보는 것은 무리한 의제가 아닐 수 없다. 이 문제는 피보증인을 특정하는 방식과도 관련되는 문제이다. 피보증인의 특정은 반드시 피보증인의 성명을 기재해야 하는 것으로 해석할 필요는 없다. 그러므로 이 예시에서와 같이 누구를 위한 보증인지 외관상 명백한 경우에는 어음법 제31조 제 4 항 전단에서 말하는 「누구를 위하여 보증한 것임을 표시」한 경우에 해당한다고 보고 외관상 인정되는 피보증인을 위한 보증으로 보아야 한다($^{同旨: \ 최}_{기원 \ 600}$). 주의할 점은 이러한 해석이 어음법 제31조 제 4 항을 추정규정으로 이해하는 것은 아니라는 점이다(추정규정으로 이해한다면 보증인의 의사를 증명하여 그가 피보증인으로 생각했던 자를 피보증인으로 하는 효과를 주게 되므로 위 해석과는 다르다).

iv) 어음의 앞면에 단순한 기명날인(또는 서명. 이하 같음)이 있는 경우에는 이를 발행인을 위한 보증으로 본다($^{어 \ 31조}_{3항 \ 전}$). 이 역시 법적 의제이므로 기명날인한 자가 보증이 아니고 다른 행위(예컨대 배서)를 할 의사였음을 증명하더라도 보증으로 간주된다. 다만 단순한 기명날인이 지급인과 발행인의 기명날인인 경우에는 예외이다. 지급인의 기명날인은 인수로 보아야 하고($^{어 \ 25조}_{1항 \ 후}$), 발행인의 기명날인은 발행으로 보아야 하기 때문이다.

어음의 뒷면에 단순한 기명날인이 있는 경우에는 이를 배서로 보아야 하므로 ($^{어 \ 13조}_{2항}$), 역시 보증으로 의제할 수 없다.

v) 보증은 거절증서작성 후 또는 거절증서작성기간 경과 후에도 가능하다. 그러나 소멸시효가 완성된 어음채무를 보증하는 것은 무의미하고, 소지인이 상환청구권보전절차를 게을리하여 상환의무가 소멸한 채무자를 위해 보증하는 것 또한 무의미하다.

vi) 보증은 요식행위이므로 위에 말한 법정의 방식을 갖추어야 하며, 단순한 기명날인을 보증으로 의제할 경우에도 의제의 요건(기명날인이 어음의 앞면에 있을 것)을 구비하여야 한다. 흔히 보증의 뜻으로 배서를 하는 수가 있는데, 이러한 배서인은 보증의 합의를 한 당사자들 간에서 원인채무에 관한 보증책임을 지는 것은 별론하고, 보증의 요건을 구비하지 못한 이상 어음법상 보증인의 책임은 지지 아니한다($^{대법원 \ 1974. \ 9. \ 25.}_{선고 \ 74다507 \ 판결}$).

Ⅵ. 조건부보증의 효력

1) 보증은 배서와 달리 어음금액의 일부만을 담보하는 일부보증도 가능하다($^{어 30조}_{1항}$). 일부배서는 어음채권을 배서인과 피배서인에게 분할시켜 어음의 일체성에 어긋나므로 무효로 한 것이지만($^{어 12조}_{2항}$), 일부보증을 하더라도 보증인에게 권리가 유보되는 것이 아니므로 어음의 유통에 하등 장애를 주는 바가 없기 때문이다.

2) 발행·배서·인수를 조건부로 한 경우의 효력에 대해서는 어음법에 명문의 규정을 두어 해결하고 있으나($^{어 1조 2호, 12조}_{1항 후, 26조}$), 어음보증에 조건을 붙일 경우의 효력에 대해서는 언급이 없으므로 과거로부터 견해의 대립이 있어 왔다.

i) 보증무효설 어음행위의 무인성·추상성에 근거하여 어음보증에 조건을 붙이면 보증 자체를 무효로 한다는 설이다.[1] 이 설에 따르면 보증에 붙인 조건은 유해적 기재사항이 된다.

ii) 조건무효설 어음보증은 배서와 같이 부속적 어음행위라는 점을 중시하여 배서에 조건을 붙인 경우와 마찬가지로 조건 없는 보증으로 본다($^{손주}_{찬 296}$). 이 설은 보증에 붙인 조건을 무익적 기재사항으로 본 것이다 .

iii) 조건부보증설 이는 보증에 붙인 조건을 유익적 기재사항으로 보아 조건이 붙은 상태로의 보증으로서의 효력을 인정한다($^{강·임 421; 김정호 324; 서헌제 513; 손진}_{화 1091; 송옥렬 573; 정경영 1205; 정동윤}$ $^{254; 정찬형}_{456; 채이식 219}$). 이 설에 의할 때에는 조건의 성취에 따라 보증의 효력이 발생(정지조건의 경우) 또는 소멸(해제조건의 경우)하게 될 것이다. 판례도 이 입장을 취하는데, 그 이론적 근거로서, a) 보증에는 발행·배서에서와 같이 단순성을 요하는 명문의 규정이 없다는 점, b) 인수에 조건을 붙인 경우 일단 인수거절로 보되 지급인은 인수문구에 따라 책임지게 하는데, 보증에 대해 인수보다 엄한 단순성을 요구하는 것은 균형이 맞지 않는다는 점, c) 보증에 조건을 붙이더라도 어음관계를 불안정하게 하지 않는다는 점 등을 제시한다($^{판례}_{[90]}$). 이 판례 이후 대부분의 학설이 조건부보증설을 따르고 있다.

---

1) 田中, 669면; 服部, 163면.

판 례

[90] 대법원 1986. 3. 11. 선고 85다카1600 판결

「…피고 은행[구 조흥은행] 중앙지점 예금 및 대부계 담당대리인 소외 윤경구와 같은 대부계 주임인 소외 김영호가 상업어음보증·지급보증·할인어음 등 대출업무와 국고수납업무 등을 관장하면서 지점장을 대행하여 소외 영동개발 주식회사(이하 영동개발이라 한다)가 발행한 약속어음에 대한 지급보증업무를 담당하고 있음을 기화로 영동개발의 회장인 소외 이복례 및 대표이사인 소외 곽근배의 부탁을 받고 그들과 공모하여 1983. 7. 19경 위 중앙지점 사무실에서 금고 안에 있던 어음지급보증용 고무명판과 직인 등을 임의로 꺼내어 영동개발 직원인 소외 박현숙, 같은 이순실과 함께 영동개발발행 명의의 액면 30,000,000원, 발행일자 1983. 8. 19, 지급일자 1983. 10. 15로 된 약속어음에 "우기금액의 지급을 지급일까지 보증함"이라는 각인과 위 중앙지점장 이택구의 서명명판 및 직인 등을 압날하여 위 어음의 지급보증부분을 위조한 사실과 원고는 위 약속어음의 지급보증부분이 피고 은행의 권한 있는 자에 의하여 정당하게 이루어진 것으로 믿고 소외 권태영의 소개로 위 어음을 할인교부받아 소지하고 있다가 지급제시기간 경과 후인 1983. 10. 19 지급제시한 사실…

그러나 어음법상 보증의 경우에는 발행 및 배서의 경우와 같이 단순성을 요구하는 명문의 규정이 없을 뿐 아니라, 주된 채무를 전제로 하는 부수적 채무부담행위인 점에서 보증과 유사한 환어음의 인수에 조건을 붙인 경우에는 일단 인수거절로 보되 인수인으로 하여금 인수의 문언에 따라 책임을 지도록 함으로써 불단순인수를 인정하고 있음에 비추어 볼 때 어음보증에 대하여 환어음인수의 경우보다 더 엄격하게 단순성을 요구함은 균형을 잃은 해석이라고 하겠고, 또 조건부보증을 유효로 본다고 하여 어음거래의 안전성이 저해되는 것도 아니므로, 조건을 붙인 불단순보증은 그 조건부 보증문언대로 보증인의 책임이 발생한다고 보는 것이 타당하다.」

※ 同旨: 대법원 1986. 3. 25. 선고 84다카2438 판결; 동 1986. 9. 9. 선고 84다카2310 판결.

보증에 있어서의 조건의 기능

조건부보증의 효력에 관해 합리적인 결론을 끌어내기 위해서는 조건부보증이 어음 당사자들에게 갖는 현실적인 의의를 검토하고 아울러 다른 어음행위에 조건을 붙였을 때의 법적 취급의 이유를 비교해야 한다.

어음행위는 조건에 친하지 않는 행위라고 일반화시켜 말하지만 모든 어음행위에 조건을 붙여서는 안 될 공통의 필연적인 이유가 있는 것은 아니다. 제 2 장에서 설명한 바와 같이 조건부어음행위의 효력은 어음행위의 종류에 따라 상이하다(103면 참조). 발행에 붙인 조건은 어음의 유통당사자 전원의 지위를 불안정하게 하므로 조건부로 발

행된 어음은 지급수단으로서의 가치가 없다고 보아 발행 자체, 즉 어음 자체를 무효로 한다($^{어1조}_{2호}$). 그리고 배서에 조건을 붙인 경우 이를 유효로 다룬다면 조건의 성취·불성취에 따라 소지인들의 지위가 변동되는 불안이 있고, 무효로 다룬다면 조건부배서를 한 자에게 어음상의 권리를 반환시키는 불공평이 초래될 수 있어 조건만을 무효로 한다($^{어12조}_{1항\ 후}$). 그러나 인수의 경우에는 조건을 붙이더라도 어음의 유통에 소급적인 혼란을 주는 바 없고, 다만 조건의 성취·불성취에 의해 인수인의 책임이 불발생할 수도 있으므로 소지인에게 상환청구를 허용하는 한편, 인수인에 대해서는 조건부인수에 따른 지급책임을 부여하고 있다($^{어26조}_{2항}$).

이상과 같이 발행·배서·인수에 붙인 조건의 취급에서 나타난 입법정책은 바로 유통성의 고려이다. 발행·배서에 붙인 조건을 유해적 및 무익적 기재사항으로 처리하는 반면, 인수의 조건에 대해 크게 완화된 태도를 보이는 것은 어음행위의 조건에 관해 유통성에 장애가 없는 한 행위자의 의사를 존중한다는 私法原則이 어음법에서도 통용된다는 뜻을 천명한 것으로 읽을 수 있다.

그러면 어음보증에 붙인 조건은 유통성에 어떤 영향을 주는가? 어음의 유통에 관한 한 어음보증은 국외적 행위이다. 조건의 성취 또는 불성취로 보증인의 책임이 불성립 또는 소멸하더라도 어음소지인의 주채무자에 대한 지급청구권, 배서인들에 대한 상환청구권의 행사에는 아무런 영향을 주는 바 없다. 다만 최악의 경우, 주채무자와 상환의무자들이 전부 무자력하여 보증인이 상환청구의 유일한 보루였는데, 조건의 성취 또는 불성취로 보증인이 책임을 면하는 경우를 생각해 볼 수 있다. 그러나 이는 소지인이 조건부로 보증된 어음을 취득하는 시점에서 예상할 수 있을 뿐만 아니라, 이는 어음의 유통과는 무관한 것으로서 어음거래의 당사자들이 부담해야 할 위험이다.

이같이 본다면, 어음법에서 발행·배서·인수와 달리 조건부보증의 효력에 관해 언급하지 아니한 것은 조건부보증이 당연히 유효하다고 본 때문이라고 이해할 수 있다.

Ⅶ. 어음보증인의 책임

어음보증인은 피보증인의 채무를 보증한다는 점에서 민법상의 보증인과 같지만, 그 책임의 내용은 민법상의 보증인에 비해서 크게 강화되어 있다.

1. 채무의 동일성

어음보증인은 보증된 자, 즉 피보증인과 같은 책임을 진다($\frac{\text{어} 32조}{1항}$). 피보증인이 약속어음의 발행인 또는 환어음의 인수인이라면 그들의 주채무와 동일한 책임을 지고, 배서인 또는 환어음의 발행인이라면 그 피보증인의 책임순위에 따른 상환의무와 같은 책임을 진다. 이 점 민법상의 보증과 차이가 없다($\frac{\text{민} 428조}{1항}$).

그런데 어음보증인의 「책임의 동일성」은 민법상의 보증인이 갖는 「책임의 동일성」과 그 뜻이 다르다. 민법상의 보증책임의 동일성은 주채무자가 '이행하지 아니하는 채무'를 이행할 책임이 있다는 점에서 수직적 동일성을 뜻한다($\frac{\text{민} 428조}{1항}$). 이는 보증채무가 주채무에 대해 보충적임을 뜻하므로 보증인은 채권자의 이행청구에 대해 최고·검색의 항변권을 가진다($\frac{\text{민}}{437조}$). 그러나 어음보증인은 피보증인을 포함하여 다른 어음채무자들과 같이 합동책임을 지므로($\frac{\text{어} 47조}{1항}$) 그 채무의 동일성이란 보충성이 배제된 수평적 동일성을 뜻하며, 보증인이 최고·검색의 항변권을 갖지 아니한다. 즉 어음소지인은 피보증인을 제쳐놓고 처음부터 보증인에게 채무이행을 청구할 수 있는 것이다. 이 점 어음보증인의 책임이 민법상의 보증인의 책임에 비해 크게 강화된 내용 중의 하나이다.

한편 어음보증인이 합동책임을 지는 결과, 1인의 피보증인을 위한 공동보증인은 분별의 이익($\frac{\text{민}}{439조}$)을 누리지 못한다고 함이 통설이나, 일률적으로 그같이 볼 것은 아니다. 공동보증인이 되는 경우는 수인이 하나의 보증행위에 의해 공동보증인이 되는 수가 있고, 순차로 별개의 보증행위에 의해 공동보증인이 되는 수가 있다. 후자의 경우에도 민법상으로는 분별의 이익을 누리게 되어 있으나 보증인 각자가 어음법 제47조 제 1 항의 합동책임을 지는 보증인이 되므로 통설과 같이 분별의 이익을 누리지 못한다고 함이 타당하다. 그러나 전자의 경우라면 공동보증인 전원이 합쳐져 어음법 제47조 제 1 항의 「보증인」을 구성하므로 그들 상호간에도 합동책임을 져야 한다고 해석할 근거는 없다. 그러므로 이 경우의 공동보증인은 민법의 일반원칙에 따라 분별의 이익을 누린다고 보아야 한다.

2. 보증채무의 종속성(부종성)

i) 보증인의 책임은 피보증인의 책임을 전제로 하고, 또 피보증인의 채무가 존재하는 한 보증인의 책임이 존속한다. 그러므로 피보증인에 대하여 상환청구권 보전절차를 밟으면 보증인에 대해서는 별도의 상환청구권보전절차를 밟을 필요가 없다. 그리고 피보증인에 대한 시효중단은 보증인에 대하여도 효력이 있다. 한편 피보증인의 채무가 지급·면제·상계·시효·상환청구권보전절차의 흠결 등으로 소멸하면 어음보증인의 채무 역시 소멸한다.

이러한 종속성은 민법상의 보증채무의 종속성과 차이가 없으나, 어음보증채무의 성립면에서는 후술과 같이 강한 독립성이 지배하므로 종속성은 민법상의 보증채무의 그것에 비해 크게 후퇴해 있다.

ii) 민법상의 보증채무는 주채무가 이전됨에 따라 같이 이전되는 수반성을 가지는데($\binom{수반성의\ 의미}{는\ 346면\ 참조}$), 어음보증은 어음면상의 채무부담행위($\binom{증권적\ 채무}{부담행위}$)로서, 당초부터 어음소지인에게 책임을 부담하므로 수반성이란 별 의의가 없다. 그러나 배서금지 어음의 발행인이나 인수인을 위해 보증한 자의 보증채무에 대해서는 의의가 있다. 즉 배서금지어음을 지명채권양도방식에 따라 양도하는 경우 보증인에 대한 채권에 관해 별도의 양도절차를 밟을 필요가 없고, 발행인 또는 인수인에 대해 통지 또는 승낙의 대항요건을 구비한 이상 보증인에 대해 별도의 대항요건을 구비할 필요가 없다($\binom{대법원\ 1976.\ 4.\ 13.\ 선고\ 75다1100\ 판결;}{동\ 1989.\ 10.\ 24.\ 선고\ 88다카20774\ 판결}$).

3. 보증채무의 성립의 독립성

보증채무의 종속성이라 함은 주채무가 무효·취소된 때에는 보증채무도 무효가 된다는 뜻을 포함한다. 그러나 어음보증에 관하여는 「보증은 담보된 채무가 그 방식에 흠이 있는 경우 외에는 어떠한 사유로 무효가 되더라도 그 효력을 가진다($\binom{어\ 32조}{2항}$)」고 규정함으로써 성립상의 부종성을 배제하고 있다. 이는 어음채무의 성립에 일반적으로 적용되는 어음행위독립의 원칙($\binom{어}{7조}$)을 주의적으로 되풀이한 것이다. 어음행위독립의 원칙은 앞서 설명하였지만, 이 규정에 약간의 설명을 보충한다.

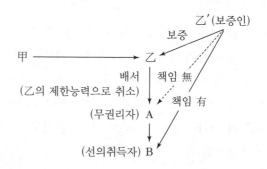

발행·인수·배서 등 피보증인의 어음행위는 방식을 갖추는 외에 법률행위의 실질적 유효요건을 갖추어야 한다. 실질적 유효요건을 갖추지 못하는 경우 피보증인의 어음행위는 무효·취소된다. 그러나 피보증인의 어음행위가 실질적 요건을 구비하지 못하여 무효·취소되더라도 보증인의 채무에는 영향이 없다. 다시 말해 피보증인의 배서가 제한능력 또는 대리권의 흠결 등으로 무효·취소되어 피보증인의 채무가 성립하지 않더라도 보증인의 채무는 보증행위 자체에 무효·취소원인이 없는 한 유효하게 성립하는 것이다. 그런데 주의할 점은 보증인이 독립성에 의해 채무를 부담한다고 함은 적법하게 어음상의 권리를 취득한 자에 대해 그렇다는 것이다. 피보증인의 어음행위가 무효·취소됨으로 인해 어음상의 권리를 취득하지 못한 피보증인의 상대방은 보증인의 책임을 물을 근거가 없기 때문이다(위 그림의 A). 다만 그 이후의 선의취득자에 대해서는 보증인이 보증행위의 독립성에 의해 책임을 져야 함은 물론이다.

이상의 보증채무의 독립성은 피보증인의 어음행위에 실질상 흠이 있을 때에 적용되고, 형식상의 흠이 있을 때에는 적용되지 아니한다. 그의 어음행위에 방식의 하자가 있어 외관상 무효임이 명백한 때에는 거래의 안전에 대한 고려가 불필요하기 때문이다.

4. 어음항변의 원용가능성

보증인은 피보증인이 어음소지인에 대해 갖는 항변을 원용할 수 있는가? 항변사유를 몇 가지 경우로 분류하여 생각해야 한다.

첫째, 피보증인의 어음행위에 방식의 하자가 있을 경우에는 이는 물적항변사유이므로 보증인을 포함하여 누구든 원용할 수 있다.

둘째, 피보증인이 한 어음행위의 실질적 하자로 인한 무효·취소의 항변은 바로 위에 설명한 어음보증의 독립성 때문에 원용할 수 없다.

셋째, 피보증채무가 지급·상계·채무면제 등으로 소멸할 경우에는 보증채무의 종속성으로 인해 보증채무도 소멸한다고 함은 기술한 바와 같다.

넷째, 남는 문제는 피보증인과 소지인 사이의 원인관계에서 피보증인이 갖는 항변권과 기타 어음 외적으로 갖는 항변권을 보증인이 원용할 수 있느냐이다. 예컨대 甲이 乙로부터 부동산을 매수하고 대금지급을 위해 약속어음을 발행하고 甲의 책임을 甲′가 보증하였다. 그런데 乙의 채무불이행(소유권이전의 지체)으로 甲이 매매를 해제한 경우, 甲′는 원인관계의 채무가 소멸하였음을 들어 보증채무의 이행을 거절할 수 있는가? 혹은 甲′는 甲이 乙에게 갖는 동시이행의 항변을 원용할 수 있는가라는 문제이다. 이 점에 대해서는 견해가 대립한다.

(1) 원용불가설

보증채무의 독립성을 강조하는 입장에서는 보증채무는 보증인이 보증이라는 어음행위를 함으로써 부담하는 것이고 따라서 피보증인의 채무와는 독립적으로 부담하는 채무이므로 피보증인의 항변을 원용할 수 없다고 한다($^{서·정}_{222}$). 과거에는 이 설이 통설이었으나 뒤에 소개하는 판례($^{판례}_{[91]}$)가 나온 이후에는 많은 학자들이 원용가능설에 가담하고 있다.

(2) 원용가능설

원용불가설에 의할 때에는 어음소지인이 피보증인과의 관계에서 어음금을 지급받을 실질적인 근거가 없는데도 불구하고 청구의 방향을 보증인으로 돌림으로써 어음금을 지급받는 불공평한 현상이 벌어진다. 그래서 최근의 다수설과 판례($^{판례}_{[91]}$)는 원용가능설을 취하고 있다($^{강·임 188; 김홍기 1077; 손주찬 301; 송옥렬 575;}_{장덕조 1022; 정경영 1209; 정동윤 256; 정찬형 459}$). 그 이론적 근거를 설명하는 방법은 여러 가지가 제시되고 있으나, 판례는 "어음상의 권리를 행사할 실질적인 이유가 없이 어음이 자기 수중에 있음을 기화로 보증인으로부터 어음금을 받으려는 것은 신의성실의 원칙에 반하여 부당한 것으로 권리의 남용"[1])이라고 설명하고, 일부 학설도 이 논리를 따르고 있다(김홍기 1077; 서헌제 518; 손주찬 301; 장덕조 1022; 정동윤 257).

판 례

[91] 대법원 1988. 8. 9. 선고 86다카1858 판결

「…장래의 채무를 담보하기 위하여 발행된 어음에 발행인을 위하여 어음보증이 되어 있는 약속어음을 수취한 사람은 어음을 발행한 원인관계상의 채무가 존속되지 않기로 확정된 때에는 특별한 사정이 없는 한 그 때부터는 어음발행인에 대해서 뿐만 아니라 어음보증인에 대해서도 어음상의 권리를 행사할 실질적인 이유가 없어졌다 할 것이므로 어음이 자기 수중에 있음을 기화로 하여 어음보증인으로부터 어음금을 받으려고 하는 것은 신의성실의 원칙에 비추어 부당한 것으로서 권리의 남용이라 할 것이고, 어음보증인은 수취인에 대하여 어음금의 지급을 거절할 수 있다고 보는 것이 옳다 할 것이고, 위 수취인으로부터 배서양도를 받은 어음소지인이 어음법 제17조 단서의 요건에 해당되는 때에는 어음보증인은 그러한 악의의 소지인에 대하여 권리남용의 항변으로 대항할 수 있다.…」

註) 이 판례는 1983년에 대구지방을 떠들썩하게 했던 광명그룹(건설업이 주력)의 어음부도사건에서 가지친 사안에 관한 것이다. 광명주택이 제일생명(주)으로부터 20억원을 차입하기로 하고 경일투자금융(주)의 보증을 받아 20억원어치의 약속어음 수매를 발행하여 제일생명에 담보로 제공하였다. 그러나 제일생명측은 10억원만을 대출해 주었고 어음은 그대로 보관하다가 광명그룹이 부도가 나자 경일투자금융에 20억의 보증책임을 물어 온 사건이다. 위에 인용한 판결부분은 보증인인 경일투자금융측에 유리한 내용이나, 다른 사유로 경일투자금융이 패소하였다.

(3) 結

항변불가설은 어음채무의 독립성에서 그 근거를 찾지만, 어음채무의 독립성에서 논리필연적으로 보증인의 항변불가라는 결론이 도출되지는 않는다. 어음채무의 독립성은 어음행위독립의 원칙의 한 표현인데, 어음행위독립의 원칙이란 어음채무의 성립의 측면에서 앞선 행위의 하자에 영향받지 않는다는 것에 그치고, 원인관계상의 항변문제에까지 간섭하는 것은 아니기 때문이다.

보증인의 항변을 불허함으로써 생기는 불공평은 어음의 유통성보호를 위해 불가피한 것이 아니므로 원용가능설이 타당하다. 그러나 판례가 취하는 권리남용설은 이론의 유연성은 있으나 적용요건이 불명확한 단점이 있다.[2] 또 하나, 보증

---

1) 同旨: 日最高裁 1970. 3. 31 판결, 民集 24권 3호, 182면. 일본에서도 다수의 학자가 권리남용설에 의해 근거를 설명한다(稻田, 264면; 田中, 674면).

2) 齊藤 武, "手形保證と權利濫用の抗辯,"『ジュリスト』108호, 127면.

인이 항변을 원용할 수 있느냐는 문제인 만큼 보증인의 지위 자체에서 설명해 나가는 것이 올바른 순서일 터인데, 어음소지인의 입장에서 권리남용을 이유로 설명하는 것은 소극적인 접근방법이다. 그러므로 항변원용의 가능성은 보증채무가 피보증채무에 종속한다는 보증의 일반론에서 근거를 찾는 것이 적절하다고 본다.

기타의 학설

전면적으로 또는 제한적으로 원용가능설에 서면서 근거를 달리 설명하는 견해가 여럿 있다. ① 어음보증은 원인관계상의 채무를 보증하는 수단으로 행해지는 경우가 많은데, 이 경우 보증인은 피보증인의 항변을 자신의 항변으로 원용할 수 있다는 설,[1] ② 어음행위는 채무부담행위로서는 무인성을 가지나, 권리이전행위로서는 유인성을 갖는다는 이원론의 입장에서, 피보증인에 대해 항변의 부담을 안고 있는 어음소지인은 무권리자이고, 무권리자에 대해서는 누구든 무권리의 항변이 가능하다는 이유에서 보증인의 항변을 인정하는 설,[2] ③ 보증인의 항변원용을 부정한다면, 소지인은 보증인으로부터 어음금을 지급받고, 보증인은 피보증인에게 구상권을 행사하고, 이를 이행한 피보증인은 소지인에게 어음금을 부당이익으로 반환청구할 수 있게 되므로 이런 무의미한 순환을 피하기 위하여 보증인의 항변원용을 허용해야 한다는 설[3] 등이 있다.

5. 보증책임의 범위

i) 보증은 피보증인의 어음상의 채무를 담보하기 위한 것이다. 그러므로 어음상의 권리가 소멸한 후 어음소지인이 피보증인에게 이득상환청구를 해 올 경우 보증인은 피보증인의 이득상환의무에 대해서는 책임지지 아니한다.

ii) 보증은 어음상의 서면행위로서 당해 어음상의 채무만을 담보한다. 따라서 보증된 어음과 실질적으로 동일성이 있는 어음이라 하더라도 별개인 어음에 대해서는 책임지지 아니한다. 예컨대 어음의 만기에 어음개서가 이루어지고 전후의 어음채무가 실질적으로 동일한 채무로 보아야 할 경우 후술하는 바와 같이 민법상의 보증인은 개서된 어음에 관해 책임을 져야 하나, 어음보증을 한 자는 개서된

---

1) 田中, 673면.
2) 前田, 306면.
3) 納富, 368면.

어음에 관해 책임지지 아니한다($^{457면}_{참조}$).

Ⅷ. 책임을 이행한 보증인의 지위

1. 채무의 이행방법과 소멸

보증인이 보증채무를 이행할 때에도 어음의 상환증권성이 적용되므로 보증인은 지급과 동시에 소지인에게 영수를 증명하는 뜻을 적어서 교부할 것을 청구할 수 있다($^{어\ 39조}_{1항}$). 어음이 재차 유통되는 것을 방지해야 하고, 아울러 보증인이 피보증인 및 그 전자에 대한 상환청구권을 행사함에 있어 어음의 소지를 요하기 때문이다.

어음금의 일부에 한해 보증한 자는 그 일부에 국한하여 지급하면 족하고, 전부 보증한 자도 일부의 지급을 할 수 있으며 소지인은 이를 거절할 수 없다고 해석해야 한다($^{어\ 39조\ 2항}_{의\ 유추해석}$). 이같이 일부지급을 하는 경우에는 소지인에게 어음의 상환을 청구할 수 없으므로 보증인이 상환청구권을 행사할 수 없다. 그러므로 일부지급을 하는 보증인은 소지인에게 어음의 증명등본과 거절증서를 교부해 줄 것을 청구할 수 있으며, 이것으로 권리행사가 가능하다고 풀이해야 한다($^{어\ 51조의}_{유추해석}$).

보증인이 보증채무를 이행하면 보증채무가 소멸함은 물론이고, 피보증인의 채무도 소멸한다.

2. 보증인의 권리

1) 어음상의 권리

보증인이 어음소지인의 청구에 의하여 보증채무를 이행하면 그는 타인의 채무를 이행한 셈이므로 그에 대한 보상을 받아야 할 것이다. 그 방법으로서, 보증인이 어음금을 지급한 때에는 피보증인과 그 피보증인의 전자에 대해 어음상의 권리를 취득한다($^{어\ 32조}_{3항}$). 이를 보통 보증인의 구상권이라 표현하지만, 보증인이 피보증인의 전자에 대해 구상권을 행사할 근거는 없으므로 이를 구상권이라 볼 수는 없다. 어음법에서도 구상권이라는 말 대신 「어음으로부터 생기는 권리」를 취득한다고 표현하고 있다. 어음으로부터 생기는 권리라 함은 환어음의 인수인, 약속어음의 발행인과 같은 주채무자에 대한 지급청구권, 환어음의 발행인, 배서인들에 대한 상환청구권 및 이들의 보증인들에 대한 상환청구권 기타 부수적인 권리를 포함한다. 요컨대 어음소지인의 권리와 같다.

보증인의 권리행사의 예

甲 ──────────→ 乙

A′ ──────────→ A
(보증인)

B

C

┄┄┄→ 상환청구, 어음금청구

채무부담의 순서를 볼 때 보증인은 피보증인과 동순위의 채무를 지므로 법문의 표현대로 피보증인과 그 전자에 대해 권리를 가질 뿐이고 피보증인 이후의 배서인에 대해서는 권리를 갖지 못한다.

2) 권리취득의 성질

보증인의 권리취득의 법적 성질에 관해 견해의 대립이 있다. 소수설은 보증인이 그로부터 보증채무를 이행받은 소지인의 권리를 승계취득하는 것이라고 설명한다($\frac{강·임 426; 손주}{찬 303; 채이식 222}$). 그 근거로서는 보증인이 「어음으로부터 생기는 권리」를 취득한다고 규정한 법문($\frac{어 32조}{3항}$)을 제시한다.[1] 그러나 보증인과 소지인 간에 어음의 유통을 위한 거래가 없는 터에 승계취득을 한다는 것은 비논리적인 설명이다. 그래서 어음보증인은 법률의 규정에 의해 원시적으로 권리를 취득한다고 설명하는 것이 통설이다.[2]

---

1) Baumbach · Hefermehl · Casper, §32 Anm. 4; Bülow, §32 Anm. 8; Hueck · Canaris, S. 149. 그러나 그 승계의 원인은 법적 승계(cessio legis)라고 설명한다. cessio legis란 로마법에서 인정했던 의제소송으로서, 어떤 재산을 취득하려는 자가 그것을 자기의 소유로 주장하고, 그 재산을 양도하려는 자가 그 사실을 시인하면 법관이 양수인의 재산으로 선언하는 제도이다.
2) 독일에서의 원시취득설로서는 Martens, BB 71, 765/766.

보증인의 권리취득은 원시취득이므로 보증인의 권리행사의 상대방인 어음채무자들에 대해 어음소지인이 갖고 있던 항변의 부담은 보증인에게 승계되지 아니한다(보증인이 악의라도 같다). 즉 위 예시의 甲, 乙, A가 C에게 항변권을 갖고 있더라도 이를 가지고 A'에게 대항할 수 없는 것이다. 승계취득으로 본다면 어음법 제17조가 적용되어 보증인이 악의인 경우 항변의 저항을 받게 된다.

3) 어음소지의 요부

보증인이 권리를 취득하기 위해서는 어음을 소지해야 하는가? 승계취득설에 의하면 당연히 어음을 교부받아야 권리취득이 가능하다. 이에 대해 원시취득설을 취한다면 어음의 교부가 없더라도 보증인은 보증채무의 이행만으로 어음상의 권리를 취득하나, 피보증인 및 그 전자들에게 그 어음상의 권리를 행사함에는 여전히 어음의 상환증권성이 적용되므로 역시 어음의 소지를 요한다고 해야 한다. 그렇지 않고 어음의 소지 없이 권리행사가 가능하다면 보증인에게 상환의무를 이행한 어음채무자는 재상환청구가 불가능하고, 또 어음이 재유통되는 위험이 따른다. 그러므로 보증인은 보증채무를 이행할 때 소지인에게 어음의 상환을 요구해야 할 것이고, 어음의 상환 없이 보증채무를 이행했다면 자신의 어음상의 권리에 기해 소지인에게 어음의 교부를 청구할 수 있을 것이니, 이를 교부받아 권리를 행사해야 할 것이다.

4) 민법상의 보증인 지위 겸병 여부

일부 학설은 보증채무를 이행한 어음보증인은 피보증인에 대하여 어음 외의 실질관계에 기한 구상권, 즉 민법상의 보증인으로서의 구상권($^{민\ 441\sim}_{445조}$)을 아울러 가지며, 보증인은 어음법상의 구상권과 민법상의 구상권을 선택하여 행사할 수 있다고 하나($^{서·정\ 223;\ 장덕조\ 1022;\ 정동윤\ 259;}_{정찬형\ 461;\ 최기원\ 612;\ 최준선\ 373}$), 의문이다. 어음보증과 민법상의 보증은 행위의 법적 성질이 다르고 책임의 원인이 다른데, 어음보증을 함으로써 민법상의 보증인의 지위를 아울러 취득한다고 볼 근거가 없을 뿐만 아니라, 실제적으로도 불합리한 결과를 초래한다. 민법상의 보증인으로서의 구상권 행사에는 어음의 제시·상환이 불필요하다. 그러면 보증인이 어음 없이 피보증인에게 책임을 물었을 때, 이를 이행한 피보증인은 재차 자기의 전자에게 상환청구할 길이 막힌다. 또 어음의 소멸시효가 단기인 데서 오는 불합리도 있다. 어음보증인에 대해서는 어음법 제70조 제 3 항이 규정하는 재상환청구권의 시효를 적용해야 할 것이므로

6개월에 불과하다. 그러나 민법상의 보증인의 구상권은 10년의 시효에 걸린다 $\left(\begin{smallmatrix} 민 162조 \\ 1항 \end{smallmatrix}\right)$. 그 결과 어음보증인이 어음상의 권리행사를 게을리하여 시효완성으로 권리를 잃고서도 민법상의 보증인으로서 구상권을 행사할 수 있다. 이에 대해 피보증인이 채무를 이행하고 나서 자기의 전자들에 대해서는 상환청구권을 행사할 수 없다는 문제점이 있다.

　이상의 이유에서 어음보증인은 어음법에 의해 인정된 어음상의 권리만을 행사할 수 있다고 보아야 한다.

Ⅸ. 어음채무에 대한 민법상의 보증

　보증인이 어음채무자 중의 1인을 위하여 민법상의 보증의 형식을 빌어 보증을 할 수도 있다. 이 경우에는 피보증인의 부탁을 받거나 받지 아니하고 어음채권자와의 계약에 의해 보증채무를 부담한다. 예컨대 甲이 乙에게 약속어음을 발행함에 있어 甲′가 乙과의 보증계약에 의해 甲의 지급채무를 담보하거나, 乙이 A에게 배서함에 있어 乙′가 A와의 보증계약에 의해 乙의 상환책임을 담보하는 것이다. 이 경우에는 어음보증이라는 요식행위가 행해지지 않고[1] 보증채권·채무는 어음 외의 권리관계로서 존재할 뿐이다. 이 경우에 관해 정리해 둘 몇 가지 문제가 있다.

　ⅰ) 보증인은 민법의 규정에 의하여 보증책임을 진다. 그러므로 민법상 보증채무의 부종성이 그대로 적용되어 주채무, 즉 피보증인의 채무가 무효·취소될 경우에는 보증채무는 성립하지 아니한다. 보증채무의 보충성으로 인해 보증인은 어음채권자의 청구에 대해 최고·검색의 항변을 할 수 있다$\left(\begin{smallmatrix} 민 \\ 437조 \end{smallmatrix}\right)$.

　ⅱ) 보증인이 보증채무를 이행한 후에는 피보증인에 대해 민법상의 구상권을 가진다. 그러므로 어음이 없이도 피보증인에 대해 구상권을 행사할 수 있음이 원

---

1) 민법상의 보증은 불요식계약이므로 보증은 자유로운 방식으로 할 수 있고, 의사해석에 의해 보증을 인정할 수도 있다. 한 예로, 기업어음거래에서는 어음을 매출하는 증권회사 또는 종합금융회사가 고객에게 어음 실물을 교부하지 않고 자신이 보관하고 고객에게는 이 사실을 기재한 증서를 교부하는데, 어음매출인이 이 증서상의 「배서/보증」이라는 난에 기명날인한 것을 민법상의 보증으로 해석한 예가 있다(대법원 2003. 10. 24. 선고 2001다61456 판결).

칙이겠으나, 피보증인은 구상채무를 이행하면서 주채무에 내재하는 어음의 상환증권성을 근거로 하여 동시이행으로 어음의 교부를 청구할 수 있다고 해야 한다.

그리고 구상의 범위는 부탁받은 보증인이냐 부탁받지 않은 보증인이냐에 따라 달라진다. 전자라면 보증인이 이행한 채무전액을 청구할 수 있으나($\frac{민}{441조}$), 후자라면 피보증인에게 이익이 현존하는 한도에서 구상할 수 있다($\frac{민}{444조}$). 피보증인이 약속어음의 발행인이거나 환어음의 인수인인 경우(즉 주채무자인 경우)에는 보증인이 이행한 채무액은 그대로 이들에게 현존하는 이익이 될 것이므로 보증인은 전액을 구상할 수 있을 것이나, 피보증인이 배서인이나 어음보증인이라면 (민사) 보증인의 채무이행으로 인한 이익이 현존하는 경우를 생각하기 어려우므로 보증인의 구상권행사가 불가능할 것이다.

iii) 보증인에 대한 어음채권자의 권리(보증채권)는 어음채권자가 배서함으로써 당연히 이전하는가? 앞서 배서의 효력문제로 다루었듯이 보증채권의 양도절차를 밟지 않는 한 이전하지 않는다고 해야 한다.

iv) 보증채무를 이행한 보증인은 피보증인의 전자에 대하여 어음상의 권리를 행사할 수 있는가? 이는 민법상의 보증인에게 어음법 제32조 제 3 항을 적용할 수 있느냐는 문제로 귀착되는데, 이를 인정할 근거는 없다. 그러나 판례는 민법상의 보증인도 보증채무를 이행하면 변제자대위($\frac{민\ 481조,}{482조}$)의 방법으로 상환청구권을 행사할 수 있다고 한다($\frac{판례}{[92]}$). 나아가 채권자인 어음소지인이 상환청구권보전절차를 밟지 않아 보증인이 상환청구권을 행사할 수 없는 경우에는 채권자가 담보를 상실한 것에 해당하므로($\frac{민}{485조}$) 보증인은 어음금의 범위에서 보증채무를 면한다고 한다($\frac{동}{판례}$).[1]

판 례

[92] 대법원 2003. 1. 24. 선고 2000다37937 판결

「… 민법 제485조는 법정대위권자가 있는 경우에 채권자의 고의나 과실로 담보가 상실되거나 감소된 때에는 대위권자는 그 상실 또는 감소로 인하여 상환을 받을 수

---

1) 채권자가 어음의 권리보전절차를 밟지 않은 것에 관해 과실의 유무가 문제될 터인데(민 485조), 동 어음이 분실된 것이어서 공시최고를 한 상태에 있는 경우 채권자(어음소지인)가 이를 알지 못하고 권리신고를 하지 않더라도 공시최고에 공지효과가 열등한 점을 감안하여 과실을 인정하지 않는 것이 판례의 입장이다(대법원 2003. 2. 11. 선고 2002다57324 판결).

없는 한도에서 그 책임을 면한다고 규정하고 있는바, 약속어음의 소지인이 배서인에 대하여 가지는 소구권은 약속어음이 지급거절된 경우 어음금 지급에 대한 배서인의 담보책임의 이행을 구하는 권리이므로 소구권은 어음금 지급채무에 대한 담보라고 할 수 있고, 어음금 지급채무에 대한 민사상 보증인이 변제를 하게 되면 민법 제481조, 제482조에 따라 채권자인 소지인을 대위하여 담보에 관한 권리인 소구권을 행사할 수 있으며, 만일 채권자의 고의나 과실로 소구권이 상실되면 특별한 사정이 없는 한 그로 인하여 상환받을 수 없는 한도에서 위 보증인은 보증책임을 면하게 된다.…」

v) 어음에 대한 민법상의 보증은 당해 어음채무가 소멸함에 따라 같이 소멸함은 물론이다. 그러나 이른바 어음개서에 의해 종전의 어음이 소멸하고 새 어음이 발행된 경우에는 보증인의 책임이 새로운 어음에 연장될 수 있다($\binom{457면}{참조}$).

이상 검토한 것은 보증인이 어음채권자와의 계약에 의해 민법상의 방식으로 보증을 한 경우에 생기는 문제들이다. 만일 보증인이 어음채권자와의 보증계약에 의거하여 어음법상의 방식으로 보증을 한다면, 이는 바로 어음법 제30조 이하의 어음보증이 되는 것이고, 어음행위의 무인성으로 인해 보증계약과의 연결 없이 어음법 제32조 제 1 항, 제 2 항에 따른 책임을 지고, 동조 제 3 항의 권리를 갖는다.

제 6 절 지 급

Ⅰ. 지급의 어음법적 의의

어음은 지급수단으로 발행되고 유통되므로 어음금의 지급에 의하여 그 사명을 다한다. 한편 법적으로는 지급에 의해 어음상의 채권·채무가 소멸하는데, 이는 어음거래의 모든 당사자들이 기대했던 가장 원만한 소멸사유이며, 어음거래의 경제적 동기가 되는 원인관계도 지급에 의하여 만족스럽게 종결된다. 그러므로 어음법에서는 어음금의 지급이 당사자들이 기대했던 대로 원만하게 이루어지도록 제도적인 배려를 하고 있다.

어음금의 지급은 민법에서 말하는 채무의 변제에 해당하지만 증권채무의 속성으로 인해 일반 채무의 변제에 비해 여러 가지 특수성이 있다. 어음법 제38조 내지 제42조에서는 이 점을 고려한 특칙을 두고 있다. 어음금의 지급이 일반 채무변제에 비해 갖는 특수성과 그에 따른 제도의 차이를 소개하면 다음과 같다.

i) 인수를 하지 아니한 환어음의 지급인은 법률상 채무를 부담하는 자가 아니지만, 그의 지급도 유효한 지급으로서 비채변제($^{민}_{742조}$)가 되는 것이 아니고, 제3자의 변제($^{민\ 469조,}_{480조}$)도 아니다.

ii) 어음은 지급인이나 발행인에 대한 통지·승낙 없이 전전유통되므로 일반 채무이행에서의 지참채무의 원칙($^{민\ 467조}_{2항}$)을 적용할 수 없고 채권자가 추심하여야 한다. 또 어음은 제시증권이므로 어음금을 추심할 때에 어음소지인은 어음의 제시에 의해 자신의 권리를 증명해야 한다($^{지급제시.}_{어\ 38조\ 1항}$).

그런데 어음상의 권리에 관하여는 주채무자 외에도 어음의 유통에 관여한 다수의 상환의무자들이 잠재적인 채무자로 대기하고 있는 실정이므로 이들의 채무관계를 신속하게 종결지어 줄 필요가 있다. 그리하여 어음법에서는 초단기 내에 이행청구, 즉 지급제시할 것을 요구하고 있다($^{지급제시기간.}_{어\ 38조\ 1항}$).

iii) 민법상 변제는 '채무내용'에 좇은 현실의 제공으로 하여야 하므로($^{민\ 460}_{조\ 본}$), 일부의 변제는 적법한 변제가 아니며 채권자는 이를 수령할 의무를 부담하지 아니한다. 그러나 어음의 일부변제는 다른 어음채무자 전원을 위하여 이익이 되므로 적법한 변제로 보고 어음소지인의 거절을 허용하지 아니한다($^{어\ 39조}_{2항}$).

iv) 어음상의 권리는 어음에 표창되어 유통되므로 지급 후에도 재차 유통될 가능성이 있다. 그래서 어음금은 어음과 상환하여 지급하도록 하며($^{어\ 39조}_{1항}$), 어음금의 일부가 지급된 경우에는 상환을 강요할 수 없으므로 지급인을 보호하기 위한 수단을 마련하고 있다($^{어\ 39조}_{3항}$).

v) 민법상 변제수령권이 없는 자에게 변제한 경우 채권의 준점유자에 대한 변제($^{민}_{470조}$)가 아닌 한 그 위험부담은 변제자, 즉 채무자에게 귀속된다. 그러나 어음은 주채무자에 대한 통지·승낙 없이 유통되므로 지급인(또는 약속어음의 발행인)은 어음금을 청구해 오는 어음소지인의 권리관계에 관해 충분한 정보를 가지고 있지 않다. 그러므로 적법한 권리자가 아닌 자가 어음금을 수령해 갈 가능성이 상존하는데, 이러한 유통상의 특성을 감안할 때 무권리자에 대한 지급으로 인한 위험부담을 전부 지급인에게 귀속시킴은 공평하지 않다. 그래서 어음법은 지급인

의 조사의무를 적절히 제한함으로써($_{3항\,후}^{어\,40조}$), 무권리자에게 지급함으로써 생기는 위험부담을 어음당사자 간에 균형있게 배분하고 있다.

vi) 이상은 환어음의 지급인(또는 인수인) 또는 약속어음의 발행인이 어음금을 지급할 경우를 중심으로 설명하였고 어음법 제38조 내지 제42조도 같은 입장에서 규정하고 있다. 그러나 배서인·보증인 등 상환의무자가 지급할 때에도 적용되어야 할 법원리는 주채무자가 지급할 때와 같다. 그러므로 지급제시기간($_{1항}^{어\,38조}$)과 같이 명백히 주채무자의 지급을 전제로 하는 규정을 제외하고는 지급에 관한 규정은 일반적으로 상환의무의 이행시에도 적용해야 한다. 즉 제시증권성($_{1항}^{어\,38조}$), 상환증권성($_{1항}^{어\,39조}$), 일부지급의 유효($_{2항}^{어\,39조}$), 지급인의 조사의무($_{3항}^{어\,40조}$) 등은 상환의무의 이행시에도 적용된다.

Ⅱ. 지급제시

1. 의   의

지급제시란 어음의 소지인이 약속어음의 발행인 또는 환어음의 지급인에게 지급을 구하며 어음의 존재 및 그 기재사항을 인지할 수 있도록 보이는 것을 말한다.

같은 지급제시라 하더라도 약속어음의 발행인, 환어음의 인수인과 같은 주채무자에 대해서는 어음금지급채무의 이행을 청구하는 뜻이 있는 반면, 인수하지 아니한 환어음의 지급인은 어음채무자가 아닌 까닭에 그에 대한 지급제시는 이행청구의 의미는 없고 지급 여부를 최고하는 뜻을 가진다.

2. 지급제시의 필요성

i) 기술한 바와 같이 어음상의 권리는 어음이라는 지면에 표창되어 주채무자와 연결 없이 유통되므로 주채무자는 어음상의 권리가 누구에게 소재하는지 알지 못한다고 가정해야 한다. 따라서 어음상의 권리자가 권리를 행사하고자 할 경우에는 스스로 권리를 증명하도록 해야 할 것인바, 그 증명방법으로서 어음법상 정

형화해 놓은 것이 바로 어음의 제시이다. 이같이 어음상의 권리를 행사함에 있어 어음의 제시가 필요한 속성을 가리켜 어음의 제시증권성이라 함은 이미 설명하였다.

지급제시는 어음법이 정형화시켜 놓은 이행청구의 방법이다. 이행청구를 「했다」, 「하지 않았다」라는 사실은 채권·채무의 당사자들에게 중대한 뜻을 가지며 그에 관해 다툼도 빈번한데, 어음의 제시증권성은 이행청구사실의 유무에 관한 다툼을 어음의 제시 여부에 의해 정형적으로 해결하고자 하는 뜻을 갖는다.

ii) 어음의 배서인과 보증인 그리고 환어음의 발행인은 어음의 지급에 관해 담보책임(상환책임)을 지는데 이 책임은 주채무자가 채무를 이행하지 않은 때에 이행해야 하는 보충적 성격을 갖는다. 그러므로 이들의 담보책임을 물을 때에는 주채무자에 대한 이행청구 즉 지급제시가 선행절차이자 담보책임을 추궁(상환청구)하는 요건, 즉 상환청구권을 보전하기 위한 요건이 된다.

iii) 이상 설명한 점들을 고려한다면 지급제시는 어음의 본질적 속성에서 요구되는 불가결의 권리행사절차로서 어음관계자 모두의 利害가 걸린 문제라 할 것이다. 따라서 지급제시는 어음소지인의 권리행사에 있어 생략할 수 없는 절차이다. 그러므로 설혹 주채무자가 지급을 거절할 것이 명백하다 하더라도 주채무자를 이행지체에 빠뜨리고, 상환의무자에 대해 상환청구권을 행사하기 위해서는 지급제시를 해야 한다.

iv) 어음의 제시 없이 단순히 어음금지급을 청구하는 것은 지급제시가 아님은 물론 이행청구로서의 효력이 없다. 그러나 약속어음의 발행인과 같은 주채무자와의 관계에서는 어음을 제시하지 않고도 이행청구가 가능하다고 한 판례가 있다(판례[93]). 어음소지인이 약속어음의 발행인에게 어음을 제시하지 아니하고 어음금을 청구할 경우 상환의무자들과의 관계에서는 상환청구권보전절차를 밟지 아니한 결과가 되나, 주채무자인 약속어음의 발행인에 대한 이행청구로서는 유효하다는 뜻이다. 그러나 그 타당성은 의문이다. 기술한 바와 같이 어음의 속성상 주채무자에 대한 관계에서도 소지인의 권리를 증명하는 방법, 그리고 이행을 청구하는 방법을 요식화해 놓은 것이 지급제시이므로 명문의 근거 없이 생략을 허용할 수는 없다고 본다. 물론 발행인과 소지인 간에 지급제시를 면제하는 합의가 있는 경우에는 어음의 제시 없이 이행청구할 수 있음은 물론이나, 이 경우에도 상환의

무자에게는 대항하지 못한다(통설).[1)]

　판례 [93] 이후, 동 판례와는 달리 일반적으로는 발행인에 대한 청구에도 어음의 제시가 필요하다고 보지만, 극히 예외적인 상황에서 어음의 제시 없는 어음금 청구를 허용한 판례가 등장하였다(판례[94]). 우선 사실관계를 본다. 甲회사가 乙회사에 약속어음을 발행하였는데 지급이 거절되자 甲의 계열회사인 丙이 甲의 채무를 병존적으로 인수하는 의미에서 乙에게 같은 금액의 약속어음을 발행해 주고, 甲이 발행한 어음은 丙이 보관하기로 하되, 丙이 발행한 어음의 지급이 거절되면 丙이 乙에게 甲발행어음을 반환하기로 하였다. 그러나 丙은 이 약속을 어기고 甲발행어음을 甲에게 돌려주고 甲은 이를 폐기하였다. 그리고 乙이 丙발행어음을 만기에 제시하였으나 지급이 거절되었다. 그리하여 乙은 甲에게 어음 없이 어음금을 청구하였다. 이에 대해 법원은 어음이 어떠한 사정으로 채무자의 점유에 속하는 경우에는 어음의 제시 없이 이행청구를 할 수 있다고 하였다(판례[94]). 이 판례는 주채무자에 대해 어음의 제시 없이 어음금을 청구하는 것을 용인한 점에서 판례 [93]과 차이가 없다. 그러나 판례 [93]은 일반론으로서 약속어음의 발행인에 대해서는 어음의 제시 없이 어음금을 청구할 수 있다고 한 데 대해, 판례 [94]는 위에 설명한 바와 같이 어음이 어음채무자의 수중에 있은 특수한 상황을 전제로 하여 어음의 제시가 요건이 아니라고 하였으므로 이 설시는 원칙적으로는 어음의 제시가 어음금청구의 요건이라는 뜻을 내포하고 있음을 유의해야 한다.

어음의 처분금지가처분과 지급제시

　어음의 소유에 관한 분쟁이 생길 경우, 어음이 제3자에게 이전되는 것을 방지할 목적에서 어음의 반환청구권을 피보전권리로 하여 어음의 배서양도, 점유이전 기타 일체의 처분을 금지하는 가처분이 내려질 수 있다. 이 경우 어음금청구를 위한 지급제시도 금지되느냐는 의문이 있다. 이에 관해 판례는 「어음은 일정한 권리행사기간이 있어 그 기간이 도과하면 본래의 효력을 가질 수 없으므로, 약속어음의 백지보충과 지급제시 등 상환청구권 보전을 위한 조치는 어음의 처분금지가처분에서 금지하는 처분행위에 해당하지 아니한다」는 입장이다(대법원 2002. 6. 25. 선고 2002다13720 판결).

---

1) 日最高裁 1959. 5. 29 판결, 民集 13권 5호, 64면.

[93] 대법원 1971. 7. 20. 선고 71다1070 판결

「약속어음의 발행인은 환어음의 인수인과 같이 어음금액을 절대적으로 지급할 채무를 부담하는 자이고 상환의무자가 아니므로 소지인이 발행인에 대하여 지급을 위한 어음제시를 하지 아니하였다 하여도 어음금액을 청구할 수 있는 것이고, …어음법 제77조 제1항 제3호에 의하여 준용되는 같은 법 제38조의 규정은 약속어음 발행인에 대한 어음금청구의 경우에는 적용되는 것이 아니[다.]」

※ 同旨: 대법원 1956. 5. 10. 선고 4269민상149 판결; 동 1988. 8. 9. 선고 86다카 1858 판결 외.

[94] 대법원 2001. 6. 1. 선고 99다60948 판결

「어음은 제시증권, 상환증권이므로($^{어 38조,}_{39조}$) 어음을 소지하지 않으면 어음상의 권리를 행사할 수 없는 것이 원칙이지만, 이와 같이 어음상의 권리 행사에 어음의 소지가 요구되는 것은 어음채무자에게 채권자를 확지시키고 또 채무자로 하여금 이중지급의 위험을 회피·저지할 수 있게 하는 데 그 취지가 있는 것이므로, 어음이 어떤 이유로 이미 채무자의 점유에 귀속하는 경우에는 위와 같은 점을 고려할 필요가 없어 어음의 소지는 채무자에 대한 권리행사의 요건이 되지 아니하고, 채무자는 상환이행의 항변을 하지 못한다고 할 것이다.」

3. 지급제시의 당사자

(1) 지급제시자

지급제시를 할 수 있는 자는 어음의 소지인이다($^{어 38조}_{1항}$). 어음법은 단순한 점유자의 지급제시를 불허한다. 인수제시와 달리 지급제시는 어음상의 권리를 행사하는 것이므로 그 권리를 가진 자가 해야 하고 단순한 점유자가 할 수 없음은 당연하다. 어음의 소지인이란 발행·배서 등에 의해 어음상의 권리를 취득한 자(질권자 포함) 및 그로부터 추심위임배서를 받은 자를 말한다. 이들은 배서의 연속에 의해 자신의 자격을 증명해야 하며, 또 이로써 정당한 소지인으로 추정된다($^{어 16조}_{1항}$). 배서가 연속하지 않는 어음의 소지인은 달리 자신의 권리를 증명해야 한다 함은 기술한 바와 같다. 그리고 추심위임배서($^{어}_{18조}$) 이외의 방법으로 대리권을 수여받은 자 또는 법정대리인은 자신의 대리권을 증명하여 지급제시할 수 있다.

이 경우 권한 없는 자가 대리인으로서 지급을 받았다면 원칙적으로 지급하는 자의 위험부담이 될 것이나, 지급인 등이 어음과 더불어 위임장 등 대리권을 증명하는 서면을 제시한 자에게 선의로 지급한 때에는 민법 제470조(채권의 준점유자에 대한 변제의 항변)를 적용하여 유효한 지급으로 인정해야 할 것이다.

추심의뢰의 법률관계

　자신이 거래하지 않는 은행을 지급장소(제3자방)로 하는 어음이나 수표를 소지하는 자가 이 어음·수표를 지급받고자 할 때에는 거의 예외 없이 자신이 거래하는 은행에 추심을 의뢰한다. 의뢰받은 은행(제시은행)은 은행 간의 어음교환망을 통해 지급은행에 용이하게 지급제시하고 추심할 수 있기 때문이다. 개별 어음·수표의 추심의뢰를 위한 어음법적 방법은 추심하고자 하는 어음에 추심위임배서($_{18조}^{어}$)를 하거나 양도배서(숨은 추심위임배서)를 하여 제시은행에 교부함으로서 제시은행을 어음소지인($_{1항}^{어 38조}$)으로 만들어 주는 것이지만, 이 추심의뢰의 약정 자체는 위임($_{680조}^{민}$)이다. 따라서 제시은행은 어음소지인에 대해 선량한 관리자의 주의의무($_{681조}^{민}$)를 진다. 그러나 추심과정에서 생기는 여러 가지 사고, 분쟁은 보통 은행이 작성한 약관을 사용하여 해결하고 있다.

(2) 피제시자

지급제시는 약속어음의 경우에는 발행인, 환어음의 경우에는 지급인 또는 인수인에게 하거나 그 대리인에게 해야 한다. 그러나 발행인은 어음에 어음금을 제3자방(지급담당자)에서 지급하는 것으로 기재할 수 있으며($_{77조\ 2항}^{어\ 4조,}$), 환어음의 발행인이 이러한 기재를 하지 않은 경우 지급인도 인수할 때에 제3자방에서 지급할 것으로 기재할 수 있는데, 이같이 지급담당자가 기재된 경우에는 어음의 지급제시는 지급담당자에게 하여야 한다. 지급담당자의 기재가 있음에도 불구하고 지급인(또는 인수인)이나 약속어음의 발행인에게 지급제시한 경우에는 적법한 지급제시로서의 효력이 없다. 지급담당자를 정한 경우에는 지급인·발행인 등은 지급을 위한 준비를 갖추고 있지 않아 지급이 불가능한 것이 보통일 것인데, 그에 대한 지급제시를 유효하다고 본다면 지급불능으로 인해 이행지체, 상환청구권의 발생 등 부당한 후속적 효과가 생겨나기 때문이다.

약속어음의 발행인이 수인 있는 경우 이들은 연대하여 발행인의 책임을 진다고 보아야 하므로, 1인에 대한 지급제시로 족하다($_{416조}^{민}$). 즉 1인이 지급을 거절하면 바로 상환청구권이 발생한다. 그러나 합동책임설을 취한다면 발행인 전원에게 어음을 제시하여야 한다($^{268면}_{참조}$). 환어음에 수인의 지급인이 기재되어 있는 경우, 중첩적 기재의 경우에는 모두에게, 그리고 순차적 기재의 경우에는 그 순서로 제시해야 한다.

어음법상 지급제시는 어음의 주채무자 또는 지급인(약속어음의 경우에는 발행인)에게 해야 하므로 주채무자의 어음보증인에게 어음을 제시하더라도 적법한 지급제시가 아닐 뿐 아니라, 보증인에 대해서도 상환청구의 효과가 생기지 아니한다($^{대법원\ 2007.\ 11.\ 15.\ 선}_{고\ 2007다40352\ 판결}$).

4. 제시기간

어음법 제38조 제 1 항은 「확정일출급, 발행일자후정기출급 또는 일람후정기출급의 환어음 소지인은 지급을 할 날 또는 그날 이후의 2거래일 내에 지급을 받기 위한 제시를 하여야 한다」고 규정하고 있다.

i) 지급제시기간의 초일이 되는 「지급을 할 날」이라 함은 만기와 일치함이 보통이나 만기가 법정휴일(일요일 포함)인 경우 그 다음의 거래일이 「지급할 날」이 된다 함은 이미 설명하였다($^{255면}_{참조}$).

ii) 이 규정에 의해 지급제시기간은 3일간임을 알 수 있다. 그러나 이 제시기간은 상환청구권보전을 위한 제시기간이다. 즉 지급이 거절되어 배서인 등 상환의무자에게 상환청구권을 행사할 경우 그 전제요건으로서 위 기간 내에 지급제시하였을 것이 요구되는 것이다. 약속어음의 발행인, 환어음의 인수인에게 주채무자로서의 이행을 청구함에 있어서는 위 기간에 구애받지 아니하고 시효기간 내에 언제든지 청구할 수 있다.

지급제시기간의 예

甲이 乙에게 발행한 약속어음이 乙 → A → B의 순으로 양도되었는데, 이 어음의 만기는 2022년 10월 2일이다. 10월 2일이 일요일이므로 그 이튿날인 10월 3일이 「지급할 날」이 된다. 그러나 2022년 10월 3일은 공휴일(개천절)이다. 그러므로 이 어음의 지급제시기간은 2022년 10월 4일, 5일, 6일이다. 소지인 B가 이 3일 중의 어느 날 甲에게 지급제시하였는데, 甲이 지급거절하였다면 B는 乙, A에게 상환청구권을 행사할 수 있다. 그러나 B가 이 기간을 놓치고 2022년 10월 7일에 지급제시하였다면 지급거절당하더라도 乙, A에게 상환청구권을 행사할 수 없다. 하지만 甲에 대해서는 유효한 지급제시(즉의^{행청구})이다. 뿐만 아니라 甲에 대한 시효(^{만기로부터 3년,}_{어 70조 1항})가 완성하는 날인 2025년 10월 2일까지 언제든지 지급제시할 수 있다.

iii) 상환의무자와의 관계에서 요구되는 제시기간을 3일이라는 초단기로 정한 까닭은 어음의 유통에 관여한 모든 사람이 담보책임을 지므로 이들의 책임관계를 신속히 종결짓기 위함이다.

iv) 지급할 날을 포함하여 3거래일에 지급제시를 하되, 지급제시하는 시각은 합리적인 시점이어야 한다(^{상 63조의}_{유추적용}). 예컨대 새벽 2시에 지급제시를 시도하는 것이 유효할 수 없음은 조리상 자명하다.

v) 어음법 제38조는 일람출급의 어음에 대해서는 언급이 없다. 일람출급어음은 발행 후 어느 때이든 제시한 때가 만기로 되므로 위 규정의 제시기간이 무의미하기 때문이다. 그러나 제시할 수 있는 날을 소지인의 임의에 맡겨 무한정 허용한다면 어음관계자들의 채무가 종결되지 않은 채 장기간 유보될 것이므로 1년의 제시기간을 두고 있다(^{어 34조}_{1항}).

5. 지급제시의 방법

i) 지급제시란 어음상의 권리를 증명하고 이행을 구하는 것이므로 그 내용을 지급인(또는 인수인), 약속어음의 발행인에게 인식시킬 수 있는 방법을 취해야 한다. 따라서 지급인·발행인 등의 면전에 제시함을 요하고 그 내용을 인지하는 데 필요한 범위에서 어음을 지급인·발행인 등의 수중에 이동시킬 필요가 있다. 이때 어음이 일시 이들의 수중에 들어가더라도 어음의 점유는 여전히 제시자에게 있음은 인수제시에 관해 설명한 바와 같다.

ii) 지급제시란 위와 같이 가시적인 물리적 방법으로 해야 하므로 어음이 필요함은 물론이고, 그 어음은 권리의 증명으로 제시되는 것이므로 정본이어야 한다. 따라서 어음의 점유를 상실한 경우에는 제권판결에 의해 어음을 무효로 해야만 제시가 가능하고, 백지어음은 제시 전에 보충해야 한다(^{219면, 292}_{면 참조}).

iii) 어음금을 재판상으로 청구할 때에는 어음의 제시가 필요 없고 소장 또는 지급명령의 송달로 갈음한다$\left(\substack{\text{대법원 1958. 12. 26. 선고}\\\text{4291민상38 판결 외 다수}}\right)$.

■ 화환어음의 제시방법 ■

무역거래에서의 대금결제방법으로 수출업자가 신용장개설은행을 지급인으로 하여 화환어음(환어음)을 발행한다. 수출업자는 이 화환어음과 함께 상대방이 화물을 인취할 수 있도록 선적서류를 첨부하여 은행에 매도하고 매입은행은 이 선적서류와 함께 화환어음을 지급제시하는 것이다.

그러나 화환어음도 환어음이므로 선적서류를 첨부하지 않더라도 화환어음의 제시만으로 어음제시의 효과가 있고, 지급인이 지급하지 않을 경우 소지인은 바로 상환청구권을 행사할 수 있다$\left(\substack{\text{대법원 2000. 1. 21.}\\\text{선고 97다41516 판결}}\right)$. 즉 동일한 무역거래에서 발생한 것이라도 화환어음은 그 무인성으로 인해 신용장거래와는 구분되어 법률관계가 전개되는 것이다.

■ 백지어음의 제시 ■

백지어음을 추심위임한 경우 위임받은 은행 즉 제시은행은 백지를 보충하여 제시할 의무를 지느냐는 문제가 있다. 아직 이에 관한 판례는 없는데, 은행이 작성한 약관에서 백지어음의 추심의뢰를 받은 은행은 백지보충의무를 지지 않는다는 규정을 둔 예를 볼 수 있다.[1]

한편 백지어음인 상태에서 제시된 경우, 이는 완성된 어음이 아니므로 지급은행은 지급을 거절해야 한다. 그럼에도 불구하고 지급한 경우에는 발행인과 지급은행 간에 맺은 지급사무의 위임계약의 위반여부의 문제로 다루어야 한다. 다른 약정이 없는 한, 발행인이 지급사무를 위임한 취지에 반한다고 보아야 할 것이다.[2] 그러나 은행거래의 약관에서는 보통 발행일이 기재되지 않은 수표 또는 발행일이 기재되지 않거나 수취인이 기재되지 않은 어음을 지급하였을 때에는 지급은행이 면책된다는 규정을 두고 있다.[3]

6. 지급제시의 장소

(1) 추심채무성

어음채무는 추심채무이므로 어음소지인이 채무자를 방문하여 지급을 구하여

---

1) 우리은행 「예금거래기본약관」 제6조 제3항. 일본의 판례도 同旨(日最高裁 1980. 10. 14 판결, 判例時報 985호, 119면).
2) 日最高裁 1971. 6. 10 판결, 民集 25권 4호, 492면.
3) 우리은행 「입출금이 자유로운 예금약관」 제10조.

야 한다. 어음법에는 지급제시의 장소에 관한 명문의 규정이 없으나 민법의 지시채권의 일반원칙에 따라 소지인은 지급지 내에 있는 지급인(또는 인수인) 또는 약속어음의 발행인의 영업소, 영업소가 없을 때에는 이들의 현주소에서 지급제시를 하여야 한다($_{516조}^{민}$).

그러나 어음에 지급장소가 기재되어 있는 때에는 그 지급장소에서 지급제시를 하여야 한다. 지급장소가 지급담당자를 겸하거나, 반대로 지급담당자를 기재하였는데 그것이 지급장소도 아울러 뜻하는 경우가 많다. 특히 거래은행을 지급장소로 기재한 경우에는 거래장소뿐 아니라 지급담당자의 뜻도 아울러 가진다.

(2) 어음교환소

어음교환소에서 한 어음·수표의 제시는 지급을 받기 위한 제시로서의 효력이 있다($_{수 31조}^{어 38조 2항,}$).

어음교환소란 은행들이 소지하고 있는, 타은행이 지급할 어음·수표를 동시에 상호결제하거나 추심하기 위하여 회합하는 장소를 말한다. 예컨대 우리은행이 발행한 자기앞수표를 신탁은행이 소지하고 있고, 반대로 신한은행은 우리은행이 발행한 자기앞수표를 소지하고 있을 경우, 각 은행이 서로 상대방은행을 방문하여 지급받는 번거로움을 생략하고 어음·수표를 지참하고 어음교환소에 나아가 잔액만 차감결제할 수 있다(현재 실무에서는 후술하는 전자적 제시를 이용한다).

어음교환소는 법무부장관이 지정하는데($_{수 69조}^{어 83조,}$), 2022년 1월 현재는 서울어음교환소만 설치되어 있다.[1] 어음교환소 내에서의 교환은 매일 이루어지고 있다.

지급인(또는 약속어음의 발행인)이 거래하는 은행을 지급장소로 기재하는 경우가 많다. 이런 어음을 통칭 「은행도어음」이라 하며, 어음교환소가 정한 규격용지를 사용하는데, 은행이 자기와 어음거래약정을 맺은 고객에게 이 용지를 주고 고객은 이 용지를 사용해서 어음을 발행한다. 어음교환소는 교환소에 참가하는 은행의 점포에서 지급할 어음과 자기앞수표 및 가계수표 등에 한해 교환·결제한다($_{규약 3조 2호}^{어음교환업무}$).

은행도어음의 소지인은 지급은행에 어음을 제시하는 대신에, 자신의 거래은행에 추심을 위임할 수도 있다. 추심을 위임받은 은행은 어음교환소를 통해 지급

---

1) 어음교환소지정에 관한 규칙(법무부령 제743호, 2011. 5. 31. 전문개정)

은행에 제시하고 지급을 받는다. 어음법 제38조 제 2 항은 이같이 어음의 추심을 위해 어음교환소에서 행해지는 어음의 제시를 어음법상의 지급제시로 인정한 것이다.

어음교환의 법적 성질에 대해서는 여러 가지 설이 있다. 크게는 상계설과 상호계산설, 대체결제설로 나누어 볼 수 있으나, 은행이 발행한 자기앞수표 또는 약속어음의 교환과 은행이 지급담당자로 되어 있는 어음(은행도어음)의 교환은 그 성질을 달리한다고 보아야 한다. 전자의 교환은 상호계산으로 보아야 하고 후자의 교환은 단지 추심의 방법에 불과하다.[1]

(3) 전자적 제시

지급인(또는 지급담당자)에 대한 어음의 제시($^{어\,38조}_{1항}$) 및 어음교환소에서의 제시($^{어\,38조}_{2항}$)는 원래 어음의 실물을 제시하는 것을 의미하나, 어음의 실물에 갈음하여 어음에 관한 정보를 전자적으로 송신함으로써 어음을 제시하는 효과를 누릴 수 있다. 즉 어음의 소지인으로부터 어음의 추심을 위임받은 금융기관(제시금융기관)이 그 어음의 기재사항을 정보처리시스템에 의하여 전자적 정보의 형태로 작성한 후 어음교환소에 송신하여 그 정보가 어음교환소의 정보처리시스템[2]에 입력되었을 때에는 지급을 받기 위한 어음의 제시가 이루어진 것으로 본다($^{어\,38}_{조\,3항}$).[3]

이 제도는 은행도어음의 추심은행(제시금융기관)과 지급은행(어음의 지급인 또는 지급담당자인 은행)이 일일이 어음교환소에서 만나 어음을 제시해야 하는 번거로움을 생략하고자 고안한 제도인데, 입법의 미비로 기술적인 문제가 생긴다. 원래 어음교환소에서 은행도어음을 제시하는 것($^{어\,38조}_{2항}$)은 추심은행의 사용인이 동 은행의 대리인 자격에서 지급은행을 대리하는 사용인에게 어음을 보여주는 것이다. 예컨대 우리은행의 고객이 신한은행을 지급담당자로 기재한 어음의 추심을 우리은행에 위임했다 하자. 이때 제시는 우리은행 직원이 어음교환소에 가서 신

---

1) 일부 학설 및 판례는 어음교환을 어음의 특수한 지급방법이라고 설명하나(이·최 302면; 정동윤 315면)(대법원 1985. 2. 13. 선고 84다카1832 판결), 특별한 의미를 부여하기 어려운 설명방법이다.

2) 어음교환소의 정보처리시스템이란 어음교환소가 지정하거나 관리하는 정보처리시스템을 뜻한다 (전자문서 및 전자거래기본법 6조 2항).

3) 어음법이 전자적 제시를 지급제시로 인정하는 결과, 어음교환약관에서는 어음교환을 전자적 방식으로 제한하여, 「(교환)참가은행이 고객으로부터 수납한 어음의 내역을 전산정보화하여 전산망을 통해 상호간 교환, 결제하는 방법을 말한다」고 정의한다(금융결제원, 어음교환업무규약 3조 4호).

한은행의 직원을 만나 그 어음을 보여주는 방법으로 이루어지는 것이다. 그런데 어음법 제38조 제 3 항은 추심은행(위 예의 우리은행)이 어음교환소의 정보처리시스템에 어음에 관한 정보를 입력한 때에 제시한 것으로 본다고 규정한다. 즉 아직 지급은행(위 예의 신한은행)은 어음의 정보에 접하기도 전에 제시를 받은 셈이 되는 것이다. 그러므로 어음법 제38조 제 3 항의 어의에 따른 문리적 해석이 타당하도록 하려면 어음교환소와 은행 간에 내부적으로 지급제시의 목적으로 어음교환소에 입력되는 정보는 동시에 지급은행의 정보처리조직에 입력되는 장치를 갖추어야 할 것이다.

7. 제시의 효과

제시기간은 지급할 날과 그날 이후의 2거래일로서 3일간이지만, 이 기간은 지급인에게 기한의 이익을 부여하는 것이 아니고, 소지인에게 선택 가능한 기간을 부여한 것이다. 즉 소지인은 이 기간 중 어느 때이든 제시할 수 있으며, 제시가 있으면 지급인은 즉시 지급하여야 하고, 지급이 이루어지지 않으면 지급거절의 효과가 발생한다. 즉 주채무자에게는 이행지체가 되고, 소지인은 거절증서를 작성하여 전자에게 상환청구권을 행사할 수 있게 된다.

Ⅲ. 지급시기

1. 만기의 지급

어음금은 제시기간 내에 지급제시를 받고 지급한다. 만기 전(제시기간 전)에는 어음이 제시되더라도 적법한 지급제시가 아니므로, 지급인 또는 약속어음의 발행인은 지급할 의무가 없다.

2. 만기 전의 지급

지급인(또는 약속어음의 발행인, 이하 같음)은 만기 전이라도 어음관계를 신속히 종료시키기 위해 일찍 지급하기를 원할 수도 있다. 그러나 어음소지인은 만기 전에는 지급받을 의무가 없으므로($^{어\ 40조}_{1항}$), 어음금의 수령을 거절하더라도 수령지체가 되지 아니한다. 따라서 만기 전에는 지급인이 어음금을 공탁($^{어}_{42조}$)하더라도 어음채무는 소멸하지 아니한다.

어음소지인이 어음금의 수령에 동의할 수 있음은 물론이다. 그리고 어음소지인이 정당한 어음상의 권리자인 경우 이 지급·수령에 의해 어음채무가 소멸하는 것도 당연하다. 그러나 만기 전에 지급하는 지급인은 「자기의 위험부담」으로 지급해야 한다($^{어\ 40조}_{2항}$).

「자기의 위험부담」으로 지급한다 함은 어음소지인이 정당한 권리자가 아닌 경우 비록 지급인이 선의이며 과실 없이 지급했다 하더라도 유효한 지급이 될 수 없다는 뜻이다. 따라서 후일 정당한 권리자가 지급을 청구해 올 때, 지급인은 이중변제의 위험을 피할 수 없다.

만기 전 지급인의 위험부담은 만기에 지급하는 지급인의 조사의무와 비교할 때에 특히 뜻이 있다. 만기에 지급하는 지급인은 배서의 연속 등 어음의 형식적 사항만을 조사하고 지급하면 비록 어음금수령자가 무권리자이더라도 책임을 면한다($^{어\ 40조}_{3항}$). 그러나 만기 전에 지급할 경우에는 어음금의 수령자가 무권리자이면 그 사유가 어음면상으로는 알 수 없는 것이더라도(예컨대 어음의 제시자가 어음을 습득한 자이거나, 그 전의 배서가 무효·취소된 경우 등) 지급인은 진정한 권리자에 대해 책임을 면하지 못한다. 요컨대 만기 전의 지급인은 무한한 조사의무를 지는 것이다. 이같이 만기 전에 지급하는 지급인의 조사의무를 강화하는 이유는, 지급인이 지급을 서둘러 함으로써 어음의 점유를 잃은 정당한 권리자가 만기 전에 권리를 회복할 기회를 박탈하였기 때문이다.

3. 지급의 유예

(1) 은혜일의 불허

어음금의 지급에 있어서 은혜일은 법률상으로든 재판상으로든 인정하지 아니한다(어 74조). 은혜일(Respekttage)이란 만기 이후에 어음채무자의 요구에 의해 어음소지인의 권리행사가 정지되는 기간을 말한다.[1] 예컨대 어음소지인이 지급할 날에 어음을 제시하였으나, 지급인이 3일간의 유예를 요청할 경우 소지인은 그의 의사에 불문하고 3일간 권리행사를 할 수 없는 것이다.[2] 어음법 제74조가 은혜일을 허용하지 않음은 재판상 허용하지 않는다는 데에 의의가 있다.

(2) 합의에 의한 지급유예

당사자 간(어음소지인과 지급인)의 특약으로 지급을 유예할 수 있음은 물론이다. 그렇다고 해서 어음의 만기가 연장되는 것은 아니므로 지급유예로 인해 소지인이 거절증서작성의 시기를 놓치고, 또 유예된 지급일에 지급이 되지 아니할 경우에는 상환청구권을 상실한다. 그러므로 소지인은 지급유예를 합의하더라도 지급이 이루어지지 아니할 가능성을 감안한다면 상환청구권보전절차(지급제시와 거절증서작성)는 밟아 두어야 할 것이다.

지급을 유예하는 방법으로서 어음의 만기를 후일로 변경하는 것도 가능하지만, 이 경우에는 모든 어음채무자가 합의하여야 한다(이설없음). 지급인과 어음소지인만이 합의하여 만기를 변경한다면 이는 다른 어음채무자에 대해서는 변조에 해당하고 따라서 대항하지 못한다.

4. 어음개서

(1) 의 의

지급을 유예하는 방법으로 어음개서가 이용되기도 한다. 어음개서란 어음의

---

1) Baumbach · Hefermehl · Casper, §74 Anm. 1.
2) 예: 1971년 이전의 영국의 어음법(Bill of Exchange Act)에서는 3일간의 지급유예를 인정하였다 (14조 (1)).

지급에 갈음하여 만기를 후일로 정한 새 어음을 발행하는 것이다. 주로 약속어음의 발행인이 어음금을 지급할 자금이 없을 때에 소지인과 합의하여 새 어음을 발행하는 방법으로 어음개서를 행한다. 어음개서를 하면서 구어음은 발행인이 회수하는 경우도 있고, 신어음에 대한 담보조로 소지인이 계속 소지하는 경우도 있다. 전자의 경우에는 구어음은 소멸하고 신어음만 남게 되고, 후자의 경우에는 신·구어음 양자가 병존한다.

구어음을 회수하는 방식의 어음개서의 법적 성질에 관해 일본에서 경개설과 대물변제설이 대립하는데, 이것이 그대로 국내에 소개되고 있다. 경개설은 발행인이 만기를 변경한 새로운 어음채무를 부담함으로써 구어음채무를 소멸시켰다는 식의 설명방법이고, 대물변제설은 구어음채무를 변제하는 방법으로서 신어음을 교부하였다는 식의 설명방법이다. 어떤 설을 취하든 구어음 또는 신어음의 어음법적 효력에는 영향을 미치지 아니한다.

(2) 어음개서 당사자 간의 효력

어음개서는 소지인과 발행인과의 개서계약에 의하여 이루어지며, 개서계약은 당사자 간에 효력을 발생한다. 구어음을 회수하는 방식으로 어음개서가 이루어진 경우에는 구어음은 소멸하고 신어음상의 채무만 존속한다. 구어음을 소지인이 계속 소지하는 경우에는 구어음은 어음개서계약과 함께 신어음채무의 담보가 된다고 볼 것이므로 소지인은 먼저 신어음을 가지고 권리를 행사하여야 할 것이다.

(3) 구어음채무자에 대한 효력

구어음을 회수하는 방식의 어음개서에서는 어음의 문언성에 의해 구어음의 배서인과 어음보증인은 신어음에 관해 책임을 지지 않는다고 해석하여야 한다. 그리고 구어음과 신어음이 병존하는 개서의 경우에는 구어음의 채무자는 구어음의 문구에 따라 그리고 신어음의 채무자는 신어음의 문구에 따라 각기 책임을 진다. 따라서 소지인이 구어음채무자들의 책임을 묻고자 한다면 구어음에 관해 상환청구권보전절차를 밟아야 할 것이다.

(4) 구어음의 담보 · 민사보증의 효력

구어음에 행해진 담보 및 민사보증의 효력은 어떻게 되는가? 신·구어음이 병존하는 경우 구어음의 담보 또는 민사보증은 신어음과 무관하다. 그러나 구어음이 소멸되고 신어음이 발행되는 어음개서는 단지 만기의 연장수단에 불과하므로 다른 특약이 없는 한, 구어음을 위해 설정된 담보나 민사보증은 신어음상의 채무를 위해서도 존속한다고 보아야 한다(판례[95]).

그러나 금융실무에서 흔히 볼 수 있는 일로서, 발행인으로부터 금융기관이 어음할인방식으로 어음을 취득하여 타인에게 어음을 양도하고, 후에 그 지급자금을 발행인에게 대여하면서 발행인으로부터 새로운 어음을 발행받았다면 이는 구어음과는 무관한 새로운 어음거래이므로 구어음에 대한 담보·보증은 구어음과 함께 소멸한다(대법원 1987. 7. 7. 선고 86다카1308 판결).

판 례

[95] 대법원 2003. 10. 24. 선고 2001다61456 판결

「…신종기업어음(일명 CP어음)을 발행회사로부터 매입한 종합금융회사가 이를 일반투자자들에게 매도한 후 일반투자자로부터 그 어음의 보관 및 만기의 추심을 위탁받아 종합금융회사의 어음관리계좌(CMA)에 그 어음을 보관관리하다가 추심하였다면 그 어음상의 채무는 소멸하고, 그 어음상의 채무에 대한 민사상 보증채무도 함께 소멸한다고 할 것이고, 일반투자자가 그 추심금으로 다른 신종기업어음을 매입하여 어음관리계좌로 현금이 입금되지 않았거나 어음관리계좌로부터 실제로 현금이 인출되지 아니하였다고 하여 달리 볼 것은 아니라고 할 것이다.

그러나 단순히 어음상 채무의 만기를 연기하기 위한 당사자 사이의 어음개서계약에 따라 구어음을 회수하고 신어음을 발행하여 교부하는 경우 구어음상의 채무는 소멸한다고 할 것이지만 구어음상의 채무와 신어음상의 채무가 실질적으로 동일한 때에는, 특별한 사정이 없는 한, 구어음상의 채무에 대한 담보나 민사상 보증은 신어음상의 채무에 대하여도 그대로 존속한다고 할 것이다.

… 원고는 … 공영토건이 발행한 이 사건 제1어음을 파산회사[한화종합금융]를 통하여 매입한 사실, 이 사건 제1어음의 만기가 도래하자 원고는 파산회사 및 공영토건과 협의하여 만기를 연장하기로 하고, 원고로부터 추심을 위임받은 파산회사는 공영토건으로부터 할인료만 현금으로 지급받고, 나머지 어음원금은 서류상으로만 결제가 된 것으로 정리한 후 공영토건으로부터 다시 어음을 매입하여 원고에게 매출하

는 형식을 취하여 원고의 어음관리계좌에 입고처리한 것으로 정리하였고, 그 후 …
매번 같은 방법으로 어음의 만기를 연장하여 오다가 이 사건 제 2 어음이 발행된 사실
을 알 수 있다.

　…위와 같은 단순한 만기 연장을 위한 어음개서의 경우 구어음상 채무는 신어음상
의 채무와 실질적으로 동일한 것으로 볼 수 있고, 달리 위와 같은 어음개서과정에서
반대의 명백한 특약이 있는 등 특별한 사정이 없는 이상 이 사건 제 1 어음상 채무에
대한 민사상 보증의 효력 역시 새로이 개서된 어음의 어음금채무에 대하여 존속하는
것으로 봄이 상당하다.」

註) 위 사안은 舊 한화종합금융회사(이하 "한화"라 약함)가 공영토건의 의뢰를 받아 공영토건발행 기업
어음(제 1 어음)을 원고에게 매출하면서 이면계약으로 동 어음에 민사보증을 하였는데, 만기에 공영
토건이 자금이 부족하여 지급하지 못하자, 공영토건이 다시 제 2 어음을 발행하고 이를 한화가 원고
에게 매출하는 형식을 취하면서 그 대금 대신 제 1 어음을 회수하였는데, 후에 제 2 어음도 지급거절
이 되자 원고가 한화를 상대로 보증책임을 물은 사건이다.

Ⅳ. 지급의무의 내용

인수인 또는 약속어음의 발행인이 주채무자로서 지는 지급채무의 내용은 만
기에 어음금을 지급하는 것이다. 물론 지급제시가 있을 때에 한한다. 이들 주채무
자가 지급채무를 이행하지 아니하면 소지인은 상환청구권을 행사할 수 있으나,
상환청구권을 행사하지 않고 계속 주채무자로부터의 이행을 구할 수 있음은 물론
이다. 또 상환의무자가 상환의무를 이행한 후에는 결국 주채무자에게 어음금지급
을 청구해 올 것이다. 이때 주채무자의 이행지체로 소지인 또는 상환의무자에게
손해가 발생한다. 이의 전보를 위해 어음법은 금전채무불이행에 관한 민법의 특
칙($\frac{민}{397조}$)에 대한 특칙을 두고 있다($\frac{481면}{참조}$).

Ⅴ. 지급의 방식

1. 지급채무의 소멸원인

지급이란 어음상에 기재된 어음금액의 전부 또는 일부를 현실로 급부하는 것

이다. 그러나 지급인의 어음채무는 상계·경개·대물변제·공탁 등의 원인에 의해서도 소멸할 수 있다.

상계는 지급인이 어음소지인에 대해 반대채권을 가지고 있고 법소정의 상계적상($\substack{민\ 492조 \\ 1항}$)에 있을 때 지급인이나 어음소지인이 일방적인 의사표시로 할 수 있다. 경개·대물변제는 당사자 간의 새로운 합의를 요한다.

어음소지인은 지급인의 어음채무를 면제할 수 있는데($\substack{민 \\ 506조}$), 면제로 인해 주채무자의 채무가 소멸하므로 소지인은 다른 어음채무자에 대해 상환청구할 수 없다. 바꿔 말해 어음소지인은 상환청구권을 유보한 채 지급인의 주채무만 면제할 수는 없는 것이다.

2. 어음금의 공탁

제시기간 내에 지급제시가 없을 경우에는 이행지체가 되지는 아니하나, 지급인은 소멸시효가 완성할 때까지 어음채무가 존속하는 미결(未決)의 부담을 안고 있어야 한다. 그러므로 지급인은 소지인의 비용과 위험부담으로 어음금액을 관할관서(공탁소)에 공탁할 수 있다($\substack{어 \\ 42조}$). 제시기간 내에 제시가 없으면 상환청구권이 발생하지 않으므로 배서인 등 다른 어음채무자들은 어음금에 관해 책임질 바 아니나, 이득상환청구를 예방하기 위해서 또는 단순히 호의에 의해 지급하고자 할 경우 같은 방법으로 공탁할 수 있다.

공탁은 「소지인의 위험부담」으로 함을 주의하여야 한다($\substack{어 \\ 42조}$). 「소지인의 위험부담」으로 한다 함은 혹 무권리자가 공탁소에 어음을 제시하여 어음금을 수령하더라도 이로 인하여 지급인의 책임을 물을 수 없음을 뜻한다. 요컨대 공탁에 의해 어음채무는 종국적으로 소멸하는 것이다.

사고신고담보금의 성격

은행을 발행인의 지급담당자로 하는 은행도어음의 지급에 관련해서는, 발행인과 지급은행과의 약정에 의해 발행인이 어음을 도난·분실 당한 경우 지급은행에 사고신고와 함께 어음금에 상당하는 사고신고담보금을 예탁하며 그 어음금의 지급정지를 의뢰할 수 있다. 이 때의 사고신고담보금은 일반의 예금채권과는 달리 사고신고 내용의 진실성과 어음발행인의 자력을 담보로 하여 부도제재회피를 위한 사고신고의 남용을 방지함과 아울러 어음소지인의 어음상의 권리가 확인되는 경우에는 당해 어음채권의 지급을 담보하려는 데 그 제도의 취지가 있다(대법원 1998. 11. 24.
선고 98다33154 판결). 그러므로 이 약정에는 지급은행이 사고어음을 제시받더라도 지급을 거절하고, 소지인으로부터 어음금지급을 소구받아 패소한 경우 이 사고신고담보금에서 어음금을 지급하도록 하는 합의도 포함된다. 구체적으로는 "어음소지인이 어음금지급청구소송에서 승소하고 판결확정증명 또는 확정판결과 동일한 효력이 있는 것으로 지급은행이 인정하는 증서를 제출한 경우 등에는 지급은행이 어음소지인에게 사고신고담보금을 지급한다"는 취지의 합의가 포함되는데, 이 약정은 제 3 자를 위한 계약에 해당한다(대법원 2005. 3. 24. 선
고 2004다71928 판결).

그리하여 사고신고담보금은 어음발행인과 지급은행간의 합의에 의한 효력만을 가질 뿐, 어음법 제42조에 따른 변제공탁으로서의 효력을 갖는 것이 아니므로 지급기일로부터의 이자나 지연손해금의 발생을 저지하는 효력을 갖지 못한다. 후에 어음소지인이 지급은행으로부터 사고신고담보금을 지급받았다고 해도 같다(대법원 2017. 2. 3. 선
고 2016다41425 판결).

3. 지급통화

어음금액을 지급지의 통화가 아닌 통화로 지급할 것을 기재한 경우, 예컨대 서울이 지급지인데, 금액은 1,000만엔(일화)으로 표시한 경우에는 지급인은 표시된 통화로 지급할 수도 있고, 아니면 지급지의 통화(위 예에서 우리의 '원'화)로 지급할 수도 있다(어 41조
1항 전). 이는 지급인이 선택한다. 지급지의 통화로 지급하고자 할 때에는 표시된 통화를 지급지의 통화로 환산해야 한다. 환산기준은 만기일의 지급지의 가격이다. 즉 만기일의 지급지의 외화가격에 의하여 환산해서 지급지의 통화로 지급한다(어 41조
1항 전). 그러나 어음의 채무자가 지급을 지체한 때에는 외환시세의 변동으로 환산금액이 달라질 수 있다. 그러므로 소지인은 만기일의 가격과 지급하는 날(실제 지급하는 날)의 가격 중에서 선택하여 지급을 청구할 수 있다(어 41조
1항 후).

어음에 표시된 외국통화의 가격은 지급지의 관습에 의하여 정한다(어 41조
2항 본). 그러나 발행인은 어음에서 정한 환산율에 따라 지급금액을 계산한다는 뜻을 어음에 적을 수 있다(어 41조
2항 단).

발행인이 특정한 종류의 통화로 지정하고 그 통화로만 지급한다는 뜻(외국통화 현실지급 문구)을 기재한 경우(위 예에서 일화 '엔'으로 지급한다는 뜻)에는 해당 통화로 지급하여야 한다(어 41조
3항).

각국의 통화 중에는 가치가 다른데 명칭이 같은 것이 많다. 예컨대, 미국의

'달러'와 홍콩의 '달러' 그리고 캐나다의 '달러'와 같다. 이같이 같은 명칭에 다른 가치를 가진 통화를 사용하는 두 개의 나라 간에 한쪽에서 발행되고 다른 한쪽에서 지급될 어음의 경우(예컨대 캐나다에서 발행되고 미국에서 지급될 1,000달러짜리 어음), 어느 통화에 의해 지급할 것인지가 문제된다. 어음법은 이 경우 어음금액은 지급지의 통화에 의하여 정한 것으로 추정한다($^{어\,41조}_{4항}$). 지급지의 통화를 기준삼은 것은 당연하나, 이를 '추정'함은 의문이다. '추정'하는 결과 어음 외의 약정이나 상황에 의해 반증이 가능한데,[1] 그럴 경우 지급지의 통화로 믿고 취득한 자의 보호가 문제된다. 따라서 반증된 사실(발행지통화기준)은 인적 항변사유에 불과하다고 풀이해야 한다.[2]

4. 어음금의 일부지급

어음소지인은 어음금의 일부지급을 거절하지 못한다($^{어\,39조}_{2항}$). 일부지급이란 지급인, 어음을 전액 인수한 자 또는 약속어음의 발행인이 어음금의 일부를 지급하는 것을 말하며, 일부인수한 자가 인수한 일부금액을 지급하는 것을 말하는 것이 아니다. 일부인수인은 당초 일부에 한해 채무를 부담하기 때문이다. 그러나 일부인수인이 인수한 금액에 미달하는 금액을 지급할 때에는 이 역시 일부지급이다.

일부지급을 거절하지 못한다 함은 소지인이 그 수령을 거절하더라도 그 부분에 한해서는 지급인의 지급거절이 되지 아니하고 따라서 그 부분에 관해 상환청구권도 발생하지 아니함을 뜻한다. 그러나 일부지급을 거절하더라도 주채무자에 대한 권리는 소멸하지 않는다.

민법의 일반원칙에 의하면 채무의 변제는 채무의 내용에 좇은 완전한 것이어야 하므로($^{민}_{460조}$) 일부의 변제는 적법한 변제가 아니며, 따라서 채권자는 이를 수령할 의무가 없다. 그러나 어음의 경우 어음소지인은 어음금지급에 대응하는 의무를 부담하는 바가 없으므로 일부지급을 수령하더라도 아무 불이익이 없다. 더욱이 일부지급은 다른 상환의무자들의 책임을 감축해 주므로 모든 어음채무자가 궁

---

1) Baumbach · Hefermehl · Casper, §41 Anm. 5.
2) 본문에서와 같은 문제점이 있으므로, 독일에서는 어음 자체에 나타난 사유로만 반증을 들 수 있다고 해석한다(Bülow, §41 Anm. 10). 예컨대 어음면에 지급지의 통화가 아니고 발행지의 통화를 가리킨다고 볼 수 있는 기재가 있는 경우 반증이 가능하다는 것과 같다.

정적인 이해를 갖는다. 따라서 어음법에서는 어음소지인이 일부지급을 거절하지 못하게 한 것이다. 일부지급시에는 후술과 같이 상환증권성이 적용되지 아니한다.

Ⅵ. 어음의 상환증권성

i) 지급인(또는 약속어음의 발행인, 이하 같음) 등이 어음금을 지급할 때에는 소지인에게 그 어음에 어음금의 영수를 증명하는 뜻을 적어서 교부할 것을 청구할 수 있다($\frac{어 39조}{1항}$).

어음을 환수하지 아니하고 어음금을 지급할 경우에는 소지인이 어음을 재차 유통시키고, 어음금이 지급된 사실을 모르는 자가 취득하여 어음금을 청구해 올 수가 있다. 물론 지급제시기간이 경과한 후에 어음을 취득하는 것은 기한후배서에 의한 취득이므로 지급인은 지급한 사실을 가지고 대항할 수 있으나, 지급인이 지급사실을 증명해야 하는 부담이 있고, 제시기간이 경과하기 전에 어음을 취득한 자에게는 지급사실을 가지고 대항할 수 없으므로 여전히 이중변제의 위험을 안게 된다. 그러므로 어음의 환수는 지급인의 당연한 권리이며 이는 어음금의 지급과 동시이행으로 청구할 수 있다. 그러나 기술한 바와 같이 어음금청구에 있어 지급제시를 요하지 않는다고 보아야 할 경우($\frac{판례}{[94] 참조}$)에는 이같은 상환증권성이 배제될 수밖에 없다.

ii) 어음금의 일부만이 지급될 경우에는 소지인이 다른 어음채무자들에게 상환청구해야 하므로 어음을 환수할 수 없다. 이 경우에는 지급인이 소지인에 대하여 일부지급한 뜻을 어음에 기재하고 영수증을 교부할 것을 청구할 수 있다. 어음에 일부지급의 사실을 기재함으로써 어음금 전액에 관해 재차 양도가 행해지거나 상환의무자들이 전액에 관해 상환의무를 이행하는 위험이 방지될 수 있다. 만일 지급인이 일부지급의 기재를 게을리하여 일부지급사실을 모르고 취득한 자가 있으면 이에 대해 대항할 수 없고, 상환의무자들이 일부지급의 사실을 모르고 전액을 상환한 경우 상환의무자들의 재상환청구에 대항할 수 없다($\frac{대법원 1962. 7. 19.}{선고 62다181 판결}$).

iii) 어음의 상환증권성(환수증권성)은 상계 · 대물변제 · 경개 등 다른 방법으로 어음채무를 소멸시킬 때에도 적용될 수 있다.

iv) 어음의 점유를 상실한 자가 제권판결에 의해 권리를 증명하여 지급을 구할 경우에는 물론 어음의 환수가 있을 수 없다. 하지만 이 경우에는 어음이 무효가 되어 재차 유통될 수 없으므로 이중변제의 위험은 없다.

Ⅶ. 지급인의 조사의무

1. 의　　의

　어음을 지급제시한 자가 배서의 연속에 의해 정당한 소지인으로서의 외관을 구비하더라도 실제는 정당한 권리자가 아닐 수도 있고, 반대로 배서가 불연속하여 일응 정당한 소지인이 아닌 듯이 보이더라도 진정한 권리자일 수도 있다. 어음의 외관에 불구하고 어음의 제시자가 무권리자라면 지급하지 않아야 함은 당연하다. 일반 채무의 변제라면 변제수령자의 권한 유무를 변제자가 조사해야 하고, 무권리자에게 변제한 경우에는 변제자가 그 위험을 부담한다.

　그러나 어음은 지급인과 의사의 연결 없이 전전유통되므로 지급인은 어음제시자의 권리의 유무에 대해 정보를 갖지 못함이 보통이다. 그리고 어음의 占有者는 배서의 연속에 의해 정당한 어음소지인으로 추정되는 까닭에 제시자의 권리 유무에 관해 의심이 가더라도 지급을 거절하기 위해서는 지급인이 소지인의 무권리를 증명하는 부담을 안아야 한다. 이 같은 어음거래의 특성에서 볼 때, 어음의 지급인에게 일반채무자와 같은 주의의무를 과하는 것은 불공평하다. 그러므로 어음법은 제시자의 권리 유무에 대한 지급인의 조사의무의 대상을 어음 자체로 한정함으로써 지급인의 위험부담을 덜어 주는 동시에, 어음채권의 추심을 용이하게 하는 한편, 무권리자에게 지급하였을 경우 책임의 소재에 관한 분쟁이 발생할 것에 대비하여 해결의 기준을 제시하고 있다.

2. 조사의 대상

　어음소지인의 권리에 영향을 주는 요소는 크게 나누어 실질적인 권리의 유무와 형식적 자격의 유무가 있다. 어음법 제40조 제3항은 「만기에 지급하는 지급인은 사기 또는 중대한 과실이 없으면 그 책임을 면한다. 이 경우에 지급인은 배서의 연속이 제대로 되어 있는지를 조사할 의무가 있으나 배서인의 기명날인(또는 서명)을 조사할 의무는 없다」고 규정하고 있다. 이 규정은 지급인이 조사해야 할 사항을 배서의 연속과 같은 형식적 요소에 국한하고 실질적인 무권리에 관해서는 지급인에게 사기 또는 중대한 과실이 없는 한 면책된다는 뜻을 규정한 것이다. 어음법 제40조의 「지급인」이란 환어음의 인수인 또는 인수하지 아니한 지급인, 약속어음의 발행인 및 이들의 지급담당자, 그리고 상환의무자를 포함한다. 그리하여 이 조사의무를 준수하는 한, 무권리자에게 지급하였다 하더라도, 인수인과 약속어음의 발행인이 지급한 경우에는 어음채무가 소멸함은 물론, 인수인 또는 지급인은 환어음의 발행인에 대해 자금관계상 지급의 효과를 주장할 수 있으며, 지급담당자가 지급한 경우 지급인, 인수인, 약속어음의 발행인에 대해 구상할 수 있다. 또 이 조문은 상환의무를 이행하는 자에게도 적용되므로 무권리자에게 상환의무를 이행한 자는 전자에게 재상환청구할 수 있다.

위 법문은 조사대상으로 「배서의 연속이 제대로 되어 있는지」(배서의 연속의 整否)만을 들고 있으나, 반드시 이에 국한된다고 볼 수는 없다. 지급인이 조사해야 할 사항을 설명하면 다음과 같다.

(1) 어음의 기재사항

어음이 어음요건($^{어}_{1조}$)을 구비하였는지는 당연한 조사사항이다. 어음요건 중 기재가 결여된 부분은 어음법 제2조 제1호 내지 제3호에 의해 법정보완될 수 있는 것이면 기재되지 않더라도 무방하다. 그러나 백지어음으로 발행된 경우에는 백지가 보충되지 않는 한 지급제시가 불가능하므로 지급인이 백지어음임을 알면서 지급한다면 조사의무를 어긴 것이다.

(2) 배서의 연속의 정부(整否)

어음의 수취인으로부터 소지인에 이르기까지 배서가 연속되어 있는지를 조사해야 한다. 백지식배서가 있는 때에는 어음법 제16조 제1항에 의해 연결되는지를 조사해야 한다.

제6절 지 급 465

배서가 불연속하더라도 소지인이 정당한 권리자일 수 있다(예: 상속·합병으로 승계한 경우). 이러한 경우에는 소지인이 실질적인 권리를 증명하여 어음금을 청구할 수 있으나, 이 경우 지급인은 자기의 위험부담하에 지급하여야 한다.[1]

(3) 기명날인(또는 서명)

법문에서 기명날인(또는 서명)을 조사할 의무가 없다고 함은 기명날인(또는 서명. 이하 같음)의 진부를 조사할 의무가 없다는 뜻이지[2] 기명날인의 유무까지도 조사할 의무가 없다는 뜻은 아니다(기명날인은 어음행위의 가장 중요한 형식요소이므로 당연히 그 유무를 조사하여야 한다). 예컨대 甲 → 乙 → A로 발행·배서된 어음에서 甲, 乙의 기명날인의 존부는 당연히 조사해야 하고, 다만 이 기명날인이 각기 진실로 甲, 乙의 기명날인인지를 조사할 의무가 없다는 뜻이다.

기명날인의 진부를 확인해야 한다면 결국 각 어음행위자가 실제로 어음면에 기재된 대로의 어음행위를 했는지 여부를 조사해야 함을 의미하는데, 이는 어음거래의 특성상 어음채무자에게 지우기 어려운 부담이기 때문이다.

(4) 소지인의 인적 동일성

지급제시는 소지인에 한해 할 수 있다($^{어\ 38조}_{1항}$)고 함은 지급을 위해 어음을 제시한 자가 어음면에 기재된 최후의 피배서인, 즉 어음소지인과 동일한 인물이어야 함을 뜻한다. 그러면 제시자가 어음면상의 소지인과 동일한 인물인지 여부도 지급인의 조사의무가 미치는 대상인가? 법문상 이에 관한 규정이 없을 뿐 아니라 어음법 제40조 제 3 항이 조사의무의 대상을 「배서의 연속」으로 한정하는 듯이 규정하고 있으므로 통설은 제시자와 소지인의 동일성 여부는 조사대상이 아니라고 보고 있다. 그러나 같은 조문을 두고 있는 독일에서는 정식배서된 어음의 경우, 지급인은 소지인에게 신분증명서 등을 제시하게 함으로써 소지인의 인적 동일성을 조사할 의무(die Prüfungspflicht hinsichtlich der persönlichen Identität des Inhabers)가 있다고 해석한다.[3] 사인 간의 거래에서 상대방의 신분을 완벽하게 조

---

1) Bülow, §40 Anm. 9.
2) Ibid.
3) Baumbach · Hefermehl · Casper, §40 Anm.6; Bülow, §40 Anm. 9.

사한다는 것은 불가능한데다 어음거래의 신속성의 요청에서 볼 때 이를 지급인의
의무로 보기는 어렵다. 그러나 지급인은 소지인의 인적 동일성을 거래통념상 가
능한 방법으로 조사할 조리상의 의무가 있다고 보아야 한다. 예컨대 일상생활에
서 통상 자신의 신분을 증명하기 위해 일상적으로 소지하는 증서(예: 주민등록증,
자동차운전면허증, 여권 등)를 제시하게 하는 것과 같다. 최근 금융거래에서 신분증
의 제시가 관행화되어 있음을 생각한다면, 이같이 해석하더라도 어음거래의 신
속 · 안전을 해하지는 않는다고 생각된다.

3. 실질적 권리의 조사

위에 말한 소지인과 제시자의 인적 동일성을 제외하고는 어음의 실질적인 권
리관계에 대해 지급인이 조사의무를 지지 아니한다. 예컨대 소지인에 대한 배서
가 무효 · 취소됨으로 인해 소지인이 무권리자이더라도 배서의 연속에 의해 자격
을 구비한 경우 그에게 지급하면 지급인은 책임을 면한다.

지급인이 면책된다 함은 지급으로 인해 지급인 등의 어음채무가 소멸한다는
뜻이므로 이로 인해 실제 어음상의 권리를 가진 자(예: 어음제시자에게 어음의 점유
를 상실당한 자, 어음제시자에게 무효인 배서를 한 자 등)가 어음상의 권리를 상실하는
손실을 입게 되나, 이에 대해 어음법상의 구제방법은 없다. 다만 실제의 권리자가
어음금을 지급받은 자를 상대로 부당이득반환 또는 손해배상을 청구하는 등 어음
외적인 구제수단을 취할 수 있다.

지급인의 면책은 만기에 지급하는 지급인에 대해서만 적용되고 만기 전에 지
급하는 지급인은 무한한 위험부담을 진다 함은 이미 설명한 바와 같다($\frac{어 40조}{2항}$).

이와 같이 어음제시자의 형식적 자격만을 보고 지급한 지급인은 면책되지만,
면책되기 위해서는 지급인에게 사기 또는 중대한 과실이 없어야 한다($\frac{어 40조}{3항 전}$). 앞
서의 형식적 자격의 유무는 지급인이 능동적으로 조사해야 한다는 의미에서 「적
극적 조사의무」라 하고 실질적 권리의 유무에 대한 조사의무는 사기 또는 중대한
과실이라는 비난요소가 있을 때에 한해 추궁된다는 의미에서 「소극적 조사의무」
라 한다.[1]

---

1) 일본에서의 통칭이다(田光政, "手形法の100條の3項にいる重大な過失," 『ジュリスト』108호,

(1) 「사기 또는 중대한 과실」의 뜻

어음법 제40조 제3항에서 「사기」(Arglist)라 함은 기망을 뜻하는 말이 아니다. 이는 첫째 어음제시자가 무권리자임을 알고(악의), 나아가 이 사실을 용이하게 증명할 방법(liquide Beweismittel)이 있음에도 불구하고 지급함을 뜻한다.[1] 그리고 「중대한 과실」이란 상대방이 무권리자라는 사실과 이를 증명할 용이한 증명방법이 있음을 보통의 주의조차 기울이지 않아 알지 못한 허물을 뜻한다. 요컨대 지급인의 책임추궁사유로서의 「사기 또는 중대한 과실」이란 일반적인 「악의 또는 중대한 과실」($^{예: 어 16}_{조 2항}$)보다 책임을 크게 경감해 주기 위한 것이다.

지급인의 책임추궁을 위해 악의에 더하여 「증명의 용이성」(Liquidität der Beweismittel)을 요구하는 이유는 어음제시자는 배서의 연속에 의해 적법한 소지인으로 추정되는 까닭이다($^{어 16조}_{1항}$). 즉 지급인이 마땅한 증명방법이 없이 지급을 거절한다면 소지인이 어음금을 청구하는 소송을 제기할 경우 패소할 것이고, 이로 인해 지급인이 무익한 비용지출과 신용의 손상을 부담해야 한다. 그럼에도 불구하고 단순한 악의의 소지인에 대해서 지급을 거절해야 한다면, 어음의 유통에서 소극적 지위를 갖는 지급인으로서는 가혹한 부담이 될 것이다.

이같이 지급인의 조사의무를 선의취득의 소극적 요건으로서의 「악의 또는 중과실」($^{어 16조}_{2항}$)보다 크게 완화한 것은 지급인의 소극적 입장을 고려한 것이다. 선의취득자는 어음을 임의로 취득하는 자이므로 취득 여부에 대한 선택을 할 수 있는 능동적 입장에 있다. 따라서 상대방이 무권리자인 줄 알았으나 증명방법이 없어 취득하였다는 변명이 허용되지 아니한다. 그러나 지급인은 채무자로서 지급이 강제되는 「수동적 지위」(Zwangslage des Schuldners)에 있으므로 자신의 선택이 불가능하다는 본질적 차이가 있다는 점이 이와 같은 책임완화의 근거이다.[2]

(2) 중대한 과실의 대상

「사기」라는 것이 「무권리자임을 알았다」는 것과 「용이한 증명방법이 있음을 알았다」는 두 가지 요소로 구성되므로 중대한 과실로 알지 못했다는 것이 어느

144면.

1) 독일에서의 定說이다(Baumbach · Hefermehl · Casper, §40 Anm. 7).

2) Baumbach · Hefermehl · Casper, §40 Anm. 8; Bülow, §40 Anm. 5, 6; Hueck · Canaris, S. 132.

요소에 관한 것이냐는 의문이 제기된다. 가능한 조합을 생각해 보면, i) 무권리자
임은 알았으나 용이한 증명방법이 있음을 중대한 과실로 알지 못한 경우, ii) 무권
리자임을 알았으나 중대한 과실 없이 용이한 증명방법이 있음을 알지 못한 경우,
iii) 무권리자임을 중대한 과실로 알지 못했고 알았다면 용이한 증명방법이 있는
경우, iv) 무권리자임을 중대한 과실로 알지 못했으나 이를 알았다 하더라도 용이
한 증명방법을 찾기 어려운 경우가 있을 수 있다. 이 중에서 i), iii)이 어음법 제40
조 제 3 항에서 말하는 중대한 과실에 해당함은 의문의 여지가 없다. ii)의 경우는,
사기가 증명의 용이성까지 요구하는 개념이므로 과실의 경중에 대한 판단도 이에
미쳐야 할 것이라는 점에서 제40조가 말하는 중과실에 해당한다고 보기 어렵다.
학설에 따라서는 iv)의 경우에도 지급인의 책임을 인정하지만, 이 경우에 지급인
의 책임을 인정한다면 「사기」가 악의이면서 동시에 용이한 증명방법이 있음을 알
았을 것을 요구하는 뜻이라는 해석과 균형이 맞지 아니한다. 따라서 지급인이 면
책할 수 없는 중과실이란 위 i), iii)에 국한되는 것으로 이해해야 한다(통설).

　　중과실의 유무는 어음거래의 개별적 특성에 대한 고려 하에서 그에 특유한
상황을 가지고 판단해야 한다.[1]

4. 전자제시와 조사방법

　　어음법 제40조 제 4 항은 「제38조 제 3 항에 따른 지급제시의 경우 지급인 또
는 지급인으로부터 지급을 위임받은 금융기관은 제 3 항 후단에 따른 배서의 연속
이 제대로 되어 있는지에 대한 조사를 제시금융기관에 위임할 수 있다」라고 규정
하고 있다. 이는 어음법 제38조 제 3 항에 따라 전자제시를 할 경우에는 지급은행
은 어음에 관한 정보만 입수할 뿐 어음의 실물을 보지 못하므로 배서의 연속이 제
대로인지 알 수 없기 때문에 이 문제를 해소하기 위해 둔 규정이다. 하지만 이 규
정에 따라 지급은행이 추심은행(제시금융기관)에 배서의 조사를 위임하였으나, 추
심은행이 배서에 관한 조사를 게을리 한 경우 그로 인한 어음법 제38조 제 3 항에
따른 책임은 여전히 지급은행이 지는 것이고 단지 지급은행과 추심은행과의 내부
적인 책임배분이 문제될 것이다. 즉 어음법 제40조 제 4 항은 어음법적으로는 무

---

1) Baumbach · Hefermehl · Casper, §40 Anm. 7.

의미한 규정이다.

5. 위조·변조된 어음과 위험부담

지급인이 위조 또는 변조된 어음을 제시받고 위조·변조된 사실을 과실 없이 알지 못하고 지급한 경우 위험을 부담해야 할 자는 지급인인가, 피위조자인가라는 의문이 제기된다. 이는 수표에 관해 자주 생겨나는 문제이고 어음도 같은 법리로 해결되어야 할 것이므로 수표의 지급부분에서 설명한다($\binom{545면}{참조}$).

제 7 절 상환청구

Ⅰ. 어음거래상 상환청구의 의의

1. 개   념

상환청구라 함은 어음금의 지급이 거절되거나 환어음의 인수가 거절되는 등 어음금의 지급을 기대하기 어려운 소정의 사유가 있을 때 어음소지인이 자신의 전 어음행위자에 대해 어음금의 지급을 청구하는 것을 말한다. 어음법은 배서인 및 환어음의 발행인과 같이 어음의 주채무자가 아닌 어음행위자들에게도 어음금의 지급을 담보할 의무를 과하고 있는데($\binom{어\,9조\,1항,}{15조\,1항}$), 상환의무는 이러한 각 어음행위자들의 담보책임에 근거하여 과하는 것이다.

상환의무자들은 어음소지인과 직접의 거래관계에 있는 것이 아닌 만큼 당연히 소지인에 대해 어음금의 지급책임을 져야 할 법논리적 당위성이 있는 것은 아니다. 그러나 다음에서 설명하는 바와 같이 어음의 지급증권으로서의 신뢰성을 높이기 위해 법정책적으로 주채무자 외의 어음행위자에게도 지급책임을 인정하는 것이다.

2. 상환청구제도의 어음거래상 의의

어음은 지급수단으로 유통되는 만큼 어음거래의 기본전제가 되는 것은 지급에 대한 신뢰이다. 약속어음은 발행인이 지급책임을 지고 환어음은 인수인이 지급책임을 진다. 그러므로 지급에 대한 신뢰라 함은 주채무자인 약속어음의 발행인과 환어음의 인수인에 대한 신뢰를 뜻한다. 그러나 어음은 전전유통하는 까닭에 몇 단계를 거쳐 취득한 어음소지인은 주채무자와 개인적인 신뢰관계를 갖지 못함이 보통이고, 흔히는 주채무자의 자금능력이나 신용도에 관한 정보를 전혀 갖지 못하고 어음을 취득한다. 그러므로 어음금의 지급가능성을 오로지 주채무자에게만 의존해야 한다면 원인거래의 당사자들은 어음으로 지급받기를 꺼려할 것이고, 따라서 어음의 지급수단으로서의 기능은 크게 감퇴될 것이다. 즉 어음의 유통성은 기대할 수 없고 오로지 상호 숙지하는 제한된 인원 사이에서만 지급수단으로 쓰일 수 있을 뿐이다. 이같이 어음소지인이 발행인에 대한 원격적 입지로 인해 갖는 지급가능성에 대한 불안을 제거하고 어음을 원인거래의 지급수단으로 활용하도록 하기 위해서는 어음금지급의 책임범위를 확대하는 것이 한 방법이다. 어음의 상환청구제도는 바로 이러한 목적에서 마련된 것으로서 어음의 유통성을 실질적으로 보장하는 구실을 한다.

어음의 지급수단적 기능에 초점을 맞추어 생각하면 상환청구제도는 특별한 정책적 이유를 대지 않더라도 당연히 인정되어야 할 제도로 생각할 수 있다. 일반적으로 거래시에 대가를 지급할 때에는 그 지급수단의 가치에 대해 지급자가 책임을 져야 함이 원칙이다. 예컨대 상품을 구입하고 돈을 치른 자는 그 돈의 통화적 가치에 대해 당연히 책임을 져야 하는 것과 같다. 그러므로 어음거래에 개입하여 어음을 원인거래의 지급수단으로 사용한 자는 당연히 어음금의 지급에 대해 책임을 져야 할 것인바, 상환청구제도는 이러한 당위성에서 비롯된 것으로 볼 수도 있다. 다만 일반적인 지급수단에 대한 책임은 자기의 직접의 당사자에 대해서만 부담하면 족할 것인데, 직접거래가 없는 소지인에 대해서까지 책임져야 함은 역시 어음의 유통성보장을 위한 정책적 배려에서 나온 것이다.

II. 상환청구의 당사자

i) 최초의 상환청구권자는 어음의 최후의 소지인이다($_{77조 1항 4호}^{어 43조,}$). 그는 어느 상환의무자이든 임의로 선택하여 상환청구권을 행사할 수 있는데, 그에게 상환의무를 이행한 자는 다시 전자에 대해 상환청구할 수 있다($_{3항}^{어 47조}$). 후자의 상환청구를 재상환청구라 한다.

ii) 상환의무자는 주채무자 이외의 어음행위자이다. 환어음의 경우에는 발행인·배서인이 상환의무자가 되고 약속어음의 경우에는 배서인이 상환의무자가 된다. 이들의 보증인도 피보증인의 책임순위와 내용에 따라 상환의무를 진다. 또한 이들의 무권대리인도 같은 책임을 부담한다($_{8조}^{어}$). 상환의무자는 어음행위자이어야 하므로 어음의 유통에 관여하되 어음행위를 하지 아니한 자는 상환의무를 지지 아니한다. 따라서 백지식배서를 받아 교부에 의해 어음을 양도한 자, 이로부터 어음을 취득하여 다시 교부에 의해 양도한 자는 상환의무가 없다. 수취인이 백지인 어음을 교부에 의해 양도한 자도 같다. 배서금지어음($_{2항}^{어 11조}$)을 지명채권의 양도방식으로 양도한 자 역시 상환책임을 지지 않음은 물론이다.

어음행위자라도 자신의 상환의무를 배제하거나 제한할 수 있음은 앞서 본 바와 같다. 예컨대 환어음의 발행인은 인수담보책임을 배제할 수 있으며($_{2항}^{어 9조}$), 배서인은 인수담보책임과 지급담보책임을 전부 배제하거나($_{1항}^{어 15조}$) 담보책임의 상대방을 직접의 피배서인으로 제한할 수 있다($_{2항}^{어 15조}$).

III. 상환청구의 요건

1. 요건의 엄격성

상환청구를 하기 위하여는 다음에서 보는 바와 같이 실질적인 요건으로서 만기에 어음금이 지급되지 아니하거나 지급에 대한 기대가 법이 정하는 사유로 인해 희박해야 하며, 형식적 요건으로서 거절증서를 작성하는 등 엄격한 절차를 구비해야 한다.

상환청구의 실질적 요건이란 요컨대 소지인이 주채무자로부터 어음금을 지급받지 못하는 사태가 발생한 것을 의미한다. 어음의 상환청구사태가 벌어지면 그간 어음행위를 하였던 당사자들 간의 원인관계에 혼란을 주고 당사자들의 신용이 크게 훼손된다. 그러므로 상환청구권은 주채무자로부터 실제로 어음채권의 만족을 얻을 수 없는 경우에 한해 행사해야 하고, 예컨대 주채무자가 만나기 싫은 인물이라든가 주채무자에 대한 지급청구가 지리적으로 불편하다는 식의 편의적인 동기에서 시도해서는 안 될 것이다. 여기에 상환청구의 실질적 요건을 엄격히 제한하는 이유가 있다.

상환청구의 형식적 요건이란 상환청구의 실질적 요건이 발생한 사실을 증명하는 방법이라 할 수 있다. 상환청구가 위와 같이 어음당사자들에게 불리한 결과를 초래하므로 상환청구의 실질적 요건은 엄격히 증명되어야 할 것이다. 그런데 상환의무를 이행한 자는 다시 자기의 前者에 대해 상환청구를 할 때에 상환청구의 실질적 요건을 재차 증명해야 하고, 재상환청구가 계속될 때마다 증명이 되풀이되어야 한다. 그러므로 상환청구의 실질적 요건은 자유로운 증명으로 증명될 성질의 것이 아니다. 실질적 요건의 증명은 모든 상환의무자들을 납득시킬 수 있는 객관적인 증명방법으로 이루어져야 한다. 어음법이 상환청구의 증명방법으로서 거절증서의 작성 등 가시적이고 획일적인 절차를 요구하는 것은 바로 이러한 이유에서이다. 일반적으로 어떤 증명방법을 권리의 발생요건으로 하는 예는 드물다는 점에서 상환청구제도는 어음법의 또 하나의 특색을 이룬다.

2. 상환청구의 실질적 요건

(1) 만기의 상환청구

만기에 상환청구권이 발생하는 요건은 어음소지인이 적법한 제시기간 내에 제시하였으나 지급이 거절되는 것이다. 아래 사항은 앞서 지급제시와 관련하여 설명한 것이지만, 상환청구의 요건으로서 다시 정리해 둔다.

i) 어음소지인이 제시하였어야 한다. 인수제시는 어음의 단순한 점유자도 할 수 있으나 지급제시는 소지인에 한하여 할 수 있음을 주의해야 한다. 소지인이라 함은 최후의 피배서인과 그로부터 추심위임을 받은 자를 포함한다. 최후의 배서

가 백지식인 어음의 점유자는 정당한 소지인으로 추정됨은 기술한 바와 같다.

ii) 적법한 제시기간 내에 제시하여야 한다. 적법한 제시기간은 기술한 바와 같다($^{448}_{면}$). 지급제시는 상환청구를 위해 필수적인 요건이다. 따라서 상대방이 지급하지 않을 의사를 표명했다 하더라도 상환청구권보전을 위해서는 지급제시를 하여야 한다. 거절증서의 작성이 면제된 어음이라 하더라도 지급제시가 면제되는 것은 아니다($^{후}_{술}$).

iii) 제시가 가능한 어음이라야 하므로 만기에 이르지 않은 어음을 제시할 수 없음은 물론이고, 보충하지 않은 백지어음은 제시하더라도 제시의 효과가 없고 따라서 상환청구권도 발생하지 아니한다.

iv) 지급제시의 상대방은 지급인(약속어음의 경우에는 발행인)이지만 지급담당자가 있을 경우 지급담당자에게 제시하여야 하며, 지급인에게 제시하는 것은 적법한 지급제시가 아니다. 따라서 지급인이 지급을 거절하더라도 상환청구권은 발생하지 아니한다.

v) 지급인 또는 지급담당자가 지급거절의 의사를 명시하지 않더라도 단순히 지급제시에 응하여 바로 지급하지 않으면 지급거절이다. 가령 후일의 지급을 약속하는 것은 지급거절이며, 소지인이 이를 기다리며 거절증서의 작성을 게을리한다면 상환청구권을 상실한다. 지급인 또는 지급담당자의 부재·소재불명 등의 사유로 지급을 받지 못한 것도 지급거절이다($^{거령 3조}_{1항 2호}$).

(2) 만기 전 상환청구

상환청구는 만기에 이르러 지급이 거절되었을 때에 할 수 있음이 원칙이다. 하지만 만기 전이라도 지급의 가능성이 현저히 희박해졌을 때에는 상환청구가 허용된다. 어음법은 지급의 가능성이 현저히 희박해지는 상황을 다음과 같이 열거하고 있다.

1) 인수의 거절($^{어 43조}_{1호}$)

환어음의 지급인이 인수를 거절했다고 해서 그것이 필연적으로 지급거절로 연결되는 것은 아니다. 그러나 경험칙상 인수를 거절한 지급인이 만기에 지급하리라고 기대하기는 어렵다. 그래서 인수가 거절된 어음은 더 이상 지급수단이 될 수 없고 따라서 유통성을 상실한다. 그럼에도 불구하고 소지인으로 하여금 만기까지 기다리도록 강요한다면 적기에 권리를 확보할 기회를 놓칠 수도 있으므로 어음법은 인수거절도 상환청구의 사유로 인정하고 있다. 인수제시 역시 제시가 가능한 어음이라야 하므로 발행인이 인수제시를 금한 어음($^{어\ 22조}_{2항,\ 3항}$)은 제시하여 인수가 거절되더라도 상환청구가 불가능하다. 반면 발행인이 일정 기일까지 인수제시를 명하였는데($^{어\ 22조}_{1항}$) 그 기일을 지나 제시한다면 거절되더라도 상환청구권이 생기지 않으며, 배서인이 기일을 정해 인수제시를 명했는데 이에 위반하여 제시하여 거절된다면 그 배서인에 대하여는 상환청구권이 생기지 아니한다.

지급인이 인수를 일체 거절한 경우뿐 아니라 부단순인수를 한 경우에도 상환청구사유가 되며($^{어\ 26조}_{2항}$), 지급인이 부재하거나 소재불명인 경우에도 인수의 거절로 본다($^{거령\ 3조}_{1항\ 2호}$).

어음금액의 일부를 인수한 경우에는 잔액부분에 한해 상환청구할 수 있다($^{어}_{26}$ $^{조\ 1항,}_{43조\ 1호}$).

2) 인수인·지급인의 파산, 지급정지, 강제집행의 불주효(不奏效)($^{어\ 43}_{조\ 2호}$)

인수인이나 아직 인수를 하지 아니한 지급인이 파산하거나 지급정지상태가 되거나 강제집행이 주효하지 못한 때[1]에는 만기가 되더라도 지급을 기대할 수 없으므로 상환청구를 할 수 있게 한 것이다. 지급정지란 채무자 회생 및 파산에 관한 법률상의 지급정지를 기준으로 판단해야 하는데($^{회파\ 305조\ 2항,}_{391조\ 각호}$), 판례는「지급정지」를 채무자가 변제기에 있는 채무를 자력의 결핍으로 인하여 일반적·계속적으로 변제할 수 없다는 뜻을 명시적·묵시적으로 외부에 표시하는 것이라고 정의한다. 그리고 자력의 결핍이란 단순한 채무초과상태를 의미하는 것이 아니라 채무자에게 채무를 변제할 수 있는 자산이 없고 변제의 유예를 받거나 또는 변제하기에 족한 융통을 받을 신용도 없는 것을 뜻하는 것으로 해석한다($^{대법원\ 2007.\ 8.\ 24.\ 선}_{고\ 2006다80636\ 판결}$). 파산절차에 이르지 않더라도 회생절차($^{회파}_{34조}$)가 개시된 때에는 역시 상환청구사유로 보아야 한다는 것이 통설이다. 강제집행이 주효하지 못하다 함은 문제된 어음에 관한 강제집행을 말하는 것이 아니라 다른 채무의 강제집행이 채무자의 자력부족으로 무용하게 된 경우를 말한다.

---

1)「주효」는 '무엇을 한 보람이 있다', '목적을 달성했다'라는 뜻이므로 '강제집행이 주효하지 못했다(不奏效)'고 함은 강제집행을 하였으나, 채무자에게 재산이 없어 강제집행이 무의미하였다는 뜻이다.

3) 인수제시를 금한 발행인의 파산($^{어\,43}_{조\,3호}$)

발행인이 인수제시를 금한 경우에는 인수제시를 하여 거절되더라도 상환청구가 불가능하다. 따라서 이 어음은 발행인의 신용에 의존하여 유통된다 할 것인데, 그 발행인이 파산한다면 이 어음은 신용의 기초를 잃었다고 할 것이므로 상환청구를 허용한 것이다.

4) 약속어음의 발행인의 파산 등

이상은 전부 환어음의 만기전 상환청구사유이다. 약속어음에 관하여는 만기시의 지급거절만 상환청구사유로 삼고($^{어\,77조}_{1항\,4호}$), 만기 전의 상환청구에 대해서는 규정을 둔 바 없다. 그러나 약속어음도 발행인이 파산하거나 지급정지가 되거나 또는 다른 강제집행이 주효하지 못할 경우에는 만기 전의 상환청구를 인정해야 한다는 것이 통설·판례이다($^{대법원\,1984.\,7.\,10.\,선고\,84다카424,\,425\,판결;}_{동\,1993.\,12.\,28.\,선고\,93다35254\,판결}$).

3. 상환청구의 형식적 요건(상환청구사유의 증명)

기술한 바와 같이 상환청구의 실질적 사유는 법정의 방법에 의해 증명해야 한다. 상환청구의 사유를 상환의무자가 알고 있더라도 법정의 증명방법이 없이는 상환청구할 수 없다.

인수의 거절 또는 지급의 거절은 거절증서에 의해 증명해야 한다($^{어\,44조}_{1항}$). 인수거절증서는 인수제시기간 내에 작성시켜야 한다($^{어\,44조}_{2항\,전}$). 다만 인수제시기간의 말일에 제시하였는데 지급인이 유예기간을 요청하고 인수를 거절한 경우($^{어\,24조}_{1항}$)에는 제시기간 내의 작성이 불가능하므로 그 다음 날에 작성시킬 수 있다($^{어\,44조}_{2항\,후}$).

지급거절증서는 확정일출급어음·발행일자후정기출급어음·일람후정기출급어음의 경우에는 지급을 할 날 이후의 2거래일 내에 작성시켜야 하며, 일람출급어음의 지급거절증서는 지급제시기간 내에 작성시켜야 한다($^{어\,44조}_{3항}$). 일단 인수거절증서를 작성한 경우에는 지급거절증서를 작성할 필요가 없다($^{어\,44조}_{4항}$).

인수인(및 약속어음의 발행인, 이하 같음) 또는 지급인 또는 인수제시를 금지한 발행인이 파산한 경우에는 인수거절증서이든 지급거절증서이든 거절증서의 작성이 필요 없고 파산결정서를 제시하면 된다($^{어\,44조}_{6항}$).

인수인 또는 지급인이 지급을 정지하거나 그에 대한 강제집행이 주효하지 아니함을 이유로 상환청구할 경우에도 지급제시를 하고 거절증서를 작성시켜야만 상환청구가 가능함을 주의하여야 한다($^{어}_{5항}^{44조}$). 인수인 또는 지급인에 대해 회생절차가 개시된 경우에는 파산의 경우와 마찬가지로 지급제시나 거절증서의 작성을 요하지 않고 회생절차개시결정서($^{회파}_{2항}^{49조}$)를 제시하면 된다고 하는 것이 다수설이나($^{강 · 임 475; 손주찬 333; 손진화 1105; 정동윤 331;}_{정찬형 372; 채이식 267; 최기원 521; 최완진 651}$), 이들 절차의 개시를 파산결정과 동일시하는 것은 옳지 않다. 이 경우에도 거절증서를 작성하여야 한다고 본다.

거절증서의 작성에 관한 실무적 절차에 관해서는 「거절증서령」에서 상세히 규정하고 있다.

4. 불가항력으로 인한 기간연장

제시기간 내의 제시와 거절증서의 작성기간은 불변기간이므로 이 기간을 놓칠 경우 당연히 상환청구권을 상실한다. 그러나 소지인의 책임으로 돌릴 수 없는 불가항력적인 사태로 기간의 준수가 불가능한 경우에는 기간의 연장 등 특례를 인정한다.

어음법에서는 「피할 수 없는 장애」를 특례의 사유로 하고 있는데, 이는 불가항력을 의미한다. 불가항력이란 소지인의 개인적인 사정이 아닌 객관적인 사정으로서 소지인이 관리할 수 없는 사정을 말한다($^{어}_{6항}^{54조}$). 예컨대 전쟁 · 내란 · 천재지변 등 어음상의 권리행사를 불가능하게 하는 사정을 말한다. 이러한 물리적 재난뿐 아니라 지급유예령(moratorium) 같은 국가적 행위도 불가항력에 속한다($^{어}_{1항}^{54조}$).

불가항력에 의해 법정기간 내의 어음의 제시와 거절증서의 작성이 방해된 때에는 소지인은 자기의 배서인에 대하여 지체 없이 이를 통지하고, 어음 또는 보충지에 통지를 하였다는 내용을 적고 날짜를 부기한 후 기명날인하거나 서명하여야 한다($^{어}_{2항}^{54조}$).

불가항력의 사유가 사라지면 소지인은 지체 없이 인수 또는 지급을 위한 제시를 해야 하고, 거절된 경우에는 거절증서도 작성하여야 한다($^{어}_{3항}^{54조}$).

불가항력이 만기부터 30일이 지나도 계속되는 경우에는 어음의 제시와 거절증서의 작성이 면제되고 소지인은 이러한 절차 없이 바로 상환청구권을 행사할 수 있다($^{어}_{4항}^{54조}$).

5. 거절의 통지

(1) 의   의

상환청구사유가 발생하면 소지인과 배서인들은 각기 소정의 전자에게 이 사실을 통지하여야 한다. 이는 상환의무자들에게 상환청구를 예고하여 상환의무의 이행을 준비시키는 동시에 자신의 권리를 확보할 기회를 부여하기 위한 것이다.

(2) 통지사유

인수거절 또는 지급거절이 있으면 통지해야 한다($^{어\,45조}_{1항}$). 법문에서는 지급거절과 인수거절만 규정하고 있으나, 지급인 등의 파산, 지급정지, 강제집행의 부주효 등 어떤 상환청구사유가 발생하더라도 통지해야 할 것이다. 지급인 등의 파산이나 회생절차개시의 결정을 원인으로 상환청구하는 때에는, 이러한 사항이 공고되므로 통지를 요구하지 않는다는 것이 다수설이나($^{강 \cdot 임 484;\ 손주찬 350;\ 손진화 1108;\ 정}_{동윤 334;\ 최기원 545;\ 최준선 417;\ 최완}_{진\ 653}$), 통지는 상환청구를 예고하는 의미를 가지며, 이 경우에도 예고의 필요성은 여전하므로 역시 통지하여야 한다고 본다.

(3) 통지당사자

통지의무자는 일차적으로는 어음소지인이고, 다음으로 그로부터 통지받은 상환의무자와 다시 차례로 통지받은 상환의무자들이다. 즉 배서의 역순으로, 소지인은 자기의 배서인에게 통지하고 그 배서인은 다시 전 배서인에게 통지하여 차례로 최종의 상환의무자에 이르게 하여야 한다($^{어\,45조}_{1항}$). 배서인이 처소를 기재하지 않거나 그 기재가 불명확하여 통지할 곳을 알지 못할 경우에는 그 직전의 전자에게 통지하면 된다($^{어\,45조}_{3항}$). 무담보배서를 한 자에게도 통지해야 한다는 견해가 있으나 통지의 취지가 상환의무의 이행에 관련된 것이니만큼 무담보배서인에 대한 통지는 무의미하다($^{통}_{설}$). 그러나 무담보배서인이 통지를 받은 때에는 다시 자기의 전자에게 통지할 의무를 부담한다고 보아야 한다($^{정동윤 334;\ 정찬형 383,}_{최기원 545;\ 최준선 417}$). 환어음의 경우에는 소지인이 발행인에게도 통지하고 배서인의 통지도 발행인에게까지 이르러야 한다. 이는 발행인이 최종의 상환의무자이기 때문인데, 같은 이치를 약속어음에 적용한다면 소지인은 수취인에게도 통지해야 한다고 해석해야 할 것이다. 수취인이 최종의 상환의무자이기 때문이다.

그리고 통지를 할 때에는 해당 상환의무자의 보증인에게도 같은 기간 내에 같은 내용의 통지를 하여야 한다($^{어\,45조}_{2항}$).

(4) 통지일자

소지인은 거절증서작성일 이후의 4거래일 내에 통지해야 하고, 거절증서의 작성이 면제된 때에는 어음의 제시일에 이은 4거래일 내에 통지해야 한다. 그리고 배서인은 자신이 통지받은 날 이후 2거래일 내에 통지해야 한다($^{어\,45조}_{1항}$). 배서인이 '통지를 받은' 2거래일 내에 통지하라는 표현에서 알 수 있듯이 이 '4거래일 내', '2거래일 내'라 함은 발송의 기한을 말한 것이다.

(5) 통지내용 및 방법

상환청구사유의 내용을 통지하여야 한다. 그리고 각 배서인이 통지할 때에는 전 통지자 전원의 명칭과 처소도 표시하여야 한다($^{어\,45조}_{1항}$). 통지의 방법에는 제한이 없으므로 서면 · 구두 등 어떤 방법도 가능하며, 단순히 어음을 반환하는 방법으로도 통지가 가능하다($^{어\,45조}_{4항}$). 다만 통지의무자가 자신이 기간 내에 통지하였음을 증명해야 하므로($^{어\,45조}_{5항\,전}$) 추후의 증명이 가능한 방법을 선택해야 할 것이다. 통지기간 내에 서면을 우편으로 부친 경우에는 기간을 준수한 것으로 본다($^{어\,45조}_{5항\,후}$).

(6) 통지의 해태

통지를 게을리한다고 해서 상환청구권을 상실하는 것은 아니다($^{어\,45조}_{6항\,전}$). 그러나 과실로 인하여 전자에게 손해가 생긴 때에는 어음금의 한도 내에서 손해배상책임을 진다($^{어\,45조}_{6항\,후}$). 통지의 해태로 인한 손해란 통지를 게을리함으로 인해 상환의무자에게 추가로 발생하는 부대비용이 일반적이겠지만, 나아가 적법한 통지가 있었더라면 상환의무자에게 추가로 발생하지 않았을 손해(예컨대 상환의무자가 발행인에게 추가로 신용을 제공하는 것)도 포함한다.[1]

---

1) Baumbach · Hefermehl · Casper, §45 Anm. 10; Bülow, §45 Anm. 11.

Ⅳ. 거절증서작성의 면제(무비용상환어음)

1. 의   의

거절증서의 작성은 상환청구권행사를 위한 법정의 요건이고 또 기술한 바와 같이 실제적 필요성이 인정되지만, 어음소지인에게는 매우 번거로운 절차이다. 구체적으로, 거절증서를 작성해 주는 집달관이나 공증인의 수수료 등의 비용을 부담해야 하고 상당한 시간을 소비해야 한다. 그만큼 어음의 이용도를 저하시키는 요인이 된다. 거절증서는 상환청구사유의 발생을 증명해 주는 것이므로 상환의무자들의 이익을 위한 것이다. 그러므로 어음법은 상환의무자가 그 이익을 포기하고 소지인으로 하여금 거절증서의 작성 없이 상환청구할 수 있도록 하는 것을 허용하고 있다. 오늘날 실제의 어음거래를 보더라도 거절증서작성의 면제가 보편화되어 있으며, 아예 시중에서 판매되는 어음용지에는 「거절증서작성면제」라는 문구가 인쇄되어 있어 어음행위자들이 특히 이를 말소하지 않는 한 거절증서의 작성이 면제되고 있는 실정이다. 거절증서작성을 면제하면 그 작성을 위한 비용을 지출하지 않고 상환청구할 수 있으므로 거절증서의 작성이 면제된 어음을 「무비용상환어음」이라고도 한다.

2. 면제권자

거절증서의 작성을 면제할 수 있는 자는 발행인, 배서인, 보증인과 같은 상환의무자이다(어 46조). 법문상 발행인이라 함은 환어음의 발행인을 뜻한다. 환어음의 발행인은 상환의무자이기 때문이다. 약속어음의 발행인은 환어음의 인수인과 마찬가지로 상환의무자가 아니고 주채무자이므로 거절증서작성면제권이 없다고 함이 논리적이다(서·정 247; 송옥렬 665; 장덕조 978; 정동윤 331; 정찬형 380). 이에 대해 약속어음의 발행인은 기본어음의 작성자라는 점에서 환어음의 발행인과 공통되고, 환어음의 발행인이 면제했을 때 상환의무자 전원에게 효력이 미치듯이 약속어음에도 전원에게 효력이 미치는 면제를 인정할 실익이 있다는 이유에서 약속어음의 발행인에게도 면제권을 인정하는 설이 있다(손주찬 343; 양명조 343; 정경영 1265; 채이식 282; 최기원 531). 기술한 바와 같이 거절증서제도는 상환의무자가 상환의무의 발생을 인식하고 다시 전자에게 재상환청구함에 있어 같은 사실을 다툼의 여지없이 증명할 수 있게 하기 위함이다. 이같이 거절증서의 작성면제는 상환의무자가 자신의 이익을 포기하는 것을 허용하는 제도로서 주채무자인 약속어음의 발행인의 이익과는 무관하므로, 약속어음의 발행인에게 거절증서작성의 면제권을 인정할 타당근거가 없다.

3. 면제의 방식

거절증서작성의 면제는 거절증서 없이 상환청구를 가능케 하는 매우 중요한 의사표시이므로 그 뜻이 어음에 분명히 나타나야 하고, 거절증서의 작성을 누가 면제했느냐에 따라 그 구속을 받는 자가 다르므로 누구의 의사인지가 분명해야 한다. 따라서 어음법은 거절증서작성의 면제도 요식행위로 하고 있다. 즉 면제권자는 '무비용상환' 또는 '거절증서불필요' 기타 같은 뜻의 문구를 기재하고 기명날인(또는 서명. 이하 같음)하여야 한다($^{어\ 46조\ 1항,}_{77조\ 1항\ 4호}$). 이 문구는 어음면에 기재해야 하고 보충지에 기재할 수 없다.

거절증서작성면제에 요구되는 기명날인은 발행 · 배서 등 본 어음행위를 위한 기명날인으로 갈음할 수 있느냐는 의문이 있다. 배서는 어음의 한정된 지면을 이용할 뿐이므로 거절증서작성면제의 문구가 특정 배서인의 면제로 볼 수 있을 정도로 위치적으로 접근되어 있다면 별도의 기명날인을 요하지 않는다고 볼 것이다($^{대법원\ 1962.\ 6.\ 14.}_{선고\ 62다171\ 판결}$). 환어음의 발행인이 한 거절증서작성면제도 어음의 앞면에 하는 한 별도의 기명날인이 필요 없다고 해석한다.

4. 면제의 효력

거절증서작성의 면제는 환어음의 발행인이 한 경우와 배서인이 한 경우 그 효력의 범위가 상이하다.

환어음의 발행인이 면제한 경우에는 모든 상환의무자에게 효력이 있다($^{어}_{46}$ $^{조}_{3항}$). 그러므로 발행인이 면제한 경우에는 소지인은 어느 상환의무자에게나 거절증서 없이 상환청구할 수 있다. 이 경우 거절증서의 작성이 불필요한데 굳이 소지인이 거절증서를 작성하였다면 그 비용은 소지인이 부담하여야 한다($_{조}^{동}$).

배서인 또는 보증인이 거절증서의 작성을 면제한 경우에는 그 배서인 또는 보증인에 대하여 효력이 있다($_{3항}^{어 46조}$). 그러므로 소지인이 다른 상환의무자를 상대로 상환청구권을 행사할 때에는 거절증서를 작성해야 한다. 소지인이 거절증서작성을 면제한 상환의무자에게 상환청구권을 행사할 때에도 그로부터 어음금을 지급받는다는 보장이 없는 만큼 다른 상환의무자에 대한 상환청구를 예비하여 거절증서를 작성해 둘 필요가 있다. 따라서 이 경우의 거절증서작성비용은 상환청구금액에 포함시켜 상환받을 수 있다($_{조}^{동}$).

5. 지급제시와의 관계

거절증서작성면제가 지급제시까지 면제하는 것은 아니다($_{2항}^{어 46조}$). 소지인은 지급제시를 하고 지급을 거절당해야만 상환청구권을 행사할 수 있다. 다만 거절증서작성이 면제된 어음의 경우 상환청구권을 행사하는 소지인은 적법한 지급제시를 한 것으로 추정되어($_{선고 68다1182 판결}^{대법원 1969. 3. 31.}$), 지급제시를 했느냐의 여부에 관해 다툼이 있을 경우 소지인의 不提示를 주장하는 자가 증명책임을 져야 하므로($_{조}^{동}$), 그만큼 소지인이 유리한 지위에 있다고 할 수 있다.

V. 상환청구금액

i) 상환의무는 주채무자의 채무에 대한 일종의 보증책임이므로 채무불이행에 관한 민법의 실손해전보의 원칙을 적용한다면 어음의 원금과 아울러 법정이자를 지급해야 하고($_{429조 1항}^{민 397조 1항,}$) 상환의무자가 알고 있는 경우 특별한 사정으로 인한 모든 손해를 배상하도록 해야 할 것이다($_{2항}^{민 393조}$).[1] 그러나 상환의무는 어음의 유통성보장을 위해 인정된 법정책임이므로 거래당사자의 과실책임에 근거한 배상원

---

1) 어음채무는 금전채무이고 그 불이행에 대해서는 민법 제397조의 특칙이 마련되어 있으므로 민법 제393조 제 1 항은 적용되지 않지만, 제393조 제 2 항은 적용된다는 것이 판례의 입장이고(대법원 1991. 10. 11. 선고 91다25369 판결), 이를 긍정하는 학설도 유력하다(제철웅, "민법 제397조의 법적지위에 관한 검토,"『한림법학』제 5 권, 200면).

리를 적용하는 것이 적당하지 않을 뿐 아니라, 다수의 상환의무자마다 개별적으로 손해배상액을 산정하는 것은 어음관계를 불안정하게 할 것이므로 획일적인 기준에 의해 배상액을 산정하도록 하고 있다.

ii) 어음법이 정한 상환청구금액은 어음금액과 약정이자, 법정이자, 거절증서작성비용 및 기타 비용이다($^{어}_{1항}^{48조}$).

어음금액은 어음에 기재된 표면금액을 뜻하나, 소지인이 일부지급이나 일부인수를 거절한 경우에는 그 잔액만을 상환청구금액으로 한다($^{어\,39조\,2항,}_{26조\,1항}$). 그리고 인수거절 등의 사유로 만기 전에 상환청구할 경우에는 소지인이 중간이자의 이득을 얻게 되므로 이를 공제해야 한다. 그래서 상환청구하는 날 현재의 소지인의 주소지에서의 공정할인율에 의해 계산한 금액을 감한 금액을 어음금액으로 한다($^{어}_{2항}^{48}_{조}$). 공정할인율이란 중앙은행의 상업어음할인율을 뜻한다.

이자부어음($^{어\,5조}_{1항}$)의 경우에는 만기까지의 약정이율을 적용한 이자를 가산한 금액을 어음금액으로 한다($^{어\,48조}_{1항\,1호}$). 이자의 기산일은 일람출급어음의 경우에는 발행일이 될 것이고, 일람후정기출급어음의 경우에는 인수제시일이 될 것이다.

기술한 바와 같이 어음의 상환청구에는 연 6퍼센트의 법정이자를 적용한다($^{어\,48조}_{1항\,2호}$). 법정이자에 갈음하여 다른 이율을 약정할 경우 당사자 간에서는 유효하나 다른 상환의무자에게 대항할 수 없다. 이자의 기산일은 만기일이다($^{동}_{조}$). 실제 지급제시한 날이 만기 이후이더라도 역시 만기일을 기산일로 한다($^{지급할\,날(어\,38조\,1}_{항)은\,만기와\,다를\,수}$ 있는 데다, 지급할 날 또는 그날 이후 2거래일 내에 지급제시 하면 되므로 실제의 지급제시일이 만기 이후일 경우가 많다).

거절증서작성비용도 상환청구금액에 포함되지만 환어음의 경우 발행인이 거절증서작성을 면제한 경우에는 어느 상환의무자에게 상환청구하든 거절증서작성이 불필요하므로 그 비용은 상환청구할 수 없다($^{어\,46조}_{3항}$). 전자에게 거절사태를 통지하는 데 소요된 비용은 상환청구금액에 포함된다($^{어\,45조}_{1항}$).

iii) 상환의무자가 위의 금액을 지급하고 재상환청구할 경우에는 위 금액에 증가된 이자와 비용을 추가한다($^{어}_{49조}$).

VI. 상환청구의 방법

1. 어음의 제시와 상환

상환청구에 있어서도 어음의 제시증권성과 상환증권성이 적용되므로 지급제시를 할 때와 마찬가지로 소지인은 상환의무자에게 어음을 제시하며 청구해야 하고, 상환의무를 이행받을 경우 상환의무자에게 어음을 반환하여야 한다. 아울러 상환의무자가 재상환청구를 할 수 있어야 하므로 상환의무자는 지급과 상환으로 거절증서와 영수를 증명하는 계산서를 청구할 수 있다($^{어\,50조}_{1항}$).

지급인이 일부인수를 함으로 인해 일부금액만 상환청구할 경우에는 어음을 반환할 수 없다. 만기에 인수된 금액을 지급받기 위해 어음을 제시해야 하기 때문이다. 그러므로 인수되지 아니한 금액의 상환청구에 응해 어음금을 지급하는 자는 그 지급한 뜻을 어음에 기재할 것과 영수증의 교부를 청구할 수 있다. 이때 소지인은 상환의무자의 재상환청구가 가능하도록 어음의 증명등본과 거절증서를 교부해야 한다($^{어}_{51조}$).

2. 역어음의 발행

(1) 의 의

소지인은 상환의무자를 지급인으로 하는 환어음을 발행하는 방법으로 상환청구권을 행사할 수도 있다($^{어\,52조}_{1항}$). 예컨대 甲이 발행, 乙 → A → B → C의 순으로 배서된 어음을 가지고 C가 상환청구하고자 할 때, 우선 B를 상대로 상환청구한다면, B를 지급인으로 하는 환어음을 작성하여 자기가 지급해야 할 다른 채무의 채권자인 D에게 발행하면 D가 이 어음을 B에게 제시하여 지급받음으로써 C가 상환의무를 이행받은 것과 같은 효과를 누릴 수 있는 것이다. 이를 역(逆)어음이라 한다. 상환의무자가 소지인의 주소와 다른 지역에 거주하므로 상환청구하는데에 지리적인 불편이 따르거나 비용이 소요될 경우 소지인이 상환의무자의 주소지에 소재하는 거래처를 이용하여 상환청구하고자 할 때에 유용한 수단이 될 것이다.

(2) 성 격

역어음의 발행으로 상환의무자에게 새로운 부담을 주어서는 안 되므로 역어음은 상환의무자의 주소에서 지급할 것으로 해야 한다($^{어 52조}_{1항}$). 즉 타지출급어음으로 할 수 없음은 물론이고 제 3 자방에서 지급하게 해서도 안 된다.

역어음은 즉시 지급받을 것을 목적으로 하므로 당연히 일람출급어음이다 ($^{어 52조}_{1항}$). 역어음의 지급인인 상환의무자의 주소지와 본어음의 지급지가 통화를 달리 할 경우 환시세의 차이가 있을 수 있다. 이 경우 역어음의 금액은 본어음의 주소지에서 역어음의 지급인인 상환의무자의 주소지를 지급지로 하여 발행하는 일람출급어음의 환시세에 의해 결정한다($^{어 52조}_{3항}$). 역어음의 금액에는 상환청구금액 외에 어음의 중개료와 인지세를 포함한다($^{어 52조}_{2항}$).

(3) 이상과 같이 역어음은 상환의무자에게 추가의 부담을 줄 수 있으므로 어음에 역어음의 발행을 금하는 문구가 없을 때 한해서 발행할 수 있다($^{어 52조}_{1항}$).

VII. 상환의무자의 책임형태(합동책임)

어음소지인에 대해서는 다수의 어음행위자가 채무를 부담한다. 이들 중에는 환어음의 인수인 또는 약속어음의 발행인과 같은 주채무자가 있고 배서인 및 보증인과 같은 상환의무자가 있다. 이들은 마치 민법상의 연대채무자와 흡사하게 무작위로 소지인의 권리에 복종한다. 이 다수 어음채무자의 책임관계를 어음법은 「합동책임」이라고 이름하는데($^{어 47조}_{1항}$), 어음법에 특유한 것이다.[1] 연대채무와 흡사하지만 몇 가지 차이점이 있다. 가장 기본적인 차이점은 연대채무는 채무의 발생원인이 모든 채무자에 공통되지만(연대의 합의) 어음채무자들의 책임은 발생원인을 달리한다는 점이다. 즉 각자의 독립된 어음행위가 책임의 원인을 이루는 것이다. 이하 연대채무와의 비교에 유의하며 합동책임의 내용을 설명한다. 편의상

---

1) 우리 어음법과 일본 어음법은 독일 어음법과 거의 동일하지만, 수인의 상환청구의무자의 책임형태에 관해서는 표현을 달리하고 있다. 우리 법과 일본법에서는 합동책임이라 표현하고 있으나(일 어음법 47조 참조), 독일 어음법에서는 어음채무자들이 「연대채무자로서(als Gesamtschuldner) 책임을 진다」고 표현하고 있다(독일 어음법 47조 1항). 물론 독일에서도 일반 연대채무에 대한 특수성은 우리와 같이 설명하고 있다(상세는 Bülow, §47 Anm. 18-24).

甲이 어음을 발행하고 수취인 乙을 거쳐 A → B → C의 순으로 양도되고 丙이 인수인이라 하자.

i) 소지인은 어음채무자들을 상대로 그 채무부담의 순서에 불구하고 그 1인 또는 수인, 또는 전원에 대하여 어음금을 청구할 수 있다($^{어\,47조}_{2항}$). 즉 C는 주채무자인 丙과 상환의무자인 甲, 乙, A, B 중 누구든 임의로 1인 또는 2인 이상을 선택하거나 또는 전원을 상대로 어음금을 청구할 수 있다. 물론 모든 채무자로부터 동시에 어음금을 수령할 수 있는 것은 아니다. 어느 1인이 변제하면 소지인의 채권은 만족하고 다른 채무자에 대한 권리도 소멸한다.

이러한 점은 연대채무와 같지만 채무소멸의 측면이 다르다. 기술한 바와 같이 각 채무자의 채무발생원인이 상이하므로 어느 채무자가 변제한다고 해서 모든 채무자의 채무가 소멸하는 것이 아니다. 각자 자신의 채무의 소멸원인이 있어야 소멸하는 것이다. 그러므로 변제한 者의 後者의 채무는 소멸하지만 전자의 채무는 소멸하지 않고 변제한 자의 청구에 복종해야 한다. 위 예에서 C가 乙을 상대로 청구해서 乙이 이행한다면 A, B의 채무는 소멸하지만 甲, 丙은 乙에 대해 계속 채무를 부담하는 것이다. 변제뿐 아니라 경개·상계·채무면제와 같이 연대채무에서는 절대적 효력($^{민\,417조,}_{418조,\,419조}$)이 있는 사유가 어음채무에 있어서는 단지 상대방과 그 후자의 채무만 소멸시킬 뿐이다($^{대법원\,1989.\,2.\,28.\,선고\,87}_{다카1356,\,1357\,판결\,참조}$). 다만 주채무자의 채무 이행이 있으면 모든 어음채무자의 채무가 소멸하는 것은 물론이다.

ii) 어음채무자가 자신의 채무를 이행하고 어음을 환수하면 그의 전자와의 관계에서 다시 위와 같은 법률관계가 전개된다($^{어\,47조}_{3항}$).

iii) 어음채무자 중의 1인에 대한 청구는 다른 어음채무자에 대한 청구에 영향을 미치지 아니한다. 이미 청구 받은 자의 후자에 대해서도 역시 영향을 주지 않는다($^{어\,47조}_{4항}$). 위 예에서 C가 乙에 대해 청구를 한다면 그 청구는 乙에 대해서만 효력이 있고, 甲, 丙, A, B에 대해서는 효력이 없다. 그러므로 C가 乙에 대한 청구에만 집중하여 시간이 경과하면 甲, 丙, A, B에 대한 청구권은 시효로 소멸할 수 있다. 이 점도 이행의 청구가 절대적 효력이 있는 연대채무와 상이한 점인데($^{민\,416조}_{참조}$), 역시 어음채무는 채무자별로 발생원인을 달리하여 각기 독립된 채무를 부담하기 때문이다.

iv) 각 어음채무자는 독립된 자기의 채무를 가지므로 어음채무자 간에는 부담부분이 없다는 것도 연대채무와 상이한 점이다.

Ⅷ. 재상환청구

1. 재상환청구권의 법적 성질

상환의무자가 상환의무를 이행하여 어음을 환수한 때에는 자기의 전자에 대하여 다시 상환청구할 수 있다($^{\text{어 47조 3항,}}_{\text{49조 본}}$). 이를 재상환청구라 하는데, 재상환청구권자는 이미 과거에 어음을 양도한 자임에도 불구하고 상환의무의 이행을 계기로 상환청구권을 갖게 된다. 따라서 상환의무자가 재상환청구권을 취득하는 법적 근거가 무엇이냐는 의문이 제기되고 이 점에 대해 견해의 대립이 있다. 재상환청구권의 법적 성질을 어떻게 보느냐에 따라 당사자들 간의 항변승계에 대한 설명방법이 달라진다. 즉 재상환청구권자는 재상환청구를 함에 있어 자기의 전자가 자신에 대해 갖고 있는 인적 항변사유를 가지고 대항을 받느냐, 그리고 전자가 자기의 후자에게 갖는 항변사유를 가지고 대항을 받느냐는 문제가 있다. 가령 甲이 발행한 약속어음이 乙 → A → B → C의 순으로 양도되었는데, C가 甲의 지급거절로 인해 A에게 상환청구권을 행사하였고 A가 상환의무를 이행하여 어음을 환수하였다 하자. 그리고 A가 이 어음을 가지고 乙에게 재상환청구함에 있어 乙이 A에 대해 가지고 있는 항변을 가지고 A의 재상환청구에 대항할 수 있느냐, 그리고 乙이 B, C에 대해 가지고 있는 항변사유를 가지고 A에게 대항할 수 있느냐는 문제이다.

(1) 권리회복설

재상환청구권자는 상환의무의 이행을 계기로, 어음을 양도하기 전에 가지고 있던 소지인으로서의 권리를 회복하는 것으로 보는 설이다($^{\text{서:정}}_{244}$). 재상환청구권자는 어음을 양도할 때 소지인으로서의 권리를 절대적으로 이전하는 것이 아니고 어음의 환수를 해제조건으로 하여 권리를 이전하는 것이므로 상환의무를 이행함으로써 조건이 성취되어 권리를 회복하는 것이라는 설명이다. 그리하여 위 예에서 乙은 A에 대해 갖고 있는 항변사유로는 A에게 대항하나, B, C에 대해 갖는 항변으로써는 A에게 대항하지 못한다고 하는데, 이 점을 권리회복의 당연한 귀결로서 설명한다. 즉 A는 종전에 甲 → 乙 → A로 이어지던 관계에서 A가 갖던 권리를 회복하는 것이므로 당연히 A에 대해 갖고 있는 항변사유를 원용할 수 있으나, 乙이 B, C에 대해 갖고 있는 항변권은 A와 무관하므로 원용할 수 없다는 것이다.

(2) 권리재취득설

상환의무의 이행으로 인한 어음환수를 어음상의 권리의 재취득으로 보는 설이다(김정호 357; 손주찬 338; 정동윤 341; 정찬형 393; 최기원 539). 당초 배서인이 갖고 있던 어음상의 권리는 배서에 의해 피배서인에게 확정적으로 이전되는 것이고 배서인이 상환의무를 이행하고 어음을 환수함으로써 법률의 규정에 의해 어음상의 권리를 재취득하는 것이라고 설명한다. 권리재취득설도 전자(乙)가 재상환청구권자(A)에게 갖는 항변을 가지고 대항할 수 있다고 설명한다. 그러나 그 이유를 권리회복의 결과로 보지 않고 항변은 특정 당사자 간의 인적사유로 인한 것이므로 A가 권리를 행사하는 한 A에 대해 인적으로 갖는 항변을 원용하는 것은 당연하다고 말한다. 그리고 전자(乙)가 재상환청구권자(A)의 후자(B, C)에 대해 갖고 있는 항변을 재상환청구권자에게 원용할 수 있느냐는 문제에 대해서는, 재상환청구권자가 악의일 경우에는 대항받는다고 하는 설도 있고(정찬형 393), 재상환청구권자의 취득은 법에 의한 강제취득이므로 선의·악의를 불문하고 대항 받지 않는다는 설도 있다(정동윤 341).[1]

(3) 結

현재의 통설대로 배서를 채권양도로 본다면 어음의 회수를 기대하고 배서한다고 보기는 어렵고 확정적으로 권리를 이전한다고 보아야 할 것이다. 뿐만 아니라 배서에 의해 어음을 양도하는 자가 장차 조건부로 어음을 재취득할 의사를 갖는다는 것은 어음거래의 실정상 어색한 설명이다. 한편 논쟁의 초점은 항변관계의 설명인데 그 결론의 논리성에서도 재취득설이 우월하다. 다만 재취득설에서 재상환청구권자의 후자에 대한 항변의 원용가능성에 대해 견해가 갈리는데, 재상환청구권자라는 지위가 스스로 선택한 것이 아니고 강제적으로 주어진 법적 지위

---

1) 일본의 통설이다(丹羽, 244면).

인 점을 감안하면 재상환청구권자의 선의·악의를 논함은 무의미하다. 그러므로 후자에 대한 항변은 항상 원용할 수 없다고 보아야 한다. 어음법 제50조 제 2 항은 상환의무를 이행한 자는 자기 이후의 배서를 말소할 수 있다고 규정하는데, 이는 후자에 대한 항변의 원용이 불가함을 전제로 한 것이다.

2. 재상환청구의 요건

(1) 상환의무의 이행

상환의무자가 재상환청구를 하기 위해서는 「어음채무자」가 「상환의무」를 이행해야 한다. 따라서 어음행위를 하지 않은 자가 어음금을 변제하더라도 재상환청구권은 발생하지 아니한다. 예컨대 어음을 단순히 교부에 의해 양도한 자 또는 무담보배서를 한 자가 자기의 후자에게 어음금을 지급하고 어음을 환수하더라도 재상환청구권을 갖지 못한다(통설).

그리고 어음채무자라도 「상환의무」를 이행하였어야 하므로 상환의무 없이 어음금을 지급한 경우에는 재상환청구권을 갖지 못한다. 예컨대 상환의무자가 백지어음의 소지인의 상환청구에 응한 경우 또는 상환청구권보전절차를 밟지 못해 상환청구권을 상실한 어음소지인의 상환청구에 응한 경우에는 「상환의무 없이」 어음금을 지급하였으므로 재상환청구권을 갖지 못한다.

그러나 판례는 상환의무 없이 상환청구에 응해 어음금을 지급한 자는 소지인이 자신의 전자에 대해 갖고 있던 상환청구권을 지명채권양도의 방법으로 양수하여 전자에게 상환청구권을 행사할 수 있다고 한다(판례[96]). 예컨대 乙이 백지식배서에 의해 A에게 배서하고 A는 단순한 교부만으로 B에게 양도하였다 하자. 이 어음이 지급거절되어 B가 A에게 상환청구하였더니, A가 상환의무가 없음에도 불구하고 어음금을 지급한 경우, A는 B가 乙에게 대해 가지고 있던 상환청구권을 지명채권양도의 방법에 따라 취득하여 행사할 수 있다는 것이다.[1] 이같이 본다면 전자는 소지인에 대해 갖고 있는 항변으로써 대항할 수 있다고 해야 할 것이다

---

1) 이는 법논리적으로는 모순된 설명이다. A가 B에게 어음금을 지급한 순간 B가 乙에게 가지고 있던 상환청구권은 소멸하고 만다. 그러므로 B가 갖고 있지 않는 상환청구권을 A에게 지명채권의 양도 방법으로 양도한다는 것은 있을 수 없는 일이다.

$\left(\begin{smallmatrix}민\\451조\end{smallmatrix}\right)\left(\begin{smallmatrix}동\\판례\end{smallmatrix}\right)$.

그리고 거절증서작성을 면제한 어음채무자는 후자가 거절증서작성 없이 상환의무를 이행했더라도 재상환의무가 있다$\left(\begin{smallmatrix}판례\\[97]\end{smallmatrix}\right)$. 판례에 나타난 관련사안을 보면 다음과 같다. 甲이 발행, 乙 → A → B → C의 순으로 양도된 약속어음에 관한 사건인데, 乙, A는 거절증서작성을 면제하였고 B는 면제하지 않고 양도하였다. C가 甲에게 지급제시하였으나 거절, B에게 거절증서 없이 상환청구하였고 B는 이에 응해 어음금을 지급하고 A에게 재상환청구하였던바, A는 C가 거절증서를 작성하지 아니하여 상환청구권이 없으므로 B는 상환의무가 없는데도 불구하고 어음금을 지급했다 하여 B의 재상환청구권을 부정하였다. 이에 대해 판례는 A가 일단 거절증서의 작성을 면제한 이상 후자가 거절증서작성 없이 상환청구에 응한 것을 탓할 수 없다 하여 A의 상환의무를 인정하였다. 특히 판례는 상환의무자가 상환의무를 이행하고 자기와 후자의 배서를 말소할 수 있다는 점$\left(\begin{smallmatrix}어 50조\\2항\end{smallmatrix}\right)$을 논거의 하나로 제시하고 있다.

판 례

[96] 대법원 1998. 8. 21. 선고 98다19448 판결

「백지식 배서에 의하여 어음을 양수한 다음 단순히 교부에 의하여 이를 타인에게 양도한 자가 소지인의 소구에 응하여 상환을 하고 어음을 환수한 경우, 그 전의 배서인에 대하여 당연히 재소구권을 취득하는 것은 아님은 원심이 판시한 바와 같다고 하더라도, 그 상환을 받은 소지인이 그 전의 배서인에 대하여 가지는 소구권을 민법상의 지명채권 양도의 방법에 따라 취득하여 행사할 수 있는 것으로 보아야 하고, 다만 그 소구의무자는 이에 대하여 양도인에 대한 모든 인적 항변으로도 대항할 수 있을 뿐이라고 할 것이다.」

※ 同旨: 대법원 2000. 1. 28. 선고 99다44250 판결.

[97] 대법원 1990. 10. 26. 선고 90다카9435 판결

「원심은 … 피고는 같은 달 25, 원고에게 각 지급거절증서작성을 면제하여 이를 배서양도하였는데, 원고는 같은 달 25, 위 소외 회사에게 지급거절증서작성을 면제하지 아니한 채 이를 배서양도한 사실 … 원고는 위 어음의 최후소지인인 소외 회사가 지급기일에 위 어음을 지급제시하였다가 지급거절당하고 지급거절증서를 작성하여 그 지급거절 당한 사실을 증명한 경우에만 소외 회사에 대하여 소구의무를 부담한다 할 것인데, 소외 회사가 위 어음을 지급제시하였다가 지급거절당하자 그 지급거절증서를 작성하였음에 관하여 원고의 아무런 주장·입증이 없는 바이니, 결국 원고는 소외 회사에게 어음금을 지급하여 위 어음을 취득하였다고 하더라도 전 배서인인 피고에 대하여 재상환청구할 수 없다고 판시하였다.

그러나 원심인정과 같이 피고가 원고에게 지급거절증서작성의무를 면제하고 배서양도한 것이라면 피고로서는 어음소지인의 소구에 대하여 거절증서작성이 없다는 이유로 청구를 거절할 수 없을 것이며 위 원심인정의 사실관계에서 원고가 어음의 최후 소지인인 삼성물산(주)에 대하여 거절증서작성유무를 확인하지 아니하고 그 소구청구에 응하였다고 하더라도 거절증서작성의무를 면제하고 배서한 피고로서는 그 점을 탓할 수 없을 것이다. 만일 그 어음의 최종소지인인 소외 삼성물산(주)이 거절증서를 작성함이 없이 직접 피고에게 소구하여 올 경우, 피고는 거절증서작성의무를 면제한 배서인이므로 거절증서작성이 없다는 이유로 그 소구를 거절할 수 없다고 보아야 할 것이고 어음의 배서인은 어음소지인의 소구에 응하였거나 기타의 사유로 어음을 회수한 경우에 자기의 배서를 말소할 수 있고 그렇게 되면 그 배서는 배서의 연속에 관한 한 없는 것으로 보게 되어 있으므로 삼성물산(주)이 적기에 거절증서를 작성하지 아니하였다 하여 피고의 원고에 대한 소구의무에 어떠한 영향이 미친다고 할 수 없다.…」

(2) 형식적 요건

재상환청구를 하기 위해서는 상환의무를 이행한 사실을 증명해야 하므로 상환의무자가 상환청구권자로부터 어음과 거절증서를 환수받아 재상환의무자에게 제시하여야 한다($\text{어}\,\frac{50조}{1항}$). 자기의 전자가 거절증서작성을 면제한 경우에는 거절증서 없이 재상환청구가 가능하나($\frac{판례}{[97]}$), 자기가 면제한 것은 전자에게 대항할 수 없다. 상환의무를 이행할 때 소지인에게 영수를 증명하는 계산서를 요구할 수 있으나 이는 재상환청구의 요건은 아니다. 한편 재상환청구권자는 자기와 후자의 배서를 말소할 수 있다($\text{어}\,\frac{50조}{2항}$). 이 배서를 말소할 경우 배서의 연속에 관한 한 배서가 없는 것으로 보므로($\text{어}\,\frac{16조}{1항}$) 재상환청구권자는 어음소지인의 자격에서 상환청구할 수 있다.

3. 재상환청구금액

재상환청구할 수 있는 금액은 자신이 지급한 총금액과 지급한 날 이후의 이 금액에 대한 연 6퍼센트의 이자, 기타 지출한 비용이다($\text{어}\,_{49조}$).

제 8 절 참　　가

I. 총　　설

1. 참가의 의의

　　참가라 함은 상환청구를 저지하기 위하여 어음채무자 아닌 자가 어음채무를 인수하거나 지급하는 것을 말한다. 참가형태로 어음채무를 인수하는 것을 참가인 수, 참가형태로 어음금을 지급하는 것을 참가지급이라 한다. 지급인이 인수를 거 절하거나 만기에 지급을 거절하면 즉시 상환청구사태가 일어난다. 이 경우 특정 의 상환의무자를 위해 제 3 자가 인수하거나 지급을 하여 상환청구의 진행을 막는 것이다. 그러므로 참가인은 실질적으로는 특정 상환의무자의 보증인의 역할을 해 주는 것이나, 보증은 어음의 유통과정에서부터 어음채무를 부담하므로 사전적인 보장이라 할 수 있음에 대해 참가는 상환청구단계에서 의무 없이 어음채무를 대 위부담 또는 변제하는 것이므로 사후적인 구제라 할 수 있다.

　　참가는 수표에는 없는 제도이다. 수표는 당초부터 자금이 없으면 발행을 하 지 않아야 한다는 것이 법의 뜻이기 때문이다. 환어음에 관해 참가제도를 두고 약 속어음에는 참가지급에 관한 규정만 준용하고 있으나($\frac{\text{어 }77\text{조}}{1\text{항 }5\text{호}}$), 참가인수는 환어음 의 인수와는 달리 단지 만기전 상환청구를 저지하기 위한 제 3 자의 행위이므로 약속어음에도 준용되어야 한다는 것이 통설이다.

　　실제의 어음거래에서는 참가라는 제도가 활용되는 일이 없다. 우선 환어음의 경우에는 환어음 자체가 일상적인 지급수단으로 사용되는 일이 드문 까닭에 자연 참가제도의 이용도 있기 어렵고, 약속어음의 경우에는 제 3 자가 상환의무자의 자 력을 지원해 줄 의사라면 복잡하게 어음관계에 개입하는 것보다는 상환의무자에 게 내부적으로 자금을 공급해 주는 것이 보다 간단한 해결이기 때문이다.

2. 참가당사자

제 3 자가 참가인수인 또는 참가지급인으로 어음관계에 개입하는 계기는 두 가지가 있다. 처음부터 어음면에 기재되어 참가가 예상되는 경우로서 이를 예비지급인이라 한다. 발행인 · 배서인 · 보증인은 각 어음행위시에 예비지급인을 적을 수 있다($^{어}_{1항}^{55조}$). 그리고 상환청구의 시점에서 어음에 기재되지 아니한 제 3 자가 참가인으로 개입하는 것을 「고유의 참가」 또는 「협의의 참가」라 한다. 참가인의 인수 또는 지급은 어느 상환의무자를 위해 하는데, 그 대상이 되는 상환의무자를 피참가인이라 한다.

제 3 자가 참가를 할 경우에는 2거래일 내에 피참가인에게 통지하여야 한다 ($^{어}_{4항}^{55조}$). 참가인수의 경우에는 피참가인이 참가인수인의 지급을 저지하고 자신이 어음채무를 이행할 기회를 주어야 하고, 참가지급의 경우에는 피참가인으로 하여금 참가인의 상환청구에 응할 준비의 기회를 주어야 하기 때문이다.

Ⅱ. 참가인수

1. 개념과 성질

참가인수란 인수거절 등 만기전 상환청구사유가 발생하였을 때 지급인이 아닌 자가 특정 어음채무자의 상환의무를 인수하는 어음행위이다. 상환의무자의 어음채무를 인수하는 것이므로 이는 주채무의 부담행위인 인수와는 성질을 달리한다($^{통}_{설}$). 따라서 참가인수인의 채무의 시효는 3년이 아니고 피참가인수인의 시효와 같이 1년 또는 6월(재상환청구를 받을 경우)이다.

참가인수를 인수와 비교해 보면 다음과 같은 차이점이 있다.

i) 인수는 어음의 지급인이 하는 것이나, 참가인수는 보통 지급인이 아닌 자가 한다.

ii) 인수인은 어음의 최종적인 채무자이나, 참가인수인은 특정의 상환의무자의 채무를 부담한다.

iii) i), ii)의 결과 인수인은 무조건적으로 어음채무를 이행해야 하지만, 참가
인수인은 후일 지급이 거절될 경우에 한해 그리고 자신의 피참가인이 청구를 받
을 때에 한해 지급채무를 이행해야 한다.

iv) 그리고 인수인은 어음금을 지급하더라도 누구에게도 권리행사가 불가능
하지만, 참가인수인이 어음금을 지급할 경우에는 그 자신이 피참가인과 그 전자
에 대해 어음상의 권리를 취득한다.

v) 인수된 어음은 만기 전 상환청구가 불가능하지만 참가인수가 있더라도 소
지인은 피참가인의 전자에 대해 상환청구할 수 있다.

2. 참가인수의 요건

(1) 참가자격

인수인이 아닌 자는 누구든 참가인수인이 될 수 있다. 실제는 상환의무자의
부탁으로 참가하겠지만 그것이 요건은 아니다.

발행인·배서인·보증인 등 이미 어음행위를 한 자도 참가인수인이 될 수 있
다. 마치 어음행위자가 자기의 전자의 채무를 보증할 수 있는 것과 같다.

지급인은 참가인수를 할 수 없다는 견해도 있으나, 지급인이 인수는 거절하
고 후자의 어음채무를 부담해 줄 경우도 있으므로 참가자격을 인정해야 한다. 어
음법도 명문으로 이를 인정하고 있다($^{어\,56조}_{1항}$). 다만 인수인이 참가인수인이 된다는
것은 무의미하므로 예외이다($^{동}_{조}$).

(2) 만기 전 상환청구사유의 발생

인수거절, 인수인 또는 지급인의 파산 등 만기 전에 상환청구할 수 있는 모든
경우에 참가인수가 가능하다($^{어\,56조}_{1항}$). 발행인에 의해 인수제시가 금지된 어음은 만
기 전 상환청구가 불가능하므로 참가인수할 기회가 없다($^{동}_{조}$). 만기 전 상환청구사
유의 발생은 거절증서 등에 의해 증명되어야 한다.

3. 방   식

참가인수는 어음행위이므로 법소정의 방식을 갖추어야 한다. 피참가인을 표시하고 참가인수의 내용을 적고 참가인이 기명날인하거나 서명하여야 한다($\frac{어}{57조}$). 피참가인의 표시가 없을 때에는 발행인을 위해 참가인수를 한 것으로 본다($\frac{동조}{2문}$). 이것은 법적 의제이므로 다른 자를 피참가인으로 할 의사였음을 증명하더라도 발행인을 피참가인으로 보는 효과에는 영향이 없다.

참가의 문구를 기재하지 않을 경우에는 다른 어음행위와 구별이 되지 않으므로 생략할 수 없는 사항이다.

참가의 문구는 어음에 기재함이 원칙이나, 참가인수는 배서인 또는 보증인을 위하여 하는 일도 있으므로 배서나 보증을 보충지이나 등본에 한 경우에는 참가인수도 보충지나 등본에 할 수 있다고 본다($\frac{同旨: 손주찬 365; 정동윤 349; 정찬}{형 467; 채이식 454. 반대: 강 · 임 514}$).

4. 소지인의 거절

제 3 자가 참가인수를 한다 해서 만기에 그가 반드시 어음금을 지급한다는 보장은 없다. 그가 피참가인보다 자력이 떨어지는 자일 수도 있기 때문이다. 그러므로 어음소지인은 제 3 자의 참가인수를 거절할 수 있다($\frac{어 56조}{3항 전}$).

그러나 어음에 예비지급인의 기재가 있을 경우에는 소지인이 어음을 취득할 때부터 참가가 예상되어 있으므로 참가를 거절할 수 없다. 소지인은 예비지급인에게 어음을 제시하였으나 그가 참가인수를 거절하였음을 거절증서에 의해 증명한 때에 한하여 예비지급인을 기재한 자와 그의 후자에 대하여 상환청구권을 행사할 수 있다($\frac{어 56조}{2항}$).

5. 참가인수의 효력

(1) 참가인수인의 의무

참가인수를 한 자는 어음소지인과 피참가인의 후자에 대하여 피참가인과 같은 의무를 부담한다($\frac{어 58조}{1항}$). 즉 만기에 가서 지급거절이 있을 경우 소지인의 피참가인에 대한 상환청구 및 피참가인의 후자의 재상환청구에 대해 책임을 지는 것이다. 참가인수인의 의무는 결국 피참가인의 상환의무이므로 소지인이 참가인수인에게 어음금을 청구할 때에는 일반 상환청구절차에 따라 상환청구의 요건을 구비하여야 한다($_{44조}^{어 43조,}$).

(2) 피참가인과 후자의 면책

소지인이 예비지급인으로부터 참가인수를 받은 경우 또는 제 3 자의 참가인수를 승낙한 경우에는 피참가인과 그 후자에 대해 만기 전의 상환청구권을 잃는다($_{3항 후}^{어 56조}$).

(3) 피참가인의 전자의 지위

만기 전의 상환청구가 면책되는 것은 피참가인과 그 후자뿐이고 전자는 여전히 상환의무를 부담한다. 그러므로 소지인은 그 전자에 대해 상환청구권을 행사할 수 있는 바이지만, 전자도 적극적으로 상환의무의 이행을 주장할 수 있다. 전자의 입장에서는 결국은 상환의무를 이행해야 하고 당장 상환의무를 이행하지 않을 경우 장차 상환청구금액이 늘어나므로 적극적으로 상환의무를 이행할 실익이 있다. 그러므로 전자는 소지인에 대하여 상환청구금액의 지급과 상환으로 어음 및 거절증서와 영수증의 교부를 청구할 수 있다($_{2항}^{어 58조}$).

(4) 참가당사자 간의 관계

참가인수인이 후일 어음금을 지급하게 되면 피참가인과 그 전자에 대해 어음상의 권리(재상환청구권)를 취득한다($_{1항 본}^{어 63조}$). 그러므로 피참가인은 참가인수에 불구하고 전자와 마찬가지로 만기 전 상환의무의 이행을 고집할 수 있다($_{2항}^{어 58조}$). 그 방법은 전자에 관해 설명한 바와 같다.

Ⅲ. 참가지급

1. 개   념

참가지급이라 함은 특정 어음채무자에 대한 만기 전·만기 후 상환청구를 저지하기 위하여 제 3 자가 어음금을 지급하는 것을 말한다. 참가지급은 어음행위가 아니고 어음채무의 변제이다.

2. 참가지급의 요건

(1) 참가지급인의 자격

이미 참가인수를 한 자 또는 아직 참가인수를 하지 않은 예비지급인은 참가지급을 할 수 있으며, 그 밖의 제 3 자도 참가지급을 할 수 있다. 환어음의 발행인·배서인 등 어음행위를 한 자도 참가지급을 할 수 있다. 환어음의 인수인이나 약속어음의 발행인은 상환의무자가 아니므로 참가지급이 있을 수 없다. 그들이 지급한다면 그것은 주채무의 이행일 뿐이다.

예비지급인이 아닌 자가 참가인수를 할 경우에는 불확실한 신용에 소지인이 구속받을 필요가 없으므로 소지인이 이를 거절할 수 있음은 기술하였다. 그러나 참가지급은 거절할 수 없다. 참가지급은 어음채권의 궁극적인 만족이므로 소지인이 거절할 이유가 없기 때문이다. 따라서 거절한다면 소지인은 피참가인과 그 후자에 대해 상환청구권을 잃는다($\frac{어}{61조}$).

참가인수인의 참가지급은 자신의 의무를 이행하는 것이고 그 외의 참가지급인들은 의무 없이 지급하는 것이다.

(2) 상환청구사유

참가지급은 소지인이 만기나 만기 전에 상환청구권을 행사할 수 있는 모든 경우에 할 수 있다($\frac{어 59조}{1항}$). 상환청구사유가 거절증서 등에 의해 증명되어야 함은 물론이다.

3. 참가지급의 금액

참가지급인이 지급할 금액은 피참가인이 지급할 금액의 전액이다($^{어\,59조}_{2항}$). 즉 피참가인이 이행해야 할 상환청구금액이다($^{어\,48조}_{1항,\,49조}$). 지급인에 의한 지급 및 상환 의무자의 지급시에는 일부지급이 허용되었으나, 참가지급인은 피참가인이 지급 할 금액의 전액을 지급해야 하므로 일부지급이 허용되지 않는다.

4. 참가지급의 시기

참가지급은 거절증서를 작성시킬 수 있는 최종일의 다음 날까지 하여야 한다 ($^{어\,59조}_{3항}$). 참가인수를 한 자는 이미 어음상의 채무가 발생하였으므로 이 기한에 지 급하지 않는다고 하여 어음채무를 면하는 것은 아니다.

5. 참가지급의 방법

참가지급은 어음행위는 아니지만 수인의 어음채무자의 이해에 영향을 주므 로 법정의 방법대로 해야 한다. 참가지급을 할 때에는 어음에 피참가인을 표시하 고 그 영수를 증명하는 문구를 적어야 하며, 피참가인의 표시가 없을 때에는 발행 인을 위하여 지급한 것으로 본다($^{어\,62}_{조\,1항}$). 즉 발행인 이후의 모든 어음행위자들의 채무가 소멸하는 것이다.

참가지급도 상환의무의 이행과 같으므로 어음을 교부하고 거절증서를 작성 시킨 때에는 거절증서도 교부해야 한다($^{어\,62조}_{2항}$).

6. 참가지급의 효력

참가지급에 의해 피참가인보다 후의 어음채무자들은 어음채무를 면한다($^{어\,63조}_{2항}$).

참가지급인은 피참가인과 그의 전자 및 주채무자에 대해 어음으로부터 생기 는 권리를 취득한다($^{어\,63조}_{1항\,본}$). 보증채무를 이행한 보증인의 지위와 같다.

7. 참가지급의 경합

수인이 참가지급을 원할 경우에는 가장 많은 수의 어음채무자의 의무를 면하게 하는 자가 우선한다($\begin{smallmatrix} 어 63조 \\ 3항 전 \end{smallmatrix}$). 결과적으로 환어음의 경우에는 발행인의 참가지급인이, 약속어음의 경우에는 수취인의 참가지급인이 최우선한다. 자기보다 우선하는 참가지급인이 있음을 알면서 참가지급을 한 자는 우선하는 자의 참가지급에 의해 의무를 면할 수 있었던 어음채무자에 대하여 상환청구권을 잃는다($\begin{smallmatrix} 어 63조 \\ 3항 후 \end{smallmatrix}$).

제 9 절 복본과 등본

I. 총   설

하나의 어음을 수통으로 작성하거나 어음의 복제를 만들어 어음법적 기능을 부여할 수 있다. 전자를 복본(複本)이라 하고 후자를 등본(謄本)이라 한다. 복본은 주로 원격지의 지급인에게 인수를 위해 어음을 송부할 경우 어음의 분실에 대비하고 어음의 유통을 가능하게 하기 위한 것임에 대하여 등본은 주로 어음의 분실을 염려해 정본(正本)을 보관하고 사본을 유통시키기 위해 만든다. 환어음에는 복본·등본제도가 있으나, 약속어음에는 인수가 없는 까닭에 등본제도만 있다.

복본은 환어음 자체가 별로 이용되지 아니하므로 역시 이용될 기회가 드물고 등본도 별로 이용되는 일이 없다. 등본을 작성할 경우 정본을 보관하고 등본을 유통시키는데, 어음의 취득자가 등본을 취득하는 것을 기피하기 때문이다. 그러나 무역거래에서 수출업자가 대금회수의 목적으로 발행하는 환어음(화환어음)의 경우에는 거의 예외 없이 복본을 발행한다.

Ⅱ. 복   본

1. 의   의

복본이라 함은 단일한 어음상의 권리에 관하여 작성한 수통의 어음을 말한다. 각각 완전한 정본으로서 주종의 관계가 없으나 전부의 어음이 하나의 권리를 표창한다. 유통과 권리행사가 하나의 어음으로 가능하다.

복본은 2가지 기능을 한다. 첫째는 지급인이 원격지에 있을 경우 그에게 인수를 위해 어음을 송부하면서 분실을 염려하고 아울러 어음이 반송될 때까지의 유통의 정체를 피하기 위하여 수통을 발행하는 것이다. 그리하여 복본 1통은 인수를 위해 지급인에게 송부하고 다른 복본은 보관하든지 배서해서 양도하는 것이다. 둘째는 인수와 관계없이 어음의 유통 중의 분실을 염려하여 수통을 작성하는 것이다. 동일인에게 배서양도하면서 복본 모두에 배서하여 별도로 송부하면 그만큼 분실의 위험이 분산되는 것이다.

2. 복본의 발행

(1) 발행자와 청구자

복본은 각기 어음의 정본이므로 발행인만이 발행할 수 있다. 발행인이 임의로 복본을 발행할 수 있음은 물론이고($^{어\,64조}_{1항}$), 소지인이 발행인에 대하여 자기의 비용으로 복본의 발행을 청구할 수 있다($^{어\,64조}_{3항}$). 소지인이 복본의 발행을 청구할 경우에는 자기의 배서인에게 청구하고 배서의 역순으로 차례로 청구하여 발행인에 이르도록 한다($^{동}_{조}$). 복본이 발행되는 사실을 어음채무자들이 알아야 하기 때문이다.

복본을 발행할 경우 이중으로 유통될 가능성이 있으므로 발행인이 이를 원하지 않을 수도 있다. 이 경우에는 발행인은 어음에 한 통만을 발행한다는 내용을 적어 놓으면 소지인의 청구를 막을 수 있다($^{동}_{조}$).

(2) 방   식

발행인이 어음을 여러 통을 작성하되 각 어음의 본문 중에 번호를 붙여야 한다($^{어\,64조}_{2항}$). 번호를 붙이지 않을 경우에는 각 어음을 별개의 어음으로 본다($^{동}_{조}$). 따라서 어음의 번호는 복본의 가장 중요한 요소라 할 수 있다.

앞서 말한 대로 소지인이 복본을 청구할 때는 배서의 역순으로 하는데, 발행인은 복본을 최초의 배서인에게 주어 순차배서의 순으로 전달하여 각 배서인이 배서를 다시 하게 하여야 한다($^{어\,64조}_{3항}$).

3. 복본의 효력

(1) 복본일체의 원칙

복본은 각기 하나로서 유효한 어음이지만 전체가 하나의 권리를 표창하므로 하나의 어음에 지급 등 권리소멸의 원인이 생기면 전체가 소멸한다($^{어\,65조}_{1항}$). 1통에 대한 지급이 다른 복본을 무효로 한다는 기재가 없더라도 같다($^{동}_{조}$). 따라서 각 어음에 기명날인(또는 서명)하더라도 하나의 어음채무를 부담할 뿐이며, 복본 전부를 소지하더라도 하나의 권리를 가질 뿐이다. 그러나 복본은 각기 독립하여 유효한 어음의 정본이므로 다음에 보듯이 권리나 채무를 이중으로 부담하게 될 경우가 있다.

(2) 각 어음의 독립성

복본은 전체가 하나의 권리를 표창하지만 각 어음이 별개로 유통되어 다수인의 소지인이 생긴 때에는 그들의 보호가 복본일체의 원칙에 우선한다.

i) 인수인의 책임   기술한 바와 같이 복본의 한 통에 대한 지급으로서 다른 어음도 소멸한다. 그러나 인수인이 나머지 어음을 회수하지 아니하여 타인이 이를 선의로 취득한 때에는 그에 대하여 책임을 면하지 못한다($^{어\,65조}_{1항\,단}$).

ii) 배서인의 책임   배서인이 여럿에게 각각 복본을 양도한 경우에는 각 복본에 대하여 담보책임을 진다($^{어\,65조}_{2항}$). 그리고 그 이후에 각 어음에 다시 배서한 자들은 각 어음에 대하여 담보책임을 진다($^{동}_{조}$).

4. 복본의 인수송부

복본의 한 통을 인수를 위해 지급인에게 송부한 자는 다른 복본에 이 한 통의 복본을 보유하는 자의 명칭을 적어야 한다($\frac{어 66조}{1항 전}$). 인수를 위해 송부한 복본(제1어음이라 하자) 외의 복본(제2어음이라 하자)은 배서에 의해 양도할 수 있는데 그 취득자들이 인수를 위해 송부한 복본(제1어음)의 소재를 알아야 지급제시를 하고자 할 때에 그 반환을 청구할 수 있기 때문이다. 인수를 위해 송부한 복본을 소지하는 자는 유통시킨 복본(제2어음)의 정당한 소지인에게 자기의 복본(제1어음)을 교부할 의무가 있다($\frac{어 66조}{1항 후}$).

제1어음의 교부를 거절하는 경우에는 제2어음의 소지인은 인수를 위해 송부한 어음의 교부를 청구하였으나 교부되지 않았다는 사실, 제2어음으로 인수 또는 지급을 받을 수 없었다는 사실을 거절증서에 의해 증명한 때에 한해 상환청구권을 행사할 수 있다($\frac{어 66조}{2항}$).

Ⅲ. 등 본

1. 개 념

등본은 복본과 달리 어음의 원본을 복사한 것이므로 어음이 아니다. 그러나 등본에 배서·양도할 수 있으므로 어음상의 권리는 등본을 소지하는 자가 가지며 추후 어음의 원본을 반환받아 권리를 행사할 수 있다.

등본은 유통과정에서 어음이 상실될 경우의 위험에 대비하여 작성하기도 하나, 인수를 위한 송부시에 복본에 대신하는 기능을 할 수도 있다. 즉 어음의 원본을 인수를 위해 송부하고 그 어음이 회수될 때까지 등본에 의해 유통시키는 것이다. 또 보증을 위해 어음을 송부할 때에도 등본을 이용함으로써 어음의 상실위험을 예방할 수 있다.

2. 작   성

등본은 어음이 아니므로 소지인은 누구든 작성할 수 있다($^{어\,67조}_{1항}$). 등본의 작성요령은 배서된 사항이나 그 밖에 원본에 적힌 모든 사항을 정확히 다시 적고 끝부분임을 표시하는 기재를 하는 것이다($^{어\,67조}_{2항}$). 등본의 끝부분임을 표시하는 문구를 「경계문구」라 하는데, 그 이후의 배서·보증 등 새로이 행해지는 어음행위와 구별하기 위함이다.

그리고 등본에는 원본의 보유자를 표시하여야 한다($^{어\,68조}_{1항}$). 등본에 의해 어음상의 권리를 취득한 자가 원본을 회수할 수 있게 해 주기 위함이다.

3. 등본의 효력

(1) 등본소지인의 권리

등본은 원본과 같은 방법으로 그리고 같은 효력으로 배서양도할 수 있고 보증할 수 있다($^{어\,67조}_{3항}$). 그러나 인수인 또는 약속어음의 발행인에 대한 지급제시 및 원본에 어음행위를 한 자에 대한 상환청구권행사는 원본에 의해 하여야 하므로 원본을 회수해야 한다. 그러므로 등본에 의해 배서양도받은 자는 원본의 보유자에게 원본의 교부를 청구할 수 있다($^{어\,68조}_{1항}$). 원본의 보유자가 원본의 교부를 거절할 경우에는 등본의 소지인은 등본에 배서한 자와 등본에 보증한 자에 대해 상환청구할 수밖에 없다. 그 상환청구를 위해서는 등본의 소지인이 원본의 교부를 청구하였으나 교부받지 못한 사실을 거절증서에 의해 증명해야 한다($^{어\,68조}_{2항}$).

(2) 원본의 효력

원본은 그 자체가 유효한 어음이므로 등본과 별도로 유통될 수 있음은 물론이고 이 어음을 선의로 취득한 자는 어음상의 권리를 취득한다. 그러므로 등본작성 후 원본의 유통을 방지하기 위하여 원본에 이루어진 최후의 배서의 뒤에 i) "이후의 배서는 등본에 한 것만이 효력이 있다"라는 문구 또는, ii) 같은 뜻을 가진 문구를 적을 수 있으며, 그 같이 한 경우 원본에 한 그 후의 배서는 무효이다($^{어\,68조}_{3항}$).

제**4**장

수　　표

제 4 장 수 표

제 1 절 수표의 본질: 일람출급성

Ⅰ. 의 의

수표란 특정인(발행인)이 특정인(지급인)에 대하여 일정 금액의 지급을 위탁하는 유가증권이다($\substack{수 1조 2호 \\ 참조}$). 수표는 지급위탁증권이라는 점에서 약속증권인 약속어음과 다르고 환어음과 같다($\substack{어 1조 2호, \\ 75조 2호 참조}$). 그러나 수표는 약속어음과 지급위탁증권·약속증권이라는 것 이상의 중요한 차이가 있고, 환어음과도 본질적인 차이가 있다. 그것은 수표의 일람출급성(一覽出給性) 때문이다. 수표법 제28조는「수표는 일람출급으로 한다. 이에 위반되는 모든 문구는 적지 아니한 것으로 본다」라고 규정하고 있다.「일람출급성」이란 만기를 따로 정하지 아니하고 발행일 또는 그 이후 언제이든 수표가 제시되면 즉시 지급되어야 함을 말한다. 그리고 "즉시 지급되어야 한다"고 함은 지급인이 수표를 제시받고 지급하지 아니하면 지급거절이 되어 수표거래자들간에 상환청구의 사태가 벌어지게 됨을 뜻한다. 이 규정은 바로 순수한「지급증권」으로서의 수표의 본질을 규정한 것으로, 이 규정에 의해 수표는「신용증권」인 환어음·약속어음과 기능면에서 확연히 구별된다.

물론 어음에도 만기의 일종으로 일람출급이 인정된다($\substack{어 33조 \\ 1항 1호}$). 그러나 어음에서 일람출급이 허용된다는 것과 수표의 일람출급성은 그 의의가 현저히 다르다. 어음의 경우에는 네 가지 형태의 만기가 있어 원인관계에서의 채무이행에 관한 당사자의 합의에 따라 자유로이 선택할 수 있고, 일람출급은 그 선택지 중의 하나이다. 그러나 수표의 경우에는 일람출급이 법상 강제되므로 당사자가 다른 만기를 선택할 여지가 전혀 없다. 그러므로 자연 수표와 어음의 용도적인 기능이 다를 수밖에 없다.

어음과 수표는 같이 지급수단의 기능을 하지만, 지급수단으로서의 실제적인 의의가 다르다. 어음도 일람출급으로 할 수 있다고 하지만 대개의 경우 발행인은 일람출급을 피하고 만기를 후일로 정한다. 그리하여 어음의 발행인들은 만기에 이르기까지 신용을 창출하는 효과를 누리고 있다.

그러나 수표는 만기를 후일로 하는 길이 봉쇄되어 있으므로 어음처럼 신용을 창조하기 위한 수단으로 이용할 수 없다. 즉 수표의 발행인은 지급인에게 이미 자금을 공급한 바 있거나, 수표발행과 동시에 자금을 공급할 수 있는 형편이 아니면 수표를 발행할 수 없다. 수표는 오로지 지급기능만을 할 수 있는 것이다. 그래서 어음은 현재 자금을 필요로 하는 자가 발행하고, 수표는 현재 자금을 가진 자가 발행한다고 비유한다. 예컨대 甲이 乙로부터 자동차를 구입하고 대금 1,000만원을 지급한다 하자. 대금지급방법을 乙과 협의한 끝에 3개월 후를 만기로 하는 약속어음을 발행한다면, 이에 의해 甲은 3개월간 乙로부터 1,000만원을 빌린 것과 같은 효과를 얻는다. 그러나 乙이 약속어음에 의한 지급에 동의하지 아니하여 甲이 丙을 지급인으로 하는 수표를 발행해 준다고 하자. 이 경우 乙이 언제 丙에게 수표를 제시할지 모른다. 심지어는 甲과 헤어지자마자 바로 丙에게 가서 지급을 요구할지도 모른다. 그러므로 甲은 미리 丙에게 1,000만원을 맡겨 두었거나, 아니면 乙보다 먼저 丙에게 가서 1,000만원을 건네 줄 수 있어야 한다. 그리고 보면 甲이 乙에게 자동차대금을 수표로 지급함으로써 얻는 편익이란 단지 현금의 수수를 생략한다는 의미밖에 없다. 즉 수표는 현금의 대용수단이 될 뿐인 것이다.

Ⅱ. 일람출급성의 제도적 반영

일람출급성은 수표의 법률관계를 일관하여 지배하는 법리이므로 일람출급성을 출발점으로 하여 수표는 어음과 구체적인 제도에서 여러 가지 차이점을 보인다. 일람출급성이 수표법에 어떻게 반영되어 있는지를 어음법과의 차이에 초점을 맞춰 살펴보면 다음과 같다.

1. 지급의 확실성 강화

수표가 현금에 대신하는 지급수단으로서의 구실을 하기 위해서는 수표의 소지인이 지급인에게 수표를 제시하는 즉시 수표금이 지급되어야 한다. 그러자면 지급인이 발행인의 자금을 보유하고 있어야 한다. 그래서 수표법은 발행인이 지급인과 사전에 수표계약(그를 지급인으로 기재하여 수표를 발행할 수 있다는 계약)을 체결하고 또 지급인에게 수표자금(수표를 제시받았을 때 지급할 수 있는 자금)을 공급한 상태에서만 수표를 발행하게 한다($\frac{수}{3조}$). 그리고 수표의 지급인은 이같이 발행인의 수표와 자금을 관리해야 하므로 일반인보다 높은 신용이 요구된다. 따라서 은행에 한하여 수표의 지급인이 될 수 있게 한다($\frac{수}{3조}$).

이 같은 제약에도 불구하고 수표자금 또는 수표계약 없이 수표를 발행하는 예가 만연한다면 수표에 대한 신뢰를 확보할 수 없고 나아가 수표가 지급수단으로서의 기능을 수행할 수 없으므로 「부정수표단속법」이라는 특별법에 의해 이러한 행위를 처벌하고 있다. 실제 수표의 지급의 확실성은 바로 이 제도에 의해 보장되고 있다.

이상과 같이 수표의 일람출급성이 제도적으로 반영되어 있으나, 그렇다고 지급가능성이 완전히 보장되는 것은 아니다. 그러므로 수표법에서는 지급인이 수표의 지급을 보증하는 제도(지급보증)를 두어 발행인이 지급인의 신용에 의지하여 수표의 신뢰성을 높일 수 있는 길을 열어 놓고 있다($\frac{수}{53조}$).

부정수표단속법

부정수표단속법은 수표의 일람출급성과 신용을 확보하기 위해 다음과 같은 행위를 처벌한다.

1) 가공인물의 명의로 수표를 발행하는 것($\frac{동법 2조}{1항 1호}$)

2) 금융기관(우체국포함)과의 수표계약 없이 수표를 발행하거나 금융기관으로부터 거래정지처분을 받은 후에 수표를 발행하는 것($\frac{동법 2조}{1항 2호}$)

3) 금융기관에 등록된 것과 다른 서명 또는 기명날인으로 수표를 발행하는 것($\frac{동법 2조}{1항 3호}$)

4) 수표를 발행하거나 작성한 자가 수표를 발행한 후 예금부족, 거래정지처분, 수표계약의 해제 또는 해지로 인해 제시기일에 지급되지 아니하게 하는 것($\frac{동법}{2조 2항}$). 부정수표단속법 위반죄의 가장 흔한 예로, 예금부족 등의 사유로 인하여 제시기일에 지급되지 아니할 것이라는 결과 발생을 예견하고 수표를 발행하면 성립한

다.[1] 그 예견은 미필적이라도 족하다($\substack{판례\\[98]}$).

이상의 행위는 5년 이하의 징역 또는 수표금액의 10배 이하의 벌금에 처한다($\substack{동법 2조 1\\항,\\2항}$). 그러나 과실로 이러한 행위를 한 때에는 3년 이하의 금고 또는 수표금액의 5배 이하의 벌금형을 과한다($\substack{동법\\2조 3항}$).

수표를 발행한 자가 고의 또는 과실로 위 4)의 죄를 범한 경우 및 과실로 1)~3)의 죄를 범한 경우에라도 수표를 회수한 경우에는 공소를 제기하지 아니하며, 회수하지 못했더라도 수표소지인의 명시적 의사에 반하는 경우 공소를 제기할 수 없다($\substack{동법\\2조 4항}$).

위 1)~4)에 해당하는 수표발행이 법인이나 그 밖의 단체에 의해 이루어진 경우에는 수표에 적혀 있는 대표자 또는 작성자를 처벌하며, 그 법인 또는 그 밖의 단체에 대해서는 벌금형을 부과한다($\substack{동법 3조\\1항 본}$). 다만, 법인 또는 그 밖의 단체가 그 위반행위를 방지하기 위하여 해당 업무에 관하여 상당한 주의와 감독을 게을리하지 아니한 경우에는 그러하지 아니하다($\substack{동법 3조\\1항 단}$). 그리고 대리인이 수표를 발행한 경우에는 본인을 처벌하는 외에 그 대리인도 처벌한다($\substack{동법\\3조 2항}$).

수표를 위조 또는 변조한 자는 형법에 의한 유가증권위조죄의 일반형($\substack{10년 이하의 징역,\\형 214조 1항}$)보다 가중하여 1년 이상의 유기징역과 수표금액의 10배 이하의 벌금에 처한다($\substack{동법\\5조}$). 또한 수표의 위조·변조범 행위는 유가증권위조죄의 성립요건을 완화하여 초과주관적 구성요건인 "행사할 목적"을 요구하지 않는다. 이같이 형법의 유가증권위조죄에 비해 가중처벌하므로 처벌범위가 지나치게 넓어지지 아니하도록 위조·변조의 대상을 수표의 발행으로 제한하여 해석하는 것이 판례의 입장이다($\substack{대법원 2019. 11. 28. 선\\고 2019도12022 판결}$).

판   례

[98] 대법원 2013. 12. 26. 선고 2011도7185 판결

「수표를 발행한 사람이 예금부족 등의 사유로 인하여 제시기일에 지급되지 아니할 것이라는 결과 발생을 예견하고 수표를 발행하면 부정수표 단속법 제2조 제2항 위반의 죄가 성립하고, 그 예견은 미필적이라도 되며, 기타 지급제시를 하지 않는다는 특약이나 수표를 발행하게 된 경위 또는 지급하지 못하게 된 경위 등에 대내적 사유가 있다는 사정만으로는 그 책임을 면할 수 없다. 따라서 수표금액에 상당한 예금이나 수표금 지급을 위한 당좌예금의 명확한 확보책도 없이 수표를 발행하여 제시기일에 지

---

1) 「부정수표 단속법은 국민의 경제생활의 안정과 유통증권인 수표의 기능을 보장하기 위하여 제정된 것이므로 수표가 유통증권으로서의 기능을 하는 이상 부정수표 단속법의 적용대상이 된다. 따라서 수표상에 기재된 액면금액과 발행일자 등을 그 지급제시기간 내에 적법하게 정정한 경우는 물론 그 기간이 경과한 후라 하더라도 발행인이 소지인의 양해 아래 적법하게 발행일자를 정정한 경우에는, 그 정정된 발행일자로부터 기산하여 지급제시기간 내에 지급제시가 되었다면 예금부족이나 무거래 등을 이유로 한 지급거절에 대하여 발행인은 부정수표 단속법 제2조 제2항의 책임을 져야 한다」(대법원 2014. 11. 13. 선고 2011도17120 판결).

급되지 아니한 결과를 발생하게 하였다면 부정수표 단속법 제 2 조 제 2 항 위반의 죄에 해당하고, 다만 발행 당시에 그와 같은 결과 발생을 예견하지 아니하였거나 특별한 사정이 있어 수표가 지급제시되지 않으리라고 믿고 있었고 그와 같이 믿은 데에 정당한 이유가 있으면 그 책임을 지지 않는 것이다(대법원 1985. 12. 24. 선고 85도1862 판결; 동 2000. 9. 5. 선고 2000도2190 판결 등 참조).」

2. 무기명증권화

수표의 지급증권으로서의 기능을 활성화시키자면 수표를 현금과 같이 사용할 수 있도록 해야 한다. 그리하여 수표는 어음과 달리 소지인출급식으로 발행할 수 있게 하였다(수 5조 1항 3호). 실제거래에서도 수표는 주로 소지인출급식으로 발행되고 있다.

3. 유통의 단기화

수표는 일람출급성을 지니므로 그 지급을 대비해야 하는 발행인은 매우 불안한 입장에 놓인다. 더욱이 수표의 지급이 거절될 경우 부정수표단속법에 의한 처벌을 감수해야 하므로 불안의 정도는 더욱 크다. 그래서 수표법은 수표의 지급제시기간을 10일이라는 매우 짧은 기간으로 정하고 있다(수 29조 1항). 이 기간 내에 수표의 소지인이 지급제시를 하지 아니하면 지급을 거절하더라도 발행인의 상환책임이 생기지 아니하고 부정수표단속법상의 벌칙도 적용되지 아니한다(물론 이 경우에도 소지인의 이득상환청구는 가능하다).

4. 신용증권화의 방지

수표는 단지 현금을 대신하는 지급수단으로서만 기능하도록 하는 것이 입법취지인데, 수표가 어음과 같이 장기간 신용증권으로 유통된다면 당초 법이 예상하는 수표의 기능을 충족시킬 수 없다. 때문에 수표법은 다음과 같이 수표가 신용증권화할 수 있는 가능성을 봉쇄하고 있다.

i) 수표는「인수」를 하지 못한다(수 4조). 인수를 허용한다면 지급인이 주채무를 부담한 뒤에 장기간 유통에 놓여질 것이기 때문이다. 수표의 소지인이 인수제시

를 위해 지급인을 방문할 바에는 차라리 지급을 위해 제시하는 것이 자연스러울 것이다. 그럼에도 불구하고 인수가 행해진다는 것은 발행인이 수표자금 없이 수표를 발행하고 지급인이 지급의 확실성을 보장하여 주기 위한 경우일 것이다. 그리고 인수를 하면서 만기를 새로이 약정할 것이다. 이것은 수표의 일람출급성에 정면으로 배치하므로 인수를 금한 것이다.

ii) 수표에는 이자를 붙일 수 없다($\frac{수}{7조}$). 이자를 붙인다는 것은 소지인으로 하여금 지급제시를 늦추도록 유도하는 뜻이 있기 때문이다. 이자의 약정을 허용할 경우 발행인이 수표자금 없이 수표를 발행하고 고율의 이자를 붙임으로써 지급제시를 늦추도록 유도하는 예가 일반화되는 것을 방지하기 위한 것이다.

iii) 어음의 경우에는 지급인에 대해서도 배서할 수 있다($\frac{어 11조}{3항}$). 그러나 수표의 경우 지급인에 대해 배서하더라도 수표를 양도하는 뜻이 없고 단지 영수증의 효력만이 있을 뿐이다($\frac{수 15조}{5항}$). 따라서 지급인이 하는 배서도 허용되지 아니한다 ($\frac{수 15조}{3항}$). 지급인에 대한 배서의 효력을 인정하지 않는 것은 실은 지급인이 다시 하는 배서를 금하기 위한 것이다. 지급인의 배서를 허용한다면 인수를 허용하는 경우와 같이 지급인의 담보책임하에 수표가 장기간 유통될 것이기 때문이다.

iv) 수표에는 입질이라는 제도가 없다. 수표는 일람출급증권이므로 수표를 가진 자가 자금이 필요하다면 지급제시하여 현금화하면 될 것이다. 그럼에도 불구하고 수표를 입질한다 함은 발행인의 자금부족으로 지급이 될 수 없는 경우일 것인즉 이는 수표거래에서 가장 바람직하지 못한 현상이다(그렇다고 입질이 불가능한 것은 아니다. 527면 참조).

v) 수표의 일람출급성을 회피하고 지급을 미루기 위해 활용하는 방법으로 발행일을 실제의 발행일보다 후일로 기재하는 수가 있다. 이러한 수표를 「선일자수표」라 하는데, 이는 수표의 일람출급성을 회피하기 위한 일종의 탈법수단이라 할 것이므로 수표법은 선일자수표도 실제의 발행일로부터 제시할 수 있도록 함으로써 탈법의 유인동기를 제거하였다($\frac{수 28조}{2항}$).

5. 지급위탁의 취소

발행인이 원인관계상의 채무의 불이행이나 기타 사유로 수표금을 지급하지 않아야 할 경우가 있으나, 수표는 일람출급성을 가지므로 발행인이 자신의 권리를 방어하기 어렵다. 그래서 수표법은 발행인이 지급인에 대해 수표금의 지급위탁을 취소할 수 있는 기회를 부여하고 있다($^{수 32조}_{1항}$).

6. 도난, 분실의 대비

수표는 일람출급증권인데다 주로 소지인출급식으로 발행되는 까닭에 분실할 경우 권리상실의 위험이 크다. 수표법은 횡선제도를 두고 있는데($^{수}_{37조}$), 이는 분실된 수표를 가지고 지급받은 자의 신원을 추적하여 사후에라도 반환을 청구하거나 기타 방법으로 수표를 상실한 자의 권리를 회복할 수 있는 가능성을 부여하기 위한 것이다.

제 2 절 발   행

Ⅰ. 의   의

수표에도 지급인이 존재하고 그에게 지급을 위탁한다는 점에서 환어음과 기본구조는 같다. 그러나 수표의 경우 인수라는 제도가 없으므로 주채무자가 없다. 그러므로 발행인이 실질적인 주채무자의 구실을 하지만, 법형식상으로는 발행인의 책임은 지급담보책임(상환의무)이다. 마치 인수제시가 금지된 환어음($^{어 22조}_{2항 본}$)과 같다고 할 수 있다.

수표발행의 법적 성질에 대하여도 환어음의 발행에 관해서와 마찬가지로 견해의 대립이 있으나, 환어음의 법적 성질에서 인수가 없다는 점만 고려하면 될 것이다. 그러므로 수표의 발행은 수취인에 대하여 지급인에 의한 지급을 정지조건으로 수표금을 수령할 수 있는 권리를 창설하고, 아울러 지급거절을 정지조건으로 하여 자신이 수표금을 지급할 채무를 부담하는 행위라고 정의할 수 있다.

Ⅱ. 수표의 요건

수표의 발행도 어음의 발행과 같이 법률행위로서의 실질적 요건을 구비하는 외에, 요식행위이므로 법 소정의 방식을 갖추어야 한다. 수표법은 수표가 유효하게 발행되기 위한 최소한의 기재사항을 「수표의 요건」이라 하여 다음과 같이 규정하고 있다.

1. 수표문구($\frac{수1조}{1호}$)

증권의 본문 중에 그 증권을 작성할 때 사용하는 국어로 수표임을 표시하는 글자를 적어야 한다. 그 뜻은 어음에 관해 설명한 바와 같다.

2. 지급위탁의 문구($\frac{수1조}{2호}$)

조건 없이 일정한 금액을 지급할 것을 위탁하여야 한다. 역시 어음에 관해 설명한 바와 같다.

가계수표의 경우에는 과다한 지급거래에 이용되는 것을 막기 위해 거래은행이 수표의 앞면에 발행한도를 기재한다(예: "100만원 이하"). 그 발행한도는 수표발행인과 지급은행과의 수표계약상의 약정에 불과하고, 이 한도를 초과하여 발행하더라도 수표의 효력에는 영향이 없다($\frac{대법원 1998. 2. 13.}{선고 97다48319 판결}$).

3. 지급인의 명칭($\frac{수1조}{3호}$)

지급인의 명칭을 기재하는 요령도 어음에 관해 설명한 바와 같다. 다만 수표의 지급인은 은행에 한정된다($\frac{수3조}{본}$). 하지만 이에 위반한 수표도 무효는 아니다 ($\frac{수3조}{단}$). 따라서 지급인이 지급을 거절할 경우 발행인과 배서인 등 수표채무자들은 상환의무를 진다.

수표의 지급인으로 할 수 있는 은행이란 우체국, 농업협동조합 등 은행과 동시되는 사람 또는 시설을 포함한다($\frac{「수표법 적용 시 은행과 동일시되는 사람 또}{는 시설의 지정에 관한 규정」 1~10호 참조}$).

4. 지급지($\frac{수1조}{4호}$)

지급지의 기재요령도 어음에서와 같다. 그리고 지급지의 기재가 없을 경우 지급인의 명칭에 부기한 지를 지급지로 보는 것도 어음에서와 차이가 없다($\frac{수2조 2호,}{어2조 2호}$). 그러나 수표의 지급지에 관해서는 후술과 같이 추가적으로 법정보충을 위한 규정이 있다.

5. 발 행 일($\frac{수1조}{5호}$)

수표의 발행일의 기재요령도 어음과 같다. 수표의 발행일은 일람출급의 어음에서와 같이 제시기간의 기산점이 된다. 그런데 수표는 예외 없이 일람출급증권이므로 수표에 있어 발행일은 매우 중요한 기능을 한다. 발행일에 관해서는 법정보충제도가 없으므로 발행일이 없는 수표는 무효이다. 수표의 일람출급성을 회피하기 위해 실제의 발행일과 달리 선일자로 발행하더라도 일람출급성에 변함이 없음은 기술한 바와 같다.

6. 발 행 지($\frac{수1조}{5호}$)

수표의 경우 지급지의 기재가 없으면 발행지에서 지급할 것으로 하므로($\frac{수2조}{2호}$), 수표의 발행지는 어음의 발행지에 비해 그 기능이 중요하다.

7. 발행인의 기명날인 또는 서명($\frac{수1조}{6호}$)

어음에서와 마찬가지로 가장 중요한 수표요건이다. 구체적인 내용은 어음의 기명날인(또는 서명. 이하 같음)에 관해 설명한 바와 같다.

8. 만기와 수취인

수표법 제 1 조에서 보다시피 만기와 수취인은 수표요건이 아니다. 수표는 일람출급성을 가지므로 만기가 없음은 당연하다. 혹 만기를 기재할 경우 수표를 무효로 하지는 않고 단지 기재하지 아니한 것으로 보므로$\left(\begin{smallmatrix}\text{무익적 기재사항,}\\ \text{수 28조 1항 후}\end{smallmatrix}\right)$ 일람출급성에 변함이 없다.

수취인에 관한 기재는 수표를 기명식으로 발행하느냐 소지인출급식으로 발행하느냐에 따라 기재되기도 하고 기재되지 않기도 한다. 이에 관해서는 후술한다.

Ⅲ. 수표요건의 흠결과 법정보충

이상 열거한 수표요건은 절대적 기재사항으로서 일부라도 결여되면 원칙적으로 수표를 무효로 한다$\left(\begin{smallmatrix}\text{수}\\ \text{2조}\end{smallmatrix}\right)$. 그러나 지급지와 발행지에 대해서는 다음과 같이 법정보충의 특례가 있다.

1. 지 급 지

지급지가 적혀 있지 아니한 경우에는 지급인의 명칭에 부기(附記)한 지(地)를 지급지로 본다$\left(\begin{smallmatrix}\text{수 2조}\\ \text{1호}\end{smallmatrix}\right)$. 이 점 어음과 같다. 수표의 경우에는 이에 대하여 두 가지 특칙을 두고 있다. 지급인의 명칭에 부기한 지(地)가 수개인 경우에는 수표의 맨 앞에 적은 지에서 지급할 것으로 한다$\left(\begin{smallmatrix}\text{수 2조}\\ \text{1호 후}\end{smallmatrix}\right)$. 그리고 지급인의 명칭에 부기한 지나 그 밖의 다른 표시가 없는 경우에는 발행지에서 지급할 것으로 한다$\left(\begin{smallmatrix}\text{수 2조}\\ \text{2호}\end{smallmatrix}\right)$. 이 점 어음법에 없는 특칙이다.

수표의 경우에는 지급인이 반드시 은행이므로 지급인의 명칭에 일정지역이나 지점을 나타내는 뜻이 있을 수 있다. 예를 들어 「신한은행 광주지점」과 같다. 지급지의 기재가 없이 지급인의 명칭을 이같이 표시한 경우에는 지급인의 명칭에서 알 수 있는 지역(이 예의 「광주」)을 지급인의 명칭에 부기한 지로 보아 수표법 제 2 조 제 1 호를 적용해야 할 것이다.

2. 발 행 지

발행지가 적혀 있지 않은 수표는 발행인의 명칭에 부기한 지에서 발행된 것으로 본다($^{수2조}_{3호}$). 발행지의 기재가 없고 발행인의 명칭으로 발행인의 소재지를 알수 있는 경우, 예컨대 「○○주식회사 대전출장소 소장 김○○」의 경우에는 지급지에 관한 해석과 같이 발행인의 명칭에 포함된 지역(이 예에서 '대전')을 「발행인의 명칭에 부기한 지」로 보아 수표법 제 2 조 제 3 호를 적용해야 한다.

지급지의 기재가 없고 지급인의 명칭에 부기한 지도 없으며 발행지의 기재도없고, 다만 발행인의 명칭에 부기한 지가 있어 위와 같이 발행지가 의제될 경우한 단계 더 나아가 발행지의 명칭에 부기한 지에서 지급될 것으로 볼 수 있는가?아직 이에 관한 판례는 없으나, 긍정해야 할 것이다.

지급지의 기재가 없고 지급인의 명칭에 부기한 지도 없을 경우에는 기술한바와 같이 발행지에서 지급될 것으로 보지만($^{수2조}_{2호}$), 역으로 발행지가 없고 지급지가 있을 경우 지급지에서 발행된 것으로 볼 수는 없다($^{대법원 1968. 9. 24.}_{선고 68다1516 판결}$).

판례는 국내어음의 경우 발행지의 기재가 없더라도 유효하다고 하며($^{판례}_{[63]}$), 수표에도 같은 원리를 적용하여, 국내수표의 경우 발행지의 기재가 없더라도 유효하다고 보고 있다($^{대법원 1999. 8. 19. 선고 99}_{다23383 전원합의체 판결}$).

그런데 지급지도 없고 발행지도 없는 경우에는 지급지를 특정할 수 없는 문제가 있다. 발행지의 기재가 없고 발행인의 명칭에 부기한 지도 없을 경우에는무효인 수표로 볼 것이 아니라 소지인으로 하여금 발행지를 보충하게 할 의도로발행한 백지수표로 추정해야 한다는 판례가 있는데($^{대법원 1959. 8. 6. 선}_{고 4291민상382 판결}$), 이 해석을 응용하여 지급지와 발행지를 보충하게 할 의도로 발행된 백지수표로 추정해야 할것이다.

3. 발 행 일

발행일의 기재가 없는 경우에 관해서 지급지나 발행지에 관한 것과 같은 법정보충을 위한 규정이 없다. 그러나 이와 같은 뜻으로 해석해야 할 경우가 있다.예컨대 발행일에 대한 명시적인 기재가 없다 하더라도 수표면의 어느 부분에 일정한 날을 표시하는 기재가 있는 경우, 어음과는 달리 수표에는 발행일 이외에 어떤 일자를 기재할 일이 없으므로 이 일자를 발행일자로 보아야 한다($^{판례}_{[99] 참조}$).

> **판 례**

[99] 대법원 1990. 12. 21. 선고 90다카28023 판결

「수표상 발행일의 기재는 수표요건이므로 그 발행일의 기재가 없으면 요건흠결의 수표이거나 백지식수표로 볼 수밖에 없음은 소론과 같으나, 이 사건 수표의 표면에 의하면 '자기앞수표'라는 표기 바로 옆에 고딕체로 '1989. 4. 15'이라고 선명하게 기재되어 있어 쉽게 알아볼 수 있고, 어음과는 달리 수표상에는 발행일 이외에 다른 날짜가 기재될 수 없는 점에 비추어, 이 사건 수표의 상단에 표시된 '1989. 4. 15'을 이 사건 수표의 발행일의 기재로 보아야 할 것인바, 이와 같은 취지에서 원심이 이 사건 자기앞수표는 1989. 4. 15 적법하게 발행되었다고 인정한 조치는 정당하고 이 사건 수표는 발행일을 백지로 하여 발행한 백지식수표라는 논지는 이유 없다.……」

Ⅳ. 수표요건 외의 기재사항

어음에 관해 설명한 바와 같이, 기재하면 기재된 대로의 효력이 발생하는 「유익적 기재사항」, 기재하더라도 기재내용대로의 효력을 발휘하지 못하지만 수표의 효력에는 영향이 없는 「무익적 기재사항」, 기재하면 오히려 수표발행을 무효로 하는 「유해적 기재사항」이 있다.

1) **유익적 기재사항의 예**　　i) 수취인의 기재($\frac{수}{5조}$), ii) 제 3 자방 지급 기재($\frac{수}{8조}$), iii) 지시금지 문구($\frac{수 14조}{2항}$), iv) 지급인의 명칭에 부기한 지($\frac{수 2조}{1호}$), v) 발행인의 명칭에 부기한 지($\frac{수 2조}{3호}$)

2) **무익적 기재사항의 예**　　i) 인수의 문구($\frac{수}{4조}$), ii) 이자의 문구($\frac{수}{7조}$), iii) 만기의 기재($\frac{수 28조}{1항 후}$), iv) 발행인의 지급무담보 문구($\frac{수 12조}{후}$)

3) **유해적 기재사항의 예**　　조건부로 지급위탁의 문구를 기재하면 수표가 무효가 됨은 의문이 없고, 기타 수표의 본질에 어긋나는 기재도 수표를 무효로 한다.

V. 수취인의 기재방식

어떤 증권의 수취인을 기명식으로 하느냐, 소지인출급식으로 하느냐는 것은 발행 이후 그 증권의 양도방법을 결정짓는 뜻이 있다. 기명식으로 한다면 증권의 양도는 배서에 의해서 해야 하나, 소지인출급식으로 한다면 증권의 양도는 증권의 교부만으로 할 수 있다.

어음의 경우 수취인의 성명은 어음요건이므로($^{어}_{6호}^{1조}$) 어음은 기명식 또는 지시식으로만 발행할 수 있다. 어음을 기명식 또는 지시식으로만 발행하게 한 취지는, 어음은 실질적인 권리이전에 수반하여 유통되는 것이 바람직하므로 실제의 권리관계에 부합하지 아니하게 유통된 경우 만기에 이르기까지 원래의 권리상태로 회복하거나, 어음의 추상성으로 인해 이것이 불가능할 경우 어음 외적 방법에 의해서라도 권리관계를 시정할 수 있는 기회를 주기 위함이다. 수표 역시 정상적인 권리관계에 따라 유통되는 것이 바람직한 것은 물론이다. 그러나 수표의 경우 현금에 대신하는 지급수단으로 활용하는 것이 법의 목적인데다, 진정한 권리관계에 부합하지 아니하게 유통되더라도 수표는 일람출급성을 가지므로 지급 이전에 권리관계를 시정한다는 것이 어음처럼 용이하지 않다. 그러므로 수표의 경우에는 현금처럼 유통시킨다는 목적이 우위에 놓여져, 당사자의 선택에 따라 이에 부합하는 유통방식을 택할 수 있게 하는 것이 바람직하다. 그래서 수표는 다음과 같은 세 가지 방식을 선택하여 발행할 수 있게 하고 있다.

1. 기 명 식

기명식 또는 지시식으로 발행할 수 있다($^{수}_{1항}^{5조}_{1호}$). 기명식이란 "김○○씨에게 지급하시오"와 같이 수취인의 성명을 기재하고 그에 대한 지급을 위탁하는 것이고, 지시식이란 "김○○씨 또는 그가 지시하는 자에게 지급하시오"와 같이 지시가능성을 기재하는 것이다. 단순히 기명식으로 하더라도 배서에 의해 양도할 수 있으므로($^{수}_{1항}^{14조}$) 양자의 차이는 없다.

2. 배서금지

기명식으로 하되 지시를 금지할 수 있다($\frac{수5조}{1항 2호}$). 이 경우 수표는 지명채권의 양도방법과 효력으로써만 양도할 수 있다($\frac{수14조}{2항}$). 배서금지어음에 관해 설명한 바와 같다.

3. 소지인출급식

이는 누가 되었든 수표의 소지인에게 지급하라는 뜻으로 발행하는 것이다($\frac{수5조}{1항 3호}$). 수표는 대부분 소지인출급식으로 발행되고 있다. 소지인출급식의 수표는 단순히 수표의 점유에 의해 권리가 추정되고 수표의 교부에 의해 양도되므로 유통이 신속하고 따라서 현금에 버금가는 지급수단으로서의 확실성을 갖게 된다.

기명식으로 발행하더라도 "또는 소지인에게 지급하시오"와 같이 선택적 기명식으로 발행하는 경우에는 기명된 수취인은 소지인의 한 예시에 지나지 않아 실상 소지인출급식과 다름없다. 그래서 수표법은 이를 소지인출급식으로 보고 있다($\frac{수5조}{2항}$).

한편 수취인을 기재하지 아니하고 발행한 수표, 즉 무기명식수표는 소지인출급식으로 본다($\frac{수5조}{3항}$). 이는 법적 의제이므로 혹 착오로 수취인을 기재하지 아니하였고 또 그것이 증명된다 하더라도 소지인출급식임에는 변함이 없다.

Ⅵ. 자기지시수표와 자기앞수표

수표는 발행인 자신을 지급받을 자로 하여 발행할 수 있다($\frac{수6조}{1항}$). 이를 자기지시수표라 하는데, 그 용도나 효력은 자기지시어음과 같다($\frac{어3조}{1항}$). 그리고 수표는 발행인 자신을 지급인으로 하여 발행할 수 있다($\frac{수6조}{2항}$). 이를 「자기앞수표」라 하며 자기앞어음($\frac{어3조}{2항}$)과 대칭되는 것이나, 실제 기능면에서 자기앞어음과 비교할 바가 아니다. 자기앞수표는 우리 사회에서 거의 현금과 같은 높은 신용도를 가지고 빈번하게 이용되고 있기 때문이다. 자기앞수표가 높은 신용도를 갖는 이유는 다음과 같다.

수표의 지급인은 은행이어야 하므로 자기앞수표의 발행인이 자신을 지급인으로 한다고 함은 발행인·지급인이 동일한 은행임을 뜻한다. 수표의 지급인은 발행인이 공급한 자금으로 수표금을 지급하는데, 지급인 자신이 발행한 수표이므로 은행이 파산하지 않는 한 수표자금의 부족으로 지급을 거절한다는 일은 생각할 수 없다. 그렇기 때문에 자기앞수표는 여타의 수표와 달리 현금처럼 이용되고 있으나, 그렇다고 해서 자기앞수표가 법률적으로 지급인이 지급보증한 수표$\binom{수}{53조}$와 동일한 효력을 갖는 것은 아니다$\binom{대법원\ 1959.\ 8.\ 27.\ 선}{고\ 4291민상449\ 판결}$. 지급보증인은 제시기간 중에 수표가 제시된 경우 수표금을 지급할 의무를 가지나, 자기앞수표의 지급인은 이러한 의무를 갖지 아니한다$\binom{대법원\ 1959.\ 11.\ 26.}{선고\ 4291민상359\ 판결}$. 다만 자기앞수표의 발행인이자 지급인인 은행이 지급을 거절할 경우 발행인의 지위에서 상환의무를 지게 될 뿐이다. 결과적으로 지급이 강제되는 것은 같다고 할 수 있으나, 예컨대 자기앞수표를 발행한 은행이 소지인에 대해 원인관계상의 항변이 있을 경우 지급인의 입장에서 지급을 거절하고, 발행인의 입장에서 담보책임을 추궁당했을 때 이 항변을 원용할 수 있다. 지급보증을 한 은행은 이러한 항변의 원용이 불가능하다.

한편 자기앞수표는 제시기간(발행 후 10일)이 경과한 후에도 계속 유통되고 있다. 그렇다고 자기앞수표의 제시기간이 다른 수표에 비해 연장되는 것은 아니고, 여전히 10일간의 제시기간의 구속을 받는다. 즉 10일이 경과할 때까지 자기앞수표가 제시되지 않을 경우 수표상의 권리는 소멸하므로 이후 제시되더라도 은행은 지급을 거절할 수 있는 것이다. 그러나 지급을 거절할 경우 은행은「절차의 흠결로 수표상의 권리가 소멸함으로 인해 이득을 얻은 발행인」$\binom{수}{63조}$이 되어 어차피 이득상환청구에는 응해야 하므로 은행실무에서는 이런 번거로움을 겪지 않기 위해 제시기간이 경과한 수표도 예외 없이 지급하고 있다. 한편 제시기간이 경과한 후에 자기앞수표를 양도하려면 이득상환청구권을 양도하는 절차를 밟아야 할 것이나, 판례는 거래관행을 고려하여 수표의 교부에 의해 이득상환청구권마저 양도할 수 있는 특례를 인정하고 있다$\binom{대법원\ 1974.\ 7.\ 26.}{선고\ 73다1922\ 판결}\binom{233면}{참조}$.

Ⅶ. 수표계약과 수표자금

수표가 일람출급의 지급수단으로서 만족스러운 기능을 하기 위하여는 수표의 소지인이 지급인에게 수표를 제시하였을 때 수표금이 지급된다는 보장이 있어야 한다. 그런데 지급인은 수표채무자가 아니고 단지 발행인의 위탁을 받아 지급할 뿐이므로 수표의 소지인은 지급인에 대하여 권리를 갖지 아니한다. 그러므로 결국은 수표발행인의 자금과 신용에 의하여 수표의 지급가능성이 보장된다고 할 수 있다.

수표법은 수표의 지급가능성을 확보하기 위한 방법으로서 「수표는 제시한 때에 발행인이 처분할 수 있는 자금이 있는 은행을 지급인으로 하고 발행인이 그 자금을 수표에 의하여 처분할 수 있는 명시적 또는 묵시적 계약에 따라서만 발행할 수 있도록」 규정하고 있다(수3조).

1. 수표계약

수표는 은행을 지급인으로 하여야 하며 사전에 발행인과 지급은행 간에 그 은행을 지급인으로 하여 수표를 발행할 수 있다고 하는 명시 또는 묵시의 계약을 체결하여야 한다. 이를 수표계약이라 한다. 수표계약은 보통 당좌예금계약, 당좌대월계약과 같은 예·대금계약의 일부로서 또는 그와 동시에 체결된다. 당좌예금계약은 발행인이 수표자금을 미리 지급인에게 공급하고 그 범위에서 수표를 발행하기로 하는 계약이고, 당좌대월계약은 발행인이 예금 없이 수표를 발행할 경우, 일정 한도의 금액까지 지급인이 지급하고 이를 발행인에 대한 대출금으로 계상하기로 하는 계약이다. 수표계약의 법적 성질은 발행인이 수표의 지급업무를 지급인에게 위탁하는 위임계약으로 이해하는 것이 통설이다. 통상 수표계약에서는 지급업무의 위임에 그치지 아니하고 지급보증의 여부, 지급보증한 경우의 처리방법, 위조·변조의 수표를 지급한 경우의 위험부담 등 부수적인 사항에 관해서도 약정하는 것이 일반적이다.

수표계약이 체결되면 지급인인 은행은 발행인에게 규격화된 수표용지를 교부하고 발행인은 이 수표용지를 이용하여 수표를 발행한다.

2. 수표자금

기술한 바와 같이 지급인은 수표의 실질적인 주채무자라 할 수 있는 발행인을 위해 지급사무를 수행할 뿐, 수표채무를 부담하지는 아니한다. 따라서 수표가 제시되더라도 지급인은 자신이 갖고 있는 발행인의 수표자금의 범위에서만 지급할 뿐이다. 결국 수표의 지급 가능성은 이 수표자금의 공급에 의하여 담보된다고 할 수 있으므로 수표법은 수표계약 외에 발행인이 지급인에게 수표자금을 공급할 것을 요구하고 있다. 수표자금은 발행인이 지급인에게 예금의 형태로 공급할 수도 있고(당좌예금계약), 지급인으로부터 일정 금액까지 수표금액을 결제하기 위한 자금을 대출받는 형식을 취할 수도 있다(당좌대월계약).

수표자금은 반드시 수표를 발행한 때에 공급해야 할 필요는 없고 수표가 제시될 때까지 공급되면 족하다($\frac{수}{본}$ $\frac{3조}{}$). 수표자금 없이 수표를 발행하여 지급거절이 될 경우 부정수표단속법의 벌칙이 적용됨은 기술한 바와 같다($\frac{동법}{2항}$ $\frac{2조}{}$).

수표계약 없이 수표를 발행하거나 수표자금이 없이 수표를 발행한 경우에는 발행인에 대해 과태료가 과해지고($\frac{수}{67조}$) 부정수표단속법에 의한 벌칙이 적용되는 것($\frac{동법}{2호,}$ $\frac{2조 1항}{2항}$)은 별론하고, 수표로서의 효력에는 영향을 미치지 아니한다($\frac{수}{단}$ $\frac{3조}{}$). 수표로서의 효력에 영향을 미치지 아니한다 함은 수표자금·수표계약 없이 발행한 수표도 유효한 수표임을 뜻한다. 그러므로 이 수표가 지급거절된 경우 발행인·배서인·보증인과 같은 수표채무자들은 상환의무를 부담하며, 혹 지급인이 지급한 경우 발행인에 대하여 구상권을 행사할 수 있다.

Ⅷ. 발행인의 책임

환어음의 발행인은 인수와 지급을 담보하지만, 수표에는 인수가 없으므로 수표의 발행인은 지급만을 담보한다($\frac{수}{전}$ $\frac{12조}{}$). 환어음의 발행인이 인수담보책임은 지지 아니할 수 있으나 지급담보책임은 면할 수 없었듯이 수표의 발행인 역시 지급담보책임을 면할 수 없다($\frac{수}{후}$ $\frac{12조}{}$). 발행인은 수표의 유통을 최초로 개시한 자이므로 수표유통의 원인관계를 역추적해 볼 때 수표의 발행인이 수표지급을 담보함으로써 원인관계상의 대가관계가 궁극적으로 해결되기 때문이다.

　　수표의 발행인이 지급담보책임을 진다고 하지만, 수표에는 인수인이 없는 관계로 발행인이 실질적인 주채무자임은 기술한 바와 같다.

　　수표를 발행한 후 발행인이 사망하거나 무능력자(제한능력자)가 된 경우에도 수표의 효력에는 영향이 없다($\frac{수}{33조}$). 이는 수표채무자와 수표의 소지인과의 관계에서 그리고 수표의 발행인과 지급인간에 공히 구속력을 갖는 규정이다.[1] 발행인이 사망하더라도 수표는 유효하므로 발행인의 상속인 및 기타 수표채무자는 소지인에 대해 상환의무를 부담한다($\frac{실은 이러한 효력은 수표법}{33조가 없더라도 인정된다}$). 그리고 수표의 발행은 발행인과 지급인 사이에서 있은 수표계약에 근거하여 지급을 위탁하는 행위이므로 수표의 발행인이 사망할 경우 수표계약 및 지급위탁이 효력을 잃는다고 볼 여지가 있으나($\frac{민}{690조}$), 이 규정에 의해 수표계약 및 지급위탁은 효력을 지속하므로 발행인의 사망 또는 능력상실에 불구하고 지급인은 발행인의 계산에서 수표금을 지급할 수 있는 것이다.[2]

Ⅸ. 백지수표

　　수표요건의 일부를 백지로 하면서 수취인에게 백지를 보충할 권한을 부여할 경우 이를 백지수표라 하는데, 백지수표의 효력은 백지어음에 관해 설명한 바와 같다. 어음금액이 백지인 경우 판례는 그 어음을 취득한 자는 그 어음의 발행인에게 보충권의 내용에 관해 직접 조회하지 않았다면 특별한 사정이 없는 한 취득자에게 중대한 과실이 있는 것으로 보아야 한다고 하며($\frac{대법원 1978. 3. 14.}{선고 77다2020 판결}$), 나아가 수표의 금액이 백지인 채 발행된 경우에도 같은 법리가 적용된다고 한다($\frac{대법원 1995. 8. 22.}{선고 95다}$ $^{10945}_{판결}$). 그리고 가계수표에는 수표금액이 일정액(예: 100만원)을 초과할 수 없다고 인쇄되어 있는데, 발행인 아닌 제3자로부터 이 한도를 초과한 금액이 기재된 수표를 발행인에게 보충권에 관한 조회를 함이 없이 취득한 자는 중과실이 인정된

---

1) Baumbach · Hefermehl · Casper, §33 SchG Anm. 1.
2) 행위자의 능력상실로 기왕의 법률행위가 효력을 잃는 일은 없으므로 제33조의 무능력자 부분은 주의적 규정에 불과하다.

다$\binom{\text{판례}}{[100]}$.

[100] 대법원 1995. 12. 8. 선고 94다18959 판결

「…수표의 권면액은 수표에서 가장 중요한 부분으로서 그것이 백지로 되어 있는 경우란 그리 흔한 것이 아니고, 더욱이 가계수표의 경우에는 통상 수표 표면에 발행 한도액이 기재되어 있는 데다가 그 이면에는 위 한도액을 넘는 수표는 발행인이 직접 은행에 제시하지 아니하는 한 지급은행으로부터 지급을 받을 수 없다는 취지가 기재 되어 있으며, 나아가 위 한도액을 넘는 발행의 경우에는 발행인으로서도 거래은행으 로부터 거래정지 처분을 당하는 등의 불이익을 받게 되어 있으므로, 위 수표의 취득 자가 발행인 아닌 제 3 자에 의하여 그 액면이 표면에 기재된 한도액을 넘는 금액으로 보충된 점을 알면서 이를 취득하는 경우에는 그 취득자로서는 발행인에게 조회하는 등의 방법으로 위 제 3 자에게 그러한 보충권한이 있는지 여부를 확인함이 마땅하다 할 것이고, 만약 이를 확인하지 아니한 채 수표를 취득하였다면 이는 특별한 사정이 없는 한 중대한 과실에 의한 취득이라고 보지 아니할 수 없을 것이다(대법원 1995. 8. 22. 선 고 95다10945 판결; 동 1978. 3. 14. 선고 77다2020 판결 등 참조).

그런데 …이 사건 가계수표에는 그 금액란 바로 위에 '200만원 이하'라고 기재되어 있고, 그 이면에는 "발행한도 금액을 초과한 수표는 발행인이 직접 은행에 제시하는 경우에 한하여 수납합니다"라고 기재되어 있음을 알 수 있고, …이에 비추어 보면 원 고는 이 사건 가계수표가 그 발행인인 피고가 아닌 제 3 자에 의하여 그 발행한도액을 넘는 금액으로 보충된 사실을 알면서 이를 취득하였음을 추정할 수 있다 할 것이어서 원고가 그 당시 위 어종규에게 위와 같은 권한이 있는지 여부를 그 발행인인 피고에 게 확인하지 아니한 채 이를 취득하였다면 원고에게는 이 사건 수표를 취득함에 있어 중대한 과실이 있다고 보아야만 할 것이다.」

판례는 백지수표에 대한 부정수표단속법이 적용에 관해 몇 가지 법리를 세워 놓고 있다.

1) 백지수표도 그 소지인이 보충권을 행사하면 완전무결한 유가증권인 수표가 되 므로 백지수표의 발행도 부정수표 단속법의 규제를 받는다.

2) 백지수표를 발행한 목적 등 제반사정에 비추어 백지수표를 교부받은 수표소지 인이 이를 제 3 자에게 유통시킬 가능성이 없는 경우에는 부정수표단속법을 적용하지 아니한다.

3) 백지수표의 금액란이 보충된 경우에는 발행인이 보충한 것으로 보아 부정수표

단속법을 적용해야 하나, 부당보충된 경우에는 보충권을 넘어서는 금액에 관하여는 동법의 위반죄에 해당하지 아니한다(이상 판례[101]).

4) 발행일의 기재가 없는 수표는 지급제시기간을 확정할 수 없으니 부정수표단속법 제2조 제2항의 적용대상이 되지 않는다(대법원 1983. 5. 10. 선고 83도340 전원합의체 판결). 그러나 국내수표의 경우 발행지가 흠결되더라도 수표의 유통증권으로서의 실제적 기능에 아무런 영향이 없으므로 부정수표단속법 동 조항의 적용대상이 된다(동판결).

■ 판   례 ■

[101] 대법원 2013. 12. 26. 선고 2011도7185 판결

「…금액과 발행일자의 기재가 없는 이른바 백지수표도 그 소지인이 보충권을 행사하여 금액과 날짜를 기입하면 완전무결한 유가증권인 수표가 되는 것이고, 특별한 사정이 없는 한 백지수표를 발행하는 그 자체로서 보충권을 소지인에게 부여하였다고 보아야 하며, 수표면이나 그 부전에 명시되어 있지 않는 한 보충권의 제한을 선의의 취득자에게 대항할 수 없으므로 백지수표도 유통증권에 해당하고, 따라서 백지수표의 발행도 부정수표 단속법의 규제를 받아야 함은 물론이다(대법원 1973. 7. 10. 선고 73도1141 판결 참조). 다만 백지수표를 발행한 목적과 경위, 수표소지인 지위의 공공성, 발행인과의 계약관계 및 그 내용, 예정된 백지보충권 행사의 사유 등에 비추어 백지수표를 교부받은 수표소지인이 이를 제3자에게 유통시킬 가능성이 없을 뿐만 아니라 장차 백지보충권을 행사하여 지급제시를 하게 될 때에는 이미 당좌거래가 정지된 상황에 있을 것임이 그 수표 발행 당시부터 명백하게 예견되는 등의 특별한 사정이 인정된다면 그 백지수표는 유통증권성을 가지지 아니한 단순한 증거증권에 지나지 아니하는 것으로서 그러한 백지수표를 발행한 행위에 대해서까지 부정수표 단속법 제2조 제2항 위반죄로 처벌할 수는 없다 할 것이다.

그리고 백지수표의 금액란이 부당보충된 경우 적어도 보충권의 범위 내에서는 백지수표의 발행인이 그 금액을 보충한 것과 다를 바 없어 백지수표의 발행인은 그 범위 내에서는 부정수표 단속법 위반죄의 죄책을 진다고 할 것이나, 이와 달리 보충권을 넘어서는 금액에 관하여는 발행인이 그와 같은 금액으로 보충한 것과 동일하게 볼 수는 없으므로, 그 발행인에게 보충권을 넘어서는 금액에 대하여까지 부정수표 단속법 위반죄의 죄책을 물을 수는 없다(대법원 1995. 9. 29. 선고 94도2464 판결, 대법원 1998. 3. 10. 선고 98도180 판결 등 참조).」

※ 同旨: 대법원 2014. 1. 23. 선고 2013도12064 판결

제 3 절 수표의 양도

Ⅰ. 수표의 양도방법

어음법 제 2 장의 표제는 '배서'라고 붙여져 있으나, 수표법 제 2 장의 표제는 '양도'라고 붙여져 있다. 어음법 제 2 장이나 수표법 제 2 장이 모두 어음·수표의 권리이전에 관한 것이면서 이같이 표제를 달리하고 있는 이유는, 어음의 경우 배서가 원칙적인 양도방법임에 대해, 수표의 경우에는 배서에 의해 양도되는 기명식(또는 지시식)수표도 있지만, 단지 교부에 의해 양도하는 소지인출급식수표도 있는 까닭이다. 이하 두 가지 경우를 나누어 설명한다.

1. 기명식수표의 배서

기명식 또는 지시식으로 발행된 수표는 배서에 의해 양도할 수 있다($\frac{수\,14조}{1항}$). 배서의 뜻이나 기타 배서에 관한 법리는 몇 가지를 빼고는 어음의 배서와 같다. 이하 항목별로 확인하기로 한다.

(1) 배서금지수표

수표도 어음과 같이 기명식으로 하되 배서금지를 기재할 수 있다($\frac{수\,14}{조\,2항}$). 이 경우 수표는 지명채권양도의 방법과 효력으로 양도할 수 있다. 배서가 금지되지 아니한 수표도 지명채권양도방법으로 양도할 수 있다.

(2) 배서의 요건과 방식

이 역시 어음과 차이가 없다($\frac{수\,15조,\,16조,}{어\,12조,\,13조\,참조}$).

(3) 지급인에 대한 배서와 지급인의 배서

어음의 배서와 중대한 차이를 보이는 부분이다. 수표의 경우 지급인에 대한 배서는 영수증의 효력만이 있다($\frac{수\,15조}{5항\,본}$). 이는 소지인이 지급인에게 지급제시하여 지급받은 경우는 물론, 지급인과의 다른 거래를 통해 지급수단으로 수표를 교부하였더라도 일단 지급인의 수중에 수표가 회수되면 수표채무는 소멸하고 더 이상 유통될 수 없음을 뜻한다. 그래서 지급인이 하는 배서를 무효로 한다$\left(\begin{smallmatrix}수 15조,\\3항\end{smallmatrix}\right)$. 수표의 일람출급성 때문이다. 따라서 지급인은 자신이 지급하고 회수한 수표나 다른 원인에 의해 대가로 취득한 수표를 재차 양도하지 못한다.

다만 지급인인 은행이 수개의 영업소를 가지고 있고, 수표의 지급장소가 된 영업소 이외의 영업소가 그 수표를 배서에 의해 취득할 경우에는 그 배서는 통상의 배서의 효력이 있다$\left(\begin{smallmatrix}수 15조,\\5항 단\end{smallmatrix}\right)$. 예컨대 신한은행 종로지점에서 지급할 수표를 신한은행 부산지점에 배서할 수 있고 이 배서는 양도배서로서의 효력이 있는 것이다. 이 배서에 의해 수표를 취득한 신한은행 부산지점은 이 수표를 재차 양도할 수 있다.

(4) 배서의 효력

어음의 배서와 같이 권리이전적 효력, 담보적 효력, 자격수여적 효력이 있다$\left(\begin{smallmatrix}수 17조,\\18조, 19조\end{smallmatrix}\right)$.

(5) 특수한 양도배서

무담보배서, 배서금지배서가 가능하고$\left(\begin{smallmatrix}수 18조,\\2항\end{smallmatrix}\right)$, 발행인·배서인·보증인 등에 대한 환배서도 가능하다$\left(\begin{smallmatrix}수 14조,\\3항\end{smallmatrix}\right)$. 다만 지급인에 대한 배서는 영수증의 효력만이 있으므로 지급인에 대한 환배서가 없다는 점이 어음과 다르다.

(6) 기한후배서

수표의 기한후배서도 어음의 그것과 같이 지명채권양도의 효력만이 있다$\left(\begin{smallmatrix}수 24\\조, 1항\end{smallmatrix}\right)$. 그런데 기한후배서의 개념이 어음과 약간 다르다. 거절증서작성 후의 배서가 기한후배서인 점은 같으나, 수표에는 지급인 또는 어음교환소의 거절선언이 상환청구권의 발생사유가 되므로$\left(\begin{smallmatrix}수 39조,\\2호, 3호\end{smallmatrix}\right)$ 이 선언 후의 배서도 기한후배서이고, 또 수표의 제시기간이 10일간이므로 이 제시기간 내에 지급제시하지 않고 있다가 기간 후에 배서하면 역시 기한후배서가 된다$\left(\begin{smallmatrix}수 24조,\\1항\end{smallmatrix}\right)$.

수표의 입질

수표법에서는 어음법과 달리 수표의 입질배서에 관한 규정을 두고 있지 않다($\text{어 }\frac{19조}{참조}$). 수표를 담보로 제공한다는 것은 그 시점에서는 수표금의 지급이 기대하기 어려운 상황임을 전제로 한 것인데, 이는 수표의 일람출급성으로 인해 수표자금을 전제로 하는 수표법 제 3 조의 취지에 반하기 때문이다. 그러나 수표를 담보로 할 수 없다는 명문의 규정이 없는 이상, 민법상의 권리질의 설정방법과 그 효력에 따라 질권설정은 가능하다고 보아야 한다. 그리하여 지시식으로 발행된 수표라면 지시채권의 입질방법에 따라 수표에 (양도)배서하여 질권자에게 교부함으로써 입질할 수 있고($\text{민}_{350조}$), 무기명식으로 발행된 수표라면 무기명채권의 입질방법에 따라 수표를 질권자에게 교부함으로써 입질할 수 있다($\text{민}_{351조}$).

2. 소지인출급식수표의 양도

기술한 바와 같이 자기앞수표를 포함하여 대부분의 수표가 소지인출급식으로 발행되는 까닭에 교부가 수표의 일반적인 양도방법이라 할 수 있다.

i) 소지인출급식수표의 양도방법에 관해서는 수표법에 명문의 규정이 없으므로 민법의 무기명채권의 양도방법에 따라 교부에 의해 양도한다($\text{민}_{523조}$). 교부란 증서의 점유를 이전함을 말한다.

교부에 의해 수표상의 권리는 상대방에게 이전된다. 이 점 기명식수표의 배서 또는 어음의 배서와 같다.

ii) 수표의 점유에는 배서가 연속된 경우와 같이 자격수여적 효력이 인정된다. 즉 수표를 교부받아 점유하는 자는 적법한 소지인으로 추정된다. 따라서 후술하는 바와 같이 선의취득의 근거가 된다.

iii) 수표의 교부는 법률행위가 아니므로 양도인은 담보책임을 지지 아니한다. 이 점 배서와 비교할 때 중대한 차이를 보인다.

iv) 소지인출급식수표는 교부에 의해 양도할 수 있으나, 양도인이 굳이 배서를 한 경우 양도인은 기명식수표에 배서한 자와 마찬가지로 상환의무를 부담한다($\text{수}\frac{20조}{본}$). 그러나 이 경우 수표는 배서의 효력으로 양도되는 것은 아니고 교부에 의해 양도되는 것이므로 배서는 권리이전적 효력이 없으며 자격수여적 효력 역시 갖지 못하고 단지 담보적 효력만을 갖는다. 이같이 소지인출급식수표의 배서는 지시식수표의 배서와 같은 효력을 갖는 것은 아니지만, 담보적 효력을 갖기 위해서는 기명날인을 최소의 요건으로 하는 배서의 방식을 구비하여야 한다. 따라서 수표로 상품을 구입할 때, 흔히 상대방의 신원을 확인하기 위해 이름과 연락처를 적게 하는데, 이때 이름을 자서한다면 간략식배서($\frac{수 6조}{2항}$)라 할 수 있다.

배서에 의해 지시식수표로 변하는 것은 아니므로($\frac{수 20조}{단}$) 배서에 의해 수표를 취득한 자가 다시 양도하고자 할 경우 교부에 의해 양도하면 된다.

자기앞수표의 예입의 법적 성격

소지인이 자기와 거래가 없는 은행을 지급은행으로 하는 수표나 약속어음을 추심할 때에는 흔히 자기의 거래은행에 동수표나 어음을 예금의 형태로 교부하고, 그 은행이 어음교환에 돌려 부도반환시한이 지나고 수표 또는 어음금의 결제를 확인한 때에 소지인의 구좌에 예금된 것으로 처리한다($\frac{예금거래기본약관}{7조 1항 3호}$). 거래 없는 은행이 발행한 자기앞수표도 같은 요령으로 추심한다($\frac{동조}{2항}$). 이때 소지인이 거래은행에 수표·어음을 예입하는 것은 추심을 의뢰하는 행위이고 양도가 아니다. 때문에 추심은행도 결제가 완결된 후에 소지인의 예금을 수령한 것으로 취급하는 것이고, 판례도 당좌수표의 추심에 관한 사건에서 추심을 의뢰받은 은행이 지급은행으로부터 수표금을 결제받은 후에 수표소지인의 예금채권이 성립한다고 판시하였다($\frac{대법원 1995. 6. 16. 선}{고 95다9754, 9761 판결}$). 그러므로 소지인이 어음·수표를 예입할 때에 흔히 양도배서를 하지만, 이는 숨은 추심위임배서로 보아야 한다. 그러나 자기앞수표에 관해 이와 다른 이론을 전개한 판례가 있다($\frac{판례}{[102]}$). 乙이 甲은행으로부터 자기앞수표를 발행받아 A은행에 예입하면서 추심을 의뢰하였는데, 甲은 乙에 대해 모종의 항변사유를 갖고 있다. 그리하여 A은행의 수표금청구에 대해 甲은행이 乙에 대한 항변을 가지고 수표금지급을 거절하였다. 이 사건에서 대법원은 자기앞수표의 소지인이 추심은행에 수표를 예입한 때에는 수표를 양도한 것으로 보아야 한다고 하며 甲은행이 乙에 대해 가지고 있는 항변이 절단되었음을 인정하였다($\frac{수}{22조}$). 이는 자기앞수표가 현금에 준하는 유동성을 고려한 해석이나, 거래의 실정이나 당사자의 의사에 부합하는 해석은 아니다.

판   례

[102] 대법원 1998. 5. 22. 선고 96다52205 판결

「예금을 타행 발행의 소지인출급식 자기앞수표로 입금받은 은행은 예금주로부터 그 자기앞수표에 관하여 단지 추심을 위임받은 것이 아니라 그 자기앞수표를 양도받은 것이라고 보아야 할 것이므로($\frac{당원 1997. 3. 11. 선고}{95다52444 판결 참조}$), 예입받은 은행이 그 소지인으로서 자기앞수표의 발행은행에 대하여 수표상의 권리를 행사하는 경우, 예입받은 은

이 발행은행을 해할 것을 알고 수표를 취득한 경우가 아닌 한 발행은행은 종전의 소지인에 대한 인적관계로 인한 항변으로써 예입받은 은행에 대하여 대항할 수 없다고 할 것이다.

…원심은, 피고은행은 1995. 2. 27. 소외 덕산시멘트 주식회사(이하 '소외 회사'라 한다)에게 액면 금 805,409,363원의 소지인출급식 자기앞수표 1장을 발행한 사실, 소외 회사는 같은 날 위 수표를 원고 은행 신사동지점에 개설된 소외 회사의 기업자유예금계좌에 입금한 사실, 원고 은행은 1995. 2. 28. 위 수표를 어음교환소를 통하여 피고 은행에 지급제시하였으나 지급거절된 사실… 원고의 위 자기앞수표 지급거절에 따른 상환청구에 대한 피고의 항변 즉, 원고 은행은 소외 회사로부터 위 자기앞수표의 추심을 위임받은 것에 지나지 아니하여 인적 항변이 절단되지 아니하므로 피고는 원고가 위 수표를 피고를 해할 의사로 취득하였는지 여부에 관계없이 소외 회사에 대하여 대항할 수 있는 사유로써 원고 은행에 대항할 수 있다고 할 것인데, 소외 회사는 피고 은행으로부터 위 수표의 발행을 의뢰할 당시 이미 부도가 임박하였음에도 불구하고 이러한 사실을 고의로 피고 은행에게 알리지 아니한 채 위 수표를 발행받은 다음(그 발행대전 중 금 398,530,675원은 당좌대월로 충당), 이를 원고 은행에게 예입하여 자금을 융통한 후 위 수표를 발행받은 당일 부도를 냄으로써 피고은행에게 수표자금 또는 적어도 위 당좌대월 금액 상당의 손해를 입혔음을 이유로 피고 은행이 소외 회사에 대하여 이 사건 수표의 발행계약을 취소하였으므로 이로써 소외 회사로부터 추심위임을 받은 원고 은행에게 대항할 수 있다는 취지의 항변에 대하여, 위 수표가 소지인출급식 자기앞수표인 이상 원고 은행이 소외 회사로부터 그 인도를 받음으로써 그 수표상의 권리를 양도받은 것이고, 피고 은행이 자기를 지급인으로 하여 소지인출급식 수표를 발행한 경우에는… 발행인의 자격으로서는 수취인으로부터 소구권을 행사할 수 있는 요건을 구비하여 상환청구를 받은 때에는 언제든지 이에 응할 의무가 있는 것이며, 원고 은행으로서는 소외 회사로부터 예입받은 이 사건 수표가 부도된 경우에는 이 사건 청구와 같이 수표상의 권리자로서 그 수표채무자에게 상환청구를 하든가 혹은 즉시 당해 수표를 예금자인 소외 회사에게 반환하고 그 대신 지급한 금원의 반환을 청구할 수 있는 것이며, 원고를 악의의 취득자라고 볼 수도 없다는 이유로 배척하였는바, 위와 같은 원심의 판단은 정당하다.」

註) 위 판례가 인용하고 있는 판례 95다52444 사건은 甲은행이 乙에게 발행한 자기앞수표를 乙이 A은행에 예입하고 A가 乙에게 수표금을 지급한 후 甲에게 추심한 예이다. 그리고 위 판례의 말미에 설시된 것을 보아서는 이 역시 수표의 대가를 지급한 예인 듯하다. 이같이 수표를 예입받은 은행이 소지인에게 수표금을 지급한 경우에는 수표의 추심을 의뢰받은 것이 아니라 수표를 매입한 것으로 보아야 할 것이므로 발행은행이 소지인에게 가지고 있는 항변은 절단된다고 보아야 한다. 그러나 순수하게 수표의 추심을 의뢰받은 경우에는 위 판례가 일반론으로서 설시하고 있는 바와 같이 「타행발행의 소지인출급식 자기앞수표를 입금받은 은행은 …그 자기앞수표를 양도받은 것으로 보아야」 한다고 단정하는 것은 옳지 않다.

Ⅱ. 수표의 선의취득

수표 역시 무권리자로부터 선의이며 중대한 과실 없이 취득하면 선의취득이 성립한다($_{21조}^{수}$). 다만 소지인출급식수표의 경우 수표의 점유에 대해 자격수여적 효력이 주어지므로 취득자는 수표의 점유를 가지고 권리를 증명하면 족하다($_{조}^{동}$).

수표의 선의취득에 관한 기타 문제는 어음의 선의취득에 관해 설명한 바와 차이가 없다. 다만 수표 중에서도 자기앞수표의 경우 지급의 확실성 때문에 도난·분실된 수표가 용이하게 유통되고, 따라서 선의취득의 문제가 강한 현장성을 갖는다. 쟁송으로 이어지는 사건들을 보면 자기앞수표를 절취·습득한 자가 이를 1회적인 상품구입대금으로 사용하고 상점주인들이 그 정을 모르고 취득하는 경우이다.

이러한 경우 수표의 분실자는 필히 상점주인의 선의취득을 부정하는 주장을 하게 되는데, 쟁점은 주로 수표취득시에 중과실이 있느냐이다. 취득자의 중과실의 유무를 판단함에는 수표사용자의 성상이나 거래의 성질 등 다양한 사정을 참작해야 한다. 예컨대 초등학생이 교부하는 10만원권의 수표를 의심 없이 받았다거나, 2,500원짜리 담배 1갑을 팔며 10만원권 수표를 받았다면 중과실을 인정해야 할 경우가 많을 것이다. 수천만원이나 수억원짜리의 수표는 아예 선의취득의 대상이 되기 어려울 것이다. 자주 문제되는 것은 수백만원짜리의 수표를 귀금속의 구입 등 1회적인 거래에 사용한 경우이다. 거래의 실정을 보면 이러한 수표를 취득할 때 보통 발행은행에 전화로 사고수표 여부를 조회해 보는데, 판례는 이 전화조회를 게을리한 경우 대체로 중과실을 인정한다($_{[106]}^{판례 [103]~}$). 중과실을 부정한 예로, 가계수표의 앞면에 기재된 발행한도를 초과하여 발행된 수표를 취득하면서 발행인에게 조회하지 않았다고 해서 중과실을 인정할 수 없다고 한 판례가 있다($_{선고 97다48319 판결}^{대법원 1998. 2. 13.}$).

판 례

[103] 대법원 1987. 8. 18. 선고 86다카2502 판결

「…피고 발행의 액면금 백만원인 자기앞수표 4매를 피고 보조참가인이 소지하고 있다가 1984. 12. 21, 09:30경 안양시 7동 사무소에서 분실한 사실, 원고는 서울 영등

포 소재 신세계백화점 영등포지점에서 귀금속 씨코너라는 상호로 귀금속상을 경영하고 있었는데 위 같은 날 12:20경 그 점포에서 부부로 보이는 50대 남녀에게 행운의 열쇠 등 순금제 패물 금 354만원 상당을 팔고 그 대금으로 위 수표 4매를 교부받은 다음 거스름돈 46만원을 현금으로 내어 준 사실, 위 수표를 대금으로 교부받고 그 자리에서 수표발행은행인 피고 은행 성동지점에 전화를 걸어 그 중 수표 1매에 관하여 사고수표인지의 여부를 조회하여 위 지점의 행원으로부터 아무런 이상이 없는 수표라는 확인을 받은 다음 매입자에게 수표를 배서하여 줄 것을 요구하였더니 동인들은 이미 수표뒷면에 기재된 오계림 명의의 배서가 자기의 것이라고 하므로 그 배서를 믿고 더 이상의 신원확인을 하지 아니한 채 위 수표를 취득한 사실, 그리고 피고 보조참가인은 그 다음 날인 12. 22에야 위 오계림 명의로 피고 은행 성동지점에 위 수표 4매에 관한 분실신고를 한 사실…원고가 위 수표 4매를 취득하면서 동일자에 거의 연결된 번호로 발행된 같은 액면의 수표 중 1매를 골라 발행은행에 전화조회를 하여 정당한 수표임을 확인한 이상 수표를 제시하는 자의 주민등록증이나 연락처를 확인하지 아니하는 등 그 신분확인을 다소 소홀히 하였다 하더라도 이를 들어 수표취득과정에 악의 또는 중대한 과실이 있다 할 수 없다.…」

[104] 대법원 1980. 2. 12. 선고 79다2108 판결

「…원고가 원심판결 설시의 액면 금 100만원의 본건 수표 1목의 절취범인인 소외 김영철로부터 일요일인 1979. 2. 4에 그 수표를 받고 오메가 시계를 36만원에 매도하고 그 차액 금 64만원을 현금으로 동소외인에게 지급한 사실, 그 때 위 소외인이 본건 수표이면에 기재한 전화번호(허위의 전화번호)에 원고가 전화걸어 확인하지 아니한 사실…

본건에 있어서 원고가 위 소외인 기재의 전화번호에 전화걸어 확인하였더라면 본건 수표가 절취품이라는 사실을 쉽게 알 수 있었을 것이므로 원고가 본건 수표를 취득함에 있어서 중대한 과실이 있[다.]…」

※ 同旨: 대법원 1984. 11. 27. 선고 84다466 판결.

[105] 대법원 1990. 11. 13. 선고 90다카23394 판결

「…피고 보조참가인은 1989. 4. 13 피고 은행 한남동지점으로부터 액면 금 7,300,000원의 원판시 이 사건 소지인출급식 자기앞수표 1매를 발행·교부받아 소지하던 중 같은 해 4. 17 분실한 사실, 원고는 금은방을 경영하는 자로서 같은 해 5. 19 소외 김해표라고 자칭하는 자로부터 순복음교회에 기증할 물건으로서 탑체에 십자가상을 금으로 조성하여 시가 금 8,000,000원 상당이 되도록 만들어 달라는 주문을 받고 금 199돈으로 위 물건을 제작하여 같은 해 5. 25까지 인도해 주기로 약정하고 위 김해표로부터 선금으로 같은 해 5. 19 소외 신한은행 한남동지점이 발행한 액면 금

1,000,000원의 자기앞수표를 교부받으면서 위 김해표의 주민등록증도 확인하지 아니한 채 위 수표의 이면에 위 김해표로 하여금 전화번호만을 기재하도록 한 사실, 그런데 위 전화번호는 결번으로 원고가 위 전화번호로 전화를 걸어 확인만 하였더라도 쉽게 위 김해표를 의심할 수 있었을 터인데도 원고는 이러한 조치를 하지 아니하고 당일 위 수표를 지급장소에 지급제시하여 그 수표금을 취득하게 되자 위 김해표를 신임하게 되었고, 그 후 같은 해 5. 24, 21:00경 위 김해표로부터 주문한 물건의 잔대금조로 액면금 7,300,000원의 이 사건 자기앞수표를 교부받으면서도 아무런 의심 없이 동 수표의 이면에 전화번호와 서명만을 기재하도록 하고는 역시 바로 그 전화번호로 전화를 걸어 확인하지 아니한 채 다음날 19:30경에야 그 전화번호로 전화를 걸어 보고 불통임을 알게 된 사실, 한편 위 수표에는 상단에 검은색 스탬프로 발행일자가 APR.13.89로 날인되어 있고, 중간부분에는 붉은색 스탬프로 발행일자가 1989. 5. 24로 중복날인되어 있었으므로 원고가 위 수표를 조금만 자세히 살펴 보았어도 이를 쉽게 발견하고 의심하기에 충분하였음에도 이를 유의하지 않은 채 위 수표를 취득한 사실 …위 인정사실에 의하면 원고는 이 사건 수표를 취득함에 있어 중대한 과실이 있는 것이[다.]…」

[106] 대법원 1990. 12. 21. 선고 90다카28023 판결

「…원심판결 이유에 의하면 원심은, 원고는 1989. 4. 15 평소 안면이 있는 사람으로 달구벌상회라는 상호로 잡화상을 경영하는 소외 김병기에게 금 8,158,500원 상당의 시계를 판매하고 그 대금조로 액면금 7,000,000원인 이 사건 자기앞수표와 현금 158,500원을 교부받은 사실, 원고는 위 수표들을 교부받을 당시 위 수표들이 진정한 것인지의 여부에 대하여는 별 다른 확인절차를 거치지 아니한 채 위 수표들을 교부받은 후 판매한 위 시계들을 위 김병기가 경영하는 달구벌상회에 갖고 가서 김병기의 종업원으로부터 이 사건 수표의 이면에 김병기의 명판만을 압날해 받은 사실, 원고는 위 김병기와 수표거래가 처음이고 그 이전에는 소액의 현금거래만 몇 차례 있었던 사실, 피고 보조참가인 이경자는 이 사건 수표를 피고 은행에서 발행받아 나오던 중 도난당하여 그 날(이 사건 수표의 발행일인 1989. 4. 15) 대구 서부경찰서에 도난신고를 하여 놓은 사실…

어음수표를 취득함에 있어서 통상적인 거래기준으로 판단하여 볼 때 양도인이나 그 어음수표 자체에 의하여 양도인의 실질적인 무권리성을 의심하게 할 만한 사정이 있는데도 불구하고 이와 같은 의심할 만한 사정에 대하여 상당하다고 인정될 만한 조치를 하지 아니하고 만연히 양수한 경우에는 중대한 과실이 있다고 하여야 할 것인바, 원심인정과 같이 위 김병기와의 수표거래가 처음인데다 그들간의 거래로 보아서는 큰 액수의 수표이므로 원고로서는 그 수표의 진정 여부에 대하여 의심을 하여 보았어야 하고 그 확인방법도 [피고 은행에] 전화확인 등 간단한 방법으로 이를 확인할

수 있었음에도 불구하고 이를 하지 않았으며 더욱 제 1 심법원의 사실조회 회보내용
에 의하면 위 김병기는 1989. 4. 8 사업자등록증을 받았으나 사업장을 폐문하고 도주
하여 1989. 4. 26 사업자등록이 직권말소되었다는 것인바, …위 김병기의 사업장의
형편에 관하여 잘 알지도 못하면서 평소 안면만 있는 동인에게 큰 액수의 자기앞수표
를 받고 물건을 판매한 사정을 아울러 고찰하여 보면, 이 사건 수표를 양수함에 있어
서 원고에게 중대한 과실이 있다고 할 것이다.…」

제 4 절   수표의 보증

수표도 어음과 같이 보증이 가능하다($\overset{수 25조}{1항}$). 보증의 방식과 효력은 어음의
그것과 같다($\overset{수 26조, 27조,}{어 31조, 32조}$). 다만 수표의 경우 지급인의 보증을 허용한다면 사실상
인수를 허용하는 것과 다름없어 인수를 금지($\overset{수}{4조}$)하는 취지에 어긋나므로 지급인
이 보증인이 되는 것을 금하고 있음이 차이점이다($\overset{수 25조}{2항}$).

어음의 경우 만기에 이르기까지 상당한 시일을 기다려야 함이 보통이므로 보
증을 이용할 실익이 크다. 다만 보다 간편한 배서에 의해 보증의 목적을 달성하고
있어 보증의 형식을 취하는 예가 드물 뿐이다. 이와 달리 수표는 일람출급성을 가
지므로 보증을 이용할 실익이 크지 않다. 다만, 지급지가 발행지에서 멀리 떨어진
까닭에 즉각 수표를 제시할 수 없고 발행인의 신용을 신뢰하기 어려운 경우에 보
증을 이용할 실익이 있겠으나, 그나마도 행해지는 예가 드물다.

담보목적의 수표 발행과 민사보증

실무상으로 타인의 채무를 담보할 목적으로 수표를 발행한 경우, 수표의 발행인이
그 채권자에 대하여 수표법상의 채무만을 부담한 것인지, 민사상의 보증채무까지도
부담한 것으로 보아야 하는지, 당사자의 의사해석이 문제되는 예가 있다. 보증으로
보려면 수표발행인에게 보증의사가 있어야 하고, 보증은 이를 부담할 특별한 사정이
있을 경우에 행해지므로 보증의사의 존재나 보증범위는 이를 엄격하게 제한적으로
인정해야 한다는 것이 판례의 입장이다. 구체적으로는 채권자 및 채무자와 수표 발행
인의 관계, 수표를 발행하게 된 동기, 수표의 발행인과 채권자 사이의 교섭 과정 및
방법, 수표의 발행으로 인한 실질적 이익의 귀속 등 수표의 발행을 전후한 제반 사정
과 거래계의 실정에 비추어 수표의 발행인이 민사상의 보증의 형태로도 신용을 공여

한 것이라고 인정될 수 있어야 수표의 발행인과 채권자 사이의 민사상 보증계약의 성립을 인정할 수 있다고 한다. 그에 미치지 못하는 경우에는 수표발행인은 수표가 지급거절된 경우 그 소지인에 대하여 상환청구에 응할 수표법상의 채무만을 부담할 뿐이라고 한다(대법원 2007. 9. 7. 선고 2006다17928 판결).

제 5 절   수표의 지급보증

Ⅰ. 의   의

i) 지급보증이란 제시기간 내에 수표의 제시가 있음을 조건으로 지급인이 수표금을 지급할 의무를 부담하는 수표행위이다(수55조).

수표가 일람출급증권이라 함은 만기를 인정하지 않고 발행후 소지인이 즉시 제시함을 허용하고 지급거절시에 발행인의 상환책임을 발생시킨다는 뜻에 그치고, 제시할 경우 현실로 지급될 것을 보장하는 것은 아니다. 발행인이 지급인에게 수표자금을 공급한 바가 없다면 필히 지급이 거절될 것이다. 그러므로 수표를 취득하는 자는 지급 여부에 대한 불안을 가질 것이고 이러한 불안을 가지는 한 수표가 지급수단으로서 만족스러운 기능을 수행할 수 없다. 그래서 수표법은 지급인이 지급보증에 의해 지급채무를 부담할 수 있게 함으로써 신용이 취약한 자가 발행한 수표도 지급수단으로 활용할 수 있는 길을 열어 놓았다. 그러나 실제로는 지급보증의 제도가 잘 이용되지 아니한다. 은행들이 수표에 대한 지급보증을 꺼리고 있기 때문이라 한다.

ii) 지급보증은 「보증」이라는 용어를 결합해 사용하나, 보증은 아니다. 보증은 어음 또는 수표채무자의 어음·수표채무에 종속하여 그 지급을 담보하는 것이나, 지급보증은 지급인이 발행인이나 기타의 수표채무자의 채무를 담보하는 것이 아니고 스스로 독립적인 지급채무를 부담하는 행위이다. 따라서 지급보증을 한 지급인은 다른 수표채무자의 항변을 원용할 수 없다. 또 보증의 경우 보증인이 어음·수표금을 지급하면 피보증인과 전자에 대해 어음상의 권리를 갖게 되나, 지급보증을 한 지급인의 채무는 최종적인 것이라서 지급인이 지급을 하면 수표관계는 소멸하고 지급인은 수표상의 권리를 취득하지 못한다. 다만 발행인과의 관계에서 구상권을 행사할 수 있을 뿐이다.

지급보증으로 인하여 지급인이 최종적인 채무를 부담한다는 점에서 보면 이는 환어음의 인수와 흡사하다. 그러나 인수인은 어음의 주채무자로서 시효완성 전에는 어음소지인 및 그로부터 어음을 환수한 모든 어음채무자에 대하여 어음금을 지급할 책임을 지나, 지급보증인은 제시기간 내의 제시를 조건으로 한 제한적인 채무를 부담할 뿐이다. 보다 기본적인 기능상의 차이로서, 인수는 어음이 신용증권으로서 만기까지 상환청구사태가 생김이 없이 유통되게 하기 위한 제도이나, 지급보증은 발행인의 자금상의 문제로 수표의 일람「출급」에 장애가 생기는 것을 막아 주는 제도이다. 그리하여 인수제시를 하여 거절된 경우에는 어음이 신용증권성을 상실하여 즉시 상환청구절차가 개시되지만, 소지인이 지급인에게 지급보증을 요구하였다가 거절당한다고 해서 상환청구절차가 개시되는 것이 아니다. 또 실상 소지인이 지급인에게 지급보증을 요구할 실익이 없다. 어차피 지급인을 방문할 바에는 차라리 지급을 위한 제시를 할 것이기 때문이다. 그래서 지급보증은 주로 발행인이 사전에 지급인에게 요청하여 그의 지급보증을 받아 수표를 발행하는 식으로 이용된다. 인수는 어음금의 일부에 대해서도 가능하나, 수표금의 일부에 대한 지급보증은 허용되지 않는데, 이것도 위에 말한 기능상의 차이점 때문이다.

Ⅱ. 지급보증의 방식

지급보증은 수표행위이므로 법정의 방식을 갖추어야 한다. 수표의 앞면에「지급보증」기타 지급을 할 뜻을 기재하고 일자를 부기하여 지급인이 기명날인하여야 한다($\stackrel{수53조}{2항}$). 지급보증은 「지급보증의 문구」, 「일자」, 「기명날인」의 세 가지 요소로 이루어지는데, 어느 것을 결하더라도 무효이며, 배서나 보증을 기명날인만으로 하는 것과 같은 약식의 지급보증은 허용되지 아니한다. 지급보증의 형식성이 이같이 중요한 것은 「지급보증」의 문구가 없을 경우 기명날인만으로 이루어진 배서나 보증과 혼동되기 때문이다.[1] 지급보증인은 제시기간 내에 한하여 지급책임을 지므로 지급보증의 「일자」는 지급보증이 제시기간 내에 행해졌음을 증명하는 증거자료가 된다. 수표의 「앞면」에 하는 것도 요건이므로 수표의 뒷면에 한 지급보증은 무효이다(대법원 1972. 10. 25. 선고 72도1976 판
결; 동 1975. 4. 8. 선고 74다2085 판결).

수표의 지급보증은 조건 없이 하여야 한다(수 54조
1항). 지급보증을 하면서 수표의 기재사항에 변경을 가하더라도 이를 변경하지 아니한 것으로 본다(수 54조
2항). 따라서 환어음의 일부인수와는 달리 수표금액의 일부에 한하여 지급보증을 한 경우에는 수표금 전부에 대해 지급보증을 한 것으로 본다(통
설)(반대: 정
찬형 271).

Ⅲ. 지급보증의 효력

1. 지급인의 채무

(1) 지급의무

지급보증을 한 지급인은 수표금을 지급할 채무를 부담한다. 다만 지급인은 소지인이 제시기간이 경과하기 전에 수표를 제시한 경우에 한하여 지급의무를 부담한다(수 55조
1항).

이같이 지급보증인의 채무가 제시기간 내의 제시와 조건적으로 연결되어 있으므로 지급보증인의 채무의 성질에 관해 견해가 대립한다. 제시기간 내의 제시를 정지조건으로 하여 지급의무를 부담한다는 설(강·임 532; 김정호 393; 김홍기 1124; 손주찬
419; 송옥렬 536; 정동윤 390; 정무동 666; 주석
(Ⅲ), 409;
최기원 811)과 제시기간 내의 부제시를 해제조건으로 하여 지급의무를 부담한다는 설(정찬형 272;
채이식 214)이 있다. 지급보증 후 제시기간중에는 채무가 존속한다고 보는 것이 논리적이므로 후설이 타당하다.

지급보증은 수표상의 채무를 발생시키는 행위이지만, 지급보증인이 원인관계상의 채무를 알고 채권자(수표취득자)의 요구로 지급보증을 한 경우에는 지급보증이 원인채권에 관해 민법상의 보증의 뜻을 겸하는 것으로 보아야 한다(대법
원

---

1) 수표지급인의 배서나 보증은 무효이다(수 15조 3항, 25조 2항). 그러므로 약식의 지급보증을 하면 무효인 배서 또는 무효인 보증인지 혼동될 것이다.

1957. 10. 21. 선고)·
4290민상318 판결)·

(2) 지급보증인의 지급거절

지급보증인이 지급을 거절할 경우 지급보증인의 채무가 시효로 소멸하기 전에는 언제든지 독촉·소제기 등의 방법으로 이행을 청구할 수 있다. 그런데 지급인은 제시기간 내에 제시가 있었을 때 한하여 책임을 지므로 지급거절한 지급보증인의 책임을 계속 추궁하려면 소지인은 제시기간 내에 지급보증인에게 제시하였으나 지급이 거절되었음을 거절증서 등으로 증명하여야 한다$\left(\begin{smallmatrix} 수 55조 \\ 2항, 39조 \end{smallmatrix}\right)$.

지급보증인은 원래 수표금액을 지급하면 족하지만, 지급거절을 하여 소지인이 거절증서를 작성하는 등 상환청구절차를 밟은 경우에는 상환의무자가 지급해야 할 금액을 지급해야 한다$\left(\begin{smallmatrix} 수 55조 3항 → \\ 44조, 45조 \end{smallmatrix}\right)$.

(3) 시   효

지급보증인에 대한 수표상의 청구권은 제시기간이 경과한 후 1년간 행사하지 아니하면 소멸시효가 완성한다$\left(\begin{smallmatrix} 수 \\ 58조 \end{smallmatrix}\right)$. 지급보증인의 채무의 시효제도는 소지인이 지급제시기간 내에 지급제시를 하였으나 지급보증인이 지급을 거절한 경우에만 적용된다. 제시기간 내에 제시가 없으면 제시기간의 만료로 지급보증인의 채무가 확정적으로 소멸하기 때문이다.

2. 다른 수표채무자의 채무

발행인 기타 수표채무자는 지급보증으로 인하여 그 책임을 면하지 못한다$\left(\begin{smallmatrix} 수 \\ 56조 \end{smallmatrix}\right)$. 따라서 지급보증인이 지급을 거절할 경우 발행인 등 수표채무자들은 합동하여 상환책임을 진다.

제 6 절 지   급

Ⅰ. 지급제시기간

i) 수표는 제시증권이고 수표채무는 지참채무이므로 소지인이 지급을 받기 위하여는 지급인에게 수표를 제시해야 함은 어음과 같다. 수표의 제시는 지급인에게 함이 원칙이나, 어음교환소에서의 제시도 지급을 위한 제시의 효력이 있으며, 전자제시가 허용됨은 어음의 제시에 관해 설명한 바와 같다($\substack{수\,31조\\1항,\,2항}$).

ii) 수표는 일람출급의 지급증권으로서 발행인이 항상 제시에 대비해야 하는 부담을 지는 까닭에 그 법률관계를 단기간에 종결짓는 것이 바람직하다. 그리하여 수표법은 10일이라는 단기의 제시기간을 두고 있다($\substack{수\,29조\\1항}$). 이 기간 내에 수표를 제시하지 않을 경우 수표상의 권리가 소멸한다($\substack{수\\39조}$).

iii) 제시기간의 기산점은 수표에 기재된 발행일자이므로($\substack{수\,29조\\4항}$) 실제 발행일자가 수표에 기재된 발행일자와 상위하더라도 기재된 일자에 의한다. 기간의 초일은 산입하지 아니하므로 발행일자는 제시기간에 산입하지 아니한다($\substack{수\\61조}$)($\substack{대법원\\1982.\,4.\,13.\\선고\,81다1000,\\81다카552\,판결}$). 그리고 제시기간 중의 휴일은 제시기간에 산입하고, 제시기간의 말일이 휴일일 때에는 그 말일 이후의 제 1 의 거래일까지 제시기간이 연장된다($\substack{수\,60조\\2항}$).

iv) 지급지국과 발행지국을 달리하는 국제수표의 경우에는 추심에 상당한 시일이 요구되므로 위 10일의 제시기간이 충분하지 않다. 그러므로 이러한 수표의 제시기간은 국내수표의 제시기간보다 장기로 한다. 구체적으로는 같은 주에서 발행되고 지급되는 수표($\substack{예:\,서울에서\,발행되고\,싱\\가포르에서\,지급되는\,수표}$)의 제시기간은 20일이고, 다른 주간에 발행되고 지급되는 수표($\substack{예:\,서울에서\,발행되고\,런\\던에서\,지급되는\,수표}$)의 제시기간은 70일로 한다($\substack{수\,29조\\2항}$).

v) 세력(歲曆)을 달리하는 두 지역 간에 발행한 수표는 발행일을 지급지의 세력의 대응일(對應日)로 환산한다($\substack{수\\30조}$). 예컨대 한국에서 2022년 3월 21일에 발행하고 이란의 테헤란에서 지급할 수표의 경우를 보자. 이란은 우리가 쓰는 서력(西曆)과 세력을 달리한다. 2022년은 이란력으로는 1401년이고, 춘분을 1월 1일로 삼으므로 2022년의 경우 춘분인 3월 21일은 이란의 1월 1일이다. 그러므로 이란

에서는 이 수표를 1월 1일에 발행된 수표로 다루는 것이다.

Ⅱ. 선일자수표

1. 의   의

선일자수표란 발행일을 실제 발행일의 후일로 기재한 수표를 말한다($\frac{수\,28조}{2항}$). 예컨대 2022년 3월 15일에 발행하면서 수표상의 발행일자를 2022년 4월 15일로 기재하는 것이다. 이같이 발행일자를 후일로 하는 이유는 수표의 일람출급성을 회피하기 위함이다. 수표의 일람출급성에 의해, 수표를 발행하면 발행 후 언제이든 제시하는 대로 지급되어야 하고 수표자금이 없어 지급되지 않으면 지급거절이 되어 상환청구사태가 일어남은 물론 부정수표단속법에 저촉되어 처벌대상이 된다. 그러므로 자금이 없이 수표를 발행하는 자가 발행일을 늦춤으로써 소지인으로 하여금 발행일 이후에 제시하게 하고 그 전에 수표자금을 마련하려는 의도에서 선일자수표를 발행하는 것이다. 이같이 하기 위해서는 물론 수취인과 합의가 이루어져야 할 것이다.

선일자수표를 발행하는 자의 의도대로 된다면 수표에도 사실상의 만기를 설정할 수 있게 되어 수표의 일람출급성이 무의미해진다. 그러므로 수표법은 선일자수표를 무효로 하지는 않지만 실제의 발행일에 일람출급성을 부여함으로써 발행인의 탈법의도를 봉쇄한다.

2. 선일자수표의 효력

선일자수표는 실제 발행일로부터 제시할 수 있고, 제시 즉시 지급되어야 한다($\frac{수\,28조}{2항}$). 수표자금이 없어 지급거절이 되면 상환청구절차가 진행되고 부정수표단속법이 적용됨은 정상적인 일자로 발행된 수표와 같다.

3. 제시연기 합의의 효력

선일자수표는 보통 발행인과 수취인간에 수표에 기재된 발행일자에 제시하기로 하는 합의가 이루어진 경우에 발행하게 될 것이다. 위에서 본 바와 같이 수표상으로는 아무 효력을 발휘하지 못하지만, 이 합의의 채권적 효력을 어떻게 볼 것이냐에 관해 견해가 대립한다. 강행규정인 일람출급성에 정면으로 어긋난다는 이유에서 채권적 효력조차 부정하는 설도 생각할 수 있으나 실제 이를 주장하는 견해는 없고, 통설은 당사자 간에 선일자수표를 거래할 경제적 수요가 있고 이러한 합의의 효력을 인정하더라도 수표의 일람출급성에 영향을 줌이 없이 당사자의 합의를 존중할 수 있다는 이유에서 채권적 효력을 긍정한다. 따라서 수취인이 이 합의를 어기고 수표에 기재된 발행일자 이전에 제시할 경우에는 발행인은 채무불이행을 이유로 손해배상을 청구할 수 있다.

4. 발행일자의 효력

수표에 기재된 선일자인 발행일자는 일람출급성의 측면에서는 효력이 없으나(무익적 기재사항), 제시기간을 계산할 때는 기재된 발행일자를 기산일로 하므로 제시기간을 늘리는 역할을 한다($^{수\,29조}_{4항}$). 뿐만 아니라 시효를 계산할 때에도 이 기재된 발행일을 기산점으로 한다($^{대법원\,1963.\,7.\,25.}_{선고\,63다305\,판결}$).

수표법 제29조 제4항의 합헌성

어느 수표의 발행인이 발행일자를 실제발행일보다 2개월 내지 5개월 후로 기재한 선일자수표 수매를 발행하였는데, 소지인은 이 기간을 기다리지 않고 제시하였으나, 실제의 발행일자로부터는 10일이 훨씬 경과한 날에 제시하였다. 이 시기에 발행인의 자금이 없어 지급거절이 되고 발행인이 부정수표단속법($^{제2조}_{제2항}$) 위반으로 기소되었다. 이에 발행인은 수표법 제28조 제2항이 선일자수표를 무효로 하지 않은 것, 제29조 제4항이 수표의 제시기간 10일을 실제의 발행일로부터 기산하지 않고 수표에 기재된 발행일자로부터 기산하게 한 것은 수표를 신용증권화하여 경제질서를 해하고 국민의 재산권을 침해하는 것이라고 주장하며 헌법소원을 제기하였다(만일 청구인의 주장이 받아들여진다면 청구인이 발행한 선일자수표는 무효가 되거나, 소지인이 제시기간을 경과하여 제시하였으므로 발행인의 상환의무가 소멸한다). 이에 대해 헌법재판소는 수표법 제28조 제 2 항의 위헌주장은 재판의 전제성이 없다고 배척하고, 제 29조 제 4 항에 관해서도 다음과 같이 판시하며 기각하였다.

판　례

[107] 헌법재판소 2000. 1. 18. 2000헌바29

「수표법 제29조 제 1 항, 제 4 항은 1931년 제네바수표법통일조약에 따라 선일자수표의 제시기간을 실제발행일이 아닌 수표에 기재된 발행일자로부터 10일임을 규정함으로써 수표의 문언증권성을 확인하여 그 유통성을 확보하고 경제거래상 지급수단으로서의 수표제도의 한 내용을 형성한 것일 뿐, 가사 이로 인하여 장기간의 결제기간이 허용되어 청구인이 오랫동안 지급의무를 부담하는 불안에 빠진다고 하더라도 이는 청구인이 스스로 이러한 결제수단을 선택함으로써 신용을 누림에 따르는 부담을 자초한 것이지, 국가가 청구인의 기본권을 제한한다던가, 또는 사인간의 경제활동에 대하여 규제 등 간섭을 하는 것이라 할 수 없다. 또한 이로써 수표가 지급증권임을 벗어나 신용증권화할 우려가 있다고 하더라도 이는 그 자체가 경제적 효용과 유용성을 가지고 이용되는 것일 뿐 그 유효성을 인정하는 것이 자유시장경제질서를 기본으로 하여 사회정의와 경제민주화를 추구하는 우리 헌법의 경제질서나 기타 헌법질서에 저촉되는 것이라고 볼 수 없다.」

Ⅲ. 제시기간 경과 후의 지급

제시기간이 도과하도록 지급제시를 하지 아니하면 수표상의 권리가 소멸하므로 소지인은 이득상환청구에 의해 구제받아야 할 것이다. 그러나 수표의 지급인은 발행인으로부터 지급위탁의 취소가 없는 때에는 제시기간 경과 후에도 지급을 할 수 있다($\frac{수 32조}{2항}$). 이는 지급인이 지급하더라도 발행인에 대해 면책된다는 뜻이고 소지인에게 지급청구권을 부여하는 뜻은 아니다. 제시기간이 경과했음을 이유로 지급을 거절하더라도 발행인은 어차피 추후 이득상환청구에 응해야 하므로 지급을 허용한 것이다. 그러므로 발행인이 제시기간 경과 후에 지급을 저지할 생각이라면 제시기간이 경과하기 전에 미리 지급위탁의 취소를 해 두어야 한다. 소지인의 이득상환청구권이 제시기간 경과와 어떤 상관관계에서 발생하느냐는 의문이 있는데, 이 점 기술한 바 있다($^{227면}_{참조}$).

Ⅳ. 지급위탁의 취소

1. 의   의

지급위탁의 취소라 함은 발행인이 지급인에 대하여 자신이 발행한 특정한 수표의 지급을 하지 말 것을 지시하는 뜻의 의사표시이다. 발행인은 일정한 제한 하에서 지급위탁을 취소할 수 있다. 법문은 지급위탁의 「취소」라고 표현하지만($^{수32조}_{1항}$) 그 법적 의의는 지급위탁의 「철회」이다. 아무런 하자 없이 성립한 법률행위를 「취소」할 근거는 없기 때문이다.

수표의 발행행위에 흠이 있거나 수표의 발행 후 원인관계상의 다툼이 생겨 발행인이 지급을 원하지 아니하는 경우 신속히 지급위탁을 취소함으로써 수표금의 인출을 저지할 수 있다.

그러나 지급위탁의 취소를 무제한 허용한다면 소지인의 지위가 불안해지고 일람출급성에 근거한 수표의 지급증권성이 무의미해진다. 그러므로 수표법은 후술하는 바와 같이 지급수단으로서의 기능을 해하지 않는 범위에서 지급위탁의 취소를 허용하고 있다.

2. 방   식

지급위탁의 취소는 이미 발행된 수표에 관해 행하는 의사표시이므로 수표면에 할 수 없음은 당연하다. 따라서 지급위탁의 취소는 수표 외에서의 행위이고 수표행위가 아니다. 수표행위가 아니므로 방식의 제한이 없다. 불요식의 서면행위로 할 수도 있고 구두로도 무방하다. 또 지급위탁의 취소는 단독행위이므로 일방적인 의사표시로 족하다.

3. 효　　력

(1) 효력범위

지급위탁의 취소는 수표계약에 의한 지급위탁 자체를 실효시킨다는 견해도 있으나($\substack{강 \cdot 임\ 536; \\ 최기원\ 836}$), 기발행된 특정의 수표의 지급지시를 철회하는 것이라고 이해해야 한다($\substack{同旨:\ 손주찬 \\ 428;\ 정동윤\ 402}$). 지급위탁 자체를 실효시킨다고 보면 이론상 이미 발행된 모든 수표에 관해 지급권한이 없어지므로 지급거절이 확산되어 불필요한 상환청구 사태를 남발할 것이기 때문이다.

그리고 지급위탁의 취소는 발행행위 자체를 실효시킨다는 견해도 있으나(절대적 철회설), 이미 적법하게 발행된 수표를 발행인의 일방적인 의사표시로 실효시킬 수 있다는 것은 불합리하다. 지급인과의 관계에 국한하여 효력을 발휘할 뿐이라고 보아야 한다(상대적 철회설).

(2) 지급인에 대한 효력

수표의 지급위탁의 취소는 제시기간이 경과한 후에만 그 효력이 있다($\substack{수\ 32조 \\ 1항}$). 따라서 지급인은 제시기간 중에는 수표금을 지급할 수 있으며, 이에 관해 발행인에 대해 책임지지 아니한다. 그러나 지급인은 수표금을 지급할 채무를 지는 것이 아니므로 제시기간 중에 지급하지 아니한다고 해서 소지인에게 책임추궁을 당할 바는 아니다. 따라서 지급위탁의 취소가 제시기간 경과 후에 효력이 발생한다 함은 제시기간 중에는 지급인이 지급하더라도 발행인에 대한 관계에서 면책된다는 뜻이다.

V. 지급인의 조사의무와 위험부담

1. 조사의무

수표에는 「만기전지급」이 있을 수 없으므로 수표법에서는 어음법 제40조 제3항이 규정하는 만기에 지급하는 지급인의 조사의무와 같은 취지의 규정만을 두고 있다. 즉 「배서로 양도할 수 있는 수표의 지급인은 배서의 연속이 제대로 되어 있는지를 조사할 의무가 있으나 배서인의 기명날인을 조사할 의무는 없다 ($\frac{수}{35조}$)」. 이 규정은 배서에 의해 양도하는 수표에 대해서만 언급하고 있으나, 소지인출급식의 수표에 대해서도 같은 정도의 조사의무가 적용되어야 함은 어음에 관해 논한 바와 같다.

어음법 제40조 제 3 항에서는 지급인의 사기 또는 중과실을 규정하고 있으나 수표법 제35조에는 이러한 언급이 없다. 그러나 수표의 경우에도 지급인이 같은 주관적 요건을 충족할 경우 책임을 물어야 함은 당연하므로 어음법의 제40조 제 3 항과 같은 내용으로 해석하는 데 異說이 없다.

특히 수표의 경우에는 일람출급증권인데다, 대체로 소지인출급식으로 발행되므로 도난·분실된 수표를 무권리자가 제시하는 경우가 많다. 그러므로 고액수표의 경우 지급은행은 수표소지인의 권리유무에 관해 어음의 경우보다 세심한 주의를 기울여야 한다. 수억원에 달하는 사고수표를 제시하고 현금으로 인출하고자 하는 자기앞수표의 소지인에 관해 발행지점에 발행경위와 발행의뢰인 등에 관해 조회해 보지 않고 수표금을 지급한 사건에서 법원은 지급은행이 수표법 제35조의 조사의무를 게을리 하였다고 판시한 바 있다($\frac{판례}{[108]}$).

> ### 판   례
>
> [108] 대법원 2002. 2. 26. 선고 2000다71494, 71500 판결
>
> 「수표법 제35조의 취지에 의하면, 수표지급인인 은행이 수표상 배서인의 기명날인 또는 서명, 혹은 수표소지인이 적법한 원인에 기하여 수표를 취득하였는지 등 실권리관계를 조사할 의무는 없다고 할 것이지만, 수표금 지급사무를 처리하는 은행에게 선량한 관리자로서의 주의를 기울여 그 사무를 처리할 의무가 있다고 할 것인 이상, 통상적인 거래기준이나 경험에 비추어 당해 수표가 분실 혹은 도난·횡령되었을 가능성이 예상되거나 또는 수표소지인이 수표를 부정한 방법으로 취득하였다고 의심할 만한 특별한 사정이 존재하는 때에는 그 실질적 자격에 대한 조사의무를 진다고 할 것이다.
>
> 그런데 제 1 심 공동피고 2가 제 1 심 공동피고 1로부터 액면 1억원의 자기앞수표 20장을 건네받아 피고 은행 은행동지점과 대흥동지점에서 이를 현금으로 바꾸어 지급받음에 있어, …위 소외 회사나 제 1 심 공동피고 2와는 종전에 전혀 거래관계가 없었고 이 사건 수표금 지급으로 처음 거래관계를 맺게 된 것이어서 소외 회사의 사업

자등록증을 확인한 외에는 그들의 신용이나 재산상태, 영업현황 등에 관하여 전혀 파
악한 바가 없었고, …현금 인출을 위하여 제시된 것은 피고 은행 대전 지역의 지점에
서 당일 아침 불과 1시간 전에 발행된 자기앞수표였을 뿐만 아니라, 그 발행지점(역
전지점)이 같은 시내(더구나 거리도 멀지 않은 곳)에 있음에도 발행 당일 이에 인접
한 은행동지점과 대흥동지점에 액면 1억 원의 자기앞수표 17장과 3장을 일거에 모두
현금(소액인 10만원권의 자기앞수표도 전혀 포함되지 않기를 희망하였다는 것이다)
으로 인출하겠다고 요청한 사실을 알 수 있는바, 이러한 사정과 위 두 지점에 지급요
청한 금액의 규모와 현금으로 인출할 때의 엄청난 부피, 용도, 취급에 있어서의 번잡
과 위험부담 등을 고려할 때 이와 같은 고액 수표의 전액 현금지급요청은 정상적인
자기앞수표 소지인이라면 매우 이례적인 것이어서 그 수표가 혹시 분실·도난·횡령
된 것이거나 혹은 수표제시자가 그 수표를 부정한 방법으로 취득하였다고 의심할 만
한 사유가 있었다고 할 것이므로, 이처럼 초면의 내방객으로부터 고액의 현금 지급을
요청받은 위 두 지점 직원으로서는 마땅히 발행지점에 위 수표의 발행경위와 발행의
뢰인 등을 확인하고 다시 그 확인된 발행의뢰인에게 직접 또는 발행지점을 통하여 위
수표를 사용하거나 타에 양도한 경위 등에 관하여 파악하려는 노력을 기울여 보았어
야 할 것이라고 판단된다(특히, 위 발행지점과 원고의 충남지부는 같은 건물의 1층과
3층에 각각 위치하고 있다는 것이다). 그럼에도 불구하고, 그러한 확인이나 파악·노
력을 전혀 기울이지 않은 채 단지 사고수표인지 여부와 실명 여부만을 확인하여 고액
의 현금을 지급한 것은 수표금 지급에 있어서의 지급인으로서의 주의의무를 다하였
다고 할 수 없다.」

註) 이 판결은 원고(전국버스운송조합연합회)의 직원이 친구와 공모하여 원고의 자금을 횡령할 목적에
서 피고(하나은행)의 한 지점에 예치된 원고의 예금 20억원을 자기앞수표 1억원권 20매로 인출하여
다른 피고은행지점에서 현금으로 인출하였던바, 원고가 피고의 조사의무위반(수 35조)을 이유로 손
해배상을 청구한 사건이다.

2. 위조·변조에 대한 위험부담

수표는 일람출급증권이므로 특히 위조·변조가 성행한다. 그리고 수표의 위
조·변조가 정교하여 지급인이 위조 또는 변조된 수표를 판별하지 못하고 발행인
의 자금으로 지급하는 경우가 많다. 이 경우 지급인의 과실이 있느냐가 문제될 것
이고, 과실이 없다고 할 경우 지급한 금액을 누구의 손실로 돌릴 것이냐(위험부담)
는 문제가 생긴다.

아무리 정교하게 위조·변조된 수표라도 고도의 과학장비를 동원할 경우 판
별이 불가능할 리는 없다. 그러나 은행의 일상적인 창구거래에서 이 같은 정밀한

방법의 조사를 기대할 수는 없다. 그러므로 통상의 은행원이 실무적인 경험을 토대로 육안의 조사를 하여 판별할 수 없다면 과실이 없다고 할 수 있다. 하지만 최근에는 은행이 전자감별기 등 위조·변조 여부를 가릴 수 있는 장비를 구비하고 있는 예가 많은데, 은행의 창구거래에서 일상적으로 사용하는 장비가 있다면 이 장비를 이용해 조사하지 않은 경우에는 육안으로 판별이 불가능하더라도 과실이 있다고 해야 한다($\binom{판례}{[109]}$). 한편 위조·변조의 판별에 기술적인 과실은 없다고 하더라도 정황에 대한 과실이 있을 수 있다. 예컨대 연소한 고객이 거액의 수표를 제시하였는데도 통상의 주의만 기울여 위조·변조 여부를 조사하고 지급하였다면 주의를 다한 것으로 볼 수 없다(즉 의심을 가지고 좀더 정밀한 방법으로 조사하여야 한다).

위조·변조의 판별에 은행의 과실이 없을 경우 발행인이 위험을 부담해야 한다는 설($\binom{정찬}{형\ 365}$), 지급인이 부담해야 한다는 설($\binom{정동윤\ 405;}{최기원\ 491}$)이 대립한다.

은행이 고객에게 적용하는 약관에서는 은행의 주의정도와 위험부담에 관한 규정을 두고 있다. 은행원이 육안에 의해 상당한 주의로써 조사하여 위조·변조를 판별하지 못하고 지급한 경우에는 발행인의 부담으로 한다는 취지로 규정하고 있다($\binom{아래\ 약}{관\ 참조}$). 이같이 발행인부담을 명문화한 약관을 유효하다고 보는 이상($\binom{대법}{원}$ 1969. 1. 21. 선고 68 다1708 판결 외 다수) 위험부담에 관한 견해의 대립은 무의미하다.

판   례

[109] 서울고등법원 1975. 3. 11. 선고 74다53 판결

「…피고은행이 원고가 제출한 인감 명판 등을 대조하여 취급상 보통의 주의로써 상위 없음을 인정하고 지급을 필한 수표는 위조 변조 등 기타의 사유로 인하여 손해가 생길지라도 피고은행은 그 책임을 지지 아니한다는 취지의 약정이 있음을 알 수 있으나 위 약정에 금액란의 변조여부 식별 조항이 기입되지 아니하였다 하여 은행이 수표금을 지급함에 있어서 인감이나 필적(명판) 등이 변조되었는지의 여부에만 주의할 것이 아니라 그 이외의 기재인 금액란 등이 변조되었는지의 여부도 선량한 관리자의 주의로써 식별하여야 할 은행이 가지는 고유의 주의의무의 일부가 면제되었다 할 수 없고 또 위 약정에 표시된 보통의 주의의무란 수표등을 취급하는 은행원으로서 지녀야 할 통상적 주의를 뜻하는 것으로서 그 내용은 다만 육안으로 식별하는데 그칠 것이 아니고 은행이 보편적으로 간편하게 사용할 수 있는 기기 등을 이용하는 등 성실한 업무처리로 그 진위의 식별에 임하여야 할 주의의무를 뜻한다 할 것이니 이는 은행이 금융순환의 중추적 역할을 담담하고 있으므로 인하여 반드시 지녀야 할 은행

업무의 공신력 유지를 위하여 당연한 귀결이라 할 것이다. 그렇다면 위 약정에 있어서 보통의 주의라는 문언을 은행이 중과실 있을 경우에만 책임지고 경과실로 인하여 위조 변조사실을 식별치 못한 경우에는 은행이 책임을 지지 아니한다는 취지로 판단할 수는 없다…」

예금거래기본약관(2020. 6. 5 공정거래위원회 개정 승인)

[제16조(면책)]　① 은행은 예금지급청구서, 증권 또는 신고서 등에 찍힌 인영(또는 서명)을 신고한 인감(또는 서명감)과 육안으로 주의 깊게 비교·대조하여 틀림없다고 여기고, 예금지급청구서 등에 적힌 비밀번호나 PIN-Pad기를 이용하여 입력된 비밀번호가 신고 또는 등록한 것과 같아서 예금을 지급하였거나 기타 거래처가 요구하는 업무를 처리하였을 때에는 인감이나 서명의 위조·변조 또는 도용이나 그 밖의 다른 사고로 인하여 거래처에 손해가 생겨도 그 책임을 지지 않는다. 다만, 은행이 거래처의 인감이나 서명의 위조·변조 또는 도용 사실을 알았거나 알 수 있었을 때는 그러하지 아니하다.

② 전산통신기기 등을 이용하거나 거래정보 등의 제공 및 금융거래명세 등의 통보와 관련하여 은행이 책임질 수 없는 사유로 계좌번호, 비밀번호 등의 금융정보가 새어나가 거래처에 손해가 생겨도 은행은 그 책임을 지지 않는다.

③ 은행이 거래처의 실명확인증표 등으로 주의 깊게 본인확인하여 예금을 지급하였거나 기타 거래처가 요구하는 업무를 처리하였을 때에는 위조·변조·도용이나 그 밖의 다른 사고로 인하여 거래처에 손해가 생겨도 그 책임을 지지 않는다. 다만, 은행의 고의 또는 과실로 인한 귀책사유가 있는 경우 은행은 그 책임의 일부 또는 전부를 부담한다.

④ 은행이 주민등록증 등 실명확인증표로 주의 깊게 실명확인하거나 실명전환한 계좌는 거래처가 실명확인증표 또는 서류의 위조·변조·도용 등을 한 경우, 이로 인하여 거래처에 손해가 생겨도 은행은 그 책임을 지지 않는다.

⑤ 거래처가 제13조 제 1 항, 제 2 항, 제 4 항의 신고나 절차를 미루어 생긴 손해에 대해 은행은 그 책임을 지지 않는다. 다만, 이 경우에도 은행은 거래처에 손해가 발생하지 않도록 선량한 관리자로서의 주의를 다하여야 한다.

註) 은행의 면책약관에는 위 제 1 항에서 보듯이 인감이나 서명이 위조·변조된 경우의 책임관계에 관해서만 언급하고 있으나, 은행이 위조·변조여부에 관해 주의를 기울여야 할 부분이 이에 국한되는 것이 아님은 물론이다. 금액 기타 다른 기재사항의 변조여부에 관해서도 통상의 주의를 기울여야 한다(판례 [109]).

제 7 절   횡선수표

I. 의   의

횡선수표라 함은 앞면에 두 줄의 평행선이 그어진 수표를 말한다($\frac{수 37조}{1항}$). 이 수표는 후술하는 바와 같이 지급인에게 지급상대방을 제한하는 효력이 있다. 수표는 일람출급증권이므로 분실하거나 도난당할 경우 습득자·절취자가 단시간 내에 수표금을 인출할 수 있어 어음에 비해 권리상실의 위험이 높다고 할 수 있다. 횡선수표는 지급의 상대방을 제한함으로써 이같이 분실·도난된 수표를 제시하여 수표금을 인출한 자를 추적할 수 있게 하고, 나아가 사후에라도 악의의 제시자를 상대로 수표금의 반환을 청구할 수 있게 하기 위한 제도이다.

횡선이 그어진 수표를 취득하였다 해서 무권리자로부터 취득한 소지인의 중과실($\frac{수 21조}{단}$)을 추정하거나, 소지인이 발행인의 인적 항변사유($\frac{수 22조}{단}$)를 안 것으로 추정하는 근거가 될 수는 없다($\frac{대법원 1998. 2. 13. 선고}{97다48319 판결}$).

II. 종   류

일반횡선수표와 특정횡선수표의 두 가지가 있다.

일반횡선수표는 두 줄의 횡선 내에 아무런 지정을 하지 아니하거나 「은행」 또는 이와 같은 뜻이 있는 문구를 적은 수표를 말하고 특정횡선수표는 횡선 내에 은행의 명칭을 기재한 수표를 말한다($\frac{수 37조}{3항}$).

III. 기   재

수표의 발행인이나 소지인은 횡선을 그을 수 있다($\frac{수 37조}{1항}$). 발행인이 그을 수 있다고 함은 발행단계에서 그을 수 있음을 뜻한다. 소지인도 자신이 소지하는 동안에 그을 수 있음은 물론이다. 타인이 기재한 경우에도 무효로 볼 수는 없다. 횡선은 지급인을 구속하는 것인데, 어차피 지급인은 누가 그은 것인지를 인식할 수 없기 때문이다. 다만 횡선으로 인해 소지인이 손해를 입은 때에는 권한 없이 횡선을 그은 자에게 손해배상을 청구할 수 있다. 횡선을 그으면 지급이 지연되는 수가 있으므로 그 지연으로 인한 손해가 생길 수 있다.

횡선은 두 줄의 평행선이다. 「//」의 모양이다. 법문에서 평행선이라 표현하고 있으나, 기하학적인 의미에서의 평행선은 아니다. 단지 두 줄의 선으로 이해하면 된다. 횡선으로 인해 수표의 기재사항이 훼손되어 판별이 불가능해져서는 안 된다. 그러므로 보통 수표의 한쪽 구석의 여백에 긋는다. 횡선은 말소하더라도 말소하지 않은 것으로 본다.

특정횡선은 횡선 안에 특정은행의 명칭을 기재한다($^{수\,37조}_{3항}$). 일반횡선의 속에 은행명칭을 기재하면 바로 특정횡선이 되므로 일반횡선은 특정횡선으로 변경이 가능하다($^{수\,37조}_{4항}$). 그러나 특정횡선을 일반횡선으로 변경하려면 은행명칭을 말소해야 하는데, 은행명칭의 말소는 허용되지 않으므로($^{수\,37조}_{5항}$) 일반횡선으로의 변경은 불가능하다($^{수\,37조}_{4항}$).

Ⅳ. 효   력

1. 일반횡선의 효력

일반횡선이 있을 때에는 지급인은 은행 또는 자신의 거래처에 대해서만 지급할 수 있다($^{수\,38조}_{1항}$). 바로 이 점이 수표의 분실·도난을 대비해 안전성을 높이는 역할을 하는 것이다. 예컨대 지급인이 丙은행인 수표를 소지한 乙이 횡선을 긋고 이를 분실하였는데, A가 습득하였다 하자. A가 丙은행과 거래가 있다면 丙에게 제시하고 지급받을 수 있을 것이다. 지급을 받더라도 A의 신분은 사후에 추적될 것이다. 그리고 丙은행과 거래가 없다면 다른 은행에 추심을 의뢰해야 한다. 그런데 은행은 자기의 거래처나 다른 은행으로부터만 횡선수표를 취득하거나 추심을 의뢰받을 수 있으므로($^{수\,38조}_{3항}$) A가 다른 은행에 추심을 의뢰해도 그 은행은 이에 응하지 않는다. 그러므로 A는 자신의 거래은행에 추심을 의뢰하는 수밖에 없다. 그리하여 역시 A의 신분은 사후에 추적이 가능하다.

횡선의 지급지연효과

횡선의 부수적 효과로서 지급을 지연시키는 효과가 있다. 위 예에서 A가 丙은행과 거래가 없다면 자기의 거래은행에 추심을 의뢰해야 하고, 그 은행은 어음교환소를 통해 추심하므로 그 다음날에야 현금인출이 가능하다.[1] 따라서 수표를 분실한 자는 지급인에게 지급의 정지를 의뢰할 수 있는 시간을 벌 수 있다.

2. 특정횡선의 효력

특정횡선수표의 지급인은 횡선 속에 지정된 은행에 대해서만 지급할 수 있다($\frac{수38조}{2항 본}$). 지정된 은행이 바로 지급인 자신이라면 자기의 거래처에 한해 지급할 수 있다($\frac{동}{조}$). 위 예에서 지정된 은행이 丙′라 하자. 요행히 A가 丙′와 거래가 있다면 丙′에게 추심을 의뢰하여 지급받을 수 있다. 그리고 지정된 은행이 바로 지급인인 丙은행이라면 A가 丙은행과 거래가 있을 때에 한하여 지급받을 수 있다. 수표를 습득한 A가 丙은행 또는 丙′은행과 거래가 있는 경우는 확률적으로 희박한 일이므로 일반횡선에 비해 더욱 안전성이 높다고 할 수 있다.

나아가 특정횡선수표는 선의취득을 예방하는 효과가 있다. A가 이 수표를 선의인 B에게 사용하고자 할 경우 B가 丙′은행과 거래가 없다면 이 수표를 취득하려 하지 않을 것이기 때문이다.

특정횡선이 2개 이상 있을 경우에는 지급인은 수표금을 지급하지 못한다($\frac{수38}{조 4}$ 항 본). 이러한 수표는 어느 횡선이 최초의 횡선이냐는 의문이 제기되고, 특정횡선수표를 부정하게 취득한 자가 추심을 가능케 할 의도에서 자신의 거래은행을 기재한 특정횡선을 추가했을 가능성이 있기 때문이다.[2] 다만 2개의 횡선 중 추가의 횡선이 어음교환소에 제시하여 추심하게 하기 위한 것인 때에는 예외이다($\frac{수38조}{4항 단}$).

---

1) 어음교환에 회부된 어음의 경우 회부된 날의 다음 영업일 오후 2시 20분(자기앞수표는 12시 20분) 이후에 현금으로 인출할 수 있다고 한다(금융결제원(http://www.kftc.or.kr/) [업무소개]-[어음교환업무].

2) 平出, 558면.

3. 거래처의 개념

일반·특정을 막론하고 횡선수표를 지급받고자 할 경우 은행의 거래처인 것이 지급의 요건이 된다. 지급의 상대방을 거래처로 제한하는 이유는 기술한 바와 같이 수표를 추심한 자를 추적하기 위함이다. 그러므로 「거래처」란 이 목적에 부합하도록 지급인이 소재를 밝힐 수 있고 또 숙지하는 고객을 뜻한다고 이해된다. 따라서 직전에 소액의 예금구좌를 개설하고 수표를 제시하는 자를 거래처로 보아서는 안 된다.[1]

4. 위반의 효과

수표금을 지급하더라도 그 지급행위 자체의 효력에는 영향이 없다$\binom{\text{따라서 수표금}}{\text{을 지급받은 자}}$에게 부당이득(민 741조)$\binom{}{\text{이 되는 것은 아니다}}$. 그러나 이로 인해 발행인 또는 진정한 권리자에게 손해가 생긴 때에는 지급인은 수표금의 한도에서 손해배상책임을 진다$\binom{\text{수 38조}}{5\text{항}}$.

이 손해배상책임은 수표거래의 안전을 위하여 수표법상 특히 인정된 무과실의 법정책임이고, 민법상의 배상책임을 배제하는 것은 아니다. 따라서 지급인의 과실로 지급한 때에는 수표금액과 관계없이 민법상의 채무불이행책임 혹은 불법행위책임을 물을 수 있다$\binom{\text{손주찬 437; 송옥렬 700; 정동윤 417;}}{\text{정무동 677; 정찬형 484; 최기원 843}}$.

5. 횡선의 파괴

횡선은 기술한 바와 같이 말소할 수 없다$\binom{\text{수 37조}}{5\text{항}}$. 그런데 횡선은 보통 수표의 여백에 그으므로 횡선부분을 절지하더라도 수표의 문언적 효력에는 이상이 없는 경우가 많다. 이러한 수표를 제시받은 지급인은 횡선의 가능성을 의심해야 하고, 이를 조사함이 없이 지급한 때에는 횡선수표를 거래처 아닌 자에게 지급한 경우와 같은 책임을 져야 한다$\binom{\text{판례}}{[110]}$.

---

1) 은행이 수표를 제시한 자와 거래관계를 개설함과 동시에 그 동일성과 그의 주소를 확인한 때에는 거래처로 보아도 된다는 견해도 있다(최기원 842면).

판 례

[110] 대법원 1977. 8. 23. 선고 77다344 판결

「…은행에서 액면 금 백만원의 자기앞수표 1매를 발행한 것을 소지인이 그 수표의 표면 좌측상단 모서리 부분에 2조의 평행선을 그어 횡선수표를 만들어 원고에게 교부, 원고는 동수표를 날치기당해 지급제시된 동수표는 면적 약 8분의 1에 해당되는 좌측상단 모서리와 좌측부분이 잘리워 나간 형태였음에도 불구하고 그 제시를 받은 담당행원은 이상이 없다고 단정 일반수표로 처리하여 그 수표액면금을 지급한 사실과 횡선을 긋는 부분이 잘리워 나간 고액의 본건수표의 제시를 받은 은행원은 마땅히 사고수표일지 모르므로 일단 지급을 유보하거나 제시인이 횡선수표의 지급절차를 밟게 하던가 제시인의 신분을 파악한 다음 수표금을 지급할 의무가 있는데 이런 조치를 취하지 않고 수표금을 지급, 손해를 끼쳤으므로 동 은행은 사용자로서 배상책임 있다.」

제 8 절 상환청구

수표를 가지고 지급제시하여 지급이 거절될 경우 어음에서와 같이 상환청구절차가 진행된다. 상환청구의 요건은 어음에서와 같이 실질적인 요건으로서 소지인의 권리행사에 이상이 있어야 하고, 형식적 요건으로서 그 사실을 법이 정한 방식에 따라 증명해야 한다. 그리고 수표채무자들은 어음채무자와 같이 수표금액 및 법정이자와 지출한 비용을 상환해야 하고, 이에 대해 합동책임을 지는 등 모든 면에서 어음의 상환청구와 대동소이하다. 다만 다음과 같은 몇 가지만 차이를 보인다.

수표에는 인수가 없으므로 지급거절로 인한 상환청구만이 있다($^{수\ 39조}_{본}$). 그리고 지급거절을 증명하는 방법으로서 어음과 달리 거절증서 외에 지급인의 「거절선언」과 어음교환소의 「거절선언」이 있다($^{수\ 39조}_{2호,\ 3호}$). 지급인이 수표에 제시의 날을 기재하고 일자를 부기한 거절선언, 그리고 적법한 시기에 수표를 제시하였으나 지급이 없었던 뜻을 증명하고 일자를 부기한 어음교환소의 거절선언은 공증인이 작성한 거절증서와 마찬가지로 지급거절의 증명방법이 된다. 거절선언은 수표 자

체에 기재하여야 하고, 수표가 아닌 지면에 기재한 지급인의 지급거절선언은 비록 그 지편을 수표에 부착시키고 간인(間印)을 하였다 하더라도 적법한 지급거절선언에 해당하지 아니한다(대법원 1982. 6. 8.
선고 81다107 판결).

수표는 대체로 소지인출급식으로 발행되므로 발행인이 유일한 상환의무자인 경우가 많다.

제 9 절 복   본

어음에는 복본과 등본제도가 있으나 수표에는 복본제도만이 있다. 수표의 복본은 어음의 복본과 달리 어느 한 나라에서 발행하여 다른 나라에서 지급할 수표, 어느 한 나라에서 발행하여 그 해외영토에서 지급할 수표, 어느 한 나라의 해외영토에서 발행하고 본국에서 지급할 수표, 어느 한 나라의 해외영토에서 발행하고 지급할 수표, 어느 한 나라의 해외영토에서 발행하고 그 나라의 다른 해외영토에서 지급할 수표에 한해 발행할 수 있다($\frac{수}{48조}$). 그리고 소지인출급식의 수표가 아니어야 한다($\frac{동}{조}$). 소지인출급식수표의 복본이 따로 유통될 경우에는 정당한 권리자를 가릴 수 없기 때문이다. 복본의 1통에 대해 지급이 있을 경우 다른 복본이 무효가 되는 점($\frac{수\ 49조}{1항}$), 수인에게 복본을 유통시킨 경우 그 기명날인 또는 서명한 자는 각 소지인에 대해 책임지는 점은 어음의 복본과 같다($\frac{수\ 49조}{2항}$).

제**5**장

전자어음

제5장 전자어음

제1절 제도의 취지와 의의

최근 우리 생활에 전자기술이 널리 이용되면서 민간부문에서 전자상거래가 활발하게 이루어지고 있으며, 지급거래에서도 전자화폐, 전자자금이체 등 다양한 전자적 수단이 개발되어 이용되고 있다. 전자어음은 2001년에 "전자어음의 발행 및 유통에 관한 법률안(전자어음법)"의 제정에 의해 창안된 전자지급수단의 하나로서, 종래의 약속어음에 갈음하여 기업 간의 고액의 지급수단으로 널리 활용되고 있다. 과거 상시 거래관계에 있는 기업들 간에는 신용의 창조를 겸한 지급수단으로 약속어음이 많이 사용되었는데, 약속어음의 수수와 추심을 위해 많은 인력과 시간이 소요되었던 데 반해, 전자어음은 이러한 인력과 시간을 절약할 수 있는 저비용의 지급수단이다. 물론 실물의 지급수단의 교환과 대면을 생략할 수 있는 다양한 전자적 지급수단이 개발되었지만, 기업 간의 지급거래에 적합한 대규모의 전자지급수단은 개발되지 못했으며, 전자자금이체 같은 것은 규모에 관계없이 활용할 수 있지만 신용창조의 기능은 전혀 수행할 수 없다.[1] 전자어음은 다른 전자

---

1) 2000년대 초 거액의 신용창조수단으로 활용할 수 있는 전자적 지급수단으로서 한국은행이 "전자외상매출채권"을 개발한 바 있지만, 이는 지명채권에 불과하여 확정일자에 의한 통지·승낙에 의해 양도할 수밖에 없어 이용이 불편하고 따라서 여러 단계에 걸쳐 유통되는 것은 기대하기 어렵다. "전자외상매출채권"이란 기업 간 상거래에서 발생한 외상매출채권을 전자적으로 문서화한 것이다. 구매기업이 외상매입채무를 자신의 거래은행(발행은행)의 전산망을 통해 중앙관리기관(금융결제원)의 장부(전자채권원장)에 등록시키는 방법으로 판매기업의 채권을 전자적 수단으로 증명하면, 판매기업은 동 채권을 자신의 거래은행(전자채권보관은행)을 통해 만기에 추심하거나 혹은 만기 전에 동 채권을 보관은행에 담보로 제공하고 대출을 받아 현금화하는 제도이다(상세는 손희성, "B2B에 있어서 기업간 전자외상매출채권의 현황과 과제,"『전자금융의 법적 과제(1)』(한국법제연구원, 2002), 39면).

적 지급수단의 한계를 극복하면서 종래의 약속어음에 내재하는 장점을 모두 살리는 지급수단으로 널리 선호되고 있다.[1]

한편 전자어음법의 제정은 유가증권제도의 관점에서 중대한 변화를 의미한다. 수백 년간에 걸쳐 형성되어 온, 어음은 유체물이어야 한다는 고정관념이 깨어진 것이다.[2] 유체물임을 전제로 어음의 발행에서부터 유통, 권리행사에 관한 법리가 구성되고 성문화되었던 것인데, 비공간적인 정보가 어음의 효력을 가지고 지급수단으로 등장함으로 인해 기존의 어음법리에 일대 수정이 가해지지 않을 수 없는 것이다. 하지만 후술하는 바와 같이 전자어음법은 전자어음의 본질을 약속어음으로 규정하고 기존의 약속어음에 관한 법리의 틀을 근본적으로 벗어나지 않으려는 노력을 보이고 있다. 따라서 전자어음법을 운영함에 있어서는 유체물임을 전제로 구성된 약속어음의 법리를 기본으로 하고, 전자어음의 사이버적 특성으로 인해 불가피한 최소한의 범위에서만 어음법이론을 수정하여야 할 것이다.

전자어음법의 제정

전자어음법이 도입되기 이전, 우리나라의 기업거래에서는 약속어음이 지급수단 겸 신용창조수단으로서 일상적으로 이용되었다. 약속어음의 발행, 배서, 추심단계에서 모두 쌍방의 당사자가 물리적으로 대면해야 하므로 시간과 인력의 낭비가 컸다.[3] 그리하여 약속어음을 전자화하는 방안이 논의되었으며,[4] 국회에서도 그 필요성이 공론화되어 2001년 11월 29일 의원들의 발의로 「전자어음의 발행 및 유통에 관한 법률안」($\frac{의안번호}{1254}$)이 제출되었다.[5] 2년여의 논란 끝에 2004년 3월 22일 「전자어음의 발행 및 유통에 관한 법률」이 법률 제7197호로 제정되었다. 우리나라의 법률에는 그 근간

---

1) 2021년 1년간의 전자어음 이용실태를 보면, 매수로는 총 1,624,777매, 어음금액으로는 967조6,247억원의 어음이 교환되었다(금융결제원(https://www.knote.kr/)/어음교환통계).
2) 어음법에서는 어음의 소재에 관해 제한을 두고 있지 않다. 그러므로 종이 이외의 물건에 어음을 작성하여도 무방하다고 해석되나(통설), 기명날인의 의의를 살릴 수 있고, 유통이 가능한 재료이어야 하므로 유체물이어야 한다는 점에는 의문이 없다.
3) 예컨대 전자어음이 도입되기 이전, 우리나라 기업 간에는 은행도약속어음만 하더라도 연간 800만 매 이상이 발행되었는데(한국은행 금융결제국, 『2003년중 지급결제 통계』(2004. 4)), 이 어음들에 관해 평균 3회 정도만 배서가 이루어진다고 가정하여도 발행·배서·추심을 위해 연간 8,000만 명의 연인원이 동원되어야 했다.
4) 李哲松, 『電子어음法의 制定에 관한 硏究』(민주당 전자상거래위원회 용역보고서), 2001. 7; 권종호, "전자어음제도의 도입과 법리적 과제," 『比較私法』 제10권 1호(2003. 3), 547면 이하 등.
5) 동법안의 제안이유에서는 동법의 필요성을, ① 조세정의 실현, ② 금융질서 확립, ③ 물류비용 절감, ④ 디지털 경제환경 효과로 설명하고 있다.

을 외국에서 가져오고 그에 한국적 사정을 감안하는 방식으로 입법된 것이 많지만, 전자어음법은 입법례가 드물어 거의 독창적으로 만들어진 것이다.[1]

제 2 절 전자어음의 특성

Ⅰ. 전자어음의 개념

「전자어음」이라 함은 전자문서로 작성되고 전자어음관리기관에 등록된 약속어음을 말한다(전어 2조 2호).

1) 전자어음은 약속어음이다.

전자어음법 제 1 조는 동법의 목적으로서「이 법은 전자적 방식으로 약속어음을 발행·유통하고 어음상의 권리를 행사할 수 있도록 함으로써 국민경제의 향상에 이바지함을 목적으로 한다」라고 규정하고 있다. 이는 전자어음이 어음법상의 약속어음임을 전제로 하되, 다만 어음의 발행과 양도가 전자적인 방식으로 이루어짐으로 인해 종전의 어음법으로 규율이 불가능한 문제를 해결하기 위해 동법이 제정되었음을 밝힌 것이다.

전자어음법이 전자어음을 약속어음으로 규정하고 있음은 전자어음법의 적용대상을 약속어음으로 제한하는 동시에, 전자화할 수 있는 것은 약속어음에 국한되고 환어음이나 수표는 전자화에서 제외함을 밝힌 것이다.

약속어음에 한하여 전자어음으로 할 수 있도록 한 이유는 전자어음법의 입법배경으로부터 이해할 수 있다. 당초 전자어음은 기업 간의 어음에 의한 지급거래

---

1) 드물기는 하지만 전자어음에 유사한 입법례가 있다. 미국의 2000년 통일전자거래법(Uniform Electronic Transaction Act: UETA) 제16조가 규정하는 양도성기록(transferable records)이 전자어음을 포함한 전자적 권리증서에 해당한다(이에 관해 鄭敬永,『有價證券電子化에 관한 法律的 考察』, 한국법제연구원, 2002, 27면 이하 및 손태우, "미국의 통일전자거래법(Uniform Electronic Transaction Act) 최종안의 내용과 의의,"『인터넷법률』, 2000. 3, 85면 이하에서 상세히 소개하고 있다). 그리고 일본에서는 2007년에 전자기록채권법이 제정되었는데, 동법에 의해 발생하는 전자기록채권은 우리의 전자어음과 흡사하게 어음의 역할을 한다(동법의 상세는 김정환, "전자기록채권에 관한 소고 — 전자어음과의 비교를 중심으로,"『금융법연구』제11권 제 2 호(2014); 안수현, "電子어음제도의 현황과 법제도적 과제,"『商事法硏究』제93호(2017), 169면 이하 참조).

를 편리하게 하기 위해 구상된 것이다. 우리나라에서는 유럽에서와는 달리 환어음은 무역거래에서만 이용되고 국내거래에서는 거의 이용되는 일이 없다. 기업 간 지급거래에서는 약속어음이 일반적으로 이용되고 종이어음으로 인한 불편 역시 약속어음에 관하여 생기는 문제이기 때문에 약속어음에 관해서만 전자화의 필요성을 느낀 것이다.

2) 전자어음은 전자문서로 작성된 약속어음이다.

전자문서[1]로 발행되고, 전자문서에 의해 배서양도가 행해지며, 어음의 제시, 상환청구 등의 권리행사가 전자문서로 행해지는 것이다. 이 점이 유체물로 발행되고 그 유체물인 상태에서 배서양도가 행해지며, 그 유체물의 소지를 권리행사의 요건으로 하는 종전의 종이어음과 본질적으로 다른 것이다. 전자어음법의 존재의의는 전자어음을 약속어음으로 인식하면서도 그 존재양식이 전자적 형태를 가진다는 점 때문에 이에 적합한 관리방식을 규정한다는 데에 있다.

3) 전자어음은 「전자어음관리기관」에 「등록」된 것이어야 한다.

전자어음법 제 2 조 제 2 호가 전자어음관리기관에의 등록을 전자어음의 개념요소로 규정하고 있고, 동법 제 5 조 제 1 항에서 「전자어음을 발행하려는 자는 그 전자어음을 전자어음관리기관에 등록하여야 한다」고 규정하고 있다. 뿐만 아니라 전자어음에 관한 방식적 규정들을 전부 전자어음관리기관과 연결지어 규정하고 있으므로 전자어음관리기관에 등록되지 아니한 어음에는 전자어음법의 적용이 불가능하다. 그러므로 전자어음관리기관에 등록되지 않은 채 전자문서의 형태로 발행된 어음은 전자어음법상의 전자어음이 아니다. 이러한 어음은 일반 어음법상의 어음인 여부를 검토할 수 있으나, 어음법상의 어음은 유체적 형태의 권리증서임을 요건으로 하므로 어음법상의 어음도 아니다. 요컨대 등록되지 아니한 전자어음은 전자어음 또는 어음으로서의 효력이 없다.

4) 전자어음의 사용여부는 발행자의 자유이다.

전자어음은 약속어음거래를 편의롭게 하기 위하여 만들어진 제도이므로 그 사용여부는 이용자들의 자유롭게 결정할 문제이다. 전자어음은 발행단계에서부터 이루어져야 하고, 이후 유통 단계별로 수취인 및 피배서인이 수령에 동의할 경

---

1) 전자문서란 정보처리시스템에 의하여 전자적 형태로 작성, 송신·수신 또는 저장된 정보를 말한다 (전어 2조 1호, 전자문서 및 전자거래기본법 2조 1호).

우에 발행·유통될 수 있다. 그러나 후술과 같이 소정의 대형회사들이 약속어음을 발행할 때에는 반드시 전자어음의 형태로 발행해야 한다($^{전어}_{6조의2}$).

Ⅱ. 전자어음법과 어음법

전자어음법 제 4 조는 「전자어음에 관하여 이 법에서 정한 것 외에는 어음법에서 정하는 바에 따른다」라고 규정하고 있다. 이는 어음법과 전자어음법이 일반법과 특별법의 관계에 있음을 말해준다. 뒤에서 보는 바와 같이 전자어음법에서는 어음의 소재가 종이에서 전자로 대체된다는 특성에서 비롯되는 기술적인 문제만을 다루고 있을 뿐이고, 어음상의 권리관계에 관한 실체적인 법리에 관해서는 거의 규정하는 바가 없다. 따라서 전자어음상의 어음행위의 방식 및 권리행사를 위한 서면행위는 전자어음법에 의해 규율되나, 어음행위의 효력 및 어음당사자의 권리관계는 어음법이 정한 바에 의해 규율된다.

Ⅲ. 전자화의 방식

1. 유가증권의 전자화방식 일반

어음을 포함하여 유가증권을 전자화하는 방식에는 전자등록방식과 전자증권방식이 있다. 다음과 같은 차이가 있다.[1]

(1) 전자등록방식

전자등록방식이란 유가증권이 발행된다면 그에 표창될 권리내용을 소정의 등록기관에 등록해 놓고 이 등록부의 기재에 의해 권리를 공시하고 그 기재변경에 의해 권리의 양도, 담보설정을 공시하는 방식이다. 따라서 전자등록방식에 의

---

1) 전자등록방식과 전자증권방식에 관해 상세는 鄭敬永, "전자증권의 법적 성질과 전자등록제도에 관한 고찰,"『商事法硏究』제22권 3호(2003.10), 121~178면 참조.

할 때에는 등록기관이 관리하는 등록부의 기재가 권리의 근원이 되고 권리가 독립된 소재에 의해 독자적으로 표창되는 것이 아니므로 유가증권으로서의 성격은 가질 수 없다. 2019년 9월 16일부터 시행된 「주식·사채 등의 전자등록에 관한 법률」($^{2016.\ 3.\ 22.\ 법}_{률\ 제14096호}$)("전자등록법")에 의해 주권, 사채권 등의 발행에 갈음하여 그 권리관계가 전자등록에 의해 관리되는 것과 같다.

(2) 전자증권방식

전자증권방식이란 유가증권 그 자체를 전자적으로 표시하는 것이다. 종이의 형태로 존재하지 않을 뿐, 유가증권이 표창하는 권리가 소정의 요식적인 방식에 따라 전자적으로 표현되고, 양도나 담보설정시에도 그 전자적인 유가증권의 이전을 수반하는 것이다. 전자화된 문서가 타인에게 이전되는 경우에는 기본적으로 복사기능에 의존하므로 전자문서가 종이문서처럼 양수인에게 배타적으로 귀속하는 것이 아니라 양도인에게도 동일한 전자문서가 잔류하게 된다. 그러므로 유가증권을 전자증권방식으로 발행·유통시키고자 할 때에는 필히 전자증권의 정본이 인식되고 단일성이 보장될 수 있는 장치를 구비해야 한다.

2. 전자어음법의 입장

전자어음법은 어음의 전자화에 관해 어떤 방식을 취하고 있는가? 전자어음법 제 5 조가 전자어음을 발행할 때에는 전자어음을 전자어음관리기관에 「등록」하도록 규정하고 있는 것을 전자등록방식으로 이해하고, 제 6 조 이하에서 전자어음의 발행·배서가 전자어음의 송수신에 의해 이루어지도록 규정하고 있는 것은 전자증권방식으로 이해하여 전자어음법이 두 가지 방식을 혼합하고 있다고 설명하는 견해가 있다.[1]

그러나 전자어음을 전자어음관리기관에 「등록」하라고 함은 전자어음거래를 전자어음관리기관의 관리 하에 두려는 취지에 불과하고 전자어음의 방식을 정하려는 취지는 아니다. 전자등록방식이냐 전자증권방식이냐는 것은 전자화된 유가

---

1) 鄭敬永, "전자어음제도의 법률적 문제점(전자어음법상의 유통제도를 중심으로)," 『인터넷법률』 제24호(2004.7), 68면; 鄭完溶, "전자어음법에 관한 고찰," 『인터넷법률』 제24호(2004.7), 40면.

증권의 존재양식에 관한 문제이므로 그 발행과 유통의 형태를 가지고 판단해야 한다. 전자어음법은 발행인이 요식화된 전자어음을 작성하여 수취인에게 이 전자어음 자체를 송신하도록 하며($^{전어\ 6조}_{1항,\ 4항}$), 배서할 때에도 이 전자어음 자체를 피배서인에게 이전하도록 하고 있다($^{전어\ 7조}_{3항}$). 그러므로 전자어음은 일반 어음과 표창하는 소재가 다를 뿐, 전자어음이라는 문서로 존재하고 그 모습을 유지하며 이동하므로 전자증권방식을 취하고 있음이 분명하다.

Ⅳ. 전자어음관리기관

전자어음은 어음법상의 약속어음의 일종이지만, 그 소재가 어음법이 예상하는 지면이 아니라 전자적 형태의 문서라는 점 때문에 일반 약속어음에서는 볼 수 없는 특수한 관리가 요구된다. 가장 두드러진 점은 전자어음의 전자적 기록을 관리하는 중앙관리기관을 두고 있다는 점이다. 통상의 상업적인 서버를 이용한 일반적인 전자문서를 이용하여서도 전자어음을 발행하고 유통하게 할 수 없는 것은 아니나, 그같이 할 경우 전자어음의 무결성이나 증명력이 크게 떨어지므로 지급수단으로서의 신뢰성을 확보하기 어렵다. 그러므로 전자어음법에서는 법무부장관의 지정을 받은 「전자어음관리기관」($^{이하\ "관리기}_{관"이라\ 약함}$)이라는 기구를 두어 전자어음의 거래를 관리하게 한다($^{전어\ 2조\ 4호,}_{5조\ 1항}$). 관리기관은 전자어음의 생성과 이전에 필요한 모든 전자적 정보를 집중관리하며, 전자어음의 발행·배서·보증 등의 어음행위와 지급제시 및 상환청구와 같은 권리행사가 전자적으로 가능하도록 기술적인 지원을 하고 있다.

관리기관의 기능은 종이어음의 종이에 비견할 수 있는 전자문서라는 소재를 관리하는 역할을 함에 그치고, 원칙적으로 어음의 실체적인 법률관계에는 관여하지 않는다. 다만 전자어음의 신용을 확보하고 어음을 안정적으로 관리하기 위하여 발행인의 등록을 의무화하며, 발행인의 신용도를 참작하여 등록을 제한할 수 있는 제도를 두고 있다($^{전어\ 5조}_{1항}$). 그리고 전자어음의 입법단계에서 전자어음의 남발을 막겠다는 취지로 관리기관이 발행한도를 설정할 수 있는 근거규정을 두었는데($^{전어\ 5조}_{2항}$), 이는 관리기관의 성격에는 어울리지 않는 제도이며, 그 실효성도 의심스럽다.

발행인이 관리기관에 등록함으로써 발행인과 관리기관간에 관리기관의 전자정보처리조직의 이용에 관한 계약관계가 형성될 것인데, 이는 전자어음의 효력과는 무관한 비어음법적 거래관계라 할 수 있다. 양자 간의 보다 상세한 법률관계에 관해서는 시행령에서 다루도록 위임하고 있다($^{전어 5조}_{3항}$).

제 3 절 어음행위 등에 관한 특칙

전자어음법 제 2 장(전자어음의 등록및 어음행위) 제 5 조 내지 제14조에서는 전자어음에 관한 법률행위와 권리행사의 방식에 관한 특칙을 두고 있다. 구체적으로는 제 5 조 전자어음의 등록, 제 6 조 전자어음의 발행, 제 6 조의2 전자어음의 이용, 제 7 조 전자어음의 배서, 제 7 조의2 전자어음의 분할배서, 제 8 조 전자어음의 보증, 제 9 조 지급제시, 제10조 어음의 소멸, 제11조 어음의 상환증권성과 일부지급의 적용배제, 제12조 지급거절, 제13조 상환청구, 제14조 어음의 반환 및 수령거부로 구성되어 있다. 제15조 이하에서는 전자어음거래의 안전성과 이용자보호의 관점에서 주로 관리기관에 대한 감독규정을 두고 있는데, 이는 어음거래와는 무관하므로 이하에서는 제 5 조 내지 제14조의 규정을 중심으로 설명한다.

Ⅰ. 전자어음의 발행

1. 어음요건

전자어음법 제 6 조에서 전자어음의 어음요건에 관해 규정하고 있다. 기본적으로는 어음법이 규정하는 약속어음의 어음요건에 따라 약속어음문구, 지급약속의 문구, 만기, 수령인, 발행인과 발행지를 기재하도록 한다($^{전어 6조 1항 1호,}_{어 75조 1항}$). 전자어음법 제 6 조 제 1 항 제 1 호는 어음법 제75조 제 1 항 제 4 호(지급지)와 제 7 호(발행인의 기명날인)를 인용하지 않는데, 지급지에 갈음하여서는 제 6 조 제 2 항에서 어음금의 지급을 담당할 금융기관이 있는 지역을 지급지로 본다는 규정을 두고 있고, 제 6 조 제 3 항에서 전자서명으로 발행인의 기명날인(또는 서명)을 갈음한다는 규정을 두고 있다. 이 밖에 다음과 같은 어음요건을 추가하고 있다.

(1) 지급담당은행

전자어음법 제 6 조 제 1 항 제 2 호는 「전자어음의 지급을 청구할 금융기관」(지급금융기관)을 기재하라고 규정하는데, 이는 어음법 제77조 제 2 항에 의해 약속어음에 준용되는 동법 제 4 조의 「제 3 자방」을 의미한다. 어음법에서는 제 3 자방을 임의적 기재사항으로 하고 있으나, 전자어음법에서는 이를 어음요건으로 규정한다. 전자어음의 발행·유통은 전자적으로 이루어지는데, 지급제시를 대면적인 방법으로 하게 해서는 전자어음의 실효성이 떨어지기도 하려니와 전자어음의 속성상 물리적인 지급제시($\frac{어}{38조}$)가 불가능하므로 지급제시 및 지급을 정형화된 전자적 방법으로 대행해 줄 금융기관이 필요하기 때문이다. 발행인은 전자어음을 등록하기 전에 금융기관과 당해 금융기관을 어음법 제 4 조가 정하는 제 3 자방으로 하기로 하는 계약(당좌예금계약)을 체결하여야 한다($\frac{전어령}{5조 1항}$).

한편 이 제도에 의해 전자어음은 은행과의 당좌거래약정 하에서 발행하는 소위 「은행도어음」에 국한하여 발행할 수 있게 되므로 전자어음법의 적용범위를 제한하는 중요한 규정이라고 할 수 있다. 전자어음은 비유체적 재산이므로 이를 비은행도어음에까지 확장해서 인정한다면, 어음거래의 부정형성으로 인해 분쟁의 소지가 크고 따라서 안정적인 지급수단의 역할을 하기 어렵기 때문이다.[1]

(2) 어음의 동일성에 관한 정보

전자어음법 제 6 조 제 1 항 제 3 호에서는 「전자어음의 동일성을 표시하는 정보」를 어음요건의 하나로 정하고 있다. 이것도 전자어음의 특성에서 비롯한다. 종이어음은 그 물리적 존재 자체로 동일성을 표현하지만, 전자어음은 복사가 가능하고, 다른 기재사항이 동일한 경우에는 서로 구분이 불가능할 수 있다(예컨대 동일인에게 동일한 금액의 동일한 만기의 어음을 수매 발행하는 경우). 따라서 어음의 동일성을 증명하는 방법으로 그 고

---

1) 李哲松, 전게 『電子어음法의 制定에 관한 硏究』, 48면 참조.

유정보를 기재하게 한 것이다. 그러면 고유정보가 무엇이냐는 의문이 제기되는데, 예컨대 어음의 일련번호를 기재하는 방법을 생각할 수 있고, 어음의 단일성을 증명하는 기호를 첨부하는 방법도 생각해 볼 수 있다.

(3) 사업자 고유정보

법문에서는 「사업자 고유정보」를 기재하라고 규정하고 있는데($^{전어 6조}_{1항 4호}$), 「사업자고유정보」란 전자어음과 관련된 당사자의 상호나 사업자등록번호, 회원번호, 법인등록번호 또는 주민등록번호 등 사업자를 식별할 수 있는 정보를 말한다 ($^{전어}_{2조 5호}$). 어음의 발행단계에서 어음요건으로 기재할 당사자의 사업자고유정보란 결국 발행인의 고유정보를 말한다. 전자어음의 발행은 당분간 사업자에 한해 허용할 방침이라고 하므로 발행인의 고유정보를 기재하라는 뜻으로 「사업자고유정보」를 열거한 것으로 이해되지만, 발행인의 자격을 사업자로 제한하는 명문의 규정이 없는 터이므로 법문으로서는 적절한 표현이 아니다.

하지만 발행인의 고유정보를 기재하도록 함은 전자어음의 특성을 반영한 것이다. 전자어음은 비대면거래를 통해 유통될 것이므로 어음발행인을 특정하여 인식하기 어려운 점이 있다($^{예컨대 동명}_{이인의 경우}$). 따라서 발행인의 동일성을 인식할 수 있는 정보를 어음요건으로 정해 놓은 것이다.

2. 교   부

어음의 발행은 어음을 작성하여 교부하는 행위로 완료되지만, 전자어음은 유체물이 아니므로 교부라는 현상이 있을 수 없다. 하지만 전자어음은 기본적으로 약속어음이므로 어음의 점유를 수취인에게 이전하는 행위에 상당하는 어떤 행위가 있어야 할 것이고 따라서 무엇인가를 교부로 의제하는 논리가 필요하다. 전자어음법 제6조 제4항에서는 발행인이 타인에게 전자어음을 송신하고 그 타인이 동 전자어음을 수신한 때에 전자어음을 발행한 것으로 본다고 규정하고 있는데, 이는 전자어음의 송·수신을 종이어음의 교부에 상당하는 행위로 의제하고자 함을 뜻한다.

종이어음의 경우에는 대면적인 거래를 통해 어음을 수수하므로 그 시기가 명백하고, 사자를 통해 전달하거나 우송하더라도 수령시기가 분명하지만, 전자어음의 경우에는 유체물의 수수가 이루어지지 않고 정보의 전달로 갈음하게 되므로 의사표시의 도달주의 법리($^{민\ 111조}_{1항}$)에 의해 전자어음의 수령시기를 정해야 할 것이다. 그러나 전자문서에 관해서는 의사표시의 도달에 관한 일반법리를 적용하기 어려워 전자문서 및 전자거래기본법에서 송·수신시기를 규정하고 있는데($^{동법}_{6조\ 1}$$_{항),}^{}$$^{}_{2항)}$, 이 규정은 전자어음에도 타당하다고 보아 그 시기에 전자어음의 송·수신이 이루어진 것으로 규정하고 있다($^{전어}_{6조\ 4항}$).

3. 기타 특칙

(1) 전자어음의 만기 제한

전자어음의 만기는 발행일로부터 3개월을 초과할 수 없다($^{전어\ 6}_{조\ 5항}$). 어음법에서는 만기에 제한을 두고 있지 않은 것과 크게 비교되는 점이다. 그 취지는 전자어음의 만기가 장기화될 경우 수취인의 자금경색이 초래되고 연쇄부도의 위험이 높아지는 점을 고려해 자금순환을 빠르게 하기 위함이라고 한다.[1]

(2) 백지어음의 불허

전자어음을 입법할 당시 전자어음의 남발로 혼란이 올 것을 우려하는 견해가 강했다. 그래서 앞서 설명한 바와 같이 전자어음의 발행한도를 제한할 수 있는 근거까지 마련한 바이지만($^{전어}_{5조\ 2항}$), 백지어음도 남발과 분쟁의 가능성이 농후하다 하여 불허하였다($^{전어}_{6조\ 6항}$).

(3) 전자어음의 발행강제

전자어음은 약속어음의 수수에 따르는 비효율을 제거하고 거래당사자들의 편익을 제고하기 위해 고안된 것이므로 종래의 약속어음을 사용할지 전자어음을 사용할지는 이용자들이 자유롭게 결정할 문제이다. 그러나 「주식회사의 외부감사에 관한 법률」 제 4 조에 따른 외부감사대상 주식회사 및 직전 사업연도 말의

---

1) 2016년 개정전자어음법안의 제안이유서.

자산총액이 10억원 이상인 법인사업자는 약속어음을 발행할 경우 전자어음으로 발행하여야 한다($^{전어\ 6조의2,}_{전어령\ 8조의2}$).[1] 어음을 이용하는 기업의 대종은 외부감사대상과 같은 비교적 규모가 큰 회사들이므로 이들에게 전자어음의 이용을 강제함으로써 종이어음의 폐단(위조·변조의 용이, 어음의 수수를 위한 사람의 왕래 등)이 사회비용화하는 것을 막겠다는 취지이다.

Ⅱ. 배   서

1. 배서의 방식

어음의 배서는 어음 또는 보충지에 배서의 문구를 기재하고 배서인이 기명날인하는 것이다($^{어\ 13조}_{1항}$). 전자어음도 역시 배서의 문구를 기재하고 기명날인은 전자서명으로 대체한다($^{전어}_{7조\ 1항}$). 전자어음법에서는 배서의 뜻을 기재한 전자문서(배서전자문서)를 전자어음에 「첨부」하라고 규정하는데($^{전어}_{7조\ 1항}$), 이는 어음법 제13조 제1항이 어음 또는 보충지에 배서하게 되어 있는 것에 맞추어 배서와 어음의 일체성을 확보하기 위한 표현이다. 따라서 전자어음에 배서하는 자는 전자어음과 배서전자문서가 분리될 수 있도록 해서는 안 되고 전자어음과 배서전자문서가 동시에 피배서인에게 이전되도록 하여야 한다.

종이어음의 경우 배서는 원래 교부에 의해 완성되나, 발행에 관해 말한 바와 같이 전자어음에는 교부가 있을 수 없으므로 피배서인이 전자어음을 수신한 때에 배서한 것으로 보고 있다($^{전어}_{7조\ 3항}$).

2. 백지식배서의 가부

전자어음법에서는 피배서인을 지정하지 않는 백지식배서($^{어\ 13조}_{2항}$)가 가능한지에 관해 명문의 규정을 두고 있지 않다. 전자어음법에 규정이 없는 것은 어음법에

---

1) 그러나 자본시장법에서는 기업어음(CP)은 전자어음법 제6조의2의 적용대상에서 제외하고 있으므로(자금 10조 3항) 외감법 적용대상기업 등에 대해 전자어음발행을 강제하는 의의는 크게 약화되어 있다.

의하므로($\frac{\text{전어}}{\text{4조}}$) 어음법 제13조 제 2 항에 따라 백지식배서도 가능하다고 해석될 소지도 있다.

그러나 백지식배서를 하는 실익은 피배서인이 다시 배서를 하지 아니하고 피배서인란을 타인의 이름으로 보충하고 교부하거나, 보충하지 아니하고 단순한 교부에 의해 타인에게 양도함으로써 상환청구관계에서 이탈할 수 있게 하는 데에 있다($\frac{\text{어 14조 2항}}{\text{1호 혹은 3호}}$). 그런데 전자어음에 관해서는 단순한 교부가 있을 수 없고 또 전자어음법에서도 단순한 교부에 해당하는 절차를 마련하고 있지도 않으므로 단순한 교부에 의해 전자어음을 양도하는 것은 허용되지 않는다고 해석해야 한다.[1] 그렇다면 백지식배서를 하더라도 그 피배서인은 자기의 이름을 보충하고 배서하거나 다시 백지로 배서할 수밖에 없어 결국 백지식배서를 허용할 실익이 없다고 볼 수밖에 없다.

3. 분할배서

(1) 분할의 가능성

종이어음은 유체물의 속성상 불가분성을 가지므로 어음금을 분할해서 배서할 수 없고, 어음법 제12조는 이 원칙을 받아들여 일부의 배서를 무효로 다루고 있다. 그러나 전자어음의 경우에는 무형의 정보가 어음의 구실을 하므로 종이어음에서와 같이 불가분성의 제약을 둘 필요가 없다. 그리고 거액의 어음을 수령한 자($\frac{\text{예: 대기업의 용역을 수행하}}{\text{고 대금을 받는 하도급업자}}$)가 어음금액을 분할하여 수개의 거래처에 대한 채무를 변제할 수 있으므로 분할배서의 필요성과 효용이 매우 높다. 그러므로 전자어음법에서는 전자어음의 분할배서를 허용한다.[2][3]

---

1) 同旨: 鄭敬永, 전게논문, 73면.
2) 전자어음법의 초안에서는 어음의 배서인이 어음금을 나누어 분할배서를 할 수 있는 규정을 두었으나(동 초안 제 8 조(어음의 분할배서) 제 1 항) 지급거절시에 다수의 피해자가 양산된다는 이유와 분할배서를 허용하면 사실상 통화를 창출하는 결과가 된다는 이유에서 삭제되었다. 분할배서를 허용할 경우 어음의 유통성을 기존어음보다 폭발적으로 증가시켜 다수자가 관련된 연쇄부도의 가능성을 확대시킨다는 것이 주된 이유였다(법무부, "전자어음의발행및유통에관한법률안에관한법률안에 대한 진술요지서(2003. 5. 23)," 8면. 同旨: 재정경제부 금융정책국, "전자어음의발행및유통에관한법률안 공청회 진술의견(2003. 5. 23)," 8면).
3) 분할배서제도는 2013년 개정에 의해 신설되었다.

전자어음의 분할은 발행인의 의무이행을 번거롭게 하므로 발행인은 분할에 반대의 이해를 가진다. 그러므로 전자어음법은 발행인으로 하여금 분할을 금지시킬 수 있도록 한다. 즉 발행인이 전자어음면에 분할금지 또는 이와 동일한 뜻의 기재를 한 때에는 어음을 분할할 수 없다($\binom{전어 7조}{의2 6항}$).

(2) 분할권자

분할배서는 전자어음을 발행받아 최초로 배서하는 자에 한하여 할 수 있다($\binom{전어 7조}{의2 1항}$). 모든 배서인에게 분할배서를 허용할 경우 당초 1매로 시작된 어음이 승수적으로 확산하여 관리에 어려움이 따르기 때문이다.

(3) 분할의 범위

전자어음법은 전자어음을 총 「5회 미만」으로 어음금을 분할할 수 있다고 규정하고 있다($\binom{전어 7조의2}{1항 전}$). 「5'회' 미만」이란 무엇을 의미하는가? 이는 어음금을 쪼개 5개 미만의 수개의 어음으로 만들 수 있음을 뜻한다. 5회 '미만'이란 2 내지 4를 의미하므로 전자어음은 최대 4개의 어음으로 분할할 수 있다.

(4) 분할의 방식

분할의 실익은 어음을 분할해서 양도하는 데에 있으므로 분할은 배서와 함께 이루어진다. 최초의 배서인은 금액을 분할하여 수개의 어음을 만들고, 분할한 수개의 일부 어음에 각각 배서하여 별개의 피배서인에게 양도할 수 있다.

분할은 금액에 한하고, 그 밖의 어음기재사항은 종전의 어음과 동일성을 유지해야 한다. 그러므로 분할하는 최초의 배서인은 분할된 전자어음이 분할 전의 전자어음으로부터 분할된 것임을 표시하여야 한다($\binom{전어}{7조의2 2항}$). 분할된 어음의 배서는 제 7 조에 따른 배서의 방법을 갖추어야 한다($\binom{전어 7조의2}{1항 후}$).

배서인은 분할 후의 수개의 전자어음이 서로 구별되도록 관리기관의 정보처리조직을 이용하여 각각의 전자어음에 분할에 관한 사항을 표시하는 서로 다른 번호를 붙여야 한다($\binom{전어 7조의2 4항,}{전어령 8조의3}$).

(5) 분할의 효력

1) 전자어음법은 분할된 어음은 모두 배서에 의해 양도해야 하는 듯이 규정하고 있으나, 배서인은 일부의 어음은 배서양도하고 일부는 자신이 소지인이 되어 권리를 행사할 수 있다고 보아야 함은 물론이다.

2) 분할 후의 전자어음은 그 기재된 금액의 범위에서 분할 전의 전자어음과 동일한 전자어음으로 본다($_{7조의2\ 3항}^{전어}$). 그러므로 분할 전 어음에 존재하던 하자와 항변은 분할 후의 어음에 승계된다.

전자어음의 분할배서와 항변

하자와 항변은 분할된 어음에 연대적으로 승계되는가, 어음금에 비례하여 승계되는가라는 문제가 제기된다. 어음의 형식적 하자를 포함한 물적항변사유는 모든 어음에 승계된다고 보아야 하므로 인적항변의 승계에 관련해 문제된다. 예컨대 甲이 乙로부터 기계를 구입하고 대금 100만원을 전자어음으로 지급하였던바, 乙이 어음금을 60만원과 40만원으로 분할하여 A₁과 A₂에게 각각 배서양도하였다고 하자. 그런데 기계에 하자가 있어 甲은 50만원의 대금감액을 주장하고, A₁과 A₂ 모두에게 악의의 항변이 가능하다고 가정하자. 이 때 甲은 분할된 어음금에 비례하여 각각 30만원과 20만원의 감액을 주장할 수 있는가 혹은 전원에게 연대적으로 50만원의 감액을 주장할 수 있는가? A₁과 A₂는 각기 독립된 배서에 의해 어음을 취득한 바이므로 상호간에 연대책임을 과할 근거가 없다. 분할책임의 원칙($_{408조}^{민}$)에 따라 항변의 부담은 분할된 어음금에 비례하여 피배서인들에게 귀속된다고 보아야 한다.

3) 분할된 전자어음에 대한 법률행위의 효과는 분할된 다른 전자어음의 법률관계에 영향을 미치지 아니한다($_{7조의2\ 4항}^{전어}$). 즉 분할된 전자어음들은 별개의 어음으로서 유통되고 행사되는 것이다. 예컨대 분할된 B₁ 어음에 배서나 보증을 하는 것은 분할된 B₂ 어음상의 권리에 영향을 미치지 아니한다. 분할된 어음에 대한 법률행위 자체에 그치지 않고 동 어음행위의 하자의 효과나 위조·변조, 시효의 완성, 보전절차의 흠결 등 권리를 변동시키는 어떠한 사정이든 다른 어음과는 무관하다고 보아야 한다.

(6) 분할전후 어음의 관계

전자어음법 제 7 조의2 제 5 항은 「분할 후의 어느 전자어음상의 권리가 소멸한 때에는 분할 전의 전자어음은 그 잔액에 관하여 존속하는 것으로 본다」라고 규정하는데, 해석에 혼란을 주는 조문이다. 문언상으로는 100만원의 원어음이 60만원의 B_1 어음과 40만원의 B_2 어음으로 분할된 후 B_2 어음이 지급 또는 시효완성 등으로 소멸한 경우, 원어음이 60만원의 범위에서 존속하는 것으로 본다는 뜻이다. 그렇다면 원어음과 B_1 어음의 권리가 충돌하게 된다.

어음이 분할되면 분할 전의 어음관계가 분할된 어음에 승계되고, 원어음은 소멸한다고 보아야 한다. 제 7 조의2 제 5 항은 분할된 어음 어느 하나의 소멸은 다른 어음에 영향을 미치지 않는다는 취지를 밝히려 한 것으로 이해해야 할 것이다.

4. 배서의 효력

어음법상 배서에는 권리이전적 효력($^{어}_{14조}$), 담보적 효력($^{어}_{15조}$), 자격수여적 효력($^{어}_{16조}$)이 주어진다. 전자어음에 관해 전자어음법에 규정이 없는 것은 어음법에 의하므로 전자어음의 배서에도 이 세 가지 효력이 인정됨은 물론이다. 이에 대해 전자어음법에는 전자어음을 소지하는 자가 그 소지하는 어음이 유일한 정본이라는 사실을 확인할 수 있는 방법이 마련되어 있지 않아 2중, 3중의 양도가 가능하므로 자격수여적 효력을 인정할 수 없다는 설이 있다.[1]

전자어음의 유통에 있어 정본 여부를 알 수 없고 따라서 2중, 3중의 양도가 실제로 가능하다면 전자어음은 이미 지급수단으로서의 가치를 갖지 못한다고 할 수밖에 없다. 전자어음법에는 어음의 정본성을 파악하는 구체적인 규정을 두고 있지는 않으나, 전자어음 자체의 송·수신에 의해 어음이 발행되고 이전되는 것으로 하고 있음은 어음의 정본여부가 파악되는 것을 전제로 한 것이다. 그 기술적 방법은 법에서 명문으로 정하는 바 없더라도 관리기관의 정보처리조직에 의해 마련되어야 할 것이고, 따라서 전자어음의 정본성의 파악이 가능한 것을 전제로 배서의 효력을 논해야 한다. 정본의 파악이 가능하다면 전자어음이 약속어음으로서 유통되도록 하는 것이 전자어음법의 대전제이므로 그에 한 배서는 당연히 자격수여적 효력을 갖는다고 보아야 한다. 아울러 선의취득($^{어}_{2항}{}^{16조}$)이 인정되는 것도 당

---

1) 鄭敬永, 전게논문, 72면.

연하다.

5. 기타 특칙

기술한 바와 같이 전자어음법의 입법실무가들은 전자어음의 남발과 다단계의 유통을 두려워하여 발행금액을 제한할 근거를 만들고 만기를 3개월로 제한하였는데, 같은 이유에서 배서의 횟수를 20회로 제한하였다($_{7조\ 5항}^{전어}$).

Ⅲ. 보   증

전자어음에 어음법상의 보증($_{1항}^{어\ 30조}$)을 할 경우 역시 전자적인 방법으로 하여야 하므로 전자어음법 제 8 조에서 그 방식을 규정하고 있다. 전자어음을 보증하는 자는 보증의 뜻을 기재한 전자문서를 그 전자어음에 첨부하여야 한다($_{8조\ 1항}^{전어}$). 배서와 마찬가지로 어음과 일체성을 이루는 전자문서로 하여야 하며, 전자서명, 보증의 시기 등은 발행 및 배서와 같다($_{8조\ 2항}^{전어}$).

전자어음에 대한 보증은 일반 어음상의 보증과 달리 어음금의 일부에 한하여 할 수 없다($_{8조\ 3항}^{전어}$). 어음이 분할배서될 경우 보증의 효력이 혼란스러워지기 때문으로 어음의 일부배서가 허용되면서 신설된 규정이다($_{정시\ 신설}^{2013년\ 개}$).

Ⅳ. 지급제시

1. 지급제시의 방법

어음은 제시증권이므로 소지인은 어음채무자에게 어음을 제시함으로써 자기의 권리를 증명하는 동시에 이행을 청구하여야 한다($_{1항}^{어\ 38조}$). 전자어음의 경우에는 유체물인 어음을 제시할 수 없으므로 어음의 제시에 갈음하는 행위가 있어야 할 것이다. 전자어음법에서는 전자어음을 발행인의 지급담당은행에 송신하고 당해 지급담당은행이 수신한 것을 어음의 제시로 의제하고 있다($\substack{전어 9조 \\ 1항 본}$).

　어음의 제시란 어음채무자에게 어음의 존재와 내용을 인식시키는 것에 그치고 점유를 이전하는 것은 아니다. 하지만 전자어음법 제 9 조 제 1 항에서는 소지인이 지급담당은행에 전자어음을 송신하도록 규정하고 있어 지급담당은행이 전자어음을 점유하는 외관을 만들어낸다. 이 문제를 해결하기 위하여 시행령에서는 관리기관은 자신의 정보처리조직에서 소지인이 지급담당은행에 전자어음을 송신하더라도 소지인측에서는 전자어음이 소멸하지 않고 지급담당은행 또는 발행인이 이를 전자어음의 정본으로 활용할 수 없도록 처리하는 장치를 마련하도록 규정하고 있다($\substack{후 \\ 술}$).

　전자어음법 제 9 조 제 1 항 단서는 「전자어음관리기관에 대한 전자어음의 제시는 지급을 위한 제시의 효력이 있으며 전자어음관리기관이 운영하는 정보처리조직에 의하여 전자어음의 만기일 이전에 자동으로 지급제시되도록 할 수 있다」라고 규정하고 있다. 관리기관은 전자어음의 발행, 유통을 위한 기반시설을 관리하는 자에 불과한데, 전자어음의 제시를 받을 권한이 있을리 만무하며 더욱이 관리기관의 임의에 의해 만기 전의 지급이 이루어질 수는 없다.

　이 규정은 당초 초안에는 없었고, 법안심의 중에 삽입된 규정인데, 관리기관의 성격을 잘못 이해하여 생긴 실수로 짐작된다. 이 규정을 善解하자면, 발행인과 관리기관의 약정에 의하여, 소지인이 관리기관에 전자어음을 제시한 때에 어음의 제시로 볼 수 있도록 할 수 있으며, 역시 발행인의 의사에 의하여 만기 전에 지급이 가능하게 할 수 있다는 취지로 풀이해야 할 것이다.

2. 어음상환의 의제

　종이어음의 경우 어음은 어음금과 상환하여 어음채무자에게 반환된다($\substack{어 39조 \\ 1항}$). 전자어음은 상환이 불가능하므로 전자어음법 제10조는 지급은행이 관리기관에 지급사실을 통지하거나 관리기관의 정보처리조직에 의하여 지급이 완료된 경우 어음채무자가 당해 어음을 환수한 것으로 의제하는 규정을 둠으로써 어음의 상환증권성을 유지하고 있다.

　그런데 전자어음법 제10조가 어음이 상환된 것으로 의제한다는 것은 동 어음이 전자어음의 소지인에 의해 재차 유통되거나 재차 지급제시에 활용되어서는 안된다는 것을 의미하고 동시에 어음채무자가 채무이행의 증거로서 동 전자어음을 보관할 수 있어야 함을 의미한다. 하지만 이러한 법적 효과는 단지 법에서 상환을 의제한다고 해서 실현될 수 있는 것은 아니고, 전자어음의 물리적 존재에 변화가 생겨 소지인의 수중에서는 소멸하고 어음채무자의 수중으로 이동하는 과정이 있어야 할 것이다. 그러므로 관리기관이 자신의 정보처리조직에서 어음금의 지급과 동시에 이러한 작동이 이루어지도록 장치를 마련해야 한다($^{후}_{술}$).

3. 기타 특칙

전자어음법에서는 어음법 제39조 제 1 항 내지 제 3 항의 규정을 전자어음법에 적용하지 아니한다고 규정하고 있다($^{전어}_{11조}$). 어음법 제39조 제 1 항은 어음의 상환에 관한 규정으로서 위에 말한 특칙으로 갈음하므로 적용제외한 것이고, 제 2 항과 제 3 항은 일부지급에 관한 규정인데, 일부지급을 허용할 경우 어음에 일부수령의 문구를 기재하여야 하지만, 비대면거래로 이루어지는 전자어음의 일부수령의 문구를 기재하는 것을 전자적으로 처리하기 어려운 탓에 적용제외한 것으로 이해된다. 이로 인해 상환의무자가 불리해지는 단점이 있다.

V. 지급거절

1. 의   의

약속어음의 발행인이 지급을 거절할 경우 소지인이 상환청구권을 행사하기 위해서는 지급제시 및 거절사실을 증명하기 위하여 거절증서를 작성하여야 한다($^{어}_{1항}^{44조}$). 그러나 발행인 또는 배서인이 거절증서의 작성을 면제할 수 있고, 은행도어음의 경우 실무에서는 예외 없이 부동문자(不動文字)로 거절증서의 작성을 면제하는 문구를 기재하고 있다. 전자어음의 경우 거절증서의 작성을 강제한다면 어음거래의 최종단계에서 오프라인 행위가 요구되어 불편하고, 그렇다고 거절증서의 작성을 면제하고 소지인이 바로 상환청구권을 행사할 수 있게 한다면, 지급제 시여부를 알 수 없는 문제가 생기므로 전자어음법에서는 간편하게 거절증서의 작 성을 갈음할 수 있는 방법을 제시하고 있다.

2. 거절의 절차

전자어음법 제12조는 지급은행이 지급을 거절할 때에는 전자문서로 지급거 절을 하도록 하고$\left(\substack{동조\\1항}\right)$, 동 전자문서를 관리기관에 통보하고 관리기관이 이를 확 인한 경우 동 거절의 전자문서를 어음법 제44조 제 1 항의 거절증서와 같은 효력 을 갖는 것으로 규정하고 있다$\left(\substack{동조\\2항}\right)$.

지급거절의 전자문서는 지급제시를 위한 전자어음의 여백에 지급이 거절되 었음을 표시하는 문구를 기재하는 방식으로 작성하거나, 전자어음의 일부가 되는 별도의 문서로 작성하여야 한다$\left(\substack{전어령\\10조 1항}\right)$.

관리기관이 전자어음법 제12조 제 2 항에 따라 지급거절의 통보를 받은 경우 에는 소지인이 적법하게 금융기관에게 지급을 위한 제시를 하였는지와 지급거절 의 사실을 확인한 후 지급제시를 위한 전자어음의 여백에 지급거절을 확인하였음 을 표시하는 문구를 기재한 후 동 전자어음을 즉시 소지인에게 송신하여야 한다 $\left(\substack{전어령\\10조 2항}\right)$.

소지인이 이 지급거절의 문구가 기재된 전자어음을 수신한 날을 공정증서(거 절증서)의 작성일로 본다$\left(\substack{전어\\12조 3항}\right)$.

어음법상 지급거절증서는 지급할 날 이후의 2거래일 내에 작성하여야 하므 로$\left(\substack{어 44\\조 3항}\right)$ 전자어음에 관한 거절증서의 효력을 갖는 지급거절의 전자문서의 작성 도 이 기간을 준수하여야 한다. 그러므로 지급은행과 관리기관은 소지인이 지급 할 날 이후의 2거래일 내에 지급거절의 전자문서를 수신할 수 있도록 통보하고 송신하여야 한다.

Ⅵ. 상환청구

전자어음의 소지인이 지급거절된 전자어음으로 상환청구하고자 할 경우에는 지급은행에 대한 지급제시와 같은 요령으로 전자어음과 지급거절의 전자문서를 상환의무자에게 송신하는 방법으로 한다($^{전어}_{13조 1항}$). 이에 응하여 상환의무자가 상환의무를 이행하면 관리기관에 지급사실을 통지해야 하는데($^{전어}_{13조 2항}$), 이 통지를 하면 상환의무자가 어음을 환수한 것으로 의제하므로($^{전어}_{13조 3항}$) 상환의무자는 자신의 전자에 대해 재상환청구를 할 수 있다. 그런데 어음을 환수한 것으로 보는 절차에 실무적인 문제가 있다. 어음법 제13조 제 3 항은 상환의무자가 관리기관에 지급사실을 통지함으로써 어음을 환수한 것으로 의제하므로, 이 규정만 보면 상환의무자의 일방적 통지에 의해 지급필 및 어음환수의 효과가 생기게 되어 있어, 예컨대 상환의무자가 어음금을 지급하지도 않고 관리기관에 지급의 통지를 함으로써 어음을 환수하는 불합리가 생길 소지도 있어 보인다. 그러므로 관리기관은 소지인이 지정하는 어음금수령은행($^{전어 13조 4항,}_{9조 3항}$)과의 정보교환에 의해 지급사실을 확인할 수 있는 장치를 구축하여야 할 것이다($^{후}_{술}$).

Ⅶ. 어음의 반환과 수령거절

1. 착오발행어음의 반환

종이어음에서도 같은 문제가 생길 수 있겠지만, 전자어음의 경우 비대면거래이므로 전자어음의 송신상대방을 그르칠 수 있다. 이러한 경우에는 당연히 전자어음을 회수하여야 할 것이나, 원인관계에 분쟁이 있어 발행인 또는 배서인이 일방적으로 회수하고자 하는 경우도 있을 수 있으므로 일단 전자어음이 발행된 이상 발행인 또는 배서인의 의사만으로 전자어음을 회수할 수 있게 해서는 안 된다. 그러므로 전자어음법에서는 발행인 또는 배서인이 전자어음을 착오로 발행하였다는 등의 이유로 어음을 회수하고자 할 경우에는 전자어음의 소지인으로 하여금 관리기관에 반환의사를 통지하게 하고($^{전어}_{14조 1항}$), 이 경우 전자어음을 발행하지 않은 것으로 보고 관리기관이 당해 전자어음의 발행 또는 배서를 말소하도록 하는 방법을 취한다($\frac{전어}{14조\ 2항}$).

요컨대 발행인 또는 배서인이 착오로 발행 또는 배서한 전자어음을 회수하기 위하여는 소지인과 어음 외의 합의에 의존하여야 할 것이고, 합의가 이루어지지 않은 경우에는 발행인 또는 배서인과 소지인 간에 어음의 반환에 관한 쟁송으로 전개될 것인데, 이 점은 종이어음을 착오로 발행 또는 배서한 경우와 차이가 없다.[1]

2. 전자어음의 수령거절

어음의 수수당사자 간에 지급수단에 관해 분쟁이 있을 수 있다. 예컨대 원인채무자는 어음으로 지급하고자 하고 원인채권자는 현금으로 지급할 것을 요구하는 경우와 같다. 종이어음의 경우에는 원인채권자가 어음을 물리적으로 수령하여야 교부가 이루어지므로 어음의 수령을 역시 물리적으로 거부하면 족하지만, 전자어음의 경우에는 기술적인 문제로 종이어음의 수령거부와 같은 방법의 수령거부가 불가능하다. 전자어음의 발행·배서는 전자문서 및 전자거래기본법 제 6 조 제 2 항에 따라 상대방이 수신한 때에 이루어진 것으로 보는데, 동 규정에 따른 수신이란 수신자의 의사에 관계없이 이루어지므로 원인채권자는 본인의 의사와

---

1) 착오로 발행 또는 배서한 어음의 경우 민법 제109조에 의해 취소할 수 있는 일반법리가 마련되어 있는데, 전자어음법 제14조 제 1 항이 왜 필요한지 의문을 제기하고 나아가 발행인(또는 배서인)이 어음행위를 취소하는데 왜 상대방이 다시 반환의 의사표시를 해야 하는지 의문을 제기하며(즉 취소란 취소권자의 일방적인 의사표시로 효력을 발생함을 의식한 듯하다), 일반 어음법리에 맞지 않음을 지적하는 견해가 있다(鄭敬永, 전게논문, 74면).

이 지적은 전자어음법 제14조 제 1 항이 전자어음의 발행 또는 배서의 취소에 관한 규정인 것으로 오해한 데서 비롯된 것이다. 발행인 또는 배서인이 착오로 발행 또는 배서를 하였다면 당연히 민법 제109조 제 1 항에 따라 취소할 수 있고, 그 방식에는 제한이 없다. 전자어음법 제14조 제 1 항은 이러한 취소권을 새삼스레 부여하거나 그 방식을 규정한 것이 아니다. 일반적인 법률행위의 경우 이론적으로는 취소권자가 일방적으로 취소의 의사표시를 함으로써 법률관계는 소급하여 효력을 상실한다. 그리고 취소한 행위에 의해 기왕 급부된 것은 부당이득이므로 상대방은 이를 반환해야 한다. 그렇다고 해서 급부가 당장 반환되는 효과가 생기는 것은 아니고, 상대방이 취소권자의 의사표시에 승복하여 스스로 반환함으로써 반환이 이루어질 것이고, 그렇지 않으면 반환을 위한 별도의 쟁송이 필요하다. 전자어음법 제14조 제 1 항은 이러한 취소의 후속효과를 감안하여 상대방이 취소를 수용하고 어음을 반환하고자 할 경우 그 반환방법을 규정한 것이다. 종이어음이라면 상대방이 자기의 권리를 고집하지 않고 반환하려 할 경우 단지 어음의 점유를 발행인 등에게 이전하면 족하다. 하지만 전자어음의 경우에는 이같이 어음의 점유를 이전하는 의사를 표현하는 물리적 행위가 존재할 수 없으므로 반환으로 의제하는 전자적 처리방법을 규정한 것이다.

무관하게 전자어음을 수령하게 되는 예도 있을 수 있다.

이러한 경우에는 전자어음의 수령인의 의사에 따라 수령거부의 효과를 누릴 수 있게 해 줄 필요가 있다. 그리하여 전자어음법 제14조 제 3 항은 전자어음의 수신자가 전자어음의 수령을 거부하고자 할 경우에는 관리기관에 수령거부의사를 통지함으로써 수령을 거부할 수 있게 한다. 이 통지가 있으면 전자어음을 수령하지 않은 것으로 보며, 관리기관으로부터 증명서를 받아 수령거부의 사실을 증명할 수도 있다.

VIII. 전자어음의 정본성의 확보

전자문서를 타인에게 이전할 때에는 기본적으로 복사기능에 의존하므로 같은 문서가 송신자에게 잔류한다(전자문서의 잔류성). 따라서 전자문서의 경우에는 복사문서와 피복사된 문서의 정본성(正本性)을 판명하기가 용이하지 않다. 전자어음법은 전자증권식에 의해 전자어음 자체가 이동하는 방식을 취하고 있으므로 전자어음의 발행·유통·권리행사에 있어서는 전자어음의 정본의 단일성과 동일성을 확보하는 것이 매우 중요한 문제이다.[1] 이 점은 전자어음법시행령에서 관리기관이 기술적으로 다루어야 할 문제로 규정하고 있다. 주요 내용은 다음과 같다.

1) 무결성의 보장

관리기관은 전자어음의 발행인등록 또는 수취인등록을 한 자 외의 자가 권한 없이 등록한 자의 명의를 이용하여 전자어음행위를 할 수 없도록 장치하고, 등록한 자가 등록의 종류에 따라 전자어음행위를 배타적으로 할 수 있는 장치를 제공하여야 한다(전어령 7조 1항). 또한 전자어음의 유통단계별로 어음행위자들이 자신에게 주어진 자격의 범위를 넘는 기재를 첨삭하거나 변경할 수 없도록 해야 함은 물론이다.

2) 잔류성의 해결

관리기관은 전자어음의 복본 또는 사본의 제작이 불가능한 장치를 하여야 하

---

1) 전게 미국의 통일전자거래법에서도 양도성기록상의 권리가 인정되기 위해서는 기록의 정본이 전달되어야 하고, 사본의 구별이 용이해야 함을 규정하고 있다(제16조(C)). 한편, 전자어음법의 심의 중에 일부 정부기관이 입법에 반대하였는데, 그 주된 이유 중의 하나가 전자어음의 경우 어음의 정본성이 보장되기 어렵다는 것이었다(재정경제부, 전게자료, 10면).

며, 발행·배서된 때에는 발행인 또는 배서인의 정보처리조직에서는 전자어음이 소멸하거나 전자어음에 이미 발행 또는 배서되었음을 표시하는 문언이 기재되도록 하여야 한다(전어령 8조 2항).

3) 지급제시와 원본의 특정

지급제시를 할 때 전자어음의 점유가 지급인에게 옮겨져서는 안 될 것이므로 관리기관은 소지인의 정보처리조직에서는 전자어음이 소멸하지 않도록 하고 지급제시를 위해 송부된 전자어음에는 지급제시를 위한 것임을 표시하는 문언이 기재되도록 하여야 한다(전어령 8조 3항).

4) 지급필어음의 처리

관리기관은 지급제시 또는 상환청구에 응하여 어음금이 지급될 때에는 어음금을 수령하는 금융기관이 어음금을 수령하는 동시에 소지인이 보관하는 전자어음에 지급이 이루어졌음을 표시하는 문언이 기재되도록 장치하여야 한다(전어령 9조 1항).

5) 전자어음과 부속문서의 일체성

전자어음과 관련하여 배서를 위한 전자문서, 보증을 위한 전자문서, 지급을 청구하는 전자문서, 지급을 거절하는 전자문서 등 다수의 문서가 작성되는데, 이러한 문서가 전자어음과 분리되어 송수신되어서는 어음과의 관련성을 확보하기 어렵다. 그러므로 관리기관은 이러한 문서는 전자어음과 일체가 되도록 하고 분리할 수 없도록 하여야 한다(전어령 8조 4항).

판례색인

우리말색인

외국어색인

著者略歷
서울大學校 法科大學 卒業(法學博士)
漢陽大學校 法學專門大學院 教授
現 建國大學校 法學專門大學院 碩座教授

著　　書
會社法講義(博英社)
商法總則 · 商行爲(博英社)
商法講義(博英社)
2011 改正商法 — 축조해설 — (박영사)

제15판
어음 · 수표법

초판발행	1995년　4월 20일
제15판발행	2022년　2월 28일

지은이	이철송
펴낸이	안종만 · 안상준

편　집	김선민
기획/마케팅	조성호
표지디자인	이수빈
제　작	고철민 · 조영환

펴낸곳	(주) **박영시**
	서울특별시 금천구 가산디지털2로 53, 210호(가산동, 한라시그마밸리)
	등록　1959. 3. 11.　제300-1959-1호(倫)

전　화	02)733-6771
F A X	02)736-4818
e-mail	pys@pybook.co.kr
homepage	www.pybook.co.kr
ISBN	979-11-303-4166-8　93360

＊파본은 구입하신 곳에서 바꿔드립니다. 본서의 무단복제행위를 금합니다.

정　가　37,000원